Wolls Lehr- und Handbücher der Wirtschafts- und Sozialwissenschaften

Herausgegeben von
Universitätsprofessor Professor h. c. Dr. Dr. h. c. Artur Woll

Bisher erschienene Werke:

Aberle, Transportwirtschaft, 4. A.
Anderegg, Agrarpolitik
Assenmacher, Konjunkturtheorie, 8. A.
Barro, Makroökonomie, 3. A.
Barro · Grilli, Makroökonomie – Europäische Perspektive
Barro · Sala-i-Martin, Wirtschaftswachstum
Blum, Volkswirtschaftslehre, 3. A.
Branson, Makroökonomie, 4. A.
Bretschger, Wachstumstheorie, 2. A.
Brinkmann, Einführung in die Arbeitsökonomik
Brösse, Industriepolitik, 2. A.
Büschges · Abraham · Funk, Grundzüge der Soziologie, 3. A.
Cezanne, Allgemeine Volkswirtschaftslehre, 5. A.
Fischer · Wiswede, Grundlagen der Sozialpsychologie, 2. A.

Glastetter, Außenwirtschaftspolitik, 3. A.
Leydold, Mathematik für Ökonomen, 2. A.
Müller, Angewandte Makroökonomik
Rosen · Windisch, Finanzwissenschaft I
Rush, Übungsbuch zu Barro, Makroökonomie, 3. A.
Sachs · Larrain, Makroökonomik – in globaler Sicht
Schneider, Grundlagen der Volkswirtschaftslehre, 3. A.
Tirole, Industrieökonomik, 2. A.
Varian, Mikroökonomie, 3. A.
Wachtel, Makroökonomik
Wacker · Blank, Ressourcenökonomik I
Wacker · Blank, Ressourcenökonomik II
Wohltmann, Grundzüge der makroökonomischen Theorie, 3. A.

Transportwirtschaft

Einzelwirtschaftliche und gesamtwirtschaftliche Grundlagen

Von

Dr. Gerd Aberle

Professor der Wirtschaftswissenschaften
Justus-Liebig-Universität Gießen

Vierte, überarbeitete und erweiterte Auflage

R. Oldenbourg Verlag München Wien

Die Deutsche Bibliothek - CIP-Einheitsaufnahme

Aberle, Gerd:
Transportwirtschaft : einzelwirtschaftliche und gesamtwirtschaftliche Grundlagen /
von Gerd Aberle. – 4., überarb. und erw. Aufl. – München ; Wien : Oldenbourg, 2003
   (Wolls Lehr- und Handbücher der Wirtschafts- und Sozialwissenschaften)
   ISBN 3-486-27289-6

© 2003 Oldenbourg Wissenschaftsverlag GmbH
Rosenheimer Straße 145, D-81671 München
Telefon: (089) 45051-0
www.oldenbourg-verlag.de

Das Werk einschließlich aller Abbildungen ist urheberrechtlich geschützt. Jede Verwertung außerhalb der Grenzen des Urheberrechtsgesetzes ist ohne Zustimmung des Verlages unzulässig und strafbar. Das gilt insbesondere für Vervielfältigungen, Übersetzungen, Mikroverfilmungen und die Einspeicherung und Bearbeitung in elektronischen Systemen.

Gedruckt auf säure- und chlorfreiem Papier
Druck: R. Oldenbourg Graphische Betriebe Druckerei GmbH

ISBN 3-486-27289-6

VORWORT ZUR 4. AUFLAGE

Die außerordentliche Dynamik der Mobilitätsentwicklungen im Personen- und Güterverkehr spiegelt sich in einer Vielzahl von Veränderungen in den Marktstrukturen und politischen Rahmendaten. Seit der 3. Auflage im Jahre 2000 ist dies sowohl in der EU-Verkehrspolitik, in der Infrastrukturkostendiskussion, der Netzpolitik der Eisenbahnen wie auch in der Querschnittsfunktion Logistik deutlich geworden.

Vor diesem Hintergrund und der Tatsache, dass die 3. Auflage bereits nachgedruckt werden musste, lag es nahe, eine völlig überarbeitete 4. Auflage vorzulegen. Dabei wurden neben den Aktualisierungen der statistischen Datenreihen und einer weitgehenden Umrechnung der Wertgrößen in EURO-Einheiten die EU-Verkehrspolitik stärker und die EU-Erweiterung mit bis zu 10 mittel- und osteuropäischen Staaten erstmals einbezogen. Das gilt auch für das Controlling- und Planungsinstrument der Balanced Score Card, e-Commerce und neuere Strukturen von Logistikdienstleistern.

Zwangsläufig hat dies nochmals zu einer Erweiterung des Umfangs geführt, die – so hoffe ich – durch den zusätzlichen Informationsgehalt als gerechtfertigt angesehen wird.

Auch bei der Gestaltung der 4. Auflage haben mich meine Mitarbeiterinnen und Mitarbeiter tatkräftig unterstützt. Besonders danken möchte ich Frau Diplom-Volkswirtin Christiane Trampisch und den Herren Diplom-Kaufmann Roman M. Ehrhardt und Diplom-Volkswirt Roland Hennecke. Mit Herrn Privatdozent Dr. Alexander Eisenkopf habe ich zahlreiche Fachdiskussionen geführt, deren Ergebnisse sich auch in dieser Auflage niederschlagen.

Seit der 1. Auflage 1996 hat sich vieles verändert, nur leider nicht die Gefahr von sachlichen Irrtümern, Unklarheiten und verbliebenen Druckfehlern. Dafür sehe ich mich in der Verantwortung.

Giessen					Gerd Aberle

VORWORT ZUR 1. AUFLAGE

Kaum ein anderer Wirtschaftsbereich ist in den vergangenen Jahren derart starken Rahmendatenveränderungen und Nachfragestrukturwandlungen unterworfen gewesen wie der Transportsektor. Wichtige Stichworte sind etwa die durchgreifende Deregulierung der Verkehrsmärkte, die zunehmende Bedeutung ökologischer Aspekte und infrastruktureller Engpässe, die staatlichen Versuche, die Eisenbahnkrisen durch Bahnstrukturreformen zu bewältigen, die fundamentalen Steigerungen der Qualitätsansprüche von Industrie und Handel an die logistische Anpassungsfähigkeit der Transportwirtschaft sowie die hieraus resultierenden neuen Anforderungen an die Transportwirtschaft hinsichtlich der Geschäftsfeldplanung und der Kostenrechnungsverfahren. Zu nennen ist auch die Renaissance oder Mutation der Spedition in veränderten Aufgabenstellungen auf komplexer werdenden Verkehrsmärkten unter Berücksichtigung der Outsourcing-Prozesse der verladenden Wirtschaft, also ihre Entwicklung hin zum logistischen Dienstleistungsanbieter.

Ein Buch, das sich mit der Vielzahl der für die Verkehrswirtschaft relevanten Fragen befaßt und einen Überblick über die aktuellen Entwicklungen zu geben versucht, muß aufgrund der Problemstellungen sowohl betriebswirtschaftlich wie auch volkswirtschaftlich ausgerichtet sein. Eine Verengung auf nur eine Betrachtungsweise entspricht weder dem wissenschaftlichen noch dem praxisorientierten Selbstverständnis.

Es war ursprünglich geplant, dieses Buch, dessen Grundlagen auch in dem transportwirtschaftlichen Vorlesungszyklus an der Justus-Liebig-Universität Gießen zu finden sind, bereits Anfang der 90er Jahre fertigzustellen. Aufgrund meiner Tätigkeit als Gründungsdekan an der früheren Hochschule für Verkehrswesen in Dresden 1991/92 und anschließend als Mitglied der Integrationskommission zur Überführung des universitären Teils dieser Hochschule in die Technische Universität Dresden, jeweils parallel zur Lehr- und Forschungstätigkeit an meiner Heimatuniversität, mußte der Zeitplan verschoben werden. Im nachhinein hat sich dies jedoch als außerordentlich fruchtbar für die inhaltliche Gestaltung dieses Buches erwiesen. So wurde nicht nur zum 1. Januar 1994 die Preisliberalisierung im nationalen Straßengüter- und Binnenschiffsverkehr in Deutschland umgesetzt, sondern auch die Bahnstrukturreform, an deren Konzeption ich als Mitglied der Regierungskommission Bahn von 1989 bis Ende 1991 mitzuwirken

Gelegenheit hatte. Auch liegen mittlerweile wesentlich verbesserte Informationen über die Umweltproblematik, die Wirkungen der EG-/EU-Verkehrspolitik und über veränderte Logistikkonzeptionen der verladenden Wirtschaft vor. 1992 wurde erstmals ein gesamtdeutscher Bundesverkehrswegeplan erstellt. Somit erscheint mittlerweile eine verkehrswirtschaftliche und verkehrspolitische Struktur erreicht worden zu sein, deren Wandlungen sich, verglichen mit den Jahren zwischen 1985 und 1995, in weniger fundamentalen Schritten vollziehen werden.

Dieses volumenmäßig umfängliche, aber naturgemäß auch viele wichtige Fragestellungen nur knapp behandelnde Buch hätte nicht ohne die kreative und tatkräftige Unterstützung meiner Mitarbeiterinnen und Mitarbeiter entstehen können. Zu nennen sind Frau Diplom-Kauffrau Christiane Rumpf, die Textbeiträge zur US-amerikanischen Verkehrspolitik und zu den Kostenrechnungsverfahren beisteuerte und mit großer Sorgfalt wichtige andere Teile durchgesehen hat, wie auch Herr Diplom-Ökonom Lorenz Weimann, der das Material zur britischen Verkehrspolitik aufbereitete und ebenfalls kritisch weitere Abschnitte des Buches sichtete. Wichtige Hilfestellung bei der Erstellung der verbesserten Textfassungen leisteten weiterhin Diplom-Kauffrau Andrea Brenner, Dr. Alexander Hedderich, Diplom-Kaufmann Dirk Gunther Trost sowie Diplom-Kaufmann Stephan Georg Wigger. Sie haben alle durch kritische Diskussion der Erstfassung zu erheblichen Verbesserungen und Klarstellungen beigetragen. Ihnen gilt mein Dank, aber auch den studentischen Hilfskräften, wie Diplom-Kauffrau Lorett Putzger, cand. rer. oec. Peter Kowallik und cand. rer. oec. Jürgen Rennert, die zahlreiche technische Arbeiten zur Erstellung des Manuskriptes durchgeführt haben. Sämtliche noch (und sicherlich auch) vorhandenen Unzulänglichkeiten und Fehler verbleiben natürlich in meiner Verantwortung.

Letztlich danke ich besonders auch meiner langjährigen Sekretärin, Frau Helma Pacl. Sie hat die Erstfassung dieses Buches in eine leserliche und für weitere Arbeiten rechnergestützt zugängliche Form gebracht und unter dem Manuskriptumfang, der im übrigen während des Schreibens ständig zunahm, sicherlich auch gelitten.

Gießen   Gerd Aberle

VORWORT ZUR 3. AUFLAGE

Nachdem die 1. Auflage dieses Buches vom Markt sehr freundlich aufgenommen wurde und die unveränderte 2. Auflage sowie ein weiterer Nachdruck Ende 1998 weitgehend vergriffen waren, bot sich im Zusammenhang mit den zahlreichen rechtlichen, institutionellen und auch methodenbezogenen Veränderungen im verkehrswissenschaftlichen und verkehrswirtschaftlichen Bereich eine grundlegende Überarbeitung an. Zwangsläufig hat dies auch zu einer Erweiterung des Umfangs geführt.

Neben einer Aktualisierung sämtlicher Daten wurden insbesondere die seit 1996 eingetretenen Entwicklungen in der EU-Verkehrspolitik, die weitere Umsetzung der deutschen Bahnstrukturreform, das neue Trassenpreissystem der DB Netz AG (TPS '98), alternative Finanzierungskonzepte für die Verkehrsinfrastruktur sowie ergänzende Überlegungen zum Yield management berücksichtigt. Einbezogen wurden auch neuere Diskussionsbeiträge zur Frage des gesamtwirtschaftlichen Nutzens des Verkehrs.

Bei der umfassenden Überarbeitung haben mich meine Mitarbeiterinnen und Mitarbeiter durch kritische und hilfreiche Diskussionsbeiträge und Formulierungsvorschläge sowie bei der technischen Abwicklung der Manuskripterstellung wesentlich unterstützt. Zu nennen sind insbesondere Dipl.-Kauffrau Katrin Kindsvater, Dr. Alexander Eisenkopf, Dipl.-Volkswirt Roland Hennecke, Dipl.-Ökonom Olaf Zeike und Dipl.-Kaufmann Roman Ehrhardt. Ihnen sei an dieser Stelle nochmals gedankt.

Das Buch wird auch in der 3. Auflage nicht frei sein von Fehlern, Unklarheiten und sonstigen Unvollkommenheiten. Für sie sehe ich mich in der alleinigen Verantwortung.

Gießen   Gerd Aberle

INHALTSVERZEICHNIS

Abbildungsverzeichnis XVIII

Übersichtenverzeichnis XXII

I Grundbegriffe und Basiszusammenhänge 1

1   Mobilität und Verkehr im Entwicklungsprozeß von
    Volkswirtschaften 1
    1.1 Statistische Mobilitätserfassung 2
    1.2 Bestimmungsgründe der Mobilität 5
         1.2.1 Personenverkehr 5
         1.2.2 Güterverkehr 9
    1.3 Mobilitätsbeeinflussung 10
         1.3.1 Ziele 10
         1.3.2 Einwirkungsmöglichkeiten der Verkehrspolitik 10

2   Das Leistungsbild des Verkehrssektors 18
    2.1 Technische und ökonomische Strukturmerkmale von
         Verkehrsträgern, Verkehrsmitteln und Verkehrssystemen ... 18
    2.2 Fachtermini, Maßgrößen und statistische Grundlagen in der
         Transportwirtschaft 24
    2.3 Der Transportsektor in der Volkswirtschaftlichen Gesamtrechnung ... 40
    2.4 Längs- und Querschnittsanalysen des Transportaufkommens
         und der Transportleistungen im Personen- und Güterverkehr ... 44
         2.4.1 Entwicklungen in Deutschland 44
         2.4.2 Entwicklungen in Europa 49
    2.5 Zur Erfassungsproblematik der gesamtwirtschaftlichen
         Wohlfahrtswirkungen des Verkehrssektors 54
         2.5.1 Ausgangslage 54
         2.5.2 Theoretisches Basiskonzept und Lösungsmöglichkeiten ... 55

3   Marktformen und Organisationsstrukturen der Transportwirtschaft .. 59
    3.1 Marktverhältnisse im Personen- und Güterverkehr 59
         3.1.1 Personenverkehr 59
         3.1.2 Güterverkehr 62

3.2 Organisationsstrukturen im Personen- und Güterverkehr 72
   3.2.1 Rechtsformen der Verkehrsbetriebe 72
   3.2.2 Besonderheiten betriebswirtschaftlicher Entscheidungsprozesse 75
3.3 Kooperationen und Unternehmenszusammenschlüsse in der Transportwirtschaft 78
   3.3.1 Kooperationen 78
   3.3.2 Unternehmenszusammenschlüsse 87
3.4 Erweiterung der Marktfelder in der Transportwirtschaft 89

4 Veränderungen von verkehrssektorinternen und verkehrssektorexternen Entscheidungsvariablen und ihre Auswirkungen auf Angebots- und Nachfrageverhalten im Personen- und Güterverkehr 91
  4.1 Substitutionseffekt 91
  4.2 Güterstruktureffekt 93
  4.3 Logistikeffekt 94
  4.4 Integrationseffekt 96

II Verkehrspolitik 99

1 Staatliche Marktregulierung auf nationalen und internationalen Transportmärkten 99
  1.1 Ökonomische und politische Begründungen 99
     1.1.1 Ökonomische Begründungen: der normativ-theoretische Ansatz 99
     1.1.2 Ökonomische Begründungen: der positiv-theoretische Ansatz 106
     1.1.3 Politische Begründungen 107
  1.2 Erscheinungsformen 107
  1.3 Wirkungen 109
  1.4 Deregulierungsprozesse 114

2 Grundelemente der nationalen Verkehrspolitik 116
  2.1 Ordnungspolitik 116
  2.2 Strukturpolitik 127
     2.2.1 Verkehrsinfrastrukturpolitik 127

2.2.2 Eisenbahnpolitik 137
2.3 Wiedervereinigung Deutschlands und deren transportwirtschaftliche Auswirkungen 155
2.4 Alternative Finanzierungsformen für die Verkehrsinfrastruktur 162

3 Grundelemente der europäischen Verkehrspolitik 170
3.1 Regelungen im EG-Vertrag 170
3.2 EuGH-Urteil vom 22. Mai 1985 173
3.3 Deregulierungsaktivitäten auf den Verkehrsmärkten 173
3.4 Wettbewerbspolitische Harmonisierungsprobleme 178
3.5 Die Gemeinschaftsstrategien der EG-Kommission 184
3.6 Auswirkungen der europäischen Verkehrspolitik auf die nationale Verkehrspolitik 188
3.7 Verkehrspolitische und verkehrswirtschaftliche Probleme der EU-(Ost-)Erweiterung 190

4 Grundelemente der US-amerikanischen und britischen Verkehrspolitik 195
4.1 USA 195
    4.1.1 Luftverkehr 196
    4.1.2 Eisenbahn 201
    4.1.3 Straßengüterverkehr 208
    4.1.4 Intercity-Busverkehre 213
4.2 Großbritannien 216
    4.2.1 Luftverkehr 216
    4.2.2 Eisenbahn 218
    4.2.3 Straßengüterverkehr 224
    4.2.4 Busverkehr 225

III Leistungsstrukturen, Kostenstrukturen und Preisbildung in der Verkehrswirtschaft 230

1 Leistungsstrukturmerkmale 230
1.1 Eigenschaften von Verkehrsleistungen 230
1.2 Das Auslastungsproblem 233
1.3 Qualitätsmanagement und Qualitätssicherung 238
    1.3.1 Qualitätsmanagement 239

         1.3.2 Qualitätssicherung und die Normen DIN ISO 9000ff. 241
    1.4 Die Produktionsbedingungen der Verkehrsträger 247
         1.4.1 Generelle Aussagen 247
         1.4.2 Straßenverkehr 248
         1.4.3 Eisenbahn 252
         1.4.4 Binnenschiffahrt 259
         1.4.5 Luftverkehr 260
         1.4.6 Seeschiffahrt 265
         1.4.7 Exkurs: Speditionelle Dienstleister 270
2 Kostenstrukturmerkmale 273
    2.1 Generelle Kostenstrukturmerkmale in der Transportwirtschaft 273
    2.2 Verkehrsträgerspezifische Kostenstrukturmerkmale aus
         betriebswirtschaftlicher Sicht 275
         2.2.1 Eisenbahn 275
         2.2.2 Straßengüterverkehr 277
         2.2.3 Binnenschiffahrt 279
         2.2.4 Luftverkehr 280
         2.2.5 Speditionen 283
3 Kostenrechnungsverfahren in der Transportwirtschaft 285
    3.1 Aufgaben 286
    3.2 Kostenrechnungssysteme 289
         3.2.1 Vollkostenrechnung 289
         3.2.2 Teilkostenrechnungen 294
         3.2.3 Prozeßkostenrechnung 300
    3.3 Verkehrsträgerspezifische Beispiele 302
4 Controlling 318
    4.1 Begriff, Ziele und Voraussetzungen 318
    4.2 Controlling in der Transportwirtschaft 320
5 Preispolitik in der Transportwirtschaft 323
    5.1 Theoretische Grundlagen: von der wohlfahrtsoptimierenden
         Preissetzungsregel zu praxisrelevanten Second best-Ansätzen 323
         5.1.1 Marginalkostenpreisbildung und Grenzen ihrer Anwendung .. 323
         5.1.2 Praxisrelevante Second best-Ansätze 331
              5.1.2.1 Zuschlagsysteme 331
                   5.1.2.1.1 Ramsey-Preise 331

            5.1.2.1.2 Péage-Systeme.. 333
        5.1.2.2 Zweistufige Tarife 334
        5.1.2.3 Preisdifferenzierung 335
        5.1.2.4 Subventionierung.. 336
    5.1.3 Spitzenlastpreisbildung.. 339
5.2 Preise für die Infrastrukturnutzung...................................... 341
    5.2.1 Road pricing 342
    5.2.2 Trennung von Fahrweg und Transportbetrieb bei der
          Eisenbahn: Konsequenzen für die Preispolitik........................ 347
        5.2.2.1 Vorbemerkungen.. 347
        5.2.2.2 Eisenbahnrechtliche und kartellrechtliche
                Rahmenbedingungen...................................... 349
        5.2.2.3 Ziele und Struktur eines ökonomischen
                Trassenpreissystems...................................... 351
        5.2.2.4 Exkurs: Die Trassenpreissysteme der Deutsche
                Bahn AG 1994/95, 1998 und 2001............................ 357
5.3 Preise für Verkehrsleistungen - Tarifsysteme in der
    Verkehrswirtschaft.. 363
    5.3.1 Freie versus regulierte Preisbildung 364
    5.3.2 Preisbildende Strukturmerkmale 365
    5.3.3 Anmerkungen zur Preisbildung der Landverkehrsträger
          nach dem Tarifaufhebungsgesetz 369

6 Ermittlung und Anlastung der Kosten der Verkehrsinfrastruktur 375
    6.1 Vorbemerkungen 375
    6.2 Begriff und Struktur von Wegerechnungen............................ 376
    6.3 Aufgaben von Wegerechnungen und Kostenverantwortlichkeiten 379
    6.4 Alternative Verfahren von Wegerechnungen und deren
        wettbewerbspolitische Bedeutung 381
        6.4.1 Erfassung und Bewertung in der Globalrechnung.................... 382
        6.4.2 Fahrzeugkategoriale Zuordnung von Wegeaufwendungen
              und Wegeentgelten 385
    6.5 Aktuelle Wegerechnungsergebnisse.................................... 391

IV Planungsprozesse in Verkehrswirtschaft und Verkehrspolitik ... 410

1 Begriff und Merkmale transportwirtschaftlicher Planungsprozesse ... 410
   1.1 Planungsbegriff ... 410
   1.2 Mikroplanung: Unternehmungsplanung in der Transportwirtschaft .. 411
   1.3 Makroplanung: Verkehrsinfrastrukturplanung ... 413

2 Unternehmungsplanung in der Transportwirtschaft ... 415
   2.1 Allgemeine Merkmale der Unternehmungsplanung in Produktions- und Dienstleistungsbetrieben ... 415
      2.1.1 Strategische, operative und taktische Planung ... 415
      2.1.2 Instrumente der strategischen Unternehmungsplanung ... 419
   2.2 Aufgaben und Problemanalyse der strategischen Unternehmungsplanung in der Transportwirtschaft ... 433
   2.3 Unternehmungsplanung bei Eisenbahnen ... 434
   2.4 Unternehmungsplanung bei Speditionsbetrieben ... 439
   2.5 Unternehmungsplanung bei Straßengüterverkehrsbetrieben ... 443
   2.6 Unternehmungsplanung bei Luftverkehrsgesellschaften ... 444
   2.7 Unternehmungsplanung bei öffentlichen Personennahverkehrsunternehmen ... 448

3 Gesamtwirtschaftliche Verkehrsinfrastrukturplanung (Verkehrswegeplanung) ... 453
   3.1 Ingenieurmäßige und ökonomische Verkehrswegeplanung ... 453
   3.2 Nachfrage- und zielorientierte Verkehrswegeplanung ... 454
   3.3 Planungsmethodische Grundlagen ... 455
      3.3.1 Aggregierte und disaggregierte Planungsmodelle ... 455
      3.3.2 Prognoseverfahren ... 464
         3.3.2.1 Personenverkehr ... 466
         3.3.2.2 Güterverkehr ... 468
   3.4 Ökonomische Evaluierungsverfahren in der Verkehrswegeplanung ... 470
      3.4.1 Nutzen-Kosten-Rechnungen ... 471

            3.4.1.1 Nutzen-Kosten-Analyse (NKA) 471
            3.4.1.2 Nutzwertanalyse (NWA) 473
            3.4.1.3 Kosten-Wirksamkeits-Analyse (KWA) 475
        3.4.2 Verkehrszweigübergreifende Bewertung 477
        3.4.3 Erfassungs- und bewertungsrelevante Nutzen- und
              Kostenkomponenten 480
        3.4.4 Verkehrswegeplanung und ökologische Risikoanalyse -
              Umweltverträglichkeitsprüfung 481
        3.4.5 Raumstrukturelle Verkehrswegeeffekte 483
    3.5 Anwendungsbeispiel für eine integrierte Verkehrswegeplanung:
        die deutsche Bundesverkehrswegeplanung 487
        3.5.1 Generelle Zielsetzungen 487
        3.5.2 Methodik 489
        3.5.3 Ergebnisse 494
        3.5.4 Modifizierungserfordernisse 496
    3.6 Bewertung von Verkehrswegeinvestitionen des öffentlichen
        Personennahverkehrs 499

V Verkehrswirtschaft und Logistik 503

1 Logistikkonzeptionen 503
    1.1 Begriffsabgrenzungen 503
    1.2 Ziele 505
    1.3 Entwicklungsstufen 506

2 Ausprägungen logistischer Konzeptionen 512

3 Logistikkosten, Logistikkostenrechnung und Logistikleistungen 516
    3.1 Abgrenzung von Logistikkosten 516
    3.2 Erfassung von Logistikleistungen und Logistikkosten 517
    3.3 Logistikkostenarten-, Logistikkostenstellen- und -kosten-
        trägerrechnung 518

4	Logistik-Controlling	520
5	Fallbeispiele	523
6	Auswirkungen veränderter Logistikkonzeptionen auf die Verkehrswirtschaft	527
	6.1 Integrationserfordernisse	527
	6.2 Neue Geschäftsfelder	528
7	Logistische Optimierungsstrategien	530
	7.1 Speditionslogistik	530
	7.2 Straßengüterverkehr	537
	7.3 Eisenbahn	546
	7.4 Binnenschiffahrt	552
	7.5 Luftverkehr	554
	7.6 Seehäfen	557
8	Güterverkehrszentren	559
9	Citylogistik	562
10	Rechnergestützte Informationssysteme im Rahmen logistischer Optimierungsstrategien	565
	10.1 Informations- und Kommunikationssysteme	565
	10.2 Edifact	567
	10.3 Telematik	569

VI Verkehr und Umwelt 572

1	Vorbemerkungen	572
2	Externe Effekte als Problem der Wirtschaftspolitik	572
	2.1 Begriff und Formen externer Effekte	574
	2.2 Internalisierungsverfahren	576
3	Externe Effekte des Verkehrs	581
	3.1 Externe Kosten der Verkehrsinfrastruktur	582
	3.2 Externe Kosten des Verkehrsmittelbetriebs	582
	3.3 Quantitative Abschätzungen	586
	3.4 Exkurs: Gesamtwirtschaftliche Vorteile von Verkehrssystemen	598

4	Rechenverfahren zur Erfassung der externen Effekte	607
	4.1 Mengengerüste	607
	4.2 Bewertungsmöglichkeiten	609
5	Umsetzung der Internalisierung	613

Literaturverzeichnis 618
Sachwortverzeichnis 650

ABBILDUNGSVERZEICHNIS

Abbildung 1: Strukturbild der Mobilität 3

Abbildung 2: Entwicklung der Fahr- und Verkehrsleistungen im Straßengüterverkehr 1960 - 2000 (bis 1990 ABL) 14

Abbildung 3: Entwicklung der Fahr- und Verkehrsleistungen im Straßenpersonenverkehr 1960 - 2000 (bis 1990 ABL) 15

Abbildung 4: Formen des kombinierten Verkehrs 22

Abbildung 5: Verkehrsleistungen im EU-Güterverkehr 1970 - 1999 (in Mrd. Tkm) 52

Abbildung 6: Güterverkehr auf Straße und Schiene im Vergleich 1970 - 1999 52

Abbildung 7: Verkehrsleistungen im EU-Personenverkehr 1970 - 1999 (in Mrd. Pkm) 53

Abbildung 8: Sozialer Nettonutzen im Einproduktfall 56

Abbildung 9: Angebotsstruktur der Binnenschiffahrt 67

Abbildung 10: Rechtsformen von Verkehrsbetrieben 73

Abbildung 11: Die Freiheiten der Luft 79

Abbildung 12: Entwicklung des Huckepackverkehrs in Deutschland 1970 - 2000 (in 1.000 Sendungen); ohne Containerverkehr 84

Abbildung 13: Formen strategischer Allianzen in der Verkehrswirtschaft 86

Abbildung 14: Formen von Unternehmenszusammenschlüssen in der Transportwirtschaft 87

Abbildung 15: Entwicklung der Verkehrsanteile im Personenverkehr (Pkm) 1950 - 2000 (in v. H.; Werte bis 1990 ABL) 92

Abbildung 16: Entwicklung der Verkehrsanteile im Güterverkehr (Tkm) 1950 - 2000 (in v. H.; Werte bis 1990 ABL) 92

Abbildung 17: Verfahrensschritte für die privatrechtliche Umstrukturierung der Deutschen Eisenbahnen 147

Abbildung 18: Trennungsformen von Fahrweg und Transportbetrieb und deren Diskriminierungspotentiale 149

Abbildung 19: Finanzmittelzuweisung nach dem GVFG für die Jahre 1992 - 1995 160

Abbildung 20: Kraftfahrzeugsteuern in Europa (Basis: 40 t-Lastzug) in EUR/Jahr (Stand und Umrechnungskurse: 1. August 2000) 179

Abbildung 21: Mineralölsteuern in Europa auf Dieselkraftstoff in
Cent/Liter (Stand und Umrechnungskurse: 1. August 2000) 180

Abbildung 22: Netz der AMTRAK 206

Abbildung 23: Auslastung von Verkehrsinfrastruktur und Verkehrsmitteln 234

Abbildung 24: Determinanten der Qualität 240

Abbildung 25: Die Elemente der Normen DIN ISO 9001 - 9004 243

Abbildung 26: Zertifizierungsurkunde eines Speditionsunternehmens 245

Abbildung 27: Formen der Verbundproduktion 247

Abbildung 28: Formen der Trennung von Fahrweg und Eisenbahntransportbetrieb 254

Abbildung 29: Die zukünftige Struktur des Schienenverkehrsmarktes 255

Abbildung 30: Break even im Luftverkehr 283

Abbildung 31: Systemteile des weiterentwickelten DB-Rechnungswesens
- Informationsfluß - 308

Abbildung 32: Hierarchie der Kostenträger 309

Abbildung 33: Kostenträgerplan - Hierarchiestufen 1 bis 4 310

Abbildung 34: Ziel und Aufgaben des Controlling nach D. Hahn 319

Abbildung 35: Verlustfreie Marginalkostenpreisbildung im Fall vollständiger Konkurrenz (homogenes Polypol) 325

Abbildung 36: Verlustbringende Marginalkostenpreisbildung bei
ertragsgesetzlichen Kostenverläufen und mengenabhängigen
Preisen 326

Abbildung 37: Verlustbringende Marginalkostenpreisbildung bei linearem
Gesamtkostenverlauf und mengenabhängigen Preisen 327

Abbildung 38: Preis-Mengen-Effekte bei Grenzkosten- und
Durchschnittskostenpreissetzung 330

Abbildung 39: Verlustfreie Grenzkostenpreisbildung 330

Abbildung 40: Variable Grenzkostenzuschläge bei unterschiedlichen
Preiselastizitäten der Nachfrage 332

Abbildung 41: Beispielfall eines zweistufigen Tarifs in Verbindung mit
einem einstufigen Preissystem und Selfselection 335

Abbildung 42: Defizitbereich aufgrund von Economies of large scale 338

Abbildung 43: Gewinnbereich aufgrund von Diseconomies of large scale 338

Abbildung 44: Wirkungen von Überlastungen einer definierten
Straßenkapazität 343

Abbildung 45: Formen des Road pricing im Straßenverkehr 345

Abbildung 46: System wirtschaftlicher Entgelte (Allais-Bericht) 346

Abbildung 47: Trassenpreissystem 1998 der DB AG: Zusammensetzung des Trassenpreises im zweistufigen Preissystem 361

Abbildung 48: Trassenpreissystem der DB Netz AG ab 2001 (TPS '01) 362

Abbildung 49: Formen von Entfernungsstaffeln 367

Abbildung 50: Tarifstaffeln im Verkehr 368

Abbildung 51: Güterpreissystem der Bahn 371

Abbildung 52: Wegerechnungen 376

Abbildung 53: Umfeld der strategischen Planung 417

Abbildung 54: Aufgabenkomplexe strategischer Planung und Kontrolle 419

Abbildung 55: Die Lücke zwischen dem Basisgeschäft und der Entwicklungsgrenze 422

Abbildung 56: Lebenszyklus eines Produktes 423

Abbildung 57: Marktanteils-Marktwachstums-Portfolio 427

Abbildung 58: Szenario-Trichter 429

Abbildung 59: Die vier Perspektiven der BSC 431

Abbildung 60: Analyse und Zielportfolio der Strategischen Geschäftseinheiten in einem ÖPNV-Unternehmen 450

Abbildung 61: Verfügbare Beschreibungsvariablen des individuellen Verkehrsverhaltens 458

Abbildung 62: Zuordnung von Logistiksystemen 505

Abbildung 63: JIT-Relevanz der Zulieferteile 509

Abbildung 64: Hierarchie des Modular sourcing 510

Abbildung 65: Verbindung der Logistikleistungen mit der Logistikkostenrechnung 517

Abbildung 66: Logistik-Portfolio 521

Abbildung 67: Bedeutung der Logistikorientierung 529

Abbildung 68: Übernahme komplexer Dienstleistungen durch den Spediteur .. 531

Abbildung 69: Hub and spoke-System 534

Abbildung 70: INTAKT-System 538

Abbildung 71: Unterschiedliche Komplexitätsgrade der Tourenplanung im Straßengüternah- und -güterfernverkehr 540

Abbildung 72: Überblick über Lösungsverfahren des Rundreiseproblems (Tourenplanung) 541

Abbildung 73: Strukturmerkmale der Citylogistik 564

Abbildung 74: Formen externer Effekte 575

Abbildung 75: Einzelwirtschaftliche und gesamtwirtschaftliche (soziale) Kosten 575

Abbildung 76: Optimaler ökonomischer Schadensvermeidungsumfang 576

Abbildung 77: Pigou'sche Steuerlösung zur Realisierung einer gesamtwirtschaftlich optimalen Ausbringungsmenge 578

Abbildung 78: Nutzeneffekte des Straßengüterverkehrs 604

ÜBERSICHTENVERZEICHNIS

Übersicht 1:	Verteilung der täglichen Wege (alle Tage, in v.H.)	4
Übersicht 2:	Verkehrszwecke und relative Verkehrsmittelwahl 1999 (in v.H.; Bezugsbasis: motorisierte Personenverkehrsleistungen)	9
Übersicht 3:	Direkte Preiselastizitäten der Nachfrage (PEN) nach Pkw-Fahrleistungen bei Kraftstoffpreiserhöhungen	11
Übersicht 4:	Fahrleistungsreduktion bei alternativen direkten Preiselastizitätswerten und realen Kraftstoffpreiserhöhungen	12
Übersicht 5:	Transportelastizitäten unter Verwendung des geometrischen und arithmetischen Mittels (bis 1990 ABL)	29
Übersicht 6:	Maße und Bruttogewichte der ISO-Container	30
Übersicht 7:	Brutto-/Netto-Anlagevermögen der Verkehrsinfrastruktur in Deutschland (in Mrd. DM in Preisen von 1995)	33
Übersicht 8:	Fluggäste und Starts/Landungen im gewerblichen Luftverkehr 2000	35
Übersicht 9:	Güterumschlag wichtiger europäischer Seehäfen 2000	37
Übersicht 10:	Bruttowertschöpfung im Verkehr und in der Gesamtwirtschaft 1965 - 2000 (in Mrd. EUR zu lfd. Preisen)	40
Übersicht 11:	Entwicklung der Umsätze im Verkehrsbereich 1965 - 2000 (in Mrd. EUR zu lfd. Preisen)	41
Übersicht 12:	Brutto-Anlageinvestitionen im Verkehr und in der Gesamtwirtschaft 1965 - 2000 (ohne Grunderwerb, in Mrd. EUR zu lfd. Preisen)	41
Übersicht 13:	Gewerblicher Straßengüterverkehr und Werkverkehr im Jahre 2000	43
Übersicht 14:	Bestand an Personenkraftwagen und Lastkraftwagen (Lkw, Zugmaschinen, Kraftomnibusse) in der Europäischen Gemeinschaft, Bundesrepublik Deutschland und DDR 1970 - 2000 (in 1.000)	45
Übersicht 15:	Aufkommensstruktur im Personenverkehr: Verkehrsaufkommen und Anteile der Verkehrsbereiche 1950 - 2000	46

Übersicht 16: Leistungsstruktur im Personenverkehr: Verkehrsleistung
(in Mrd. Pkm) und Anteile der Verkehrsbereiche
1950 - 2000 46

Übersicht 17: Aufkommensstruktur im Güterverkehr: Verkehrsaufkommen
(in Mio. t) und Anteile der Verkehrsbereiche
1950 - 2000 47

Übersicht 18: Leistungsstruktur im Güterverkehr: Verkehrsleistung
(in Mrd. Tkm) und Anteil der Verkehrsbereiche 1950 - 2000 47

Übersicht 19: Fahrleistungsentwicklung des motorisierten Straßenverkehrs
1952 - 2000 (in Mrd. km) 48

Übersicht 20: Verkehrsleistungen im Personen- und Güterverkehr sowie
Modal split in der DDR 1980 - 1990
(binnenländischer Verkehr) 49

Übersicht 21: Jährliche Wachstumsraten in den EU 15 in v.H. 49

Übersicht 22: Entwicklung der Güterverkehrsleistung (in Mrd. Tkm)
nach Verkehrsträgern in der EU von 1970 bis 1999 50

Übersicht 23: Länderspezifischer Modal split im Güterverkehr 1999 51

Übersicht 24: Marktanteile im Personenverkehr 2000 59

Übersicht 25: Unternehmen des gewerblichen Straßengüternahverkehrs
und eingesetzte Fahrzeuge 1980 - 1992 63

Übersicht 26: Unternehmen des Werkfernverkehrs nach Branchen (Stand:
November 1998) 65

Übersicht 27: Unternehmen des gewerblichen Straßengüterfernverkehrs
nach Zahl der Genehmigungen 1978 - 1990 (ABL) 66

Übersicht 28: Speditionsbetriebe nach Zahl der Beschäftigten 1995
(in v.H.) 70

Übersicht 29: Tätigkeitsbereiche und Leistungsschwerpunkte der
Speditionsbetriebe 1995 (in v.H.) 71

Übersicht 30: Entwicklung des binnenländischen Transportaufkommens
(Nah- und Fernverkehr) ausgewählter Hauptgütergruppen in
Deutschland 1960 - 2000 (in Mio. t; bis 1990 ABL) 93

Übersicht 31: Grenzüberschreitender Güterverkehr (Empfang + Versand)
1960 - 2000 (in Mio. t; bis 1990 ABL) 97

Übersicht 32: Entwicklung von Werkfernverkehr und gewerblichem
Straßengüterfernverkehr 1960 - 1997 (bis 1990 ABL) 111

Übersicht 33: Brutto-/Netto-Anlagevermögen der Verkehrsinfrastruktur
1980, 1990 und 2000 in Preisen von 1995 (in Mio. EUR,
Werte ohne Grundbesitz; bis 1990 ABL) 128

Übersicht 34: Sonstige Brutto-/Netto-Anlagenvermögenswerte
2000 in Preisen von 1995 (in Mio. EUR,
Werte ohne Grundbesitz) 129

Übersicht 35: Modernitätsgrad der Verkehrsinfrastruktur 1980 - 2000
(bis 1990 ABL) 129

Übersicht 36: Entwicklung der Personen- und Tonnenkilometerleistungen
1970 - 2000 (in Mrd.; bis 1992 ABL) 130

Übersicht 37: Brutto-Anlageinvestitionen in die Verkehrswege 1980 - 2000
zu Preisen von 1995 (in Mio. EUR; bis 1990 ABL) 130

Übersicht 38: Verkehrsleistungen (Pkm + Tkm) absolut und im Verhältnis
zu den realen Anlageinvestitionen bei Straße, Schiene und
Binnenwasserstraßen 1975 - 2000 (bi 1990 ABL, in Preisen
von 1995; in Mio. EUR) 131

Übersicht 39: Ersatzinvestitionsbedarf der Bundesverkehrswege
1991 - 2010 (in Mrd. EUR zu Preisen von 1990) 133

Übersicht 40: Abgaben des motorisierten Kraftfahrzeugverkehrs
1975 - 2000 (in Mio. EUR; bis 1990 ABL) 134

Übersicht 41: Entwicklung wichtiger Kennziffern der Jahresergebnisrechnungen der Deutschen Bundesbahn (in Mio. DM) 140

Übersicht 42: Jahresfehlbeträge DB/DR und Jahreshaushaltsbelastung
durch die Bahn (in Mrd. EUR p.a.) 143

Übersicht 43: Konsolidierte Bilanz von DB und DR
zum 31. Dezember 1993 143

Übersicht 44: Konsolidierte Gewinn-und-Verlust-Rechnung zum
31. Dezember 1993 von DB und DR (in Mio. DM) 144

Übersicht 45: Eröffnungsbilanz der DB AG zum 1. Januar 1994 (EUR) 149

Übersicht 46: Finanzmittelbereitstellung ÖPNV für die Jahre 1994 - 2000
(in Mrd. EUR) 152

Übersicht 47: Belastung des Verkehrshaushalts durch eisenbahnspezifische Ausgaben; Planwerte für 2000 153

Übersicht 48: Verkehrsleistungen und Modal split in der DDR 1980 - 1990 (binnenländischer Verkehr) 157

Übersicht 49: Nachholbedarf 1991 - 2000 für Verkehrswegeinvestitionen auf dem Gebiet der ehemaligen DDR (in Mrd. DM) 159

Übersicht 50: Entwicklung der Transportleistungen im USA-Güterverkehr (in Mrd. Tkm) 204

Übersicht 51: Entwicklungen der Transportleistungen im USA-Personenverkehr (in Mrd. Pkm) 208

Übersicht 52: Nettoanlagenvermögen der Verkehrswege von Eisenbahn und Straßenverkehr im Vergleich zu den jeweiligen Verkehrsleistungen (bis 1990 ABL; 2000 Gesamtdeutschland). 257

Übersicht 53: Deckungsbeitragsrechnung im gewerblichen Straßengüterverkehr 305

Übersicht 54: Deckungsbeitragsrechnung in der Seeschiffahrt 313

Übersicht 55: Deckungsbeitragsrechnung im Luftverkehr 314

Übersicht 56: Linienerfolgsrechnung im ÖPNV 317

Übersicht 57: Kosten der Verkehrswege 1984 und 1987 (in Mio. DM) 392

Übersicht 58: Wegekostendeckungsgrade bei Straßen 1984 und 1987 (ABL) 393

Übersicht 59: Wegekostendeckungsgrade bei der Deutschen Bundesbahn 1984 und 1987 (in v.H.; einschließlich Bundesleistungen) 394

Übersicht 60: Wegekosten, Wegeeinnahmen und Wegekostendeckungsgrade bei den Binnenwasserstraßen 1984 und 1987 394

Übersicht 61: Vergleich zwischen Ausgaben und Einnahmen bei den Verkehrswegen für das Jahr 1987 (in Mio. DM) 395

Übersicht 62: Modifizierte Globalrechnung für Straßen 1987 395

Übersicht 63: Betriebswirtschaftlich ermittelte Wegekosten und Wegekostenüber-/-unterdeckungen 1987 je Pkm/Tkm (Basis: DIW Wegekosten; ABL) 396

Übersicht 64: Kosten der Verkehrswege 1997 (in Mio. DM, kalk. Zins 2,5%) 397

Übersicht 65: Wegeausgabendeckungsgrade für Straßen 1997 (in v.H.) 398

Übersicht 66: Wegekostendeckungsgrade für Straßen 1997 (in v.H.) 399

Übersicht 67: Wegeausgabendeckung 1994 und Szenarien (in v.H.) 401

Übersicht 68: Wegekosten, Wegeeinnahmen und Wegekostendeckungsgrade der Deutschen Bahn AG 402

Übersicht 69: Wegekosten, Wegeeinnahmen und Kostendeckungsgrade der Deutschen Bahn AG 1997 403

Übersicht 70: Hauptergebnisse der Wegekostenrechnung Bundesautobahnen / Bundesstraßen zur Bestimmung der Mauthöhe für schwere LKW 405

Übersicht 71: Struktur- und Leistungsziele der Bundesverkehrswegeplanung 488

Übersicht 72: Projektwirkungen in der Bundesverkehrswegeplanung 490

Übersicht 73: Netto-Investitionen (Neu- und Ausbau) im BVWP '92 (1991 - 2010 in Mrd. DM; Preisbasis 1991) 496

Übersicht 74: Verfahrensablauf bei Durchführung der Standardisierten Bewertung 500

Übersicht 75: Entwicklung des Quotienten aus Tkm und Fzkm im Straßengüterverkehr von 1960 - 1990 (ABL) sowie 1991 – 2000 (Gesamtdeutschland) 544

Übersicht 76: Volkswirtschaftliche Unfallkosten des Straßenverkehrs in Deutschland 2000 (in Mrd. EUR) 583

Übersicht 77: Lärmemissionsgrenzwerte in der EU 585

Übersicht 78: Schadstoffemissionsgrenzwerte in der EU (Dieselmotoren) in g/kwh 586

Übersicht 79: Luftverunreinigung in Deutschland 1999 nach Art der Emission und Emittentengruppen (Mio. t) 586

Übersicht 80: Relative Umweltbelastung durch Pkw und Nutzfahrzeuge 1990 (in v.H.) 587

Übersicht 81: Externe Kostenschätzungen für den landgebundenen Verkehr in der Bundesrepublik Deutschland (ABL) 588

Übersicht 82: Externe Kostenkomponenten des landgebundenen Verkehrs im Vergleich (Planco- versus UPI-Studie, in Mio. DM) 589

Übersicht 83: Externe Kosten des Verkehrs in Deutschland nach
Verkehrsarten 590
Übersicht 84: Externe Kosten (ohne Staukosten) in 17 europäischen
Ländern im Jahre 1995 591
Übersicht 85: Externe Kosten des Verkehrs in Deutschland 1993
(in Mrd. DM) 593
Übersicht 86: Externe Kosten in 0.01 ECU je Pkm/Tkm 615

I GRUNDBEGRIFFE UND BASISZUSAMMENHÄNGE

1 Mobilität und Verkehr im Entwicklungsprozeß von Volkswirtschaften

Der wirtschaftliche Entwicklungsstand von Volkswirtschaften wird in der Regel durch das reale Pro-Kopf-Einkommen der Bevölkerung ausgedrückt. Sowohl im Zeit- wie auch im Querschnittsvergleich von Volkswirtschaften zeigt sich, dass die Mobilität sowohl der Personen als auch der Güter in ihrem Ausmaß positiv korreliert ist mit der Höhe des realen Pro-Kopf-Einkommens. Ergänzend treten weitere sozio-ökonomische und -demographische Bestimmungsgründe hinzu, auf die noch systematischer einzugehen ist.

Unter **Mobilität von Personen** werden üblicherweise alle sog. *außerhäusigen Aktivitäten* verstanden, die ihrerseits entweder nicht motorisiert (zu Fuß, Fahrradnutzung) oder motorisiert (individuelle Verkehrsmittel wie Personenkraftwagen oder motorisierte Zweiräder; öffentliche Verkehrsmittel wie Bahnen, Busse, Flugzeuge) durchgeführt werden. Dabei besitzen die motorisierten Aktivitäten die zentrale Bedeutung, führen sie doch zu einer Vielzahl von positiven und negativen einzelwirtschaftlichen und gesamtwirtschaftlichen Wirkungen.

Allgemein anerkannt ist, dass Mobilität im Sinne von Raumüberwindung ein wesentliches Grundbedürfnis der Menschen darstellt; Sättigungsgrenzen sind noch nicht hinreichend definierbar. Auch in hochentwickelten Volkswirtschaften mit hohem realen Pro-Kopf-Einkommen und zunehmender Freizeit steht der Wunsch nach „mehr Reisen" an der Spitze aller entsprechenden Befragungsergebnisse. Dabei besitzt die Freizeitmobilität, die sich auch in hohen Zuwächsen der Tourismusaktivitäten selbst in strukturellen und konjunkturellen Wirtschaftskrisen zeigt, wie etwa in Deutschland in den Jahren 1993, 1994 sowie 2000 eine besondere Bedeutung.

Im **Güterbereich** umschreibt Mobilität die zwischenbetriebliche Beförderung und die Versorgungstransporte für Endverbraucher, d.h. die Transporte von Roh-, Halb- und Fertigprodukten der produzierenden und handeltreibenden Wirtschaft. Der Umfang dieser Gütermobilität ist im Hinblick auf nationale und grenzüberschreitende Transporte direkt mit dem Grad der Arbeitsteilung und der Intensität der Austauschprozesse verknüpft. Der Abbau von internationalen Handelshemmnissen durch Gründung von Freihandelszonen und Wirtschaftsgemeinschaften, insbesondere die Schaffung eines gemeinsamen Marktes innerhalb der Europäischen Union (EU) am 1. Januar 1994, haben als ein Oberziel die Steigerung der ökonomischen Wohlfahrt der Bürger dieser Staaten durch verstärkten Güteraustausch und hieraus folgenden Preis- und Qualitätswirkungen durch intensivierten Wettbewerb. Die Folge ist eine ständig wachsende Transportmenge der gehandelten Güter. Diese Tendenz wird verstärkt durch die einen hohen Stellenwert einnehmende Philosophie der Fertigungstiefenreduzierung (Kostensenkung und Flexibilitätssteigerung in Industrie und Handel) bzw. des sog. Outsourcing (Ausgliederung von nicht direkt dem Originärleistungsprozeß in Unternehmen zuzurechnenden Aktivitäten und Übertragung an Dritte, etwa Zulieferer oder spezialisierte Logistikdienstleister) und des Global sourcing (weltweite Einkaufsorientierung).

Als weitere wichtige Form der Mobilität ist die Übermittlung von Informationen zu nennen. Moderne Informations- und Kommunikationssysteme (I + K) haben sich im Zeitablauf von der Briefübersendung über Telexübermittlung hin zu rechnergestützten Datenfernübertragungsverfahren entwickelt. Hierbei geht es um die Nutzung von Telekomleitungen und speziellen Mietleitungen sonstiger gewerblicher Leistungsanbieter sowie der Satellitenkommunikation (Global System for Mobile Communication, GSM) für die transportbegleitenden oder transportvorauseilenden Informationen. Einen zunehmenden Stellenwert nimmt die Nutzung des Internet ein. Noch immer schwer lösbare Probleme bereiten hierbei die zahlreichen Schnittstellen weltweit und national unterschiedlicher Hard- und Software der benutzten Datenübertragungssysteme und -standards (vgl. hierzu auch Kapitel V).

1.1 Statistische Mobilitätserfassung

Von den *außerhäusigen Aktivitäten*, die als Personenverkehr zu raumüberwindenden Verkehrsaktivitäten führen, wird im folgenden nur die Mobilität mit Verkehrsmittelnutzung betrachtet. Der Güterverkehr wird als der hier vorrangige bedeutsame zwischen- und außerbetriebliche Transport stets unter Einsatz von Verkehrsmitteln durchgeführt. Der somit ausgeklammerte innerbetriebliche Transport von Rohstoffen, Halb- und Fertigprodukten besitzt hingegen bei logistischen Überlegungen einen eigenständigen Stellenwert.

Abbildung 1: **Strukturbild der Mobilität**

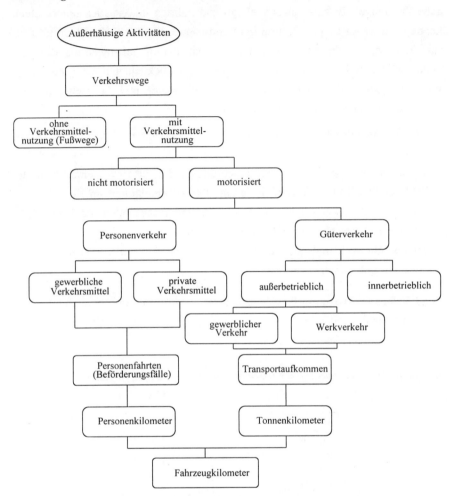

Die Zahl der außerhäusigen Aktivitäten ist regelmäßig größer als 50 % der zurückgelegten Wege. Wird unterstellt, dass die außerhäusige Aktivität auch wieder zum räumlichen Ursprung zurückführt (diese Annahme gilt insbesondere bei der Personenmobilität), so sind mit jeder Aktivität maximal zwei Wege verbunden. Tatsächlich werden jedoch auf *einem* Weg häufig *mehrere Aktivitäten* durchgeführt (verkettete Aktivitäten), etwa Berufswege verbunden mit Einkaufsaktivitäten, Besuch bei Verwaltungsdienststellen, Ärzten etc.

Im Personenverkehr legt in Deutschland jeder Einwohner über 14 Jahre im statistischen Durchschnitt rd. 19 km/Tag zurück. Der Zeitaufwand hierfür beträgt etwa 60 min (Socialdata et al. 1993). Internationale Studien zeigen, dass das tägliche Zeitbudget für außerhäusige Wege und Fahrten in fast allen untersuchten Ländern zwischen 60 und 70 min liegt und somit eine merkliche Stabilität festzustellen ist. In diesem Zusammenhang ist darauf hinzuweisen, dass im Zeitablauf bei stabilen Mobilitätzeitbudgets die zurückgelegten *Entfernungen* je Weg und damit die Kenngrößen Personenkilometer und Fahrzeugkilometer ständig angestiegen sind. Dies ist eine Folge

- der zunehmenden Leistungsfähigkeit der Verkehrsmittel (Schnelligkeit, Komfort);
- des steigenden individuellen Motorisierungsgrades mit Pkw, gemessen in der Zahl der Pkw/1.000 Einwohner, da eine Pkw-Verfügbarkeit im Vergleich zur Angewiesenheit auf öffentliche Verkehrsmittel insbesondere im Nahverkehr zu höheren Verkehrs- und Fahrleistungen führt;
- der quantitativen und qualitativen Verbesserung der Verkehrsinfrastrukturen (Straßen- und Schienenverkehr).

Rund 50 % aller Wege mit Pkw-Nutzung liegen im Entfernungsbereich bis 5 km. In Deutschland werden, auf alle Wochentage bezogen, die täglichen Wege wie folgt zurückgelegt (Socialdata et al. 1993):

Übersicht 1: **Verteilung der täglichen Wege (alle Tage, in v.H.)**

	ABL	NBL
zu Fuß	28	34
Fahrrad	12	10
motorisiertes Zweirad	1	2
Pkw: Fahrer	44	38
Pkw: Mitfahrer	6	5
ÖPNV	9	11

Quelle: Socialdata et al. (1993), S. 12.

Täglich werden in Europa etwa eine Milliarde Personenfahrten durchgeführt (Salomon/Bovy/Orfeuil 1993).

In Deutschland (nur für die alten Bundesländer) wurde das Verkehrsverhalten durch die „Kontinuierlichen Erhebungen zum Verkehrsverhalten (KONTIV)" zu ermitteln versucht. Es wurden im Auftrag des Bundesverkehrsministeriums drei Erhebungen in den Jahren 1976, 1982 und 1989 durchgeführt. Auf Basis einer mehrfach geschichteten Stichprobe wurden, abhängig von der jeweiligen KONTIV, 27.560 bis 38.811 Haushalte (Bruttowert) schriftlich zu ihrem Verkehrsverhalten an bestimmten Wochentagen befragt. Die Ausschöpfung lag zwischen 64 % und 72 %. Allerdings bestehen zwischen den drei KONTIV-Erhebungen methodische Unterschiede, die eine Vergleichbarkeit einschränken (Kloas/Kunert 1994). Für das Jahr 2002 ist als KONTIV 2002 das Projekt "Mobilität in Deutschland" konzipiert worden. Als Mobilitätserhebung zum allgemeinen Personenverkehr in Deutschland wird die Mobilität der inländischen Bevölkerung mit allen Fortbewegungsarten, Anlässen und Zielen durch eine Stichtagsbefragung identifiziert (Basis: Zufallsstichprobe). Sie wird von zwei Instituten (DIW Berlin, infas München) durchgeführt. Eine methodische Vorstudie wurde im Jahre 2001 für das deutsche Bundesministerium für Verkehr, Bau- und Wohnungswesen erstellt (infas/DIW 2001), das auch Auftraggeber der Hauptstudie KONTIV 2002 ist. Weitere wichtige statistische Informationen zur Personenverkehrsmobilität liefern die alle 5 Jahre ebenfalls im Auftrag des Bundesministeriums für Verkehr erstellten Berichte über die Struktur des Personenverkehrs in Deutschland.

Seit 1994 werden im Rahmen des Deutschen Mobilitätspanels stichprobenhaft 250 bis 390 Haushalte jährlich wiederkehrend hinsichtlich ihres Mobilitätsverhaltens befragt (Zumkeller 2001).

Während die *Personenmobilität* nach einer Vielzahl von Kriterien regelmäßig und systematisch analysiert wird, gibt es für die *Gütermobilität* nur vergleichsweise wenige Informationen unterhalb der hochaggregierten Werte von Transportaufkommen, Tonnen- und Fahrzeugkilometern. Sie werden insbesondere für logistische Optimierungsansätze erhoben, so etwa in den Bereichen City-Logistik und Fahrzeug-Tourenplanung im Verteilerverkehr.

1.2 Bestimmungsgründe der Mobilität

1.2.1 Personenverkehr

Häufig wird von einem menschlichen Grundbedürfnis nach Mobilität gesprochen. Auch in hochentwickelten Volkswirtschaften mit bereits sehr hoher Pro-Kopf-Mobilität steht der Wunsch nach zusätzlicher Mobilität an vorrangiger Position.

Angesprochen ist hier aber eine bestimmte Form von Mobilität: die freiwillige Mobilität als Freizeit-/Urlaubsmobilität.

Es ist sinnvoll, die komplexen Ursachen der Personenmobilität auch unter den Begriffen der **erzwungenen** und der **freiwilligen** Mobilität zu analysieren. Wird von den außerhäusigen Aktivitäten und damit von den *Wege-* und *Fahrtzwecken* ausgegangen, so kann wie folgt untergliedert werden:

- Ausbildung;
- Beruf (Wohnung - Arbeitsstätte);
- Geschäft;
- Einkauf/sonstige Besorgungen;
- Freizeit;
- Urlaub.

Bei den vier erstgenannten Aktivitäten besteht ein hoher Anteil an **Zwangsmobilität**, deren Ursachen dem Verkehrsbereich weit vorgelagert sind. Sie resultieren aus einer Vielzahl gesellschaftlicher und wirtschaftlicher Entwicklungsprozesse, die jedoch kaum eingetreten wären, hätten nicht verkehrssektorspezifische Bedingungen diese Entwicklungen überhaupt ermöglicht. Daher erscheint es sinnvoll, zwischen **verkehrssektorinternen** und **verkehrssektorexternen** Bestimmungsgründen für die erzwungene oder freiwillige Personenmobilität zu unterscheiden.

Verkehrssektor*interne* Bestimmungsgründe der Mobilitätsentwicklung sind:

- Führerscheinbesitz;
- Pkw-Verfügbarkeit;
- Angebot an öffentlichen Verkehrsmitteln;
- Umfang und qualitative Struktur der Verkehrswege;
- Kostenentwicklung der Verkehrsmittelnutzung.

Führerscheinbesitz und Pkw-Verfügbarkeit bewirken eine höhere Individualverkehrsmobilität im Vergleich zu Personen ohne Pkw-Verfügbarkeit. Ein qualitativ verbessertes öffentliches Verkehrsmittel ist nicht nur attraktiver, sondern kann auch generell mobilitätssteigernd wirken, wie etwa der Schienenhochleistungsverkehr ICE oder TGV (Frankreich), durch den etwa entfernungsintensive Berufspendelverkehre von weit über 150 km Einzelfahrtstrecke Wohnstandortverlagerungen ersetzen bzw. weiter räumlich entfernte Arbeitsplätze gewählt werden können. Bei den öffentlichen Verkehrsmitteln besitzen individuelle Erreichbarkeit (z.B. Entfernung von Haltepunkten) und Beförderungspreise einen hohen Stellenwert. So ist das explosionsartige Wachstum des Luftverkehrstourismus entscheidend durch die niedrigen Preise sowohl im Charterverkehr als auch im Linienverkehr durch eine Vielzahl von Sondertarifen bewirkt worden.

Beim Individualverkehr (Pkw) betrugen 1998 die monatlichen Gesamtausgaben für Pkw-Anschaffung und -Unterhaltung (alte Bundesländer) beim Haushaltstyp 2 (4-Personenhaushalt mit mittlerem Einkommen) 10,8 % bzw. 12,2 % (neue Bundesländer) und beim Haushaltstyp 3 (4-Personenhaushalt mit höherem Einkommen) 8,6 % bzw. 10,5 % des ausgabefähigen Einkommens. Aufgrund real gesunkener Kraftstoffpreise haben sich die Kraftstoffkostenanteile am ausgabefähigen Einkommen von 1973 bis 1998 von 3,3 % bzw. 2,7 % auf 2,8 % bzw. 2,2 % reduziert (alte Bundesländer). Diese Tendenz dürfte sich ab 1999 nicht mehr fortgesetzt haben (Rohölpreissteigerungen, ungünstiges Dollar-Euro-Austauschverhältnis und Einführung der Ökosteuer (jeweils 6 Pfg. Mineralölsteuererhöhung zuzüglich 16 % MwSt. am 01.04.1999, 01.01.2000, 01.01.2001, 01.01.2002 und 01.01.2003).

Verkehrssektor*externe* Bestimmungsgründe für die im Zeitablauf wachsende Mobilität sind:

- Gestaltung und räumliche Positionierung von Wohnsiedlungen und ihre Zuordnung zu Arbeitsstätten;
- Konzentrationsprozesse bei Arbeitsstätten, insbesondere im Dienstleistungssektor sowohl in den Zentren wie auch an der Peripherie von Agglomerationsräumen;
- räumliche Konzentration von Verwaltungs- und Ausbildungseinrichtungen als Folge von Gebiets-, Verwaltungs- und Schulorganisationsreformen;
- Freizeitverfügbarkeit als Folge reduzierter Wochen-, Jahres- und Lebensarbeitszeiten;
- Ausgestaltung des sozialen Rollenspiels mit zunehmenden Mobilitätsansprüchen;
- Intensivierung des Fortbildungs-/Seminartourismus.

Die durch die *Charta von Athen* (1933) postulierte Trennung von Wohn- und Arbeitsstandorten hat erhebliche mobilitätssteigernde Wirkungen gebracht. Allerdings ist eine enge räumliche Zuordnung bei den komplexen Arbeitsmarktstrukturen und mehreren berufstätigen Haushaltsmitgliedern in der Regel auch kaum realisierbar. Die dispersen Siedlungsstrukturen als Ergebnis einer mehr als 30jährigen Raumstrukturplanung sind nur sehr langfristig veränderbar, zumal sie zwar für deren Bewohner ein erhebliches Maß an Zwangsmobilität bedeuten, aber auch häufig eine hoch eingeschätzte sonstige Lebensqualität (Wohneigentum, Landschaftsqualität) mit sich bringen.

Nicht zu unterschätzen ist die Determinante *Freizeitverfügbarkeit*. Sie ist - bei gegebenem Realeinkommen und gegebener Pkw-Verfügbarkeit - für die Freizeitmobilität mit deutlicher Präferierung der Nutzung individueller Verkehrsmittel von wesentlicher Bedeutung: Zunehmende Freizeit wird in beträchtlichem Umfang in Mobilität umgesetzt. 1999 erreichten der Freizeitverkehr 39,1 % und der Urlaubsverkehr 7,9 % *aller* Personenkilometer mit motorisierten Verkehrsaktivitäten. Für 2010 wird ein summierter Anteil von fast 56 % geschätzt. Der Modal split ergibt (1999), jeweils auf den gesamten motorisierten Verkehr bezogen, mit 88 % beim Freizeit- und 60 % beim Urlaubsverkehr eine überragende Marktposition des motorisierten Individualverkehrs, die jedoch durch einen starken Anstieg des Luftverkehrs beim Urlaubsverkehr in den letzten Jahren reduziert wurde. Auch beim Einkaufsverkehr, der rund 10,7 % der *gesamten* Personenverkehrsleistungen beträgt (1999), ist der motorisierte Individualverkehr mit einem Anteil von 81 % und am Geschäfts- und Dienstreiseverkehr (Anteil an den gesamten Personenkilometern rd. 16,6 %) mit 85 % beteiligt. Beim Berufsverkehr ist der Individualverkehrsanteil von durchschnittlich 84 % ebenfalls außerordentlich hoch; bei einem hochwertigem öffentlichen Nahverkehrsangebot liegt er jedoch in den Zentren der Ballungsräume häufig unter 50 %.

Wird die mit motorisierten Verkehrsmitteln erbrachte personenkilometrische Leistung betrachtet, so ergeben sich für Deutschland die folgenden Anteile der Verkehrszwecke und Verkehrsmittel.

Übersicht 2: Verkehrszwecke und relative Verkehrsmittelwahl 1999 (in v.H.; Bezugsbasis: motorisierte Personenverkehrsleistungen)

Verkehrszweck	Anteil an gesamter Personenverkehrsleistung	Anteile am Verkehrszweck	
		Individualverkehr	Öffentlicher Verkehr
Berufsverkehr	21,0	78,9	21,1
Ausbildungsverkehr	4,7	37,1	62,9
Geschäftsreiseverkehr	16,6	83,6	16,4
Einkaufsverkehr	10,7	80,7	19,2
Freizeitverkehr	39,1	86,9	13,1
Urlaubsverkehr	7,9	59,7	40,3

Quelle: Verkehr in Zahlen (2001/2002), S. 221.

In der obigen Übersicht ist zu berücksichtigen, dass der öffentliche Verkehrsanteil von 40,3 % beim Urlaubsverkehr wiederum zu 70 % (28,3 % Anteil am gesamten Urlaubsverkehr) vom Luftverkehr erbracht wird; 1996 waren es erst 60 % (bei 13,5 % Anteil am gesamten Urlaubsverkehr).

1.2.2 Güterverkehr

Der Umfang des Güterverkehrs ist von einem Bündel von Bestimmungsfaktoren abhängig:

- Niveau und Struktur der Produktions- und Handelstätigkeit in einer Volkswirtschaft;
- Verteilung der wirtschaftlichen Aktivitäten im Raum;
- Intensität und Struktur der außenwirtschaftlichen Verflechtungen;
- großräumige Lage der Volkswirtschaft (relevant für Umfang des Gütertransits);
- Ausprägung der güterlogistischen Konzeptionen in der produzierenden und handeltreibenden Wirtschaft;
- spezielle transportintensivierende gesetzliche Regelungen (Verpackungsordnungen, Recyclingvorschriften, Hygienebestimmungen);
- Quantität und Qualität des Verkehrswegenetzes;
- Quantität und Qualität der verfügbaren Transportfahrzeuge;
- Niveau und Struktur der Transportpreise.

Zwischen den verschiedenen Bestimmungsgrößen bestehen teilweise wechselseitige Abhängigkeiten: So sind die güterlogistischen Konzeptionen der verladenden Wirtschaft im Zusammenhang mit den verfügbaren Quantitäten und Qualitäten der Transportmittel und der Verkehrswegenetze zu sehen.

Der Modal split wird durch die relativen Verkehrswertigkeiten sowie Preisstrukturen der konkurrierenden Verkehrsmittel bestimmt; diese wiederum werden durch den Güterstruktur- und durch den Logistikeffekt in besonderer Weise marktwirksam.

1.3 Mobilitätsbeeinflussung

1.3.1 Ziele

Vor dem Hintergrund zunehmender Kapazitätsengpässe im Verkehrsinfrastrukturbereich und kritischer verkehrsinduzierter Umweltbelastungen sind die Zielgrößen

- Verkehrsvermeidung und
- Verkehrsverlagerung

von zentraler Bedeutung.

Verkehrsvermeidung wird sinnvoll durch eine Verminderung des Niveaus oder der Zuwächse bei den Fahrzeugkilometern gemessen. Nicht die Verkehrsleistungen (Pkm, Tkm) sind entscheidend für die Engpaß- und Umweltprobleme, sondern die Fahrleistungen (Fzkm).

Verkehrsverlagerung beschreibt eine Veränderung des Modal split zugunsten solcher Verkehrsmittel, die über infrastrukturelle Kapazitätsreserven verfügen und deren Umweltbeeinträchtigungen vergleichsweise geringer sind.

1.3.2 Einwirkungsmöglichkeiten der Verkehrspolitik

Von der Verkehrspolitik wird immer wieder gefordert, Mobilitätsbeeinflussungen durch Maßnahmen zur Verkehrsvermeidung und Verkehrsverlagerung durchzuführen. Dabei wird jedoch die geringe Gestaltungsfähigkeit der Verkehrspolitik auf diesem Gebiet in der Regel nicht berücksichtigt.

Wie bereits gezeigt wurde, resultieren die verschiedenen Erscheinungsformen der Mobilität aus einer Vielzahl komplexer Determinanten (Hautzinger/Pfeiffer/ Tassaux-Becker 1994). Sie sind in wesentlichem Umfang dem Verkehrsbereich vorgelagert und der direkten verkehrspolitischen Beeinflussung entzogen.

Im **Personenverkehr** gilt dies für die Mobilitätsbestimmungsgründe Siedlungsstruktur, Arbeitsplatzkonzentration, Gebiets- und Verwaltungsreformen, Zentralität von Bildungseinrichtungen, Ausmaß der Freizeitverfügbarkeit u.ä. Hier kann die Verkehrspolitik mit den ihr zur Verfügung stehenden ordnungspolitischen und preispolitischen Instrumenten nur an den Symptomen ansetzen (Aberle 1993). Zur grundlegenden Problementschärfung durch Verkehrsvermeidung ist sie nicht geeignet.

Die bislang vorliegenden europäischen Erkenntnisse der Nachfragereaktion auf Kraftstoffpreiserhöhungen, etwa durch Mineralölsteueranhebungen bewirkt, gehen von Werten der direkten Preiselastizität der Nachfrage zwischen -0,05 und -0,5 aus, was nur eine geringe Wirkungsintensität bedeutet. Bei den Berechnungen ist von realen Kraftstoffpreisanhebungen auszugehen, um den Einkommenseffekt zu eliminieren. Einige Ergebnisse sind nachfolgend zusammengestellt:

Übersicht 3:   *Direkte Preiselastizitäten der Nachfrage (PEN) nach Pkw-Fahrleistungen bei Kraftstoffpreiserhöhungen*

Sterner/ Dahl/ Franzen	van Suntum	Mummert + Partner	Kirchgässner	Prognos AG	Goodwin[1]	Basys-Brains
PEN = -0,05	PEN = -0,09	PEN = -0,22	PEN = -0,2 bis -0,3	PEN = -0,21 bis -0,35 mit -0,3 gewichteter Mittelwert	EN = -0,48	PEN = -0,5

1) ungewichteter Mittelwert aus 120 Untersuchungen in OECD-Ländern

Quelle: Sterner/Dahl/Franzen (1992), S. 109 - 120; van Suntum, (1989), S. 557-565; Mummert + Partner (1990); Kirchgässner (1990), S. 58-67; Prognos AG (1991); Goodwin (1992), S. 155 - 170; Basys-Brains (1987).

Bei drei willkürlich gewählten Werten der direkten Preiselastizität der Nachfrage (PEN) von -0,5, -0,2 und -0,05 sowie drei zugeordneten (realen) Kraftstoffpreisanhebungen von 100 %, 60 % und 20 % ergeben sich die folgenden Fahrleistungsreduktionen:

Übersicht 4: **Fahrleistungsreduktion bei alternativen direkten Preiselastizitätswerten und realen Kraftstoffpreiserhöhungen**

	Kraftstoffpreiserhöhung um 100%	Kraftstoffpreiserhöhung um 60%	Kraftstoffpreiserhöhung um 20%
PEN = -0,5	-50 %	-30 %	-10 %
PEN = -0,2	-20 %	-12 %	-4 %
PEN = -0,05	-5 %	-3 %	-1 %

Der Aussagewert solcher Rechnungsergebnisse ist aber auch davon abhängig, ob die Kraftstoffpreisanhebungen schlagartig oder sukzessive über längere Zeiträume erfolgen, also Gewöhnungs- und Anpassungsprozesse eintreten und evtl. auch Alternativangebote geschaffen werden. Insofern sind die Elastizitätsrechnungen mit einer gewissen Vorsicht zu interpretieren.

Die Werte der Kreuzpreiselastizität als preispolitischer Indikator für Verkehrsverlagerungen sind abhängig vom Siedlungsstrukturtyp (hochverdichtete Regionen, Umland der Verdichtungsräume, ländliche Räume) und von dem quantitativ-qualitativen Angebot an öffentlichen Verkehrsmitteln. Generelle Aussagen sind hierzu nicht möglich, zumal die **Vernetzungsqualität** (kommunikativ und physisch) für das Überwechseln der Verkehrsteilnehmer von Individualverkehrsmitteln zu öffentlichen Verkehrsmitteln eine hohe Bedeutung besitzt, diese aber regional kleinräumig und verkehrsmittelspezifisch sehr unterschiedlich strukturiert ist.

Beim Personenverkehr bestehen preis- und qualitätsabhängige **Verlagerungspotentiale** vor allem im Berufs- und im Geschäftsreiseverkehr, abgeschwächt im Einkaufs- und Besorgungsverkehr (wegen häufiger Verkettung von mobilitätsfordernden Aktivitäten und Mitnahmenotwendigkeiten von Gegenständen), jedoch kaum im herausragende Bedeutung besitzenden Freizeit- und Urlaubsverkehr.

Durch regional differenzierte und vom Auslastungsgrad sowie möglicherweise auch von der Umweltsituation abhängige Verkehrswegenutzungspreise (Road pricing) wird versucht, auch auf die Fahrtenintensität im Sinne von Verkehrsvermeidung in diesen Verkehrszwecken einzuwirken. Da bei diesen Fahrtzwecken das ökonomische Rationalitätskalkül bei der Mobilitätsentscheidung nur schwach ausgeprägt ist, sind Verkehrsvermeidungsstrategien bislang ohne fühlbaren Effekt geblieben. Dies ist u.a. darauf zurückzuführen, dass eine wichtige

Wirkungsgröße, die der Erhöhung der Fahrzeugauslastung, im Freizeit- und Urlaubsverkehr kaum realisierbar ist. Auch sind so rigorose ordnungs- und preispolitische Maßnahmen, wie sie etwa im Stadtstaat Singapur durch Kontingentierung der Fahrzeugzulassungen, extrem hohe Kraftfahrzeugsteuern und Konzessionsabgaben sowie durch fühlbare zusätzliche Straßenbenutzungsgebühren durchgeführt werden, nicht auf andere Volkswirtschaften mit hohen Anteilen des ausländischen Verkehrs und wichtiger Transitfunktion übertragbar.

Damit ist festzustellen, dass im Personenverkehr nur sehr begrenzte ordnungs- und preispolitische Einflußmöglichkeiten hinsichtlich Verkehrsvermeidung und Verkehrsverlagerung bestehen.

Die Beeinflussungsmöglichkeiten des **Güterverkehrs** sind im Grundsatz positiver als im Personenverkehr zu beurteilen. Dies ist auf das hier vorhandene *ökonomische Rationalitätskalkül* zurückzuführen. Erlösbeeinflussender Wettbewerbsdruck führt ebenso wie Kostensteigerungen dazu, die Möglichkeiten der Verbesserung der wirtschaftlichen Situation auszunutzen. Vor allem geht es hier um Effekte, die Verkehrsvermeidungscharakter besitzen. Im Mittelpunkt steht das durchaus variable Spannungsverhältnis zwischen den Verkehrsleistungen (Tkm) und den Fahrleistungen (Fzkm). Im Straßengüterverkehr ist eine kontinuierliche Spreizung dieser beiden Verläufe eingetreten; dabei darf für die Vergangenheit allerdings die Steigerung der Fahrzeuggrößen als wichtige Ursache dieser Auseinanderentwicklung nicht übersehen werden.

Abbildung 2: ***Entwicklung der Fahr- und Verkehrsleistungen im Straßengüterverkehr 1960 - 2000 (bis 1990 ABL)***

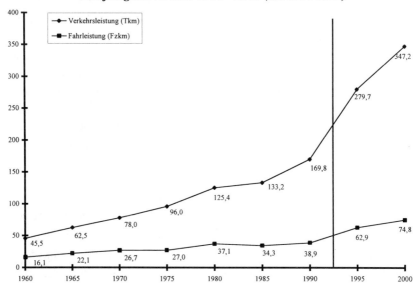

Quelle: Verkehr in Zahlen (2001/2002), S. 159, 231; Verkehr in Zahlen (1991), S. 237 f., 341 f.

Durch verbesserte Fahrzeugauslastung und Tourenoptimierung wird die Auseinanderentwicklung von Fahrzeug- und Verkehrsleistungen gefördert. Dieser Effekt ist von essentieller Bedeutung, da durch die **Fahrleistungen** sowohl die Belastung der Verkehrswegekapazitäten als auch die der Umwelt (Schadstoff- und Lärmemissionen) erfolgt. Vergleichbare Effekte lassen sich auch im Eisenbahn-, Binnenschiffs- und Luftverkehr feststellen; im Straßengüterverkehr besitzen sie jedoch die größte Bedeutung.

Da das erwähnte ökonomische Rationalitätskalkül im Straßenpersonenverkehr weitgehend fehlt und auch die Fahrzeuggrößensteigerung nicht zu Einsparungen an Fahrleistungen geführt hat, verlaufen die der vorhergehenden Abbildung entsprechenden Verkehrsleistungs- und Fahrleistungskurven beim Straßen**personen**verkehr nahezu parallel. Die erwünschte Spreizung ist nicht eingetreten; Veränderungen der Auslastungsgrade sind nur bei wenigen Fahrtzwecken vorstellbar (Berufs- und Geschäftsreiseverkehr).

Abbildung 3: Entwicklung der Fahr- und Verkehrsleistungen im Straßenpersonenverkehr 1960 - 2000 (bis 1990 ABL)

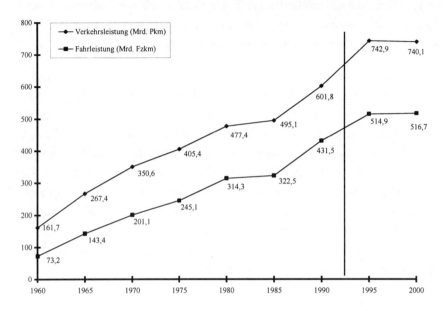

Quelle: Verkehr in Zahlen (2001/2002), S. 159, 213; Verkehr in Zahlen (1991), S. 237 f., 309 f.

Durch effizientere Nutzung der Fahrzeuge läßt sich die Güterverkehrsmobilität somit im Sinne einer Verkehrsvermeidung beeinflussen.

Ob auch verkehrsverlagernde Effekte (Modal split-Veränderungen) im Güterverkehr möglich sind, hängt ab von

- den Werten der Kreuzpreiselastizität der Nachfrage sowie
- dem Ausmaß der Qualitätsdifferenzen zwischen den betrachteten Verkehrsmitteln (Baum/Gierse/Maßmann 1990; Maßmann 1993).

Vorliegende Untersuchungen verdeutlichen, dass Verkehrsverlagerungen von der Straße auf die Schiene nur bei fühlbaren Kosten- und Preisanhebungen im Straßengüterverkehr erfolgen (etwa 30 % Kostensteigerung, z.B. durch Anlastung externer Kosten). Bei deregulierungsbedingt sinkenden Preisen im Straßengüterverkehr ist die Marktattraktivität der Bahn davon abhängig, ob sie preisflexibel und nach Gütergruppen und Relationen differenziert reagieren kann. Die in Deutschland überwiegend demoskopisch ermittelten Kreuzpreiselastizitäten („demoskopische Kreuzpreiselastizitäten") weisen für alle Gütergruppen sehr niedrige Werte auf, insbesondere bei isolierten Preiserhöhungen des Straßengüterverkehrs. US-amerikanische Elastizitätsuntersuchungen (Friedlaender/Spady 1981) zeigen nicht plausible Kreuzpreiselastizitätswerte mit negativem Vorzeichen (d.h. die relative Preiserhöhung eines Verkehrsträgers führt zu relativem Mengenrückgang beim betrachteten anderen Verkehrsträger).

Kreuzpreiselastizitäten sind jedoch stets vor dem Hintergrund der Qualitätsdifferenzen zu bewerten. Gerade bei den straßenverkehrsaffinen Gütergruppen, die zu wesentlichen Teilen mit speziellen Logistikleistungen verbunden sind, besitzen die Qualitätsparameter eine wichtige Entscheidungsbedeutung bei der Verkehrsmittelwahl. Dies führt dann zu partiellen **Substitutionslücken**, deren Umfang nur bei sehr starken Veränderungen der Preisverhältnisse verringert wird. Diese Substitutionslücken sind am größten zwischen dem Straßengüterverkehr und der Eisenbahn sowie zwischen dem Straßengüterverkehr und der Binnenschiffahrt; sie sind gering zwischen Bahn und Binnenschiffahrt. Mit anderen Worten: Straßengüterverkehr und Eisenbahn sowie Binnenschiffahrt sind überwiegend auf unterschiedlichen Teilmärkten tätig.

Im Rahmen einer in drei westeuropäischen Ländern durchgeführten Conjoint-Analyse (Deutschland, Frankreich, Niederlande) ist der Versuch unternommen worden, die Qualitätsdifferenzen zwischen Straßengüter- und Eisenbahnverkehr in Geldeinheiten zu bewerten (Aberle/Engel 1993). Als Durchschnittswert der Qualitätsdifferenzen wurde ein Betrag von 0,07 ECU je Tkm ermittelt. Qualitätsmerkmale waren Zuverlässigkeit, Transportflexibilität, Zeitbedarf des Transportes sowie Transportsicherheit im Sinne von Transportschadensvermeidung.

Aus den vorliegenden Erkenntnissen folgt, dass Verkehrsverlagerungen von der Straße zur Schiene wegen der hohen Bedeutung der Transportqualität nur dann als Entscheidungsalternative auftreten, wenn die Bahn ihre Angebotsqualität wesentlich erhöht. Insofern bietet vor allem der kombinierte Verkehr Verlagerungschancen, die aber aufgrund spezieller Qualitätsdefizite insbesondere im internationalen Verkehr bislang nur begrenzt genutzt werden konnten.

Literatur zu Kapitel I.1:

Aberle, G. (1993): Das Phänomen Mobilität - beherrschbarer Fortschritt oder zwangsläufige Entwicklung?, in: Internationales Verkehrswesen, 45. Jg., S. 405-410.

Aberle, G. (1995b): Mobilitätsentwicklung - Beeinflussungspotentiale und ihre Grenzen, in: Hamburger Jahrbuch für Wirtschafts- und Gesellschaftspolitik, 40. Jahr, Hamburg, S. 151-170.

Aberle, G. / Engel, M. (1993): Der volkswirtschaftliche Nutzen des Straßengüterverkehrs - Internationales Forschungsprojekt im Auftrag der International Road Transport Union (IRU), Genf, Abschlußbericht, Gießen.

Baum, H. / Gierse, M. / Maßmann, C. (1990): Verkehrswachstum und Deregulierung in ihren Auswirkungen auf Straßenbelastung, Verkehrssicherheit und Umwelt, Frankfurt/M.

Friedlaender, A.F. / Spady, R.H. (1981): Freight Transport Regulation. Equity, Efficiency, and Competition in the Rail and Trucking Industries, Cambridge/Mass.

Hautzinger, H., / Pfeiffer, M. / Tassaux-Becker, B. (1994): Mobilität - Ursachen, Meinungen, Gestaltbarkeit, Heilbronn

Hunecke, M. / Wulfhorst, G. (2000): Raumstruktur und Lebensstil – wie entsteht Verkehr?, in: Internationales Verkehrswesen, 52. Jg., S.556-561.

infas / DIW (2001): KONTIV 2001. Kontinuierliche Erhebung zum Verkehrsverhalten, Methodenstudie, Endbericht, Gutachten im Auftrag des Bundesministeriums für Verkehr, Bau- und Wohnungswesen, Bonn / Berlin.

Kloas, J. / Kunert, U. (1994): Über die Schwierigkeit, Verkehrsverhalten zu messen, in: Verkehr und Technik, 47. Jg., S. 91-100.

Maßmann, C. (1993): Preiselastizitäten für den Güterverkehr und ihre Anwendung in Verkehrsprognosen, Düsseldorf (Band 56 der Buchreihe des Instituts für Verkehrswissenschaft an der Universität Köln).

Salomon, I. / Bovy, P. / Orfeuil, J.-P. (Hrsg.) (1993): A Billion Trips a Day. Tradition and Transition in European Travel Patterns, Dordrecht.

Socialdata et al. (1993): Alltagsmobilität - Spiegel-Dokumentation Auto, Verkehr und Umwelt, Hamburg.

Zumkeller, D. (2001): Eigenschaften von Paneluntersuchungen – Anwendungen und Einsatzmöglichkeiten im Verkehrsbereich, in: Dynamische und statische Elemente des Verkehrsverhaltens – Das Deutsche Mobilitätspanel, Band B 234 der Schriftenreihe der Deutschen Verkehrswissenschaftlichen Gesellschaft, Bergisch Gladbach, S. 3-34.

2 Das Leistungsbild des Verkehrssektors

2.1 Technische und ökonomische Strukturmerkmale von Verkehrsträgern, Verkehrsmitteln und Verkehrssystemen

Als **Verkehrsträger** werden abgegrenzt:

- Eisenbahn;
- Straßenverkehr;
- Binnenschiffahrt;
- Luftverkehr;
- Seeschiffahrt;
- Rohrfernleitungen.

Üblicherweise nicht speziell genannt, aber zugehörig ist der

- Nachrichtenverkehr.

Transport**objekte** sind Personen, Güter und Nachrichten. Demzufolge werden Eisenbahnpersonen- und Eisenbahngüterverkehr, Straßenpersonen- und Straßengüterverkehr usw. unterschieden.

Bei den Verkehrsträgern werden als Transportgefäße die **Verkehrsmittel** eingesetzt; sie erbringen die Verkehrsleistungen. Dabei kann ergänzend die Unterscheidung **individueller und öffentlicher Verkehr** getroffen werden. Individualverkehrsmittel sind das Fahrrad, das motorisierte Zweirad, der Personenkraftwagen und das Straßengüterfahrzeug; öffentliche Verkehrsmittel sind die Eisenbahn, der öffentliche Personennahverkehr und der Luftverkehr. Diese traditionelle Unterscheidung knüpft **nicht** an eigentumsrechtlichen Tatbeständen an; ein privater Busanbieter im Personenverkehr wird dem öffentlichen Verkehr ebenso zugeordnet wie das Luftverkehrsangebot einer privaten Luftverkehrsgesellschaft (etwa British Airways oder Deutsche Lufthansa AG). Auch Taxis und Mietwagen werden dem öffentlichen Verkehrsangebot zugeordnet.

Verkehrssysteme stellen hier den weitesten Begriff dar; sie umfassen mindestens einen Verkehrsträger oder auch verschiedene Verkehrsmittel und verschiedene Verkehrsträger. Beispielhaft sei das Verkehrssystem des kombinierten Verkehrs erwähnt; hier geht es um eine effiziente Transportabwicklung durch Nutzung mehrerer Verkehrsträger (etwa Schiene/Straße oder Binnenschiffahrt/Straße), spezieller Transportbehälter (Container, Wechselaufbauten, Trailer) sowie Umschlagtechniken dieser Behälter in speziellen baulichen Anlagen, den sog. Terminals.

Die motorisierten **Verkehrsmittel** unterscheiden sich durch Fahrzeuggrößen und Fahrzeuggewichte, Formen des Antriebs (Elektro-, Diesel- und Ottomotoren, Strahlturbinen im Luftverkehr), Schnelligkeit, Komfort und Einsatzflexibilität. Demzufolge werden als wesentliche Klassifizierungsmerkmale im **Personenverkehr** herausgestellt:

- Motorstärke, Platzzahl (Pkw, Busse);
- Platzzahl, Komfortmerkmale (Straßen- und Stadtbahn);
- Platzzahl, Reiseweite (Flugzeuge);
- Beförderungsgeschwindigkeit, Komfort (Eisenbahn, Flugzeuge).

Wesentlich differenzierter und für wirtschaftliche Betrachtungen interessanter sind die technisch-ökonomischen Merkmale im **Güterverkehr**.

Im *Straßenverkehr* werden innerhalb der gesetzlich festgelegten maximalen Fahrzeuggesamtgewichte, Fahrzeuglängen, -breiten und -höhen die Transportgefäße nach Gesamtgewichtsklassen, Motorstärken (kw; 1 kw = 1,36 PS) und Aufbautenarten (Plane und Spriegel, Kasten, Isolierbehälter u.ä.) unterschieden. Neben den Gliederzügen (Lastzug; Zugfahrzeug mit Anhänger) haben in den schweren Gewichtsklassen (insbesondere ab 32 t Gesamtgewicht) die Sattelzüge (Sattelzugmaschine mit Auflieger/Trailer) stark an Bedeutung gewonnen. Die kapital- und personalintensive Sattelzugmaschine kann durch Wechsel der Auflieger effizienter eingesetzt werden. Die Zahl der zugeordneten Auflieger ist im Durchschnitt um den Faktor 2,5 höher als die der eingesetzten Zugmaschinen.

Durch die Verfügbarkeit über eine breite Palette von Fahrzeuggrößen und Aufbautenarten besitzt der Lkw in Verbindung mit einem dichten Straßennetz eine hohe Anpassungsfähigkeit an die Transportaufgaben der produzierenden und handeltreibenden Wirtschaft. Im Unterschied zu allen anderen Verkehrsmitteln ist eine problemlose Haus-Haus-Bedienung sowie die im Zeichen von Just in time-Konzepten wichtige Band-Band-Anlieferung möglich.

Die *Eisenbahn* besitzt im Unterschied zum Straßengüterverkehr eine hohe Massenleistungsfähigkeit und kann ihre Leistungs- und Kostenvorteile am deutlichsten in Direktzügen (Ganzzüge, zusammengestellte Wagengruppen) zwischen

Empfängern und Versendern oder Umschlagstellen (Terminals) umsetzen. Sendungsgrößen unterhalb einer Wagenladung (Teilladungen), aber auch der Transport von Einzelwagen, erfordern in der Regel eine zeit- und kostenintensive Behandlung. Hierdurch wird die Wettbewerbsfähigkeit gegenüber dem Straßengüterverkehr ungünstig beeinflußt. Hinzu kommt, dass die vergleichsweise hohen Kosten des Produktionsinstruments Streckennetz eine intensive Streckennutzung erfordern, um die Voraussetzungen für eine Erwirtschaftung der Netzkosten zu schaffen.

Wie bei der Eisenbahn sind auch bei der *Binnenschiffahrt* die Haus-Haus-Transporte im Sinne von Beförderungen zwischen sog. nassen Versand- und Empfangsplätzen aufgrund der großen Kapazitäten der Schiffsgefäße besonders kostengünstig durchführbar. Das in Europa nur sehr weitmaschige Netz leistungsfähiger natürlicher und künstlicher Wasserstraßen (Kanäle, kanalisierte Flüsse) engt die Einsatzmöglichkeiten ein. Die Effizienz der Binnenschiffsbeförderungen ist nach dem Zweiten Weltkrieg durch technisch-organisatorische Innovationen erheblich angestiegen. Dies verdeutlicht die Entwicklung vom klassischen Schleppzug und kleinem Motorgüterschiff (sog. Selbstfahrer) hin zur Schubschiffahrt (Schubboot mit vier bis sechs Schubleichtern, sog. Bargen für Massenguttransporte, insbesondere Erz und Kohle) und zum Koppelverband (Kombination von Motorgüterschiff und bis zu zwei Leichtern) und großen Motorgüterschiffen. Der Einsatz der bei entsprechend hoher Auslastung sehr kostengünstigen Schubeinheiten ist jedoch auf die natürlichen und wenige künstlichen Wasserstraßen beschränkt, da die Schleusenabmessungen und Kurvenradien oft erhebliche Hindernisse darstellen.

Wie in der Seeschiffahrt sind von den Bulkschiffen (Trockenladungen) die Tankschiffe für Flüssigkeiten aller Art sowie für Gase zu unterscheiden.

Im *Luftverkehr* spielt der Gütertransport eine im Vergleich zu den anderen Verkehrsträgern untergeordnete Rolle. Die Wahl des Fluggerätes und der Transportrelationen wird weitestgehend vom Personenverkehr bestimmt. Bei frachtaktiven Luftverkehrsgesellschaften erreicht der Anteil der Umsätze aus dem Frachtgeschäft (Cargo) in der Regel kaum mehr als 25 % der Erlöse des Passagebereichs. Nur wenige Luftverkehrsgesellschaften setzen spezielles Frachtgerät ein; es dominiert die Mitnahme als Unterdeck-Ladung in Passagiermaschinen (sog. Belly-Kapazität). Als Mischform zwischen der Nutzung der Belly-Kapazitäten und reinen Frachtmaschinen sind die sog. Mixed versions des Passagiergerätes anzusehen, bei denen ein abgetrennter Teil der Kabine zusätzlich für Fracht genutzt wird. Eine Ausnahme bilden die sogenannten Integratoren, die in erheblichem Ausmaß reines Frachtgerät einsetzen (vgl. hierzu Kapitel I.3.1.2 und V.7.5).

Ähnlich wie in der Binnenschiffahrt hat sich auch in der *Seeschiffahrt* der Trend zu immer größeren Schiffseinheiten gezeigt. Die höchsten Tragfähigkeiten finden sich in der Massengutfahrt (Erze, Kohle, Rohöl); aber auch bei den spezialisierten Containerschiffen hat sich die Zahl der transportierten Container je Schiffseinheit kontinuierlich erhöht und gegenüber den 70er Jahren (Beginn einer regelmäßigen Containerbeförderung in der Seeschiffahrt) mehr als vervierfacht.

Die Grenzen der Schiffsgrößenentwicklung liegen vor allem in

- den erforderlichen Fahrwassertiefen, insbesondere auch bei den Hafenzufahrten;
- der Entwicklung der Kostenverläufe, da Diseconomies of large scale im Sinne eines Anstiegs der langfristigen Durchschnittskosten ab bestimmten Schiffsgrößen auftreten.

Zwischen Binnenschiffahrt und Seeschiffahrt ist die *Küstenschiffahrt* (Short Sea-Shipping) angesiedelt. Diese seegängigen Schiffe können Binnenhäfen anlaufen. Von Deutschland ausgehend ist die Küstenschiffahrt besonders in den Relationen Duisburg - Großbritannien, Skandinavien und Nordafrika ausgeprägt.

Den höchsten Grad an Inflexibilität bei gleichzeitig sehr niedrigen Transportkosten im Falle hoher Auslastung („Durchsatz") weisen die *Rohrfernleitungen* auf. Sie dienen dem Transport großer Mengen von Rohöl und Mineralölprodukten (Produktenleitungen), Gasen, Fernwärme und - in wenigen Fällen - von mit Wasser vermischter Kohle.

In besonderer Weise hat sich der *kombinierte Verkehr* entwickelt. Unter kombiniertem Verkehr ist die Integration von zwei und mehr Verkehrsmitteln und in der Regel auch Verkehrsträgern zu verstehen. Ein Transporthilfsmittel (Behälter) wechselt die Verkehrsmittel (Verkehrsträger); als Sonderform ist die Verladung eines Verkehrsmittels auf ein anderes zu erwähnen (Straßenfahrzeug auf Eisenbahnwaggon oder Schiff). Die im kombinierten Verkehr eingesetzten Behälter sind Container, Wechselaufbauten (Wechselbehälter) und Trailer (Sattelauflieger, Brücken).

In einem groben Überblick lassen sich die Formen des kombinierten Verkehrs wie folgt darstellen:

Abbildung 4: **Formen des kombinierten Verkehrs**

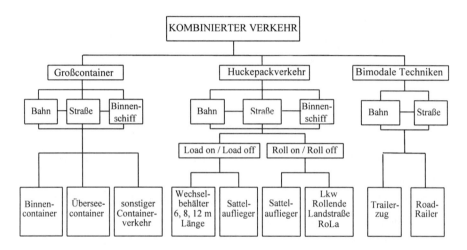

Beim Huckepackverkehr wird noch zwischen unbegleitetem Verkehr (Load on/Load off) und begleitetem Verkehr (Rollende Landstraße) unterschieden. Der Containerverkehr ist immer unbegleiteter Verkehr.

Der *wirtschaftliche Vorteil* des kombinierten Verkehrs liegt in folgenden Merkmalen:

- Es werden Transportketten verkehrsmittel- und verkehrsträgerübergreifend gebildet, welche die Nutzung energie- und umweltfreundlicher Transportverfahren ermöglichen.
- Langstreckentransporte können über die Schiene bzw. das Binnen- oder Küstenmotorschiff abgewickelt werden, während die Zu- und Ablaufverkehre (Haus-Haus-Transporte) vom Straßenverkehr übernommen werden.
- Der Behältertransport erspart Verpackungskosten; dies gilt generell, vor allem aber in der Seeschiffahrt.
- Ähnlich wie bei den Aufbauten der Lkw werden auch im kombinierten Verkehr zahlreiche Spezialbehältertypen eingesetzt (Standard-, Tank-, Kühl- und Gascontainer sowie spezialisierte Wechselaufbauten).

- Durch die Verwendung von Behältern werden Umschlagkosten und Umschlagzeit im Vergleich zur Einzelbehandlung von Packstücken, Säcken oder Paletten gespart.

Die Containerisierung von Gütern setzte 1966 mit der Verwendung von Überseecontainern durch US-amerikanische Seereedereien ein (etwa: Reederei Sealand). Seitdem hat der gesamte kombinierte Verkehr sowohl im Übersee- wie auch im kontinentalen und nationalen Verkehr einen starken Aufschwung erfahren.

Im Unterschied zum Container lassen sich Wechselbehälter nicht stapeln; das sonstige Handling ist jedoch ähnlich.

Beim *Roll on/Roll off-Verkehr* werden die Fahrzeuge auf das andere Verkehrsmittel (Bahnwaggon, Schiff) gefahren; sonstige Umschlaggeräte sind nicht erforderlich. Die sog. Rollende Landstraße (Auffahren ganzer Sattel- bzw. Lastzüge auf Bahnwaggons oder Schiffe) ist jedoch energetisch wegen der ungünstigen Nutzlast-Totlast-Verhältnisse sehr unbefriedigend. Es gibt zudem Transportrelationen, bei denen im Empfangsland einer personelle Begleitung des Transports aus Sicherheitsgründen heraus erforderlich ist und Korrespondenzpartner für die Übernahme der Trailer mit eigenen Zugfahrzeugen entweder nicht zur Verfügung stehen oder deren Zuverlässigkeit nicht sichergestellt ist. Auch sprechen gelegentlich Kundenschutzargumente gegen den Einsatz fremder Partner in der Transportkette.

Seit Anfang der 90er Jahre gibt es ergänzend *bimodale Techniken* des kombinierten Verkehrs (Trailerzug). Hierbei werden speziell konstruierte Trailer (Sattelzugauflieger) auf Eisenbahndrehgestelle geschoben und zu einem Zug verbunden. Besondere Umschlaganlagen sind nicht erforderlich; es genügt ein ausgepflastertes Gleis.

2.2 Fachtermini, Maßgrößen und statistische Grundlagen in der Transportwirtschaft

Nachfolgend werden einige wichtige Fachbegriffe und Maßgrößen vorgestellt, die zum Verständnis transportwirtschaftlicher und logistischer Zusammenhänge unabdingbar sind.

a) Fachtermini und Erläuterungen

Der **Frachtführer** wickelt den eigentlichen Transportvorgang ab. Frachtführer sind demzufolge die Eisenbahnen, Straßengüterverkehrsbetriebe, Reedereien, Luftverkehrsgesellschaften u.ä.

Der **Spediteur** (geregelt in § 453 HGB) organisiert gewerbsmäßig den Güterversand durch Frachtführer oder Verfrachter von Seeschiffen für Rechnung des Versenders im eigenen Namen. Für diese Tätigkeit erhält er Provisionen und Aufwandsersatz. Der Spediteur kann die Güterbeförderung selbst durchführen; dieser sog. Selbsteintritt (§ 458 HGB) bedeutet, dass er auch als Frachtführer tätig wird. Der Selbsteintritt besitzt bei dem sog. Kraftwagen-Spediteur (K-Spediteur) die größte Bedeutung; er hat aber auch zu einer Vermischung der Funktionen des Frachtführers und des Spediteurs geführt. Viele K-Spediteure sind tatsächlich nur Frachtführer, da sie die vielfältigen Organisations- und Vermittlungstätigkeiten eines Spediteurs nicht durchführen. Der Selbsteintritt besaß bis zum Auslaufen des deutschen obligatorischen Tarifsystems im gewerblichen Straßengüterfernverkehr am 31. Dezember 1993 eine spezielle Attraktivität, da das im europäischen Vergleich hohe (und staatlich kontrollierte) Preisniveau für Straßengüterfernverkehrsleistungen (Basis: Güterfernverkehrstarif GFT) beträchtliche Renditechancen bot. Im europäischen Ausland ist wegen des Fehlens eines solchen obligatorischen Tarifsystems im gewerblichen Straßengüterfernverkehr die Trennung zwischen Frachtführer (Straßengüterverkehrsunternehmer) und Spediteur stets viel deutlicher gewesen, da der Selbsteintritt die Ausnahme darstellt. In Deutschland sind nach Aufgabe des obligatorischen Preissystems und einem Absinken des Frachtniveaus ähnliche Entwicklungen zu beobachten.

Bei den Spediteuren gibt es zahlreiche Spezialisierungen auf Tätigkeitsbereiche: Neben dem Universalspediteur, der viele Fachsparten abdeckt (in der Regel große mittelständische Speditionen und Großspeditionen), sind am Markt Empfangs- und Versandspediteure, Zoll-, Seehafen-, Luftfracht-, Bahn- und Möbelspediteure tätig.

Seit Ende der 80er Jahre weiten leistungsfähige Speditionsbetriebe ihre Tätigkeitsfelder aus, indem sie sich von der Funktion des Organisators und Vermittlers im Transportwesen hin zum *Logistikdienstleister* entwickeln (vgl. Kapitel V).

Traditionelle Tätigkeitsbereiche der Spedition waren der Sammelladungsverkehr und die Sparte Lagerei. Sammelladungsverkehr bedeutet, dass der Spediteur eine Vielzahl kleiner Sendungen sammelt, sie zusammengefaßt als Wagenladungen über die Straße oder Schiene transportiert und nach dem Hauptlauf wieder auflöst und einer Vielzahl von Empfängern zustellt. Die durch das Bilden von Wagenladungen erzielten Preisvorteile kommen sowohl dem Versender wie auch dem Spediteur zugute. Eine **Sendung** umfaßt sämtliche mit einem Frachtbrief aufgegebenen Güter.

Beim **Auslastungsgrad** ist zwischen der *gewichtsmäßigen*, der *volumenmäßigen* (räumlichen), der *zeitlichen* und der *entfernungsspezifischen Auslastung* der Transportgefäße zu unterscheiden (vgl. hierzu auch Kapitel II.1.2). Dabei ist es sinnvoll, die entfernungs- und gewichtsmäßige Auslastung in einem Koeffizienten zusammenzufassen, etwa in der Größe *Ladetonnenkilometer*.

Der entsprechende Auslastungsgrad errechnet sich nach der Relation

$$\text{Auslastung} = \frac{\text{tatsächliche Ladetonnenkilometer}}{\text{maximal mögliche Ladetonnenkilometer}} \times 100$$

Bei volumenintensiven Produkten, etwa Schaumstoffen, hochwertigen Elektronik-Geräten u.a., wird die gewichtsmäßige Maximalauslastung bei voller Volumennutzung nicht erreicht. Daher kann es sinnvoll sein, statt der Ladetonnenkilometer die Rechnungsgröße *Volumenkilometer* zu verwenden. Hierbei wird unmittelbar deutlich, dass eine lediglich auf Entfernung und Gewicht abstellende Auslastungsgradberechnung nur einen begrenzten Informationswert besitzt, da Volumentransporte nicht adäquat berücksichtigt werden. Dieser Hinweis ist angesichts der insbesondere im Straßengüterverkehr üblichen Beschränkung der Auslastungsdiskussion auf die Gewichtsgröße bedeutsam.

Die *zeitliche Auslastung* ergibt sich aus dem Verhältnis

$$\text{Zeitliche Auslastung} = \frac{\text{Ist-Zeitnutzung des Verkehrsmittels}}{\text{maximal mögliche Zeitnutzung}} \times 100$$

Weiter ist darauf hinzuweisen, dass zwischen Wagenladungs-*Streckentransporten* (ein Versender / ein Empfänger) und *Verteilerverkehren* zu unterscheiden ist. Verteilerverkehre weisen zwangsläufig einen im Durchschnitt niedrigeren gewichts-/entfernungs- oder volumen-/entfernungsspezifischen Auslastungsgrad auf, da der Zweck der Verteilerverkehre die Abgabe von Ladung ist und das Fahrzeug in der Regel leer zum Ausgangspunkt der Verteilfahrt zurückkehrt. Nur gelegentlich können durch Retouren- und Verpackungsmitnahmen die Auslastungsgrade leicht verbessert werden. Auch ist zu berücksichtigen, dass Gefahrgut- und Hygienevorschriften häufig Zu- und Rückladungen erschweren oder unmöglich machen. Aus diesen Anmerkungen folgt, dass pauschalierte Aussagen zu Auslastungsgraden wenig sinnvoll sind.

Im *Personenluftverkehr* wird der wichtigste Auslastungsgradkoeffizient über die Relation

$$\text{Sitzladefaktor} = \frac{\text{verkaufte Sitzplatzkilometer}}{\text{angebotene Sitzplatzkilometer}} \times 100$$

dargestellt. Im *Luftfrachtbereich* lautet der Koeffizient

$$\text{Nutzladefaktor} = \frac{\text{verkaufte („taken") Tonnenkilometer (TKT)}}{\text{angebotene („offered") Tonnenkilometer (TKO)}} \times 100$$

Bedeutsam ist im Luftverkehr auch die sog. *Blockzeit*; sie beschreibt die Zeitspanne eines Flugzeugs vom Abrollen ab Vorfeld des Startflughafens bis zum Abstellen der Triebwerke am Zielflughafen und wird den sonstigen Standzeiten am Boden gegenübergestellt und ist somit die Basis zur Ermittlung der zeitlichen Auslastung. Langstreckenflugzeuge erreichen generell höhere Blockzeitwerte als im Kurz- und Mittelstreckenbereich eingesetztes Gerät.

Verkehrswege sind neben den Stationen (Bahnhöfe, Terminals, Flug-, See- und Binnenhäfen, Rangieranlagen) Bestandteil der Verkehrsinfrastruktur (ortsfeste Verkehrsanlagen). Sie besitzen im transportwirtschaftlichen Leistungserstellungsprozeß eine *variable Komplementarität* zu den jeweils eingesetzten Verkehrsmitteln. Von der Verkehrsinfrastruktur ist die *Suprastruktur* zu unterscheiden, welche die Lager- und Umschlaganlagen an den Verkehrswegen und in den Stationen umfaßt.

b) Maßgrößen

Das **Verkehrsaufkommen (Transportaufkommen)** mißt im *Personenverkehr* beförderte Personen (Beförderungsfälle) bzw. im *Güterverkehr* transportierte Tonnen (Tonnen, t).

Die **Verkehrsleistung (Transportleistung)** ergibt sich durch Multiplikation der Verkehrsaufkommenswerte mit den jeweils zurückgelegten Entfernungen (Personenkilometer: Pkm bzw. Tonnenkilometer: Tkm). Ökonomisch aussagefähiger sind die Verkehrsleistungswerte, da sie die Basis für Transportkosten und erzielbare Transporterlöse darstellen und die Grundlagen für die Ermittlung der Auslastungsgrade der Transportgefäße sowie die Errechnung der wichtigen Größe „Fahrzeugkilometer" bilden. Allerdings gestaltet sich die statistische Ermittlung der Verkehrsleistungen wesentlich schwieriger als die des Verkehrsaufkommens, da nur begrenzte Informationen über die konkreten Transportentfernungen vorliegen. Infolgedessen wird häufig mit Durchschnittsentfernungen gerechnet, die u.a. nach Verkehrszwecken im Personenverkehr und nach Güterarten im Frachtverkehr sowie nach Verkehrsmitteln differenziert werden.

Im *Luftverkehr* wird von angebotenen (offered) und nachgefragten (taken) Personen- bzw. Tonnenkilometern gesprochen (PKO und PKT bzw. TKO und TKT); große Bedeutung besitzen die angebotenen und nachgefragten Sitzplatzkilometer (offered/taken seat-kilometer: SKO/SKT). Im angelsächsischen Raum wird der Kilometer häufig durch die Meile ersetzt (1 Meile = 1,609 km; im Luftverkehr wird mit der englischen Landmeile, der Statute mile, gerechnet und nicht mit der Nautischen Meile der Seeschiffahrt, die 1,853 km mißt).

Die in **Fahrzeugkilometer** (Fzkm) ausgedrückten Fahrleistungen sind für die Belastung der Verkehrswege, den Energieverbrauch und die Umweltbeeinträchtigungen (Lärm, Schadstoffe) von hohem Informationswert. Personen- und Tonnenkilometer werden über die Kapazität der Verkehrsmittel und die Auslastungsgrade in Fahrzeugkilometer transformiert. Betriebswirtschaftliches Ziel der Unternehmen der Transportwirtschaft wie auch gesamtwirtschaftliches Ziel der Verkehrspolitik ist es, die beispielsweise bis 2015 prognostizierten Zuwächse bei den Personen- und Tonnenkilometern mit einem möglichst geringen Anstieg der Fahrzeugkilometer zu bewältigen.

Die **Verkehrsintensität** beschreibt den volkswirtschaftlichen Transportaufwand je produzierter Gütereinheit und wird als Globalgröße wie auch güterarten-(güterklassen-)spezifisch dargestellt:

$$\text{Verkehrsintensität} = \frac{\text{Tkm}}{\text{Gütermenge}} \text{ bzw. } \frac{\text{Tkm}}{\text{reales Sozialprodukt}}$$

Für die überwiegende Zahl der Güterarten läßt sich im Zeitablauf eine deutliche Steigerung der Verkehrsintensität nachweisen. Ursachen hierfür sind u.a. sinkende Fertigungstiefen und Strategien des Global sourcing (weltweite Beschaffung). Nur bei wenigen Massengütern, wie etwa Kohle, lassen sich langfristig sinkende Verkehrsintensitäten feststellen. Die Verkehrsintensität ist von der *Transportelastizität* zu unterscheiden.

Die **Transportelastizität** mißt das Verhältnis der jeweils relativen Veränderung der Verkehrsleistung und des in realen Größen ausgedrückte Bruttoinlandsprodukts. Ein Wert von eins würde eine proportionale, ein Wert größer (kleiner) eins würde entsprechend eine überproportionale (unterproportionale) Entwicklung der beiden Maßgrößen darstellen. Bei empirischen Analysen wird von der Infinitesimalbetrachtung von Elastizitätskoeffizienten zugunsten finiter Veränderungen abgegangen. Um Trends erkennbar zu machen, werden häufig Mehrjahreszeiträume verglichen. Allerdings hängen die Ergebnisse dann sehr stark von der Wahl der Jahre des Betrachtungszeitraumes ab. Globale Transportelastizitäten, welche nicht die Entwicklungen bei einzelnen Verkehrsträgern, sondern nur die globalen Verkehrsleistungsänderungen einbeziehen, besitzen nur einen geringen Aussagewert. Sinnvoller ist die Betrachtung verkehrsträgerspezifischer Transportelastizitäten, da dann keine internen Durchschnittsbildungen in einer Elastizitätsberechnung erfolgen. Bei Elastizitätsberechnungen für längere Zeiträume werden entweder die arithmetischen oder die geometrischen Mittelwerte der abhängigen und der unabhängigen Variablen herangezogen.

Unter Verwendung des geometrischen Mittels kann die Transportelastizität über den Zeitraum t_0 bis t_n geschrieben werden als:

Grundbegriffe und Basiszusammenhänge

$$\eta_{n,0} = \frac{\sqrt[n]{\frac{Tkm_n}{Tkm_0}} - 1}{\sqrt[n]{\frac{BIP_n^r}{BIP_0^r}} - 1}$$

Wird das arithmetische Mittel verwendet, kann die Transportelastizität auf Basis der Jahre 0 und n geschrieben werden als:

$$\eta_{n,0} = \frac{\Delta Tkm_{n,0}}{\frac{(Tkm_n + Tkm_0)}{2}} \div \frac{\Delta BIP_{n,0}^r}{\frac{(BIP_n^r + BIP_0^r)}{2}}$$

Damit ergeben sich unter Verwendung des geometrischen und arithmetischen Mittels für längere Zeiträume folgende Werte:

Übersicht 5: **Transportelastizitäten unter Verwendung des geometrischen und arithmetischen Mittels (bis 1990 ABL)**

	1971 - 1980	1981 - 1990	1991 – 2000
Transportelastizitäten (geometrisches Mittel):			
Straßengüterfernverkehr	2,51	1,98	2,59[1]
Eisenbahn	-0,02	-0,02	-0,39
Binnenschiffahrt	0,55	0,44	1,25
Global	1,00	1,01	1,54
Transportelastizitäten (arithmetisches Mittel):			
Straßengüterfernverkehr	2,40	1,93	2,54[1]
Eisenbahn	-0,02	-0,02	-0,39
Binnenschiffahrt	0,60	0,44	1,24
Global	1,00	1,01	1,53

[1] Werte für SGV insgesamt, da bis dato keine Unterteilung;

Wichtige **Ladehilfsmittel** sind Paletten und Container. Eine **Palette** (Flach- oder stapelbare Boxpalette) besitzt als Poolpalette (Europäischer Paletten-Pool) die Maße 1.200 mm (L), 800 mm (B) und 144 mm (H) bei einer Tragfähigkeit von maximal 1.500 kg, im Stückgutverkehr 1.000 kg. Poolpaletten sind tauschbar. Die Euro-Poolpalette ist mit den ISO-Containermaßen nur begrenzt kompatibel.

Beim **Container** sind die Maße sind durch die International Standardization Organization (ISO) genormt. Die größte Bedeutung besitzen die 20 und 40 Fuß-Container (20' und 40'), wobei ein Fuß rd. 30 cm entspricht.

Im *Überseeverkehr* werden ausschließlich ISO-Container verladen, während im *Binnenverkehr* auch Binnencontainer mit einer geringfügig größeren Innenbreite von 2.440 mm eingesetzt werden. Diese Anpassung an die Pool-Palettenmaße ermöglicht die Platzierung von 14 Paletten in einer Ladeebene in einem 20'-Container bzw. von 29 Paletten in einem 40'-Container; in ISO-Containern sind hingegen nur 11 bzw. 23 Paletten in einer Ladeebene verstaubar.

In der *US-Seeschiffahrt* wird seit 1990 versucht, auch Container mit Längenmaßen von 45' bis 50' einzusetzen. Dem stehen jedoch erhebliche Probleme des landseitigen Transports in Europa entgegen, da die maximalen Fahrzeuglängen im Straßenverkehr überschritten werden. Auch die Eisenbahn kann diese überlangen Container nur auf vierachsigen Drehgestelltragwagen transportieren. Hinzu kommt, dass voll beladene 45'-Container die maximalen Gesamtgewichte der Straßenfahrzeuge (im grenzüberschreitenden EU-internen Verkehr derzeit 40 t) wesentlich überschreiten. Aus diesen Gründen haben die EU und die nationalen europäischen Regierungen es bislang abgelehnt, die 45'-Container im landseitigen Zu- und Ablaufverkehr mit Straßenfahrzeugen zuzulassen.

Übersicht 6: **Maße und Bruttogewichte der ISO-Container**

	Länge			Breite			Höhe			Maximales Bruttogewicht	
	mm	ft	in	mm	ft	in	mm	ft	in	kg	lbs
10'	2.991	9	9¾	2.438	8		2.438	8		10.160	22.400
10'	2.991	9	9¾	2.438	8		2.591	8	6	10.160	22.400
20'	6.058	19	10½	2.438	8		2.438	8		20.320	44.800[1]
20'	6.058	19	10½	2.438	8		2.591	8	6	20.320	44.800[1]
30'	9.125	29	11¼	2.438	8		2.438	8		25.400	56.000
30'	9.125	29	11¼	2.438	8		2.591	8	6	25.400	56.000
40'	12.192	40		2.438	8		2.438	8		30.480	67.200
40'	12.192	40		2.438	8		2.591	8	6	30.480	67.200
40'	12.192	40		2.438	8		2.896	9	6	30.480	67.200

1) bei höherem Bruttogewicht 24.000 kg = 52.900 lbs

Als universelle Maßeinheit für transportierte Container im Sinne eines Numéraire gilt der 20'-Container als sog. *TEU (Twenty foot Equivalent Unit)*. Demzufolge zählt eine Binnenschiffsladung mit 150 40'-Containern 300 TEU. Der Containerumschlag erfolgt in Container-Terminals.

Die Vermessung von **Seeschiffen** erfolgte bis 1982 nach *Bruttoregistertonnen (BRT)*, wobei eine Registertonne 100 Kubikfuß = 2,83 Kubikmeter umfaßt. Dabei wurde der gesamte Schiffsraum einbezogen. Eine Beschränkung auf die Laderäume ergab die Nettoregistertonne (NRT) als Nutzraum. Seit 1982 werden Seeschiffe mit der *Bruttoraumzahl (BRZ)* vermessen. Die BRZ gibt den Gesamtraumgehalt aller geschlossenen Schiffsräume an; die Nettoraumzahl (NRZ) dementsprechend den Gesamtraumgehalt aller Laderäume. Weiterhin bedeutsam sind die *Tons deadweight (tdw)*. Sie beschreiben die Wasserverdrängung des beladenen Schiffs abzüglich der Wasserverdrängung des unbeladenen Schiffs, gemessen in Gewichtstonnen.

In der Containerschiffahrt werden die Schiffsgrößen nach Container-Stellplatzkapazität bestimmt, jeweils ausgedrückt in TEU. Vollcontainerschiffe der ersten Generation können bis 1.000 TEU, die der vierten Generation bis 4.500 TEU aufnehmen. Containerschiffe der neuesten Generation, von denen sich bereits einige im Einsatz befinden, weisen eine Stellplatzkapazität von 6.300 bis 7.500 TEU auf. In der Planung befinden sich Schiffe mit Stellplatzkapazitäten zwischen 8.000 und 12.000 TEU.

Im Seehafen angelieferte Güter, die keinen Container füllen (keine *Full-Container-Load FCL*, also *Less-than-Container-Load LCL*), können im Hafen (in einer Packstation bzw. *Container Freight Station CFS*) zwecks Rationalisierung der Umschlag- und Transportabläufe in Container verstaut (*Container stuffing*) bzw. aus dem Container entladen werden (*Container stripping*).

Die Tragfähigkeit von **Binnenschiffen** wird in *Gewichtstonnen* gemessen (t). Sie reicht von sehr niedrigen Werten (Peniche in Frankreich mit 300 t) über das Dortmund-Ems-Kanal-Schiff (950 t) und das Europa-Schiff (1.350 t mit 85 m Länge, 9,50 m Breite und 2,50 m Tiefgang) bis hin zum Großen Rheinschiff (über 2.000 t und bis zu 110 m Länge), jeweils als selbstfahrende Motorgüterschiffe. Die Tragfähigkeit der Schubleichter (Bargen) reicht von 1.260 t bis zu 2.820 t; die stärksten Schubboote besitzen eine Leistung von 6.000 PS. Hieraus ergibt sich auf dem Niederrhein die Möglichkeit, mit einem Schubverband von sechs Leichtern rd. 17.000 t Massengut zu transportieren.

Motorgüterschiffe als Containerschiffe können bis zu 300 TEU aufnehmen, wenige Großschiffe bis 398 TEU. Die relativ geringen Transportgeschwindigkeiten werden dadurch teilweise ausgeglichen, dass die mit Radar ausgestatteten Schiffseinheiten entweder 18 Stunden (sog. *Semi-Continue-Fahrt*) oder 24 Stunden täglich fahren (*Continue-Fahrt* mit Doppelbesatzung). Containerschiffe legen die Strecke Mainz - Rotterdam in etwa 25 Stunden zurück. Ein Eisenbahn-Ganzzug benötigt etwa 16 Stunden, der Lkw acht bis zehn Stunden.

Die Binnenschiffahrt auf dem Rhein hat sich gegenüber der Bahn und dem Straßengüterverkehr als leistungsfähiger Wettbewerber im Containerverkehr entwickelt. Hier wurden 2000 deutlich mehr als 1,3 Mio. Container befördert; exakte statistische Aufzeichnungen fehlen.

Die höchstzulässigen Gewichte und die Maße von **Straßengüterverkehrsfahrzeugen** sind gesetzlich festgelegt. Dabei ist zu unterscheiden zwischen *nationalen Regelungen*, die nur den jeweiligen Binnenverkehr betreffen, und *EU-weit* geltenden einheitlichen Vorschriften. Die nationalen Regelungen erlauben häufig höhere Gesamtgewichte und Fahrzeuglängen.

Seit 1986 beträgt in Deutschland das max. Gesamtgewicht für *Sattelzüge* und *Lastzüge* 40 t; dies gilt auch für die EU. Im *kombinierten Verkehr* dürfen bis 44 t Gesamtgewicht erreicht werden, um einen beladenen 40'-Container von und zu einem Terminal oder Hafen transportieren zu können. Einzelfahrzeuge dürfen bis 12 m Länge aufweisen, Sattelzüge 16,50 m und Lastzüge 18,75 m. Die höchstzulässigen Gesamtgewichte von 40 t bzw. 44 t gelten nur bei Fahrzeugen mit mehr als vier Achsen. Einzelfahrzeuge mit zwei Achsen dürfen nicht mehr als 18 t, mit mehr als zwei Achsen bis 24 t Gesamtgewicht aufweisen. Schwere Sattelzüge fahren mit Aufliegern, die mit Doppelachsen (Tandem-Achsen) oder Dreifachachsen (Tridem-Achsen) ausgestattet sind, welche die Lasten auf mehrere Achsen verteilen. Die maximale Einzelachslast (Antriebsachse) beträgt 11 t; die Achslast einer Doppelachse liegt zwischen 16 und 20 t und die einer Tridem-Achse zwischen 21 t und 24 t. Die maximale Höhe der Lastkraftwagen ist auf 4,0 m, die maximale Breite auf generell 2,55 m mit Ausnahmen (Isolieraufbauten) bis 2,60 m festgelegt.

Das **Brutto-/Netto-Anlagevermögen der Verkehrsinfrastruktur in Deutschland** (bis 1990 alte Bundesländer, ab 1991 zusätzlich mit den neuen Bundesländern) hat sich seit 1975 wie folgt entwickelt:

Übersicht 7: **Brutto-/Netto-Anlagevermögen der Verkehrsinfrastruktur in Deutschland (in Mrd. EUR in Preisen von 1995)**

Kategorie	1980		1985		1990		1995		2000	
	Brutto	Netto	Brutto	Netto	Brutto	Netto	Brutto	Netto	Brutto	Netto
Verkehrswege	498,5	372,8	545,5	393,1	585,1	407,7	629,4	432,4	658,0	447,1
Eisenbahnen	96,2	58,8	100,9	60,2	106,0	63,6	113,7	71,5	120,1	79,4
Stadtbahnen	21,9	18,9	26,7	23,2	30,5	26,2	35,4	30,2	39,0	32,4
Straßen/Brücken	342,7	271,0	378,6	285,2	408,2	292,8	439,0	305,6	456,2	309,5
Wasserstraßen	32,5	21,5	34,4	22,3	36,2	23,1	37,4	23,3	38,9	23,9
Rohrfernleitungen	5,2	2,7	4,8	2,3	4,4	2,0	4,1	1,9	3,9	2,0
Stationen[1]	60,6	37,5	60,9	35,8	63,0	36,8	69,6	42,0	74,4	44,9
Eisenbahnen	30,2	17,4	29,5	15,9	28,2	14,4	28,7	14,9	29,5	15,8
Binnenhäfen	7,1	4,3	6,9	4,0	6,9	3,9	6,7	3,8	6,6	3,8
Seehäfen	14,2	10,0	15,6	10,5	16,3	10,6	17,3	11,2	18,4	12,0
Flughäfen	9,1	5,9	8,9	5,4	11,6	7,9	16,8	12,0	19,9	13,4

1) Stationen einschl. Suprastruktur

Quelle: Verkehr in Zahlen (2001/2002), S. 34 f. Bis 1990 nur ABL.

Im Jahre 2000 erreichte das Brutto-Anlagevermögen der Verkehrsinfrastruktur in Deutschland 7,2 % des gesamten deutschen Brutto-Anlagevermögens (in Preisen von 1995).

Bei den *Verkehrswegekategorien* sind zu unterscheiden

- Kraftverkehrsstraßen,
- Eisenbahnstrecken,
- Binnenwasserstraßen,
- Seewasserstraßen und
- Rohrfernleitungen.

Die Luftverkehrsstraßen sind nur hinsichtlich der Flugsicherung relevant.

Die **Kraftverkehrsstraßen** gliedern sich in

- Bundesfernstraßen (Planung und Baulast beim Bund)
  - mit Bundesautobahnen (1999: 11.427 km)
  - und Bundesstraßen (1999: 41.380 km),

- Landesstraßen (Planung sowie Baulast liegt bei den Bundesländern; 1999: 86.798 km),
- Kreisstraßen (Planung und Baulast mit Landeszuschüssen durch die Landkreise; 1999: 91.054 km) und
- Gemeindestraßen (1999: rd. 415.000 km).

Im europäischen Vergleich wird das deutsche Straßennetz (rd. 656.000 km) von Frankreich mit 893.500 km (davon 28.000 km Nationalstraßen und 10.300 km Autobahnen) übertroffen; es folgen Italien (655.000 km mit 6.960 km Autobahnen und 46.000 km Hauptverkehrsstraßen), Polen (rd. 381.000 km) und Großbritannien (372.000 km).

Die **Schienenwege der Eisenbahn** (DB AG und sonstige Eisenbahnen) erstrecken sich auf eine Länge von 45.150 km; hiervon sind 19.300 km elektrifiziert; auf die DB AG entfallen rd. 37.500 km Schienenstrecken.

Die **Binnenwasserstraßen** weisen in Deutschland eine Länge von rd. 7.300 km schiffbarer Länge auf; sie sind international klassifiziert nach den Kategorien I (Rhein-Rhône-Kanal) mit der Befahrbarkeit kleinster Schiffstypen bis hin zur Kategorie VI (Rhein; Abladetiefe bis 4,5 m).

Stationen ermöglichen den Zugang zu den Verkehrsmitteln im Personen- und Güterverkehr und schaffen die baulichen und informationsspezifischen Voraussetzungen für intra- und intermodale Umsteige- und Umschlagvorgänge. Die Tendenz geht dahin, die Stationen zu *logistischen* und *kommunikativen* Dienstleistungszentren zu entwickeln. Während die Personen- und Güterbahnhöfe wie auch die Terminals des kombinierten Verkehrs nur begrenzte Eigenständigkeiten aufweisen, besitzen die Stationen in den Bereichen Luftverkehr, See- und Binnenschiffahrt eine größere Individualität und breitere Funktionalität. Sie sind neben ihren Originäraufgaben arbeitsplatz- und teilweise auch wertschöpfungsintensive Dienstleistungszentren sowie Standort von Industrie- und Handelsunternehmen.

Als Größenmerkmale für **Flughäfen** wird das Fluggast- bzw. Frachtaufkommen sowie die Zahl der gestarteten und gelandeten Flugzeuge herangezogen. Für die wichtigsten europäischen Flughäfen gelten die folgenden Werte:

Übersicht 8: **Fluggäste und Starts/Landungen im gewerblichen Luftverkehr 2000**

Flughafen	Fluggäste in Mio.	Starts/Landungen in Tsd.
London - Heathrow	65,0	467
Frankfurt	49,3	447
Paris - Orly	25,4	244
- Charles de Gaulle	48,3	518
Amsterdam - Schiphol	36,6	432
Rom - Fiumicino	26,3	283
Madrid - Barajas	32,9	358
Zürich - Kloten	22,6	325
Stockholm - Arlanda	18,5	279
Kopenhagen - Kastrup	18,4	304

Quelle: Verkehr in Zahlen (2001/2002), S. 306.

Im Jahre 2000 wurden im Luftfrachtverkehr einschließlich Post (0,27 Mio. t) 2,61 Mio. t über deutsche Flughäfen abgewickelt (Versand und Empfang); davon allein am Flughafen Frankfurt Rhein-Main 1,72 Mio. t.

Der Wettbewerb zwischen den Flughäfen hat sich in den vergangenen Jahren ständig intensiviert. Wichtige Wettbewerbsparameter sind:

- Zahl der täglichen/wöchentlichen Flüge im grenzüberschreitenden Europa- und Interkontverkehr;
- Zahl der den Flughafen anfliegenden internationalen Fluggesellschaften;
- Erreichbarkeit mit Bodenverkehrsmitteln und Benutzerfreundlichkeit;
- Vorhandensein und zeitliche Ausdehnung von Nachtflugbeschränkungen;
- Niveau und Struktur der Preise für die Nutzung der luftseitigen Infrastruktur (Start-/Landeentgelte, Abfertigungsentgelte etc.);
- Sicherheitsstandard (An- und Abflugbereich, Personen- und Gepäckkontrollen);
- Angebot an sonstigen Dienstleistungen (Hotels, Kommunikationsinfrastruktur, Einkaufsmöglichkeiten, kulturelle Angebote etc.);
- Verfügbarkeit über Slots (Zeitfenster für Starts/Landungen);
- Ausmaß von Wartezeiten infolge Überlastung des Start-/Landebahn-Systems oder des Luftraums.

Größenmerkmale für **Seehäfen** sind die umgeschlagenen Tonnen. Zur Charakterisierung der Seehäfen ist jedoch eine Differenzierung in *Massengut* und *Stückgut* sinnvoll; Stückgut besitzt eine höhere Wertschöpfungsqualität und weist wesentlich größere Wachstumsraten auf als Massengut. Neben dem konventionellen Stückgut werden die hier zuzuordnenden Stückgüter auch in Containern transportiert.

Eine niedrige Wertschöpfung weist auch der Fährverkehr auf, der in einigen Häfen, wie etwa in Lübeck, Kiel und Rostock, den Hauptanteil der Verkehre darstellt.

Der Wettbewerb zwischen den Seehäfen, insbesondere zwischen den ARA-Häfen (Antwerpen, Rotterdam, Amsterdam) und den deutschen Nordseehäfen (insbesondere Bremen/Bremerhaven und Hamburg), verstärkt sich stetig. Dabei zieht Rotterdam (abgeschwächt auch Antwerpen) aus seiner günstigen Erreichbarkeit für Seeschiffe mit hoher Tragfähigkeit (großräumige Lage, sehr gute Fahrwasserverhältnisse) und einem aufkommensstarken Hinterland (Rhein-Ruhr- und Rhein-Main-Regionen) mit ausgezeichneten Verkehrsanbindungen, insbesondere auch durch den Rhein, bedeutende Vorteile. Bremen und Hamburg weisen Nachteile bei den Fahrwasserverhältnissen für Schiffe mit großem Tiefgang und ungünstigere Hinterlandverbindungen auf. Hinzu kommen zeitaufwendige Schiffsreisen über Rotterdam zu diesen Häfen, die vor allem in der Containerfahrt wegen der nur Teilkapazitäten der Schiffe auslastenden Containermengen kostenmäßig negativ durchschlagen. Die Containerreedereien versuchen, zumindest einen Teil dieser Transporte durch sog. Feederverkehre (Umschlag auf kleinere Seeschiffe) abzuwickeln. So werden beispielsweise die skandinavischen Häfen wesentlich durch *Feederschiffe* von Hamburg aus bedient.

Übersicht 9: Güterumschlag wichtiger europäischer Seehäfen 2000

	Umschlag in Mio. t	davon: Stückgut in Mio. t	Container in Tsd. TEU
Rotterdam	322,1	83,9	3.938[1]
Antwerpen	130,5	68,7	2.761[1]
Amsterdam	64,1	6,8	47,7[1]
Hamburg	77,0	37,5	3.620[2]
Wilhelmshaven	43,4	0,2	-
Bremen/ Bremerhaven	39,2	21,3	2.097[2]
Lübeck	18,0	13,6	-
Rostock	18,6	7,5	-
Brunsbüttel	7,7	0,2	-
Kiel	3,3	2,9	-
Emden	3,4	1,5	-

1) in tausend Einheiten   2) in tausend TEU; Werte 1999
Quelle: Verkehr in Zahlen (2001/2002), S. 81 und 302.

Die Seehäfen sind bestrebt, ihre Marktposition durch Spezialisierung auf bestimmte Transportgüter und durch das Angebot einer Vielzahl logistischer Dienstleistungen zu festigen (Beispiele: Bremen mit dem Umschlag von Pkw, Südfrüchten usw., der Ostseehafen Lübeck durch Konzentration auf den Güter- und Personenfährverkehr sowie Papier und Holz aus Skandinavien). Für einen Seehafen ist es auch bedeutsam, welcher Anteil der ein- und ausgehenden wasserseitigen Verkehre als sog. *Loco*-Verkehre anfällt, also in der Hafenregion verbleibt oder aus ihr stammt. Ein hoher Loco-Anteil setzt verarbeitende Industrie in der Hafenregion voraus. So hat Hamburg einen beachtlichen Loco-Anteil, während Bremen/Bremerhaven und Lübeck beispielsweise überwiegend Häfen mit fernorientierter Handelsfunktion sind.

Spezialbegriffe aus der Seeschiffahrt:

- **Befrachtungsmakler:** Übernimmt bei der Trampschiffahrt die Suche nach Fracht bzw. Laderaum.
- **Bunkerboote:** Schwimmende Versorgungseinrichtungen.
- **Dock:** Anlage zum Trockensetzen von Schiffen für Außenbordarbeiten.
- **Klarierung:** Amtliche Abfertigung der Schiffe bei Hafen- und Zollbehörden; im Lösch- und Ladehafen durch Vorlage der Schiffspapiere.
- **Knoten:** Geschwindigkeitsmaß; 1 Knoten = 1 nautische Seemeile = 1,853 m.

- **Konnossement:** Frachtbrief; vertritt als Dokument die geladenen Güter und kann als Kreditsicherheit dienen.
- **Laschen** und **Pallen:** Befestigen der Ladung mit Seilen (laschen) und mit Stauhölzern (pallen).
- **Lash-Schiffahrt:** Leighter aboard ship; Seeschiffe spezieller Bauart, sog. Barge-Carrier, nehmen bis zu 40 schwimmfähige Lash barges mit je rd. 380 t Gesamtgewicht (90 t Eigengewicht) auf, transportieren sie etwa von amerikanischen zu europäischen Seehäfen und lassen sie dann auf Binnenwasserstraßen von Schubbooten in Lash-Verbänden zu Binnenhäfen befördern. Das Ende der 60er Jahre in den USA (vor allem im Mississippi-Stromgebiet) entwickelte Verfahren hat sich nur sehr begrenzt verbreitet.
- **Linienschiffahrt:** Regelmäßige Dienste in bestimmten Fahrtgebieten.
- **Linienagent:** Vertreter einer Linienreederei; organisiert die Abfertigung der Schiffe und nimmt die Reedereiinteressen wahr.
- **Löschen und Stauen:** Entladen und Beladen des Schiffs.
- **Manifest:** Verzeichnis der an Bord befindlichen Güter.
- **Schauerleute:** Mitarbeiter von Stauereibetrieben, die in den Schiffen die von den Kaiarbeitern übergebenen Güter nach dem Stauplan verladen.
- **Schiffsmakler:** Vermittler zwischen Reederei, Hafenbehörden, Befrachtern, Hafenfirmen und Frachtempfängern.
- **Segelliste:** Verzeichnis der Schiffsabfahrten; erscheint wöchentlich.
- **THB:** Täglicher Schiffsbericht über Schiffsankünfte und -abfahrten.
- **Tally-Betrieb:** Kontrolliert und testiert die ordnungsgemäße Verladung der Güter lt. Konnossement und Ladeliste.
- **Trampschiffahrt:** Bedarfsorientierte, nicht im Linienverkehr tätige Schiffahrt.
- **Unit Loads:** Einzelne Kolli werden zu größeren Einheiten zusammengefaßt, etwa auf Paletten.

c) Statistische Abgrenzungen

Für *Längs-* und *Querschnittsvergleiche* sind die Verkehrsaufkommenswerte (Personen, Beförderungsfälle, Tonnen) und die Verkehrsleistungswerte (Personenkilometer, Tonnenkilometer) bedeutsam. Die **Aufkommens**größen werden sinnvollerweise nur dann herangezogen, wenn

- die Transportentfernungen unwichtig sind, wie etwa beim Güterumschlag oder grenzüberschreitenden Transporten, deren Ziel nicht identifizierbar ist oder
- die jeweils zuzuordnenden Beförderungsweiten nicht bekannt sind (etwa häufig im Personenverkehr).

Auf die Bedeutung der Größe „Fahrzeugkilometer" wurde bereits hingewiesen. Sie wird in der Regel über durchschnittliche Treibstoffverbräuche und damit nur *indirekt* ermittelt; sie ist insofern kein „harter" statistischer Wert.

Weitere wichtige Abgrenzungen, insbesondere in der Verkehrsstatistik, sind:

- Beförderungsweiten (Transportentfernungen).
- Binnenverkehr: Er umfaßt sämtliche Beförderungsvorgänge, deren Ausgangs- und Zielorte im Inland liegen.
- Binnenländischer Verkehr: Er umfaßt den Binnenverkehr zuzüglich der im Inland erbrachten Transporte des grenzüberschreitenden Verkehrs.
- Grenzüberschreitender Verkehr: Er setzt sich aus dem Verkehr zusammen, bei dem Ausgangs- oder Zielort im Ausland liegen sowie dem Durchgangsverkehr (Transit) mit Ziel- und Ausgangsort im Ausland. In den Statistiken werden teilweise diese beiden Arten des grenzüberschreitenden Verkehrs getrennt ausgewiesen.
- Bei den Verkehrsleistungen (Pkm, Tkm) werden sowohl beim binnenländischen wie auch beim grenzüberschreitenden Verkehr statistisch nur die inländischen Transportentfernungen berücksichtigt.
- Nah- und Fernverkehr: Im Personenverkehr wird als Nahverkehr im allgemeinen eine Beförderungsweite bis 50 km oder eine Fahrtzeit bis zu einer Stunde bezeichnet. Beim Güterverkehr gab es in Deutschland bis Ende Juni 1998 (Liberalisierung des Marktzugangs im Straßengüterverkehrs ab 1. Juli 1998 durch ein neues Güterkraftverkehrsgesetz) spezielle Nahzonenabgrenzungen. Das Bundesamt für Güterverkehr differenziert in seinen Statistiken zwischen dem Nahverkehr (1-50 km), dem Regionalverkehr (51-150 km) sowie dem Fernverkehr (ab 151 km); diese Unterteilung gilt nur für den Straßengüterverkehr. Die Eisenbahn rechnet Transporte bis 100 km als Nahverkehr, weist jedoch in den Statistiken in der Regel keine Nah- und Fernverkehrswerte getrennt aus. Für die Binnenschiffahrt wird kein Nahverkehr statistisch dargestellt.
- Alte und neue Bundesländer: Durch die Wiedervereinigung ergeben sich für alle statistischen Zusammenstellungen fundamentale Strukturprobleme. Bis 1990 werden statistische Reihen der ehemaligen DDR gesondert ausgewiesen, wobei erhebliche Vergleichsschwierigkeiten dadurch auftreten, dass die DDR-Statistiken abweichende Abgrenzungen und Definitionen aufweisen. Von 1990 bis 1993 wurden die vereinheitlichten Statistiken getrennt für die alten und die

neuen Bundesländer geführt. Dieses Erfordernis resultiert aus Datenlücken und Datenabgrenzungsproblemen bei ihrer Erhebung in den Jahren 1990 bis 1992 sowie aus sich erst über Jahre angleichenden Strukturen der Verkehrswirtschaft der neuen Länder an die Westdeutschlands. Insofern sind durchgehende Zeitreihen für Gesamtdeutschland nicht verfügbar.

2.3 Der Transportsektor in der Volkswirtschaftlichen Gesamtrechnung

Die gesamtwirtschaftliche Bedeutung des Transportsektors läßt sich aus der Volkswirtschaftlichen Gesamtrechnung (VGR) nur sehr *unvollständig* ableiten.

Eine wichtige Kenngröße stellt die *Bruttowertschöpfung* dar. Werden die Werte der Bruttowertschöpfung aller Wirtschaftsbereiche in Deutschland und die des Verkehrsbereiches nebeneinandergestellt, so zeigt sich im Zeitablauf ein sinkender und absolut niedriger Anteil.

Übersicht 10: *Bruttowertschöpfung im Verkehr und in der Gesamtwirtschaft 1965 - 2000 (in Mrd. EUR zu lfd. Preisen)*

Jahr	Verkehr	Gesamtwirtschaft	Anteil
1965	10,090	234,700	4,3 %
1970	13,470	329,740	4,1 %
1975	18,250	508,430	3,6 %
1980	26,760	722,840	3,7 %
1985	32,400	890,500	3,6 %
1990	41,420	1.195,780	3,5 %
1995	51,870	1.700,120	3,1 %
2000	65,260	1.888,370	3,5 %

Quelle: Verkehr in Zahlen (2001/2002), S. 51; Verkehr in Zahlen (1991), S. 71 f. (Werte bis 1990 nur ABL, ab 1995 Gesamtdeutschland).

Weitere Kenngrößen der VGR sind die getätigten Umsätze sowie die Brutto-Anlageinvestitionen (siehe Übersicht 11 und Übersicht 12).

Übersicht 11: *Entwicklung der Umsätze im Verkehrsbereich 1965 – 2000 (in Mrd. EUR zu lfd. Preisen)*

Jahr	Umsätze im Verkehrsbereich
1965	15,11
1970	24,74
1975	36,31
1980	55,13
1985	66,65
1990	83,68
1995	123,68
2000	162,00

Quelle: Verkehr in Zahlen (2001/2002), S. 47; Verkehr in Zahlen (1991), S. 67 f. (Werte bis 1990 nur ABL, ab 1995 Gesamtdeutschland).

Übersicht 12: *Brutto-Anlageinvestitionen im Verkehr und in der Gesamtwirtschaft 1965 - 2000 (ohne Grunderwerb, in Mrd. EUR zu lfd. Preisen)*

Jahr	Verkehr	Gesamtwirtschaft	Anteil
1965	7,49	61,99	12,1 %
1970	11,94	89,01	13,4 %
1975	13,81	108,78	12,7 %
1980	17,14	171,67	10,0 %
1985	16,90	185,09	9,1 %
1990	20,03	265,20	7,6 %
1995	27,06	404,21	6,7 %
2000	30,30	438,08	6,9 %

Quelle: Verkehr in Zahlen (2001/2002), S. 22 f.; Verkehr in Zahlen (1991), S. 20 f. (Werte bis 1990 nur ABL, ab 1995 Gesamtdeutschland).

Das **Brutto-Anlagevermögen** des Verkehrs wird für 2000 in der VGR mit 871,16 Mrd. EUR (in konstanten Preisen von 1995) und einem Anteil am gesamten Brutto-Anlagevermögen aller Wirtschaftsbereiche der alten Bundesländer von 8,5 % ausgewiesen. Das Brutto-Anlagevermögen gibt den Wiederbeschaffungswert des erfaßten Anlagevermögens an; Basis ist die DIW-Anlagevermögensrechnung. Auch hier zeigt sich ein sinkender Anteil des Verkehrs, der durch die abnehmenden Anteile der Anlageinvestitionen des Verkehrsbereichs an allen Anlageinvestitionen sämtlicher Wirtschaftsbereiche verursacht wird.

Auf diese Zusammenhänge und ihre Folgen wird später noch zurückgekommen. Hier ist zunächst festzuhalten, dass im Verkehrsbereich auch in der VGR ein hoher realer Bestand an volkswirtschaftlichen Ressourcen gebunden ist.

Für 2000 beträgt der Wert des im Verkehr ausgewiesenen **Netto-Anlagevermögens** (Zeitwert nach Verrechnung von Abschreibungen) 571,84 Mrd. EUR (auf Preisbasis 1995). Der Quotient aus Netto- zu Brutto-Anlagevermögen ergibt den sog. **Modernitätsgrad** des Anlagevermögens. Er besitzt insbesondere bei Ermittlung für einzelne Verkehrsträger und im Zeitvergleich einen interessanten Informationswert über angemessene oder zu geringe Anlageinvestitionen.

In der VGR wird bei den vorstehend genannten Kenngrößen die tatsächliche Bedeutung des Verkehrsbereiches jedoch systematisch *unterschätzt*. Dies ist insbesondere auf drei Ursachen zurückzuführen.

(1) Die statistische Abgrenzung des Verkehrssektors bewirkt, dass wesentliche Bereiche wirtschaftlicher Aktivitäten, die unmittelbar verkehrsbezogen sind, anderen Wirtschaftsbereichen zugeordnet werden. Zu nennen sind etwa die Automobilindustrie, der Schiffbau, Raffinerien zur Treibstoffherstellung, Flugzeughersteller usw.

(2) In den Werten der VGR wird der Werkverkehr (Eigenverkehr von produzierenden und handeltreibenden Unternehmen) nicht dem Verkehrsbereich, sondern den Konten z.B. des warenproduzierenden Gewerbes zugeordnet. Verkehrsleistungen ohne Inanspruchnahme gewerblicher Verkehrsunternehmen erscheinen in ihren Wertschöpfungs-, Umsatz-, Investitions- und Vermögenswirkungen in den jeweiligen Wirtschaftsbereichen von Industrie und Handel. Die vom Werkverkehr gefahrenen Tonnen bzw. erbrachten Tonnenkilometer sind beachtlich; für den Werkverkehr im Rahmen des Straßengüterverkehrs ergeben sich für 2000 die folgenden Werte:

Übersicht 13: **Gewerblicher Straßengüterverkehr und Werkverkehr im Jahre 2000**

	Mio. t	Mrd. Tkm
Straßengüterverkehr gesamt	3.246	347,2
• Gewerblicher Verkehr [1]	1.538	177,6
• Werkverkehr [1]	1.455	73,0
• Ausländische Lkw	253	96,6

[1] Deutsche Fahrzeuge

Quelle: Verkehr in Zahlen (2001/2002), S. 227, 231.

Bis einschließlich 1997 war eine weitere Untergliederung in Fern- und Nahverkehr möglich; seit 1998 ist diese differenzierte Betrachtung aufgrund der deregulierungsbedingten Aufhebung der administrativen Marktspaltung entfallen. Im Straßengüterverkehr ist beim *Aufkommen* der Werkverkehr mit 94,6 % des gewerblichen Verkehrs sehr beachtlich; bei den *tonnenkilometrischen* Werten wirkt sich die im Werkverkehr vergleichsweise niedrige durchschnittliche Transportweite aus (2000: 50 km; im gewerblichen Straßengüterverkehr 115 km).

(3) Letztlich werden die Wertschöpfungs- und Umsatzanteile des Verkehrsbereichs auch dadurch zu niedrig ausgewiesen, dass für wichtige Teile der Verkehrsinfrastruktur, wie insbesondere in Deutschland für die Kraftverkehrsstraßen, kaum spezielle Nutzungsentgelte erhoben werden (Steuerfinanzierung; Ausnahme: Straßenbenutzungsgebühr für schwere LKW ab 12t Gesamtgewicht als sog. EURO-Vignette). Würden hingegen die Verkehrswege privat errichtet und durch direkte Nutzungsentgelte an die privaten Betreiber finanziert, so erhöhten sich entsprechend die Umsatz- und Wertschöpfungswerte des Verkehrssektors.

Schlußfolgerung:

Die volkswirtschaftliche Gesamtrechnung liefert kein hinreichendes statistisches Bild über die gesamtwirtschaftliche Bedeutung des Transportsektors; es liegt eine systematische *Unterschätzung* vor.

Die VGR vermag darüber hinaus keine Informationen über den gesamtwirtschaftlichen Stellenwert des Transportbereichs zu liefern, da die Verkehrsaktivitäten eine Grundvoraussetzung für die Wertschöpfungserbringung in den anderen Wirtschaftsbereichen darstellen. Ebenfalls nicht erfaßt werden die externen Effekte des Verkehrs (vgl. Kapitel VI).

2.4 Längs- und Querschnittsanalysen des Transportaufkommens und der Transportleistungen im Personen- und Güterverkehr

2.4.1 Entwicklungen in Deutschland

Wie in allen Volkswirtschaften hat das Vordringen des motorisierten Straßenverkehrs und des Luftverkehrs nicht nur zu einer sehr starken Förderung der Mobilität und zu einer nachhaltigen Unterstützung der Güteraustauschprozesse beigetragen. Nach dem Zweiten Weltkrieg, vor allem seit Mitte der 50er Jahre, haben die Verkehrsträger sehr unterschiedlich von den Zuwächsen des Verkehrsaufkommens und der Verkehrsleistungen profitiert. War vor dem Zweiten Weltkrieg die Eisenbahn im Personen- und Güterverkehr in Deutschland und Europa das wichtigste Verkehrsmittel, so haben zahlreiche Faktoren das Vordringen des Straßenverkehrs gefördert, wie etwa

- die technisch-organisatorischen Entwicklungen im Straßenfahrzeugbau,
- ein stark steigendes reales Pro-Kopf-Einkommen mit hoher Zahlungsbereitschaft für die Beschaffung und den Betrieb von Personenkraftwagen,
- ein kontinuierlicher Ausbau des Straßennetzes und
- ständig zunehmende qualitative Anforderungen von Industrie und Handel an das Gütertransportsystem.

Gleichzeitig wurde in der Mehrzahl der europäischen Staaten die Eisenbahn rechtlich und faktisch als *Verwaltungsorganisation* betrieben. Erhebliche Finanzmittel wurden überwiegend zur Strukturkonservierung, nicht aber zur markt- und wettbewerbsorientierten Umgestaltung eingesetzt. Insbesondere in Deutschland dominierten bis Anfang der 80er Jahre die Versuche, die Deutsche Bundesbahn in ihrer historischen Struktur als hoheitliches Instrument zur Durchsetzung einer Vielzahl von politischen Zielen zu belassen, sie aber vor ihren Wettbewerbern durch Lenkungseingriffe zu schützen. Diese Versuche haben sich nicht nur als Fehlschlag, sondern als gravierende Benachteiligungen der Eisenbahn herausgestellt, wurde ihr es dadurch doch verwehrt, sich den völlig veränderten Marktverhältnissen rechtlich-organisatorisch und mental sowie mit ihrer Investitions- und Desinvestitionspolitik anzupassen. Diese für die Eisenbahn außerordentlich nachteilige Entwicklungsphase wurde in Deutschland erst durch die Realisierung der Bahnstrukturreform zum 1. Januar 1994 und die gleichzeitige

Liberalisierung der Preispolitik im Güterverkehr bei Bahn, Straßengüterverkehr und Binnenschiffahrt beendet (vgl. hierzu auch Kapitel I.3 sowie II.2 und 3).

In den nachfolgenden Übersichten werden die wichtigsten Zeitreihen der Größen

- Fahrzeugbestände (Pkw, Lkw),
- Beförderungsfälle und Beförderungsleistungen im Personenverkehr,
- Transportaufkommen und Transportleistungen im Güterverkehr,
- Entwicklung der Anteile der einzelnen Verkehrsträger (des Modal split) sowie
- Fahrleistungsentwicklung des motorisierten Straßenverkehrs

dargestellt. Diese Reihen gelten bis einschließlich 1990 für die alten Bundesländer, danach für Gesamtdeutschland. Zusätzlich erfolgt eine Darstellung wichtiger entsprechender Kenngrößen für das Gebiet der ehemaligen DDR.

Übersicht 14: Bestand an Personenkraftwagen und Lastkraftwagen (Lkw, Zugmaschinen, Kraftomnibusse) in der Europäischen Gemeinschaft, Bundesrepublik Deutschland und DDR 1970 - 2000 (in 1.000)

	1970	1980	1985	1990	2000
EG/EU					
Pkw[1] absolut	54.667[6]	95.649	110.386	131.868	173.000 [7]
pro 1.000 Einw.	160	271	343	402	450 [7]
Lkw[2]	7.060	11.494	13.303	18.004	20.135 [7]
BRD/Deutschland					
Pkw[1] absolut	13.941	23.192	25.845	30.685	42.840
pro 1.000 Einw.	230	377	424	482	521
Lkw[2]	2.522	2.987	3.055	3.215	4.533
DDR					
Pkw[3] absolut	-	2.678	3.306	4.817	-
pro 1.000 Einw.[4]	-	160	199	301	-
Lkw[5]	-	516	517	600	-

1) Personenkraftwagen und Kombinationskraftwagen
2) Lastkraftwagen, Zugmaschinen, Kraftomnibusse; enthalten sind hohe Anteile an landwirtschaftlichen Zugmaschinen (z.B. 2000 1.758 Einheiten in Deutschland)
3) Personenkraftwagen ohne Kombinationskraftwagen
4) eigene Berechnungen   6) ohne Spanien und Portugal
5) einschließlich Kombinationskraftwagen   7) Werte für 1999

Quelle: Verkehr in Zahlen (2001/2002), S. 141; Verkehr in Zahlen (1991), S. 216; EU (2001): Energy & Transport in Figures, Tab. 3.3.1.3 und 3.3.1.5.

Übersicht 15: **Aufkommensstruktur im Personenverkehr: Verkehrsaufkommen und Anteile der Verkehrsbereiche 1950 - 2000**

	1950		1960		1970		1980		1990		2000	
	Mio.	v.H.	Mio.	v.H.	Mio.	v.H.	Mio.	v.H.	Mio.	v.H.	Mio.	v.H.
Eisenbahnen	1.470	15,2	1.378	6,1	1.053	3,4	1.167	3,1	1.172	2,9	2.002	3,5
ÖStPV	3.815	39,5	5.410	26,8	6.170	20,1	6.745	18,1	5.896	14,4	7.859	13,1
Luftverkehr	0,4	0,0	4,9	0,0	21,3	0,1	35,9	0,1	62,6	0,1	116,9	0,2
Taxi- u. Mietwagenverkehr*	77	0,8	114	0,5	290	1,0	365	1,0	380	0,9	-	-
MIV	4.300	44,5	14.300	66,6	23.120	75,4	28.915	77,7	33520	81,7	49.827	83,3

Quelle: Verkehr in Zahlen (2001/2002), S. 211 f., 215; Verkehr in Zahlen (1991), S. 304 f., 312 f.
*) wird in der aktuellen Statistik mit dem MIV zusammen ausgewiesen.

Übersicht 16: **Leistungsstruktur im Personenverkehr: Verkehrsleistung (in Mrd. Pkm) und Anteile der Verkehrsbereiche 1950 - 2000**

	1950		1960		1970		1980		1990		2000	
	Mrd.	v.H.	Mrd.	v.H.	Mrd.	v.H.	Mrd.	v.H.	Mrd.	v.H.	Mrd.	v.H.
Eisenbahnen	31,9	36,4	40,9	16,1	39,2	8,6	41,0	6,8	44,6	6,2	75,1	8,0
ÖStPV	24,6	28,0	48,5	19,2	58,4	12,8	74,1	12,4	65,1	9,0	77,8	8,3
Luftverkehr	0,1	0,1	1,6	0,6	6,6	1,4	11,0	1,8	18,4	2,5	42,7	4,6
Taxi- u. Mietwagenverkehr*	0,4	0,5	0,8	0,3	1,7	0,4	2,2	0,4	2,5	0,3	-	-
MIV	30,7	35,0	161,7	63,8	350,6	76,8	470,3	78,6	593,8	82,0	740,1	79,1

Quelle: Verkehr in Zahlen (2001/2002), S. 213 ff., Verkehr in Zahlen (1991), S. 308 ff.
*) wird in der aktuellen Statistik mit dem MIV zusammen ausgewiesen.

Übersicht 17: ***Aufkommensstruktur im Güterverkehr: Verkehrsaufkommen (in Mio. t) und Anteile der Verkehrsbereiche 1950 - 2000***

	1950		1960		1970		1980		1990		2000	
	Mio. t	v.H.	Mio. t	v.H.	Mio. t	v.H.	Mio. t	v.H.	Mio. t	v.H.	Mio. t	v.H.
Eisenbahn	208,8	30,3	317,1	18,7	378,0	13,3	350,1	10,8	303,7	8,8	294,2	7,6
Binnenschiffahrt	71,9	10,5	172,0	10,2	240,0	8,5	241,0	7,5	231,6	6,7	242,2	6,3
Straßengüterverkehr[1]	407,9	59,2	1.189,2	70,3	2.136,9	75,1	2.553,2	79,2	2.848,1	82,4	3.246,4	83,8
gewerbl. Verk.	174,6	25,4	541,3	32,0	873,8	30,7	1.040,9	32,3	1.151,5	33,3	1.538,9	39,7
Werkverkehr	233,3	33,8	643,5	38,0	1.244,1	43,7	1.454,6	45,1	1.591,4	46,0	1.454,9	37,6
Ausländer	-	-	4,4	0,3	19,0	0,7	57,7	1,8	105,2	3,1	252,6	6,5
Rohrfernleitung	-	-	13,3	0,8	89,2	3,1	84,0	1,0	74,1	2,1	89,4	2,3
Luftverkehr	0,01	-	0,08	-	0,39	-	0,71	-	1,32	-	2,39	-
Seeschiffahrt	25,7	-	77,2	-	131,9	-	154,0	-	143,8	-	242,6	-

[1] Straßengüterfernverkehr und Straßengüternahverkehr

Quelle: Verkehr in Zahlen (2001/2002), S. 227, Verkehr in Zahlen (1991), S. 332 ff.

Übersicht 18: ***Leistungsstruktur im Güterverkehr: Verkehrsleistung (in Mrd. Tkm) und Anteile der Verkehrsbereiche 1950 - 2000***

	1950		1960		1970		1980		1990		2000	
	Mrd.	v.H.	Mrd.	v.H.	Mrd.	v.H.	Mrd.	v.H.	Mrd.	v.H.	Mrd.	v.H.
Eisenbahn	39,4	56,0	53,1	37,4	71,5	33,2	64,9	25,5	61,8	20,6	76,0	15,1
Binnenschiffahrt	16,7	23,7	40,4	28,5	48,8	22,7	51,4	20,1	54,8	18,3	66,5	13,2
Straßengüterverkehr[1]	14,3	20,3	45,5	32,0	78,0	36,2	124,4	48,8	169,8	56,7	347,2	68,8
gewerbl. Verk.	8,3	11,8	28,6	20,1	45,6	21,2	62,4	24,5	79,1	26,4	177,6	35,2
Werkverkehr	6,0	8,5	15,6	11,0	26,6	12,3	40,6	16,0	51,9	17,3	73,0	14,5
Ausländer	-	-	1,3	0,9	5,8	2,7	21,4	8,4	38,9	13,0	96,6	19,1
Rohrfernleitung	-	-	3,0	2,1	16,9	7,9	14,3	5,6	13,3	4,4	15,0	3,0
Luftverkehr	0,004	-	0,03	-	0,14	-	0,25	-	0,44	-	0,76	-
Seeschiffahrt	137,2	-	515,7	-	909,7	-	1066,8	-	785,8	-	1.000,2	-

[1] Straßengüterfernverkehr + Straßengüternahverkehr

Quelle: Verkehr in Zahlen (2001/2002), S. 231; Verkehr in Zahlen (1991), S. 340 ff.

*Übersicht 19: Fahrleistungsentwicklung des motorisierten Straßenverkehrs[1]
1952 - 2000 (in Mrd. km)*

Verkehrsart	Fahrleistung in Mrd. km					
	1952	1960	1970	1980	1990	2000
Lastkraftwagen, Sattelzugmaschinen	8,7	16,1	26,7	33,7	40,8	74,8
Personenkraftwagen, Kombi	18,2	73,2	201,1	297,4	401,6	516,7

1) ohne motorisierte Zweiräder, Omnibusse und sonstige Sonderkraftfahrzeuge
Quelle: Verkehr in Zahlen (2001/2002), S. 159; Verkehr in Zahlen (1991), S. 236 f.

Die nachfolgend für den Zeitraum 1980 bis 1989 ausgewiesenen Daten zur Entwicklung der Verkehrsleistung und des Modal split in der *ehemaligen DDR* können nicht mit den Datenreihen der Bundesrepublik Deutschland verglichen werden.

- Zum einen ist die *statistische Abgrenzung* abweichend, da im grenzüberschreitenden Straßengüter- und Binnenschiffsverkehr auch die ausländischen Tonnenkilometer einbezogen wurden, nicht jedoch die Transportleistungen ausländischer Lastkraftfahrzeuge und Binnenschiffe.

- Zum anderen zeigen sich in den DDR-Werten nur sehr begrenzt *Markt*entwicklungen als vielmehr die Ergebnisse außerordentlich starker *Staatseingriffe*. Sie manifestieren sich in Restriktionen der Fahrzeugbeschaffung, der fast völligen Verstaatlichung aller Transportbetriebe, sehr begrenzter Zuteilung von Reparaturmaterialien und einer seit 1980 besonders intensivierten Verlagerungspolitik zur Eisenbahn im Güterverkehr aus energiepolitischen Zielsetzungen. Die Wirkungen dieser Verkehrspolitik waren für die wirtschaftliche Entwicklung der DDR sehr negativ, da die aufgrund Ressourcenmangels ständig überlastete Reichsbahn Transporte nur nach langen Anmeldezeiten und mit hohem Zeitaufwand wegen zunehmender Streckensperrungen und Umwegfahrten durchführen konnte. Die 1989 von der Reichsbahn erbrachten 59,0 Mrd. Tkm wurden auf einem Streckennetz von (nur) 14.000 km gefahren, von denen lediglich 3.450 km elektrifiziert waren. Im gleichen Jahr leistete die Bundesbahn 62,5 Mrd. Tkm auf einem Streckenetz von 27.000 km; hiervon waren 11.700 km elektrifiziert. Der Straßengüterverkehr wurde nur dann gefördert (Fahrzeugbeschaffung, Treibstoffe, Reparaturmaterialien), wenn er zur Erzielung von Deviseneinnahmen benutzt werden konnte. Als Beispiel ist die frühere Staatsspedition DEUTRANS zu nennen, die mit modernen Fahrzeugen in Westeuropa als aggressiver Preiswettbewerber auftrat.

Übersicht 20: Verkehrsleistungen im Personen- und Güterverkehr sowie Modal split in der DDR 1980 - 1990 (binnenländischer Verkehr)

	1980	1985	1989	1990
Personenverkehrsleistung (in Mrd. Pkm)	107,7	121,8	138,7	133,1
• Individualverkehr	55,7	69,7	84,4	90,0
• Eisenbahn[1]	22,0	22,5	23,8	18,0
• Öffentl. Straßenpersonenverkehr	28,0	28,3	29,1	24,0
• Bus-Werkverkehr	1,7	1,0	1,1	0,8
• Taxi- und Mietwagenverkehr	0,3	0,3	0,3	0,3
Güterverkehrsleistung (in Mrd. Tkm)	84,6	80,7	82,5	59,1
• Eisenbahn	56,4	58,7	59,0	40,9
• Straßengüterfernverkehr	8,6	5,8	7,0	6,2
• Straßengüternahverkehr	12,4	9,3	9,9	6,8
• Binnenschiffahrt	2,2	2,4	2,3	1,9
• Rohrfernleitungen	5,0	4,5	4,3	3,3

[1] einschließlich S-Bahn Verkehr

Quelle: Verkehr in Zahlen (1993), S. 305 f.

2.4.2 Entwicklungen in Europa

Wie für Deutschland gilt auch für die EU, dass sich seit 1990 eine Auseinanderentwicklung von realem Bruttoinlandsprodukt (Gross Domestic Product GDP) und tonnenkilometrischer Güterverkehrsleistung ergeben hat. Für den Personenverkehr (Pkm) galt dies lediglich für den Zeitraum bis 1997.

Übersicht 21: Jährliche Wachstumsraten in den EU 15 in v. H.

	1980-90	1990-97	1998	1999
GDP	2,4	1,8	2,9	2,5
Industrielle Produktion	1,8	0,9	3,7	1,6
Personenverkehr[1]	3,1	1,7	2,0	3,0
Güterverkehr[2]	1,9	2,6	3,7	3,6

[1] PKW, Busse, Stadtbahnen, Eisenbahn, Luftverkehr
[2] Straßengüterverkehr, Eisenbahn, Binnenschifffahrt, Rohrfernleitungen, Short Sea Shipping

Quelle: European Commission (2001); EU Energy & Transport in Figures, Tab. 3.1.1.

Die Modal split-Entwicklung im Güterverkehr der EU ist in *Übersicht 22* dargestellt. Dabei ist zu berücksichtigen, dass die Binnenschiffahrt nur in wenigen Ländern am Markt tätig ist (insbesondere in den Niederlanden, Deutschland, Belgien und Luxemburg). Dies verdeutlicht *Übersicht 23*, in der eine länderspezifische Aufgliederung der Marktanteile der Güterverkehrsträger vorgenommen wird.

Übersicht 22: Entwicklung der Güterverkehrsleistung (in Mrd. Tkm) nach Verkehrsträgern in der EU von 1970 bis 1999

	Straße	Eisenbahn	Binnenwasserstraßen	Rohrfernleitungen	Schiff (innerhalb EU)	Gesamt
1970	412	283	103	68	472	1.338
1980	626	287	107	92	780	1.892
1990	933	255	108	76	922	2.294
1995	1.136	221	114	85	1.071	2.627
1997	1.201	238	118	85	1.124	2.766
1998	1.254	240	121	88	1.167	2.870
1999	1.318	237	120	89	1.195	2.960
1990-99	+ 41 %	- 7 %	+12 %	+ 18 %	+ 30 %	+ 29 %

Quelle: EU-Commission (2001): Energy and Transport in Figures, Tab. 3.4.2.

Übersicht 23: Länderspezifischer Modal split im Güterverkehr 1999

	Straße	Schiene	Binnenwasserstraßen	Rohrfernleitungen
Belgien	71,2	14,0	11,8	3,0
Dänemark	70,0	8,3	-	21,6
Deutschland	69,6	14,5	12,8	3,0
Griechenland	98,3	1,7	-	-
Spanien	85,6	8,9	-	5,4
Frankreich	76,2	15,6	2,0	6,2
Irland	92,4	7,6	-	-
Italien	86,7	8,0	0,1	5,3
Luxemburg	68,7	20,9	10,3	-
Niederlande	48,8	3,5	41,6	6,0
Österreich	39,8	36,9	5,2	18,1
Portugal	86,5	13,5	-	-
Finnland	73,2	26,0	0,8	-
Schweden	63,4	36,6	-	-
Groß-Britannien	83,5	10,0	0,1	6,3
EU 15	74,7	13,4	6,8	5,1

Quelle: EU Commission (2001): Energy & Transport in Figures, Tab. 3.4.4.

Für den EU-Raum zeigt sich, dass hier die Eisenbahn noch deutlich höhere Verkehrsmarktanteilsverluste hinnehmen musste als in Deutschland (alte Bundesländer bis 1990 und nach 1990 Gesamtdeutschland). So sank ihr Anteil an den *Güterverkehrsleistungen* der vier Landverkehrsträger Straße, Schiene, Binnenschifffahrt und Rohrleitungsverkehr von 32,6 % im Jahre 1970 auf 13,4 % im Jahre 1999. Im gleichen Zeitraum stieg der Marktanteil des Straßengüterverkehrs von 47,6 % auf 74,7 %; seine tonnenkilometrische Leistung wuchs um 906 Mrd. (+220 %) auf 1.318 Mrd. Tkm, während die Eisenbahnen nach einem absoluten Rückgang um 46 Mrd. (-16 %) 1999 lediglich 237 Mrd. Tkm leisteten. Die Binnenschifffahrt konnte im Zeitraum 1970 bis 1999 einen Zuwachs von 17 auf 120 Mrd. Tkm (+17 %) verzeichnen. Besondere Bedeutung besitzt in der EU der Verkehrsträger Küstenschifffahrt (Short Sea Shipping) als EU-interner Seeschifffahrtsverkehr. Mit einer erbrachten Transportleistung von (1999) 1.195 Mrd. Tkm bleibt dieser Verkehrsträger nur knapp hinter dem marktdominierenden Straßengüterverkehr zurück.

Abbildung 5: **Verkehrsleistungen im EU-Güterverkehr 1970 - 1999 (in Mrd. Tkm)**

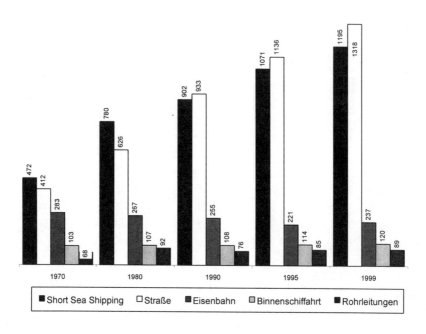

Quelle: EU-Commission (2001): Energy & Transport Figures, Tab 3.4.2.

Abbildung 6: Güterverkehr auf Straße und Schiene im Vergleich 1970 – 1999

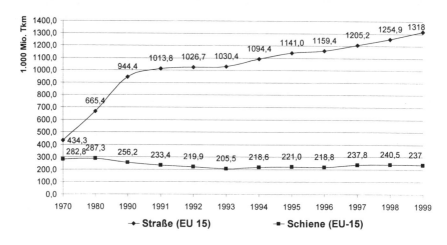

Beim *Personenverkehr* ist ähnlich wie in Deutschland eine im Vergleich zum Güterverkehr weniger dramatische, aber ebenfalls ungünstige Entwicklung für die Eisenbahn sowie für den öffentlichen Straßenpersonenverkehr festzustellen. 1970 konnte die Eisenbahn noch einen Marktanteil von 10,1 % aufweisen, bezogen auf 5 Modes; trotz einer absoluten Steigerung ihrer Verkehrsleistungen um 75 Mrd. Pkm (+35,6 %) sank ihr Marktanteil 1999 auf 6,1 %. Gleichzeitig stieg der Marktanteil des motorisierten Individualverkehrs (MIV) von (1970) 74,0 % auf 79,0 % (1999) bei einem absoluten Zuwachs von 2.196 Mrd. Pkm (+138,3 %).

Abbildung 7: Verkehrsleistungen im EU-Personenverkehr 1970 - 1999 (in Mrd. Pkm)

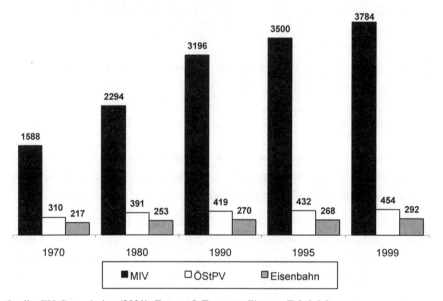

Quelle: EU-Commission (2001): Energy & Transport Figures, Tab 3.5.2.

Die Mobilität der EG-/EU-Europäer ist durchschnittlich von (1970) 6.300 km/Jahr auf (1999) 12.750 Pkm/Jahr angestiegen. Dies entspricht rd. 4.790 Mrd. Pkm, von denen 79 % mit dem Pkw erbracht wurden. Die größten durchschnittlichen Steigerungsraten weist der EU-interne Luftverkehr mit jährlichen Wachstumsraten zwischen 6,0 und 8,4 % auf, auch wenn sein Marktanteil am EU-internen Personenverkehr mit 5,4 % noch unter dem Anteil der Eisenbahn mit 6,1 % liegt. Die hohen Wachstumsraten des Luftverkehrs haben aber zu einer wesentlichen Erhöhung dieses Marktanteils beigetragen, der 1970 erst 1,5 %, 1990 3,9 % und 1999 bereits 5,4 % erreichte.

Die Ausgaben der privaten Haushalte in der EU für Verkehrsleistungen betrugen durchschnittlich im Jahre 1999 14 % des ausgabefähigen Einkommens. Insgesamt wurden für Verkehr in diesem Jahr 635 Mrd. Euro verausgabt, von denen 520 Mrd. für privat erstellte Verkehrsleistungen, insbesondere für die Pkw-Haltung, und 115 Mrd. Euro für öffentliche Personenverkehrsleistungen verwendet wurden.

Bei länderspezifischer Betrachtung des Ausgabenverhaltens der privaten Haushalte für Verkehrszwecke zeigt sich, dass die höchsten prozentualen Anteile am verfügbaren Haushaltseinkommen in Luxemburg (19,9 %), Dänemark (15,8 %) und Großbritannien (15,1 %) bereitgestellt werden. Die niedrigsten Anteile weisen Griechenland (9,3 %), Italien (10,9 %) und die Niederlande (11,4 %) auf.

2.5 Zur Erfassungsproblematik der gesamtwirtschaftlichen Wohlfahrtswirkungen des Verkehrssektors

2.5.1 Ausgangslage

Aus den statistischen Daten zu den Wertschöpfungsbeiträgen des Verkehrssektors läßt sich kein hinreichendes Bild über seine gesamtwirtschaftlichen Wohlfahrtswirkungen gewinnen. Dies resultiert aus zwei Sachverhalten:

- Verkehrsleistungen sind im Güterverkehr wie auch im Berufs- und Geschäftsreiseverkehr wichtige Inputfaktoren der Leistungserstellung im Produktions-, Handels- und Dienstleistungsbereich. Sie sind entweder nicht oder nur sehr begrenzt und möglicherweise auch nur langfristig verzichtbar oder gegen andere Inputfaktoren austauschbar. Hieraus folgt, dass die Produktivitätsbeiträge von Verkehrsleistungen zur gesamtwirtschaftlichen Wertschöpfung nicht hinreichend separierbar sind. Dies wird bei der einfachen Annahme deutlich, wenn Verkehrsleistungen nicht mehr verfügbar wären.

Ähnliche Probleme ergeben sich auch beim Personenverkehr bei den Verkehrszwecken Freizeit- und Urlaubsverkehr. Die durch Verfügbarkeit über Verkehrsmittel und entsprechende Verkehrsinfrastrukturen gegebenen Möglichkeiten der individuellen Mobilitätsentfaltung besitzen eine hohe Nutzenstiftung, d.h. einen entsprechenden Beitrag zur individuellen Wohlfahrt. Er liegt weit über den gezahlten Preisen für die Verkehrsleistungen und folglich auch deutlich über den Wertschöpfungsbeiträgen, die aus der Erstellung und dem Absatz solcher Verkehrsleistungen erzielt werden.

- Die zweite grundsätzliche Schwierigkeit der Erfassung der Wohlfahrtswirkungen des Verkehrssektors besteht darin, dass hierbei von einer **komplexen Systembetrachtung** der Wohlfahrtseffekte des Verkehrsbereichs ausgegangen wird. Methodisch ist es nicht möglich, den Wertschöpfungsbeitrag dieses **Systems** zu isolieren und in Wertgrößen darzustellen. Hierfür wäre nach dem *With and without-Ansatz* der Fall durchzuspielen, es gäbe kein Verkehrssystem. Die Unmöglichkeit einer solchen Betrachtung ist nicht weiter erläuterungsbedürftig.

Allerdings lassen sich gesamtwirtschaftliche Nutzenbeiträge von **Einzelaktivitäten** im Verkehrssektor wesentlich erfolgreicher erfassen. Als Beispiel seien abgrenzbare Verkehrsinfrastrukturmaßnahmen, etwa der Bau von Verkehrswegen, genannt. Hier lassen sich die Evaluierungsinstrumente der Nutzen-Kosten-Analyse und der Nutzwert-Analyse einsetzen; hierauf wird in Kapitel IV eingegangen. Es wird jeweils ein Vergleich zwischen gesamtwirtschaftlichen Nutzen- und Kostenkomponenten durchgeführt, um die Frage nach dem volkswirtschaftlichen Nettonutzen (Wohlfahrtseffekt) zu beantworten.

2.5.2 Theoretisches Basiskonzept und Lösungsmöglichkeiten

Der Wohlstandsbeitrag des Sektors Transportwirtschaft resultiert aus der Gegenüberstellung der Größen

- soziale Gesamtleistung des Sektors und
- soziale Gesamtkosten.

Ziel ist es, diesen Wohlstandsbeitrag zu maximieren. Als Mindestbedingung gilt, einen negativen sektoralen Wohlstandsbeitrag zu vermeiden:

$$\text{Soziale Gesamtleistung des Sektors Transportwirtschaft} \geq \text{Soziale Gesamtkosten des Sektors Transportwirtschaft}$$

Während über die Erfassung und Bewertung der sozialen Gesamtkosten des Transportbereichs seit Jahren intensiv diskutiert wird und zahlreiche Veröffentlichungen vorliegen (vgl. hierzu Kapitel VI), bestehen bei den Gesamtleistungsgrößen noch zahlreiche offene Fragen der Erfassung, Zuordnung und ökonomischen Evaluierung. Auch hier gilt, dass für Einzelprojekte und Teilsysteme des Transportbereichs solche Gesamtleistungsberechnungen wesentlich einfacher durchzuführen sind als für das komplexe System Transport insgesamt.

Als theoretischer Lösungsansatz kann auf das Konzept des *sozialen Überschusses* zurückgegriffen werden. Der soziale Überschuß ergibt sich aus der Fläche unterhalb der Nachfragekurve abzüglich der Grenzkosten. Dieser auch als *sozialer Nettonutzen* bezeichnete Überschuß setzt sich aus der Konsumenten- und der Produzentenrente zusammen.

Auszugehen ist von einer bereinigten oder kompensierten Nachfragekurve (nur Berücksichtigung des Substitutionseffekts).

Abbildung 8: **Sozialer Nettonutzen im Einproduktfall**

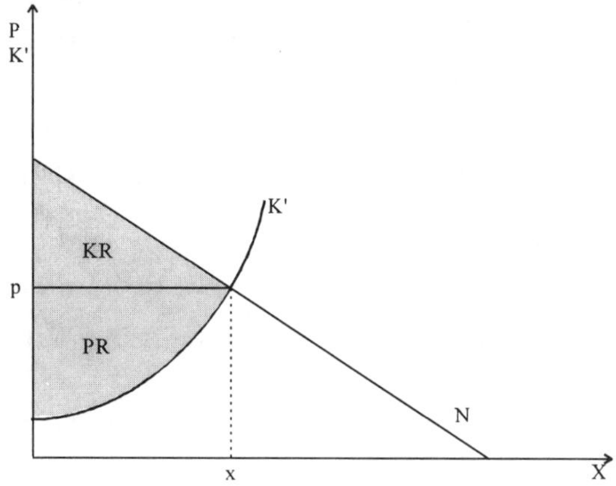

Allerdings ergeben sich bei dieser Vorgehensweise mehrere schwierig lösbare Probleme:

- Nachfragekurven, die maximale marginale Zahlungsbereitschaften angeben, beziehen sich stets auf abgrenzbare Leistungen. Folglich muß, um eine den gesamten Transportbereich erfassende Vorgehensweise zu ermöglichen, nicht nur eine Vielzahl von Nachfragekurven und sozialen Überschußsituationen ermittelt werden. Vielmehr ist eine Aggregation der Überschußwerte über den gesamten Transportsektor erforderlich. Dies setzt u.a. voraus, dass

    - die jeweiligen Nachfragekurven soweit definiert sind (Berührung mit Ordinate), dass der Überschuß bestimmbar ist,

- keine Nutzeninterdependenzen bestehen und
- keine Doppelzählungen bei der Zahlungsbereitschaft erfolgen, wenn sie nicht tatsächlich in Ausgaben transformiert werden und sie bei vielen Einkommensverwendungsalternativen Berücksichtigung finden.

- In den zugrundegelegten Grenzkosten sind in der Regel nur betriebswirtschaftlich relevante Kosten enthalten; notwendig wäre somit eine Internalisierung der negativen externen Effekte der Leistungserstellung, d.h. der technologischen externen Kosten.

- Entsprechendes gilt auch für die Nachfragekurven, welche in der Regel nicht alle gesamtwirtschaftlichen Nutzenkomponenten widerspiegeln, sondern nur die direkt beim Nachfrager nach Verkehrsleistungen wirksamen Nutzenstiftungen.

Aus diesen Überlegungen folgt, dass das Konzept des sozialen Überschusses nur in hochaggregierten Modelldarstellungen verwendbar ist, nicht jedoch zur Ermittlung der Wohlfahrtswirkungen eines real existierenden Wirtschaftsbereichs.

Als pragmatische und die verfügbaren statistischen Informationen berücksichtigende Erfassungsmethodik der Wohlfahrtswirkungen des Sektors Transportwirtschaft wird die folgende Vorgehensweise vorgeschlagen:

Ausgangssituation: tatsächlich ausgeschöpfte Zahlungsbereitschaften auf den Transportmärkten (Berücksichtigung von Preisdifferenzierung)
= Erlöse der Transportleistungsanbieter
./. einzelwirtschaftliche Kosten der Leistungserstellung (Ressourceneinsatz, bewertet zu Marktpreisen oder möglichst zu Opportunitätskosten)
= summierter einzelwirtschaftlicher Erfolg der Anbieter von Verkehrsleistungen
./. externe Kosten der Verkehrsleistungsproduktion (Unfallkosten, Umwelteffekte durch Lärm, Schadstoffe, Beeinträchtigung von Flora und Fauna, Flächenversiegelung, Trennwirkungen)
+ externe Erträge der Verkehrsleistungsproduktion (regionalwirtschaftliche Beschäftigungseffekte, Erhöhung der Versorgungsqualität, Steigerung der Lebensqualität in den Bereichen Wohnen und Freizeit, Ermöglichung ressourcensparender und wettbewerbsfördernder logistischer Konzeptionen)
= **Wohlfahrtseffekt des Sektors Transportwirtschaft**

Allerdings sind die externen Effekte nach derzeitigem Erkenntnisstand nur teilweise erfaßbar und in Geldeinheiten bewertbar (vgl. hierzu Kapitel VI). Sie umfassen komplex strukturierte Sekundär- und Tertiärwirkungen. Ferner besteht die Gefahr von Doppelzählungen.

Somit läßt sich die (vorläufige) *Schlußfolgerung* ziehen:

Die gesamtwirtschaftlichen Wohlfahrtseffekte des Verkehrsbereichs sind befriedigend nur für abgrenzbare Teilaktivitäten erfassbar, etwa für die Einführung einer neuen Transportart (z.B. kombinierter Verkehr) oder die Schaffung einer Verkehrsinfrastrukturmaßnahme (z.B. Ortsumgehung, Hochgeschwindigkeitsstrecke der Eisenbahn, Bau eines Schiffahrtkanals). Hierfür bieten sich als Instrumente die Nutzen-Kosten- und Nutzwert-Analysen an.

3 Marktformen und Organisationsstrukturen der Transportwirtschaft

3.1 Marktverhältnisse im Personen- und Güterverkehr

3.1.1 Personenverkehr

Die Marktanteile im motorisierten Personenverkehr in Deutschland haben sich - wie in allen westeuropäischen Ländern und noch deutlicher in den USA - im Zeitablauf kontinuierlich zum Individualverkehr verschoben, allerdings mit rückläufiger Intensität.

Übersicht 24: Marktanteile im Personenverkehr 2000

	Verkehrsaufkommen		Verkehrsleistung	
	1990	2000	1990	2000
Öffentlicher Verkehr gesamt	15,6	16,7	17,6	20,9
• Öffentl. Straßenpersonenverkehr	12,9	13,1	8,9	8,3
• Eisenbahn	2,6	3,3	6,1	8,0
• Luftverkehr	0,1	0,2	2,5	4,6
Individualverkehr	84,4	83,3	82,4	79,1

Quelle: Verkehr in Zahlen (2001/2002), S. 215.
Werte 1990 nur ABL, 2000 Gesamtdeutschland.

Ergänzend ist anzumerken:

- Auf den öffentlichen Personen*nah*verkehr entfallen 2000 beim Verkehrsaufkommen 16,1 % von insgesamt für Gesamtdeutschland ausgewiesenen 16,7 % des öffentlichen Personenverkehrs; bei den Verkehrsleistungen sind es hingegen nur 9,7 % von den vermerkten 20,9 %. Hier spiegeln sich die stark abweichenden durchschnittlichen Beförderungsweiten entsprechend wider. Ähnliche Unterschiede aufgrund der in der Verkehrsleistung enthaltenen hohen Durchschnittsentfernungen gelten für den Luftverkehr.
- In den neuen Bundesländern näherten sich die Marktanteile von öffentlichem und individuellem motorisierten Verkehr schneller als bei der Wiedervereinigung erwartet an die Werte der alten Bundesländer an. In den neuen Bundesländern betrug 1991 der Anteil des öffentlichen Verkehrs noch 25,2 %, 1993 bereits nur noch 20,4 % (Verkehrsaufkommen) bzw. 15,9 % (Verkehrs-

leistung). Nach 1993 sind keine vergleichbaren Werte für alte und neue Bundesländer mehr verfügbar.

Die **Marktformen** im **Personenverkehr** lassen sich wie folgt beschreiben:

Individualverkehr: Polypol; Nachfrager produzieren ihre nachgefragten Leistungen selbst; es sind kaum marktwirksame Kooperationen vorhanden.

Eisenbahn: Bei enger Definition ist die Deutsche Bahn AG **Schienenverkehrsmonopolist** ohne Monopolmacht aufgrund intensiver Konkurrenzierung durch den Individualverkehr vor allem im Nah- und Mittelstreckenbereich (bis 500 km); im Langstreckenbereich (größer 500 km bis 1.000 km) herrscht starker Wettbewerb durch den Luftverkehr. Im Nahverkehr ist die DB AG mit ihrer Konzerngesellschaft DB Regio AG seit Beginn der Bahnreform (1994) in zunehmendem Maße dem intramodalen Wettbewerb durch nicht bundeseigene Eisenbahnen ausgesetzt. Ihr Marktanteil erreichte 2001 rd. 7 % (Basis: Zugkilometer). Begünstigt wird dieses Vordringen dritter Bahnen im Schienenpersonennahverkehr durch die seit 1996 wirkende Regionalisierung mit Ausschreibungen der Bundesländer (bzw. der von ihnen beauftragten Institutionen).

Öffentlicher Straßenpersonenverkehr: Wird als schienengebundener oder Busverkehr betrieben; die Bahnbus- und kommunalen Betriebe sowie die 2.100 privaten Busbetriebe verfügen aufgrund rechtlicher Vorgaben (Personenbeförderungsgesetz) über Linienkonzessionen (oder fahren als Subunternehmer) und sind demzufolge linienspezifische Monopolanbieter, sind aber hoher Substitutionskonkurrenz durch den Individualverkehr ausgesetzt.

Als weiterer Wettbewerber im Linien-, vor allem aber im Gelegenheitsverkehr bis 600 km Beförderungsweite, tritt der Busreiseverkehr auf, der überwiegend von ca. 5.600 privaten mittelständischen Betrieben organisiert wird. In Deutschland ist der Buslinienfernverkehr bislang wegen rechtlicher Hemmnisse im Unterschied zum Ausland kaum vorhanden; im Zuge der weiteren Deregulierungsschritte im Rahmen der EU-Verkehrspolitik (weitere Umsetzung der Dienstleistungsfreiheit und Nichtdiskriminierung) ist jedoch mittelfristig mit einer Freigabe und damit beträchtlichen Konkurrenzierung der Eisenbahn zu rechnen. In Deutschland betreibt derzeit nur die Touring GmbH, eine Tochtergesellschaft der DB AG, nationale und vor allem internationale Linienverkehre.

Die Zahl der Busreisenden im Gelegenheitsverkehr erreicht 2000 in Deutschland mit 82 Mio. Reisenden fast 57 % der Beförderungszahlen im Schienenpersonenfernverkehr.

Luftverkehr: Zu unterscheiden ist zwischen Linienverkehr und Charterverkehr. Im Linienverkehr war die Deutsche Lufthansa (LH) bis Anfang der 90er Jahre auf innerdeutschen Relationen ein Angebotsmonopolist mit Entwicklungstendenzen hin zum Teilmonopolisten infolge des Auftretens vergleichsweise kleiner Luftverkehrsgesellschaften. Ein wesentlicher Teil dieser Gesellschaften fliegt jedoch mittlerweile für Lufthansa und teilweise unter LH-Flugnummern. Im Zuge der Liberalisierung des EU-Luftverkehrsmarktes wird sich die Marktstruktur in Richtung eines Angebotsoligopols verändern; insbesondere werden ausländische EU-Fluggesellschaften internationale Flüge mit deutschen Flughäfen verbinden und auch innerdeutsche Flugstrecken anbieten (Kabotageverkehre; Freigabe ab April 1997).

Der internationale Linienluftverkehrsmarkt stellt sich als Angebotsoligopol dar; das Kartell der IATA (International Air Transport Association) hat seine preisbeeinflussende Funktion seit der US-amerikanischen und europäischen Deregulierung verloren. Der Linienluftverkehr ist international segmentiert in zahlreiche geographisch differenzierte Teilmärkte (Europa, Nordatlantik, Naher Osten, Ferner Osten, Südamerika etc.). Auf ihnen dominiert in der Regel ein enges Oligopol, ergänzt durch marktschwächere sonstige Oligopolisten ohne größere individuelle Marktmacht.

Zunehmende Bedeutung erlangen Strategische Allianzen im Sinne von Netzwerken. Sie sollen die weltweite Flächendeckung der Mitgliedsunternehmen durch leistungsstarke Kooperationspartner sichern, eine unternehmensübergreifende Kundenbindung durch wechselseitige Anerkennung der Meilen-Bonusprogramme erreichen und Kostenersparnisse durch gemeinsame Nutzung von Vertriebs- und Fluggerätwartungssystemen erzielen. Die bislang erfolgreichste Allianz ist die 1996 zunächst von der Deutschen Lufthansa (LH) und United Airlines (UA) gegründete Star Alliance, sie wurde inzwischen durch Air Canada (AC), Thai Airways International (TG), Scandinavian Airlines (SAS), VARIG (RG), Air New Zealand (NZ), Singapore Airlines (SQ), Austrian Airlines (AUA), All Nippon Airways (NH) sowie vier kleinere Fluggesellschaften ergänzt. Weitere vertragliche Partnerschaften mit einer Vielzahl von regionalen und überregionalen Luftverkehrsgesellschaften stützen die Marktposition dieser Strategischen Allianz.

Weitere Luftverkehrsallianzen wurden zwischen British Airways (BA) und American Airlines vereinbart, ferner zwischen Australian Airlines, Sabena, Swissair, Delta Airlines, TAP Air Portugal und Turkish Airlines sowie zwischen KLM und Northwest Airlines. 2001 mußten Sabena und Swissair wegen Insolvenz Konkurs anmelden.

Die wettbewerbsrechtliche und wettbewerbspolitische Beurteilung der Strategischen Allianzen im Luftverkehr ist strittig. Kartellähnliche Tendenzen sind unverkennbar; auf wichtigen Teilmärkten, auf denen nur noch Mitglieder der Allianz als Anbieter auftreten, können monopolartige Machtpositionen entstehen. Letztlich kann dies zu einer nachhaltigen Einschränkung des Preis- und Qualitätswettbewerbes führen. Darum unterliegen die Strategischen Allianzen auch der wettbewerbsrechtlichen Beobachtung durch die Generaldirektion TREN (Energy & Transport) der EU; Aufgreiftatbestand ist Art. 81 EG-Vertrag (Verbot von Kartellen und abgestimmten Verhaltensweisen mit der Möglichkeit, Freistellungen von diesem Verbot zu erreichen).

Im Gelegenheits-/Charterverkehr sind häufig Tochtergesellschaften der Linien-Airlines sowie sonstige kleinere Fluggesellschaften tätig. In Deutschland sind neben drei großen Charterfluggesellschaften (Condor als LH-Tochter, LTU und Hapag Lloyd) mehrere kleine und über 130 Bedarfsflugunternehmen am Markt aktiv. Mit fortschreitender Deregulierung verliert die Unterscheidung von Linien- und Gelegenheitsverkehr an Bedeutung.

3.1.2 Güterverkehr

Im Güterverkehr war es in Deutschland aufgrund noch bestehender Marktzugangsregulierung bis zum 1. Juli 1998 notwendig, zwischen Nah- und Fernverkehr zu trennen.

Am deutschen Güter*nah*verkehrsmarkt waren 1996, also vor der Aufhebung der Trennung von Nah- und Fernverkehr (im Jahre 1998) rd. 38.800 Unternehmen tätig; sie bildeten ein (heterogenes) Polypol. Die Rate der Marktein- und -austritte war im gewerblichen Straßengüternahverkehr hoch, zumal es auch in Deutschland nie Marktzutrittsbeschränkungen in diesem Gewerbebereich gegeben hat, im Unterschied etwa zum gewerblichen Straßengüterfernverkehr, wo kontingentierte Konzessionen verpflichtend waren. Die gesetzliche Nahzone war mit 75 km Radius vom Standort des Betriebes aus festgelegt; dabei konnte aber ein wirtschaftlich interessanter Standort durch Festlegung eines fiktiven Standorts gewählt werden (§ 6 (5) Güterkraftverkehrsgesetz GüKG alter Fassung). Ergänzend zum gewerblichen Straßengüternahverkehr ist der Werknahverkehr zu nennen, dessen Transportleistungen weit über denen der gewerblichen Anbieter lagen. Besonders stark vertreten waren hier die Bauwirtschaft, Lebensmittelindustrie sowie Getränkeindustrie und Getränkehandel.

Seit dem 1. Juli 1998 ist die Unterscheidung zwischen gewerblichem Straßengüternah- und Straßengüterfernverkehr sowie zwischen Werknah- und Werkfernverkehr entfallen. Die in Übersicht 25 enthaltene Aufteilung hat somit nur noch historischen Informationswert.

Übersicht 25: **Unternehmen des gewerblichen Straßengüternahverkehrs und eingesetzte Fahrzeuge 1980 - 1992**

| Im Nahverkehr einge- | Unternehmen | | | | | |
| setzte Lastkraftfahr- | November 1980 | | November 1984 | | November 1992 | |
zeuge je Unternehmen	Anzahl	v.H.	Anzahl	v.H.	Anzahl	v.H.
1	21.583	50,2	21.536	50,7	21.510	43,6
2	8.393	19,5	8.022	18,9	9.226	18,7
3	4.366	10,2	4.175	9,8	5.263	10,7
4 bis 6	5.248	12,3	5.109	12,0	7.205	14,6
7 bis 10	1.958	4,5	2.073	5,0	3.175	6,4
11 und mehr	1.450	3,4	1.536	3,6	3.005	6,1
Insgesamt	42.998	100,0	42.451	100,0	49.384	100,0

Quelle: Bundesverband des Deutschen Güterfernverkehrs (1994), S. 8.

Das Verkehrsaufkommen im Binnenverkehr der Eisenbahn wurde in Deutschland 1990 zu 55,8 % im Entfernungsbereich bis 150 km abgewickelt; bei den Verkehrsleistungen waren es hingegen nur 12,2 %. Neuere Zahlen sind nicht verfügbar.

Im Gütter**nah**verkehr auf der Schiene war die Deutsche Bundesbahn formal Angebotsmonopolist; infolge starken Wettbewerbs durch den Straßengüternahverkehr besaß sie jedoch nur bei sehr spezifischen Transportaufgaben eine marktbeherrschende oder marktmächtige Stellung. Außerdem agierten in regionalen Teilmärkten die Nichtbundeseigenen Eisenbahnen (NE-Bahnen), die fast vollständig im Verband Deutscher Verkehrsunternehmen (VDV) organisiert sind. Sie transportieren überwiegend bis zu 100 km Entfernung; häufig sind es Wechselverkehre mit der DB/DR bzw. DB AG (ab 1. Januar 1994).

Im Güter**fern**verkehr besaß die Deutsche Bahn AG ein **Schienenverkehrs**angebotsmonopol. Der starke intermodale Wettbewerb seitens des Straßengüterfernverkehrs und der Binnenschiffahrt sowie partiell des Rohrleitungsverkehrs ließ jedoch kein Ausnutzen dieser formalen Machtposition zu. Durch die mit der Bahnstrukturreform 1994 und (allerdings wesentlich restriktiver) durch EU-Recht (Richtlinie 91/440/EWG) eingeführte Öffnung des Streckennetzes für Dritte (sonstige Eisenbahntransportunternehmen) reduziert sich das traditionelle Schienenverkehrsangebotsmonopol auf ein Trassenangebotsmonopol der Fahrweginstitution DB Netz AG (vgl. hierzu insb. Kapitel I.3.2.1). Die Trassennutzungsverträge müssen nach EU-Recht (Richtlinie 91/440; 2001/12-14) und deutschem Recht (Allgemeines Eisenbahngesetz AEG) der Bedingung der Diskriminierungsfreiheit genügen. Damit ist die Möglichkeit des intramodalen Wettbewerbs von verschiedenen Eisenbahnunternehmen auf dem Schienennetz eröffnet. So nutzen die NE-Bahnen seit 1997 verstärkt die Möglichkeiten der Öffnung des Netzes der DB AG für Dritte und betreiben, wenn auch noch in begrenztem Maße, Schienengüterfernverkehr - Marktanteil 2001 rd. 2 % (Basis: Zugkilometer). Damit hat die DB AG mit der Sparte Güterverkehr (bzw. die DB Cargo AG) die Position des Monopolisten verloren und wird zum Teilmonopolisten, in ausgewählten Relationen (Teilmärkten) möglicherweise auch zum Oligopolisten.

Der wichtigste intermodale Wettbewerber der Bahn im Güterverkehr ist der *Straßengüterfernverkehr*. Der Werkfernverkehr als die zahlenmäßig geringere Komponente des Straßengüterfernverkehrs wird von rd. 32.000 Unternehmen der produzierenden und handeltreibenden Wirtschaft als Ergänzungsfunktion zu deren Basisleistungen betrieben (1998); etwa 60 % der Unternehmen setzen nur bis zu drei Werkfernverkehrsfahrzeuge ein.

Übersicht 26: **Unternehmen des Werkfernverkehrs nach Branchen
(Stand: November 1998)**

Handel		Verarbeitendes Gewerbe		Baugewerbe		Land- und Forstwirtschaft		Sonstige		Insges.
Anzahl	v.H.	Anzahl	v.H.	Anzahl	v.H.	Anzahl	v.H.	Anzahl	v.H	Anzahl
12.696	39,7	9.172	28,7	5.777	18,1	1.336	4,2	2.976	9,3	31.995

Quelle: Bundesverband Güterkraftverkehr, Logistik und Entsorgung (1999): Verkehrswirtschaftliche Zahlen, S. 15.

Während der Werkfernverkehr vor allem als Wettbewerber des gewerblichen Straßengüterverkehrs auftritt, stellt der gewerbliche Straßengüterfernverkehr das entscheidende Wettbewerbspotential gegenüber der Eisenbahn dar. Hierbei wird der Straßengüterverkehr aufgrund seiner **Systemeigenschaften** (Flexibilität, Anpassungsfähigkeit an den Produktionsrhythmus der verladenden Wirtschaft, Haus-Haus- bzw. Band-Band-Bedienung, Schnelligkeit, gute Einbindungsfähigkeit in Informations- und Kommunikationssysteme, Begleitung der Transportgüter durch den Fahrer etc.) von den steigenden Anforderungen der verladenden Wirtschaft begünstigt.

Die Betriebe des gewerblichen Straßengüterverkehrs (Frachtführer) weisen weit überwiegend eine kleinbetriebliche Struktur in Form von Angebotspolypolisten auf. Dies verdeutlichen insbesondere die Zahlen der Güterverkehrsgenehmigungen je Unternehmen während der Jahre der Marktzugangs- und Preisregulierung in Deutschland; im Zeitablauf hatten sich die Größenverhältnisse kaum verändert. Dies war wesentlich auf die strukturkonservierende Verkehrsmarktregulierung zurückzuführen, die erst 1994 (Preisliberalisierung) und 1998 (Wegfall der Kontingentierung zum 1. Juli) aufgehoben wurde.

Übersicht 27: **Unternehmen des gewerblichen Straßengüterfernverkehrs nach Zahl der Genehmigungen 1978 - 1990 (ABL)**

Genehmigungen je Unternehmen	November 1978		November 1982		November 1986		November 1990	
	Anzahl	v.H.	Anzahl	v.H.	Anzahl	v.H.	Anzahl	v.H.
1	3.023	34,5	2.763	32,2	3.061	34,7	3.371	33,2
2	1.990	22,7	1.892	22,0	1.702	19,3	1.879	18,5
3	1.138	13,0	1.119	13,0	1.098	12,4	1.261	12,4
4 bis 6	1.545	17,6	1.662	19,4	1.724	19,5	1.933	19,0
7 bis 10	626	7,1	697	8,1	731	8,3	983	9,7
11 bis 15			258	3,0	288	3,3	423	4,2
16 bis 20	444	5,1	95	1,1	102	1,1	132	1,3
21 bis 40			80	0,9	99	1,1	134	1,3
41 und mehr			24	0,3	24	0,3	34	0,3
Insgesamt	8.766	100,0	8.590	100,0	8.829	100,0	10.150	100,0

Quelle: Bundesverband des Deutschen Güterfernverkehrs (1994): Verkehr in Zahlen, S. 3.

Nach Aufgabe des obligatorischen Preissystems am 1. Januar 1994 sehen sich die Anbieter von Straßengüterfernverkehrsleistungen einer starken Nachfragemacht von Industrie und Handel ausgesetzt, zumal die Zahl der Genehmigungen zum gewerblichen Straßengüterfernverkehr stufenweise bis zur Kontingentierungsaufgabe erhöht wurde.

Einen wichtigen Wettbewerbsfaktor stellen die *ausländischen* Straßengüterverkehrsunternehmen dar, die im grenzüberschreitenden Verkehr innerhalb der EU den Preis- und Qualitätswettbewerb seit 1992 (Deregulierung im Preis- und Kapazitätsbereich) voll durchführen. Dieser EU-interne Wettbewerb hat sich durch die sukzessive Ausweitung der Kabotageregelungen zunehmend auch auf den nationalen Verkehr ausgedehnt. Zum 1. Juli 1998 wurde in der EU schließlich die Regelkabotage eingeführt, d.h. jeder in einem EU-Staat zugelassene Straßengüterverkehrsunternehmer kann in jedem EU-Staat unbegrenzt Binnenverkehre durchführen. Hinzu kommt ein starker Wettbewerb osteuropäischer Frachtführer im grenzüberschreitenden Verkehr, die insbesondere seit 1991 mit Niedrigpreisen erhebliche Markteinbrüche vor allem zu Lasten ostdeutscher Straßengüterverkehrsbetriebe bewirkt haben. Allerdings setzen mittlerweile auch zahlreiche Straßengüterverkehrsunternehmen aus Deutschland und den Niederlanden Lastkraftwagen mit Standorten in Osteuropa und osteuropäischem Fahrpersonal in diesen Verkehren ein. Im Zeitablauf von 1975 bis 2000 hat sich der Anteil deutscher Fahrzeuge am grenzüberschreitenden Verkehr (einschl. Transit) von 35,7 % auf unter 20 % reduziert.

Die **Binnenschiffahrt** als weiterer wichtiger Anbieter von Güterverkehrsleistungen zählt in Deutschland rd. 851 Unternehmen der gewerblichen Binnenschiffahrt zuzüglich rd. 286 Unternehmen der Fahrgastschiffahrt. Die insgesamt rd. 1.160 Betriebe gliedern sich in acht Reedereien (Schiffahrtsbetriebe mit eigener Akquisition), rund 160 größere Binnenschiffahrtsbetriebe und etwa 990 Partikuliere (Schiffahrtsbetriebe mit bis zu drei Schiffen). Diese Schiffahrtsbetriebe disponieren rd. 2.500 Güter- und 920 Personen(Fahrgast)schiffe.

Abbildung 9: Angebotsstruktur der Binnenschiffahrt

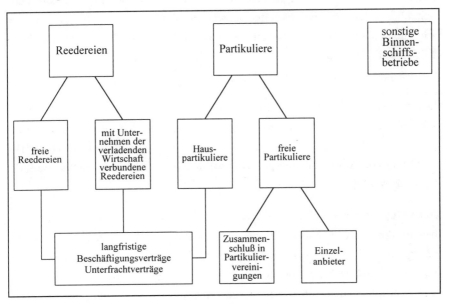

Die großen *Binnenschiffsreedereien* waren bis Ende der 90er Jahre mit Unternehmen der verladenden Wirtschaft eigentumsrechtlich verbunden (etwa Haniel-, Krupp-Reederei; bis 30.09.1998 Haeger & Schmidt/Thyssen, Lehnkering Reederei GmbH/Preussag). Dabei handelte es sich jedoch nicht um Werksreedereien im engeren Sinne, d.h. sie betrieben keinen Werkverkehr. Diese Reedereien boten im freien Markt als Teiloligopolisten an, erhielten aber in der Regel dann Transportaufträge von ihren Muttergesellschaften, sofern diese entsprechende Transportaufträge vergaben (wie Haniel, Thyssen oder Krupp) und die Preise mit denen der Wettbewerber vergleichbar waren.

Die *Partikuliere* sind teilweise mit langfristigen Verträgen an die Reedereien gebunden; hierfür spricht das Reedereiinteresse aufgrund der vergleichsweise günstigen Kostensituation der Partikulierschiffe gegenüber Reedereischiffen. Die Tendenz zur Reduzierung der reedereieigenen Flotten ist seit Anfang der 90er Jahre mit steigender Tendenz deutlich erkennbar, zumal wichtige Marktsegmente der Binnenschiffahrt, die Rohstofftransporte, stagnieren (etwa Erzimporte). Die Flottenzusammensetzung ist allerdings unterschiedlich: Die Partikuliere besitzen fast ausschließlich Motorgüterschiffe bis etwa 2.000 t Tragfähigkeit, während die Reedereien größere Motorgüterschiffe und über 85 % der Schubleichter und Schubboote als Eigentumsflotte ausweisen. Im Containerverkehr sind es allerdings niederländische Partikuliere, welche die Schiffe mit den höchsten TEU-Tragfähigkeiten (bis über 400 TEU) besitzen und für Container-Fahrgemeinschaften tätig sind.

Die in den Partikuliervereinigungen (meist Genossenschaften) zusammengeschlossenen Partikuliere, die insbesondere im west- und ostdeutschen Kanalgebiet tätig sind, vermarkten ihr Angebot über diese Vereinigungen. Bei der Beschaffung von Aufträgen sind provisionspflichtige Befrachtungsmakler/ Befrachtungsbüros tätig.

Neben dem internen Wettbewerb der deutschen Binnenschiffahrt und dem Wettbewerb durch die Eisenbahn (Bahn und Schiffahrt sind in großem Umfang auf den gleichen Transportmärkten tätig) ist als dritter Wettbewerber die *ausländische* Binnenschiffahrt zu nennen (insbesondere niederländische und belgische sowie teilweise auch französische Reedereien und vor allem Partikuliere). Diese Konkurrenz wurde durch das internationale Rheinstatut (Abgabenfreiheit und Freiheit von sonstigen reglementierenden Eingriffen seitens der Anliegerstaaten für die Angehörigen der Signatarstaaten der Mannheimer Rheinschiffahrtsakte aus dem Jahre 1868) im Rheinstromgebiet rechtlich und faktisch stets ermöglicht. Auch die Teilnahme ausländischer Schiffahrtstreibender am *innerdeutschen* Verkehr im Rheinstromgebiet ist durch die Aufgabe des Kabotagevorbehalts für diese Wasserstraßenregion durch die deutsche Regierung im Jahre 1974 möglich. Für alle übrigen Wasserstraßen gilt die völlige Aufhebung der Kabotage ab 1995 durch EU-Ministerratsbeschluß.

Im *innerdeutschen* und *europäischen* **Luftfrachtverkehr** wird relativ wenig Frachtgut tatsächlich per Flugzeug befördert, obwohl es als Luftfracht deklariert wird. Aufgrund des Zeitvorteils der direkten Straßenbeförderung erfolgen diese Transporte oft per Lkw. Dieses Air cargo-trucking hat einen hohen Stellenwert erlangt, zumal viele Fluggesellschaften versuchen, per Lkw das im *interkontinentalen* Verkehr zu befördernde Luftfrachtgut durch Lkw-Zubringer/Verteiler auf ihre zentralen Luftfrachtzentren zu ziehen. Der Luftfrachtersatzverkehr wird statistisch nicht befriedigend erfaßt. Für den Flughafen Frankfurt wird für das Jahr 1996 ein solcher Luftfrachtersatzverkehr über die Straße in Höhe von 410.000 t angegeben; dem steht ein Gesamtfrachtverkehr, abgewickelt mit Flugzeugen, in Höhe von 1,370 Mio. t gegenüber. Am Flughafen Düsseldorf wurden im Jahre 1997 mit Lkw 42.000 t Luftfracht getruckt. Der Trucking-Anteil am Luftfrachtverkehr kann bei einzelnen Luftverkehrsgesellschaften bis 30 % der gesamten beförderten Fracht erreichen.

Ein intensiver Luftverkehrswettbewerb liegt im Cargo-Bereich nur im Interkont-Verkehr vor; hier handelt es sich um eine oligopolistische Angebotsstruktur. Dabei besitzen die Luftfrachtspediteure eine starke Marktposition, werden doch über 90 % des Luftfrachtaufkommens über sie abgewickelt. Der Direktvertrieb der Airlines hat hier nur nachgeordnete Bedeutung.

Im Marktsegment der *Kurier- und Expreßsendungen* hat sich seit Mitte der 80er Jahre durch das Vordringen der sog. *Integratoren* (United Parcel Service UPS, Federal Expreß FEDEX, DHL u.a.) eine völlig neue Wettbewerbssituation ergeben. Die Integratoren sind aufgrund der höheren Leistungsqualität und eines günstigen Preis-Leistungs-Verhältnisses in diesem Segment zum dominierenden Anbieter geworden (vgl. hierzu Kapitel V).

Der in der Transportwirtschaft wichtige Bereich der **Spedition** zeichnet sich in Deutschland durch eine heterogene Angebotsstruktur aus. Sie läßt sich wie folgt charakterisieren (Bundesverband Spedition und Lagerei 1996):

- Etwa 47 % aller Speditionsbetriebe (befragt wurden 4.200 Betriebe) haben bislang den Selbsteintritt als Frachtführer im Straßengüterverkehr praktiziert; viele dieser sich als Spediteur bezeichnenden Betriebe besitzen tatsächlich jedoch nur die Eigenschaft und Funktion eines Frachtführers, zumal fast 30 % der befragten Unternehmen im Selbsteintritt ihren Leistungsschwerpunkt besitzen.

- Rund 63 % der Spediteure verfügen über eigene Lkw; 63 % sind als Abfertigungsspediteure für den Straßengüterverkehr tätig, die Bedeutung der Bahnspedition ist stark rückläufig.
- Etwa 40 % aller Spediteure betreiben den Spediteur-Sammelgutverkehr auf der Straße, rd. 4,5 % den Sammelgutverkehr über die Schiene.
- Ca. 40 % der Spediteure sind in der Distributionslagerei aktiv, 8 % in der Massengutlagerei.
- Über 50 % aller Betriebe sind im internationalen Speditionsgeschäft tätig, etwa 22 % arbeiten im Luftfracht- und 16 % im Seeschiffahrtsgeschäft.

Diese relativ breite Tätigkeitspalette, aus denen die speditionelle Schwerpunkttätigkeit jedoch nur in wenigen Bereichen ableitbar ist, täuscht über die *Betriebsgrößenverhältnisse*. Aus einer Befragung des Bundesverbandes Spedition und Lagerei (BSL) ergeben sich für 1995 bei 4.200 berücksichtigten Speditionsbetrieben die in den folgenden Übersichten zusammengefaßten Werte:

Übersicht 28: **Speditionsbetriebe nach Zahl der Beschäftigten 1995 (in v.H.)**

Beschäftigte pro Betrieb	Betriebe insgesamt[1]	Einbetriebsunternehmen	Hauptniederlassungen	Zweigniederlassungen
bis 10	24,9	34,6	10,8	19,8
11 bis 50	50,6	53,5	48,7	48,0
51 bis 100	13,4	7,8	19,0	18,0
über 100	11,1	4,1	21,5	14,2
Insgesamt	100,0	100,0	100,0	100,0

1) Bezugsgröße 4.200 Betriebe
Quelle: Bundesverband Spedition und Lagerei (1996), S. 33.

Übersicht 29: Tätigkeitsbereiche und Leistungsschwerpunkte der Speditionsbetriebe 1995 (in v.H.)

Tätigkeitsbereiche der Speditionsbetriebe 1995 (in v.H.)[1]		als Leistungsbereich in Prozent	als Leistungsschwerpunkt in Prozent
Spediteursammelgutverkehr	Versand	41,3	21,6
Straße	Empfang	35,0	18,2
Spediteursammelgutverkehr	Versand	4,4	1,4
Bahn	Empfang	4,8	1,5
Paket- und Expreßdienste		11,1	4,6
Befrachtung fremder Lkw		63,1	21,9
deutsche Lkw		61,2	18,8
ausländische Lkw		42,2	14,3
Güterfernverkehr mit eigenen Lkw (Selbsteintritt)		47,4	29,4
Speditionsnahverkehr/-rollfuhr		51,8	21,4
DB-Stückgut-Hausverkehr/ Expreßgut-Rollfuhr		7,8	3,9
Internationale Spedition	Export	55,1	24,1
	Import	49,2	20,8
Luftfrachtspedition	Export	23,9	11,9
	Import	21,6	10,4
Seehafenspedition	Export	17,1	7,8
	Import	15,7	7,2
Zollabfertigung		45,2	12,2
Binnenschiffahrtsspedition		6,6	2,1
Binnenumschlagsspedition		5,6	2,6
Möbelspedition		9,5	4,6
Distributionslagerei		39,5	16,5
Massengutlagerei		8,3	3,3
Getreide- und Futtermittellagerei		3,7	2,0
Gefahrgutabfertigung		31,2	5,9
Absatzlogistik		24,0	11,0
Beschaffungslogistik		19,3	7,8

1) Mehrfachnennungen möglich; Bezugsgröße 4.200 Betriebe

Quelle: Bundesverband Spedition und Lagerei (1996), S. 15.

Marktformenspezifisch gilt, dass die *Großspeditionen* (in fast sämtlichen Sparten tätig, mit flächendeckenden nationalen, europäischen und teilweise weltweiten Netzen, mehr als 2.000 Mitarbeiter) als Angebotsoligopolisten auftreten. Die *größeren mittelständischen Speditionen* mit eingeschränkten Spartenaktivitäten und häufig regionalen Schwerpunkten versuchen, die Flächendeckung durch *Kooperationen* herzustellen. Sie verfügen häufig nur über *regionale* Oligopolpositionen.

Ein vergleichsweise *enges Oligopol* besteht bei Speditionen, die auf bestimmte Güterarten spezialisiert sind, etwa im Textilbereich (Kleiderspeditionen), bei temperaturgeführten Transporten (Lebensmittelbereich) oder beim Transport von fabrikneuen Kraftfahrzeugen.

Der Großteil der Spediteure, der lediglich über eine geringe Zahl von Beschäftigten und keine weiteren Niederlassungen außer dem Firmensitz verfügt und auch nicht in sehr spezialisierter Funktion tätig ist, tritt als Teil eines (heterogenen) Polypols am Markt auf. Persönliche Präferenzen bei den Nachfragern sind hier häufig ein existenzbedeutsames Merkmal.

Literatur zu Kapitel I.3.1.2:

Bundesverband Spedition und Lagerei e.V. (BSL) (Hrsg.) (1996): Strukturdaten aus Spedition und Lagerei, Bonn.

Mosler, G.F. (1993): Strukturveränderungen in der Luftfracht durch Ersatzverkehr, in: Internationales Verkehrswesen, 45. Jg., S. 507-512.

3.2 Organisationsstrukturen im Personen- und Güterverkehr

3.2.1 Rechtsformen der Verkehrsbetriebe

Nahezu sämtliche Rechtsformen sind bei Verkehrsbetrieben anzutreffen. Sie reichen von organisationsrechtlichen Strukturen, die kaum unternehmerische Freiheitsspielräume bieten, bis hin zu solchen, die im Rahmen der geltenden Verkehrsmarktordnung die unternehmerische Initiative in den Vordergrund stellen.

Abbildung 10: Rechtsformen von Verkehrsbetrieben (Beispielhafte Zuordnung von Verkehrsbetrieben)

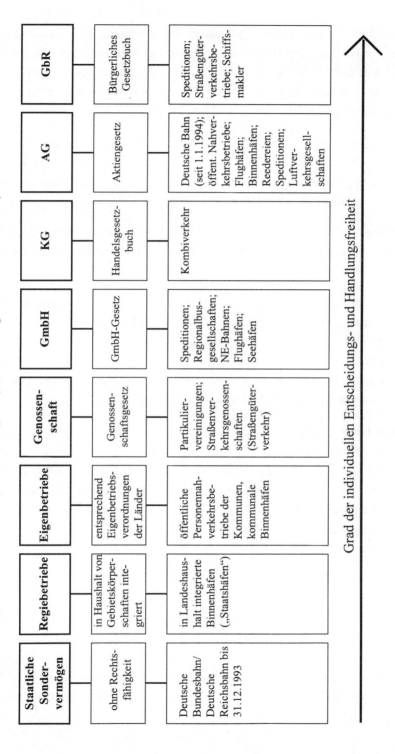

Die in Abbildung 10 beispielhaft vorgenommene Zuordnung von real existierenden Typen von Verkehrsbetrieben zu einzelnen Rechtsformen beschreibt nur die *formalrechtliche* Strukturierung. Über den Grad der privatwirtschaftlichen Entscheidungsspielräume und des privaten Risikos kann diese Übersicht nur begrenzte Informationen liefern.

Staatliche Sondervermögen ohne Rechtsfähigkeit sind Verwaltungseinrichtungen des Staates. Für am Markt agierende und im Wettbewerb stehende Verkehrsbetriebe handelt es sich um eine völlig unbrauchbare Rechtskonstruktion; sie kann regelmäßig nur historisch erklärt werden.

Im Prinzip ähnlich ist die Beurteilung von (staatlichen) **Regiebetrieben**, die im Haushalt der Gebietskörperschaft kameralistisch als Einnahmen-/Ausgabentitel verankert sind.

Vergleichsweise größere Spielräume besitzen die in Form von **Eigenbetrieben** der Gebietskörperschaften organisierten Verkehrsbetriebe. Allerdings ist der Einfluß der politischen Gremien sehr stark, der trotz eigener Haushaltsführung des Eigenbetriebes und der Verpflichtung zur Kostendeckung zuzüglich eines in den Eigenbetriebsverordnungen festgelegten Gewinns die Handlungsfähigkeit der Leitungsorgane (Werkdirektoren) wesentlich einengen kann.

Genossenschaften eignen sich nur für Angebotsstrukturen mit vielen Marktteilnehmern und geringen individuellen Betriebsgrößen, um eine gemeinsame Vertriebspolitik oder gemeinsamen Einkauf zu organisieren. Häufig soll auch eine gegengewichtige Marktmacht (Countervailing power) horizontal gegenüber größeren Mitanbietern oder vertikal gegenüber der verladenden Wirtschaft oder Vorleistungsanbietern geschaffen werden.

Die **Gesellschaft mit beschränkter Haftung (GmbH)** erfreut sich auch im Verkehrsbereich deutlich erkennbarer Beliebtheit. Dies resultiert aus dem relativ geringen Mindest-Gesellschaftskapital von 50.000 DM und den Haftungsbeschränkungen auf dieses Gesellschaftskapital. Auch größere Verkehrsbetriebe wählen diese Rechtsform, da bei ihr die Gesellschafter einen starken Einfluß auf die Geschäftspolitik nehmen können. Häufig sind Gesellschafter von Verkehrsunternehmen in GmbH-Form Muttergesellschaften aus der verladenden Wirtschaft oder die öffentliche Hand (so etwa bei Hafengesellschaften, Nahverkehrsbetrieben u.ä.).

Die Rechtsform der **Kommanditgesellschaft (KG)** ist im Verkehrsbereich relativ selten anzutreffen. Ein Beispiel ist die 1969 gegründete "Deutsche Gesellschaft für Kombinierten Verkehr mbH & Co. KG", nunmehr „Kombiverkehr Deutsche Gesellschaft für kombinierten Güterverkehr mbH & Co. KG". Als Kommanditisten wirken rd. 200 deutsche Transportunternehmen des Straßengüterverkehrs (K-Speditionen), deren Haftung sich jeweils auf die Kommanditisten-Einlage beschränkt. Komplementärin sind die "Deutsche Gesellschaft für den Kombinierten Güterverkehr mbH" sowie – seit Herbst 2001 – die DB Cargo AG mit jeweils 50 % des Gesellschaftskapitals und der Stimmrechte.

Die Rechtsform der **Aktiengesellschaft (AG)** gewährt den Organen der Gesellschaft, insbesondere dem Vorstand, die vergleichsweise größten Entscheidungsfreiheiten im operativen und ansatzweise auch im strategischen Bereich. Aus diesem Grunde wurde von der Regierungskommission Bahn für die Neustrukturierung der Staatseisenbahn in Deutschland auch die AG-Form und nicht die einer GmbH empfohlen, um den Einfluß der politischen Mandatsträger zu begrenzen, die als Vertreter der Kapitaleigner in Beschluß- und Aufsichtsgremien tätig sind.

Neben der DB AG (Grundkapital bis zur Umwandlung der Geschäftsbereiche in eigenständige AG´s von 4,2 Mrd. DM zu 100 % beim Bund) und der Deutschen Lufthansa AG (Grundkapital 1998 1,526 Mrd. DM; bis 1997 hiervon noch 35 % beim Bund, nunmehr voll im Besitz freier Aktionäre) findet sich die AG-Form auch bei einzelnen Binnen- und Flughäfen (etwa: Duisburger Häfen AG; Flughafen Frankfurt Main AG) und bei wenigen Speditionsbetrieben (z.B. VTG-Lehnkering AG, Rhenus AG, Kühne & Nagel AG, Hapag Lloyd AG).

Die **Gesellschaft bürgerlichen Rechts (GbR)** ist nur bei sehr geringen Betriebsgrößen im Straßengüterverkehr, in der Binnenschiffahrt und bei privaten Busbetrieben anzutreffen.

3.2.2 Besonderheiten betriebswirtschaftlicher Entscheidungsprozesse

Die zentralen Objekte betriebswirtschaftlicher Entscheidungsprozesse sind
- Produktpolitik,
- Preispolitik,
- Kapazitätspolitik,

- Organisationsstrukturen,
- Personalpolitik und
- Finanzierungsprinzipien.

Bei Verkehrsbetrieben zeigen sich im Unterschied zu Unternehmen anderer Wirtschaftsbereiche zahlreiche Besonderheiten hinsichtlich der Einsatzmöglichkeiten der originären betriebswirtschaftlichen Aktionsparameter. Sie resultieren aus einer starken Einbindung in öffentliche (gesellschaftspolitische) Zielsetzungen. Hierbei handelt es sich um typische Merkmale eines *staatlich regulierten Teils* der Volkswirtschaft. Hinsichtlich der Intensität dieser Einbindung in staatliche Politikziele bestehen jedoch deutliche Unterschiede zwischen den Verkehrsträgern. Generell ist die Tendenz vorhanden, zumindest die viele Jahrzehnte insbesondere in Deutschland problematische Vermischung von staatlichen und einzelwirtschaftlichen Zielen und den eingesetzten Instrumenten (Mitteln) im Zuge der eingetretenen *Deregulierung* im Verkehrsbereich zu beseitigen.

Die staatliche Einflußnahme auf die betriebswirtschaftlichen Entscheidungsprozesse von Verkehrsbetrieben zeigt sich in unterschiedlichen Formen:

- Der Staat ist Eigentümer von Verkehrsbetrieben und zwingt diese öffentlichen Betriebe zur Erfüllung von Auflagen, die teilweise oder völlig den einzelwirtschaftlichen Zielen (Marktorientierung, Kostendeckung einschl. Mindestverzinsung des betriebsnotwendigen Kapitals, Gewinnmaximierung u.ä.) entgegenstehen. Diese Auflagen werden traditionell unter den Begriffen der **Gemeinwirtschaftlichkeit** oder Daseinsvorsorge (Deutschland) oder des Social service (Großbritannien) bzw. Service publique (Frankreich) zusammengefaßt. Inhaltlich sind diese Begriffe nicht festgelegt, so dass ein breiter Spielraum von Interventionsmöglichkeiten besteht.

- Der Staat legt einen **speziellen ordnungspolitischen Rahmen** für den Verkehrsbereich fest, durch welchen den privaten Verkehrsbetrieben die Nutzung der betriebswirtschaftlichen Aktionsparameter begrenzt oder sogar unmöglich gemacht wird. Teilweise handelt es sich hierbei um kompensatorische Auflagen, um die öffentlichen Verkehrsbetriebe vor einem als zu intensiv angesehenen Wettbewerb zu schützen.

Beide Formen der Einflußnahme hat gerade die deutsche Verkehrspolitik intensiv praktiziert (vgl. hierzu Kapitel II.2).

Als die *Eisenbahn* noch als staatliches Sondervermögen geführt wurde, was bis zum 31. Dezember 1993 der Fall war, besaßen die Leitungsorgane (Vorstand) nur stark beschränkte Möglichkeiten, eine betriebswirtschaftlich ausgerichtete Produkt-, Preis- und Personalpolitik zu betreiben. Die völlig veraltete Verwaltungsstruktur konnte nicht den Erkenntnissen der modernen betriebswirtschaftlichen Organisationswissenschaft angepaßt werden. Die Finanzierungsregelungen wurden vom Eigentümer getroffen mit der Folge, dass ein Schuldenberg von über 67 Mrd. DM in der Bahnbilanz als Resultat einer Verletzung grundlegender Eigentümerverpflichtungen entstand; bewertet nach handelsrechtlichen Prinzipien war damit eine Überschuldung der Bahn eingetreten (Regierungskommission Bahn 1991).

Abgeschwächt gelten diese Einflußnahmeprobleme auch für zahlreiche *kommunale Personennahverkehrsbetriebe*; sie sind zumindest in ihrer Produkt-, Preis- und teilweise auch Personalpolitik starken gesellschaftspolitischen Einflußnahmen ausgesetzt.

Bei den in privatrechtlicher Organisationsform tätigen Verkehrsunternehmen, in denen die öffentliche Hand als Allein- oder Mehrheitseigentümer auftritt, werden ebenfalls die betriebswirtschaftlichen Aktionsparameter in ihren Einsatzmöglichkeiten eingeschränkt. Dies erfolgt zum einen über die Aufsichts- und Kontrollgremien (Aufsichtsräte, Gesellschafterversammlungen), zum anderen über die starke Einflußnahme bei der Bestellung der Leitungsgremien der Verkehrsunternehmen (Vorstandsmitglieder, Geschäftsführer).

Die nicht nur privatrechtlich organisierten, sondern auch mit privatem Kapital und privatem Risiko am Markt tätigen Betriebe des gewerblichen Straßengüterverkehrs und der Binnenschiffahrt sowie die (privaten) Busbetriebe sind durch den verkehrspolitischen Ordnungsrahmen in der Vergangenheit in der Nutzung ihrer betriebswirtschaftlichen Aktionsparameter stark behindert worden. Dabei hat die vermeintliche Schutzbedürftigkeit der Eisenbahn stets eine hohe Bedeutung besessen.

So waren gewerblicher Straßengüterverkehr und Binnenschiffahrt durch das bis Ende 1993 geltende obligatorische und staatlich kontrollierte Preissystem in ihrer Preispolitik wesentlich eingeschränkt. Im *gewerblichen Straßengüterfernverkehr* wurde die Kapazitätspolitik bis Ende Juni 1998 noch durch die globale Kontingentierung mit Fahrzeugkonzessionen behindert. Im *Personennahverkehr* sind ebenfalls restriktive Markteintrittsbeschränkungen durch Konzessionsregelungen (Personenbeförderungsgesetz) wirksam; ähnliches gilt für den Taxiverkehr. Im *Personenfernverkehr* ist der Bus-Linienverkehr für private Anbieter (noch) nicht zulässig (Schutz der Eisenbahn). Diese Markteingriffe werden jedoch mittelfristig durch die EU-Deregulierung an Bedeutung verlieren.

Allerdings sollte nicht übersehen werden, dass zahlreiche Verkehrsbetriebe die staatlichen Einflußnahmen als *Existenzsicherungsgrundlage* durchaus positiv beurteilt haben. Submarginale Anbieter wurden vor allem durch das kombinierte Kontingentierungs- und obligatorische Preissystem (als staatliches Zwangspreiskartell) vor dem Marktausscheiden bewahrt. Zeitweise konnten - so im gewerblichen Straßengüterfernverkehr und auch in der nationalen Binnenschiffahrt - durchaus überdurchschnittliche Gewinne als Folge dieser Marktregulierung erzielt werden.

Literatur zu Kapitel I.3.2.2:

Regierungskommission Bundesbahn (1991): Bericht der Regierungskommission Bundesbahn, Bonn.

3.3 Kooperationen und Unternehmenszusammenschlüsse in der Transportwirtschaft

3.3.1 Kooperationen

In der Transportwirtschaft gibt es zahlreiche Formen von Kooperationen, die teilweise seit Jahrzehnten eingeführt sind. Auf der anderen Seite haben die veränderten Marktverhältnisse seit Mitte der 80er Jahre mit der Folge einer Intensivierung des Wettbewerbs auch zur Schaffung neuartiger Kooperationen beigetragen.

Zu den eine lange Tradition aufweisenden Kooperationen zählen insbesondere:
- Im Luftverkehr die **International Air Transport Association (IATA)**, die 1919 gegründet und 1945 wieder aktiviert wurde. Ihr gehören rd. 170 Vollmitglieder und 35 assoziierte Mitglieder an, die ca. 92 % aller Personen- und 94 % aller Frachtleistungen im Luftverkehr erbringen. Bis zum Beginn der US-Deregulierung im Luftverkehr Ende der 70er Jahre hatte die IATA die

Merkmale eines Preis-Konditionen-Kartells. Seine Funktionsfähigkeit beruhte wesentlich auf der Stützung durch die nationalen Regierungen, welche die Überflug- und Landerechte in Luftverkehrsverhandlungen vergeben und in der **International Civil Aviation Organization (ICAO)** zusammengeschlossen sind (gegründet 1947 in der Folge der Weltluftfahrtkonferenz von Chicago 1944). Auf dieser Konferenz wurden auch die sog. *fünf Freiheiten der Luft* vereinbart, von denen die beiden ersten als multilaterale Vereinbarungen generell akzeptiert werden; die drei anderen Freiheiten müssen jeweils bilateral in Luftverkehrsabkommen ausgehandelt werden.

Diese fünf Freiheiten beinhalten die folgenden Rechte:
(1) Überflug fremden Hoheitsgebietes ohne Zwischenlandung.
(2) Technische Zwischenlandung (etwa: Treibstoffaufnahme) in fremdem Hoheitsgebiet ohne kommerzielle Aktivitäten.
(3) Transporte aus eigenem Heimatstaat in fremdes Hoheitsgebiet.
(4) Transporte aus fremdem Hoheitsgebiet in den Heimatstaat.
(5) Transporte zwischen fremdem Hoheitsgebiet und Drittstaaten.

Abbildung 11: Die Freiheiten der Luft

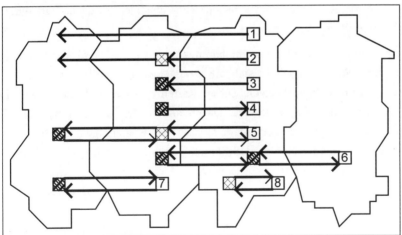

Mittlerweile ist dieser Katalog um drei Freiheiten ergänzt worden: Freiheit (6) stellt die Kombination aus (3) und (4) dar; Freiheit (7) beinhaltet Transporte durch ein Luftverkehrsunternehmen, welches seinen rechtlichen Standort außerhalb des Heimatlandes hat; Freiheit (8) schließlich erfaßt den außerordentlich strittig diskutierten Transport zwischen Destinationen eines Staates durch ein ausländisches Luftverkehrsunternehmen (die sog. **Kabotage**). Gegenwärtig besteht die Hauptbedeutung der IATA in der Abstimmung wichtiger Regeln des internationalen Luftverkehrs; so etwa wird das sog. **Interlining** zwischen den IATA-Gesellschaften sichergestellt, d.h. die wechselseitige Anerkennung von voll bezahlten Flugscheinen. Weiterhin führt die IATA das weltweite Clearing durch, also die wechselseitige Verrechnung von erbrachten Leistungen. Eine klassische Kartellpolitik ist der IATA nicht mehr möglich.

- Als Kartelle im klassischen Sinne fungieren hingegen die bereits im vorigen Jahrhundert tätigen **Konferenzen in der Seeschiffahrt**. Die weltweit rd. 240 Konferenzen mit ihren traditionellen Sitzen in London und Liverpool sind nach Fahrtgebieten organisiert und umfassen den Linienverkehr. Es sind aber auch Outsider, d.h. nicht den Konferenzen angehörige Reeder, in der Linienfahrt tätig. Bei den Outsidern gibt es die „tolerierten Outsider", die Preise verlangen, welche in einer verhältnismäßig engen Marge um die Konferenzfrachten (± 5 %) schwanken. Aufträge an diese tolerierten Outsider bedeuten für die Verlader, dass sie sich ihren Seefrachtrabatt erhalten, obgleich sie einen Konferenzkontrakt gezeichnet haben. Bei sonstigen Outsider-Verladungen geht dieser Rabatt verloren.

Gegenstand der Konferenzvereinbarungen sind Preise und auch Mengen (Quoten). Somit handelt es sich um *Preis-Quoten-Kartelle* mit erheblichen Preisdifferenzierungsstrategien. Dieser Kartelltyp ist in anderen Wirtschaftsbereichen regelmäßig untersagt. Die Stabilität des Konferenzsystems der Seeschiffahrt resultiert auch daraus, dass die Regierungen der beteiligten Staaten (seit Inkrafttreten des US-Shipping-Acts 1984 auch von den USA) die Existenz der Konferenzen tolerieren oder sogar aus Gründen der Abwicklungssicherheit des internationalen Seeverkehrs unterstützen. Dies wurde 1974 im Rahmen der United Nations Conference on Trade and Development (UNCTAD) deutlich, als der dort erarbeitete Verhaltenskodex für Linienkonferenzen die Tätigkeit der Konferenzen bestätigte und einen 20 %igen Anteil der Drittländer im Transport zwischen zwei Ländern verbindlich empfahl.

Die Position der *Europäischen Kommission* zu den Konferenzaktivitäten der Seeschiffahrt ist kritisch. Die Kommission beansprucht auch die Zuständigkeit für Konferenzen, welche EU-Interessen berühren. Der Art. 81 EG-Vertrag kollidiert mit zahlreichen Konferenzregeln. Eine langjährige Diskussion um Wettbewerbsregeln für den Seeverkehr mit Freistellungsmöglichkeiten (Gruppenfreistellungen) nach Art. 81 Abs. 3 des EG-Vertrages hat noch keine Ergebnisse gebracht. Bereits 1987 wurden von der EG-Kommission in Brüssel Verfahren in Fragen der internationalen Zusammenarbeit der Seeschiffahrt eröffnet. So steht die Klärung der Frage aus, ob und wenn unter welchen Bedingungen es Linienkonferenzen gestattet ist, einheitliche Raten unter Einbeziehung des landseitigen Vor- und Nachlaufs im Haus-zu-Haus-Verkehr zu quotieren. Seit 1984 ist dies in den USA positiv entschieden; die EU-Kommission stellt jedoch eine kartellrechtliche Kritik in den Vordergrund.

Mit der Einführung der Vollcontainerdienste in der Zeit zwischen 1969 und 1975 entstanden innerhalb der Konferenzen sog. *Konsortien*. Die wirtschaftliche Eigenständigkeit kann in diesen Konsortien im Grenzfall aufgegeben werden; die rechtliche Selbständigkeit bleibt erhalten. Die Konsortien wurden von der EU-Kommission nur unter besonderen Bedingungen und Auflagen zugelassen (Rathjen/Ruffmann 2000, S.550).

Weiterhin ist die Frage noch nicht beantwortet, wie Vereinbarungen zur Stabilisierung der Stellplatzkapazitäten und der Frachtraten für Container im Verkehr zwischen Europa und den USA rechtlich zu bewerten sind.

Strittig ist auch die Frage, ob die Notwendigkeit besteht, jedes einzelne Konferenz- bzw. konferenzähnliche Abkommen einschließlich der Vereinbarungen über die Bildung von Konsortien innerhalb von Konferenzen in Einzelverfahren auf die Vereinbarkeit mit den einschlägigen Artikeln des EG-Vertrages zu überprüfen. Die EU-Kommission nimmt hier eine restriktive Interpretation der geltenden Freistellungsverordnung für Linienkonferenzen vor. Ebenfalls ist umstritten, ob die Konsortien innerhalb von Konferenzen von der Gruppenfreistellung für Konferenzen gemäß der Verordnung (EWG) Nr. 4056/86 erfaßt sind.

Die kritische Position der EU-Kommission gegenüber den Schiffahrtskonferenzen hat im September 1998 zu einer Geldbuße von 273 Mio. ECU gegen das transatlantische Konferenzabkommen Trans-Atlantic Conference-Agreement (TACA) geführt. Die im TACA zusammengeschlossenen Unternehmen hatten 1994 vergeblich eine Freistellung beantragt. Die EU-Kommission beanstandet insbesondere Regelungen des Abkommens, welche die Handlungsfreiheit von Kunden beeinträchtigen, und den Versuch, Konkurrenten zum Beitritt zum Abkommen zu veranlassen. Der *Außenseiterwettbewerb* hat sich in den letzten zehn Jahren durch das Vordringen der Containerschiffahrt verstärkt; hierdurch wird die Marktposition der Konferenzen geschwächt. Ein Bedeutungsverlust hinsichtlich Preisabstimmungsmöglichkeiten ergibt sich auch aus den immer wieder marktwirksamen Überkapazitäten, vor allem im Containertransport.

- Neben den Konferenzen gibt es in der Seeschiffahrt den Zusammenschluß von Reedereien im Rahmen *gemeinsamer Liniendienste* zu **Frachten-** und/oder **Ladungspools**. Hier wird zwischen sog. *Overcarriers* (Ladungsanteil größer als der vertragliche Anteil) und *Undercarriers* (Ladungsanteil geringer als vertraglich vereinbart) unterschieden. Die Overcarrier haben die Undercarrier zu entschädigen. Neben reinen Frachten- und Ladungspools gibt es (in der Mehrzahl) die kombinierten Fracht-Ladungs-Pools. Sie bestehen sowohl innerhalb wie auch außerhalb von Konferenzen.

- Seit 1955 haben sich die Seeverlader zu nationalen **Seeverladerkomitees** zusammengeschlossen, um eine Gegenmachtposition zu den Konferenzen aufzubauen. Sie sind in fast allen (west-)europäischen Ländern etabliert. Das deutsche Seeverladerkomitee hat seine Geschäftsführung in der Verkehrsabteilung des Bundesverbandes der Deutschen Industrie (BDI). Auf europäischer Ebene arbeitet das Seeverladerkomitee European Shippers` Council (ESC).

- Im gewerblichen Straßengüterverkehr haben sich die Unternehmer in regionalen **Straßenverkehrsgenossenschaften (SVG)** mit dem Ziel kostengünstiger gemeinsamer Beschaffung, Bau von Autohöfen mit Serviceeinrichtungen und betriebswirtschaftlicher Mitgliederberatung zusammengeschlossen. Bis zur Aufgabe des obligatorischen Preissystems im Straßengüterfernverkehr nahmen die SVG's auch die Aufgaben von Frachtenprüfstellen im Auftrage der früheren Bundesanstalt für den Güterfernverkehr (BAG) wahr; die hierfür eingenommenen Gebühren waren eine wichtige Finanzierungsquelle für die Genossenschaften. Spitzenorganisationen dieser Genossenschaften ist die Bundes-Zentralgenossenschaft Straßenverkehr (BZG).

- Im Jahre 1969 wurde die **Deutsche Gesellschaft für den Kombinierten Verkehr mbH & Co. KG** mit Sitz in Frankfurt gegründet (vgl. Kapitel I.3.2.).

Zweck der Kombiverkehr ist es, den kombinierten Güterverkehr zwischen Straße und Schiene als Huckepackverkehr (Transport von Wechselaufbauten, Aufliegern und ganzen Lastzügen) innerhalb Deutschlands und grenzüberschreitend zu organisieren und abzuwickeln. Ihr Aufgabenbereich erstreckt sich auf

- die Schienenbeförderung,
- den Umschlag zwischen Schienen- und Straßenfahrzeugen einschließlich Zwischenabstellung sowie
- die Dispositions- und Abfertigungsarbeiten.

Der Containertransport auf der Schiene wird im nationalen und internationalen Verkehr von der **Transfracht GmbH** (100 %ige Tochtergesellschaft der DB AG) und international zusätzlich von **Intercontainer/Interfrigo**, einer Gemeinschaftsgründung der europäischen Eisenbahngesellschaften, durchgeführt.

Im wesentlichen ist die Kombiverkehr eine Einkaufsgemeinschaft, welche die Anmietung von Waggons und Ganzzügen bei der DB AG und anderen Schienengüterverkehrsunternehmen sowie den Einsatz eigener Tragwagen der Tochtergesellschaft Kombiwaggon und die Vorhaltung von Umschlagsanlagen umfaßt. Anfang 2000 gründete die Kombiverkehr gemeinsam mit der Bayerischen Trailerzug Gesellschaft (BTZ) die "Lokomotion Projektgesellschaft". Sie kann als zugelassenes Eisenbahnverkehrsunternehmen mit eigener Traktion Schienenverkehre durchführen; dies erfolgt seit Mitte 2001 auf der Relation München – Norditalien.

2000 wurden 899.500 Sendungen mit einer Durchschnittsentfernung von 648 km im Huckepackverkehr der Kombiverkehr befördert (Wechselaufbauten, Auflieger, Lastzüge). Hiervon entfielen 646.700 Sendungen auf den internationalen Verkehr, 194.030 auf den nationalen Verkehr und 58.770 auf den Transit. In diesen Werten ist der Containerverkehr nicht enthalten, da er nicht zum Geschäftsfeld der Kombiverkehr gehört.

Abbildung 12: Entwicklung des Huckepackverkehrs in Deutschland 1970 - 2000 (in 1.000 Sendungen); ohne Containerverkehr

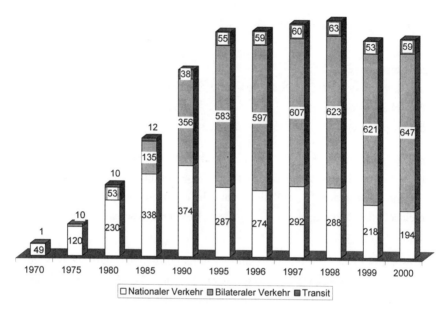

Quelle: Bundesverband Güterkraftverkehr Logistik und Entsorgung (2001): Jahresbericht 2000/2001, S.54.

- Im **öffentlichen Personennahverkehr** sind die **Verkehrsverbünde** als weiteste Kooperationsformen zu nennen (nach Verkehrsgemeinschaften und Tarifverbund). In Hessen, München, Stuttgart, Berlin-Brandenburg und Rhein/Ruhr sind die Verkehrsverbünde als GmbH's und in Hamburg als BGB-Gesellschaft organisiert, wobei teilweise die DB AG, die Bundesländer und die Kommunen das Gesellschaftskapital halten. Aufgabe der Verkehrsverbünde ist es, die Fahrpläne und Tarife der beteiligten Nahverkehrsbetriebe abzustimmen, eine Erlöspoolung und gemeinsame Fahrzeugbeschaffung, Marketingaktivitäten und Forschung zu organisieren. Die Betriebsleistungen der Verkehrsverbünde werden vom Schienenpersonennahverkehr der DB AG (DB Regio) und von NE-Bahnen, von regionalen Bahnbus-Gesellschaften sowie Busdiensten der kommunalen und privaten Busbetriebe erbracht.

Als durch Marktstrukturveränderungen initiierte **neuere Form von Kooperationen** lassen sich *Interessengemeinschaften* und *strategische Allianzen* aufführen.

- **Interessengemeinschaften** bzw. **Gesellschaftsgründungen** von **Spediteuren** sind in spezialisierten Marktfeldern tätig. Beispielhaft sei der Deutsche Paket-Dienst DPD erwähnt, der in GmbH-Form im Segment der Expreß-Paketdienste (bis ca. 30 kg Gewicht je Einheit) als terrestrischer Integrator jährlich über 110 Mio. Pakete mit garantierten Auslieferfristen zustellt. Der DPD wurde ursprünglich von großen mittelständischen Spediteuren gegründet, jedoch 1999 sukzessive von der französischen Post (La Poste) durch Ankauf der Gesellschaftsanteile übernommen. La Poste hielt 2001 bereits rd. 80 % der Anteile am DPD. Ebenso von mittelständischen Spediteuren getragen war der Expreß- und Paketdienst German Parcel; fast sämtliche Kooperationspartner waren Mitglieder der Organisation IDS (Interessengemeinschaft Deutscher Spediteure), eines Zusammenschlusses selbständiger, regional bedeutsamer Spediteure. Seit 2000 befindet sich German Parcel im Mehrheitsbesitz der britischen Post (British Post Office). Eine Vielzahl weiterer, wenn auch vom Geschäftsvolumen weniger umfangreicher Kooperationen sind am Markt tätig, um durch gemeinsame Kapitalbereitstellung und Nutzung regionaler und/oder produktspezifischer Präferenzen und Kenntnisse flächendeckende Angebote mit hoher Qualität (hohem Kundennutzen) zu erstellen. Zu nennen sind temperaturgeführte Dienste im Lebensmitteltransport (etwa Pinguin-Gruppe), Systemfracht (Packstückgewichte über den Grenzen der Paketdienste) oder die Kooperationen mittelständischer Spediteure wie IDS u.ä.. Die geschäftlichen Beziehungsgefüge solcher Kooperationen, die in der Regel ein beträchtliches Kapitalengagement der meist mittleren Speditionsunternehmen erfordern, sind im Hinblick auf die im Speditionsbereich traditionell sehr bedeutsamen *Kundenschutzinteressen* weniger problematisch, da es um ein gemeinsames Eindringen in neue Marktfelder geht, wie etwa bei den Paketdiensten. Dort war der Hauptkonkurrent die frühere Deutsche Bundespost mit ihren erheblichen Leistungsschwächen, aus deren Aufkommen und den globalen Marktzuwächsen die Anteile gewonnen werden konnten. Heute versuchen die nationalen Postunternehmen umgekehrt, über externes Wachstum Marktanteile im KEP-Markt zu gewinnen (z.B. Mehrheitsbeteiligungen an DPD, German Parcel). Wesentlich schwieriger gestalten sich hingegen Kooperationen, bei denen die Beteiligten ihre traditionellen Marktaktivitäten und damit auch langjährige Kundenbeziehungen einbringen. Dies verdeutlichen die wesentlich geringeren Erfolgsquoten solcher Kooperationen.

- Ebenfalls mit dem Ziel einer Verstärkung der anbieterindividuellen Marktposition werden insbesondere im Speditionsbereich **strategische Allianzen** gebildet. In der Regel handelt es sich um internationale Kooperationen von national über eine führende Marktposition verfügende Unternehmen. Die Zusammenarbeit bezieht sich auf gleiche oder ähnliche Geschäftsfelder (z.B. Euro-Stückgut), um eine mehrere Staaten umfassende Flächendeckung zu erreichen, ohne entsprechende Filialnetze aufbauen oder Unternehmenskäufe tätigen zu müssen. Gelegentlich sind auch Gebietsaustausche Bestandteil der Vereinbarungen, die sich vor allem auf definierte und kontrollierte Qualitätsparameter konzentrieren. Die Kosten sollen reduziert, die flächendeckende Präsenz der Allianzmitglieder und die Angebotsflexibilität und -qualität gesteigert werden.

Strategische Allianzen können in verschiedenartiger Form gebildet werden:

Abbildung 13: Formen strategischer Allianzen in der Verkehrswirtschaft

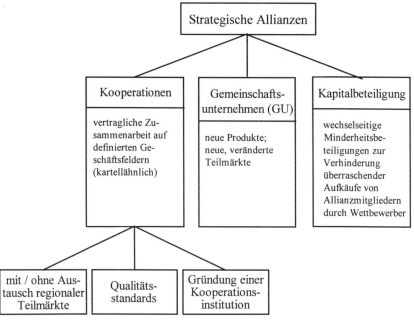

Über die Erfolgsträchtigkeit und zeitliche Stabilität solcher strategischer Allianzen liegen bislang nur wenige Informationen vor. Eine Gefahr solcher Kooperationen, die auch eine Abstimmung der logistischen Strukturen verlangen, besteht im Aufkaufen einzelner Allianzmitglieder durch den/die Hauptwettbewerber. Diesem bedrohlichen Vorgang versucht man, durch wechselseitige Kapitalbeteiligungen zumindest tendenziell vorzubeugen.

- Im **Luftverkehr** werden Kooperationen mit dem Ziel einer Ausweitung der Angebotspräsenz (etwa Code sharing: mehrere kooperierende Airlines fliegen unter einer Flugnummer mit gemeinsamer Abfertigung) und/oder der Kostensenkung (gemeinsame Wartung, wechselseitige weltweite Passagier- und Frachtabfertigung) gebildet. Strategische Allianzen besitzen im Luftverkehr eine hohe Bedeutung; nur in leistungsfähigen weltumfassenden Allianzen haben Luftverkehrsgesellschaften eine längerfristige Existenzchance (vgl. auch Kapitel I 3.1.1.).

3.3.2 Unternehmenszusammenschlüsse

Unternehmenszusammenschlüsse beinhalten eine in der Regel *längerfristig wirkende Strukturveränderung*; die Zahl der Anbieter und die Angebotsvielfalt vermindern sich. Die Wettbewerbsintensität kann reduziert werden.

Die Formen der Unternehmenszusammenschlüsse in der Verkehrswirtschaft konzentrieren sich auf die horizontalen Fälle. Hier haben sich seit Mitte der 80er Jahre beträchtliche Konzentrationsaktivitäten gezeigt.

Abbildung 14: Formen von Unternehmenszusammenschlüssen in der Transportwirtschaft

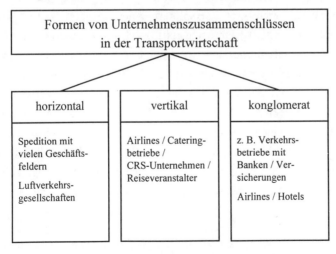

Wird vom Zusammenschluß Deutsche Bundesbahn/Deutsche Reichsbahn zum 1. Januar 1994 und Gründung der Deutschen Bahn Aktiengesellschaft einmal abgesehen, zumal er primär politisch entschieden wurde, so stehen die Zusammenschlüsse von *Speditionsunternehmen* eindeutig im Vordergrund. Die Gründe für diese Strukturveränderungen, die sich sowohl auf Großspeditionen wie auch auf größere mittelständische Speditionsbetriebe beziehen, bestehen insbesondere in

- einer nicht befriedigend lösbaren *Nachfolgefrage* in der Unternehmensleitung bei mittelständischen Familienbetrieben, die nach dem Zweiten Weltkrieg von der Gründergeneration erfolgreich aufgebaut wurden;
- *unzureichender Betriebsgröße* und Engpässen bei der Beschaffung der für eine Ausweitung der Geschäftstätigkeit erforderlichen Finanzmittel;
- *Erschwerung der Marktbedingungen* für mittelständische Speditionen aufgrund der fortschreitenden Deregulierung und des Verfalls traditionell ertragreicher Geschäftssparten, wie etwa der Kraftwagenspedition oder der Zollspedition;
- *zunehmender Konkurrenzierung* mittelständischer Betriebe durch Großspeditionen, die ihre Geschäftsfelder durch Aufkauf regional marktstarker und in spezifischen Teilmärkten agierender mittelständischer Speditionen ausweiten;
- dem *Vordringen von mit der verladenden Wirtschaft* (Industrie, Handel) *verflochtenen Großspeditionen* mit entsprechenden Ressourcenverfügbarkeiten und Basis-Auftragsvolumina.

Im **Luftverkehr** werden horizontale Zusammenschlüsse häufig wegen der hierdurch zusätzlich verfügbaren Streckenrechte und Slots (Zeitfenster) auf überlasteten Flughäfen interessant (etwa bei der Übernahme von PAN AM durch DELTA in den USA). Wegen des hohen Staatseinflusses bei der Mehrzahl der Luftverkehrsgesellschaften und starken national-emotionalen Komponenten gibt es im Luftverkehr eine überaus große Zersplitterung des Angebotes mit der Folge einer großen Zahl von existenzgefährdeten Luftverkehrsgesellschaften. Europa mit rd. 25 Liniengesellschaften und einer wesentlich größeren Zahl von Charter-Unternehmen bietet hierfür ein plastisches Beispiel: Der Zusammenschluß von Swissair, SAS, KLM und Austria scheiterte nach mehrjährigen Verhandlungen im Herbst 1993 (Projekt ALCAZAR), obwohl langfristig die Überlebensfähigkeit der einzelnen Airlines hochgradig gefährdet ist. Die ökonomisch falsche Beteiligungspolitik der Swissair an der belgischen Luftverkehrsgesellschaft Sabena, der polnischen Gesellschaft LOT und französischen Regionalflugunternehmen führte 2001 zum Zusammenbruch sowohl der Swissair wie auch der Sabena.

Konglomerate Zusammenschlüsse im Luftverkehr, etwa die Übernahme der Mehrheitsbeteiligung an Hotelketten, haben sich in der Regel als ökonomisch nicht erfolgreich herausgestellt. Andererseits sind Beteiligungen an *Computerreservierungssystemen (CRS)* als wichtige erfolgsstabilisierende Komponente anzusehen; ähnliches gilt für Beteiligungen an führenden Touristikunternehmen.

3.4 Erweiterung der Marktfelder in der Transportwirtschaft

Sowohl die Wettbewerbsintensität wie auch die Austauschbarkeit von reinen Frachtführerleistungen sind hoch, die hierbei zu realisierende Wertschöpfung vergleichsweise niedrig. Um dieser ungünstigen Konstellation zu entgehen, haben sich im Bereich der Transportwirtschaft deutliche Veränderungen in den Produkt-Markt-Kombinationen ergeben (vgl. hierzu insbesondere Kapitel III). Sie verfolgen das Ziel, Marktfelder zu besetzen, bei denen höhere Wertschöpfungsanteile und geringere Austauschmöglichkeiten zwischen konkurrierenden Anbietern bestehen.

In besonderem Maße zeigen sich solche Ausweitungen traditioneller Aktivitäten im Bereich der *Spedition*. Die Tendenz ist eindeutig: Entwicklung vom bereits traditionell logistische Aufgaben wahrnehmenden Spediteur hin zum **Logistikdienstleister**.

Gefördert wird diese Tendenz durch

- ein **verändertes Kostenbewußtsein** in der produzierenden und handeltreibenden Wirtschaft; vor allem ist die Bedeutung der *Logistikkosten* in Höhe von 5 % bis 25 % des Umsatzes erkannt worden;
- Bestrebungen insbesondere der Industrie, ihre **Fertigungstiefen** zu vermindern, wobei sämtliche nicht direkt mit dem Fertigungs- und Montageprozeß zwingend verbundenen Tätigkeiten auf Übertragung an Dritte überprüft werden; hierzu zählen die Segmente der Beschaffungs-, Lager-, Distributions- und Entsorgungslogistik sowie Ergänzungsmontagen und Garantiereparaturen;
- Fertigungstiefenreduzierung und **Global sourcing**, also europa- oder sogar weltweite Beschaffung von Vorprodukten, die veränderte logistische Konzeptionen voraussetzen, deren Umsetzung spezialisierten Dienstleistern übertragen wird. Als Folge werden diese Dienstleister in einen *physischen* und *kommunikativen Leistungsverbund* integriert. Zusätzlich gefördert werden diese Geschäftsfelder durch die seit Anfang der 90er Jahre erkennbaren Tendenzen in einigen großen Industriebereichen, die zahlreichen (oft mehrere

hundert) Zulieferer durch Zuordnung zu wenigen System-Zulieferern organisatorisch verändert einzubinden.

Diese Erweiterung der traditionellen Marktfelder in der Spedition setzt allerdings einige zu erfüllende Bedingungen voraus:

- **logistisches Know-how** und die Fähigkeit, in den Problemkategorien der (potentiellen) Kunden zu denken und kreative Lösungen für sie zu entwickeln;
- Bereitschaft und Fähigkeit, **beträchtliche Investitionen**, insbesondere in Beschaffungs- und Distributionsläger sowie in DV-Systeme, durchzuführen; Investitionssummen von 10 bis zu 30 Mio. EUR für einen Großkunden sind Praxiswerte; für Gefahrgutläger höchster Gefahrgutklassen können auch höhere Investitionen auftreten;
- ein **extrem hoher Grad an Qualität** (max. Fehlerquote oft nur 1 %) wird vorausgesetzt, da diese auf Logistikdienstleister übertragenen Aufgaben häufig integraler Bestandteil der Fertigungs- und Montageprozesse sind und Fehler zum Produktionsstillstand, kostenintensiver Herausnahme von Falschlieferungen aus der Produktion oder zur Kundenverärgerung im Distributionsbereich führen.

Hieraus folgt, dass nur ein begrenzter Teil der Speditionsbetriebe den Schritt zum **Logistikdienstleister** erfolgreich vollziehen kann.

Ausweitungen der Marktfelder haben auch Luftverkehrsgesellschaften vorgenommen. Zu nennen sind hier etwa die Engagements in *Computerreservierungssystemen*. In den USA haben die Gewinne aus dem Betrieb dieser Systeme bei einzelnen Fluggesellschaften die Verluste im originären Produktbereich, der Carrier-Tätigkeit, stark kompensiert.

Schwieriger gestaltet sich hingegen bei den Eisenbahnen der Versuch, die Marktfelder durch neue Produkte erfolgreich zu erweitern. Die *Systemeigenschaften* der Bahn setzen den Möglichkeiten, individuelle logistische Leistungspakete für Kunden der produzierenden und handeltreibenden Wirtschaft zu entwickeln, relativ enge Grenzen. Hinzu kommt, dass die Bahn bei solchen Versuchen dem intensiven Wettbewerb der speditionellen Dienstleister ausgesetzt ist. Allerdings versuchen seit 1997 einige nationale Eisenbahnen, durch Beteiligung an Speditionen ihre Marktposition zu verbessern. Beispielhaft erwähnt sei der 1998 erfolgte Erwerb der Großspedition THL (früher Thyssen-Haniel-Logistic) durch die belgische Staatsbahn (SCNB) über deren Speditionstochter ABX.

Seit Ende der 90er Jahre positionieren sich als marktstarke Logistikdienstleister die (in der Regel nach staatlichen) nationalen Postgesellschaften (z.B. Deutsche Post World Net; British Post Office; La Poste). Speditionelles Know-how erwerben sie u.a. durch Aufkauf von Speditionsunternehmen (etwa: Deutsche Post AG übernahm 100% der Schweizer Spedition Danzas).

4 Veränderungen von verkehrssektorinternen und verkehrssektorexternen Entscheidungsvariablen und ihre Auswirkungen auf Angebots- und Nachfrageverhalten im Personen- und Güterverkehr

Mehrere verkehrssektorinterne und -externe Veränderungen in den Entscheidungsvariablen für das Angebots- und Nachfrageverhalten haben sowohl den Umfang der Verkehrsleistungserstellung wie auch den Modal split wesentlich beeinflußt. Diese Effekte schlagen sich im Güterverkehr noch intensiver nieder als im Personenverkehr.

4.1 Substitutionseffekt

Der *Substitutionseffekt* beschreibt vor allem den Austausch der mit öffentlichen Verkehrsmitteln erstellten Verkehrsleistungen durch die Nutzung individueller Verkehrsmittel; angesprochen ist hier vor allem der **Personenverkehr** mit Pkw. Dieser Effekt ist direkt verbunden mit der Ausstattung der Haushalte mit motorisierten Individualverkehrsmitteln, die den individuellen Präferenzen wesentlich stärker entsprechen als die Eigenschaften der öffentlichen Verkehrsmittel.

Ähnliches gilt für den **Güterverkehr**. Die Systemeigenschaften des Straßengüterverkehrs haben die Austauschprozesse wesentlich begünstigt. Der Substitutionseffekt kann durch den Zeitvergleich der Anteile an den Verkehrsleistungen verdeutlicht werden.

Abbildung 15: Entwicklung der Verkehrsanteile im Personenverkehr (Pkm) 1950 - 2000 (in v.H.; Werte bis 1990 ABL)

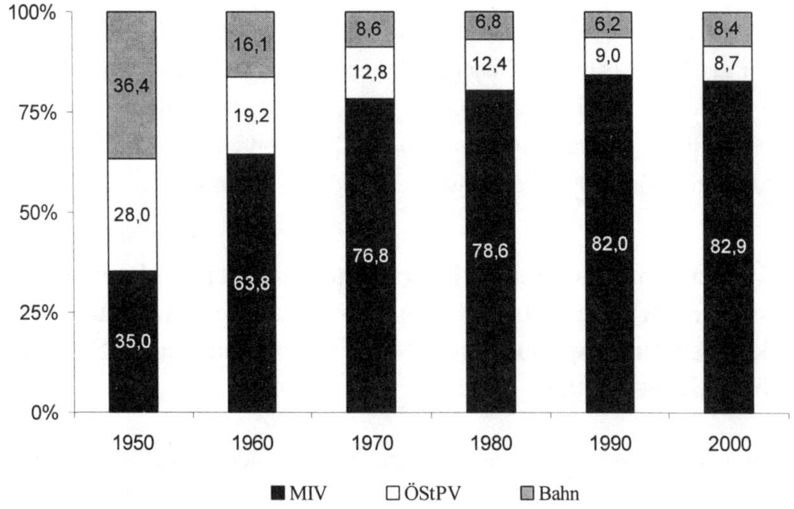

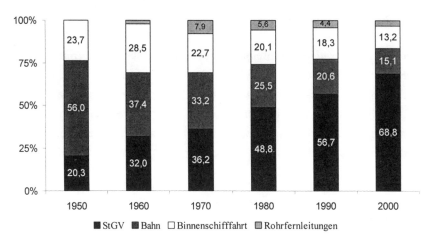

Quelle: Verkehr in Zahlen (2001/2002), S. 213.; Verkehr in Zahlen (1991), S. 312-314.

Abbildung 16: Entwicklung der Verkehrsanteile im Güterverkehr (Tkm) 1950 - 2000 (in v.H.; Werte bis 1990 ABL)

Quelle: Verkehr in Zahlen (2001/2002), S. 233; Verkehr in Zahlen (1991), S. 344-346.

4.2 Güterstruktureffekt

Im Güterverkehr ist es nicht hinreichend, die vorstehend aufgezeigten Anteilsverschiebungen ausschließlich mit dem Substitutionseffekt zu erklären. Vielmehr ist differenzierter nach den Ursachen der unterschiedlich hohen Wachstumsraten bei den Verkehrsträgern und den hieraus folgenden Anteilsverschiebungen zu fragen. Diese Ursachen sind in sich verändernden Güterstrukturen im Sinne eines steigenden Anteils von hochwertigen Konsum- und Investitionsgütern bei gleichzeitiger Stagnation oder sogar absolutem Produktionsrückgang in der Grundstoffindustrie zu sehen. Der *Güterstruktureffekt* beschreibt die verkehrlichen Auswirkungen dieser in allen hochentwickelten Volkswirtschaften feststellbaren Änderungen der gesamtwirtschaftlichen Produktionsstruktur, wie sie sich an den Werten des Transportaufkommens wichtiger Hauptgütergruppen (nach der Abgrenzung des DIW) ablesen läßt:

Übersicht 30: **Entwicklung des binnenländischen Transportaufkommens (Nah- und Fernverkehr) ausgewählter Hauptgütergruppen in Deutschland 1960 - 2000 (in Mio. t; bis 1990 ABL)**

Gütergruppe	1960	1970	1978	1990	2000
Land- und forstwirt. Erzeugnisse	85,4	97,6	117,8	157,0	197,0
Kohle	200,7	159,8	146,1	145,5	104,6
Mineralölerzeugnisse	66,6	207,3	240,5	206,4	179,5
Erze und Metallabfälle	83,8	105,0	94,4	96,1	116,7
Eisen, Stahl und NE-Metalle	72,8	114,0	128,8	146,2	129,4
Steine und Erden	815,3	1494,5	1544,5	1596,0	1.674,1
Düngemittel	24,1	31,4	27,7	20,5	36,7
Chemische Erzeugnisse	67,0	196,8	227,9	291,4	265,3
Fahrzeuge, Maschinen, Halb- und Fertigwaren	125,7	210,9	298,5	451,8	510,1

Ab 1991 werden nur noch gesamtdeutsche Werte statistisch ausgewiesen. Außerdem wurde die Berichtsmethodik zuletzt geändert Damit fehlt für 1997 die direkte Vergleichbarkeit mit zeitlich vorangehenden Werten.

Quelle: Verkehr in Zahlen (1991), S. 352 ff. S. 386; Verkehr in Zahlen (2001/2002), S. 234.

Im Jahre 2000 erreichten die folgenden Gütergruppen die höchsten Anteile am binnenländischen Verkehr mit Eisenbahn, Straßengüterverkehr, Binnenschiffahrt und Rohrfernleitungen:

- Steine, Erden 47,4 %
- Fahrzeuge, Maschinen,
  Halb- und Fertigwaren 14,5 %
- Nahrungs- und Futtermittel 8,7 %
- Chemische Erzeugnisse 7,5 %
- Land- und forstw. Erzeugnisse 5,6 %
- Mineralölerzeugnisse 5,1 %.

Diese sieben Hauptgütergruppen ergeben rd. 89 % des gesamten binnenländischen Transportaufkommens in Höhe von 3.530 Mio. t (2000).

Aus dem Güterstruktureffekt und den spezifischen Systemeigenschaften (Verkehrswertigkeiten) ergibt sich, dass Eisenbahn und Binnenschiffahrt ihre höchsten Marktanteile in den stagnierenden oder sogar rückläufigen Gütergruppen besitzen. So transportierten Bahn und Binnenschiffahrt zusammen 85,1 % der Kohle und 60,0 % der Erze und Metallabfälle. Hingegen ist ihr Marktanteil bei den wachsenden Gütergruppen niedrig bzw. sogar sehr gering. Er beträgt bei Fahrzeugen/Maschinen/Halb- und Fertigwaren lediglich 12,6 % und bei Chemieprodukten 15,5 %.

Der Straßengüterverkehr ist aufgrund seiner an den Produktions- und Handelsrhythmus anpaßbaren Flexibilität, seiner vielgestaltigen Transportgefäße, insbesondere durch Spezialaufbauten (beheizt, gekühlt, für flüssige, feste, Stück- und Schüttgüter), und durch die zeitlichen Vorteile sowie die Begleitung der Transportgüter durch Fahrpersonal und ein Straßensystem mit hoher Netzdichte und entsprechender Haus-Haus- bzw. Band-Band-Erreichbarkeit begünstigt. Hierdurch bestehen beim Straßengüterverkehr praktisch keine nennenswerten Vernetzungsprobleme, die bei Nutzung der Bahn wie auch der Binnenschiffahrt erhebliche Transportwiderstände bewirken. Hinzu kommt, dass der Güterstruktureffekt zu einer Verkleinerung der Sendungsgrößen führt, die durch den Logistikeffekt noch intensiviert wird (Verzicht auf Lagerhaltung). Hier hat der Straßengüterverkehr die vergleichsweise geringsten Anpassungsschwierigkeiten.

4.3 Logistikeffekt

Unter dem *Logistikeffekt* sind die verkehrsträgerspezifischen Auswirkungen der Umsetzung moderner logistischer Konzeptionen in Industrie und Handel zu verstehen. Sie erhöhen die Ansprüche der Verlader an die Qualität sowohl der *physischen* Transportleistung, insbesondere hinsichtlich der zeitlichen Terminsicherheit und flexiblen Ausrichtung auf die logistischen Anforderungsprofile, wie auch der *kommunikativen* Leistungen (rechnergestützten Informationssysteme). Objekt der logistischen Konzeptionen sind dabei vor allem Konsum- und hochwertige Investitionsgüter als Halb- und Fertigprodukte. Diese überwiegend als Teilladungen versandten logistisch anspruchsvollen Produkte besitzen auch im grenzüberschreitenden Verkehr, insbesondere im Ausfuhrbereich, eine herausragende Position.

Auch hier sind es wieder die *Systemeigenschaften* der Verkehrsträger, welche vorrangig den Modal split bei diesen logistisch kritischen Transportaufgaben bestimmen. Ein Vergleich mit dem Güterstruktureffekt zeigt, dass der Logistikeffekt generell den Güterstruktureffekt hinsichtlich der Position der Verkehrsträger verstärkt. Der Straßengüterverkehr kann aufgrund seiner Qualitätseigenschaften, deren Summe die sog. *Verkehrswertigkeit* (Voigt 1953, S. 198 ff., Witte 1977) darstellt, diese Marktanforderungen vergleichsweise am besten erfüllen. Die Affinität der logistikrelevanten Güter zum Straßenverkehr ist hoch.

Die logistischen Erfolge der Bahn, in Deutschland Transportlösungen für die Automobilindustrie, die Hersteller langlebiger Konsumgüter, für die Distribution oder die Kaufhauslogistik zu entwickeln, können nicht darüber hinwegtäuschen, dass jede einzelne Logistikleistung bei der Bahn wesentlich komplexere Problemlösungen erfordert als beim Straßenverkehr. Dies ist auf die Schwierigkeit einer verladerbezogenen optimalen zeitlichen Plazierung der Transportaufgaben im Trassennutzungs- und Eisenbahnbetriebssystem zurückzuführen.

Die Binnenschiffahrt hat aufgrund ihrer traditionellen Massengüterstruktur bislang den Markt logistischer Leistungen kaum bedient. Angesichts zahlreicher struktureller Krisenerscheinungen in der Binnenschiffahrt scheint es jedoch unabdingbar zu sein, den Verladern zumindest logistische Pakete auf mittlerem Anspruchsniveau einschließlich der landseitigen Vor- und Nachläufe sowie Umschlag- und Lagerleistungen anzubieten.

Generell kann festgestellt werden, dass der Logistikeffekt die Wirkungen des Güterstruktureffekts verstärkt.

Literatur zu Kapitel I.4.3:

Klatt, S. (1965): Die ökonomische Bedeutung der Qualität von Verkehrsleistungen, Berlin.

Voigt, F. (1953): Verkehr und Industrialisierung, in: Zeitschrift für die gesamte Staatswissenschaft, 109. Band, S. 193-239.

Witte, H. (1977): Die Verkehrswertigkeit - Ein verkehrspolitisches Instrument zur Bestimmung der Leistungsfähigkeit von alternativen Verkehrsmitteln, Berlin.

4.4 Integrationseffekt

Ziel der 1958 gegründeten Europäischen Gemeinschaft mit der Vollendung des Gemeinsamen Binnenmarktes sowie der seit November 1993 entstandenen Europäischen Union (EU) ist es, neben der politischen Union auch den Wohlstand der beteiligten Länder durch Förderung der internationalen Arbeitsteilung zu steigern. Ein gleiches Ziel verfolgt auf weltweiter Ebene die WTO (World Trade Organization) als Nachfolgerin des GATT (General Agreement on Tarifs and Trade). Aus der Wirkung der zur Zielerreichung (Zollabbau, Beseitigung nichttarifärer Handelshemmnisse, diskriminierungsfreier Marktzugang für Produkte und Produktionsfaktoren) eingesetzten Instrumente hat Deutschland als exportorientierte Volkswirtschaft erhebliche Nutzen gezogen. Unterstützt wurde dieser Effekt durch die europäische Zentrallage, die durch die seit 1990 einsetzende Liberalisierung und marktwirtschaftliche Umstrukturierung in Osteuropa wesentlich verstärkt wird.

Die wirtschaftliche Integration führt aber auch zu steigenden Transportmengen insbesondere im grenzüberschreitenden Verkehr. Hinzu kommt bei einer europäischen Zentrallage, wie sie Deutschland aufweist, noch ein starker Transit im Personenverkehr. Dies führt zwangsläufig zu hohen Belastungen der Verkehrsinfrastrukturen.

Von dem Zuwachs des grenzüberschreitenden Güterverkehrs (als Empfang/ Versand) hat die Eisenbahn nur vergleichsweise geringe Mengen auf sich ziehen können, während vor allem der Straßengüterverkehr in diesem Marktsegment seine Mengen vervielfachen konnte.

Übersicht 31: Grenzüberschreitender Güterverkehr (Empfang + Versand) 1960 - 2000 (in Mio. t; bis 1990 ABL)

	1960	1970	1980	1990	2000
Eisenbahn	52,3	68,8	66,4	60,4	90,1
Straßengüterverkehr	11,7	41,4	106,7	176,9	287,1
Binnenschiffahrt	72,9	121,9	139,9	148,7	158,1
Rohrfernleitungen	2,4	67,0	65,0	59,5	68,6
Seeschiffahrt	74,2	128,7	152,5	142,0	233,3
Luftverkehr	0,036	0,218	0,458	0,914	2,105

Quelle: Verkehr in Zahlen (1991), S. 266; Verkehr in Zahlen (2001/2002), S. 188.

Die Ursachen für die unbefriedigende Marktpositionierung der Eisenbahn auf den am stärksten wachsenden Transportmärkten mit den vergleichsweise höchsten Erlösen je Tkm liegen

- im Güterstruktur- und im Logistikeffekt, die sich in diesem Marktsegment besonders deutlich zeigen;
- in technisch-organisatorischen Systemproblemen der Eisenbahn; sie kontrolliert ihre Qualitätsparameter nur bis zur Staatsgrenze, die sich auch in der EU eisenbahnspezifisch immer noch als echte Grenze darstellt. Hinzu kommen technische Inkompatibilitäten und sehr unterschiedliche nationale Grundauffassungen in der Eisenbahnpolitik, die sich für die erforderliche enge Zusammenarbeit als erheblich hemmend erweisen.

Wegen dieser Systemschwächen der Bahn und der Auswirkungen des Güterstruktur- und des Logistikeffekts hat der Straßengüterverkehr eine ausgezeichnete Marktposition im wichtigen Segment des grenzüberschreitenden Verkehrs erreicht (2000: 47,5 % des grenzüberschreitenden Verkehrs der vier Landverkehrsträger in Höhe von insgesamt 603,9 Mio. t, Eisenbahn 14,9 %, Binnenschiffahrt 26,2 %, Rohrfernleitungen 11,4 %).

Hinsichtlich des relativen hohen Anteils der Binnenschiffahrt ist jedoch zu berücksichtigen, dass 69,2 % (109,4 Mio. t) des grenzüberschreitenden Verkehrs auf den *Empfang* aus dem Ausland entfallen; hier ist eine erhebliche Unpaarigkeit zu erkennen, die sich in den vergangenen Jahren kontinuierlich verstärkt hat. Beim gesamten Aufkommen im Empfang nehmen die beiden Gütergruppen Erze und Mineralölerzeugnisse mit 29 % bzw. 18 % die dominierende Position ein.

Der Güterdurchgangsverkehr (Transit) stieg von 21,3 Mio. t in 1970 auf 92,1 Mio. t bzw. 61,2 Mrd. Tkm in 2000. Er erreichte damit 2,4 % des gesamten binnenländischen Verkehrsaufkommens (ohne Rohrfernleitungen) bzw. 12,5 % der entsprechenden binnenländischen Verkehrsleistung.

Vom Gütertransit 2000 entfielen bei der Verkehrsleistung 63 % auf den Straßengüterverkehr (hiervon wiederum 99 % auf ausländische Lkw), 24 % auf die Binnenschiffahrt und 13 % auf die Eisenbahn.

Literatur zu Kapitel I.4.4:

Hanreich, G. (1999): Europäische Güterverkehrspolitik – Ist-Zustand und Ausblick, in: Supranationale Verkehrspolitik – Konfliktpotentiale im europäischen Raum, Bd. B 216 der Schriftenreihe der Deutschen Verkehrswissenschaftlichen Gesellschaft, Bergisch-Gladbach, S. 53-77.

Heimerl, G. (1998): Strukturelle Hemmnisse im grenzüberschreitenden Schienenverkehr, in: Internationales Verkehrswesen, 60. Jg., S. 594-598.

Höfler, L. / Putzer, G. (2000): EU-Erweiterung wird Realität. Auswirkungen auf Verkehr und Regionalentwicklung am Beispiel Österreich, in: Internationales Verkehrswesen, 52 Jg., S.126-131.

II VERKEHRSPOLITIK

1 Staatliche Marktregulierung auf nationalen und internationalen Transportmärkten

1.1 Ökonomische und politische Begründungen

1.1.1 Ökonomische Begründungen: der normativ-theoretische Ansatz

Die Frage nach der ökonomischen Sinnhaftigkeit von Maßnahmen der Marktregulierung, also staatlicher Interventionen in die Marktprozesse, wird vom *normativ-theoretischen Ansatz* untersucht. Er behandelt das Thema des *Marktversagens*, welches möglicherweise bei staatlich unbeeinflußtem Wettbewerb auf den Verkehrsmärkten auftreten könnte. Bei dieser Betrachtung ist jedoch zu beachten, dass eine völlige Enthaltsamkeit des Staates im Sinne einer Laissez faire-Politik niemals ernsthaft zur Diskussion gestanden hat, sondern stets ein wettbewerbspolitischer Ordnungsrahmen bestand. Er wird auch bei den Überlegungen zur Deregulierung nicht grundsätzlich in Frage gestellt. Vielmehr geht es um die Überprüfung von transportsektorspezifischen Sonderregelungen in der Ordnungspolitik, durch welche direkte Preis- und Kapazitätseingriffe sowie öffentliche Angebotserstellung ermöglicht werden. Verkehrsmarktregulierung beinhaltet insofern direkte staatliche Eingriffe, die sich sowohl auf die Angebotsstrukturen wie auch auf das Marktverhalten und die Marktergebnisse auswirken.

Die These vom **Marktversagen** wird aus vier Argumenten herzuleiten versucht:

- der besonderen Bedeutung *externer Effekte* in der Transportwirtschaft;
- der Eigenschaft von Verkehrsleistungen als *öffentliche Güter*;
- der den Verkehrsmärkten innewohnenden Tendenz zu *ruinösem Wettbewerb*;
- der Existenz von *natürlichen Monopolen* in der Transportwirtschaft.

Mit dem Argument der **externen Effekte** sind primär die allokationsrelevanten, also die sog. *technologischen* externen Effekte angesprochen. Ihre Existenz bedeutet, dass die Produktions- und Nutzenfunktionen der Produzenten und Konsumenten von Verkehrsleistungen physisch untereinander verbunden sind, ohne dass sich dies in den Argumenten ausdrückt. Z.B. hat die Produktion eines Gutes bei einem Anbieter A direkte Auswirkungen auf den Ressourcenbedarf der Produktion eines anderen Gutes bei Anbieter B. Häufig sind die Betroffenen dieser externen Effekte nicht direkt identifizierbar, etwa bei Luftverschmutzung oder emissionsbedingten langfristigen Klimaveränderungen. Dies ändert aber nichts an ihrer Existenz.

Der Transportsektor ist in seinen Teilkomponenten Verursacher erheblicher externer Effekte. Von der Forschung sind bislang die *negativen* externen Effekte in einer Vielzahl von Untersuchungen mengenmäßig abgeschätzt und in Geldgrößen bewertet worden; hinsichtlich der *positiven* externen Effekte des Verkehrs vollzieht sich eine kontroverse Diskussion, die noch weiteren Forschungsbedarf verdeutlicht (vgl. Kapitel VI).

Bei den *negativen* externen Effekten im Sinne externer Kosten handelt es sich insbesondere um

- Schadstoffemissionen,
- CO_2-Emissionen,
- Lärmemissionen,
- Unfallfolgekosten,
- Flächenbeanspruchungen,
- Auswirkungen auf Flora und Fauna sowie
- Trennwirkungen.

Art und Umfang dieser externen Effekte rechtfertigen es jedoch nicht, eine *generelle* Marktregulierung einzuführen. Vielmehr bedarf es der Anwendung marktwirtschaftlicher Internalisierungsverfahren bei diesen Effekten, um sie im Rahmen der einzelwirtschaftlichen Entscheidungen der Marktteilnehmer im Personen- und Güterverkehr wirksam werden zu lassen. Hierzu bieten sich Abgabenlösungen und Zertifikatsregelungen (fungible und handelbare, mit Preisen ausgestattete Emissionsrechte) an. Außerdem ist zu prüfen, ob es sich statt um Marktversagen nicht um Staatsversagen handelt.

Bei regulierten Märkten besteht hingegen die Gefahr, dass solche Internalisierungsstrategien unterbleiben, etwa wenn die Emittenten öffentliche Betriebe sind. Die entsprechenden Beispiele aus früheren sozialistischen Staaten sind hierfür ein empirischer Beleg.

Öffentliche Güter sind dadurch charakterisiert, dass

- Nichtrivalität der Nachfrager,
- Nichtausschließbarkeit von der Leistungsinanspruchnahme und
- Nutzendiffusion

vorliegen.

Diese Merkmale treffen weder für Verkehrsinfrastrukturleistungen (hier verursacht die Praktizierung des Ausschlußprinzips zwar bei den Straßen nicht unerhebliche Kosten, die jedoch durch elektronische Erfassung künftig wesentlich reduziert werden) wie auch für die Verkehrsmittelnutzung zu. Wenn überhaupt, so dürfte es sich bei einigen der Verkehrsleistungsbestandteile um *meritorische* Güter handeln. Diese Eigenschaft könnte staatliche Rahmenregelungen rechtfertigen, wie etwa eine verkehrsträgerübergreifende und netzorientierte Verkehrswegeplanung; keinesfalls aber handelt es sich generell bei den Verkehrsleistungen um öffentliche Güter, für die kein funktionsfähiger Markt besteht.

Von Teilen des Verkehrsbereiches wird behauptet, dass diese eine immanente Tendenz zum **ruinösen Wettbewerb** besäßen. Begründet wird dies mit der Kostenstruktur (niedrige variable und sehr geringe liquiditätswirksame Kosten bei den Verkehrsträgern), der Marktmacht der Verlader im Güterverkehr, der Marktmacht der Eisenbahn und der Neigung zur „Selbstausbeutung". Diesen Entwicklungen müsse durch eine staatliche Marktregulierung entgegengewirkt werden.

Der Begriff der ruinösen Konkurrenz zeichnet sich durch wenig Klarheit aus. Zunächst ist zu unterscheiden zwischen ruinöser Konkurrenz als *Strategie marktmächtiger Anbieter oder Nachfrager* und ruinöser Konkurrenz als *Ergebnis verzögerter oder unterbleibender Kapazitätsanpassung*. Im ersten Fall handelt es sich um Marktverdrängungsstrategien, etwa unter Nutzung von Ressourcenmacht, durch interne Quersubventionierung oder Behinderungsmißbrauch. Diese Sachverhalte sind nicht auf den Verkehrsbereich beschränkt; sie werden generell wettbewerbsrechtlich durch die zuständigen Kartellbehörden beobachtet und geahndet. Dabei ist darauf hinzuweisen, dass bei staatlicher Marktregulierung solche angeblichen oder tatsächlichen ruinösen Preiskämpfe ebenfalls immer wieder thematisiert wurden, gleichzeitig jedoch die Wettbewerbsbehörden wegen der Sonderregelungen für den Verkehrsbereich keine entsprechenden Ordnungskompetenzen besaßen. Insofern ist es gerade erforderlich, die staatlichen Sonderregelungen abzubauen und die allgemeinen Wettbewerbsregeln, etwa des Gesetzes gegen Wettbewerbsbeschränkungen (GWB) und der einschlägigen Artikel des EG-Vertrages, voll anzuwenden.

Die zweite Form der ruinösen Konkurrenz als Ergebnis verzögerter oder unterbleibender Kapazitätsanpassungsprozesse an konjunkturell oder strukturell sinkende Nachfrage findet sich vor allem im Straßengüterverkehr und bei der Binnenschiffahrt. Kleinbetriebliche Angebotsstrukturen (Familienbetriebe) bei relativ niedrigen liquiditätswirksamen Kosten neigen dazu, bei sinkender Nachfrage und abnehmenden Erlösen ihr Angebot zwecks Erhaltung von Mindesterlösen zu steigern (intensitätsmäßige Anpassung: längere Fahrtzeiten in der Binnenschifffahrt und beim Straßengüterverkehr). Dies wiederum kann ceteris paribus zu weiteren Frachtabsenkungen und damit Erlösausfällen führen. Der Grund für dieses Verhalten mit inversen Angebotskurven ist in fehlenden Kosten- und Marktkenntnissen, vor allem aber in besonderen individuellen Bindungen an den ausgeübten Beruf und das hierzu benutzte Produktionsinstrument mit teilweisem Sunk cost-Charakter zu sehen. Hinzu kommt, dass gerade eine staatliche Marktregulierung mit Anbieterschutzbestimmungen durch Kapazitäts- und Preisregelungen dazu führt, Marginalbetriebe künstlich zu stabilisieren und sogar submarginale Anbieter - gemessen am freien Wettbewerb - im Markt zu halten.

Eine besonders intensive Diskussion um Überkapazitäten gibt es seit Jahrzehnten in der Binnenschiffahrt. Zurückgeführt werden diese Überkapazitäten an marktwirksamer Tonnage auf

- die lange Lebensdauer der Schiffe (zwischen 40 und 80 Jahren),
- zu starke Neubauinvestitionstätigkeit bei leichter Frachtenerhöhung, einige Jahre zusätzlich begünstigt durch spezielle steuerliche Abschreibungsmöglichkeiten, die auch von gewerbefremden Kapitalanlegern genutzt wurden, sowie
- die oben aufgeführten Ursachen der Marktaustrittshemmnisse.

Um hier kapazitätspolitische Abhilfe zu schaffen, wurde in der Bundesrepublik Deutschland mit Wirkung vom 1. Januar 1969 eine gesetzliche *Abwrackaktion* gestartet. Sämtliche Frachten der deutschen Binnenschiffahrtstreibenden wurden mit einem Abwrackentgelt belastet; diese in dem Abwrackfonds gesammelten Beträge wurden für die Zahlung von Abwrackprämien für die Verschrottung von Schiffen zur Verfügung gestellt, um einen Anreiz für die völlige Beseitigung von Schiffsraum zu bieten. Letztlich haben somit die Frachtzahler bis zur

Preisliberalisierung im nationalen deutschen Binnenschiffsverkehr die Änderungen in den Angebotskapazitäten finanziert. Das Beitragsaufkommen betrug 130,4 Mio. EUR.

Von 1969 bis zum 31. Dezember 1992 wurden insgesamt 4.781 Motorgüterschiffe mit einer Tragfähigkeit von 2,161 Mio. t, 377 Motortankschiffe mit 0,361 Mio. t Tragfähigkeit sowie über 1.200 Kähne, Schubleichter und Schuten abgewrackt. In diesem Zeitraum wurden als Abwrackprämien 109 Mio. EUR sowie Zuschüsse aus Bundesmitteln in Höhe von 11,3 Mio. EUR gezahlt. Allerdings wurde die Flotte durch Neubauten wesentlich modernisiert und in ihrer Leistungsfähigkeit deutlich gesteigert, wodurch der Erfolg der Abwrackaktion verringert wurde. Hinzu kam, dass im Ausland die Schiffskapazitäten kräftig erhöht wurden, so dass sich die Unwirksamkeit einer nur nationalen Abwrackaktion verdeutlichte. Dies führte dann 1990 zur Einrichtung einer *EG-Abwrackaktion* mit enger zeitlicher Befristung und geringem Erfolg (VO 1101/89). Im Dezember 1992 wurde mit der Verordnung (EWG) Nr. 3690/92 eine zweite, längerfristig angelegte EG-weite Abwrackaktion begründet. Bei dieser Aktion wird auch mit Zuschüssen der EU zu den Abwrackkassen gerechnet. Sie ist mit einer *Alt-für-Neu-Regelung* verbunden, d.h. für jede Tonne Neubau ist eine Tonne Schiffsraum abzuwracken. Ansonsten ist eine Strafgebühr (Pönale) an den EG-(EU-) Abwrackfonds zu zahlen. Die Wirksamkeit dieser Alt-für-Neu-Regelung sowie der Pönale ist allerdings durch niedrige Schiffsneubaupreise in osteuropäischen Werften unterlaufen worden. Seit Herbst 1994 ist die Neu-für-Alt-Regelung auf das Verhältnis 1:1,5 erhöht worden; die Mittel aus dieser Regelung stellen die wesentliche Finanzierungsquelle für die EU-Abwrackaktion dar (neben Länder- und EU-Mitteln).

Im Zeitraum 1996 bis 1998 wurde eine weitere EU-Abwrackaktion durchgeführt, mit der weitgehend aus öffentlichen Mitteln ein Abbau von 15 % des Flottenbestandes der EU-Binnenschiffahrt ermöglicht werden sollte (Finanzbedarf: rd. 200 Mio. EUR; Eigenbeteiligung der Schiffahrt rd. 32 Mio. EUR). Die EU-Abwrackaktion wird im Zeitraum 1999 bis 2004 sukzessive durch Beseitigung der Neu-für-Alt-Regelung abgebaut. Sie führte im Zeitraum 1990 bis 1996 zu einer Verschrottung von 1,94 Mio. Ladetonnen und 72.000 kw Schubbootkapazität. Allerdings wurden in diesem Zeitraum 0,74 Mio. t Kapazität neu in Betrieb genommen. Von 1990 bis 1998 wurden 335 Mio. EUR für die europäische Abwrackaktion eingesetzt, an denen sich die Binnenschiffahrt mit

43,6 %, die EG-/EU-Mitgliedsstaaten mit 48,9 % und die Europäische Kommission mit 7,5 % beteiligten.

Ein **natürliches Monopol** (auch sog. Effizienzmonopol) liegt dann vor, wenn eine auf nur einen Anbieter konzentrierte Produktion in den relevanten Nachfragemengenbereichen kostengünstiger erstellt werden kann als die Produktion dieser Nachfragemengen durch mehrere Anbieter, also unter Wettbewerbsbedingungen. Es wird von der zu erfüllenden Bedingung gesprochen, dass im Falle eines natürlichen Monopols eine subadditive Kostenfunktion vorliegt, d.h. die Summe der Kosten bei Produktion in mehreren Betrieben ist im relevanten Mengenbereich höher als bei konzentrierter Produktion (Monopolangebot).

Die hier heranzuziehende Kostenkurve ist die der langfristigen Durchschnittskosten des natürlichen Monopolisten. Bei einem Einproduktunternehmen ist das Vorliegen von *Economies of large scale* eine *hinreichende*, aber keine *notwendige* Bedingung für die Existenz eines natürlichen Monopols, da Subadditivität der Kostenfunktionen auch mit (allerdings begrenzten) Diseconomies of large scale weiterhin vereinbar sein kann (Baumol/Panzar/Willig 1988, Sharkey 1982). Wichtig ist die Betrachtung von Skaleneffekten als Folge von Betriebsgrößenvariationen und nicht die der Umlegung von Fixkosten auf größere Ausbringungsmengen (Fixkostendegressionseffekt oder Density-Effekt). Bei Mehrproduktunternehmen sind hinreichende Bedingungen für die Existenz eines solchen natürlichen Monopols sinkende Average incremental costs in Verbindung mit Verbundvorteilen aus der (partiellen) gemeinsamen Produktion (Synergiewirkungen, Economies of scope) bzw. sinkende Ray average costs in Verbindung mit Trans-ray-convexity bei den Produktionskosten von mehreren Produkten in gemeinsamer Herstellung (Baumol/Panzar/Willig 1988).

In der wirtschaftswissenschaftlichen theoretischen Literatur ist die Frage der Existenz solcher natürlicher Monopole intensiv und auch kontrovers diskutiert worden. Für den Verkehrsbereich hat sich die Fragestellung - wird einmal von der US-amerikanischen Diskussion um die Liberalisierung des Luftverkehrs Anfang der 80er Jahre abgesehen - auf die Eisenbahn und hier auf das Netz konzentriert. Es besteht zumindest eine gewisse Übereinstimmung darin, beim *Streckennetz* vom Vorliegen von Economies of large scale auszugehen. Nur für diesen Fall könnte das Argument des natürlichen Monopols herangezogen werden, was dann bei Vorliegen von Sunk costs eine staatliche Marktregulierung erfordert, um diskriminierendes Verhalten oder sonstiges Ausnutzen der marktbeherrschenden Marktstellung zu verhindern. Beim Netz handelt es sich um eine sog. *essential facility*, die eine spezielle wettbewerbspolitische Berücksichtigung erfordert (Knieps 1996); es stellt wegen bedeutender Ressourcenirreversibilitäten und hieraus folgender Marktzutrittshemmnisse ein nicht bestreitbares natürliches Monopol dar.

Diese mögliche Anerkennung eines natürlichen Monopols beim Schienennetz (Monopolistic bottleneck) rechtfertigt keine grundsätzliche Marktregulierung, auch nicht für das Eisenbahnsystem insgesamt (Laaser 1991). Vielmehr sollte das Netzmonopol den generellen kartellrechtlichen Regelungen unterworfen werden. Angemerkt sei auch, dass die Bezugsgrundlage „Netz" noch weiter differenziert werden muß, etwa nach Qualitätsniveaus. So ist es durchaus vorstellbar, dass ein umfängliches und flächendeckendes Gesamtnetz in qualitativ unterschiedliche Teilnetze unterteilt wird und Wettbewerb zwischen diesen Teilnetzen, etwa durch unterschiedliche Nutzungspreise für die Trassen, stattfindet. So könnten Teilnetze des Hochleistungsschnellverkehrs, des schnellen Verkehrs von Logistikzügen und solche für wenig zeitempfindliche Transporte in Wettbewerb treten. Ansonsten sorgt der *intermodale* Wettbewerb entscheidend für die Verhinderung einer monopolistischen Machtposition der Eisenbahn auf fast allen Transportmärkten.

Abschließend läßt sich zu den normativ-theoretischen Argumenten für eine staatliche Marktregulierung des Verkehrsbereichs feststellen, dass sie einer kritischen Analyse bis auf wenige Fälle, etwa beim natürlichen Monopol eines Netzleistungsanbieters im Schienenverkehr, nicht standhalten. Vielmehr ist erkennbar, dass das als Regulierungsgrund vorgegebene Marktversagen häufig ein **Staatsversagen** ist.

In einem Grenzbereich zwischen den normativ-theoretischen und den positiv-theoretischen Begründungen für eine staatliche Marktregulierung sind die sog. *Besonderheiten des Verkehrs* einzuordnen. Die hieraus entwickelte „Besonderheitenlehre" wurde von der Verkehrspolitik, aber auch einem Teil der Verkehrswissenschaft, bis Mitte der 70er Jahre vertreten. Verwiesen wurde in diesem Zusammenhang als Begründung für die staatliche Marktregulierung im Verkehr insbesondere auf die Tatbestände

- Unpaarigkeit der Verkehrsströme mit hohen Leerfahrtenanteilen,
- hoher Anteil von beschäftigungsunabhängigen Kosten,
- niedrige Preiselastizitäten der Nachfrage,
- sehr starke Betriebs-/Unternehmensgrößenunterschiede,

- Unmöglichkeit der Vorratsproduktion von Transportleistungen sowie
- hoher Anteil staatlicher Betriebe.

Ein Durchdenken dieser Besonderheitenlehre zeigt, dass ähnliche Tatbestände, wenn auch möglicherweise nicht in dieser Kumulation, auch in zahlreichen anderen und nichtregulierten Wirtschaftsbereichen vorliegen.

1.1.2 Ökonomische Begründungen: der positiv-theoretische Ansatz

Der positiv-theoretische Ansatz erklärt die Regulierung als Ergebnis einer Anbieter-/Nachfragerbeziehung auf Märkten für Wettbewerbsbeschränkungen und Regulierungsmaßnahmen. Insbesondere Vertreter der Chicago-Schule (Stigler 1971) sowie der Institutionenökonomik haben polit-ökonomische Erklärungsansätze für Regulierungsaktivitäten verdeutlicht.

So läßt sich zeigen, dass private Marktteilnehmer Nachfrage nach Regulierung entfalten, weil eine solche Regulierung Wettbewerbsbeschränkungen bewirkt; diese kommen den privaten Anbietern zugute (Gewinnstabilisierung, Rent seeking). Dabei entwickeln sich zunehmend Interessenharmonien zwischen den Regulierern und den Regulierten (Capture approach). Dies kann dazu führen, dass staatliche Fachaufsichtsbehörden oder die Fachabteilungen der zuständigen Ministerien zunehmend die Interessen der von ihnen zu beaufsichtigenden Unternehmen vertreten, in deren Kategorien denken und letztlich auch entscheiden. In Deutschland war der gewerbliche Straßengüterverkehr hierfür - etwa bis Mitte der 80er Jahre - ein interessantes und beeindruckendes Beispiel.

Die zum Schutz der Bahn errichtete Marktordnung im Straßengüterfernverkehr mit der Kontingentierung der Zahl der Konzessionen sowie einer strengen Preiskontrolle führte zu erheblichen Absenkungen der Wettbewerbsintensität innerhalb des Verkehrsgewerbes, nicht aber zum Schutz der Bahn. So ist es erklärlich, dass der heftigste Befürworter der Kapazitäts- und Preisregulierung der betroffene gewerbliche Straßengüterfernverkehr war.

Die zur Überwachung der Marktregulierung, also Verhaltenskontrolle der Straßengüterverkehrsunternehmen eingerichtete „Bundesanstalt für den Güterfernverkehr" (BAG) wurde als Bundesbehörde mit den dort Beschäftigten im Beamtenstatus durch Umlagen des Straßengüterverkehrsgewerbes und auch des Werkverkehrs finanziert. Die Unternehmen bezahlten somit ihre staatlichen Kontrolleure, deren Zahl 1992 auf über 1.300 anstieg (Gesamtdeutschland). Zum

Vergleich: Das Bundeskartellamt, das die Wettbewerbshandlungen aller Unternehmen sämtlicher sonstiger Wirtschaftsbereiche überwacht, hat nur rd. 350 Mitarbeiter.

Die polit-ökonomischen Ansätze führen auch zu der Erkenntnis, dass eine Angleichung der Interessenlagen letztlich zu Lasten der Gesellschaft erfolgt, zumindest jedoch zu Lasten der nicht oder schwächer organisierten gesellschaftlichen Gruppen.

1.1.3 Politische Begründungen

Bei den sonstigen, politischen Begründungen für Marktregulierungen handelt es sich um die *instrumentale Nutzung* der Verkehrspolitik und der Verkehrsträger zur Erfüllung gesellschaftspolitischer Zielsetzungen. Zu nennen sind etwa die durch Umverteilungszielsetzungen charakterisierten Maßnahmen unter den Überschriften des 'Social service' oder der 'Gemeinwirtschaftlichkeit'.

Die politische Präferierung dieser Eingriffsbegründungen hat stets zu inflexiblen Angebotsstrukturen, zu hoher Kapitalbindung in den regulierten Unternehmen (Neigung zu Überinvestitionen) und zu erheblichen X-Ineffizienzen sowie nicht mehr identifizierbaren Verantwortlichkeiten geführt.

Generell ist es sinnvoller, gesellschaftspolitisch definierte Social service- und Gemeinwirtschaftsaufgaben nicht durch eine umfassende Marktregulierung zu sichern, sondern durch *Ausschreibung* der geforderten Leistungen zur Ermittlung des Anbieters mit dem niedrigsten Subventionsbedarf oder durch Erteilung *öffentlicher Aufträge* mit entsprechender Bezahlung an die Verkehrsunternehmen. Sollten dann noch Gruppen als gesellschaftspolitisch benachteiligt gelten, so empfiehlt es sich, diese Gruppen durch *direkte Finanzmitteltransfers* zu stützen.

1.2 Erscheinungsformen

Die staatliche Marktregulierung im Verkehr stellt sich überwiegend in folgenden vier Formen dar:

- Organisation der Verkehrsbetriebe als *staatliche Verwaltungen*, oft mit hoheitlichen Rechten ausgestattet, wobei diese Verkehrsbetriebe mit einer Vielzahl von politischen Aufgaben instrumental belegt werden. Es besteht starker politischer Einfluß auf die Besetzung der Leitungsorgane sowie auf die Geschäftspolitik. Beispiele hierfür sind zahlreiche Eisenbahnbetriebe, abgeschwächt auch Luftverkehrsgesellschaften und kommunale ÖPNV-Verkehrsbetriebe.

- Organisation der Verkehrsbetriebe in *privatrechtlicher Form*, etwa als Aktiengesellschaften oder GmbH's. Kapitaleigner bzw. Gesellschafter sind ausschließlich staatliche Gebietskörperschaften. Dadurch sind beträchtliche politische Einflußmöglichkeiten auf die Besetzung der Leitungsorgane, aber auch der Geschäftspolitik und vor allem auf die Investitionspolitik gegeben. Solche Strukturen finden sich bei Flug-, See- und Binnenhäfen, bei ÖPNV-Betrieben und teilweise bei Fluggesellschaften.

- Beeinflussung der Angebotskapazitäten bestimmter Verkehrsträger oder Verkehrsmittel durch *gesetzliche Festlegung* von *Kontingenten*. Es werden Lizenzen (Konzessionen) bis zur Erreichung der Kontingentgrenzen vergeben; nach Ausschöpfung des Kontingents besteht eine straffe Marktzutrittsschranke. Das Volumen der Kontingente wird in erster Linie politisch definiert. Die Wiedervergabe einer Konzession nach Ablauf der Zuteilungsfrist kann an Wohlverhaltensbedingungen geknüpft werden. Ziel der Kontingentierung können der Schutz eines (regulierten) Verkehrsanbieters, aber auch die Durchsetzung umwelt- und energiepolitischer Vorstellungen sowie die Straßenentlastung sein. In der Regel ist die Kontingentierung jedoch kein geeignetes Mittel, um diese Ziele zu erreichen, wobei auch zu berücksichtigen ist, dass teilweise diese Ziele nur vorgeschoben werden, um andere Absichten durchzusetzen.
Ein Beispiel für diese Form der Marktregulierung war die (globale) Kontingentierung im gewerblichen Straßengüterfernverkehr in Deutschland in den vergangenen Jahrzehnten (bis 30. Juni 1998) und sind die Konzessionsregelungen für den Linienpersonennahverkehr (ÖSPV) und für Taxifahrzeuge nach dem deutschen Personenbeförderungsgesetz (PBefG).

- *Direkte Beeinflussung des Preiswettbewerbs* durch staatliche Zwangskartelle mit behördlich genehmigten und hinsichtlich der Einhaltung kontrollierten Transportpreisen. Leistungs- und Kostenvorteile können nicht über den Preis marktwirksam werden. Beispiele waren die obligatorischen Preissysteme im Binnenverkehr des Straßengüterverkehrs, der Binnenschiffahrt und der Eisenbahn bis Ende 1993; als noch geltende Beispiele sind die Preise (Gebühren) im Taxiverkehr und im öffentlichen Personennahverkehr zu nennen.

Werden Preis- und Kapazitätseingriffe miteinander kombiniert, wie das in Deutschland bis Ende 1993 im gewerblichen Straßengüterfernverkehr der Fall war, können die Interessen der Regulierungsinstitutionen, aber häufig auch die der Regulierten, vergleichsweise am einfachsten durchgesetzt werden.

1.3 Wirkungen

Nicht nur theoretische Erwägungen, sondern vor allem auch der empirische Befund in vielen Volkswirtschaften mit staatsregulierten Verkehrsmärkten zeigen, dass die Negativwirkungen dieser Marktinterventionen ein erhebliches Ausmaß annehmen. Sie lassen sich in Kosten- und Marktstrukturwirkungen zusammenfassen.

Zu den **Kostenwirkungen** zählen gesamtwirtschaftliche Zusatzkosten als Folge der Regulierungsmaßnahmen. Die folgenden Punkte verdeutlichen diese Wirkungen in erster Linie anhand der Gegebenheiten auf regulierten Verkehrsmärkten in Deutschland.

- Zunächst zu nennen sind direkte Kosten der Regulierungsinstitutionen für Vorbereitung und Kontrolle von gesetzlichen Regulierungsmaßnahmen. Hierüber liegen Studien aus den USA vor, welche die bis zur Deregulierung Anfang der 80er Jahre entstandenen Regulierungskosten ermittelt und sehr hohe Beträge festgestellt haben (Kosten der Straßengüterverkehrsregulierung wurden in den USA jährlich auf 5,3 Mrd. bzw. zwischen 3,8 und 8,9 Mrd. US-Dollar während der straffen Regulierungsphase der 60er und 70er Jahre geschätzt, einschl. überhöhter Tarife und zusätzlicher Betriebskosten der Trucking firms sowie staatlicher Überwachungskosten; Felton/Anderson 1989, Moore 1984). Aber auch in Deutschland dürften diese direkten Regulierungskosten allein im Straßengüterfernverkehr über 100 Mio. EUR im Jahr betragen haben. Nach Auskunft des Bundesamtes für Güterverkehr, der institutionellen Nachfolgerin der Bundesanstalt für den Güterfernverkehr, wurden im Haushaltsjahr 1993 Gesamtausgaben der Bundesanstalt in Höhe von 55,46 Mio. EUR ermittelt. Hinzuzurechnen sind die Einnahmen der genossenschaftlichen Frachtenprüfstellen (Bundeszentralgenossenschaft und Straßengüterverkehrsgenossenschaften), die auf jährlich zwischen 36 und 41 Mio. EUR als aus der Frachtenprüfung stammend geschätzt werden. Ergänzend sind noch die Aufwendungen für die Frachtenprüfungen durch die von der BAG zugelassenen sog. freien Frachtenprüfstellen zu berücksichtigen.

- Weitere Kosten treten im Rahmen der Erfüllung der Regulierungsauflagen bei den Verkehrsunternehmen auf (Aufzeichnungs- und Meldeverpflichtungen).

- Kosten verursachen ferner die Bemühungen der regulierten Unternehmen, die Regulierungsregelungen zu umgehen (etwa: Umwegtransporte über das Ausland zur Vermeidung regulierter Binnenverkehre; Aufbau von unechten Werkverkehren, d.h. etwa Kauf der Transportgüter vor und Wiederverkauf nach dem Transport; Ausstellung mehrfacher Frachtpapiere zur Verschleierung von Verstößen gegen die obligatorischen Preise).

- Regulierungsbedingte Preisüberhöhungen im Transportbereich, verglichen mit einer freien Marktpreisbildung, sind als weitere Kostenquelle anzusehen. Insbesondere in Deutschland hat die Regulierung im gewerblichen Straßengüterfernverkehr und in der Binnenschiffahrt zu sehr starken Preisdisparitäten zwischen dem nationalen und dem grenzüberschreitenden Verkehr geführt. So lag bis Ende 1993 die Fracht für eine Schiffsbeförderung von Rotterdam nach Mannheim unter dem Preis des Transports von Duisburg nach Mannheim. Das Niveau der obligatorischen Tarife des gewerblichen Straßengüterfernverkehrs (GFT) überstieg vergleichbare Preise im benachbarten europäischen Ausland zwischen 30 und 40 % (Sachverständigenrat zur Begutachtung der gesamtwirtschaftlichen Entwicklung 1985). Hieraus resultierten regulierungsbedingte Transportpreiserhöhungen, die auch die Wettbewerbsfähigkeit der verladenden Wirtschaft gegenüber ausländischen Standorten negativ beeinflußten.

- Kosten entstehen auch durch eine regulierungsbedingte künstliche Ausweitung des Werkverkehrs, um die restriktiven Wirkungen der Regulierung des gewerblichen Verkehrsleistungsangebotes zu umgehen. Dies betrifft insbesondere den Straßengüterverkehr.

Die verladende Wirtschaft sah sich in Deutschland einer künstlichen Angebotsverknappung im gewerblichen Straßengüterfernverkehr und einem Zwangspreiskartell gegenüber. Dies führte seitens des Straßengüterverkehrsgewerbes nur sehr begrenzt zur Anpassungsbereitschaft an komplexe Transportaufgaben. Die gewerblichen Anbieter konnten sich auf Komplettladungen, möglichst auch mit Rückfracht, konzentrieren und auf individualisierte Angebote häufig verzichten. Auch im Hinblick auf die vergleichsweise hohen

Transportpreise haben viele Verlader als Regulierungsventil Werkverkehre eingerichtet. So hat in Deutschland (ABL) die Zahl der Werk*fern*verkehrsfahrzeuge (der Werk*nah*verkehr ist wegen besonderer Aufgabenstellungen, etwa im Baustellenverkehr und als Teil des Handels einer anderen Beurteilung zu unterziehen) von 1982 mit 73.212 Lastkraftwagen und 28.150 Anhängern bis 1990 mit 78.426 Lkw und 29.300 Anhängern zwar lediglich um rd. 7 % zugenommen (nur Fahrzeuge über 4,0 t Nutzlast). Die Zahl der Sattelauflieger stieg hingegen von 15.580 auf 24.767 um 59 %. Die Ladekapazitäten der Werkfernverkehrsfahrzeuge nahmen von 1,18 Mio. auf 1,57 Mio. t (+ 33 %) zu.

Das vom Werkfernverkehr transportierte Verkehrsaufkommen sowie die Verkehrsleistungen haben in der Vergangenheit starke Zuwächse erfahren; bei einem Vergleich von Verkehrsaufkommen und Verkehrsleistungen zwischen Werkfernverkehr und gewerblichem Straßengüterfernverkehr wirkt sich die niedrigere durchschnittliche Transportweite im Werkfernverkehr aus.

Übersicht 32:   Entwicklung von Werkfernverkehr und gewerblichem Straßengüterfernverkehr 1960 - 1997 (bis 1990 ABL)[1])

		1960	1970	1980	1990	1997
Werkfern-	Mio. t	23,5	41,1	99,6	146,4	257,9
verkehr	Mrd. Tkm	3,9	7,4	17,5	26,1	42,7
Gewerblicher	Mio. t	71,3	104,8	140,9	186,5	401,9
Güterfernverkehr	Mrd. Tkm	18,5	28,7	41,1	55,5	114,0

Quelle: Verkehr in Zahlen 1991, S. 333-335, 341-343, Verkehr in Zahlen 1998, S. 232ff.

[1]) Aufgrund der deregulierungsbedingten Aufhebung der Trennung von Nah- und Fernverkehr zum 01. Juli 1998 kann diese Übersicht nicht weiter fortgeschrieben werden.

Im Zeitraum von 1960 bis 1993, also während der restriktiven Straßengüterverkehrsregulierung, ist das Verkehrsaufkommen im Werkfernverkehr um 575 %, das des gewerblichen Güterfernverkehrs um 274 % angestiegen. Bei den Verkehrsleistungen waren es beim Werkfernverkehr 705 % und beim gewerblichen Güterfernverkehr 324 %. Die mehr als doppelt so hohen Zuwachsraten beim Werkfernverkehr spiegeln die durch die straffe Regulierung im gewerblichen Straßengüterfernverkehr erzwungene Ventilfunktion des

Werkfernverkehrs wider - dies trotz zahlreicher administrativer Erschwernisse für das Betreiben von Werkfernverkehr durch Meldepflichten, zeitweilige Sonderbesteuerung und ebenfalls zeitweilige Bedarfsprüfung sowie das Verbot von Transporten für Dritte und konzernangehörige Betriebe (Konzernverkehr).

Auch bei einem Abbau der Regulierung verbleibt aus betrieblichen Gründen von Industrie und Handel ein beträchtlicher Werkverkehrsanteil. Dies ist auf spezielle Produkteigenschaften oder sonstige vom eigenen Fahrpersonal zu erbringende spezialisierte Leistungen zurückzuführen. Die Entwicklungen nach der Preisliberalisierung 1994 verdeutlichen dies. So wurden 1997 im Werkfernverkehr 257,9 Mio. t bzw. 42,7 Mrd. Tkm und im gewerblichen Straßengüterfernverkehr 401,9 Mio. t bzw. 114,0 Mrd. Tkm erfaßt. Seit 1993 ist die Verkehrsleistung des gewerblichen Güterfernverkehrs um 28% gestiegen, während der Werkfernverkehr stagnierte (Gesamtdeutschland); das Anteilsverhältnis Werkverkehr zu gewerblichem Verkehr hat sich von 48,1 % (1993) auf 37,5 % (1997) reduziert.

Im Jahr 2000 betrugen die Aufkommens- bzw. Leistungswerte des gewerblichen Straßengüterverkehrs in Deutschland 1.539 Mio. t bzw. 177,6 Mrd. Tkm. Auf den Werkverkehr entfielen 1.455 Mio. t bzw. 73,0 Mrd. Tkm. Eine Unterteilung in Nah- und Fernverkehr ist seit der Transportrechtsreform ab 01. Juli 1998 nicht mehr möglich. (Folge der Aufgabe des Kontingentierungssystems im gewerblichen Straßengüterfernverkehr und Ersatz durch ein auf qualitativen Kriterien beruhenden Lizensierungssystems als Marktzugangsregelung).

Die Deregulierung eröffnet jedoch dem gewerblichen Straßengüterverkehr durch Übernahme von Werkverkehrstransporten zusätzliche Marktchancen. Es können verlader- und auftragsspezifische Preis-Leistungs-Angebote erstellt werden; der intensivierte Wettbewerb steigert die Bereitschaft (und die existenzsichernde Notwendigkeit) des Güterkraftverkehrsgewerbes bzw. der Spedition, sich auf die Verladerwünsche stärker als in der Vergangenheit mit straffer Marktregulierung einzustellen.

- Der Verkehrswirtschaft sind schließlich auch Kosten durch den letztlich zwar wirkungslosen, aber den fühlbaren Wettbewerbsdruck reduzierenden Schutzzaun entstanden, mit dem die Eisenbahn umgeben wurde. Dieser Schutzzaun hat bewirkt, dass

- die bereits in den 70er Jahren dringend erforderlichen Strukturveränderungen bei der Bahn nicht ernsthaft betrieben wurden, sondern die Bahn mit ihrem Wagenladungsverkehr sogar höchstrichterlich durch das Bundesverfassungsgericht noch im Oktober 1975 als „schützenswertes Gemeinschaftsgut" bezeichnet und hiermit die Konzessionierung im gewerblichen Güterfernverkehr (Beschränkung des Zugangs zum Beruf) als mit dem Grundgesetz vereinbar bezeichnet wurde; damit konnte die Bahn als Instrument der Politik beliebig benutzt werden;
- bei der Bahn keine nachvollziehbare Verantwortung für Investitions- und Organisationsentscheidungen festzustellen war; dies wurde durch die vielzahligen Interventionsmöglichkeiten der politischen Administration und durch die komplizierten Genehmigungsverfahren bei grundsätzlichen, aber auch alltäglichen operativen Entscheidungen gestützt.

Als **Marktstrukturwirkungen** der Regulierung sind zu nennen (neben der im Vergleich zu den Markt- und Effizienzanforderungen verfehlten, aber konservierten Bahnstruktur)
- die künstliche Erhaltung von bei freiem Wettbewerb nicht marktfähigen Anbietern (submarginale Marktteilnehmer), die bei den Deregulierungsprozessen zum Marktausscheiden gezwungen werden, und
- die Entstehung von nicht marktfähigen Betriebsgrößen als direkte Folge der Existenzsicherung für submarginale Anbieter.

In Deutschland gilt dies sowohl für den gewerblichen Straßengüterfernverkehr wie auch für Partikuliere in der Binnenschiffahrt. Besonders auffällig ist dies im gewerblichen Straßengüterfernverkehr. Im Jahre 1970 (insgesamt 29.784 erteilte Genehmigungen) waren von den 9.814 Betrieben 3.774 im Besitz nur einer Fernverkehrsgenehmigung (39,2 %); bis zu drei Genehmigungen hatten 75,9 % der Betriebe. Im Jahre 1990 (insgesamt 41.896 Genehmigungen) hatten von den 10.150 gewerblichen Straßengüterfernverkehrsbetrieben 3.371 nur eine Konzession (33,2 %); über bis zu drei Genehmigungen verfügten 64,1 %. Auch 1990 hatten nur 7,1 % der Betriebe elf und mehr Güterfernverkehrskonzessionen; 1970 waren es 3,6 %. Diese Zahlen verdeutlichen die Konservierung einer problematischen kleinbetrieblichen Angebotsstruktur. Auch 1996 verfügten 55,6 % aller deutschen gewerblichen Straßengüterverkehrsunternehmen, die sowohl Nah- wie auch Fernverkehr betrieben, nur über bis zu 3 Fahrzeuge; bis zu 10 Fahrzeuge disponierten insgesamt 87,1 % aller Unternehmen. Die Mehrzahl dieser Betriebe kann bei fortschreitender Deregulierung die vom Markt geforderten Logistikleistungen nicht erfüllen und nur als Subunternehmer unter schwierigen Existenzbedingungen mit niedriger Wertschöpfungsleistung überleben. Für Kooperationsstrategien sind diese Betriebsgrößen ebenfalls nicht geeignet; Marktbereinigungsprozesse sind somit unvermeidbar.

Letztlich ist darauf hinzuweisen, dass die Marktregulierung zu niedrigeren **Angebotsqualitäten** in allen regulierten Bereichen geführt hat, fehlte doch der existenzbedrohende und qualitätsfördernde Wettbewerbsdruck. Bei der Bahn hatten die starke Positionierung der Gewerkschaften, das öffentliche Dienstrecht und die undurchsichtigen Verantwortungsstrukturen auch dazu geführt, dass wegen fehlender Kostenkontrolle und unzureichender Leistungskontrolle die Ist-Kosten der Bahn wesentlich über den Kosten einer im wirksamen Wettbewerb stehenden Bahn lagen (X-Ineffizienz).

Um keine Mißverständnisse aufkommen zu lassen: Die Bahn war *formal* zwar ständig einem starken und in der Intensität zunehmenden Wettbewerb durch den Straßenverkehr und die Binnenschiffahrt ausgesetzt; die Folge waren Marktanteilsverluste und wachsende negative Wirtschaftsergebnisse. Die in nicht regulierten Wirtschaftsbereichen durch einen solchen Wettbewerbsdruck ausgelösten Veränderungen in der Organisationsstruktur, der Produkt- und Marktpolitik sowie der Personalpolitik sind jedoch bei der Bahn in der langen Phase der umfassenden Verkehrsmarktregulierung nicht oder nur völlig unzureichend eingetreten.

1.4 Deregulierungsprozesse

In der EU haben Deutschland, Frankreich und Italien traditionell die höchste Regulierungsintensität auf den Verkehrsmärkten gepflegt. Seit Mitte der 80er Jahre setzen sich jedoch auch in diesen Ländern zunehmend Bestrebungen durch, die Regulierungsdichte zu reduzieren. Maßgeblich dazu beigetragen haben

- die in den USA stattgefundenen Deregulierungsprozesse im Transportbereich (vgl. Kapitel II.4.1),
- die Erweiterung der Europäischen Wirtschaftsgemeinschaft 1973 durch Staaten mit vergleichsweise liberal strukturierten Verkehrsmarktordnungen (Großbritannien, Irland, Dänemark) und

- die ständigen Initiativen der EU-Kommission sowie auch des Europäischen Parlaments, eine EU-weite und auf dem Wettbewerbsprinzip basierende Verkehrsmarktordnung durchzusetzen.

Ergänzend ist darauf zu verweisen, dass auch die deutsche Verkehrswissenschaft seit den 70er Jahren zunehmend eine kritische Haltung zur sog. kontrollierten Wettbewerbsordnung in der Bundesrepublik einnahm und zahlreiche Vorschläge zu ihrer Reform unterbreitete. Im politischen Entscheidungsbereich hat weiterhin die sich immer mehr verschärfende Eisenbahnkrise zur Deregulierung in diesem Teilsegment wesentlich beigetragen.

Literatur zu Kapitel II.1:

Aberle, G. (1988): Zukunftsperspektiven der Deutschen Bundesbahn, Heidelberg.

Basedow, J. (1989): Wettbewerb auf den Verkehrsmärkten - Eine rechtsvergleichende Untersuchung zur Verkehrspolitik, Heidelberg.

Baumol, W.J. / Panzar, J.C. / Willig, R.D. (1988): Contestable Markets and the Theory of Industry Structure, Revised Edition, New York et al.

Europäische Kommission (1998a): 15. Folgebericht über den Verlauf der gemeinsamen Abwrackaktion in der Binnenschiffahrt, Brüssel.

Felton, J.R. / Anderson, D.G. (1989): Regulation and Deregulation of the Motor Carrier Industry, Ames/Iowa.

Friedlaender, A.F. / Spady, R.H. (1981): Freight Transport Regulation – Equity, Efficiency and Competition in the Rail and Trucking Industries, Cambridge: MIT-Press.

Hedderich, A. (1996): Vertikale Desintegration im Schienenverkehr. Theoretische Basisüberlegungen und Diskussion der Bahnstrukturreform in Deutschland, Hamburg (Band 11 der Gießener Studien zur Transportwirtschaft und Kommunikation).

Keeler, T.E. (1983): Railroads, Freight and Public Policy, Washington.

Knieps, G. (1996): Wettbewerb in Netzen. Reformpotentiale in den Sektoren Eisenbahn und Luftverkehr, Tübingen.

Knieps, G. / Brunekreeft, G. (2000): Zwischen Regulierung und Wettbewerb. Netzsektoren in Deutschland, Heidelberg.

Laaser, C.-F. (1991): Wettbewerb im Verkehrswesen - Chancen für eine Deregulierung in der Bundesrepublik, Tübingen (Band 236 der Kieler Studien).

Laaser, C.-F. (1994): Die Bahnstrukturreform - Richtige Weichenstellung oder Fahrt aufs Abstellgleis?, Kiel (Band 236 der Kieler Diskussionsbeiträge).

Moore, T.G. (1984): Deregulating Ground Transportation, in: Giersch, H. (Hrsg.): New Opportunities for Entrepreneurship, Institut für Weltwirtschaft an der Universität Kiel, Symposium 1983, Tübingen, S. 136-157.

Sachverständigenrat zur Begutachtung der gesamtwirtschaftlichen Entwicklung (1985): Jahresgutachten 1985/86 "Auf dem Wege zu mehr Beschäftigung", Stuttgart/ Mainz, TZ 325.

Sharkey, W.W. (1982): The Theory of Natural Monopoly, Cambridge.

Stigler, G.J. (1971): The Theory of Economic Regulation, in: Bell Journal of Economics and Management Science, Vol. 2, S. 3-21.

Suntum, U. van (1986): Verkehrspolitik, München.

Weizsäcker, C.C.v. (1997): Wettbewerb in Netzen, in: Wirtschaft und Wettbewerb, 47. Jg., Heft 7/8, S. 572-579.

Willeke, R. (1977): "Ruinöse Konkurrenz" als verkehrspolitisches Argument, in: ORDO, Jahrbuch für die Ordnung von Wirtschaft und Gesellschaft, Band 28, S. 155-170.

2 Grundelemente der nationalen Verkehrspolitik

Nachfolgend werden einige wesentliche Merkmale der deutschen Verkehrspolitik nach dem Zweiten Weltkrieg in gestraffter Form dargestellt. Es wird nicht die Absicht verfolgt, einen geschlossenen systematischen Überblick zu geben. Hierzu gibt es mehrere informative und teilweise umfängliche Monographien (Predöhl 1964, Voigt 1965, Hamm 1980 und 1984, van Suntum 1986, Laaser 1991); sie informieren über verkehrspolitische Entwicklungen bis Ende der 80er Jahre.

2.1 Ordnungspolitik

Die Ordnungspolitik als eine der drei Säulen der Wirtschaftspolitik (neben der Prozeß- bzw. Ablauf- und der Strukturpolitik) definiert die *Rahmenbedingungen* oder die *Spielregeln*, innerhalb derer Anbieter und Nachfrager am Markt agieren.

Traditionell ist der ordnungspolitische Rahmen im Verkehrsbereich, verglichen mit den Regelungen für die Mehrzahl der sonstigen Sektoren in der Volkswirtschaft, restriktiv angelegt. Staatliche Interventionen besitzen eine erhebliche Bedeutung; dies ist ein weltweites Phänomen, wenngleich in zahlreichen Ländern Lockerungen im Sinne von Liberalisierungsschritten durchgeführt werden. In

Deutschland haben die Regelungsdichte und die staatliche Interventionsintensität jedoch seit den 30er Jahren im Deutschen Reich und in der Bundesrepublik Deutschland nach dem Zweiten Weltkrieg ein solches Ausmaß besessen, dass der Verkehrsbereich lange Zeit als Fremdkörper im System der (sozialen) Marktwirtschaft deutscher Prägung kritisiert wurde. Erst seit Anfang der 80er Jahre und unter dem Druck der EG- und später (ab November 1993) EU-verkehrspolitischen Aktivitäten, deren Grundprinzipien eine wesentlich liberalere Struktur aufweisen, vollzieht sich in Deutschland eine umfassende Reform der Ordnungspolitik im Verkehr.

Die **Instrumente** der Ordnungspolitik bestehen vor allem in der

- *Kapazitätsbeeinflussung*, d.h. den Marktzugangsregeln für Anbieter von Verkehrsleistungen, sowie der
- *Koordinierung der Preispolitik*, d.h. in staatlichen Eingriffen bei der Preisbildung auf den Transportmärkten.

Staatliche Beeinflussung der *Qualität* der Verkehrsleistungen mit dem Ziel einer Veränderung der Marktergebnisse hat es direkt nur (weltweit) im Rahmen der durch die Regierungen (ICAO) gestützten Kartellorganisation der Luftverkehrsgesellschaften (IATA) bis Anfang der 70er Jahre gegeben, als Ausstattungsmerkmale der Flugzeuge und sogar die Bestandteile der Bordverpflegung geregelt wurden. In Deutschland können jedoch das Sonntagsfahrverbot für Lastkraftwagen sowie extensiv festgelegte Ferienfahrverbote auf Autobahnen zumindest partiell als Qualitätsbeeinflussung mit Wettbewerbswirkungen angesehen werden, da die konkurrierenden Verkehrsträger ähnlichen Restriktionen nicht unterworfen sind.

Bereits im Deutschen Reich hatte die staatliche Regulierung des Verkehrssektors ihren Ursprung in der *Eisenbahnpolitik*. Bis zur Gegenwart sind die Ordnungspolitik und seit Abbau der ordnungspolitischen Regelwerke zunehmend die staatliche Infrastrukturinvestitionspolitik geprägt von eisenbahnpolitischen Zielsetzungen. Die Deutsche Reichsbahn, 1920 aus dem Zusammenschluß zahlreicher staatlicher Eisenbahnen der Länder gebildet und 1923 in eine Aktiengesellschaft umgewandelt (bis 1937 bestehend; vgl. Predöhl 1964, S. 197 f.), wurde vom Beginn ihrer Tätigkeit an als Monopolunternehmen sog. *Gemeinwirtschaftlichen Verpflichtungen* unterworfen. Hierzu zählten

- die Preisfestlegung nach dem *Wert* der transportierten Güter (Wertstaffel, Belastbarkeitsstaffel) mit dem Ziel der internen Subventionierung geringwertiger Transportgüter,
- die Begünstigung weit entfernter, peripherer Gebiete durch eine *entfernungsdegressive Tarifierung* (Entfernungsstaffel),
- die *Tarifpflicht* (Veröffentlichungspflicht eines allgemein gültigen Preisverzeichnisses), die *Beförderungspflicht* (Kontrahierungszwang) und die *Betriebspflicht* (Streckenbedienung gemäß Fahrplan, im Grenzfall auch bei völlig fehlender Nachfrage).

Gleichzeitig wurde von der Deutschen Reichsbahn die Erwirtschaftung eines an den Staat abzuführenden Gewinns erwartet; von 1924 bis 1932 mußte sie an die Siegermächte des Ersten Weltkriegs Reparationszahlungen erwirtschaften (rd. 4,2 Mrd. Reichsmark).

Durch das starke Vordringen des motorisierten Straßenverkehrs in den 20er Jahren, vor allem auch des Lastkraftwagens, wurde die Monopolstellung der Reichsbahn nun auch in den Relationen sukzessive ausgehöhlt, in denen sie nicht der Konkurrenz durch die Binnenschiffahrt ausgesetzt war. Um aber die weitere Erfüllung der gemeinwirtschaftlichen Aufgaben durch die Eisenbahn zu sichern, wurde ab Anfang der 30er Jahre versucht, den Konkurrenten Straßengüterverkehr durch ein komplexes staatliches Regelwerk in seinen Wettbewerbswirkungen abzuschwächen.

1931 wurde in der Überlandverkehrsverordnung eine *Lizenzpflicht* für den *gewerblichen Straßengüterfernverkehr* und für den *Personenlinienfernverkehr* eingeführt. Im „Gesetz über den Güterfernverkehr mit Kraftfahrzeugen" vom 28. Juni 1935 erfolgte die Bindung der Erteilung von Güterfernverkehrsgenehmigungen an die problematische Größe „Verkehrsbedürfnis". Gleichzeitig wurden alle Straßengüterverkehrsunternehmen im Reichskraftwagenbetriebsverband, einem öffentlich-rechtlichen Zwangskartell, zusammengeschlossen. Für den gewerblichen Straßengüterfernverkehr wurde in der Überlandverkehrsverordnung von 1931 auch ein verbindlicher Tarif, der Reichskraftwagentarif RKT, erlassen. Um eine unerwünschte hohe Wettbewerbsintensität zu Lasten der Reichsbahn zu verhindern, wurde der RKT als Mindesttarif an den Eisenbahngütertarif gekoppelt. Dieser Versuch des Schutzes der Bahn war aus logischen Gründen von vornherein nicht nur zum Scheitern verurteilt, sondern vergrößerte die Wettbewerbsproblematik zu Lasten des Schienenverkehrs: Da die Qualitätseigenschaften des Straßengüterverkehrs von höherer Marktattraktivität als die der Bahn waren, konnte der Lkw bei identischen Preisen vor allem in die hochtarifierten Gütergruppen (Wertstaffel) eindringen. Damit wurde der Schiene eine wesentliche Basis zur Erfüllung der gemeinwirtschaftlichen Aufgaben und Auflagen zerstört.

Der *Straßenpersonenverkehr* wurde als Linienfernverkehr bereits 1931 (Überlandverkehrsverordnung) und 1934 auch als Gelegenheitsverkehr (Gesetz über die Beförderung von Personen zu Lande) der *Genehmigungspflicht* unterworfen.

Ebenfalls reglementiert wurde die *Binnenschiffahrt*, wenn auch in anderer Form und mit weitergehenden Zielsetzungen. Zum einen ging es, wie beim gewerblichen Straßengüterfernverkehr, um den Schutz der Eisenbahn. Zum anderen sollte die als Folge der Weltwirtschaftskrise 1929 auftretende Überkapazität mit der Gefahr ruinöser Preisunterbietungen ordnungspolitisch bewältigt werden. Durch Rechtsverordnungen in den Jahren 1931 (VO zur Bekämpfung der Notlage der Binnenschiffahrt) und 1932 (VO zur Errichtung von Körperschaften des öffentlichen Rechts) wurden die Partikuliere zwangsweise in *Schifferbetriebsverbänden* zusammengeschlossen. Transportaufträge wurden auf die Schiffskapazitäten nach vorgegebenen Schlüsseln verteilt. Die Frachtenbildung wurde sog. *Frachtenausschüssen* übertragen, welche obligatorische Frachtsätze festlegten, welche „kostendeckend" sein sollten. Die Preisregeln konnten aber nur für den nationalen Binnenschiffsverkehr erlassen werden; für den grenzüberschreitenden Verkehr, der fast ausschließlich auf dem Rhein und der Donau stattfand, wurden durch die *Internationale Rheinschiffahrtsakte* von 1831 und die *Mannheimer Schiffahrtsakte* von 1868 sowie die *Donauschiffahrtsakte* Zoll- und Abgabenfreiheit sowie Tariffreiheit in multinationalen Abkommen zwischen den Anliegerstaaten (sowie England bei der Rheinschiffahrtsakte) vereinbart.

Die 1926 gegründete *Deutsche Lufthansa AG* wurde zur damaligen Zeit noch nicht als relevanter Konkurrent der Bahn angesehen; folglich unterblieb die Schaffung einer nationalen Marktordnung für den Luftverkehr.

Es ist interessant zu sehen, dass nach dem Zweiten Weltkrieg die Verkehrspolitik trotz Einführung der (sozialen) Marktwirtschaft in der Bundesrepublik Deutschland fast nahtlos an die staatsinterventionistische Marktordnung vieler Bereiche des Verkehrs der 30er Jahre anknüpfte. Im Vordergrund stand der Gedanke des Schutzes der Eisenbahn vor zu starker Konkurrenz. Dabei unterblieb die an sich dringend erforderliche Anpassung der Rechts- und Organisationsstrukturen der Eisenbahn an die völlig veränderten Markt- und Wettbewerbsbedingungen. Vielmehr wurde seitens der Politik versucht, die nach dem Krieg durch entsprechende Formulierungen im Grundgesetz (1949, insb. Art. 87) und im 1951 geschaffenen *Bundesbahngesetz* die Deutsche Bundesbahn weiterhin als Instrument zur Durchsetzung einer Vielzahl politischer Ziele zu nutzen. Folglich mußten die konkurrierenden Verkehrsträger, insbesondere der Straßengüterfernverkehr, einer strengen ordnungspolitischen Reglementierung unterworfen werden.

Dies erfolgte im Güterverkehr durch das *Güterkraftverkehrsgesetz (GüKG)* von 1949 und das *Gesetz über den gewerblichen Binnenschiffahrtsverkehr* von 1953 sowie für den Personenverkehr durch das *Personenbeförderungsgesetz (PBfG)* von 1961, nachdem bis zu diesem Jahr das Personenbeförderungsgesetz (Beförderung von Personen zu Lande) aus dem Jahre 1934 unverändert galt.

Die wesentlichen Regelungstatbestände hatten folgenden Inhalt:

- Im *gewerblichen Straßengüterfernverkehr* (zunächst definiert als Transporte im Bereich über 50 km Radius vom Standort des Verkehrsunternehmens) wurde ein für die Bundesrepublik Deutschland geltendes *Gesamtkontingent* von (1951) zunächst rd. 14.800 *Konzessionen* festgesetzt, das nach Länderschlüsseln aufgeteilt und in Mehrjahresabständen nach gesamtwirtschaftlichen Bedarfsprüfungen erhöht wurde. Bis 1986 stieg die Zahl der Konzessionen auf 33.857. Die Wiedererteilung der Konzession war der Regelfall.

- Der *gewerbliche Straßengüternahverkehr* (Transporte bis 50 km Radius um den tatsächlichen oder angenommenen Standort) unterlag nur einer Erlaubnispflicht (Fachkunde und persönliche Zuverlässigkeit). Mitte 1993 wurde die Nahzone auf 75 km Radius ausgeweitet.

- Ein spezielles Güterfernverkehrskontingent wurde innerhalb des Globalkontingents für den *Bezirksgüterfernverkehr* (bis 150 km Radius um den Betriebsstandort) geschaffen. Zusätzliche spezielle Kontingente und entsprechende Konzessionen gab es für den grenzüberschreitenden Verkehr und den Möbelfernverkehr; jedes Kontingent war durch unterschiedliche Farben bei der mitzuführenden Konzession gekennzeichnet; die allgemeine Güterfernverkehrskonzession etwa rot.

- Neben die restriktiv gehandhabte Vergabe der Güterfernverkehrskonzessionen mit der Wirkung einer fühlbaren quantitativen Marktzugangsbeschränkung trat ein straffes Regelungssystem für die Bildung der Transportpreise beim Strassengüterverkehr und der Binnenschiffahrt und ihre staatlichen Überwachung.

- Im *gewerblichen Straßengüterfernverkehr* wurden die Frachtsätze des Reichskraftwagentarifs (RKT) bis 1961 zunächst als Festpreise entsprechend dem Deutschen Eisenbahngütertarif (DEGT) gebildet. 1961 kam es zur sog. Kleinen Verkehrsreform mit ersten Schritten zur Flexibilisierung der Verkehrsmarktordnung. Es erfolgte die Änderung des Allgemeinen Eisenbahngesetzes (AEG), des Bundesbahngesetzes, des Güterkraftverkehrsgesetzes und des Binnenschiffahrtsgesetzes. Dies hatte auf die Preispolitik einige Auswirkungen:

Für den gewerblichen Straßengüter*fern*verkehr wurden sog. Tarifkommissionen (Vertreter der Güterkraftverkehrsunternehmen bzw. deren Verbände) und beratend sog. Verladerausschüsse (Vertreter der Verladerschaft) gebildet. Die von den Tarifkommissionen beschlossenen Frachtsatzänderungen (Lösung vom DEGT) wurden vom Verladerausschuß mit einer befürwortenden oder ablehnenden Stellungnahme versehen und dem Bundesverkehrsministerium (BMV) übermittelt. Das BMV mußte mit dem Bundeswirtschaftsministerium (BMWi) Einvernehmen über den Tarifantrag herstellen und setzte dann die veränderten Frachtsätze des RKT allgemein verbindlich fest. Zunächst waren es Fest-, später Margentarife (Mindest-Höchst-Preise). Erst 1990 wurde der Reichskraftwagentarif in Deutscher Güterfernverkehrstarif (GFT) umbenannt.

Im gewerblichen Straßengüter*nah*verkehr gab es ein wesentlich flexibleres Preissystem mit relativ weiten Margen (40 %) und Sondervereinbarungen. Die Tarifkommissionen für den gewerblichen Straßengüternahverkehr waren paritätisch mit Vertretern des Gewerbes und der Verlader besetzt. Bei Stimmengleichheit erfolgte eine Erweiterung der Tarifkommissionen durch je einen Gruppenvertreter sowie einen neutralen Vorsitzenden. Die Preisänderungsempfehlungen wurden vom Bundesverkehrsministerium nach Prüfung, aber ohne Beteiligung des BMWi, in Kraft gesetzt, da durch die paritätische Besetzung des Frachtenausschusses von einer Marktgerechtigkeit ausgegangen wurde.

Eine dem gewerblichen Straßengüternahverkehr sehr ähnliche Preisbildungsregelung gab es bis Ende 1993 im *innerdeutschen* Binnenschiffsverkehr. Die hier für Stromgebiete und speziell für die Tankschiffahrt gebildeten Frachtenausschüsse waren wie beim Straßengüternahverkehr strukturiert. Als Besonderheit war das Tarifsystem der Binnenschiffahrt zu charakterisieren, gab es doch hier für den innerdeutschen Verkehr keinen umfassenden allgemeinen Binnenschiffahrtstarif mit Wert- und Entfernungsstaffel, wie etwa im DEGT und im RKT bzw. GFT. Vielmehr handelte es sich beim innerdeutschen Binnenschiffahrtstarif um einen Relationentarif für bestimmte Transportgüter, etwa Steinkohle von Duisburg-Ruhrort nach Stuttgart. Alle von den Tarifkommissionen mit Frachten versehenen Transportrelationen und Transportgüter waren im Frachten- und Tarifanzeiger Binnenschiffahrt (FTB) verzeichnet; bei neuen Transportgütern und/oder Transportrelationen konnten kurzfristig vorläufige Frachtsätze durch sog. Tagesfrachtenausschüsse festgesetzt werden, die nachträglich von

den zuständigen Frachtenkommissionen endgültig beschlossen und vom Bundesverkehrsministerium genehmigt wurden.
- Die Einhaltung der Konzessionspflichten und der obligatorischen Tarife des RKT bzw. GFT wurde von der Bundesanstalt für den Güterfernverkehr (BAG) durch Fahrzeug- und Betriebskontrollen sowie Frachtenprüfungen überwacht. Bei Verstößen gab es beträchtliche Geldbußen, die auch bis zur Entziehung der Konzession ausgeweitet werden konnten (faktisches Berufsverbot). Hierdurch wurde das staatliche Zwangspreiskartell außerordentlich stabilisiert. Die Einhaltung des FTB wurde von den Wasser- und Schiffahrtsdirektionen kontrolliert.
- Der Werkfernverkehr auf der Straße wurde einer Meldepflicht (bei der BAG) unterworfen; von 1969 bis zur Einführung der Mehrwertsteuer 1972 mußte er eine erhöhte spezielle Beförderungssteuer von drei bis fünf Pf. je Tkm im Vergleich zur damaligen allgemeinen Beförderungssteuer des gewerblichen Strassengüterfernverkehrs von einem Pf./Tkm bei Fahrzeugen mit einer Nutzlast von mehr als 4 t tragen. Nach dem Wegfall der Beförderungssteuer wurde der Werkfernverkehr einer speziellen Lizenzpflicht unterworfen, deren Erteilung nur dann möglich war, wenn die Eisenbahn kein „annehmbares" Angebot für die Transportaufgaben abgeben konnte. Auch dieser neuerliche Versuch, das Ventil Werkverkehr zu drosseln, wurde nach wenigen Jahren aufgegeben. Es blieb bis zur Gegenwart aber das restriktiv definierte Transportverbot für Dritte beim Werkverkehr, das auch Transporte für Konzernunternehmen ausschließt, da Beförderungen nur für den Halter des Fahrzeuges zulässig sind. Hierdurch werden Leerfahrten gefördert.
- 1968 wurde zum Schutz der Bahn versucht, ein sog. *Straßenentlastungsgesetz* zu erlassen (sog. Leber-Plan). Der politische Widerstand gegen die vorgesehenen Transportverbote für 20 Gütergruppen führte dazu, dass nur die (zeitweilig erhobene) Beförderungssteuer im Straßengüterfernverkehr und ein spezielles Investitionsprogramm zur Förderung des kombinierten Verkehrs eingeführt wurden, um Verkehrsverlagerungen zur Schiene zu fördern.
- Der *gewerbliche Straßenpersonenverkehr*, der im Personenbeförderungsgesetz ebenfalls restriktiv geregelt ist (staatliche Konzessionsvergabe im Linienverkehr; Verzicht auf Ausschreibungen nach Ablauf der Konzession mit Wiedererteilung als Regelfall; Vorrangrechte der Eisenbahn bei Ersatz- und Parallelverkehren zum Schienenverkehr), hat bislang nur eine sehr begrenzte Libera-

lisierung erfahren. Sie erstreckt sich vor allem auf den nationalen und grenzüberschreitenden Gelegenheitsverkehr mit Bussen und basiert auf EG-/EU-Verordnungen. Im Juli 2000 hat die EU-Kommission einen Verordnungsvorschlag zur Marktöffnung im öffentlichen Personen(nah)verkehr vorgelegt, der das Ziel hat, in diesem Bereich einen diskriminierungsfreien Marktzugang über die Pflicht zur Ausschreibung von ÖPNV-Leistungen zu erreichen.

- Der Markt des *Luftverkehrs* ist bis zum Tätigwerden der EG-Kommission und des Europäischen Gerichtshofes 1986 nur sehr begrenzt für den Wettbewerb geöffnet worden. Dies ist vor allem in den engen Verflechtungen zwischen den Regierungen und den (staatlichen) Luftverkehrsgesellschaften begründet. Der Marktzutritt weiterer Luftverkehrsunternehmen wurde soweit wie möglich verhindert; Strecken- und Landerechte werden nur im Gegenseitigkeitsverfahren in bilateralen Regierungsverhandlungen vergeben mit der Bedingung der Einhaltung der genehmigten Luftverkehrstarife. Erst die EG-/EU-Verkehrspolitik hat hier zu stark veränderten Rahmenbedingungen durch die sog. drei *Luftverkehrspakete* geführt, deren letztes am 01. April 1997 mit der Kabotagefreiheit für alle EU-Luftverkehrsunternehmen die weitgehende Liberalisierung des Luftverkehrs bewirkte.

Abschließend sei noch auf zwei Merkmale der nationalen Ordnungspolitik hingewiesen, die wirtschaftspolitisches Interesse beanspruchen:

- Die beim Straßengüterverkehr, insbesondere beim Straßengüterfernverkehr getroffenen Regulierungsmaßnahmen (obligatorische und kontrollierte Transportpreise, Kontingentierung und Konzessionierung) waren zwar zum Schutz der Eisenbahn gedacht, führten jedoch tatsächlich zum Schutz der im Markt befindlichen Straßengüterverkehrsunternehmer vor zu intensiver Straßenverkehrskonkurrenz und zur Absicherung von beachtlichen Gewinnpositionen bei zahlreichen Anbietern. Ein ähnlicher, wenn auch abgeschwächter Effekt war für die Binnenschiffahrt durch das staatliche innerdeutsche obligatorische Frachtensystem gegeben. Für die Bahn hingegen brachten die staatlichen Regulierungsmaßnahmen keinen nachhaltigen Entlastungseffekt; sie wurde vielmehr an den notwendigen Umstrukturierungs- und Anpassungsmaßnahmen gehindert.

- Seit Anfang der 70er Jahre hat die EG-Kommission versucht, die Verkehrsmarktordnung im Gemeinsamen Markt und in den einzelnen EG-/EU-Mitgliedstaaten liberaler auszugestalten. Betroffen hiervon war vor allem die restriktive Marktordnung in Deutschland, aber auch jene in Frankreich und Italien. Der jahrzehntelange deutsche Widerstand gegen EG-weite Liberalisierungsschritte wurde vorrangig mit der fehlenden Harmonisierung von Wettbewerbsbedingungen im Straßengüterverkehr (Besteuerung, Sozialvorschriften, Kontrolle der höchstzulässigen Lenkzeiten) und ergänzend mit dem Schutzbedürfnis der Eisenbahn begründet.

Die deutsche Verkehrsmarktordnung ist seit Mitte der 80er Jahre durch tiefgreifende **Deregulierungsprozesse** gekennzeichnet:

- 1992 erfolgte im Straßengüterverkehr die *Ausweitung der Nahzone* von 50 km Radius um den Betriebsstandort auf 75 km; dies bedeutete eine Ausdehnung der vergleichsweise liberalen Marktordnung des Nahverkehrs (keine Konzessionsvergabe, sondern nur Erlaubniserteilung bei persönlicher Zuverlässigkeit und fachlicher Kenntnis; sehr flexibles Preissystem).

- Bereits 1991 wurde die Unterscheidung der Genehmigungen für den gewerblichen Straßengüterfernverkehr nach Bezirksgüterfernverkehr, internationalem Güterfernverkehr u.ä. aufgehoben (nur noch *allgemeine Fernverkehrsgenehmigungen*). Die gesonderten Genehmigungen für den Möbelfernverkehr waren bereits Ende der 80er Jahre in allgemeine Fernverkehrsgenehmigungen umgewandelt worden.

- 1986 wurde für den *Werkfernverkehr* die *spezielle Meldepflicht aufgehoben*, durch welche Wettbewerbsangebote der gewerblichen Anbieter initiiert werden sollten.

- Die *Zahl der Konzessionen* und damit das Volumen des Kontingents für gewerbliche Straßengüterfernverkehrstransporte wurde bis zur Aufgabe des Kontingentierungssystems am 01. Juli 1998 sukzessive ausgeweitet. 1993 gab es 61.304 Genehmigungen für den gewerblichen Güterfernverkehr. Auch unter Berücksichtigung der 12.000 für Ostdeutschland erteilten Konzessionen war dies ein Zuwachs gegenüber 1986 (33.857 Genehmigungen) in den alten Bundesländern von rd. 46 %. Im Zeitraum 1978 bis 1986 betrug der Zuwachs an Genehmigungen hingegen nur 9 %. Damit reduzierte sich auch der Konzessionseigenwert stetig; betrug er 1988 noch 92.000 bis 102.000 EUR, so sank er bis Ende 1993 auf 15.000 bis 25.000 EUR. 1994 wurden nur noch zwischen 10.000 und 15.000 EUR gezahlt. Aufgrund der 1998 erfolgten

Liberalisierung des Marktzugangs zum Straßengüterverkehr gibt es keine eigenständigen Konzessionswerte mehr.

- Das *obligatorische Tarifsystem* für alle Binnenverkehrsträger wurde zum 1. Januar 1994 *aufgehoben*; die Preise werden nunmehr individuell kalkuliert und am Markt ausgehandelt. Einige Verbände haben als Hilfestellung für ihre kalkulationsunerfahrenen Mitglieder unverbindliche Empfehlungspreise und Kalkulationshilfen veröffentlicht (etwa im gewerblichen Straßengüterfernverkehr das Kalkulations-Informationssystem KALIF). Als Folge der Aufhebung des obligatorischen Tarifsystems sanken die Preise im Straßengüterfernverkehr und in der Binnenschiffahrt um 25 bis 50 %. Allerdings wurde die Preisfreigabe durch die konjunkturelle und strukturelle Situation der Gesamtwirtschaft überlagert, so dass der Preisverfall nicht auf eine Ursache allein zurückgeführt werden kann.

- Zum 1. Januar 1994 trat die *Bahnstrukturreform* in Kraft, welche der Bahn wesentlich größere Freiheitsspielräume bietet und den Einfluß des Staates auf die Geschäftspolitik der Bahn reduziert. Gleichzeitig wurde das Netz der Bahn für Dritte geöffnet - eine vor wenigen Jahren noch völlig undenkbare Entwicklung. Durch die 2. Stufe der Bahnreform, die am 01.01.1999 begann, wurden die bislang als Geschäftsbereiche organisierten fünf Geschäftseinheiten (Personennah-, Personenfern-, Güterverkehr, Netz, Stationen) ausgegliedert und bei teilweiser Veränderung der Bezeichnungen in selbständige Aktiengesellschaften unter Führung einer Managementholding ausgegründet (vgl. hierzu Kap. II.2.2.2 Eisenbahnpolitik).

- Ebenfalls zum 1. Januar 1994 wurde die Bundesanstalt für den Güterfernverkehr (BAG), welche die Tarifüberwachung und Kontrolle der Güterfernverkehrsgenehmigungen durchführte, in das *Bundesamt für Güterverkehr* (BAG) umgewandelt. Es ist dort u.a. ein Marktbeobachtungssystem entwickelt worden. Die Kontrolle der Güterverkehrsgenehmigungen verliert aufgrund der kräftigen Ausweitungen und der Einführung der Regelkabotage in den EU-Staaten ab 1998 an Bedeutung, während die der Fahrzeugkontrollen steigt (Fahrzeugzustände, Einhaltung der Lenk- und Ruhezeiten der Fahrer). Güterkraftverkehrsunternehmen benötigen eine (EU-weit gültige) Lizenz, deren Erteilung primär die Erfüllung qualitativer Kriterien voraussetzt (Fachkunde, persönliche Zuverlässigkeit, Mindesteigenkapital). Eine quantitative Begrenzung existiert nicht. Die Marktzulassung ist EU-einheitlich geregelt.

- Im *Luftverkehr* reduzieren sich die Tarifgenehmigungsaufgaben des Bundesverkehrsministeriums für den Personentransport stetig; im Luftfrachtbereich herrscht weitgehende Preisbildungsfreiheit. Durch Einführung der Kabotagefreiheit im EU-Luftverkehr 1997 konnte in Europa ein zusätzlicher Wettbewerbsdruck erwartet werden, da die hochpreisigen Home markets dann ebenfalls für EU-Luftverkehrsgesellschaften geöffnet wurden. Bislang (bezogen auf das Jahr 2000) sind diese Wirkungen jedoch kaum eingetreten.

- Durch die zu erwartende Einführung der viele Jahre von Interessengruppen verhinderten Ausschreibung von *öffentlichen Personennahverkehrsleistungen* (Wegfall der Vergabeautomatismen für Nahverkehrskonzessionen und der Besitzstände für Linienkonzessionen) im Wege der Novellierung des Personenbeförderungsgesetzes wird auch dieser Markt geöffnet und die Chance für effizientere Nahverkehrslösungen geschaffen. Hier ist vor allem mit entsprechenden Vorgaben der EU-Verkehrspolitik zu rechnen; ein erster Verordnungsvorschlag wurde von der EU-Kommission im Jahr 2000 vorgelegt. Die Diskussion, an der sich neben den Betroffenen auch das Europäische Parlament (Stellungnahme vom 14. November 2001) beteiligt, ist strittig.

Die vor allem durch die EG-Verkehrspolitik nach 1985 in Bewegung gesetzte Deregulierung hat in Deutschland bereits nachhaltige Wirkungen gezeigt. Allerdings besteht die latente Gefahr, dass mit Argumenten eines weiterhin erforderlichen Schutzes der Bahn sowie aus umweltpolitischen Erfordernissen und aufgrund infrastruktureller Engpaßprobleme erneut Marktregulierungen gefordert und auch durchgesetzt werden (sog. Reregulierung).

Literatur zu Kapitel II.2.1:

Aberle, G. (2000): Stichwort Verkehrspolitik, in: Wirtschaftslexikon, hrsg. von A. Woll, 9. Auflage, München/Wien, S. 762-766.

Boss, A. et al. (1996): Deregulierung in Deutschland, Tübingen (Band 275 der Kieler Studien).

Hamm, W. (1980): Verkehrspolitik, in: Albers, W. et al. (Hrsg.): Handwörterbuch der Wirtschaftswissenschaft, Band 8, Stuttgart, S. 249-257.

Hamm, W. (1984): Transportwesen, in: Oberender, P. (Hrsg.): Marktstruktur und Wettbewerb in der Bundesrepublik Deutschland, München, S. 455-489.

Köberlein, Ch. (1997): Kompendium der Verkehrspolitik, München/Wien.

Laaser, C.-F. (1991): Wettbewerb im Verkehrswesen - Chancen für eine Deregulierung in der Bundesrepublik, Tübingen (Band 236 der Kieler Studien).

Predöhl, A. (1964): Verkehrspolitik, 2. Auflage, Göttingen.

Suntum, U. van (1986): Verkehrspolitik, München.

Voigt, F. (1965): Verkehr, Zweiter Band: Die Entwicklung des Verkehrssystems, Berlin.

Voigt, F. (1973): Verkehr, Erster Band: Die Theorie der Verkehrswirtschaft, Berlin.

2.2 Strukturpolitik

Strukturpolitik umfaßt alle Aktivitäten des Staates, welche als direkte investive oder investitionsfördernde Maßnahmen sowie als grundlegende rechtliche und organisationspolitische Regelungen die Marktstrukturen und hieraus abgeleitet das Marktverhalten und die Marktergebnisse wesentlich beeinflussen.

Im Verkehrsbereich zählt hierzu zunächst einmal die *Verkehrsinfrastrukturpolitik*. Weiterhin kann dann, wenn grundlegende Veränderungen in den Rahmenbedingungen erfolgen, hierzu auch die *Eisenbahnpolitik* gezählt werden. Solche grundlegenden Veränderungen in den eisenbahnpolitischen Rahmenbedingungen haben speziell in Deutschland seit 1994 stattgefunden. Daher wird die *Eisenbahnpolitik* unter der Überschrift „Strukturpolitik" eingereiht, obwohl zahlreiche Maßnahmen ebenfalls in den Sachkomplex der Ordnungspolitik hineinreichen.

2.2.1 Verkehrsinfrastrukturpolitik

Die Verkehrsinfrastruktur als wesentliches Element der materiellen Infrastruktur einer Volkswirtschaft (Jochimsen 1966, Aberle 1972) ist in fast allen Staaten bislang weitgehend der öffentlichen Investitionspolitik zugeordnet worden. Dies gilt vor allem für Straßen, Binnen- und Seewasserwege, in der Regel aber auch für die Eisenbahnnetze, zumal die Eisenbahnen sich zumindest in Europa bislang fast ausschließlich im öffentlichen Eigentum befinden. Hingegen werden Rohrfernleitungen sowie die See-, Binnen- und Flughäfen nach stärker privatwirtschaftlichen Überlegungen geplant, errichtet und betrieben. Damit konzentriert sich die klassische Verkehrsinfrastrukturpolitik auf die Verkehrswege des Straßen-, Eisenbahn- und Binnenschiffsverkehrs; die Seeschiffahrtswege besitzen nur eine stark nachgeordnete Planungs-, Investitions- und Finanzierungsrelevanz, so dass sie hier vernachlässigt werden können. Zur Eisenbahninfrastruktur zählen auch die Stationen (Bahnhöfe des Personen- und Güterverkehrs) sowie die Rangieranlagen und die Terminals des kombinierten Verkehrs, soweit sie von der Bahn errichtet und betrieben werden.

Der Wert der in der Verkehrsinfrastruktur gebundenen Ressourcen ist beachtlich; für die Jahre 1980 bis 2000 ergeben sich die folgenden Brutto- und Netto-Anlagevermögensbeträge in konstanten Preisen. Aus statistischen Erfassungsschwierigkeiten fehlen generell bei solchen Zusammenstellungen die Grundstückswerte.

Übersicht 33: Brutto-/Netto-Anlagevermögen der Verkehrsinfrastruktur 1980, 1990 und 2000 in Preisen von 1995 (in Mio. EUR, Werte ohne Grundbesitz; bis 1990 ABL)

Brutto-Anlagevermögen	1980	1990	2000
Eisenbahnen[1]			
• Verkehrswege	96.204	105.996	120.096
• Umschlagplätze	30.244	28.227	29.483
Straßen und Brücken	342.732	408.158	456.162
Wasserstraßen	32.460	36.174	38.909
Stadtschnellbahn, Straßenbahn	21.924	30.457	38.977
Netto-Anlagevermögen	**1980**	**1990**	**2000**
Eisenbahnen[1]			
• Verkehrswege	58.762	63.594	79.346
• Umschlagplätze	17.378	14.385	15.779
Straßen und Brücken	270.958	292.791	309.504
Wasserstraßen	21.476	23.050	23.913
Stadtschnellbahn, Straßenbahn	18.874	26.235	32.353

1) Deutsche Bundesbahn bzw. Deutsche Bahn AG, NE-Bahnen, S-Bahnen

Quelle: Verkehr in Zahlen 2001/2002, S. 34f.

Nur nachrichtlich seien für 2000 ergänzt:

Übersicht 34: *Sonstige Brutto-/Netto-Anlagevermögenswerte 2000 in Preisen von 1995 (in Mio. EUR, Werte ohne Grundbesitz)*

	Brutto-Anlagevermögen	Netto-Anlagevermögen
Rohrfernleitungen	3.880	2.010
Binnenhäfen	6.614	3.745
Seehäfen	18.419	12.000
Flughäfen	19.912	13.370

Quelle: Verkehr in Zahlen 2001/2002, S. 35.

Aus dem Verhältnis von Brutto- und Netto-Anlagevermögen läßt sich der sog. **Modernitätsgrad** der Verkehrsinfrastruktur ermitteln (Netto-Anlagevermögen in v.H.-Anteilen des Brutto-Anlagevermögens). Hier spiegeln sich die (linear angesetzten) Abschreibungen und die Investitionen wider; der Modernitätsgrad wird als Aussage zur Qualität der Verkehrsinfrastruktur herangezogen. Für die deutsche Verkehrsinfrastruktur ist ein langfristiges Absinken der Modernitätsgrade festzustellen.

Übersicht 35: *Modernitätsgrad der Verkehrsinfrastruktur 1980 - 2000 (bis 1990 ABL)*

	1970	1980	1990	2000
Eisenbahnen	65	61	60	62
Straßen und Brücken	85	82	74	68
Wasserstraßen	69	69	66	61
Öffentlicher Straßenpersonenverkehr	80	76	74	72

Quelle: Verkehr in Zahlen 2001/2002, S. 43, Verkehr in Zahlen 1991, S. 46.

Auffallend ist der starke Rückgang des Modernitätsgrades bei den Straßen und Brücken sowie sein niedriges Niveau bei der Eisenbahn. Hier schlagen die bei den Kraftverkehrsstraßen seit Jahren sinkenden realen Brutto-Anlageinvestitionen und bei der Bahninfrastruktur die zumindest bis 1986 geringen Netzinvestitionen durch; ab 1986 werden die Aus- und Neubaustrecken in den Jahresinvestitionswerten wirksam. Dabei ist jedoch darauf hinzuweisen, dass die auf der Straßeninfrastruktur gefahrenen Personen- und Tonnenkilometer sowie die Fahrzeugkilometer kontinuierlich stark angestiegen sind, während bei der Bahn im Personenverkehr nur sehr geringe, im Güterverkehr keine Zuwächse, sondern teilweise sogar absolute Rückgänge zu verzeichnen waren.

Übersicht 36: Entwicklung der Personen- und Tonnenkilometerleistungen 1970 - 2000 (in Mrd.; bis 1992 ABL)

	Personenkilometer				Tonnenkilometer			
	1970	1980	1992	2000	1970	1980	1992	2000
Individualverkehr Straße einschl. Taxi/Mietwagen	352,3	472,5	612,6	740,1	-	-	-	-
Straßengüterverkehr	-	-	-	-	78,0	124,4	192,9	347,2
Eisenbahn	39,2	41,0	47,5	75,1	71,5	64,9	56,8	76,0
Binnenschiffahrt	-	-	-	-	48,8	51,4	56,1	66,5

Quelle: Verkehr in Zahlen 2001/2002, S. 213, 231, Verkehr in Zahlen 1994, S. 212 f., 228 f., Verkehr in Zahlen 1991, S. 310, 342.

Vor diesem Hintergrund der auf den Verkehrswegen erbrachten Transportleistungen ist die Entwicklung der **realen** Brutto-Anlageinvestitionen in die Verkehrswege zu beurteilen. Dies verschärft die Informationen, die aus der Entwicklung des Modernitätsgrades ableitbar sind, erheblich. Weiterhin ist bei der Interpretation der Werte zu berücksichtigen, dass in den vergangenen 15 Jahren in steigendem Maße Anteile der als Verkehrswegeinvestitionen ausgewiesenen Beträge für Umweltschutzmaßnahmen (etwa Lärmschutzwände und -wälle) verausgabt wurden, also keinen Kapazitätseffekt besaßen.

Übersicht 37: Brutto-Anlageinvestitionen in die Verkehrswege 1980 - 2000 zu Preisen von 1995 (in Mio. EUR; bis 1990 ABL)

Jahr	Straße	Schiene	Binnenwasserstraße
1980	12.059	2.286	557
1985	9.438	2.915	639
1990	9.275	1.995	547
1995	10.216	4.786	619
2000	9.545	4.573	716

Quelle: Verkehr in Zahlen 2001/2002, S. 32 f.

Übersicht 37 zeigt, dass bei sämtlichen Verkehrsträgern die realen Brutto-Anlageinvestitionen bis 1990 (ABL) deutlich gesunken sind. Diese Tendenz war bis 1990 nachvollziehbar, da bis zu diesem Jahr die Investitionsbeträge für die ABL noch statistisch ausgewiesen wurden. Die Werte für 1995 und 2000 beziehen sich auf Gesamtdeutschland und sind für Längsschnittbetrachtungen nicht verwendbar.

Das Bild verändert sich, wenn die auf diesen Infrastrukturen erbrachten Verkehrsleistungen (Summe aus Personen- und Tonnenkilometern) berücksichtigt werden.

Übersicht 38: *Verkehrsleistungen (Pkm + Tkm) absolut und im Verhältnis zu den realen Anlageinvestitionen bei Straße, Schiene und Binnenwasserstraßen 1975 - 2000 (bis 1990 ABL, in Preisen von 1995; in Mio. EUR)*

	1975	1980	1990	2000
Straße				
• Verkehrsleistungen (Mrd.)[1]	503,2	596,9	766,1	1.087,3
• Anlageinvestitionen je eine Mrd. Verkehrsleistungseinheiten	25,23	20,20	12,66	8,78
Schiene				
• Verkehrsleistungen (Mrd.)[2]	94,5	105,9	106,4	123,5
• Anlageinvestitionen je eine Mrd. Verkehrsleistungseinheiten	26,53	21,68	18,75	37,03
Binnenwasserstraßen				
• Verkehrsleistungen (Mrd.)	47,6	51,4	54,8	66,5
• Anlageinvestitionen je eine Mrd. Verkehrsleistungseinheiten	16,66	10,84	9,98	10,72

1) Motorisierter Individualverkehr, Taxi- und Mietwagenverkehr, Straßengüterverkehr
2) Eisenbahnen, S-Bahnen

Quelle: Verkehr in Zahlen 2001/2002, S. 32 f., 213; eigene Berechnungen.

Übersicht 38 verdeutlicht, dass die investierten Finanzmittel je eine Mrd. Leistungseinheiten bei der Bahn ab 1975 deutlich höher sind als bei der Straße und bei der Binnenschiffahrt. Weiterhin ergibt sich, dass ab 1975 die auf eine Mrd. Leistungseinheiten bezogenen realen Anlageinvestitionen bei der Straße um 65,2 % und bei den Binnenwasserstraßen um 35,7 % zurückgegangen sind. Bei der Schiene ergibt sich hingegen eine Steigerung um 39,6 %

Die oft geäußerte These einer einseitigen Bevorzugung der Straßeninvestitionen bei gleichzeitiger Benachteiligung des Schienenverkehrs ist nicht haltbar; vielmehr kann das Gegenteil belegt werden.

Wird die *Längenentwicklung* der Verkehrswege der drei Verkehrsträger betrachtet, so zeigt sich, dass die kilometrischen Zuwächse beim Straßennetz im Zeitraum 1970 bis 1999 (nur ABL, für Gesamtdeutschland sind Zeitvergleiche mit Werten von vor 1991 nicht aussagefähig möglich) sich auf 11.276 km (+7,0 %) bei den Straßen des überörtlichen Verkehrs und auf 65.625 km (+23,8 %) bei den innerörtlichen Straßen verteilen. Die quantitativ bedeutendsten Netzerweiterungen erfolgten im Gemeindestraßenbereich als Folge der Erschließung neuer Siedlungs- und Gewerbequartiere. Allerdings wurden bei den Bundesautobahnen und Bundesstraßen auch Querschnittsverbreiterungen durchgeführt, welche die Durchsatzkapazitäten und die Verkehrssicherheit positiv beeinflußt haben. In den neuen Ländern betrug die Länge der Straßen des überörtlichen Verkehrs 1999 56.845 km; Werte für die Gemeindestraßen fehlen.

Bei den Schienenstrecken (ABL) ist bis 1991 ein absoluter Rückgang der Längen ersichtlich (Streckenstillegungen wegen zu geringer Nachfrage); seit 1992 steigt in den ABL die Netzlänge durch die Inbetriebnahme der Neubaustrecken leicht an. Der wesentliche Produktivitätseffekt der Schieneninvestitionen lag in der Streckenelektrifizierung von rd. 3.500 km zwischen 1970 und 1990 in den alten Bundesländern (+41,4 %). Die Länge der Schienenstrecken in Gesamtdeutschland wird mit 45.150 km (1999) ausgewiesen, von denen 38.500 km von der DB AG betrieben werden. Elektrifiziert sind (1999) 19.322 km (Gesamtdeutschland).

Bei den gewerblich genutzten Binnenwasserstraßen haben sich mit rd. 90 km Zuwachs (rd. 3,1 %) in den Jahren von 1970 bis 1990 keine fühlbaren Netzerweiterungen ergeben. Allerdings konnte hier die Produktivität durch Vertiefung und partielle Verbreiterungen sowie durch den Einbau von Zweitschleusen bei wichtigen Kanälen erhöht werden. Nach der Wiedervereinigung stieg die Länge der schiffbaren Wasserstraßen von 4.447 km (1990) auf 7.300 km (1999).

Bei allen Überlegungen zur Investitionspolitik ist zu berücksichtigen, dass ein ständig steigender Teil der Brutto-Investitionen zur Substanzerhaltung verausgabt werden muß. Derzeit sind dies über 59 %. In Zukunft wird sich das Verhältnis der Ersatz- zu den Netto-Investitionen weiter zu Lasten der Netto-Investitionen verschieben.

Übersicht 39: *Ersatzinvestitionsbedarf[1] der Bundesverkehrswege 1991 - 2010 (in Mrd. EUR zu Preisen von 1990)*

Verkehrswege	ABL	NBL[2]	Bundesrepublik Deutschland
Bundesautobahnen	17,3	5,3	22,6
Bundesstraßen	18,9	14,8	33,7
Bundesfernstraßen insgesamt	36,2	20,1	56,3
Wasserstraßen	6,2	4,1	10,3
Deutsche Bundesbahn/ Deutsche Reichsbahn	37,5	27,0	64,5
Bundesverkehrswege insgesamt	79,9	51,3	131,2

1) Für eine qualifizierte Substanzwertsicherung; diese umfaßt die Erhaltung der vorhandenen Anlagen in ihrem Gebrauchswert und schließt Verbesserungen unter dem Aspekt der Verkehrssicherheit sowie die laufende Anpassung an veränderte Verkehrsbedürfnisse (Nichtnachfrage!) bzw. an neue Bautechniken ein.
2) Einschließl. Nachholbedarf für in der Vergangenheit unterlassene Ersatz- bzw. Erneuerungsmaßnahmen.

Quelle: Enderlein/Kunert (1992), S. 132; eigene Umrechnungen (EUR).

Die **Finanzierung** der Verkehrsinfrastrukturinvestitionen sowie der Betriebs- und Unterhaltungsaufwendungen erfolgt in unterschiedlicher Weise.

- Für das *Straßenwesen* ist der Bund Baulastträger für die Bundesfernstraßen (Bundesautobahnen und Bundesstraßen); zuständig für die Finanzierung der Landes- bzw. Staatsstraßen sind die Bundesländer, für die Kreis- und Gemeindestraßen die kommunalen Gebietskörperschaften.

Die Finanzierung der Ausgaben für die Bundesstraßen wird durch den Bundeshaushalt (Einzelplan 12) sichergestellt, die der Ausgaben der anderen Gebietskörperschaften durch deren Haushalte. Der motorisierte Straßenverkehr zahlt Mineralölsteuer und Kraftfahrzeugsteuer; wie alle Steuern unterliegen diese Abgaben dem Nonaffektationsprinzip, d.h. dem Grundsatz der Nichtzweckbindung für bestimmte Ausgaben. Dennoch werden die spezifischen Staatseinnahmen aus dem Besitz (Kfz-Steuer; Ländersteuer) und dem Betrieb von motorisierten Fahrzeugen (Mineralölsteuer; Bundessteuer) in Vergleichsrechnungen (etwa in Wegerechnungen; vgl. Kapitel III.6) summenmäßig den Ausgaben für die Straßen gegenübergestellt, zumal die Wesenseigenschaft der Mineralölsteuer häufig in Frage gestellt wird (Beitrag oder Benutzungsgebühr statt Steuer). Im Übrigen bestand bis 1973 aufgrund des Verkehrsfinanzgesetzes von 1955 und des Straßenbaufinanzierungsgesetzes von 1960 eine Teilzweckbindung für Straßenausgaben (Funck 1981).

Übersicht 40: *Abgaben des motorisierten Kraftfahrzeugverkehrs 1975 - 2000 (in Mio. EUR; bis 1990 ABL)*

	Mineralöl-steuer	Kraftfahrzeug-steuer	Insgesamt
1975	7.555	2.711	10.266
1980	9.555	3.367	12.922
1985	11.122	3.758	14.880
1990	14.778	4.251	19.029
1995	28.556	7.059	35.615
2000	33.194	7.015	40.209

Quelle: Verkehr in Zahlen 2001/2002, S. 270.

Die Steuereinnahmen aus den spezifischen Abgaben des motorisierten Strassenverkehrs haben sich im Zeitablauf aufgrund der Anhebungen der Mineralölsteuersätze (auch durch die seit 1999 mit jährlich um 3,07 Cent steigend erhobene Ökosteuer von 12,28 Cent/Liter Treibstoff im Jahr 2002) und der stark steigenden Fahrzeugbestandszahlen und der Fahrleistungen wesentlich erhöht. Zu berücksichtigen ist auch, dass auf die Mineralölsteuer noch die Umsatzsteuer berechnet wird (Steuer auf Steuer); bei gewerblich verbrauchtem Kraftstoff ist sie allerdings vorsteuerabzugsfähig.

- Die Investitionen in die *Bundesfernstraßen* werden durch das (alle fünf Jahre entsprechend geänderte) Bundesfernstraßenausbaugesetz (enthält den Bundesfernstraßenausbauplan) und den verkehrsträgerübergreifenden Bundesverkehrswegeplan (jeweils durch Beschluß der Bundesregierung) festgelegt und mit entsprechenden Finanzierungsgrundlagen ausgestattet.

- Eine spezielle Finanzierungsregelung gilt für die *infrastrukturellen Investitionen der Gemeinden und Gemeindeverbände* in den Straßenbau sowie in den öffentlichen Personennahverkehr. Seit 1967 werden aus dem Mineralölsteueraufkommen des Straßen- (sowie Eisenbahn-) verkehrs für den kommunalen Straßenbau und für ÖPNV-Investitionen zweckgebundene Finanzmittel des Bundes über die Länder den kommunalen Gebietskörperschaften zur Verfügung gestellt. Basis ist das „Gesetz über Finanzhilfen des Bundes zur

Verbesserung der Verhältnisse der Gemeinden" (Gemeindeverkehrsfinanzierungsgesetz - GVFG) in der Fassung vom 27. Dezember 1993. Förderungsfähig sind bestimmte Maßnahmen des Baus und Ausbaus von Infrastrukturkapazitäten des öffentlichen Personennahverkehrs wie auch des Straßenverkehrs sowie die Beschaffung von Standard-Linienomnibussen und Standard-Gelenkomnibussen und von Schienenfahrzeugen des öffentlichen Personennahverkehrs. Bis zu 75 % der bezuschussungsfähigen Beträge können aus GVFG-Mitteln bestritten werden; für die neuen Bundesländer galten für den Zeitraum 1992 bis 1995 bzw. 1996 Sondervorschriften. Von 1967 bis 2000 sind 50,3 Mrd. EUR für diese Zwecke bereitgestellt worden, von denen 27,5 Mrd. in den ÖPNV und 22,7 Mrd. in den kommunalen Straßenbau flossen. Rd. 0,10 Mrd. EUR wurden für Forschungsausgaben bereitgestellt.

Das Aufteilungsverhältnis zwischen ÖPNV und kommunalem Straßenbau hat sich im Zeitablauf mehrfach geändert; im Durchschnitt kann grob von einer 55 : 45-Regelung ausgegangen werden.

Für die Vorhaben zur Verbesserung der Verkehrsverhältnisse der Gemeinden nach dem GVFG sind jährlich 1,68 Mrd. EUR aus dem Mineralölsteueraufkommen verfügbar. Für einen Übergangszeitraum von 1993 bis 1996 erfolgte eine Aufstockung um weitere 1,53 Mrd. EUR, für die ein spezielles Aufteilungsverhältnis zwischen alten und neuen Ländern galt. Seit 1997 sind diese 1,53 Mrd. EUR den Regionalisierungsmitteln und damit den Bundesländern zugewiesen worden (für Zwecke des ÖPNV, insbesondere des SPNV). Entgegen der ursprünglich nur für Infrastrukturmaßnahmen vorgesehenen Investitionsfinanzierung nach dem GVFG sind ab 1987 mehrfach Ausweitungen auf Fahrzeugbeschaffungen (zunächst auf Busse, dann ab 1992 auch auf Schienenfahrzeuge) vorgenommen worden. Für die neuen Länder sind auch Fahrzeugersatzbeschaffungen förderungsfähig. So sehr diese Vorgehensweise angesichts der Bedarfslagen auch überzeugt, so kritisch ist die Tendenz zu beurteilen, weitere Ausgabenfinanzierungen aus dem GVFG und damit aus den Mineralölsteuerzahlungen des Kraftverkehrs einzuführen, etwa die (derzeit noch nicht mögliche) Finanzierung der laufenden Betriebs- und Unterhaltungsaufwendungen oder von anstehenden Ersatzinvestitionen. Durch hohe Länderergänzungen der GVFG-Zuweisung reduziert sich die Eigenbeteiligung der Kommunen und ÖPNV-Betriebe auf Anteile von weniger als 10 % der Gesamtausgaben für Projekte. Dies hat in der Vergangenheit teilweise zur Planung und Realisierung sehr aufwendiger Vorhaben geführt mit einem überproportionalen Anteil der Agglomerationsräume (über 80 % der bereitgestellten GVFG-Mittel) im Vergleich zu den ländlich strukturierten Gebieten. Die zusätzliche Mitfinanzierung der häufig sehr hohen Folgekosten der GVFG-Investitionen würde die wirtschaftlichen Verantwortlichkeiten für die ÖPNV-Maßnahmen zu stark auf die Mineralölsteuerzahler verschieben. Diese Tendenzen verdeutlichen auch die regelmäßig erhobenen Forderungen der ÖPNV-Verbände wie auch sonstiger Institutionen, die Mineralölsteuer neben den allgemeinen Anhebungen zur Finanzierung von Bundesaufgaben zusätzlich noch zweckgebunden für ÖPNV-Zuweisungen zu erhöhen. Seit 1992 werden die GVFG-Mittel zu 80 % durch sog. Länderprogramme und zu 20 % durch ein ausschließlich den ÖPNV betreffendes Bundesprogramm ausgeschöpft (ÖPNV-Schienen-Vorhaben in Verdichtungsräumen mit zuwendungsfähigen Kosten über 51 Mio. EUR je Maßnahme).

- Die Finanzierung der Infrastrukturinvestitionen der *Eisenbahn* erfolgte bis Ende 1993 (vor Inkrafttreten der Eisenbahnstrukturreform in Deutschland) durch
- die über Erlöse erwirtschafteten Abschreibungen,
- Kreditaufnahmen und
- Baukostenzuschüsse des Bundes.

Aufgrund der ungünstigen wirtschaftlichen Situation der Deutschen Bundesbahn (und ab 1990 ergänzend der Deutschen Reichsbahn) entfiel die Finanzierungsmöglichkeit aus erwirtschafteten Abschreibungen, so dass nur die beiden letztgenannten Finanzierungsprinzipien Anwendung fanden. Ab 1994 gelten hingegen veränderte Regeln der Verkehrsinfrastrukturfinanzierung bei der DB AG aufgrund des mit der Bahnstrukturreform 1994 neu geschaffenen *Bundesschienenwegeausbaugesetzes* als Pendant zum Fernstraßenausbaugesetz (vgl. Kapitel II.2.2.2).

- Die Verkehrsinfrastrukturausgaben der *Binnenschiffahrt* für die Bundeswasserstraßen werden aus dem Bundeshaushalt finanziert. Die Binnenschiffahrt zahlt bei den künstlichen Wasserstraßen Befahrungsabgaben und für die Benutzung der Schleusen entsprechende Gebühren. Da auf dem Rhein und der Donau aufgrund internationaler Abkommen keine Schiffahrtsabgaben erhoben werden können, ist der Anteil der spezifischen Einnahmen von der Binnenschiffahrt an den Ausgaben gering, zumal die Binnenschiffahrt von der Mineralölsteuer befreit ist. Begründet wird diese Freistellung (ähnlich im Übrigen die im Luftverkehr) mit der entsprechenden Befreiung der ausländischen Wettbewerber und der Vermeidung von hieraus resultierenden Wettbewerbsverzerrungen.

Literatur zu Kapitel II.2.2.1:

Aberle, G. (1972): Verkehrsinfrastrukturinvestitionen im Wachstumsprozeß entwickelter Volkswirtschaften, Düsseldorf (Band 27 der Buchreihe des Instituts für Verkehrswissenschaft an der Universität zu Köln).

Bundesministerium für Verkehr (Hrsg.) (2001): Bericht über die Verwendung der Finanzhilfen des Bundes zur Verbesserung der Verkehrsverhältnisse der Gemeinden nach dem Gemeindeverkehrsfinanzierungsgesetz - GVFG-Bericht - für das Jahr 2000, Berlin.

Enderlein, H. / Kunert, U. (1992): Ermittlung des Ersatzbedarfs für die Bundesverkehrswege, Berlin (Heft 134 der Beiträge zur Strukturforschung des Deutschen Instituts für Wirtschaftsforschung).

Funck, R. (1981): Verkehrsinfrastrukturpolitik und Wegeabgaben, in: Niedersächsischer Minister für Umwelt und Verkehr (Hrsg.), Symposion Wettbewerb im Binnenländischen Güterverkehr, Hannover, S. 47-56.

Jochimsen, R. (1966): Theorie der Infrastruktur - Grundlagen der marktwirtschaftlichen Entwicklung, Tübingen.

2.2.2 Eisenbahnpolitik

a) Allgemeine Problemstellung

Es ist unbestritten, dass die Eisenbahn in allen Ländern mit ihrer Einführung als Anbieter von Personen- und Güterverkehrsleistungen für die gesellschaftliche und wirtschaftliche Entwicklung der Volkswirtschaften einen außerordentlichen Positiveffekt bewirkte. Hierüber ist viel und systematisch in der wissenschaftlichen Literatur gearbeitet worden (z.B. List 1929, Sax 1922, Voigt 1959 und 1965, Lansing 1966). Der historische Anteil der Eisenbahnen an der Wachstumsrate des Sozialprodukts wird für das 19. Jahrhundert generell hoch eingeschätzt; allerdings bewertet ihn der Nobelpreisträger der Wirtschaftswissenschaften von 1993, Robert W. Fogel, für die USA mit nur etwa 5 % (Fogel 1964, Hedderich 1995).

Im 20. Jahrhundert haben sich die Marktverhältnisse im Verkehr jedoch fundamental verändert. Die zentralen Ursachen hierfür liegen in

- dem Markteindringen zusätzlicher Verkehrsangebote aufgrund technologischer Neuerungen beim Straßen- und Luftverkehr,
- den veränderten Qualitätsanforderungen der Verkehrsnachfrage, denen der Straßenverkehr aufgrund seiner Systemeigenschaften stets besser entsprechen konnte als die Eisenbahn, sowie
- den Versuchen der Verkehrspolitik, die Eisenbahn instrumentell zur Durchsetzung einer Vielzahl politischer Ziele zu benutzen, was eine sich immer mehr von den Marktentwicklungen entfernende Strukturkonservierung erforderte.

Nachfolgend wird dieser dornenreiche eisenbahnspezifische Pfad der Verkehrspolitik am Beispiel der **Deutschen Bundesbahn** behandelt. Es soll auch verdeutlicht werden, wie sehr die Eisenbahnpolitik die gesamte Verkehrspolitik prägt. Daran hat sich allerdings auch nach der Bahnstrukturreform im Jahr 1994 kaum etwas geändert.

Nach dem Zweiten Weltkrieg wurde die Deutsche Bundesbahn als nicht rechtsfähiges Sondervermögen des Bundes in Form einer *Hoheitsverwaltung* geschaffen. Damit war der Grundstein für eine Vielzahl von Fehlentwicklungen in der Eisenbahnpolitik gelegt worden. Insbesondere sind zu erwähnen

- die äußerst begrenzten Entscheidungsspielräume in der Preis-, Produkt-, Personal- und Investitionspolitik, da alle Maßnahmen vom Bundesverkehrsministerium und sehr oft vom Bundesfinanzministerium, teilweise sogar vom für grundsätzliche Personalentscheidungen zuständigen Bundesinnenministerium genehmigt werden mußten;
- der starke Einfluß der Bundesländer über den Verwaltungsrat der DB (Aufsichtsorgan) auf die grundsätzlichen strategischen und auch operativen Entscheidungen der Leitung der Bahn;
- die ständigen und oft erfolgreichen Versuche der Politik, die Bahn als Instrument zur Durchsetzung regional-, sozial-, militär- und verkehrspolitischer Zielsetzungen zu benutzen;
- das fehlende marktorientierte und langfristig ausgerichtete Eisenbahnkonzept, welches allerdings wesentliche Veränderungen in der rechtlichen Organisationsstruktur zur Voraussetzung und damit auch stark reduzierten politischen Einfluß zur Folge gehabt hätte.

Die *Konsequenzen* einer spätestens seit Ende der 60er Jahre verhinderten grundlegenden Neuorientierung in der Eisenbahnpolitik waren

- ständige, aber erfolglose und letztlich sogar für die Bahn negativ wirkende Versuche, die Wettbewerber der Bahn in ihrer Konkurrenzintensität zu begrenzen (Kontingentierung und Konzessionierung des gewerblichen Straßengüterfernverkehrs, obligatorisches Preissystem für den Straßengüterverkehr und die Binnenschiffahrt, Reglementierung des Werkfernverkehrs auf der Straße, Verhinderung des konkurrierenden Bus-Linienfernverkehrs u.ä.); teilweise haben diese Versuche vor allem zu einer Verbesserung und Stabilisierung der Gewinnsituation der Wettbewerber, etwa des gewerblichen Straßengüterfernverkehrs, geführt (Rent seeking durch staatlich abgesicherte Marktpositionen; vgl. Tullock 1967, Stigler 1971); durch die globale Kontingentierung wurde der Marktzugang drastisch beschränkt mit der Folge einer bei steigender Nachfrage nach Straßengüterverkehrsleistungen zunehmenden Angebotsverknappung;

- stetig zunehmende wirtschaftliche Schwierigkeiten der Bahn, die sich in wachsenden und außerordentlich hohen Jahresfehlbeträgen und einer besorgniserregenden Verschuldung des Sondervermögens niederschlugen, da der Eigentümer Bund seinen Finanzverpflichtungen (angemessenes Eigenkapital, Verlustabdeckung, Investitionsfinanzierung) nicht in dem erforderlichen Maße nachkam und die Schulden der Bahn in einer Art Schattenhaushalt außerhalb der Bundesschulden etatisiert wurden;

- insgesamt sehr hohe und steigende Finanzmittelzuwendungen an die Bahn als erfolgswirksame (in der GuV-Rechnung enthaltene aufwandsmindernde oder erlössteigernde) und erfolgsneutrale (etwa Investitionszuschüsse oder Liquiditätshilfen) Zahlungen, die jedoch weder die starken Marktanteilsverluste im Personen- und Güterverkehr noch den Anstieg der Jahresfehlbeträge und der Verschuldung verhindern konnten.

Nach der Wiedervereinigung Deutschlands wurde die Deutsche Reichsbahn (DR) ebenfalls in ein nicht rechtsfähiges Sondervermögen des Bundes überführt und 1992 einer einheitlichen Leitung von DB und DR unterstellt. Das konsolidierte Wirtschaftsergebnis beider Sondervermögen DB/DR erreichte im Jahre 1993 ein Bilanzdefizit von 8,13 Mrd. EUR bei einem konsolidierten Schuldenstand von 34,4 Mrd. EUR, obwohl bereits 1991 langfristige Verbindlichkeiten der DB in Höhe von 6,44 Mrd. EUR vom Bundeshaushalt übernommen wurden.

Übersicht 41: Entwicklung wichtiger Kennziffern der Jahresergebnisrechnungen der Deutschen Bundesbahn (in Mio. DM) [1]

	1970	1980	1985	1990
Eigene Erträge (Erlöse)				
Personenverkehr	3.234	5.361	5.987	5.728
Güterverkehr	6.406	9.193	9.822	8.923
Erfolgswirksame Bundesleistungen	2.603	8.839	9.317	9.986
Sonstige Bundesleistungen	0.943	3.395	4.227	3.821
Personalaufwand[2]	9.754	19.416	19.888	21.033
Sachaufwand[3]	4.500	8.933	9.696	10.707
Schuldzinsen	0.994	2.394	2.901	3.421
Jahresfehlbetrag	1.251	3.605	2.909	4.943
Schuldenstand	13.464	32.126	36.153	47.065
Verbindlichkeiten	18.545	35.651	40.226	52.557
Beschäftigte (in Tsd.)[4]	310	345	295	246

1) Die Zahlenangaben enden mit dem Jahr 1990, da in den Folgejahren keine vergleichbaren Werte mehr ausgewiesen wurden. Die Nachweisung für diesen abgeschlossenen Zeitraum erfolgt in DM.
2) ohne betriebsfremden Versorgungslasten und Renten
3) Materialaufwand, Abschreibungen, sonstige betriebliche Aufwendungen; brutto
4) einschließl. Nachwuchskräften

Quelle: Bundesverband des Deutschen Güterfernverkehrs (1993); Geschäftsberichte der DB, verschiedene Jahrgänge; Monatsberichte der Deutschen Bundesbank August 1980 und August 1986; eigene Berechnungen.

Bereits seit Anfang der 70er Jahre reichten die am Markt von der Bahn erwirtschafteten Einnahmen des Personen- und Güterverkehrs nicht mehr aus, auch nur den Personalaufwand abzudecken. Eine in den 60er und bis in die 70er Jahre betriebene expansive Personalpolitik, teilweise auch begründet durch damalige höchst optimistische Mengenprognosen für den Schienenverkehr, insbesondere im Gütertransport, sowie das inflexible, aber aufwandsintensive öffentliche Dienstrecht, haben die Personalkosten der Bahn mit einem Anteil an den Gesamtkosten von rd. 68 % (1980) und 61 % (1990) zu einem gravierenden Problem erhoben. Der Anteilsrückgang von 1980 bis 1990 ist auf ein umfängliches Kostensenkungsprogramm 1982 bis 1990 des damaligen Vorstandes der DB aufgrund von Leitlinien des Bundesverkehrsministers zurückzuführen.

Neben der im Eigentum des Bundes stehenden Deutschen Bundesbahn/Deutsche Reichsbahn (letztere ab 3. Oktober 1990) sind in Deutschland zahlreiche sog. *Nichtbundeseigene Eisenbahnen* (NE-Bahnen) tätig. Sie sind im Verband Deutscher Verkehrsunternehmen (VDV) organisiert und bedienen im Personen- und

Güterverkehr auf der Schiene regionale Teilnetze oder arbeiten als Hafen- und Werkbahnen. Als Schienenverkehrsunternehmen sind sie wichtiger Partner der DB/DR bzw. der DB AG (Wechselverkehr mit der Deutschen Bundesbahn 1992 rd. 32,5 Mio. t). Sie stehen überwiegend im Eigentum der Länder und der kommunalen Gebietskörperschaften sowie von Unternehmen und Häfen. Neben dem Schienenverkehr betreiben die NE-Bahnen in steigendem Maße den regionalen Personenverkehr mit Bussen (ÖPNV).

Im Jahre 2000 wurden von den NE-Bahnen (ABL + NBL) 1.093 Mio. Pkm im Schienen- und 1.982 Mio. im Straßenpersonenverkehr (Bus) erbracht. Im Güterverkehr betrugen die Verkehrsleistungen 1.487,2 Mio. Tkm (Schiene) bzw. 43 Mio. Tkm (Straßengüterverkehr). Der Schienenverkehr wird auf 3.720 km Strecke abgewickelt. Die NE-Bahnen disponieren 559 Lokomotiven, 767 Triebwagen und rd. 3.825 Güterwagen sowie etwa 2.800 Kraftomnibusse (Verkehr in Zahlen 2001/2002, S. 65, VDV Statistik 2000, S. 16, 29).

b) Chancen für eine neue Eisenbahnpolitik: die Bahnstrukturreform 1994

Die sinkenden Marktanteile der Bahn sowie die zu einer nicht mehr kalkulierbaren Haushaltsbelastung des Bundes ansteigenden Ausgleichszahlungen und Verlustabdeckungserfordernisse führten im September 1989 zur Einsetzung der „Regierungskommission Bundesbahn" durch eine Entscheidung des Bundeskabinetts. In ihrem im Dezember 1991 vorgelegten Schlußbericht unterbreitete die Kommission (elf Mitglieder), die ihre Arbeiten nach der Wiedervereinigung auch auf die Deutsche Reichsbahn ausdehnte, neben einer kritischen Situationsanalyse der wirtschaftlichen Lage der Bahn ein Bündel weitreichender und teilweise die bisherige Eisenbahnpolitik fundamental verändernder Vorschläge. Insbesondere wurde empfohlen (Regierungskommission Bundesbahn 1991):

- *Umwandlung der beiden Sondervermögen DB und DR in eine Aktiengesellschaft*, um eine deutliche Trennung von unternehmerischer Verantwortung (Vorstand) und Beaufsichtigung durch die Kapitaleigner (Aufsichtsrat) entsprechend den Bestimmungen des Aktienrechts zu gewährleisten; die politischen Interventionsmöglichkeiten in die laufenden Geschäfte sollten minimiert und die Flexibilität der Bahnpolitik erhöht werden;
- *rechnerische und organisatorische Trennung von Fahrweg (Netz) und Eisenbahntransportbetrieb* mit der Option für eine institutionelle (faktische) Tren-

nung; *Öffnung des Netzes für Dritte* (z.B. ausländische Bahnen, NE-Bahnen u.a.) zu diskriminierungsfreien Bedingungen;
- *Entschuldung* der Bahn durch den Eigentümer;
- *(Vor-)Finanzierung der Netzinvestitionen* durch den Bund; die Bahn (Ressort Fahrweg) soll die Abschreibungen (aber keine Zinsen) an den Bund abführen;
- *Entlastung der Bahn von nicht benötigtem Personal* und Schaffung einer Personalüberleitungsinstitution, welcher die Beamten und Angestellten des öffentlichen Dienstes der Bahn dienstrechtlich zugeordnet sind und entsprechend dem Bedarf der Bahn nach dort beurlaubt bzw. abgeordnet werden, wobei die Bahn marktübliche Gehälter zahlen soll; Differenzbeträge verbleiben bei der Überleitungsinstitution und sind - wie der Schuldendienst - vom Staat zu tragen;
- *keine Wahrnehmung gemeinwirtschaftlicher Aufgaben* durch die Bahn AG; solche Aufgaben werden von den diese Aufgaben wünschenden Institutionen durch *öffentliche Aufträge* (Bestellerprinzip) mit der Bahn AG (oder sonstigen Anbietern) ausgehandelt; damit entfällt für die Bahn die Möglichkeit, sich mit Hinweis auf nicht kostendeckende gemeinwirtschaftliche Auflagen der Verantwortung für ungünstige Wirtschaftsergebnisse zu entziehen;
- *Regionalisierung* des *öffentlichen Personennahverkehrs*, d.h. Übertragung der Verantwortlichkeiten für Quantität und Qualität des ÖPNV auf die regionalen Gebietskörperschaften (etwa Landkreise oder Verbände von Landkreisen); dies erfordert eine veränderte Finanzmittelausstattung dieser regionalen Institutionen, wobei die Zuweisung der bislang vom Bund an die DB/DR gezahlten Beträge für den Schienenpersonennahverkehr mit gewissen Aufstockungen erfolgen soll.

Angesichts der katastrophalen Wirtschaftsentwicklung der DB/DR und der von der Regierungskommission Bundesbahn prognostizierten weiteren Situationsverschlechterungen (Anstieg des Jahresverlustes bis 2000 auf 42 Mrd. DM bzw. 21,5 Mrd. EUR p.a.; Anwachsen der staatlichen Gesamtbelastung jährlich bis 2000 auf rd. 62 Mrd. DM bzw. 31,7 Mrd. EUR) wurden bereits 1992 wesentliche Teile der Vorschläge der Regierungskommission von der Bundesregierung in Gesetzentwürfe transformiert.

Nach Berechnungen des Bundesverkehrsministeriums (Stand Juni 1992), die zu ähnlichen Ergebnissen wie die Projektion der Regierungskommission Bundesbahn gelangten, hätten sich bei Status quo-Bedingungen in der deutschen Eisenbahnpolitik die konsolidierten Jahresergebnisse von DB/DR und die staatlichen Haushaltsbelastungen (Bund) wie folgt entwickelt:

Übersicht 42: *Jahresfehlbeträge DB/DR und Jahreshaushaltsbelastung durch die Bahn (in Mrd. EUR p.a.)*

Jahr	Jahres-fehlbetrag	Haushalts-belastung
1996	10,4	23,6
1998	15,2	26,8
2000	18,7	29,9
2002	22,6	33,4

Nach schwierigen Diskussionen mit den von dieser Neuregelung stark betroffenen Bundesländern konnten im Dezember 1993 die Gesetzespakete, zu denen auch die Änderung und Ergänzung des Grundgesetzes (Art. 87) zählte, vom Bundestag und Bundesrat verabschiedet werden. Damit wurde am 31. Dezember 1993 eine Phase deutscher Eisenbahnpolitik abgeschlossen, die verdeutlicht hat, dass eine nicht mehr den Markterfordernissen entsprechende Eisenbahnpolitik, welche die Bahn vor allem als Politikinstrument definiert, langfristig nicht durchzuhalten ist.

Die erstaunlich schnelle und weitgehende Umsetzung der Regierungskommissionsvorschläge ist neben der dramatischen Wirtschaftsentwicklung auch darauf zurückzuführen, dass die EG-Eisenbahnpolitik durch die (verbindliche) *Richtlinie 91/440/EWG* ebenfalls nachhaltige Veränderungen in der Eisenbahnpolitik der EG-Mitgliedstaaten festlegte (vgl. Kapitel II.3).

Übersicht 43: *Konsolidierte Bilanz von DB und DR zum 31. Dezember 1993*

Aktiva	Mio. DM	Passiva	Mio. DM
Sachanlagen	99.908	Eigenkapital	8.331
Finanzanlagen	1.854	Sonderposten/Baukostenzuschüsse	10.648
Summe Anlagevermögen	101.762	Zinslose Bundesdarlehen	0
Vorräte Sachanlagen	1.909	Pensionsrückstellungen	0
Vorräte Umlaufvermögen	230	Sonstige Rückstellungen	16.800
Forderungen	2.011	Zinspflichtige Verbindlichkeiten	67.092
Liquide Mittel	400	Sonstige Verbindlichkeiten	7.569
Liquide Mittel Sozialeinrichtungen	140	Verbindlichkeiten Sozialeinrichtungen	140
Rechnungsabgrenzungsposten	4.388	Rechnungsabgrenzungsposten	260
Summe Aktiva	**110.840**	**Summe Passiva**	**110.840**

Es ist von Interesse, die tatsächlichen konsolidierten Ergebnisse der GuV-Rechnung sowie der Bilanz der Sondervermögen DB/DR zum 31. Dezember 1993 zu betrachten. Sie zeigen, dass die pessimistischen Prognosen der Regierungskommission Bundesbahn und darauf aufbauend auch des Bundesverkehrsministeriums der Tendenz nach 1993 voll eingetreten sind (Übersicht 43 und 44).

Übersicht 44: **Konsolidierte Gewinn-und-Verlust-Rechnung zum 31. Dezember 1993 von DB und DR (in Mio. DM)**

Umsatzerlöse	24.749
Bestandsveränderungen	-10
aktivierte Eigenleistungen	2.514
Gesamtleistung	*27.253*
Sonstige Erträge	6.260
Ausgleich Bund	380
Materialaufwand	-11.786
Personalaufwand	-26.700
Abschreibungen	-4.832
Sonstiger Aufwand	-2.085
Betriebsergebnis I	*-11.510*
Zinsaufwand/-ertrag (Saldo)	-4.718
Betriebsergebnis II	*-16.228*
Finanzergebnis (ohne Zins)	300
Außerordentliches Ergebnis	./.
Ergebnis vor Steuern	-15.928
Ertragssteuern	./.
Ergebnis nach Steuern	**-15.928**

Die wesentlichen rechtlichen Grundlagen der „neuen" Eisenbahnpolitik in Deutschland ab 1. Januar 1994 finden sich in folgenden Gesetzen (Freise 1994):

- Grundgesetz für die Bundesrepublik Deutschland (Änderung und Ergänzung des Art. 87);
- Gesetz zur Neuordnung des Eisenbahnwesens (Eisenbahnneuordnungsgesetz) vom 27. Dezember 1993 als Artikelgesetz mit zehn Artikeln, von denen nachfolgend nur die wichtigsten erwähnt werden:
  - Artikel 1: Gesetz zur Zusammenführung und Neugliederung der Bundeseisenbahnen;
  - Artikel 2: Gesetz über die Gründung einer Deutsche Bahn Aktiengesellschaft (Deutsche Bahn Gründungsgesetz);
  - Artikel 3: Gesetz über die Eisenbahnverkehrsverwaltung des Bundes;
  - Artikel 4: Gesetz zur Regionalisierung des öffentlichen Personennahverkehrs (Regionalisierungsgesetz);
  - Artikel 5: Allgemeines Eisenbahngesetz (AEG), mit wesentlichen Änderungen und Ergänzungen des bisherigen AEG.

Eine Vielzahl weiterer Gesetze sind in Einzelpassagen in Anpassung an die Bahnstrukturreform geändert worden. Hervorzuheben ist an dieser Stelle weiterhin das am 15. November 1993 verabschiedete *Bundesschienenwegeausbaugesetz*, welches festlegt, dass der Bund die Investitionen in die Schienenwege der Eisenbahnen des Bundes vorfinanziert, wobei die Investitionen den Bau, Ausbau sowie die Ersatzinvestitionen der Schienenwege der Eisenbahnen des Bundes umfassen (§ 8). Die Eisenbahnen des Bundes tragen die Kosten der Unterhaltung und Instandsetzung dieser Schienenwege. Ist der Bau oder Ausbau von Schienenwegen in den Schienenbedarfsplan aufgenommen worden, so hat die Bahn, falls der Antrag zur Aufnahme in den Bedarfsplan von ihr gestellt wurde und ein entsprechendes Interesse vorliegt, eine Mitfinanzierung durchzuführen. Nach § 10 dieses Gesetzes hat die Bahn Zahlungen an den Bund mindestens in Höhe der jährlichen Abschreibungen auf den vom Bund finanzierten Schienenweg abzuführen. Fehlt der Antrag der Bahn für ein Schienenausbauprojekt bzw. ist das Interesse nicht gegeben, so kann diese Mitfinanzierung auf einen Teilbetrag der Abschreibungen reduziert oder es können *Baukostenzuschüsse* des Bundes gewährt werden (ohne Rückzahlungsverpflichtung; keine Aktivierung). Diese sind nicht in die Mitfinanzierungsregelung einbezogen. Damit übernimmt der Bund die Vorfinanzierung der Schieneninvestitionen der Bahn; Zinsen sind von der Bahn nicht an den Bund abzuführen.

Diese auch von der Regierungskommission im Prinzip befürwortete Regelung beinhaltet jedoch Unschärfen und mögliche Fehlentwicklungen. Da die Trassenkosten bei der Bahn stets ein ökonomisches Problem besonderer Qualität darstellen, besteht die Gefahr, dass die Bahn das betriebswirtschaftliche Interesse am Neu- und Ausbau von Schienenstrecken im politischen Raum verneint, obwohl diese Strecken im Bundesverkehrswegeplan verankert sind. Dies würde bei solchen Investitionen in das Streckennetz, welche aus nationalen oder europäischen Überlegungen heraus unabdingbar erscheinen, eine ausschließliche Finanzverantwortlichkeit des Steuerzahlers begründen. Gleichwohl würden diese Streckenteile von der Bahn als Produktionsinstrument genutzt. Erfahrungen der Jahre 1994 und 1995 verdeutlichen, dass solche Besorgnisse durchaus gerechtfertigt waren. Mit Beginn des Jahres 1998 wurde die Finanzierung des *Ausbauprogramms* jedoch vollständig auf Baukostenzuschüsse umgestellt (vgl. hierzu Kap. III.2.4)

Zum Jahreswechsel 1993/94 wurden die beiden Sondervermögen DB und DR zusammengeschlossen; gleichzeitig erfolgte eine Trennung in einen öffentlichen (hoheitlichen) und einen unternehmerischen Bereich. Anschließend wurde der *unternehmerische Bereich* in eine *Aktiengesellschaft* mit organisatorischer Trennung von Fahrweg, Eisenbahnpersonen- und Eisenbahngüterverkehr umgewandelt; das Aktienkapital liegt zu 100 % beim Bund. Das Eigenkapital in der Eröffnungsbilanz zum 1. Januar 1994 betrug insgesamt 5,88 Mrd. EUR (Grundkapital 2,15 Mrd. EUR, Kapitalrücklage 3,73 Mrd. EUR). Wichtig ist in diesem Zusammenhang auch die eingeführte Öffnung des Netzes für sonstige Eisenbahnen („Dritte").

Der *öffentliche Bereich* gliedert sich in das *Bundeseisenbahnvermögen (BEV)*, welches die Schulden- und Personalverwaltung sowie ausgegliederte Vermögenswerte der Bahn (Kriterium: nicht bahnspezifische oder für den Betrieb der Bahn nicht erforderliche Anlagen) betreut, und in das *Eisenbahnbundesamt (EBA)*, das hoheitliche Aufgaben der Aufsicht und Zulassung für *alle* Eisenbahnen ausübt.

Nach Ablauf von fünf Jahren wurde die Deutsche Bahn AG (DB AG) mit Wirkung zum 1. Januar 1999 in eine *Holding* mit den Tochterunternehmen Netz AG sowie den mit neuen Namen versehenen Transportgesellschaften Regio AG (Personennahverkehr), Reise&Touristik AG (Personenfernverkehr) und Cargo AG (Güterverkehr) sowie Station&Service AG umgegründet. Die Holding DB AG als Obergesellschaft ist als Management-Holding konzipiert. Die Zuordnung des Netzes zu dieser Holding schafft Diskriminierungspotentiale für dritte Bahnen, welche die Trassen der DB AG nutzen wollen. Ab dem Jahr 2002 ist vorgesehen, über die Struktur der Holding zu entscheiden; dies schließt eine faktische Trennung von Netz AG, Regio AG, Reise&Touristik AG, Cargo AG und Station&Service AG von der Holding bzw. auch deren Auflösung ein. Dies ist allerdings nur durch ein im Bundesrat zustimmungspflichtiges Gesetz möglich. Bis dahin ist auch über die Privatisierung der DB AG bzw. deren Nachfolgegesellschaften zu entscheiden. Durch die Gründung der DB AG wurde noch keine Privatisierung durchgeführt, sondern lediglich eine privatrechtliche Organisationsform gewählt.

Abbildung 17: *Verfahrensschritte für die privatrechtliche Umstrukturierung der Deutschen Eisenbahnen*

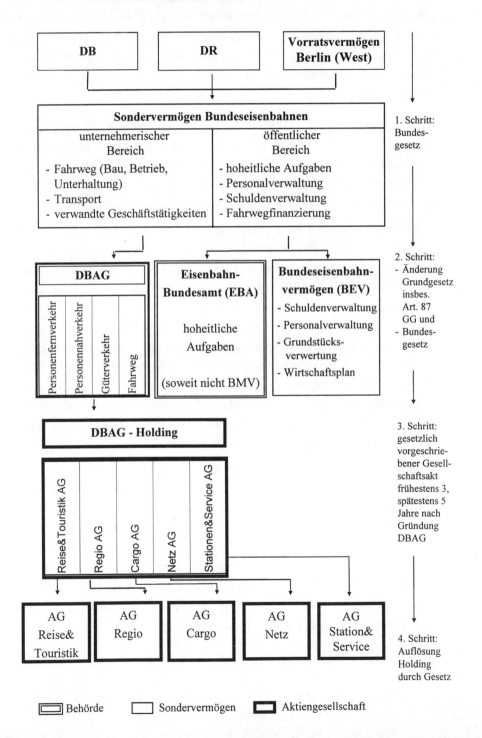

Nach Modellrechnungen sowohl der Regierungskommission Bahn als auch des Bundesverkehrsministeriums sollte durch die Bahnstrukturreform eine Reduzierung der Belastungen des Bundeshaushalts von 1993 bis 2002 von insgesamt (über die Jahre kumuliert) 105 bis 120 Mrd. DM (bzw. 53,7 bis 61,4 Mrd. EUR) eintreten (aufgrund erhöhter Angebotsqualität und -flexibilität mit Marktanteilsgewinnen im erlösstarken Teilladungsverkehr sowie effizienterer Nutzung von Personal, Fahrzeugen und Streckennetz).

Die Bahnstrukturreform in Deutschland war ein notwendiger verkehrspolitischer Schritt. Der Eisenbahn bieten sich hierdurch verbesserte Marktchancen; sie sind aus Gründen der hochbelasteten Straßenverkehrskapazitäten und aus umweltpolitischen Zielsetzungen heraus bedeutsam. Dennoch verbleiben einige diskussionsnotwendige Punkte und offene Fragen bei dieser Bahnstrukturreform.

- Die vorgenommene Totalentschuldung (1991: 12,6 Mrd. DM / 6,44 Mrd. EUR und zum 1. Januar 1994 67,3 Mrd. DM / 34,41 Mrd. EUR) bei gleichzeitiger Korrektur des Anlagevermögens von 99 Mrd. DM auf insgesamt nur noch 25 Mrd. DM / 12,78 Mrd. EUR bei der DB AG erscheint überhöht, zumal auch die Neubaustrecken des Hochgeschwindigkeitsverkehrs (Hannover - Würzburg und Stuttgart - Mannheim), die erst 1990 voll in Betrieb genommen wurden, nicht mehr im Anlagevermögen enthalten sind (fehlende Aktivierung), aber voll von der Bahn genutzt werden. Die Wirkungen auf die Kostenpositionen Zins- und Abschreibungsaufwand sind in dieser Höhe im Hinblick auf die Wettbewerbswirkungen zu hinterfragen. Die Regierungskommission Bundesbahn war in ihren Modellrechnungen von einer wesentlich geringeren Entschuldung und Anlagevermögensabwertung ausgegangen.

- Die im Zeitraum 1994 bis 1998 nur rechnerische und organisatorische Trennung von Fahrweg (Trasseninstitution) sowie den Bereichen Personen- und Güterverkehr aktualisierte die Frage nach dem erforderlichen *diskriminierungsfreien Netzzugang für Dritte*. Ein solcher Netzzugang bedeutet direkten Wettbewerb und möglicherweise Erlöseinbußen für die Transportbereiche. Es ist davon auszugehen, dass die Trasseninstitution in die Gesamtgeschäftspolitik der DB AG eingebunden ist. Nur eine faktische (institutionelle) Trennung sichert letztlich die geforderte Diskriminierungsfreiheit bei Trassenpreisen und Zulassungsbedingungen zum Netz.

Übersicht 45: Eröffnungsbilanz der DB AG zum 1. Januar 1994 (EUR)

Aktiva	Mio. EUR	Passiva	Mio. EUR
A. Anlagevermögen		A. Eigenkapital	
Immaterielle Vermögensgegenstände	273	Gezeichnetes Kapital	2.147
Sachanlagen	12.688	Kapitalrücklage	3.732
Finanzanlagen	438		
	13.399		5.879
B. Umlaufvermögen		B. Rückstellungen	7.534
Vorräte	734		
Forderungen und sonstige Vermögensgegenstände	1.240	C. Verbindlichkeiten	2.283
Schecks, Kassenbestände, Bundesbank- und Postbankguthaben, Guthaben bei Kreditinstituten	391		
	2.365		
C. Rechnungsabgrenzungsposten	20	D. Rechnungsabgrenzungsposten	87
	15.784		15.784

Quelle: DB AG-Geschäftsbericht 1994; eigene EUR-Umrechnung.

Abbildung 18: Trennungsformen von Fahrweg und Transportbetrieb und deren Diskriminierungspotentiale

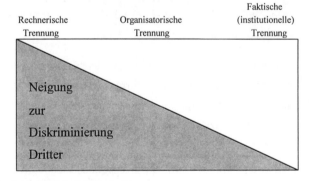

Quelle: Aberle/Hedderich (1993), S. 17.

Positiv ist zu bewerten, dass bereits durch die organisatorische Trennung und das Netzzugangsrecht für Dritte ein *ökonomisches Trassenmanagement* erzwungen wird. Dies bezieht sich neben technischen Maßnahmen zur Effizienzsteigerung vor allem auf die Trassenpreisbildung (vgl. Kapitel III.5).

Die zum 1. Januar 1999 erfolgte Ausgliederung des Fahrwegs (als DB Netz AG) ändert am beschriebenen Diskriminierungspotential gegenüber dritten Netznutzern wenig. Das Grundkapital der Netz AG (0,77 Mrd. EUR) wird zu 100 % von der DB AG als Management-Holding gehalten; diese Holding fungiert als koordinierende Obergesellschaft. Der wichtigste Vorteil der formalrechtlichen Verselbständigung des Fahrwegs als Netz AG wurde in der wesentlich höheren Transparenz über zentrale wirtschaftliche Rechnungsgrößen erwartet (aktienrechtliche Publizitätspflichten). Tatsächlich hat die DB AG dies jedoch umgangen, indem sie lediglich einen Gesamtgeschäftsbericht für die Jahre 1999, 2000 und 2001 mit konsolidierten Werten veröffentlichte. Dabei nutzte die Holding die in § 264 Abs. 3 HGB gegebene Möglichkeit, bei beherrschten Gesellschaften auf die Publizierung der Geschäftsberichte zu verzichten. Diese Transparenzumgehung löste massive Kritik in der Fachöffentlichkeit aus. Sie führte dazu, dass im September 2001 das Bundesverkehrsministerium (Eigentümervertreter) die Vorgabe formulierte, in Zukunft auf die Anwendung des § 264 Abs. 3 HGB zu verzichten.

Eine Privatisierung der Netz AG ist aufgrund der gesetzlichen Regelungen (§ 2 Abs. 3 Deutsche Bahn Gründungsgesetz DB GrG) nur bis zu einem Anteilswert von 49,9% möglich und dies auch nur durch ein zustimmungspflichtiges spezielles Bundesgesetz, d.h. mit Einwilligung der (Bundes-) Ländermehrheit. Ob die ökonomischen Voraussetzungen für eine Netzprivatisierung überhaupt eintreten werden und die Zustimmung der Länder zur Teilprivatisierung erwartet werden kann, ist zumindest in Frage zu stellen.

Auch der Wissenschaftliche Beirat beim Bundesminister für Verkehr hat in einer Stellungnahme zur Bahnstrukturreform (1997) die Zuordnung des Netzes zur DB-Holding kritisiert. Aufgrund der gegebenen Rechtslage schlug der Beirat zur Reduzierung des Diskriminierungspotentials die baldmögliche Privatisierung der DB Transportunternehmen vor.

- Wesentliche Kostenpositionen sind in das Bundeseisenbahnvermögen verlagert worden (langfristige Verbindlichkeiten in Höhe von über 34,3 Mrd. EUR sowie Anteile der Personalaufwendungen von jährlich rd. vier Mrd. EUR); allerdings wurden gleichzeitig nur geringe Vermögenswerte (rd. zwei Mrd. EUR) an das Bundeseisenbahnvermögen BEV übertragen. Das Bundeseisenbahnvermögen erforderte 1994 Finanzmittel des Bundes in Höhe von rd. 6,1 Mrd. EUR. Zur Finanzierung von rd. vier Mrd. EUR dieser als Altlasten der

Bahn bezeichneten Beträge wurde 1994 die Mineralölsteuer für Benzin um 8,2 Cent und die für Dieselkraftstoff um 3,6 Cent (jeweils zuzügl. Mehrwertsteuer) erhöht. Die Wirtschaftsergebnisse der DB AG seit 1994 sind nur vor dem Hintergrund dieser Umbuchungen (Kostenverlagerungen) zu interpretieren. Ab 1997 waren in der mittelfristigen Finanzplanung des Bundes für das Bundeseisenbahnvermögen jährlich über 9,7 Mrd. EUR an Bundesmitteln vorgesehen. Insgesamt, aber *ohne* Berücksichtigung der an die Länder vom Bund für den Schienenpersonennahverkehr gezahlten Regionalisierungsmittel sowie der GVFG-Mittel, beanspruchen die Eisenbahnen des Bundes (BEV und DB AG) rd. 12,8-13,8 Mrd. EUR p.a. Sie werden seit 2001 durch Sonderfinanzierungen ergänzt (etwa: UMTS-Mittel in Höhe von 1,023 Mrd. EUR / Jahr für drei Jahre sowie ab 2003 jährlich 286 Mio. EUR aus den Einnahmen aus der fahrleistungsabhängigen Straßenbenutzungsgebühr für schwere Lkw auf Autobahnen).

- Die Regionalisierung des ÖPNV verlangt wesentlich höhere Finanzmittel (des Bundes) als ursprünglich geplant. Die Zustimmung der Bundesländer zur notwendigen Grundgesetzänderung für die Bahnstrukturreform war nur durch langfristige Finanzierungszusagen des Bundes zu erreichen, die beachtliche Volumina erlangen. Die Bundesländer erhalten seit Beginn der Regionalisierung im Jahr 1996 aus dem Mineralölsteueraufkommen des Bundes einen jährlichen finanziellen Ausgleich, der es ihnen ermöglicht, ihrer Verantwortung als Besteller von Nahverkehrsleistungen auf der Schiene nachzukommen. Dies beginnt mit einem Betrag von 4,45 Mrd. EUR mit zusätzlichen - erhöhten - Bundesfinanzhilfen nach dem Gemeindeverkehrsfinanzierungsgesetz (GVFG) von rd. 3,22 Mrd. EUR im Jahre 1996. Seit 1997 steht den Ländern ein Betrag von 6,14 Mrd. EUR (+1,7 Mrd. EUR GVFG) zu, der jährlich entsprechend dem Wachstum der Umsatzsteuer steigt. So standen den Ländern z.B. im Jahre 2001 rd. 6,65 Mrd. EUR zur Verfügung, die dann zusammen mit den zusätzlichen Finanzhilfen nach dem GVFG rd. 8,32 Mrd. EUR ergeben.

Eine nach § 6 Abs. 1 Regionalisierungsgesetz vorgegebene erste Revision des Gesamtbetrages der Transfermittel und seiner Verteilung auf die Länder führte zu keinem politisch konsensfähigen Ergebnis. Für 2002 ist eine weitere Revision (§ 5 Abs. 2) vorgegeben. Der Bund strebt, da die Summenfestlegung zum Jahresende 2002 ausläuft, eine Neuregelung mit niedrigerer Bundesfinanzierung an.

Übersicht 46: Finanzmittelbereitstellung ÖPNV / SPNV für die Jahre 1994 - 2000 (in Mrd. EUR)

Jahr	Transfermittel Regionalisierung	GVFG-Mittel[1]	Gesamtmittel für ÖPNV/SPNV[1]
1994	Mittel bleiben beim Bund	3,21	–
1995	Mittel bleiben beim Bund	3,21	–
1996	4,45	3,21	7,66
1997	6,14	1,68	7,81
1998[2]	6,32	1,68	8,00
1999	6,31	1,68	7,99
2000	6,52	1,68	8,33

1) einschl. der GVFG-Mittel für den kommunalen Straßenbau (bis einschl. 1996 ca. 1,02 Mrd. EUR/Jahr; danach Höhe im Durchschnitt rd. 750 Mio. EUR/Jahr)
2) Beginn der Dynamisierung der Transfermittel für den ÖPNV

Als problematisch hat sich die in § 7 Regionalisierungsgesetz enthaltene Formulierung erwiesen, nach der mit den Regionalisierungsmitteln „insbesondere der Schienenpersonennahverkehr zu finanzieren ist." Diese Vorgabe wurde von der Mehrzahl der Länder zu einer ausschließlichen Verwendung der Mittel für den SPNV benutzt, auch wenn eine Mittelbereitstellung für den sonstigen ÖPNV, also insbesondere den Bus, bei niedrigen Aufkommenswerten wesentlich effizienter wäre. Auch hat dies dazu geführt, dass einige Länder kostenintensive Eisenbahnverwaltungen aufgebaut und mit Nachfrage- und Kostenbedingungen nicht immer vertretbare überdimensionierte vertaktete Integralfahrpläne für „ihren" SPNV einführten.

- Es ist nicht abschätzbar, in welchen Zeiträumen die mit der Bahnstrukturreform intendierte höhere Flexibilität und Marktausrichtung im Großunternehmen DB AG mit 40jähriger Verwaltungsorganisation tatsächlich wirksam wird. Die erforderlichen Dezentralisierungsprozesse im Entscheidungsbereich, der Aufbau entsprechender Cost- und Profitcenters, die Einführung eines aussagefähigen internen Rechnungswesens sowie die Neuorientierung und Motivierung einer sehr großen Zahl von Mitarbeitern, die zudem in vielen dezentralen Leistungseinheiten tätig sind, stellen zeitbeanspruchende Aufgaben dar. Erschwerend kommt hinzu, dass die Leistungsdaten der Bahn sich 1994 und in den Folgejahren nicht in dem ursprünglich erwarteten Maße entwickelt haben, teilweise - insbesondere im Güterverkehr - krisenhaft zurückgegangen sind.

Auch dies gefährdet langfristig die prognostizierten Einsparungen des Bundes als Folge der Bahnstrukturreform in derzeit noch nicht abschätzbarem Maße.

Aus dem vielgestaltigen Problemkatalog ergibt sich, dass die Eisenbahnpolitik auch in Zukunft wesentliches Diskussionselement der Verkehrs-, Wirtschafts- und auch der Gesellschaftspolitik sowohl in Deutschland wie aber auch in der EU sein wird. Dies läßt sich auch aus den weiterhin hohen finanziellen Belastungen durch die Eisenbahn ableiten.

Übersicht 47: **Belastung des Verkehrshaushalts durch eisenbahnspezifische Ausgaben; Planwerte für 2000**

Gesamter Verkehrshaushalt (Einzelplan 12):	25,44 Mrd. EUR
Zahlungen an die DB AG (Investitionsmittel):	3,44 Mrd. EUR
Zahlungen an des Bundeseisenbahnvermögen	7,43 Mrd. EUR
Anteil der eisenbahnspezifischen Ausgaben am Verkehrshaushalt des Bundes 2000:	42,7 %

Zum Vergleich betrug 1994 der Anteil der eisenbahnspezifischen Ausgaben am Verkehrshaushalt des Bundes 60,8 %. Bei genauer Rechnung, insbesondere dann, wenn Vergleiche mit Werten aus den Jahren vor der Bahnreform gezogen werden, müssen noch die *nicht* im Verkehrshaushalt des Bundes (Einzelplan 12) ausgewiesenen Regionalisierungmittel berücksichtigt werden, soweit sie dem SPNV der DB AG zugute kommen. Im Jahr 2000 waren dies rd. 4,25 Mrd. EUR. Ab 2001 erhält die DB AG jeweils 1,023 Mrd. EUR jährlich (bis 2003 befristet); ab 2003 sind zusätzlich Sonderzuweisungen im Rahmen des sog. Anti-Stau-Programms vorgesehen.

Literatur zu Kapitel II.2.2.2:

Aberle, G. (1988): Zukunftsperspektiven der Deutschen Bundesbahn, Heidelberg.

Aberle, G. / Brenner, A. (1996): Bahnstrukturreform in Deutschland - Ziele und Umsetzungsprobleme, Beiträge zur Wirtschafts- und Sozialpolitik, Institut der deutschen Wirtschaft, Bd. 230, Köln.

Aberle, G. / Brenner, A. / Hedderich, A. (1995): Trassenmärkte und Netzzugang: Analyse der grundlegenden ökonomischen Bestandteile von Trassennutzungsverträgen bei Trennung von Fahrweg und Eisenbahntransportbetrieb mit Marktöffnung für Dritte, Hamburg (Band 8 der Gießener Studien zur Transportwirtschaft und Kommunikation).

Aberle, G. / Hamm, W. (1978): Economic Perspects for Railways, Report of the 39th Round Table on Transport Economics (European Conference of Minsters of Transport), Paris, S. 7-42.

Aberle, G. / Hedderich, A. (1993): Diskriminierungsfreier Netzzugang bei den Eisenbahnen, in: Internationales Verkehrswesen, 45. Jg., S. 15-26.

Aberle, G., Hennecke, R., Eisenkopf, A. (1999): Ordnungs- und finanzpolitische Rahmenbedingungen für den Wettbewerb zwischen Eisenbahn und Binnenschiffahrt im Güterverkehr, herausgegeben vom Bundesverband der Deutschen Binnenschiffahrt e.V., Duisburg.

Aberle, G. / Kindsvater, K. / Aufderbeck, C. / Trost, D. (1998): Schienen- und Busverkehr in der Region - Einzelwirtschaftliche und gesamtwirtschaftliche Kostenvergleichsrechnung, Hamburg (Band 15 der Gießener Studien zur Transportwirtschaft und Kommunikation).

Aberle, G. / Zeike, O. (2001): Die Bahnstrukturreform 1994. Erfolg oder Mißerfolg? ADAC-Studie zur Mobilität, München.

Bundesministerium für Verkehr, Bau- und Wohnungswesen (2000): Verkehrsbericht 2000, Berlin.

Fogel, R.W. (1964): Railroads and American Economic Growth: Essays in Econometric History, Baltimore.

Freise, R. (1998): Taschenbuch der Eisenbahn-Gesetze, 12. Aufl., Darmstadt.

Girnau, G. (1994): Die Perspektiven des regionalisierten ÖPNV, in: Die Anforderungen an einen regionalisierten ÖPNV, Bergisch-Gladbach (Band B 168 der Schriftenreihe der Deutschen Verkehrswissenschaftlichen Gesellschaft), S. 3-33.

Hedderich, A. (1995): Waren die Eisenbahnen für das Wirtschaftswachstum in den Vereinigten Staaten unentbehrlich?, in: Internationales Verkehrswesen, 47. Jg., S. 180-184.

Hedderich, A. (1996): Vertikale Desintegration im Schienenverkehr - Theoretische Basisüberlegungen und Diskussion der Bahnstrukturreform in Deutschland, Hamburg (Band 11 der Gießener Studien zur Transportwirtschaft und Kommunikation).

Laaser, C.-F. (1991): Wettbewerb im Verkehrswesen - Chancen für eine Deregulierung in der Bundesrepublik, Tübingen (Band 236 der Kieler Studien).

Laaser, C.-F. (1994): Die Bahnstrukturreform - Richtige Weichenstellung oder Fahrt aufs Abstellgleis?, Kiel (Band 239 der Kieler Diskussionsbeiträge).

Lansing, J.B. (1966): Transportation and Economic Policy, New York/London.

List, F. (1929): Das deutsche Eisenbahnsystem als Mittel zur Vervollkommnung der deutschen Industrie, des deutschen Zollvereins und des deutschen Nationalverbandes überhaupt, in: Friedrich List: Schriften, Reden, Briefe, Bd. III, Schriften zum Verkehrswesen, Erster Teil, Berlin.

Regierungskommission Bundesbahn (1991): Bericht der Regierungskommission Bundesbahn, Bonn.

Sax, E. (1922): Die Verkehrsmittel in Verkehrs- und Staatswirtschaft, Dritter Band: Die Eisenbahnen, Berlin.

Stigler, G.J. (1971): The Theory of Economic Regulation, in: Bell Journal of Economics and Management Science, Vol. 2, S. 3-21.

Tullock, G. (1967): The Welfare Costs of Tariffs, Monopolies and Theft, in: Western Economic Journal, Vol. 5, S. 224-232.

Verband Deutscher Verkehrsunternehmen (VDV) (2001): VDV-Statistik 2000, Köln.

Voigt, F. (1959): Die gestaltende Kraft der Verkehrsmittel in wirtschaftlichen Wachstumsprozessen, Bielefeld.

Voigt, F. (1965): Verkehr, Zweiter Band: Die Entwicklung des Verkehrssystems, Berlin.

Wachinger, L. / Wittemann, M. (1996): Regionalisierung des ÖPNV - der rechtliche Rahmen in Bund und Ländern nach der Bahnreform, Schriftenreihe für Verkehr und Technik, Band 82, Bielefeld.

Wissenschaftliche Beirat beim Bundesminister für Verkehr (1997): Bahnstrukturreform in Deutschland - Empfehlungen zur weiteren Entwicklung - Stellungnahme vom November 1997; in: Internationales Verkehrswesen, Jg. 49, Dezember 1997, S. 626-633.

2.3 Wiedervereinigung Deutschlands und deren transportwirtschaftliche Auswirkungen

Es sind vor allem drei Aufgabenbereiche, welche die deutsche Verkehrspolitik seit der Wiedervereinigung am 3. Oktober 1990 vor Herausforderungen stellen, die in den anderen EU-Mitgliedstaaten nicht anzutreffen sind:

- die Bewältigung zusätzlicher intensiver Verkehrsströme zwischen den alten und den neuen Bundesländern sowohl im Personen- wie auch im Güterverkehr;
- die Planung, Durchführung und Finanzierung von außerordentlich hohen Ersatz- und Erweiterungsinvestitionen vor allem in die Verkehrsinfrastruktur der neuen Bundesländer, aber auch in die Verkehrsmittel (insbesondere Eisenbahn und öffentlicher Personennahverkehr);
- die Reorganisation des gesamten Transportwesens, insbesondere die ordnungspolitische Umorientierung der früheren DDR-Transportkombinate und der umfänglichen industriellen Werkverkehre in privatwirtschaftlich strukturierte Verkehrsunternehmen.

Hinsichtlich der Ausweitung der Verkehrsströme zwischen den alten und den neuen Ländern wurde nach den Prognosen für den gesamtdeutschen Bundesverkehrswegeplan '92 mit einer Steigerung bis 2010 beim Güterverkehr um den Faktor 11 (von 22 Mio. t vor der Grenzöffnung auf 244 Mio. t) und beim Personenverkehr um den Faktor 30 (von 9 Mio. auf 271 Mio. Reisende jährlich) gerechnet. Die Zunahme des grenzüberschreitenden Verkehrs mit den osteuropäischen Staaten führt zusätzlich zu erheblichen West-Ost-Verkehrsströmen, so dass neben die vor der Wiedervereinigung dominierenden Nord-Süd-Verkehre nunmehr auch starke West-Ost-Verkehre treten. Dies wiederum bedeutet hohe zusätzliche Verkehrsinfrastrukturbelastungen sowohl in den neuen wie auch auf wichtigen Strecken der alten Bundesländer.

Die Motorisierungsdichte (Kfz je 1.000 Einwohner) in den neuen Ländern wird sich mittelfristig jener der alten Länder angleichen; das gilt auch für das Verkehrsverhalten und damit auch weitgehend für den Modal split zwischen den Verkehrsträgern. Dieser veränderte sich schneller als zunächst erwartet in Richtung auf die Individualverkehrsmittel. Im *Personenverkehr* war dies Folge einer jahrzehntelagen staatlich organisierten künstlichen Verknappung des Pkw-Angebotes; nach der Wiedervereinigung hat die Beschaffung von Individualverkehrsmitteln einen vorrangigen Platz in der Präferenzskala der Bevölkerung in den neuen Ländern eingenommen. Im *Güterverkehr* bestand seit 1980 eine energiepolitisch begründete Zwangsumlenkung des Großteils der Binnentransporte in der DDR auf die bereits hochbelastete Eisenbahn, die unter ständigem Substanzverzehr litt. Dies führte sowohl zu durchgehend sinkenden Qualitätsstandards wie auch zu einem steigenden Verkehrsaufwand je produzierter Einheit Wertschöpfung. Nach der Wiedervereinigung und bei freier Wahl der Verkehrsmittel nahm daher der Straßengüterverkehr im Verlauf weniger Jahre eine Vorrangposition ein. Diese starke Marktposition wurde auch dadurch begünstigt, dass nach 1990 die Deutsche Reichsbahn nicht in der Lage war, qualitativ hinreichende Transportleistungen für den Wiederaufbau der ostdeutschen Wirtschaft anzubieten. So wurden diese Marktsegmente von der privatwirtschaftlich organisierten und flexibel handelnden Kraftwagenspedition besetzt.

Hinzu kamen für die Eisenbahn die Probleme der starken Schrumpfung traditioneller Güterbereiche, wie etwa des Braunkohletransports, oder des Wegbrechens vieler osteuropäischer Märkte.

Die Wiedervereinigung hat in Ostdeutschland zu einem plötzlichen und fundamentalen *Umbruch der Verkehrsmärkte* geführt, der in der Wirtschaftsgeschichte kaum eine Parallele besitzt.

Übersicht 48: Verkehrsleistungen und Modal split in der DDR 1980 - 1990 (binnenländischer Verkehr)

	1980	1985	1988	1990
Mrd. Personenkilometer	107,7	121,8	132,8	133,1
• Individualverkehr	55,7	69,7	79,2	90,0
• Öffentl. Straßenpersonenverkehr	28,0	28,3	29,4	24,0
• Eisenbahn[1]	22,0	22,5	22,8	18,0
• Bus-Werkverkehr	1,7	1,0	1,1	0,8
• Taxi- und Mietwagenverkehr	0,3	0,3	0,3	0,3
Mrd. Tonnenkilometer	84,6	80,7	83,5	59,1
• Eisenbahn	56,4	58,7	60,4	40,9
• Straßengüterfernverkehr	8,6	5,8	6,7	6,2
• Straßengüternahverkehr	12,4	9,3	9,7	6,8
• Binnenschiffahrt	2,2	2,4	2,5	1,9
• Rohrfernleitungen	5,0	4,5	4,1	3,3

1) einschließl. S-Bahn-Verkehr

Quelle: Verkehr in Zahlen 1993, S. 305 f.

Von 1980 bis 1988 hatte sich in der DDR aufgrund von Transportverboten beim Straßenverkehr der leistungsbezogene Marktanteil der Bahn von bereits hohen 66,7 % auf 72,4 % gesteigert, während der Marktanteil des Straßengüterverkehrs von 24,8 % auf 19,7 % zurückging. Bezogen auf den Güterfernverkehr reduzierte sich der Anteil des Straßengüterfernverkehrs sogar von 11,9 % auf 9,6 %. Ab 1990 kam es dann zu einer nachhaltigen Veränderung des Modal split in den neuen Bundesländern. Bereits 1992 sank der tonnenkilometrische Marktanteil der Bahn auf 31,9 %, der des gesamten Straßengüterverkehrs stieg auf 60,0 %. Wird der Straßengüternahverkehr ausgeklammert, so erreichten der Straßengüterfernverkehr 48,0 % (ABL: 52,7 %) und die Bahn nur noch 41,5 % (ABL: 21,4 %).

Aus der obigen Übersicht wird auch ein Phänomen der DDR-Verkehrspolitik deutlich: Von 1980 bis 1989 ist trotz schwach steigenden Bruttoinlandsprodukts die gesamte Güterverkehrsleistung um 2,5 % gesunken. Die energiepolitisch begründete und rigoros erzwungene Verkehrsvermeidungsstrategie hat jedoch zu erheblichen zusätzlichen Schwierigkeiten in der Wirtschaft der ehemaligen DDR geführt.

Das Verkehrswesen in der ehemaligen DDR - sowohl Infrastruktur wie auch die Verkehrsmittel - waren durch *geringen Modernitätsgrad* infolge jahrelangen *Substanzabbaus* gekennzeichnet, da die erforderlichen Ersatzmaßnahmen wegen Ressourcenmangels nicht durchgeführt und Nettoinvestitionen nur in sehr geringem Umfang getätigt wurden. Die Zustandsmerkmale der Verkehrsinfrastruktur zeichneten sich vor allem bei der *Deutschen Reichsbahn* durch hohe Anteile der Strecken mit reduzierter Geschwindigkeit (rd. 17 %) und zahlreichen umwegerfordernden Streckensperrungen aus. Rund 62 % aller Massivbrücken und 45 % der Stahlbrücken hatten 1987 ihre normale Nutzungsdauer überschritten; das galt auch für 86 % der Stellwerke, die zu 70 % noch aus mechanischen Stellwerken bestanden.

Hinzu kam, dass wichtige Eisenbahnstrecken nur eingleisig und noch nicht elektrifiziert waren; ähnliches galt für die Autobahnen, die sich in beträchtlichem Umfang noch im Ausbauzustand Ende des Zweiten Weltkrieges mit teilweise fehlenden Fahrbahnen und Brückenbauwerken befanden.

Bei den *Fernstraßen* der DDR waren 1987 46 % der Autobahnen und 22 % der Staatsstraßen mit der Zustandsnote III („erhebliche Profilschäden mit starken Auswirkungen auf den Verkehr") versehen; bei den Brücken waren es bei Autobahnen 12 % und bei den sonstigen Fernstraßen 17 %.

Die *Binnenwasserstraßen* waren auf Abladetiefen von 2,0 m und geringer begrenzt; die Kanalquerschnitte lagen weitgehend unter 5 m.

Im *Luftverkehr* besaß nur der Flughafen Berlin-Schönefeld internationale Bedeutung; die Flughäfen Dresden und Leipzig dienten bei ziviler Nutzung fast ausschließlich dem Ferienflugreiseverkehr mit osteuropäischen Destinationen und entsprechend niedrigem Niveau der technischen Ausstattung.

Nach vorliegenden Gutachten ergab sich für die Verkehrswegeinvestitionen von 1991 bis 2000 auf dem Gebiet der ehemaligen DDR ein Nachholbedarf zur Anpassung einmal der Befahrbarkeit an den Qualitätsstandard der alten Bundesländer und zum anderen an den bestehenden Verkehr in Höhe von rd. 189 Mrd. DM (96,9 Mrd. EUR).

Übersicht 49: Nachholbedarf 1991 - 2000 für Verkehrswegeinvestitionen auf dem Gebiet der ehemaligen DDR (in Mrd. DM)

Verkehrskategorie	Gesamt	Anpassung der Befahrbahrkeit an ABL-Standard	Anpassung an bestehenden Verkehr
Autobahnen	5,68[1]	3,73	1,44
Fernstraßen	7,03[1]	1,57	4,82
Schienenverkehr DR	48,00	31,25	16,75
Wasserstraßen	8,00	4,00	4,00
Flughäfen	0,74	0,47	0,27
Bezirksstraßen	15,47[1]	4,78	9,29
Kommunalstraßen	92,60	32,60	60,00
ÖPNV und S-Bahn	2,88	-	-
ÖPNV-Kommunal	9,07	-	-
Total	189,47	78,40	96,57

1) einschl. 10 % Zuschlag für Nicht-Erfaßbares

Quelle: Huber (1991), S. 12.

Noch vor der Verabschiedung des Gesamtdeutschen Verkehrswegeplans '92 wurden die „Verkehrsprojekte Deutsche Einheit" von der Bundesregierung beschlossen und später in den Bundesverkehrswegeplan integriert (Bundesministerium für Verkehr 1992). Es handelt sich um insgesamt 17 Korridorprojekte mit Schlüsselfunktionen für das Zusammenwachsen West- und Ostdeutschlands und einem Investitionsvolumen von 57 Mrd. DM / 29,14 Mrd. EUR (neun Projekte Schiene mit 30 Mrd. DM / 15,34 Mrd. EUR; sieben Projekte Straße mit 23 Mrd. DM / 11,76 Mrd. EUR und ein Projekt Wasserstraße mit 4 Mrd. DM / 2,05 Mrd. EUR; Preisstand jeweils 1991).

Zur Finanzierung der erforderlichen Anpassungs- und Modernisierungsinvestitionen im ÖPNV der neuen Länder wurden die Investitionshilfen des Bundes nach dem GVFG für die Jahre 1993 bis 1995 um 3,0 Mrd. DM p.a. auf fast 6,3 Mrd. DM erhöht und auch Fahrzeugersatzbeschaffungen in die Förderung einbezogen. Zusätzlich wurden 1993 und 1994 die Anteile für die neuen Bundesländer einschließlich Berlin auf 30,5 %, 1995 wieder (wie 1992) auf 24,2 % festgelegt.

Abbildung 19: Finanzmittelzuweisung nach dem GVFG für die Jahre 1992 – 1995 (DM)

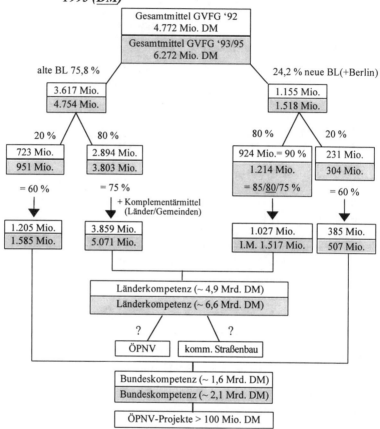

Quelle: Muthesius (1993), S. 44.

Letztlich war es erforderlich, die Organisationsstrukturen der Verkehrswirtschaft in der ehemaligen DDR in ein marktwirtschaftliches, aber dem verkehrspolitischen Ordnungsrahmen der alten Bundesländer entsprechendes System zu überführen. Diese Aufgabe bestand in der

- Privatisierung, d.h. weitgehenden Auflösung der staatlichen Großspedition DEUTRANS sowie der früheren Verkehrsbetriebe, die öffentlichen Personenverkehr und Güterverkehr, Werkstätten und sonstige Aktivitäten wie Taxis betrieben hatten; dies erfolgte durch die Treuhandanstalt im Wege der Umwandlung der Kombinate in 251 privatisierte Betriebe bis Ende 1993;

- Integration der neu entstandenen und der auch in der DDR unter schwierigen ökonomischen Bedingungen tätigen 5.000 privaten Kleinbetriebe des Straßengüterverkehrs sowie der früheren 84 volkseigenen Straßengüterverkehrsbetriebe in die Verkehrsmarktordnung; für Straßengüterfernverkehrsbetriebe in den neuen Bundesländern wurden 12.000 Konzessionen ausgegeben.

Während die Deutsche Reichsbahn als Sondervermögen des Bundes finanziert wurde, haben sich beim gewerblichen Straßengüterverkehr erhebliche Übergangsschwierigkeiten gezeigt.

- Der Zwang zu Fahrzeugneubeschaffungen und die Unerfahrenheit im kommerziellen Bereich haben viele Kleinbetriebe bereits nach wenigen Monaten in wirtschaftliche Schwierigkeiten gebracht.
- Der wirtschaftliche Rückgang in den alten Bundesländern, vor allem in den Jahren 1992 und 1993, sowie das Wegbrechen der osteuropäischen Märkte ließen Transportnachfrage und auch Preise stark und existenzgefährdend sinken. Es erfolgten jedoch kaum Marktaustritte, so dass erhebliche Überkapazitäten marktwirksam wurden.
- Hinzu kam das starke Vordringen von Speditionen und Güterkraftverkehrsunternehmen aus den alten Bundesländern mit der Tendenz, in den neuen Ländern Niederlassungen zu gründen und die Kleinunternehmer von dort als Subunternehmer zu verpflichten, jedoch nur als Ergänzung zum eigenen Fuhrpark. Bei schwacher Transportnachfrage, wie in den Jahren 1992 und vor allem 1993, bedeutete dies die Nichtbeschäftigung der Kapazitäten der ostdeutschen Unternehmer.
- Letztlich ist es in den neuen Ländern zu einer schwierigen Wettbewerbssituation zu den osteuropäischen Straßengüterverkehrsbetrieben gekommen, die aufgrund der in ihren Ländern vergleichsweise niedrigen fiskalischen Belastungen des Straßengüterverkehrs und sehr geringen Personalkosten zu Fahrzeugkilometerpreisen anbieten, die für in Deutschland ansässige Betriebe nicht tragbar sind. Nach 1990 lagen die technischen Fahrzeugzustände der osteuropäischen Fahrzeuge teilweise noch erheblich unter dem in Deutschland und in der EU verlangten Niveau. Auch gestaltet sich die Kontrolle der höchstzulässigen Lenkzeiten der Fahrer vergleichsweise schwierig. Nach 1996 hat sich jedoch der technische und verkehrssicherheitsspezifische Zustand der Fahrzeuge aus zahlreichen osteuropäischen Staaten den deutschen Fahrzeugen

weitgehend angenähert. Dies zeigen die Fahrzeugkontrollen des Bundesamtes für Güterverkehr (BAG).

Literatur zu Kapitel II.2.3:

Bundesminister für Verkehr (Hrsg.) (1992): Bundesverkehrswegeplan 1992 (BVWP '92), Bonn.

Huber, J. (1991): Bundesverkehrswegeplanung im Lichte der Deutschen Einheit, in: Straße + Autobahn, 42. Jg., S. 5-15.

Muthesius, T. (1993): Die Finanzierung des Nahverkehrs in Deutschland, in: Verkehr und Technik, 46. Jg., S. 39-48.

2.4 Alternative Finanzierungsformen für die Verkehrsinfrastruktur

In der überwiegenden Zahl der europäischen Staaten erfolgt die Finanzierung der Verkehrswege (als bedeutendster Teil der Verkehrsinfrastruktur) über öffentliche Haushalte. Ausnahmen bilden seit vielen Jahren bestimmte Straßenkategorien, etwa Autobahnen oder Paßstraßen, für die spezielle Benutzungsentgelte (Mauten, Péagen) erhoben werden. Beispiele sind Frankreich, Italien, Spanien und Österreich. In der Schweiz wird der Kauf einer Autobahnvignette (Pauschalgebühr) verlangt; in Deutschland wurde 1995 gemeinsam mit den Beneluxstaaten, Dänemark und (seit 1998) Schweden eine ebenfalls pauschalierte Straßenbenutzungsgebühr für sog. schwere Lastkraftwagen (über 12 t höchstzulässiges Gesamtgewicht) eingeführt. Die auf Deutschland entfallende Einnahme betrug 2000 rd. 427,6 Mio. EUR (Nettogebühreneinnahme). Sie wird jedoch, obwohl die Abgabe eine Gebühr darstellt, wie eine Steuer behandelt und fließt in den allgemeinen Haushalt des Bundes. Die Umwandlung dieser nur zeitabhängigen Straßenbenutzungsgebühr auf Autobahnen in eine fahrleistungsabhängige Abgabe (für sog. schwere Lkw) ist in Deutschland für 2003 vorgesehen. In den Niederlanden soll ebenfalls eine fahrleistungsabhängige Gebühr eingeführt werden, allerdings unter Einbeziehung aller motorisierten Fahrzeuge.

Insbesondere bei den Kraftverkehrsstraßen zeigt sich seit über 25 Jahren eine ständig steigende Diskrepanz zwischen erforderlichen Ausgaben für Investitionen, Erneuerung sowie Unterhaltung und den verfügbaren Finanzmitteln. Sie resultiert nicht aus einem zu geringen Aufkommen aus fiskalischen Sonderbelastungen des Straßenverkehrs (Kraftfahrzeug- und Mineralölsteuer). Dies verdeutlichen die folgenden Relationen:

Von 1975 bis 1990 (ABL) betrug die summierte Steuerbelastung des Kraftfahrzeugverkehrs 230,1 Mrd. EUR; im gleichen Zeitraum wurden von den Gebietskörperschaften (Bund, Länder, Gemeinden) für das Straßenwesen (einschl. Verwaltung und Verkehrspolizei) 168,2 Mrd. EUR verausgabt. Damit lagen die Einnahmen aus fiskalischen Sonderabgaben um 61,9 Mrd. EUR über den verausgabten Beträgen als Folge haushaltspolitischer Entscheidungen. In den Jahren 1991 bis 2000 (Gesamtdeutschland) betrugen die Einnahmen aus fiskalischen Sonderabgaben des Straßenverkehrs 348,5 Mrd. EUR (Mineralölsteuer, Kraftfahrzeugsteuer, Straßenbenutzungsgebühr; Mineralölsteuer ohne Mehrwertsteuerbelastung); verausgabt wurden für das Straßenwesen 164,1 Mrd. EUR. Es wurden somit 184,4 Mrd. EUR für sonstige Ausgabenzwecke des Bundes und der Länder verwandt. Dabei sind auch Transfers zu sonstigen Verkehrsausgaben, insbesondere im Bahnbereich, üblich. Beispielsweise wurde 1994 die Mineralölsteuer um 0,16 DM/Liter (Ottokraftstoff) und 0,07 DM/Liter (Dieselkraftstoff) angehoben, um die durch die deutsche Bahnstrukturreform bewirkte Schuldenverlagerung von Deutscher Bundesbahn/Deutscher Reichsbahn auf das Bundeseisenbahnvermögen (BEV) mit der Folge des nunmehr vom Bund zu finanzierenden Kapitaldienstes fiskalisch abzusichern. Seit 1999 wird in Deutschland eine Ökosteuer in Form zusätzlicher Mineralölsteuerbeträge erhoben; die Einnahmen werden im wesentlichen zur Absenkung der Sozialversicherungsbeiträge (Rentenversicherung) benutzt.

Die immer größer werdenden Finanzierungslücken, insbesondere im Straßenwesen, führten und führen dazu, dass sogar die in den Bundesverkehrswegeplänen als „vordringlicher Bedarf" ausgewiesenen Projekte nur teilweise realisiert werden und bedenkliche Verzögerungen bei den erforderlichen Ersatzinvestitionen und Großreparaturen auftreten. Damit besteht die Gefahr, dass wichtige Teile der Infrastruktur ständig an Leistungsfähigkeit verlieren mit der Folge nachhaltiger Störungen der gesamtwirtschaftlichen Entwicklung. Das jährliche Finanzierungsdefizit beim Straßenwesen wird auf mindestens 2 Mrd. EUR p.a. geschätzt (Konferenz der Länderverkehrsminister, September 1998).

Um aus dieser bedrohlichen Finanzierungsengpaßlage herauszukommen, sind seit Anfang der 90er Jahre unterschiedliche Ansätze entwickelt worden. Parallel hierzu wurden immer wieder Forderungen nach höheren Zuweisungen aus den fiskalischen Sondereinnahmen erhoben, die jedoch politisch nicht erfüllbar waren.

1990 veröffentlichte der Deutsche Industrie- und Handelstag (DIHT) sein Konzept „Verkehr finanziert Verkehr". Es sah die Bildung eines unabhängig vom Bundeshaushalt zu führenden (öffentlichen) Sondervermögens Bundesverkehrswege und damit auch erhebliche ständige Quertransfers von Einnahmen aus fiskalischen Sonderbelastungen des Straßenverkehrs zu Fahrwegausgaben der Schiene und der Binnenschiffahrt vor. Dies hat kritische Beurteilungen des Vorschlags hervorgerufen (Verschiebung der Infrastrukturkostenverantwortlichkeit); eine politische Umsetzung stand niemals zur Diskussion.

Im September 2000 veröffentlichte die Kommission „Verkehrsinfrastrukturfinanzierung" ihren Abschlußbericht. Der Fehlbetrag zur Umsetzung des Bundesverkehrswegeplans '92 (1992 - 2010) wird auf 120 Mrd. DM / 61,36 Mrd. EUR geschätzt. Es wird empfohlen, die nicht berechenbare und völlig unzureichende Haushaltsfinanzierung durch eine Gebührenfinanzierung mit direkten Nutzungsentgelten zu ergänzen. Ferner sollen Infrastrukturfinanzierungsgesellschaften für die verschiedenen Verkehrswegekategorien gegründet werden. Die jährlichen Fehlbeträge (Basis: 2000) werden im Straßenbereich mit 4 Mrd. DM / 2,05 Mrd. EUR, bei den Schienenwegen mit 3 Mrd. DM / 1,53 Mrd. EUR und bei den Wasserstraßen mit 0,5 Mrd. DM / 0,26 Mrd. EUR veranschlagt (Kommission Verkehrsinfrastrukturfinanzierung 2000, S. 20).

Nach Verabschiedung des Bundesverkehrswegeplans '92 (als erster gesamtdeutscher Verkehrswegeplan) und der ausgewiesenen hohen Finanzmittelbedarfe wurde die Idee einer Einbeziehung von *privatem Investitionskapital* für die Verkehrsinfrastrukturfinanzierung politisch aktualisiert. Unter dem Begriff „Privatfinanzierung" werden ökonomisch sehr unterschiedliche Finanzierungskonzepte behandelt.

Konzessionsmodelle

Hierbei handelt es sich um ein Vorfinanzierungsverfahren durch privates Kapital. Planung, Projektfinanzierung und Projektrealisierung erfolgen durch private

Institutionen; als Ausgleich zahlt der Staat nach einer vertraglich vereinbarten Zeit sämtliche Kosten einschließlich der kalkulierten Gewinnbestandteile aller Beteiligten in feststehenden Jahresraten (z.B. 15 Raten) an die Konzessionsnehmer zurück.

Der Vorteil der Konzessionsmodelle liegt in der frühzeitigen Realisierbarkeit und damit Verfügbarkeit der Projekte, gegebenenfalls auch kostengünstigerer Projektrealisierung. Dem stehen die Nachteile einer deutlich höheren Gesamtausgabensumme für die öffentliche Hand (aufgrund der angelasteten Zinsen, Projektbearbeitungskosten und Gewinne der Beteiligten) und die finanzpolitische Belastung zukünftiger Haushaltsjahre durch die Ratenzahlungen gegenüber. Hierdurch wird das Finanzvolumen der Konzessionsmodelle begrenzt. Auch liegen, mit Ausnahme des Fertigstellungsrisikos, sämtliche sonstigen Risiken bei der öffentlichen Hand, also beim Steuerzahler (Aberle 1995).

In Deutschland sind im Bundesfernstraßenbereich im Zeitraum 1994 bis 2002 insgesamt 12 Projekte mit einem Investitionsvolumen von 2,2 Mrd. EUR (ohne Grunderwerb) als Konzessionsmodelle geplant und in der Realisierung befindlich (Keppel, A. / Hinrichs, St., 2000, S. 259). Die Bahn hat sich eines Konzessionsmodells dergestalt bedient, dass sie für die Aus- und Neubaustrecke München - Ingolstadt - Nürnberg zunächst eine Anleihe begeben hat, deren Rückzahlung der Bund in 15 Jahresraten übernimmt.

Sämtliche mit Hilfe des Konzessionsmodells in Deutschland (vorfinanzierten) Projekte belaufen sich auf eine Gesamtsumme von rd. 6,6 Mrd. EUR. Weitere Nutzungen des Konzessionsmodells sind nicht vorgesehen, zumal auch verfassungsrechtliche Bedenken bestehen (Grupp 1994).

Betreibermodelle

Bei diesen Finanzierungsmodellen handelt es sich im Unterschied zu den Konzessionsmodellen um eine echte Privatfinanzierung mit Risikoübernahme. Planung, Projektfinanzierung, Projektrealisierung und Betrieb der Verkehrsinfrastrukturkapazität erfolgen durch nichtstaatliche Institutionen. Sie müssen das Projekt vermarkten, also Nutzungsentgelte erheben. Nach einer vertraglich festgelegten Nutzungszeit wird das Objekt (entschädigungsfrei oder gegen Zahlung einer Entschädigungssumme) an die öffentliche Hand übergeben. Damit entsprechen die Betreibermodelle weitestgehend den BOT-Modellen (Build, Operate, Transfer), allerdings mit dem Unterschied, dass in den Betreibermodellen in der Regel eine Ausstiegsmöglichkeit der Betreiber bei Versagen des Lösungsansatzes besteht (sog. Heimfallrecht).

Die Finanzierung erfolgt beim Betreibermodell aus dem Cash flow des Projektbetriebes, also aus den Benutzungsentgelten. Hier liegen, insbesondere in Volkswirtschaften mit gut ausgebauten Netzen und Ausweichmöglichkeiten der (potentiellen) Nutzer auf abgabenfreie Verkehrswege, erhebliche Risiken für die privaten Betreiber. Dies ist auch der Grund für die Schwierigkeiten, in solchen Volkswirtschaften, wie etwa in Deutschland, Betreibermodelle zu realisieren. Bislang werden 3 Projekte als Betreibermodelle realisiert: die Warnow-Querung (Tunnel) in Rostock, ein Travebrückenersatz in Lübeck und eine Mosel-Hochbrücke bei Wittlich / Bernkastel (Rheinland-Pfalz). Für Länder mit großen Lücken in der Verkehrsinfrastruktur, also fehlenden Substitutionsmöglichkeiten, sind die Chancen für Betreibermodelle wesentlich besser (etwa in Osteuropa). Das gilt beispielsweise auch für Flughafenneubauten, die kaum fühlbarem Wettbewerb ausgesetzt sind (etwa Athen und Berlin-Brandenburg). Neue Chancen dürften Betreibermodelle bei weitestgehender Einführung von Road pricing-Systemen erlangen.

Private Public Partnership-Modelle

Bei diesen Modellen erfolgt eine Mischfinanzierung aus privaten und öffentlichen Mitteln. Aus dem Privatsektor beteiligen sich an der Projektrealisierung wirtschaftlich interessierte Institutionen, wie Banken, Bau- und Ausrüstungsunternehmen. Sie übernehmen in der Regel den dominierenden Finanzierungsanteil; staatliches Kapital reduziert das wirtschaftliche Risiko und steigert die Renditechancen.

Der Private Public Partnership-Ansatz wird auch in Kombination mit Betreibermodellen angewandt (Baukostenzuschüsse aus öffentlichen Haushalten). Die in Deutschland (allerdings strittig) diskutierten Beteiligungen des Staates liegen zwischen 20 % und 40 %; bei den Projekten handelt es sich vorrangig um Brücken- und Tunnelbauten mit angeboter öffentlicher Anschubfinanzierung bis zu 40 %; hierzu zählen die bereits genannten Betreibermodelle.

Privatfinanzierung der Autobahnen

Die hohe Verkehrsdichte auf den Autobahnen mit der Folge beträchtlicher Überdeckungen der durch den Bau und Betrieb dieser Straßen entstehenden Kosten durch zurechenbare Einnahmen (vgl. Kap. III. 6 Verkehrswegerechnungen) haben zu Überlegungen geführt, die Autobahnen entweder über spezielle öffentliche oder private Finanzierungs- und Betreibergesellschaften aus dem Bundeshaushalt herauszulösen oder eine vollständige Privatisierung durch Veräußerung der Anteile am Autobahn-Anlagevermögen an Private herbeizuführen. Alle vorgelegten Vorschläge setzen jedoch entsprechende Änderungen des Grundgesetzes voraus (Art. 90 Abs. 1 und 2 GG). Die hierzu erforderlichen Mehrheiten im Bundestag und Bundesrat dürften wegen des speziellen Länderinteresses an der Gestaltung des Autobahnnetzes nur schwer zu erreichen sein.

Entstaatlichung der Verkehrsinfrastruktur

Die Überlegungen zur Privatfinanzierung der Verkehrsinfrastruktur werden weit durch Vorschläge übertroffen, welche langfristig eine Entstaatlichung vorsehen. Formal ist dies ansatzweise durch die Bahnstrukturreform 1994, insbesondere nach Umsetzung der 2. Stufe der Reform mit Beginn 1999, beim Schienennetz erfolgt. Planung, Bau und Betrieb des Fahrwegs der DB AG erfolgen durch die DB Netz AG; allerdings liegt das Kapital voll im Eigentum der DB AG als Holdinggesellschaft. Der Staat ist weiterhin für die Rahmenplanung (Abstimmung mit Verkehrswegeinvestitionen anderer Verkehrsträger und im internationalen Bereich, etwa bei den Projekten der Transeuropäischen Netze TEN) verantwortlich.

Entstaatlichungsansätze verfolgen das Ziel, eine effizientere Planungs-, Projektrealisierungs- und Nutzungspolitik bei den Verkehrswegen zu ermöglichen. Ein Vorschlag geht dahin, für die verschiedenen Verkehrsinfrastrukturkategorien sog. *Nutzerclubs* zu bilden, die über von ihnen gewählte und kontrollierte Geschäftsführungen Verkehrsinfrastrukturfonds schaffen. Der Staat wirkt über Nutzeranteile und Finanzmittelzuweisungen aus dem Mineralölsteueraufkommen an der Fondspolitik mit. Weitere Einnahmen erlangen die Fonds durch Benutzungsentgelte (etwa Road pricing); Fremdfinanzierungen über den Kapitalmarkt ergänzen die Finanzierungsbasis.

Diese vergleichsweise weitgehenden und den Ordnungsrahmen im Verkehr neben der bereits realisierten Deregulierung zusätzlich stark verändernden Vorschläge dürften nur mittel- bis langfristig umsetzbar sein. Sie stellen jedoch interessante und ökonomisch bedenkenswerte Überlegungen dar.

Exkurs: Finanzierung der Schienenwege der DB AG

Nach der Bahnstrukturreform des Jahres 1994 ist es notwendig, zwischen zwei Netzkategorien der DB AG zu unterscheiden:

- dem sog. Bestandsnetz, welches das vorhandene „Altnetz" umfaßt, sowie
- den Projekten, die im Anhang des Bundesschienenwegeausbaugesetzes (BSchwAG), im sog. Bundesschienenwegeausbauprogramm, ausgewiesen sind (wird alle 5 Jahre fortgeschrieben).

Die Finanzierung der Bau-, Unterhaltungs- und Betriebskosten des Bestandsnetzes erfolgt durch die DB AG; konkret: die DB Netz AG. Sie muß sich durch Trassenentgelte refinanzieren; bis 2002 kommen noch Bundeszahlungen (Altlastenbeseitigung bei der früheren Reichsbahn) hinzu, die jedoch überproportional abgebaut werden. Im Jahr 2000 wurden erhebliche Mängel im Bestandsnetz der DB AG in der Öffentlichkeit bekannt. Aus den Zinsersparnissen der UMTS-Mittel wurden daraufhin vom Bund der DB AG jährliche Zusatzmittel in Höhe von jeweils 1,02 Mrd. EUR für einen Zeitraum von 3 Jahren (2001-2003) als Baukostenzuschuß (zinslos, rückzahlungsfrei) zur Verfügung gestellt („Zukunftsinvestitionsprogramm").

Grundsätzlich ist festzustellen, dass sich die Finanzierung der Schienenverkehrswege als ein komplexes und wenig transparentes System von Finanzbeziehungen zwischen dem Bund, den Ländern, dem Bundeseisenbahnvermögen und der DB AG darstellt, ergänzt durch investive Eigenmittel der DB AG (Aberle, G. / Zeike, O. 2001).

Für die Investitionen des Schienenwegeausbauprogramms gilt nach § 8 Abs. 1 SchwAG, dass der Bund diese Ausgaben vorfinanziert und der DB AG entsprechende zinslose Darlehen vergibt. Die Darlehen müssen nach Fertigstellung der Investitionsobjekte jährlich mindestens in Höhe der Abschreibungen an den Bund zurückgezahlt werden. In den Fällen, in denen die Baumaßnahmen nicht oder nur zum Teil im unternehmerischen Interesse der Bahn liegen, können anstelle der

Darlehen auch Baukostenzuschüsse gewährt werden (§ 10 Abs. 1 BSchwAG). Hierbei handelt es sich jedoch um eine Ausnahmeregelung, die wegen immanenter Mißbrauchsgefahr zu Lasten des Steuerzahlers stets kritisch beurteilt wurde. In diesen Fällen zahlt die Bahn weder Zinsen noch Darlehenstilgungen (Fall der staatlichen Vollfinanzierung).

Für die Unterhaltungs- und Betriebskosten der Projekte des Schienenwegeausbauprogramms ist die DB AG verantwortlich.

Mit Wirkung vom 1. Januar 1998 ist durch eine Vereinbarung zwischen Bund und DB AG allerdings eine wesentliche Änderung in der Finanzierung der Investitionen des Ausbauprogramms erfolgt. Grundsätzlich wird die Finanzierung dieser Maßnahmen auf Baukostenzuschüsse umgestellt, d.h. sie erfolgen vollständig aus Steuermitteln. Die nunmehr entfallenden Rückzahlungen an den Bund in Höhe der jährlichen Abschreibungen sollen für Maßnahmen im Bestandsnetz verwandt werden; in entsprechender Höhe sollen Bundeszahlungen für das Bestandsnetz reduziert werden.

Ob diese Änderung mit § 8 Abs. 1 BSchwAG vereinbar ist, erscheint prüfungsnotwendig.

Literatur zu Kapitel II.2.4:

Aberle, G. (1995a): Neue Finanzierungskonzepte für den Verkehr, in: Zeitschrift für Verkehrswissenschaft, 66. Jg., S. 33-41.

Aberle, G. / Zeike, O. / Weimann, L. (1997): Alternative Formen der Finanzierung von Verkehrsinfrastrukturausgaben, Dortmund (Band 14 der Schriftenreihe des Verkehrsverbandes Westfalen-Mitte e.V.).

Aberle, G. (1998a): Infrastrukturkosten und Finanzierung, in: Jahrbuch des Bahnwesens Nah- und Fernverkehr, Folge 48, S. 36-44.

Aberle, G. / Zeike, O. (2001): Die Bahnstrukturreform 1994. Erfolg oder Mißerfolg? ADAC-Studie zur Mobilität, München.

Bundesministerium für Verkehr, Bau- und Wohnungswesen (2000): Verkehrsbericht 2000, Berlin.

Deutscher Industrie- und Handelstag (1990): Verkehr finanziert Verkehr. Vorstellungen zur Bildung eines Sondervermögens Bundesverkehrswege, Bonn.

Ewers, H.J. / Rodi, H. (1995): Privatisierung der Bundesautobahnen, Göttingen (Heft 134 der Beiträge aus dem Institut für Verkehrswissenschaft an der Universität Münster).

Ewers, H.-J. / Tegner, H. (2000): Entwicklungschancen der privaten Realisierung von Verkehrsinfrastruktur in Deutschland. Eine ökonomische Analyse des Fernstraßenbauprivatfinanzierungsgesetzes (FStrPrivFinG), Forschungsbericht, Berlin / Essen / Düsseldorf.

Grupp, K. (1994): Rechtsprobleme der Privatfinanzierung von Verkehrsprojekten, in: Verkehrswegerecht im Wandel, hrsg. v. W. Blümel, Berlin (Band 115 der Schriftenreihe der Hochschule Speyer).

Keppel, A. / Hinrich, St. (2000): Betreibermodelle im Rahmen des FStrPrivFinG, in: Internationales Verkehrswesen, 52. Jg., S. 258-263.

Kommission Verkehrsinfrastrukturfinanzierung (2000): Schlußbericht, Berlin.

Rodi, H. (1995): Das Modell einer nutzergesteuerten Autobahngesellschaft, in: Verkehrsinfrastrukturpolitik in Europa: eine deutsch-polnische Perspektive, Göttingen (Heft 137 der Beiträge aus dem Institut für Verkehrswissenschaft an der Universität Münster), S. 57-67.

Roland Berger & Partner (1995): Untersuchung zur Privatisierung von Bundesautobahnen. Zusammenfassender Abschlußbericht, Bonn/München.

Schäfer, P. (1998): Das Finanzierungsmodell zum Neu- und Ausbau der Schienenwege der DB AG, in: Eisenbahntechnische Rundschau, 47. Jg., Heft 8/9, S. 492-498.

Schmidt, F. (1994): Die Finanzierung der Verkehrsinfrastruktur vor dem Hintergrund der Wiedervereinigung: Privatfinanzierung - eine Alternative zur öffentlichen Finanzierung?, Frankfurt/M.

3 Grundelemente der europäischen Verkehrspolitik

3.1 Regelungen im EG-Vertrag

Der 1958 in Kraft getretene Vertrag zur Gründung der Europäischen Wirtschaftsgemeinschaft (EWG) sah von vornherein eine gemeinsame Verkehrspolitik mit gleichen ordnungspolitischen Regeln für alle Mitgliedstaaten vor. Der angestrebte positive Wohlfahrtseffekt durch den Abbau aller Behinderungen im Güteraustausch und freier Beweglichkeit der Produktionsfaktoren machte einen Abbau hemmender Tatbestände im Bereich des Verkehrs unabdingbar.

Vor dem Hintergrund historisch gewachsener und sehr unterschiedlicher verkehrspolitischer Grundauffassungen („Philosophien") stellten sich zunächst unüberwindbar erscheinende Probleme für eine gemeinsame Verkehrspolitik heraus, wie sie nach Art. 3 lit. f des Vertrages festgeschrieben ist.

Insbesondere waren strittig

- die Einbeziehung nicht nur des Binnenverkehrs, sondern auch des Luft- und Seeverkehrs in die EG-Verkehrspolitik, zumal der EWG-Vertrag hier keine eindeutigen Aussagen enthielt;
- die Position der Eisenbahn als schutzbedürftiges politisches Instrument und die hieraus abgeleiteten Interventionserfordernisse in die Transportmärkte;
- die Regelung des Marktzugangs im gewerblichen Straßengüterverkehr und die ordnungspolitische Behandlung des Werkverkehrs;
- der Grad der Preisbildungsautonomie bei den Verkehrsträgern;
- die maximalen Gewichte und Maße der Straßengüterverkehrsfahrzeuge;
- die höchstzulässigen Lenkzeiten im gewerblichen Straßenverkehr (Busse und Lkw) sowie deren Kontrolle;
- die Ermittlung und Anlastung der Wegekosten nach vergleichbaren Prinzipien zur Beseitigung von Wettbewerbsverzerrungen durch unterschiedliche Anlastungsmethoden;
- die Besteuerung des Straßenverkehrs;
- die zeitliche Perspektive der Liberalisierung des grenzüberschreitenden EG-internen Verkehrs;
- das Ausmaß der notwendigen Harmonisierung der Wettbewerbsbedingungen sowohl bei der inter- wie auch der intramodalen Konkurrenz;
- die institutionelle Zuständigkeit der EG-Kommission für Planung und Ausbau länderübergreifender Verkehrsinfrastrukturprojekte.

Bis 1985 hat die gemeinsame europäische Verkehrspolitik nur sehr geringe Fortschritte erreicht. Eine Vielzahl von Vorschlägen der EG-Kommission wurde vom Verkehrsministerrat verworfen oder vertagt; die nationalen Beurteilungsunterschiede und die immer wieder erkennbare Kompromißunfähigkeit und -unwilligkeit schienen über Jahrzehnte unüberwindbar.

Die gemeinsame EG-Verkehrspolitik (in der Fassung des Amsterdam-Vertrages, gültig ab 1. Mai 1999) ist verankert in Art. 3 lit. f (gemeinsame Verkehrspolitik als Aufgabe der EG) und in den Art. 70 und 71 (Aufgabenformulierung), Art. 73

(Zulässigkeit bestimmter staatlicher Beihilfen, insbesondere zur Abgeltung öffentlicher Auflagen bei den Verkehrsunternehmen), Art. 74 (Berücksichtigung der wirtschaftlichen Lage der Verkehrsunternehmen bei Preis- und Beförderungsregelungen), Art. 75 (Beseitigung von Diskriminierungen durch Anwendung unterschiedlicher Preise und Beförderungsbedingungen für gleiche Leistungen durch ein Verkehrsunternehmen), Art. 76 (Verbot von Unterstützungstarifen für Regionen oder Sektoren; Wettbewerbstarife sind zulässig) sowie Art. 80 (Verkehrsministerrat kann mit qualifizierter Mehrheit die Anwendbarkeit der Vorschriften über die gemeinsame Verkehrspolitik über die bereits genannten Verkehrsträger Eisenbahn, Straßen- und Binnenschiffsverkehr auf den Luftverkehr und die Seeschiffahrt ausweiten). Bedeutsam sind ferner noch die Art. 87 und 88, die das generelle staatliche Beihilfeverbot enthalten. Werden Kosten des Verkehrs nicht angelastet, so kann hierin ein wettbewerbsverfälschender Subventionstatbestand liegen. So prüft z.B. seit 1993 die Europäische Kommission, auch auf Initiative des Europäischen Parlaments, die wirtschaftlichen Verflechtungen zwischen Seehäfen und ihren öffentlichen Eigentümern, da hier verzerrende Tatbestände im EU-weiten Wettbewerb vermutet werden.

Durch Entscheidungen des *Europäischen Gerichtshofes (EuGH)* aus dem Jahre 1974 und 1986 ist geklärt worden, dass Seeschiffahrt und Luftverkehr der gemeinsamen Verkehrspolitik zuzuordnen sind und dass auch für sie die *allgemeinen Regeln der EG-Wettbewerbspolitik* (Art. 81 und 82) Anwendung finden. Diese Regelung bringt immer wieder besondere Probleme, da die im EG-Raum domizilierenden Unternehmen des Luftverkehrs und der Seeschiffahrt die Mehrzahl ihrer Aktivitäten auf Märkten außerhalb des Gemeinschaftsraums entfalten. So werden die Seeschiffahrtskonferenzen, etwa im asiatischen und pazifischen Raum, an denen EU-Reedereien mitwirken, von der Europäischen Kommission als unzulässige Kartelle nach Art. 81 EG-Vertrag betrachtet, deren Tolerierung nur bei einer genehmigten Gruppenfreistellung nach Art. 81 Abs. 3 möglich sei.

Fortschritte in der EG-Verkehrspolitik werden vor allem durch den Konflikt zwischen *Harmonisierung der Wettbewerbsbedingungen* und *Liberalisierung der Marktzugangs- und Preisbildungsregelungen* verhindert. Hierbei kam es über eine Vielzahl von Jahren zur Selbstblockade des Ministerrates: Die von der Kommission vorgeschlagene Liberalisierung wurde mit Hinweis auf bestehende Defizite bei der Harmonisierung der Wettbewerbsbedingungen abgelehnt; es ging vor allem um die fiskalischen Sonderbelastungen des Straßengüterverkehrs, die in

Deutschland durch die Kraftfahrzeug- und Mineralölsteuer wesentlich höher lagen als bei wichtigen Wettbewerbern in den Niederlanden, Belgien und Frankreich. Eine Absenkung auf einen niedrigeren Wert wurde jedoch insbesondere von Deutschland abgelehnt mit Hinweis auf das Schutzbedürfnis der Eisenbahn. Aus dem gleichen - wenn auch nicht stichhaltigen - Grund wurde von Deutschland jahrzehntelang eine Erleichterung der Marktzugangsmöglichkeiten im grenzüberschreitenden Güterverkehr innerhalb der EG abgelehnt, d.h. die bilateralen Abkommen dominierten bis in die 80er Jahre. Die restriktive und für die EG-Verkehrspolitik hemmend wirkende Position der Bundesrepublik Deutschland wurde weitgehend von Frankreich und Italien mitgetragen.

3.2 EuGH-Urteil vom 22. Mai 1985

Einen entscheidenden Einschnitt in die bis dahin wenig erfolgreiche EG-Verkehrspolitik brachte das sog. **Untätigkeitsurteil** des EuGH vom 22. Mai 1985. Das Europäische Parlament hatte den Ministerrat wegen langjähriger Untätigkeit und Nichtbeachtung der in den Art. 71 und 75 festgelegten zeitlichen Fristen verklagt; danach wäre bereits bis 1968 die Dienstleistungsfreiheit herzustellen gewesen. Das für die deutsche Regierung und die deutsche Verkehrspolitik überraschende Urteil stellte u.a. fest, dass *kein Junktim* zwischen der Beseitigung wettbewerbsbeeinträchtigender Regelungen und der Harmonisierung der Wettbewerbsbedingungen besteht. Verlangt wurde die Umsetzung der in Art. 75 festgelegten Dienstleistungsfreiheit in einem *angemessenen Zeitraum*. Hieraus zog der Ministerrat am 14. November 1985 und am 30. Juni 1986 mehrere weitreichende Konsequenzen.

Unabhängig von diesem EuGH-Urteil beschlossen die Staats- und Regierungschefs in ihrer Ratssitzung am 29./30. Juni 1985 in Mailand (Mailänder Beschlüsse), am 1. Januar 1993 die Vollendung des Gemeinsamen Binnenmarktes zu realisieren. Diese Festlegung förderte die Deregulierungsbeschlüsse des EG-Verkehrsministerrates in den folgenden Jahren erheblich.

3.3 Deregulierungsaktivitäten auf den Verkehrsmärkten

Zu nennen sind insbesondere die folgenden Deregulierungsmaßnahmen; sie sind unmittelbare Folge des EuGH-Urteils vom Mai 1985:

- Der Tatbestand der Diskriminierung Dritter durch *bilaterale Kontingente* im grenzüberschreitenden Straßengüterverkehr wurde durch jährliche Aufstockungen des EG-Gemeinschaftskontingents bis zur endgültigen Freigabe der Kontingentsgrenze zum 1. Januar 1992 beseitigt.

- Im Juni 1989 beschloß der Ministerrat eine Richtlinie über den *Zugang zum Beruf des Güter- und Personenverkehrsunternehmers* im innerstaatlichen und grenzüberschreitenden Verkehr. Sie war bis 1990 in nationales Recht umzusetzen und sieht als Kriterien die fachliche Eignung, persönliche Zuverlässigkeit und einen Eigenkapitalnachweis von 3.000 ECU je eingesetztes Fahrzeug vor. Diese Eigenkapitalregelung war jedoch nicht geeignet, die Funktion eines Marktstabilisators zu erfüllen. Daher wurde am 1. Oktober 1998 die Richtlinie 98/76 EG verabschiedet, die eine Erhöhung des Eigenkapitalnachweises von bislang 3.000 EUR auf 9.000 EUR für das erste und je 5.000 EUR für alle weiteren Fahrzeuge vorschreibt.

- Zum 1. Januar 1989 wurden die obligatorischen Tarife im grenzüberschreitenden *EG-internen Straßengüterverkehr* in Referenztarife (unverbindliche Empfehlungspreise) und zum 1. Januar 1990 in freie Preise umgewandelt. Seit 1990 gibt es für den grenzüberschreitenden Straßengüterverkehr innerhalb der EG einen *Krisenmechanismus*, der bei nachhaltiger Störung des Gleichgewichts auf den Straßengüterverkehrsmärkten und bei ruinösen Preisaktionen einen Interventionsmechanismus in Kraft setzen kann (Begrenzung der Ausgabe von Genehmigungen für den grenzüberschreitenden Straßengüterverkehr). Bislang ist diese Krisenregelung jedoch noch nicht angewandt worden.

- Am 5. Dezember 1989 wurde der erste Schritt in eine *Kabotageregelung* im Straßengüterverkehr getan; die Verweigerung des Binnentransports durch EG-Ausländer stellt eine Diskriminierung dar. Zum 1. Juli 1990 wurde ein spezielles EG-Kabotagekontingent geschaffen (zunächst 15.000 Zwei-Monats-Genehmigungen), das auf die EG-Staaten aufgeteilt und bis zum 31. Dezember 1992 jeweils um 10 % aufgestockt wurde. Seit 1993 stieg das Kabotagekontingent um jährlich 30 % bis zur Einführung der quantitativ unbegrenzten Regelkabotage zum 1. Juli 1998. Die Kabotageregelung enthält ebenfalls einen Krisenmechanismus, wonach Schutzmaßnahmen bei den Kabotagegenehmigungen getroffen werden können, sofern sich mehr als 30 % der Kabotagegenehmigungen hinsichtlich ihrer Nutzung auf ein Land konzentrieren. Bislang ist auch dieser problematische Krisenmechanismus nicht angewandt worden. Es fehlen ökonomisch gehaltvolle Kriterien für die Definition einer Krise, die im übrigen nur mit erheblichem Zeitverlust ex post festgestellt werden kann.

Ebenfalls zum Kabotageverkehr zugelassen ist der Werkverkehr (Verordnung (EWG) Nr. 792/94 vom 8. April 1994), der zu gleichen Bedingungen wie Unternehmen des gewerblichen Güterkraftverkehrs Kabotagegenehmigungen erhalten kann. Hiermit ist eine Liberalisierung des Werkverkehrs vorgenommen worden; das Kabotage-Aufnahmeland sieht die Kabotagegenehmigung als ausreichenden Nachweis für die Befugnis der Güterbeförderung an.

- Für die *Binnenschiffahrt* wurde der in Deutschland, den Niederlanden und Frankreich zunächst noch bestehende Kabotagevorbehalt auf den Kanälen nur bis Ende 1994 zugelassen. Im Rheinstromgebiet hatte die Bundesrepublik Deutschland bereits 1974 auf den Kabotagevorbehalt verzichtet.

Der Konflikt um das von den Niederlanden, aber auch von Belgien und Frankreich praktizierte *Tour de rôle-Verfahren* konnte viele Jahre nicht gelöst werden. Bei dem Tour de rôle-System handelte es sich um ein Frachtenzuteilungsverfahren in der Reihenfolge der Schiffsmeldungen zu i.d.R. festgelegten Preisen. Hierdurch wurden sowohl der Preis- wie auch der Qualitätswettbewerb ausgeschaltet. Insbesondere die Niederlande und Frankreich haben das Verfahren bis Ende 1998 fortgeführt, um die Partikuliere an einen Wettbewerbsmarkt heranzuführen. 1994 wurden etwa 8 % der EU-Binnenschiffstransporte nach dem Tour de rôle-Verfahren abgewickelt.

- Für den *Luftverkehr* bedeutsam ist ein Urteil des EuGH vom 30. April 1986 („Nouvelles Frontières"). Es bestätigte ausdrücklich die Anwendbarkeit der allgemeinen Wettbewerbsregeln des EG-Vertrages für den innergemeinschaftlichen Luftverkehr. Am 14. Dezember 1987 verabschiedete der Rat das sog. erste Luftverkehrsliberalisierungspaket, gültig ab 1. Januar 1988 mit größerer Freizügigkeit bei der Aufstellung der Luftverkehrstarife und bei der Aufteilung der Kapazitäten für den Passagier-Linienverkehr. Das zweite Liberalisierungspaket (1990) und das dritte Liberalisierungspaket (1993) führten zu sukzessiven Beseitigungen der vordem sehr restriktiven Marktordnung im Luftverkehr. Insbesondere wird seit dem 1. April 1997 mit Abschluß des dritten Liberalisierungspaketes die Kabotage (Achte Freiheit) zugelassen, nachdem seit 1993 aufgrund bilateraler Verhandlungen in wenigen Fällen eine Anschlußkabotage vereinbart werden konnte.

- Nach vieljährigen, aber wenig erfolgreichen Bemühungen der EG-Kommission hat der Ministerrat im Jahre 1991 die für die zukünftige *Eisenbahnpolitik* der Gemeinschaft bzw. der EU außerordentlich wichtige Richtlinie 91/440/EWG verabschiedet. Sie war zum 1. Januar 1993 von den Mitgliedstaaten umzusetzen, ist jedoch nicht unmittelbar aus dem EuGH-Urteil von 1985 abzuleiten.

Die wesentlichen Inhalte dieser Richtlinie lassen sich wie folgt zusammenfassen:

- Gefordert wird eine rechnerische und „organische" Trennung von Fahrweg und Eisenbahntransportbetrieb, ein Verbot von Quersubventionierungen sowie die Öffnung der nationalen Eisenbahnnetze für Dritte. Dabei gelten als Dritte andere im kombinierten Verkehr tätige nationale Eisenbahngesellschaften und „internationale Gruppierungen", also international tätige Eisenbahngemeinschaftsunternehmen. Der Netzzugang für diese Dritten muß diskriminierungsfrei gegen Zahlung von Trassenentgelten erfolgen.

- Zu gewährleisten ist eine vom Staat unabhängige Geschäftsführung der Eisenbahnen, d.h. Trennung vom Staat und eigene Rechnungsführung. Staatliche Auflagen müssen über spezielle öffentliche Aufträge an die Bahn abgewickelt werden (Prinzip der speziellen Entgeltlichkeit). Die Staaten werden aufgefordert, durch eine Entschuldung die finanzielle Sanierung der Eisenbahnen zu gewährleisten.

Im Juni 1995 erfolgte eine Ergänzung der EU-rechtlichen Vorgaben durch zwei weitere Richtlinien. Die Richtlinie 95/18/EG regelte die Erteilung von Genehmigungen an Eisenbahnunternehmen, während in der Richtlinie 95/19/EG Grundsätze über die Zuweisung von Fahrwegkapazität der Eisenbahn und die Berechnung von Wegeentgelten festgelegt waren. Obwohl auch diese Richtlinien noch gewisse Interpretationsspielräume offenließen, konkretisierten sie doch die Richtlinie 91/440/EWG entscheidend.

Die *Umsetzung* dieser Richtlinie erfolgte in mehren EU-Staaten völlig unbefriedigend. Insbesondere stieß die Netzöffnung für Dritte bei bestimmten nationalen Eisenbahngesellschaften auf fühlbaren Widerstand, so etwa bei der französischen SNCF. Daher legte die Kommission im Juli 1998 den Entwurf einer veränderten Richtlinie zum Netzzugang und zur Trassenpreisbildung vor.

Nicht zuletzt durch die aktive Mitwirkung des Europäischen Parlaments ist es der Kommission gelungen, im EU-Verkehrsministerrat im Frühjahr 2001 eine

Einigung über drei wichtige Eisenbahnrichtlinien zu erreichen. Die Richtlinie 2001/12 stellt die überarbeitete Fassung der Richtlinie 91/440 dar; in der Richtlinie 2001/13 wird die Erteilung von Genehmigungen an Eisenbahnunternehmen geregelt (Änderung der Richtlinie 95/18). Die Richtlinie 2001/14 schließlich definiert die Bedingungen für die Zuweisung von Fahrwegkapazitäten sowie für die Erhebung von Nutzungsentgelten (Trassenpreisen) für die Eisenbahninfrastruktur; es handelt sich um eine Neufassung der Richtlinie 95/19. Diese Richtlinie ist als wichtigste Vorschrift für die Sicherung eines diskriminierungsfreien Netzzugangs anzusehen: der Betreiber der Infrastruktur muß rechtlich, organisatorisch oder in seinen Entscheidungen von Eisenbahnunternehmen unabhängig sein. Hierdurch werden vertikal integrierte Eisenbahnunternehmen deutlich in Frage gestellt. Alle drei Richtlinien müssen bis zum 15. März 2003 in nationales Recht umgesetzt werden.

Für die europäische Eisenbahnpolitik stellen die Richtlinien eine sehr weitgehende Regelung dar, die fast als revolutionär bezeichnet werden kann. Inwieweit sie tatsächlich zu höherer Wettbewerbsintensität und zu einem zusätzlichen Wettbewerbsdruck führt, werden die kommenden Jahre zeigen. Es bleibt aber festzustellen, dass die *deutsche Bahnstrukturreform* in wesentlichen Positionen weit über die EU-Richtlinien hinausgeht. So ist die faktische Trennung ab 2002 zumindest vorgesehen; die Dritten bei der Netzöffnung können alle öffentlichen Eisenbahnen sein. Ab 1999 werden die wichtigsten Geschäftsbereiche bereits als selbständige AG´s geführt, auch wenn sie noch vollständig von der DB AG Holding kontrolliert werden. Diese Beherrschung wurde im Jahr 2000 durch eine von der Holding durchgesetzte Organisationsreform wesentlich intensiviert. Über den Aktiengesellschaften wurden die Fachbereiche Personenverkehr, Güterverkehr und Fahrweg eingerichtet, deren Leiter die Vorsitzenden der Vorstände der Aktiengesellschaften sind. Über die Fachbereiche kann der Holdingvorstand die operative Geschäftsführung der Aktiengesellschaften steuern. Diese Reform hat die Stärke der vertikalen Integration des DB-Konzerns wesentlich erhöht; sie konterkariert die durch die Ausgründung der Unternehmensteile verfolgten Zielsetzungen.

- Hinsichtlich der Beziehungen zwischen Staat und Verkehrsunternehmen bei den sog. Aufgaben des öffentlichen Dienstes (Public service, gemeinwirtschaftliche Auflagen) ist von Bedeutung die Verordnung (EWG) Nr. 1893/91; sie ergänzt und ändert die Verordnung (EWG) Nr. 1191/69, welche die Beziehungen zwischen dem Staat und den Verkehrsunternehmen des Eisenbahn-, Straßen- und Binnenschiffsverkehrs hinsichtlich der gemeinwirtschaftlichen Verpflichtungen regelt. Die VO 1893/91 hebt grundsätzlich die gemeinwirtschaftlichen Verpflichtungen auf und ersetzt sie durch *Leistungsverträge* zwischen den Behörden der Mitgliedstaaten und den Verkehrsunternehmen. Quersubventionierungen im Sinne von Transfers von oder zu anderen Unternehmensbereichen (etwa zwischen Energieversorgungs- und Verkehrsunternehmen einer Gebietskörperschaft) sind nicht mehr zulässig; für die gesonderte Rechnungsführung ist Sorge zu tragen. Allerdings können die Mitgliedstaaten solche Verkehrsunternehmen von dieser Verordnung ausnehmen, die ausschließlich Stadt-, Vorort- oder Regionalverkehrsdienste betreiben. Diese Ausnahmeregelung wurde in Deutschland angewendet.

Die VO 1893/91 hat einen diskriminierungsfreien Marktzugang im öffentlichen Personennahverkehr nicht herstellen können. Großvaterrechte und durch nationale rechtliche Regelungen ermöglichte Finanzmitteltransfers, insbesondere von kommunalen Eigentümern der Nahverkehrsbetriebe, führten formal zu eigenwirtschaftlichen Betriebsergebnissen. Dies eröffnet die Möglichkeit, auf Ausschreibungen zu verzichten und stellt einen künstlichen Wettbewerbsschutz gegenüber dritten Anbietern dar, die nicht in den Genuß solcher Finanzmitteltransfers gelangen. Es handelt sich um einen Diskriminierungstatbestand.

Am 26.07.2000 hat die EU-Kommission einen Vorschlag zur Marktöffnung im ÖPNV vorgelegt. Er sieht bei allen ÖPNV-Leistungen, die öffentliche Finanzmittel erfordern, eine Ausschreibungsverpflichtung vor. Im November 2001 hat das Europäische Parlament mehrere Änderungsvorschläge beschlossen. Diese Marktöffnungsrichtlinie ist wegen der unbedingten Ausschreibungsverpflichtung bei sog. öffentlichen Dienstleistungsaufträgen vor allem bei den Kommunen als Eigentümer von Nahverkehrsunternehmen stark umstritten.

3.4 Wettbewerbspolitische Harmonisierungsprobleme

Ein Dauerthema für die gemeinsame Verkehrspolitik ist die Harmonisierung der Wettbewerbsbedingungen der Verkehrsträger (intermodal) und international zwischen den Verkehrsunternehmen (intramodal). Bis zum EuGH-Urteil zur Diskriminierungsfreiheit vom Mai 1985 hat der Streit um die Harmonisierung jeden entscheidenden konzeptionellen Fortschritt in der Verkehrspolitik der Gemeinschaft verhindert. Auch die Einigung über die höchstzulässigen Maße und Gewichte von Nutzfahrzeugen und die Angleichung der Sozialvorschriften war erst Anfang der 80er Jahre möglich.

Durch die Umsetzung der Dienstleistungsfreiheit ist die Deregulierung im grenzüberschreitenden Verkehr aus der Harmonisierungsklammer gelöst worden, zumal der EuGH ausdrücklich feststellte, dass die Realisierung der im EWG-Vertrag verankerten Dienstleistungsfreiheit nicht von der Harmonisierung der Wettbewerbsbedingungen abhängig gemacht werden darf. Die immer noch nicht befriedigend gelöste Harmonisierungsproblematik bei den Wettbewerbsbedingungen, aus der künstliche Vorteile bzw. Nachteile im Wettbewerb auf den Verkehrsmärkten resultieren, besteht vor allem im Straßengüterverkehr durch die unterschiedlichen sog. *künstlichen Kosten* in der Europäischen Union. Hierbei geht es um die fiskalischen Sonderabgaben des Straßengüterverkehrs, also die Mineralöl- und die Kraftfahrzeugsteuer. Die Steuersätze sind trotz gewisser Angleichungen immer noch sehr unterschiedlich. Insbesondere schlug dies bei der Kraftfahrzeugsteuer durch, abgeschwächt auch bei der Mineralölsteuer (Abbildung 20 und 21).

Abbildung 20: Kraftfahrzeugsteuern in Europa (Basis: 40 t-Lastzug) in EUR/Jahr (Stand und Umrechnungskurse: 1. August 2000)

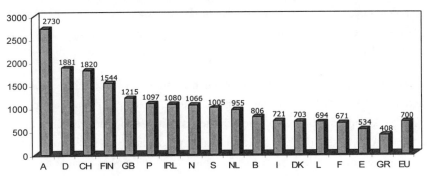

D: Lastzüge als EURO 1-Fahrzeug.
GB: 38-t-Sattelzüge.
CH: 28-t-Lastzüge; 40- t-Lastzüge zzgl. Schwerverkehrsabgabe entsprechend EU-Schweiz-Landverkehrsabkommen.
EU: Mindestsatz ohne Luftfederung, mit Luftfederung EUR 515.

Quelle: Bundesverband Güterkraftverkehr, Logistik und Entsorgung: Verkehrswirtschaftliche Zahlen (1999), S. 74; eigene EUR-Umrechnung.

*Abbildung 21: Mineralölsteuern in Europa auf Dieselkraftstoff in Cent/Liter
(Stand und Umrechnungskurse: 1. August 2000)*

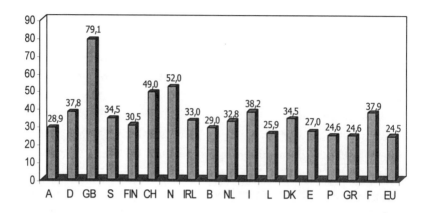

In Deutschland wurde die Mineralölsteuer zum 01.01.2001 sowie zum 01.01.2002 jeweils um 3,1 Cent erhöht, so dass am 01. August 2002 die Steuer 44,0 Cent betrug. 24,5 Cent sind der EU-Mindeststeuerbetrag.

Quelle: Bundesverband Güterkraftverkehr, Logistik und Entsorgung: Verkehrswirtschaftliche Zahlen (1999), S. 74; eigene EUR-Umrechnungen.

Bei den *Mineralölsteuern* hat sich der Verkehrsministerrat im Oktober 1992 auf *Mindeststeuersätze* für Vergaser- und Dieseltreibstoff geeinigt (Richtlinie 92/82/ EWG mit 245 EUR/1.000 l). Ebenfalls wurden für die *Kraftfahrzeugsteuer* bei Nutzfahrzeugen ab 12 t Gesamtgewicht *Mindeststeuerbeträge* von 700 EUR (Zwei- und Drei-Achskombination) vereinbart. Für einige wenige Länder (z.B. Frankreich) gelten für eine Übergangszeit noch niedrigere Sätze.

Diese Unterschiede in den sog. künstlichen Kosten müssen durch Leistungssteigerung und Produktivitätserhöhungen oder durch sonstige Rationalisierungsmaßnahmen kompensiert werden. Sie schaffen somit Wettbewerbsdisparitäten. Um zumindest eine tendenzielle internationale Angleichung dieser administrativen Belastungen herzustellen, wurde ab 1. Januar 1995 in den EU-Staaten Dänemark, Niederlande, Belgien, Luxemburg und Deutschland und ab 1998 auch in Schweden eine Straßenbenutzungsgebühr (sog. Eurovignette) für schwere Lastkraftwagen (ab 12 t Gesamtgewicht) eingeführt mit einem Jahrespreis von 1.250 EUR mit zusätzlicher monatlicher, wöchentlicher und täglicher Stückelung (Richtlinie 93/89/EWG vom 25. Oktober 1993). Parallel hierzu wurde (mit Wirkung vom 1.

April 1994) die Kraftfahrzeugsteuer in Deutschland für den 40 t-Lastzug auf 2.637 EUR (sog. Altfahrzeug), für ein Euro-1-Fahrzeug der gleichen Gewichtsklasse auf 1.890 EUR und für ein Euro-2-Fahrzeug auf 1.559 EUR abgesenkt. Die Euro-1- und Euro-2-Normen verlangen stärkere Emissionsreduzierungen. Damit sind die Kraftfahrzeugsteuern für den 40 t-Fahrzeugtyp zwar noch nicht voll angeglichen, da einige EU-Länder nur die EU-Mindestbeträge der Kraftfahrzeugsteuer von 700 EUR/Jahr erheben bzw. ihre Kraftfahrzeugsteuer abgesenkt haben. Dies wird als Kompensation für die Einführung der Eurovignette zumindest in einigen Ländern angesehen. Dennoch ist eine tendenzielle Angleichung der fiskalischen Sonderbelastungen erreicht, auch wenn im Einzelnen noch weiterhin Disparitäten bestehen. Dabei ist zu berücksichtigen, dass in einzelnen EU-Staaten spezielle Straßenbenutzungsgebühren erhoben werden, allerdings regelmäßig bislang nur auf Autobahnen (Frankreich, Italien, Spanien und Österreich). Diese müssen in die Vergleichsrechnungen einbezogen werden. Die tatsächlichen Wettbewerbsverzerrungen lassen sich dann nur für konkrete Fahrtbedingungen der Nutzfahrzeuge ermitteln. Seit 1999 ist die Straßenbenutzungsgebühr (Eurovignette) für schwere LKW nach Schadstoffklassen der Fahrzeugklassen Euro-0 bis Euro-3 leicht differenziert worden; bei den Schadstoffklassen Euro-0 und Euro-1 erfolgte eine geringfügige Anhebung.

In Deutschland ist ab 2003 die Einführung einer fahrleistungsabhängigen Straßenbenutzungsgebühr für Lkw ab 12 t Gesamtgewicht auf Autobahnen vorgesehen; sie löst die zeitabhängige Eurovignette ab. Auch in den Niederlanden ist eine fahrleistungsabhängige Gebühr in Vorbereitung; sie bezieht jedoch alle Fahrzeuge einschließlich der Pkw ein.

Diese unterschiedlichen fiskalischen Sonderbelastungen der Nutzfahrzeuge in den EU-Mitgliedstaaten besitzen auch eine direkte Beziehung zum zweiten grossen Harmonisierungsproblem, der Ermittlung und Anlastung der sog. *Wegekosten*. Auf die sehr unterschiedlichen Rechenverfahren (globale und fahrzeugkategoriale Wegerechnungen) wird in Kapitel III.6 näher eingegangen. Hier wird nur auf einige EU-weite Wettbewerbsprobleme hingewiesen.

Wird an dieser Stelle vereinfachend unterstellt, die Höhe der von den Straßengüterverkehrsfahrzeugen verursachten „Wegekosten" sei ermittelt, so stellt sich die Frage der konkreten Form dieser Anlastung. Bereits 1971 hat die EG-Kommission hierzu Vorschläge unterbreitet (KOM 71/286). Sie wurden vom Ministerrat nicht aufgegriffen. 1986 legte die Kommission auf Anforderung des Ministerrates einen konkreten Anlastungsvorschlag vor (KOM 86/750), der 1988 weiter präzisiert wurde (KOM 87/716). Gegenstand sind die schweren Nutzfahrzeuge (ab 12 t Gesamtgewicht); die Verrechnung der Wegeaufwendungen auf die Fahrzeuge soll durch Straßenbenutzungsgebühren, die Kraftfahrzeugsteuer und die Mineralölsteuer erfolgen. Der Vorschlag von 1988 läßt jedoch die Mineralölsteuer wegen der Angleichungsverordnung (damals Kommissionsvorschlag) ausserhalb der Überlegungen. Dieser Anlastungsvorschlag der Kommission basiert auf dem *Territorialitätsprinzip* (Bestimmungslandprinzip), während bis zu diesem Zeitpunkt die Kommission jahrelang das *Nationalitätsprinzip* (Ursprungslandprinzip) als Anlastungsprinzip vertreten hatte, dies jedoch aufgrund des Widerstandes im Ministerrat aufgab.

Werden Wegeaufwendungen nach dem **Territorialitätsprinzip** den Fahrzeugen zugerechnet, so erfolgt dies auf Basis der in den jeweiligen Staaten zurückgelegten Fahrzeugkilometer und den hierbei entstehenden Wegekosten. Es wird vorausgesetzt, dass für alle Straßenkategorien und für sämtliche Nutzfahrzeugtypen die Wegeaufwendungen in jedem EU-Staat erfaßt, mit den dort durch Straßenbenutzungsabgaben und Mineralölsteuerzahlungen geleisteten Deckungsbeiträgen gegengerechnet und die verbleibenden Unterdeckungen der Wegeaufwendungen unter Berücksichtigung der Kraftfahrzeugsteuerzahlungen im Zulassungsstaat dem Fahrzeug zugerechnet werden. Zwischen den EU-Staaten müßte eine Verrechnungsstelle (Clearing) die erforderlichen Ausgleiche vornehmen.

Das **Nationalitätsprinzip** beinhaltet hingegen als harmonisiertes Nationalitätsprinzip, dass die Fahrzeuge EU-weit angeglichene Mineralöl- und Kraftfahrzeugsteuern im Zulassungsland zahlen. Zusätzlich soll ein EU-weiter Finanzausgleich die länderspezifischen Unterschiede in der Straßenbenutzung durch ausländische Fahrzeuge sowie topographisch bedingte unterschiedliche Wegeaufwendungen berücksichtigen.

Das Territorialitätsprinzip stellt hohe Anforderungen an die Datenerfassung und erfordert ein supranationales Clearing-System. Tatsächlich bleiben die Steuergrenzen erhalten, die beim (harmonisierten) Nationalitätsprinzip entfallen. Der Wegfall aller Steuergrenzen ist aber ein wesentliches Merkmal eines Gemeinsamen Marktes, wie er zum 1. Januar 1993 geschaffen wurde.

Werden jedoch **Straßenbenutzungsgebühren** berücksichtigt, deren Bedeutung durch Privatfinanzierung von Straßenneubauten und einer immer wieder diskutierten Privatisierung von Teilen des Autobahnnetzes zunehmen könnte, so gewinnt das Territorialitätsprinzip an Attraktivität. Dies gilt ebenfalls hinsichtlich der diskutierten Einführung von **Road pricing-Systemen** in den EU-Staaten. Beim Road pricing erfolgt eine nach Regionen, Straßentypen und Auslastungsverhältnissen differenzierte Anlastung von Straßenbenutzungspreisen; die Erfassung und Verrechnung kann weitestgehend automatisch erfolgen.

1990 vereinfachte die EG-Kommission ihren Anlastungsvorschlag (KOM 90/540), zumal sie die Probleme mehrerer Mitgliedstaaten zur Ermittlung der globalen und fahrzeugkategorialen Wegeaufwendungen erkannte. Die Kommission erarbeitete für eine Übergangsphase (1992 bis 1995) Mindeststeuersätze für die schweren Nutzfahrzeuge in Abhängigkeit vom höchstzulässigen Gesamtgewicht und der Achsenzahl. Dieser Vorschlag sollte den Einstieg in eine wegekostenorientierte Nutzfahrzeugbesteuerung bei gleichzeitiger Lösung des Harmonisierungsproblems bei den fiskalischen Sonderabgaben darstellen.

Diese Vorschläge wurden jedoch trotz zahlreicher Zustimmung vom Verkehrsministerrat nicht angenommen. Vielmehr einigte sich der Rat 1993 auf die Einführung der sog. Eurovignette ab 1995, in der vor allem Deutschland die Chance sah, die ausländischen Lastkraftwagen (Busse sind nicht vignettenpflichtig) stärker an den Verkehrswegeaufwendungen zu beteiligen. Diese Eurovignette ist auch von Fahrzeugen aus Drittstaaten zu entrichten. Als lediglich zeitbezogene Abgabe besitzt die Vignette jedoch keine Steuerungsfunktion wie etwa das Road pricing und ist daher verkehrs- und umweltpolitisch nur als Übergangslösung mit Finanzierungsfunktion zu betrachten. Im Übrigen handelt es sich tatsächlich nicht um eine Vignette (wie etwa in der Schweiz), sondern um eine Straßenbenutzungsgebühr, die jedoch in Deutschland wie eine Steuer behandelt wird, was finanzrechtlich problematisch sein dürfte. Ab 2003 ist die Einführung einer strecken- und fahrleistungsabhängigen Straßenbenutzungsgebühr in Deutschland für (schwere) LKW vorgesehen. Diese wird die zeitabhängige Eurovignette ablösen. Auch in den Niederlanden und in Österreich wird die Einführung fahrleistungsabhängiger Straßenbenutzungsgebühren vorbereitet.

Ein weiteres Harmonisierungsproblem besteht zwischen der Eisenbahn und der Binnenschiffahrt, da der Schiffahrt in Deutschland nur 10 % ihrer Wegekosten durch Befahrungsabgaben angelastet werden und auch eine Befreiung von der Mineralölsteuer besteht (Folge der Mannheimer Akte bzw. der Abgabenfreiheit auf dem Rhein).

Letztlich hat sich ein fast jahrzehntelanger Streit - auch in der wissenschaftlichen Diskussion - darüber entwickelt, ob die Eisenbahn verzerrten Wettbewerbsbedingungen unterworfen ist. Im Mittelpunkt steht vor allem auch die Verrechnung von Wegeaufwendungen; hierauf wird in Kapitel III.6 detaillierter eingegangen.

3.5 Die Gemeinschaftsstrategien der EG-Kommission

Einen vorläufigen Abschluß der europäischen Verkehrspolitik und damit auch der Harmonisierungsdiskussion bilden zum einen die 1992 vorgelegten programmatischen verkehrspolitischen Grundsatzpapiere: das *Weißbuch* unter dem Titel „Die künftige Entwicklung der Gemeinsamen Verkehrspolitik - Globalkonzept einer Gemeinschaftsstrategie für eine bedarfsgerechte und auf Dauer tragbare Mobilität" (KOM 92/494) sowie das „*Grünbuch* zu den Auswirkungen des Verkehrs auf die Umwelt" (KOM 92/46). Ergänzend wurde Ende 1995 ein weiteres Grünbuch von der Generaldirektion Verkehr vorgelegt, dem im Juli 1998 das Weißbuch zur Ermittlung und Anlastung der Verkehrsinfrastrukturkosten folgte.

Das im Dezember 1992 von der Kommission vorgelegte **Weißbuch zur Gemeinsamen Verkehrspolitik** sah im Jahre 1992 eine besondere Zäsur vor der Vollendung des Gemeinsamen Binnenmarktes zum 01. Januar 1993 vor. Es wurde die Wachstumsbedeutung des Verkehrs generell hervorgehoben, unterlegt mit einigen statistischen Daten für die Jahre 1970 bis 1990. Aus ihnen ging hervor, dass - bezogen auf die Verkehrsträger Straße, Schiene, Wasserstraße und Luftverkehr - die Eisenbahn in den 12 EU-Mitgliedstaaten im Personenverkehr 1990 noch 6,6 % und im Güterverkehr noch 15,4 % der Verkehrsleistungen erbrachte, der (individuelle) Straßenverkehr hingegen 79,0 % bzw. 69,6 % und dass der Bus mit 8,9 % deutlich mehr Personenkilometer erbrachte als die Eisenbahn.

Im Zentrum des Weißbuchs stand die Frage nach der „tragbaren Mobilität" (Sustainable mobility); sie wurde jedoch nicht beantwortet. Stattdessen wurden die zahlreichen Probleme der Marktderegulierung, der Umwelteffekte und ihrer politischen Berücksichtigung, des Energieverbrauchs der Verkehrsmittel, der Wegekostenanlastung, der Verkehrssicherheit, der sozialen Bedingungen in der Verkehrswirtschaft und der Ausbau der „transeuropäischen Verkehrsnetze" angesprochen und in sehr allgemeiner Form Lösungsansätze skizziert. Für den mit der verkehrspolitischen Diskussion Vertrauten bietet dieses resümierende und zugleich programmatische Weißbuch wenig Neues; es listet aber auf, was zu tun bleibt und zeigt auch, dass gewisse Elemente der Gemeinsamen Verkehrspolitik nach langem Ringen Konturen angenommen haben. Das gilt insbesondere für die schrittweise Liberalisierung. Viele Sachkomplexe allerdings verbleiben in Allgemeinaussagen, wobei der Brüsseler Administrationsstil - auch als Folge der zahlreichen Übersetzungen - die Lektüre nicht interessanter macht.

Speziell den Umweltaspekt behandelte das im Februar 1992 von der Kommission vorgelegte **Grünbuch** im Sinne einer **„Strategie für eine dauerhaft umweltgerechte Mobilität"**. Auch hier nahm die Analyse der Umweltprobleme einen breiten Raum ein; zusammengestellt wurden betriebsbedingte Umweltbelastungen (Schadstoffemissionen einschl. CO_2 sowie Lärm), Landschaftsverbrauch und -zerschneidung, Stauungen durch Verkehrsüberlastungen sowie Risiken bei Gefahrguttransporten. Ergänzend wurden zukünftige Trends in der Motorisierung, den durchschnittlichen Pkw-Fahrleistungen, den Zuwächsen der Verkehrsleistungen und bei der Verkehrsträgerwahl dargestellt (Zeitraum bis 2010; einige prognostische Daten enden jedoch bereits 1995 !). Kern des Berichtes scheint zunächst das Kapitel V „Eine gemeinsame Strategie" zu sein. Auf den (knappen) 14 Seiten wurde jedoch außer Allgemeinforderungen wenig Konkretes ausgeführt; mehr vergangenheitsorientiert waren die Hinweise auf Forschungsprojekte, die in ihren möglichen Wirkungen zur Entschärfung der Umweltproblematik des Verkehrs jedoch angesichts der Mobilitätsentwicklung als nicht hinreichend charakterisiert wurden. Vielmehr waren es die Ordnungspolitik, Verkehrslenkungsmaßnahmen und fiskalische Instrumente, deren Anwendung empfohlen, aber nicht weiter präzisiert wurde. So kann diesem Grünbuch wahrscheinlich immer zugestimmt werden, da es den Boden von Allgemeinforderungen nicht verläßt, die im Übrigen kaum Neuigkeitswert besitzen.

Ende 1995 legte die Generaldirektion Verkehr (GD VII) der Kommission einen Bericht mit dem Titel **„Faire und effiziente Preise im Verkehr"** vor, der mit den nationalen Regierungen und dem Europäischen Parlament diskutiert werden sollte. Dieser als **Grünbuch** bezeichnete Bericht widmete sich der Frage einer preispolitischen Internalisierung nicht gedeckter Wegekosten sowie von Stauungs- und Umweltkosten sowie Schadstoff- und CO_2-Emissionen. Methodisch und datenspezifisch brachte dieser Bericht jedoch keine wesentlichen Fortschritte, zumal er recht unkritische Zusammenstellungen von Erfassungs- und Bewertungsprinzipien vornahm.

Das im Juli 1998 von der EU-Kommission verabschiedete **Weißbuch „Faire Preise für die Infrastrukturbenutzung. Ein abgestuftes Konzept für einen Gemeinschaftsrahmen für Verkehrs-Infrastrukturgebühren in der EU"** (KOM 1998/466) will für die Ermittlung und Anlastung der Verkehrsinfrastrukturkosten bei allen Verkehrsträgern sowie bei den See-, Binnenschiffahrts- und Flughäfen eine einheitliche Methodik einführen. Die Vorschläge, teilweise jene des Grünbuchs von 1995 aufgreifend, sollen neben einer Angleichung („Harmonisierung") der Wettbewerbsbedingungen bei den Verkehrsinfrastrukturkosten zwei weitere Ziele erreichen:
- eine effizientere Nutzung der Verkehrsinfrastrukturen durch „faire" Preise für diese Nutzung sowie
- Erwirtschaftung zusätzlicher Finanzierungsbeiträge für Verkehrsinfrastrukturmaßnahmen durch private Investoren.

Methodisch greift das Weißbuch auf die traditionelle Grenzkosten-Preistheorie zurück und verlangt eine Anlastung der sog. sozialen Grenzkosten. Sie werden als Grenzkosten der Benutzung zuzüglich der Grenzkosten der Stauung sowie als externe Grenzkosten (Umweltbeeinträchtigung, Unfälle) definiert.

Aufgrund der bei den Verkehrswegen gegebenen Kostenfunktionen mit Economies of density (bei gegebenen Kapazitäten) und Economies of large scale (bei Kapazitätserweiterungen) entstehen bei Anlastung der Grenzkosten der Benutzung wirtschaftliche Defizite. Sie sind bei der Schiene höher als bei den Kraftverkehrsstraßen (abhängig vom Anteil der Grenzkosten der Benutzung an den Gesamtkosten der Infrastruktur).

Dieses Defizit soll beim Straßenverkehr durch Anlastung von Grenzkosten der Stauung reduziert bzw. sogar ausgeglichen werden. In einer späteren Phase sollen dann die externen Grenzkosten zugerechnet werden, als deren Folge bei den Straßen Überdeckungen auftreten können. Diese sollen zur Finanzierung sonstiger Staatsausgaben dienen, können aber offensichtlich auch zur Defizitabdeckung bei der Schieneninfrastruktur herangezogen werden (das Weißbuch spricht von einer „Systembetrachtung" bei der Kostendeckung der Verkehrswege).

Der methodische Ansatz des Weißbuchs ist nicht akzeptierbar.

- Die Heranziehung des statischen wohlfahrtsökonomischen Grenzkostenprinzips ist für Verkehrswegekapazitäten wegen der dort gegebenen Produktions- und Kostenfunktionen nicht möglich.

- Die Anlastung von Stauungskosten ist im theoretischen Grundansatz der Marginalkostentheorie nur bei kurzfristigen Überlastungen der verfügbaren Kapazitäten mit dem Ziel der Angleichung von Angebot und Nachfrage konzipiert. Ferner sollen die durch Engpaßzuschläge vereinnahmten Beträge zur Beseitigung der Engpässe eingesetzt werden. Tatsächlich jedoch handelt es sich, vor allem bei den Straßen, um *langfristig* existierende *strukturelle* Engpässe, die insbesondere aufgrund investitionspolitischer Entscheidungen des Angebotsmonopolisten Staat entstanden sind. Hier von einem Marktversagen zu sprechen, wie es das Weißbuch andeutet, ist falsch. Vielmehr handelt es sich um Staatsversagen. Auch ist gerade nicht beabsichtigt, die vorgeschlagenen Stauungsabgaben für Engpaßbeseitigungen zu nutzen.

- Es ist nicht nachvollziehbar, warum nur der Güterverkehr und nicht auch der Personenverkehr im Kommissionspapier betrachtet werden; 85 % der Fahrleistungen auf den Straßen (Fzkm) entfallen auf den Personenverkehr. Ebenso ist nicht einsichtig, warum die Verkehrsteilnehmer, welche die negativen Auswirkungen von Stauungen regelmäßig zu tragen haben, noch zusätzlich mit Stauungsgebühren belegt werden sollen (Internalisierung ist bereits realisiert).

- Das Weißbuch geht von Verkehrsinfrastrukturkapazitäten aus, die „optimal", d.h. durch Cost-Benefit-Analysen abgesichert, konfiguriert sind. In der Realität, auf die das Weißbuch angewandt werden soll, ist dies nicht der Fall.

- Zum Ausgleich von Kosten- und Preiserhöhungen, die durch Anwendung der methodischen Empfehlungen beim Straßengüterverkehr entstehen können, spricht das Weißbuch von der Möglichkeit, die bisherigen fiskalischen Sonderbelastungen (Kraftfahrzeug- und Mineralölsteuer sowie Mauten) abzusenken. Dabei wird auf die Zuständigkeit der Einzelstaaten im Rahmen des Subsidiaritätsprinzips verwiesen. Angesichts der Ankündigungen verschiedener nationaler Regierungen, die fiskalischen Sonderbelastungen sogar weiter zu steigern, können die entsprechenden Vorschläge des Weißbuchs nur mit Erstaunen wahrgenommen werden.

- Möglichkeiten einer stärkeren Privatfinanzierung von Verkehrsinfrastruktureinrichtungen lassen sich mit dem Weißbuch nicht realisieren.

- Das Weißbuch übersieht völlig die Existenz unterschiedlicher Verkehrswertigkeiten (Systemeigenschaften) der Verkehrsträger (übrigens im Einklang mit der statischen Wohlfahrtsökonomik, die in ihren Annahmen Homogenität der Produkte und Produktionsfaktoren vorgibt) und sieht allein den Preis als Entscheidungsgröße für die Nachfrager bei der Verkehrsmittelwahl an.

Hinter dem wenig konsistenten gedanklichen Ansatz des Weißbuches steht aber auch die Enttäuschung der Kommission, dass ihre zahlreichen Versuche, die EU-Eisenbahnen durch nachhaltige Veränderungen in den Organisationsstrukturen und Entscheidungsprozessen zu revitalisieren, nur sehr begrenzt erfolgreich waren. Insbesondere die *materielle* Umsetzung der Richtlinie 440/91 ist jahrelang auf Widerstände gestoßen, vor allem in Frankreich, Spanien, Italien und Belgien (Trennung Netz und Eisenbahntransportbetrieb sowie Netzöffnung für Dritte und Herstellung der Interoperabilität). Nunmehr scheint versucht zu werden, dem unbefriedigenden Modal split im Güterverkehr (Marktanteil der EU-Bahnen bei knapp 15 % bei drei Verkehrsträgern) durch steigende Kostenbelastung des Hauptwettbewerbers zu verändern. Dies soll offensichtlich theoretisch unterlegt werden.

Das Weißbuch hat eine intensive und kontroverse Diskussion ausgelöst.

Bereits im September 2001 veröffentlichte die EU-Kommission ein weiteres Weißbuch zur europäischen Verkehrspolitik (KOM 2001/370). Es schließt sich thematisch an das Weißbuch von 1998 an, erweitert jedoch die programmatischen Aussagen.

- Bis 2010 wird das Wachstum des Güterverkehrs auf 38,4 % geschätzt; bezogen auf 1998. Der Straßenverkehr wird um 50,0 %, der Eisenbahnverkehr aber nur um 12,9 % zunehmen (Trendprognose).

- Zur Korrektur dieser den Marktanteil der Schiene weiter verschlechternden Entwicklung werden qualitative Maßnahmen beim Schienenverkehr und eine weitgehende Öffnung der nationalen Netze angemahnt. Dabei wird auf die Richtlinien 2001/12-14 verwiesen.

- Zur Modal split-Korrektur wird – wie im Weißbuch von 1998 – vorrangig auf abgabenpolitische Mehrbelastungen des Straßengüterverkehrs gesetzt. Ziel ist es, den Marktanteil der Schiene auf dem Niveau von 1998 (8,4 % einschl., 14,2 % ohne Short Sea Shipping) dadurch zu stabilisieren, dass der Eisenbahngüterverkehr bis 2010 im EU-Durchschnitt um 38 % wächst. Wiederum werden die unterschiedlichen Systemeigenschaften der Verkehrsträger und deren logistische Qualität nicht hinreichend berücksichtigt.

- Insgesamt werden 60 Maßnahmen diskutiert und ihre Anwendung als sinnvoll betrachtet. Die sehr heterogene Vielzahl läuft Gefahr, letztlich vor allem deklaratorische Bedeutung zu erlangen.

- Angekündigt wird auch eine Ergänzung/Ausweitung des Trans European Network (TEN) durch neue Prioritätsprojekte. Erweiterte finanzielle Fördermöglichkeiten bis 20 % für Streckeninvestitionen im Bahnbereich sollen deren Leistungsfähigkeit steigern. Zur Finanzierung der Schieneninvestitionen sollen zukünftig auch Straßenmauteinnahmen verwendet werden dürfen (Quersubventionierung).

Fazit: Die Veröffentlichungen zeigen das Problembewußtsein der Kommission in Sachen Verkehr. Problemlösungen werden nur vorsichtig und sehr allgemein angedeutet; teilweise halten sie einer kritischen Methodenanalyse nicht stand. Sicherlich ist dies neben dem Erfordernis der politischen Rücksichtnahme auch auf die begrenzte Zuständigkeit der Kommission im Sinne des *Subsidiaritätsprinzips* zurückzuführen.

3.6 Auswirkungen der europäischen Verkehrspolitik auf die nationale Verkehrspolitik

Die deutsche Verkehrspolitik war nach dem Zweiten Weltkrieg durchgehend mit der im westeuropäischen Vergleich stärksten Regulierungsintensität ausgestaltet. Die ab 1986 einsetzende Liberalisierung der stark interventionistischen Marktordnung, für deren weiteren Erhalt gruppenspezifische Interessen kämpften, ist in nicht zu unterschätzendem Maße von der verkehrspolitischen Entwicklung in Brüssel initiiert und gestaltet worden. Zwar hatte auch die Verkehrswissenschaft seit Ende der 60er Jahre ständig auf effizienzverbessernde Veränderungen der Ordnungspolitik im Verkehr gedrängt und hierzu eine Vielzahl von Vorschlägen unterbreitet; sie wurden jedoch von der Politik nur begrenzt zur Kenntnis genommen und häufig auch scharf kritisiert, wobei auffallende Interessenharmonien zwischen der verkehrspolitischen Administration und den regulierten Bereichen der Verkehrswirtschaft (Eisenbahn, gewerblicher Straßengüterverkehr, Binnenschiffahrt, Luftverkehr) zur Abblockung von stufenweisen Deregulierungsschritten führten.

Erst die seit 1985 erkennbare, vom EuGH, dem EG-Rat und den Verkehrsministerbeschlüssen ausgehende Deregulierungsinitiative hat auch die nationale deutsche (wie auch etwa die ebenfalls sehr regulierungsintensive französische) Verkehrspolitik entscheidend in Richtung Liberalisierung verändert. Zu glauben, dass dies in Deutschland überwiegend auf bessere Einsicht zurückzuführen sei, muß als Illusion charakterisiert werden.

Die Einflüsse der Entwicklungen der EG-Verkehrspolitik im Zeitraum von 1986 bis Ende 1998 auf die deutsche Verkehrspolitik können als sehr bedeutsam bezeichnet werden. Dies läßt sich insbesondere an den folgenden Tatbeständen verdeutlichen:

- Durch die völlige Deregulierung des *grenzüberschreitenden* gewerblichen Straßengüterfernverkehrs (Preise und objektive Marktzugangsregeln), verbunden mit einer sich zur Regelkabotage entwickelnden Zulassung ausländischer Anbieter im nationalen Binnenverkehr war ein obligatorisches Preissystem im nationalen Verkehr nicht mehr durchzuhalten. Auch führte die stetige Ausweitung der Kabotagekontingente zu immer schwierigeren Preisüberwachungskontrollen bei den ausländischen Kabotagefahrern. Vergleichbares gilt auch für die Binnenschiffahrt. Die Preisliberalisierung zum 1. Januar 1994 ist direkt auf EG-Entwicklungen zurückzuführen; dabei ist die Frage uninteressant, ob die Tarifaufhebung zwingend aus dem EG-Vertrag ableitbar ist.

- Mit Einführung der *Regelkabotage* ab 1998 im gewerblichen Straßengüterfernverkehr, aber auch schon auf dem Weg dorthin, der durch starke jährliche Ausweitungen des Kabotagekontingents gekennzeichnet ist, wird die nationale deutsche Kontingentregelung zunehmend ausgehöhlt. Ihre strikte Bewahrung hätte zu einer sukzessiv zunehmenden Inländerdiskriminierung geführt, da ausländische Kabotagefahrer in die potentiellen Märkte der an bedarfsorientierten Kontingentausweitungen gehinderten inländischen Straßengüterverkehrsunternehmer eingedrungen wären. In Erkenntnis dieser Zusammenhänge erfolgte seit 1992 eine deutliche Erhöhung des Globalkontingents mit dem verkehrspolitischen Ziel einer Bedarfsdeckung. Damit aber wurde der restriktive Charakter der Globalkontingentierung beseitigt; der Preis einer Konzession näherte sich dem Nullwert an.

- Aus dem gleichen Grund der Inländerdiskriminierung ließ sich auch die Trennung in gewerblichen Straßengüter*nah*- und Straßengüter*fern*verkehr nicht halten. Die EG-Deregulierungsbeschlüsse zwangen zur Aufgabe dieser Unterscheidung, nachdem seit 1. Januar 1994 keine divergierenden Preissysteme mehr existierten.

- Im *Personenluftverkehr* hat die Einführung der Kabotage in der EU 1997 den Wettbewerb noch nicht entscheidend intensiviert (als Ergebnis des sog. dritten EG-Luftverkehrspaketes). Die Öffnung der Home markets ist nur aufgrund der Brüsseler Aktivitäten ermöglicht worden.

- Ähnliches gilt für die *Eisenbahnpolitik*. Zwar wurde in Deutschland durch die Bahnstrukturreform eine auch im Vergleich zur Richtlinie 91/440/EWG breit angelegte und grundlegende Änderung in den Rahmenbedingungen für die Eisenbahnpolitik herbeigeführt. Ihre Stützung erfuhr diese Reform jedoch in nicht zu unterschätzender Weise durch die EG-Eisenbahnrichtlinie.

- Das *Eisenbahninfrastrukturpaket* (Richtlinien 2001/12-14) wird sich ebenfalls direkt auf die deutsche Eisenbahnpolitik auswirken. Angesprochen ist die geforderte Unabhängigkeit der Institution, welche die Trassenpreise und die Trassenvergabe (diskriminierungfrei) durchführt. Ob dies von einem beherrschten Holdingunternehmen in vertikal integrierter Unternehmensstruktur, etwa der DB Netz AG, erfüllt werden kann, ist fraglich und dürfte interessante Diskussionen auslösen. Auch hier wird die EU-Verkehrspolitik ordnungspolitische Korrekturen bei nationalen Entscheidungen durchsetzen.

Somit kann festgestellt werden, dass die Interdependenzen zwischen der EU-Verkehrspolitik und nationalen verkehrspolitischen Deregulierungsmaßnahmen beachtlich sind.

3.7 Verkehrspolitische und verkehrswirtschaftliche Probleme der EU-(Ost-) Erweiterung

1993 wurde politisch die Erweiterung der Europäischen Union um beitrittsinteressierte Staaten aus Mittel- und Osteuropa (MOE) beschlossen. Voraussetzung für einen Beitritt ist die Erfüllung politischer und wirtschaftlicher Kriterien sowie die Übernahme aller Verpflichtungen, die sich aus einer EU-Mitgliedschaft ergeben, insbesondere die Umsetzung der Ziele der Wirtschafts- und Währungsunion und der Politischen Union. Diese Verpflichtungen stellen den *Acquis communautaire* dar (alle gültigen Verträge und Rechtsakte der EU).

Insgesamt haben 10 MOE-Staaten, Malta und Zypern sowie die Türkei die Aufnahme beantragt. Die Beitrittsverhandlungen wurden (mit Ausnahme der Türkei) aufgenommen. Die damit im Zeitraum bis 2010 anstehende außerordentlich große Erweiterung stellt die politischen Institutionen, aber auch viele Fachpolitiken, vor schwierige Umsetzungs- und Anpassungsprobleme.

Der wirtschaftliche Entwicklungsstand der beitrittswilligen Staaten liegt, gemessen als Pro-Kopf-Bruttoinlandsprodukt, zwischen 7 % (Bulgarien) und 52 % (Zypern) des Durchschnitts der 15 EU-Staaten (EU 15). Hieraus resultiert, auch bei Annahme günstiger Wachstumsperspektiven für die MOE-Staaten, ein lange Zeiträume beanspruchender wirtschaftlicher Angleichungsprozess dieser Länder an das EU 15-Niveau. Um 50 % (75 %) des Wohlstandsniveaus der EU 15 zu erreichen, benötigen die MOE-Staaten bei einem durchschnittlichen jährlichen Wachstum des realen Pro-Kopf-Inlandsproduktes von 3,5 % 82 (40) Jahre und bei 4,5 % Wachstum 41 (20) Jahre (bei jährlichem Pro-Kopf-Wachstum des realen Inlandsproduktes in den EU 15 von durchschnittlich 2,5 %; Dresdner Bank 2001, S. 51). Hieraus ergeben sich sehr hohe Zusatzbelastungen des EU-Haushalts, vor allem durch die starke Beanspruchung des Europäischen Ausrichtungs- und Garantiefonds für die Landwirtschaft (EAGFL), des Strukturfonds und des Kohäsionsfonds.

Es ist davon auszugehen, dass bis Mitte 2005 eine große Ländergruppe mit bis zu 10 Staaten in die EU aufgenommen wird. Neben Malta und Zypern handelt es sich um Estland, Lettland, Litauen, Polen, Slowenien, Tschechien und Ungarn sowie die Slowakei. Bulgarien und Rumänien dürften etwa 2010 zur EU stoßen.

Für den Verkehrsbereich ergeben sich hieraus als wesentlich von der Erweiterung betroffener Wirtschaftssektor drei spezielle Problembereiche:

- Auswirkungen auf die Verkehrsmärkte;
- Entwicklung der Verkehrsleistungen und des Modal split im Verkehr mit den MOE-Staaten;
- zukünftige Belastung der Verkehrsinfrastruktur und erforderliche Investitionsmaßnahmen.

Insbesondere bei den direkten Nachbarstaaten (Deutschland, Österreich) besteht im Straßengüterverkehrs- und teilweise im Binnenschifffahrtsgewerbe die Sorge einer Marktdestabilisierung durch Niedrigpreisanbieter. Im Durchschnitt der MOE-Staaten betragen dort die Personalkosten knapp 23 % des EU 15-Durchschnitts (höher in Slowenien, niedriger in Bulgarien und Rumänien). Vor allem das deutsche Straßengüterverkehrsgewerbe befürchtet bei Freigabe der EU-Kabotage für die neuen EU-Mitglieder erhebliche Markteinbußen und Existenzgefährdungen. Entsprechende Sorgen bestehen allerdings auch in einigen MOE-Staaten, die ein Eindringen von EU 15-Logistikunternehmen in ihre nationalen Märkte befürchten.

Um Anpassungsprozesse an die veränderten Rahmenbedingungen zu erleichtern, sind Übergangsfristen bis zur Erreichung voller Freizügigkeit (mit Regelkabotage) von 3-5 Jahren mit stufenweiser Marktöffnung im Straßen- und Schifffahrtsbereich vorgesehen. Hierdurch lassen sich Fehlentwicklungen im Vergleich zu einer „big bang"-Lösung (schlagartige Vollintegration) vermeiden bzw. in ihren Auswirkungen reduzieren (Wissenschaftlicher Beirat beim Bundesminister für Verkehr 2001, S. 15 f.).

Aber auch bei Übergangsfristen muss vor allem das deutsche Transportgewerbe seine ökonomischen Strukturen verändern. Gegen Low cost-Carrier aus den Beitrittsländern ist Preiswettbewerb bei reinen Frachtführerleistungen nicht erfolgversprechend. Vielmehr müssen verstärkt die Kernkompetenzen überprüft und in Richtung von Mehrwertleistungen (Logistikaktivitäten), Qualitätspolitik und Kundenbindung weiterentwickelt werden.

Bei den Verkehrsleistungen in den MOE-Staaten wird am Beispiel der 5 MOE-Länder Polen, Ungarn, Tschechien, Slowenien und Estland geschätzt, dass sowohl der Personenverkehr wie auch der Güterverkehr von 2000 bis 2010 um rd. 25-28 % ansteigen werden (Prognos 2000). Damit liegt die Entwicklung im Güterverkehr unter jener, die für die EU 15-Staaten prognostiziert wird (rd. 33 %), während im Personenverkehr der Zuwachs in den MOE-Staaten höher abgeschätzt wird als für die EU 15 (rd. 17-20 %). Der Modal split deutet 2010 in den MOE-Staaten auf einen Güterverkehrsanteil des Straßenverkehrs von etwa 65-68 % hin; die Eisenbahn fällt auf rd. 26-28 %, die Binnenschifffahrt steigt auf etwa 5-8 %. 1995 konnte die Bahn noch einen Marktanteil von etwa 47 % verzeichnen.

Die Abschätzungen zeigen, dass die Güterverkehrsentwicklung in den MOE-Staaten keine herausragend hohen Zuwachswerte erwarten lässt.

Allerdings ist zu berücksichtigen, dass der *Wechselverkehr* MOE – EU 15 vor allem im Güterverkehr wesentlich stärker ansteigen wird als der Transport *innerhalb* der MOE-Staaten. Er trifft vor allem das Haupttransitland Deutschland sowie Österreich. Schätzungen gehen von einer Steigerung des landgestützten Ost-West-Verkehrs (ohne Pipelines und Seeschifffahrt) um 17 % und des West-Ost-Verkehrs um rd. 80 % bis 2010 aus, bezogen auf 1997 (VSU/EPV-Giv 2000, S. 57). Auch hier sinkt der Marktanteil der Eisenbahn weiter wesentlich ab; dies ist Folge technisch-organisatorischer Defizite bei den Bahnen und noch nicht hinreichender Marktorientierung der MOE-Staatsbahnen. Insofern ist als Folge der MOE-Erweiterung mit einer wesentlichen Zusatzbelastung vor allem der Straßennetze zu rechnen.

Vorsichtige Hoffnungen werden auf dritte Bahnen als neue Anbieter gesetzt, sofern sich kreative Problemlösungen in den MOE-Staaten im Rahmen eines intramodalen Schienenwettbewerbs auch effektiv umsetzen lassen. Relevant sind auch die zukünftigen Potentiale des Short Sea Shipping, um die Landverkehrswege zu entlasten.

Das von der EU initiierte TINA-Projekt (Transport Infrastructure Needs Assessment) hat die quantitativen und qualitativen Verkehrsinfrastrukturkomponenten in 12 MOE-Staaten analysiert (Capacity inefficiencies). Der *Investitionsbedarf* wird für ein Netzwerk von 18.400 km Straßen, 20.920 km Schienenstrecken und 4.050 km Wasserwege sowie Flug-, See- und Binnenhäfen und KV-Terminals mit insgesamt 88 Mrd. EUR beziffert. Die *Finanzierung* soll hauptsächlich durch die MOE-Staaten selbst erfolgen; sie sollen jährlich 1,5 % des Bruttoinlandsprodukts hierfür bereitstellen. Ergänzend sind EU-Fördermittel vorgesehen. Ob die MOE-Staaten die 1,5 %-Verpflichtung tatsächlich einhalten werden, ist unsicher.

Die umfängliche EU-Erweiterung führt zur Notwendigkeit,

- die Verkehrsinfrastrukturkapazitäten im Ost-West-Korridor und auch in den vom Transit am stärksten betroffenen EU 15-Staaten durch investive Maßnahmen und Nutzung der Telematik leistungsfähiger auszugestalten;
- die Wettbewerbsfähigkeit der Eisenbahn zu erhöhen und

die noch bestehenden EU-weiten Wettbewerbsverzerrungen zwischen den Verkehrsträgern (intermodal) und auch innerhalb von Verkehrsträgern (intramodal) zu beseitigen; hier ist vorrangig die EU-Verkehrspolitik angesprochen.

Literatur zu Kapitel II.3:

Aberle, G. (1987): Die ökonomischen Grundlagen der Europäischen Verkehrspolitik, in: Basedow, J. (Hrsg.): Europäische Verkehrspolitik, Tübingen, S. 29-57.

Aberle, G. / Engel, M. (1992a): Verkehrswegerechnung und Optimierung der Verkehrsinfrastrukturnutzung: Problemanalyse und Lösungsvorschläge vor dem Hintergrund der EG-Harmonisierungsbemühungen für den Straßen- und Eisenbahnverkehr, Hamburg (Band 6 der Gießener Studien zur Transportwirtschaft und Kommunikation).

Aberle, G. / Rothengatter, W. (1991): Erstickt Europa im Verkehr? Probleme, Perspektiven, Konzepte, hrsg. v. Staatsministerium Baden-Württemberg, Stuttgart.

Basedow, J. (1989): Wettbewerb auf den Verkehrsmärkten - Eine rechtsvergleichende Untersuchung zur Verkehrspolitik, Heidelberg.

Dresdner Bank (2001): Herausforderung EU-Erweiterung. Wachstumschancen nutzen – Reformen vorantreiben, Frankfurt/M.

Eisenkopf, A. (1999a): Faire Preise für die Infrastrukturbenutzung. Eine kritische Würdigung des Weißbuchs der EU-Kommission für ein Infrastrukturabgabensystem, in: Internationales Verkehrswesen, 51. Jg., S. 66-70.

Elsholz, G. (1994): Das Konzept der EG-Kommission für eine auf Dauer tragbare Mobilität im Lichte der europäischen Güterverkehrsströme, in: Zeitschrift für Verkehrswissenschaft, 65. Jg., S. 1-33.

Europäische Kommission (1992a): Die künftige Entwicklung der Gemeinsamen Verkehrspolitik. Globalkonzept einer Gemeinschaftsstrategie für eine bedarfsgerechte und auf Dauer tragbare Mobilität (KOM 92/494), Brüssel.

Europäische Kommission (1992b): Grünbuch zu den Auswirkungen des Verkehrs auf die Umwelt. Eine Gemeinschaftsstrategie für eine "dauerhaft umweltgerechte Mobilität" (KOM 92/46) vom 6. April 1992, Brüssel.

Europäische Kommission (1998b): Faire Preise für die Infrastrukturbenutzung: Ein abgestuftes Konzept für einen Gemeinschaftsrahmen für Verkehrsinfrastrukturgebühren in der EU, Weißbuch, KOM (1998) 466, Brüssel.

Europäische Kommission (2001): Weißbuch: Die europäische Verkehrspolitik bis 2010: Weichenstellungen für die Zukunft, KOM (2001)/370, Brüssel.

Generaldirektion Verkehr der Europäischen Kommission (1996): Faire und effiziente Preise im Verkehr - Politische Konzepte zur Internalisierung der externen Kosten des Verkehrs in der Europäischen Union, deutsche Fassung Januar 1996, Brüssel.

Prognos AG (2000): European Transport Report 2000, Basel.

Schmuck, H. (1994): Neue Kommissionsvorschläge zur Strukturreform der Eisenbahn: Weniger Wettbewerb und mehr Staat im Schienenverkehr?, in: Internationales Verkehrswesen, 46. Jg., S. 195-199.

Seidenfus, H. S. (1993): "Sustainable mobility" - Kritische Anmerkungen zum Weißbuch der EG-Kommission, RWI-Mitteilungen, in: Zeitschrift für Wirtschaftsforschung, 44. Jg., S. 285-296.

Stockmann, U. (2001): Erhebung von Infrastrukturbenutzungsgebühren – die Sicht des Europäischen Parlaments, in: Deutsche Verkehrswissenschaftliche Gesellschaft (Hrsg.): Faire Preise für die Benutzung von Straßen und Schienen, Bergisch Gladbach, (Band 236 der Schriftenreihe der Deutschen Verkehrswissenschaftlichen Gesellschaft), S. 9-22.

TINA-Groups (1999): Transport Infrastructure Needs Assessment. Identification of the network components for a future Trans-European Transport Network, Final Report, Vienna.

Tostmann, St. (2001): Die Politik der Rahmensetzung – Gibt es in Europa Harmonisierungsdefizite?, in: Deutsche Verkehrswissenschaftliche Gesellschaft (Hrsg.): Die Rolle des Staates auf einem liberalisierten Verkehrsmarkt, Bergisch Gladbach, (Band 244 der Schriftenreihe der Deutschen Verkehrswissenschaftlichen Gesellschaft), S. 93-105.

VSU EPV-Giv (2000): Ost-West-Verkehr 2010, hrsg. vom Deutschen Verkehrsforum, Berlin.

Willeke, R. (1996): Mit Knappheitspreisen an der Krise vorbei? Anmerkungen zum Grünbuch „Towards Fair and Efficient Pricing in Transport", in: Zeitschrift für Verkehrswissenschaft, 67. Jg., S. 1-13.

Wissenschaftlicher Beirat beim Bundesminister für Verkehr, Bau- und Wohnungswesen (2001): Verkehrspolitische Handlungserfordernisse für den EU-Beitritt von MOE-Staaten, Gutachten veröffentlicht in: Zeitschrift für Verkehrswissenschaft, 72. Jg., S. 1-24.

4 Grundelemente der US-amerikanischen und britischen Verkehrspolitik

4.1 USA

Ende der 70er und Anfang der 80er Jahre begann in den USA unter der Regierung Carter ein umfassender **Deregulierungsprozeß**, der nahezu alle Dienstleistungsbereiche und dabei insbesondere das Verkehrswesen einschloß.

Die Verkehrsmarktordnung in den USA war vor der Deregulierung durch eine überaus strenge Verkehrsaufsicht geprägt, die auf den **Interstate Commerce Act** von 1887 zurückging und mit dessen Verabschiedung der Eisenbahnsektor der erste staatlich regulierte Wirtschaftszweig der USA wurde. Bestandteil dieses Gesetzes war die Gründung der **Interstate Commerce Commission** (ICC), die als bundesstaatliche Aufsichtsbehörde die Verkehrspolitik des Kongresses umzusetzen und diesen in Regulierungsangelegenheiten zu beraten hatte.

Im folgenden werden die verkehrspolitische Ausgangslage, Deregulierungsschritte sowie festzustellende Auswirkungen der Liberalisierung je Verkehrsträger dargestellt, wobei stets auf den *zwischenstaatlichen* Verkehr abgestellt wird; der innerstaatliche Verkehr unterlag und unterliegt der Gesetzgebung der Einzelstaaten.

4.1.1 Luftverkehr

Die Regulierungsbestimmungen des zwischenstaatlichen Luftverkehrs der USA basierten auf dem **Civil Aviation Act** von 1938, der neben strengen Marktzugangs- und Preiskontrollen sowie gemeinwirtschaftlichen Verpflichtungen für die Fluggesellschaften die Errichtung einer unabhängigen zivilen Luftverkehrsbehörde, des **Civil Aeronautics Board** (CAB), kodifizierte.

Um einen in Wahrnehmung des öffentlichen Interesses effizienten Luftverkehr zu angemessenen Tarifen zu garantieren, erstreckte sich die Regulierungskompetenz des CAB auf sechs wesentliche Bereiche:

- *Kontrolle des Marktzugangs*: Es bestand eine doppelte Genehmigungspflicht für Strecken und Fluggesellschaften, wobei neben der Erfüllung subjektiver Kriterien (fit, willing and able) der Antragsteller nachweisen mußte, dass sein Liniendienst im öffentlichen Interesse liegt (Public convenience and necessity test);
- *Genehmigung des Marktaustritts*;
- *Preis- und Rentabilitätsregulierung* auf der Basis des Interstate Commerce Act: In einer ersten Phase vor dem zweiten Weltkrieg erfolgte die Tariffestsetzung nach den Preise für Bahnfahrten erster Klasse. Später bildeten die Durchschnittskosten pro Passagiermeile (unabhängig von Streckenlänge und Flugaufkommen) im Linienverkehr die Bemessungsgrundlage der Tarife, um unter Hinzunahme einer fiktiven Sitzauslastung (bis 1971 50 %, später 55 %) die für durchschnittlich erfolgreiche Fluggesellschaften angestrebte Standardverzinsung des eingesetzten Kapitals in Höhe von 12 % zu erreichen;
- Gewährung direkter *Subventionen* an Fluggesellschaften;
- *Kontrolle von Fusionen* und anderen wettbewerbsbeschränkenden Vereinbarungen nach Maßgabe des öffentlichen Interesses;

- Festlegung der Ausnahmen vom Civil Aviation Act.

Ergebnis der strengen Regulierung im **Personenluftverkehr** waren überhöhte Preise, eine verzerrte Preisstruktur zu Lasten der Langstreckenflüge sowie ein kostentreibender intensiver Qualitätswettbewerb. Letzterer entstand insbesondere dadurch, dass bei der Tariffestsetzung durch das CAB die aus technischen Fortschritten resultierenden Kostensenkungen im Langstreckenverkehr nicht hinreichend berücksichtigt wurden und die Fluggesellschaften die Ertragsüberschüsse nur zum Teil zur Subventionierung defizitärer Strecken verwenden konnten. Um die Tarife mehr in Kostennähe zu bringen, wurde 1952 vom CAB ein Entfernungsrabatt eingeführt (Mileage tape).

Angesichts der sehr restriktiven Genehmigungsvergabe des CAB für Strecken der *Trunkline category* blieb Neuanbietern der Markt praktisch verschlossen, und bei stetig steigender Nachfrage wurde die Konzentration in der gesamten Branche wie auch auf einzelnen Märkten gefördert. Demgegenüber erlaubte das CAB den Zutritt zu anderen Streckenkategorien, auch Zubringerdiensten für Hauptstrecken (Local service airlines). Dabei wurde der Ausnahmebereich von der Regulierung nach der Größe der Flugzeuge definiert; dieses Kriterium wurde ab 1952 ebenso für Verkehre mit Lufttaxis angewendet. Durch die Subventionierung der Kosten großer Flugzeuge bedienten die traditionellen Gesellschaften auch lokale Strecken mit diesem Gerät. In Verbindung mit der mangelnden Möglichkeit der einzelnen Gesellschaften, ihr Streckennetz zu optimieren, waren ineffiziente Streckenbedienung und überhöhter Treibstoffverbrauch die Folge.

In dem für liberalisierende Maßnahmen günstigen politischen Klima der 70er Jahre lockerte das CAB bereits ab 1975 die Regulierung des Marktzugangs im Rahmen der bestehenden Gesetze. Als 1977 mit A.E. Kahn einer der Befürworter der Deregulierung des Luftverkehrs zum Vorsitzenden des CAB berufen wurde, verstärkte sich diese Tendenz weiter. 1978 wurde schließlich der **Airline Deregulation Act** verabschiedet, der eine stufenweise Liberalisierung der regulierenden Vorschriften im Luftverkehr vorsah, die innerhalb von vier Jahren abgeschlossen sein sollte.

Ein wesentliches Element der Deregulierung stellen die Maßnahmen zur *Liberalisierung des Marktzutritts* dar: Für den Zeitraum von 1979 bis 1981 wurde die Beweislast für die Vereinbarkeit des Marktzutritts mit dem öffentlichen Interesse vom Antragsteller auf opponierende Gesellschaften umgekehrt. Weiterhin galt die sog. *Automatic entry rule*, d. h. die Fluggesellschaften erhielten pro Jahr jeweils für eine Strecke nach Wahl eine neue Genehmigung, wobei allerdings jede konzessionierte Gesellschaft von einer Sperrklausel für ihr bereits genehmigte Streckenverbindungen Gebrauch machen konnte. Außerdem waren alle Gesellschaften berechtigt, Flugdienste auf Strecken anzubieten, die vorher nicht oder weniger als fünfmal pro Woche beflogen wurden (Dormant routes). Weitere Genehmigungen konnten von der Luftaufsicht gleichsam zu Versuchszwecken für begrenzte Dauer vergeben werden. Ab 1982 wurden nur noch *subjektive* Marktzugangskriterien angewendet.

Auch die Preis- und Rentabilitätsregulierung wurde stufenweise aufgegeben, indem die Festtarife zunächst durch Margentarife (+5 % / -50 %) ersetzt wurden, um ab 1983 zur freien Preisbildung überzugehen. Des weiteren wurde die Beförderungspflicht abgeschafft und das Kartellrecht im Luftverkehr verstärkt. Die Kriterien für die Zulässigkeit von Fusionsgenehmigungen und wettbewerbsbeschränkender Vereinbarungen der Fluggesellschaften wurden dem allgemeinen Kartellrecht angenähert.

Von besonderer Bedeutung ist ein spezieller Abschnitt des Deregulierungsgesetzes, der einen *stufenweisen Funktionsverlust des CAB* enthält (Sunset provisions) und die Übertragung verbleibender Aufsichtsbefugnisse zunächst auf das Verkehrsministerium und später das Justizministerium regelt, um schließlich das CAB aufzulösen, was 1985 auch erfolgte. Außerdem enthielt das Deregulierungsgesetz Regelungen hinsichtlich der Bestandsschutzinteressen der Arbeitnehmer und der Bedienung kleiner, peripherer Städte.

Als Ergebnis der Deregulierung des zwischenstaatlichen Personenluftverkehrs sank erwartungsgemäß das Niveau der Normaltarife. Die Tarifstruktur veränderte sich in Richtung kostenorientierter Preise. Die Normaltarife stiegen zwar später wieder an, aber die Zahl der Sondertarife, die von der Mehrzahl der Fluggäste (90 %) genutzt werden, nahm deutlich zu. Der starke Zuwachs an Flugverbindungen und die erhöhte Wettbewerbsintensität induzierten die Umgestaltung der Streckennetze von Punkt-zu-Punkt-Verbindungen zu Nabe-und-Speiche-Systemen, womit Produktivitätssteigerungen durch verbesserte Auslastungsgrade auf den Hauptstrecken erzielt wurden. Die Flugfrequenz erhöhte sich dabei ebenso wie die Vielfalt von Preis-Qualitäts-Optionen.

Neben diesen für die Nachfrager positiven Auswirkungen wurde die wegen der zunehmenden Kapazitätsengpässe an den Zentralflughäfen abnehmende Zuverlässigkeit und Pünktlichkeit kritisiert. Negative Auswirkungen der Deregulierung auf die Rentabilitätssituation der Fluggesellschaften konnten nicht direkt nachgewiesen werden, da entsprechende Einflüsse nicht von der Verschlechterung der finanziellen Lage und der Gewinne durch die allgemeine rezessive wirtschaftliche Entwicklung und dem starken Anstieg der Treibstoffpreise in der Folgezeit der Deregulierung abgegrenzt werden konnten.

Hinsichtlich der Auswirkungen auf die Beschäftigung kann insgesamt von einer positiven Entwicklung ausgegangen werden, auch wenn fast alle Fluggesellschaften gegenüber ihren Arbeitnehmern Konzessionen bei den Gehältern durchsetzen konnten. Die starke Nachfrageerhöhung milderte die sozialen Folgen des intensiveren Wettbewerbs und führte zu einem Anstieg der Beschäftigtenzahl.

Bezüglich potentieller Fehlentwicklungen unter dem Aspekt der Raumordnung, die durch eine Subventionsregelung (Essential Air Service Program) verhindert werden sollten, bleibt festzustellen, dass die Deregulierung zur Aufgabe von Strecken durch die Fluggesellschaften führte; die Bedienung peripherer, kleiner Orte wird nicht mehr durch große Fluggesellschaften, sondern durch regionale Gesellschaften gewährleistet.

Eine Veränderung der Marktstruktur infolge der Deregulierung wurde zunächst durch eine Vielzahl neuer Wettbewerber herbeigeführt. Dies waren zum einen Neugründungen und zum anderen Gesellschaften, die vorher an innerstaatlichen Lufttaxi- und Charterverkehren teilgenommen hatten. Fusionen und Insolvenzen der Marktneulinge führten im folgenden dazu, dass, gemessen an den Anteilen am gesamten US-amerikanischen Luftverkehrsmarkt, im Vergleich zur Situation vor der Deregulierung der Trend umgekehrt wurde: Von 1978 bis 1987 hat sich der Anteil der sechs führenden Fluggesellschaften, die alle bereits vor der Deregulierung existierten, von 71,3 % auf 79,2 % erhöht. Allerdings läßt sich angesichts der Umgestaltung der Streckennetze die Frage der Marktmacht einzelner Gesellschaften anhand der Marktanteile nicht hinreichend beantworten. Während auf peripheren Flughäfen ein intensiver Wettbewerb zwischen den Gesellschaften stattfindet, werden die Zentralflughäfen meist von jener Fluggesellschaft dominiert, die dort ihre Drehscheibe unterhält.

Geographisches Institut
der Universität Kiel

Hieraus resultiert ein Problembereich der Deregulierung: die Fusionskontrolle. Während die erste Fusionswelle (1979 und 1980) noch als Anpassungsphase interpretiert werden konnte, bei der fast nur kleinere Gesellschaften beteiligt waren, wurden Mitte der 80er Jahre verstärkte Fusionsaktivitäten von großen Gesellschaften festgestellt. Die Genehmigungen erfolgten mit der Begründung, dass aufgrund fehlender Marktzugangsbeschränkungen die Fusionen den Wettbewerb nicht beeinträchtigen könnten und die Dominanz einzelner Gesellschaften auf geographisch abgegrenztenen Märkten nicht als wettbewerblich bedenklich eingeschätzt werden müsse.

Demgegenüber warnen Kritiker vor einer Entwicklung hin zu einem Oligopol von vier oder fünf Mega-Fluggesellschaften. Hierbei wird insbesondere auf die sich aus den Vertriebskonzeptionen der großen Fluggesellschaften (Verflechtung der Fluggesellschaften mit Reisebüros und den Computerreservierungssystemen, Vertriebsabkommen mit Zubringergesellschaften, Frequent flyer programs) ergebenden Mißbrauchsmöglichkeiten hingewiesen. Des weiteren wird die Dominanz einzelner Gesellschaften an Zentralflughäfen im Hinblick auf die Praxis der Slotvergabe und die Verknappung der Abfertigungskapazitäten problematisiert.

Angesichts der im Laufe der Zeit weitgehend ausgeräumten Sicherheitsbedenken, der Steigerung der Angebotsvielfalt, den Wohlfahrtsgewinnen durch Effizienzsteigerungen und der Erhöhung der Beschäftigungszahlen werden die Ergebnisse der Deregulierung des inneramerikanischen Luftverkehrs insgesamt positiv beurteilt. Schwer abschätzbare raumstrukturelle Wirkungen und insbesondere die Entwicklung der Marktstruktur und -machtverhältnisse stehen dem entgegen und weisen auf verbleibende Regelungsnotwendigkeiten - auch im Rahmen der Deregulierung - hin.

Die Deregulierung des inneramerikanischen **Luftfrachtverkehrs** erfolgte bereits 1977 durch den **Air Cargo Deregulation Act**; dessen Ziele entsprechen jenen der Deregulierung des Personenluftverkehrs.

Bedeutsame Folge der Liberalisierung war das Entstehen der sehr erfolgreichen Kurier-, Expreß- und Paketdienste (KEP). Zu den wirtschaftlichen Auswirkungen ist festzustellen, dass durch eine Erhöhung des Frachtaufkommens die Erlöse aus dem Flugverkehr stark gestiegen sind und der Anteil der Nurfrachtflugzeuge in den USA wuchs, während die Frachtbeförderung der Linienfluggesellschaften, welche die Fracht zusätzlich zu den Passagieren beförderten, gesunken ist.

4.1.2 Eisenbahn

Der 1920 verabschiedete Transportation Act stellte neben dem Interstate Commerce Act von 1887 bis zu den ersten Deregulierungsbestrebungen 1976 den gültigen Regulierungsrahmen der Marktordnung des **Schienengüterverkehrs** dar; er wurde zwischenzeitlich nur in Einzelheiten modifiziert.

Dabei unterlagen Marktzu- und -austritt einer Prüfung des öffentlichen Interesses (Public convenience and necessity test). Zentrale Bedeutung kam aber dem Instrument der Preisregulierung zu: Tarife mußten bei der ICC angemeldet werden, die die Anwendung aussetzen und sowohl Mindest- als auch Höchstpreise vorschreiben konnte. Die Tariffestlegung orientierte sich am Wert der Güter und der Transportentfernung und basierte auf den Gesamtdurchschnittskosten, so dass faktisch eine Gewinngarantie enthalten war. Nach Genehmigung der Tarife durch die ICC waren diese für die Eisenbahngesellschaften bindend und von der Anwendung der Antitrustgesetze ausgenommen. Ergänzend bestand eine Vielzahl von Vorschriften bezüglich Beförderungspflicht, Unternehmensstrukturen, Bilanzierung etc.

Die desolate Situation der Bahnen in den 60er und 70er Jahren wurde auf deren fehlende Flexibilität und den mangelnden intramodalen Wettbewerbsdruck bei sich gleichzeitig verstärkender intermodaler Konkurrenz zurückgeführt. Eine Reihe finanzieller Zusammenbrüche verschiedener Eisenbahngesellschaften zu Beginn der 70er Jahre, darunter die damals größte US-amerikanische Gesellschaft Penn Central, die Unwirksamkeit staatlicher Finanzhilfen sowie das Drängen des Verbandes der Eisenbahnen und auch der Gewerkschaften begründeten in Verbindung mit dem generellen Wandel in der Regulierungspolitik der USA die Verabschiedung des *4-R-Act (Railroad Revitalization and Regulatory Reform Act)*.

Dieses Gesetz zielte auf eine Wiederbelebung der Eisenbahnen durch eine verstärkte Betonung des Wettbewerbsgedankens und eine erhöhte selbstverantwortete Tarifflexibilität ab. Da angesichts der sehr engen Auslegung durch die ICC dieses Gesetz in der Praxis kaum zu Änderungen führte, folgte 1980 der **Staggers Rail Act**, der wesentliche Neuerungen enthielt:

- Die Preisbildung erfolgt frei, wobei allerdings das Diskriminierungsverbot der früheren Regulierungsbestimmungen übernommen wurde, indem die variablen

Kosten der Eisenbahnen als Untergrenze der Tarife angesehen werden. Hinsichtlich der Obergrenze beziehen sich die staatlichen Eingriffsmöglichkeiten nur noch auf den sogenannten Captive traffic, den außerordentlich schienenaffinen Verkehr ohne intermodale Substitutionskonkurrenz.

- Die ICC wurde zwar ermächtigt, für durchgehende Routen, die mindestens zwei Eisenbahngesellschaften betrafen, die Frachtrate und die Aufteilung der Einnahmen (Joint rates) vorzuschreiben sowie die Qualität der Bedienung festzulegen, um einen möglichst reibungslosen Schienentransport zu gewährleisten. Sie machte hiervon jedoch wenig Gebrauch, da es ihrer nunmehr liberalen Grundhaltung widersprach.
- Preiswettbewerb auf konkurrierenden Strecken ist möglich und darf nicht durch die - früher einzubeziehenden - regionalen Frachtausschüsse (Rate bureaus) aufgehoben werden.
- Vertrauliche Sondervereinbarungen, d.h. Abschlüsse von Dienstleistungsverträgen mit Verladern, deren Konditionen nicht veröffentlicht werden müssen, wurden weitgehend zugelassen.
- Für den Marktzutritt verbleibt eine Regulierung, indem weiterhin die öffentliche Erwünschtheit und Notwendigkeit des Verkehrs nachgewiesen werden muß.
- Streckenstillegungsverfahren wurden erleichtert und beschleunigt.
- Die Antitrustimmunität von Eisenbahngesellschaften bei Tarifabsprachen wurde beseitigt.

Die schienenverkehrsrelevante Deregulierung war mit der Verabschiedung des Staggers Rail Act noch nicht abgeschlossen: 1981 wurde der kombinierte Verkehr, 1983 die Beförderung von Exportkohle und 1984 der Transport mit geschlossenen Güterwagen sowie vieler Agrarprodukte von der Tarifregulierung ausgenommen. Die ICC wurde 1997 aufgelöst; die Aufsichtsfunktionen übernahmen die Federal Railroad Administration (FRA) des US-Verkehrsministeriums sowie der Surface Transportation Board (STB).

Als Konsequenz der Deregulierung des Schienengüterverkehrs ist das Tarifniveau durchschnittlich - wenn auch nur geringfügig - gesunken, was auf eine geänderte Tarifstruktur zurückgeführt wird, die neben der Berücksichtigung unterschiedlicher Preiselastizitäten der Nachfrage je Marktsegment aus einer kostenorientierten Preisbildung resultiert. Aussagen über die Entwicklung der Tarife sind jedoch grundsätzlich nur schwer zu treffen, da die Bahnen regen

Gebrauch von der Möglichkeit nicht veröffentlichter Sondervereinbarungen gemacht haben: 1985 gingen 27 % der Brancheneinkünfte auf Beförderungen im Rahmen von Sondervereinbarungen zurück.

Den Bahnen gelang es, trotz durchschnittlich niedrigerer Tarife, die Betriebsergebnisse nachhaltig zu verbessern, indem sie die Betriebskosten pro Leistungseinheit stark senkten. Von den Kosteneinsparungen entfällt rund die Hälfte auf den Faktor Arbeit; der Personalbestand ging von 1980 bis 1988 um ca. 40 % zurück. Für die verbleibenden Arbeitnehmer hat es offenbar angesichts der existierenden Tarifverträge keine Lohnkürzungen gegeben. Die Arbeitsproduktivität, gemessen in Tonnenmeilen pro Arbeitsstunde, stieg zwischen 1980 und 1988 um 83 % und um weitere 90 % zwischen 1988 und 1996 auf 11,0 Tkm je Mitarbeiter. Bedeutsame Produktivitätsgewinne in Höhe von ca. 24 % wurden außerdem durch die Stillegung defizitärer Nebenstrecken erzielt. Das gesamte Netz hat sich von 1980 bis 1988 um rund ein Achtel verkürzt, wobei ca. ein Drittel davon für kürzere Strecken oder regionale Netze von neu gegründeten Betriebsgesellschaften übernommen wurde. Auch im Bereich des rollenden Materials konnten durch Bestandssenkungen und effizienten Betriebsmitteleinsatz Kosteneinsparungen erzielt werden; die Kostenrechnung wurde insgesamt zum wichtigsten Steuerungsinstrument. Gleichzeitig waren steigende Investitionen in die Qualität des Schienennetzes festzustellen, so dass Unfallzahlen reduziert und Zuggeschwindigkeiten erhöht werden konnten. Hohe Zuggeschwindigkeiten und garantierte Beförderungszeiten stellen im liberalisierten Markt wesentliche nachfragewirksame Qualitätsmerkmale des Bahntransportes dar, während die Bedienungshäufigkeit deregulierungsbedingt abgesunken ist, da diese qualitative Komponente vom Markt nicht entsprechend honoriert wird. Hinsichtlich der Angebotsgestaltung der Bahnen ist hervorzuheben, dass sie verstärkte Initiativen im Bereich der Ganzzugverkehre und insbesondere zur Errichtung multimodaler Transportketten ergriffen, die eine Sicherung der Unternehmensexistenz auch angesichts struktureller Änderungen der Nachfrage ermöglichen sollten.

Tatsächlich konnten die Bahnen seit 1980 zumindest ihren Anteil am gesamten Binnenverkehrsmarkt halten, obwohl der Straßengüterverkehr gleichzeitig dereguliert wurde. Negative strukturelle Effekte wurden durch die Erhöhung der durchschnittlichen Transportmengen und -weiten je Zug und die Expansion auf einigen Teilmärkten kompensiert. Neben dem Transport bestimmter Massengüter ist der völlig liberalisierte kombinierte Verkehr zu einer herausragend wichtigen

Beförderungsart der Bahnen geworden; die sieben größten Bahngesellschaften beförderten 1988 mehr als 80 % der Ladungen im kombinierten Verkehr. Im Jahre 1997 erreichte der intermodale Verkehr 29 % des Wagenladungsverkehrs, gefolgt von Kohle (27 %) und chemischen Erzeugnissen (7 %). 1997 wurden 8,7 Mio. Sattelauflieger und Container befördert.

Übersicht 50: *Entwicklung der Transportleistungen im USA-Güterverkehr (in Mrd. Tkm)*

Jahr	Straße	Eisenbahn	Binnen-schiffahrt	Pipelines	Gesamt-verkehr
1970	602	1.117	343	629	2.691
1980	810	1.342	422	859	3.433
1990	1.073	1.510	516	853	3.951
1995	1.345	1.906	534	878	4.663
1998	1.499	2.010	521	905	4.935

Quelle: US-Department of Transport; European Union (2001): Energy & Transport in Figures, Brussels.

Im Zeitraum von 1970 bis 1998 ist die Transportleistung der Güterbahnen um 32,2 % gestiegen (Straßengüterverkehr um 39,7 %), d. h. stärker als die gesamte Güterverkehrsleistung (24,9 %). Der Marktanteil des Schienengüterverkehrs beträgt (1998) 40,7 % (Straßengüterverkehr 30,4 %, Binnenschiffahrt 10,5 %).

Diese im Vergleich zu Europa entscheidend abweichende Güterverkehrsentwicklung im Eisenbahnbereich resultiert aus den völlig unterschiedlichen Markt- und Produktionsbedingungen des Schienengüterverkehrs. Die durchschnittliche Transportweite des Schienengüterverkehrs liegt bei 1.355 km (Straßengüterverkehr 685 km) und damit um den Faktor 5,6 höher als im Durchschnitt der EU 15-Länder (244 km); die Zuglasten können 12–15.000 Tonnen erreichen. Im Containerverkehr ist der Transport von zwei Lagen 40-50``-Behältern üblich (keine durch Brücken begrenzte Ladehöhe).

Die neun großen Güterbahnen (Class-I-Güterbahnen) beschäftigten 1997 178.000 Mitarbeiter (1987: 236.000).

Angesichts dieser Ergebnisse werden die Folgen der Liberalisierung des Schienengüterverkehrs durchweg positiv bewertet. So wird auch der Erfolg der privaten Güterbahnen mit einem Marktanteil von fast 41 % der Verkehrsleistungen in 1998 auf das durch den Staggers Rail Act induzierte Leistungswachstum bei gleichzeitiger Kostensenkung zurückgeführt. Die nicht geringe Konzentration innerhalb des Eisenbahnsektors - bereits 1986 erzielten die größten sieben Eisenbahngesellschaften 85 % der gesamten Brancheneinkünfte - wird aufgrund der intermodalen Konkurrenz auf weiten Teilen des Marktes und der nach wie vor bestehenden Höchstpreiskontrolle für marktbeherrschende Unternehmen nicht problematisiert.

In den letzten Jahren haben sich die Konzentrationsprozesse bei den großen Güterverkehrsbahnen verstärkt. 1995 schloß sich Burlington Northern mit Atchinson, Topeka und Santa Fe zusammen. Im gleichen Jahr erwarb Union Pacific die Chicago and North Western, 1998 die Southern Pacific. Im Juni 1998 erhielten Norfolk Southern und CSX die Genehmigung der Aufsichtsbehörde STB (Surface Transportation Board als Nachfolgerin der früheren ICC), die Conrail-Strecken zu übernehmen. Ebenfalls im Jahre 1998 wurden mehrere Kooperationen zwischen US-amerikanischen, kanadischen und mexikanischen Bahngesellschaften angekündigt (Palley, 1998).

1997 gab es in den USA 9 Class-I-Güterbahnen (jährliche Erlöse über 256 Mio. US $ als Grenzwert); 1987 waren es noch 16. Zwischen 1987 und 1996 wurden 237 neue Regional- und Lokalbahnen aktiv. Die Zahl der Güterbahnen, die Netze mit 563 km Strecken betreiben oder Erlöse zwischen 40 und 256 Mio. US $ erzielen, belief sich 1996 auf 32 Unternehmen.

Im Gegensatz zum Schienengüterverkehr hat der **Schienenpersonenverkehr** in den USA nur marginale Bedeutung (0,3 % der Personenverkehrsleistung in 1998; 0,4 % in 1980) im Vergleich zur intermodalen Konkurrenz. Steigende Motorisierung und die Entwicklung des Luftverkehrs haben den Marktanteil des Schienenpersonenverkehrs seit 1970 stetig reduziert; die Personenverkehr betreibenden Gesellschaften erwirtschafteten dementsprechend hohe Verluste, zumal sie aus regionalpolitischen Gründen den Betrieb zunächst aufrecht erhalten mußten.

Angesichts dieser Rahmenbedingungen wurde keine Deregulierung wie im Güterverkehr, sondern 1970 durch das sog. **Amtrak-Gesetz** die Verstaatlichung des Schienenpersonenverkehrs vorgenommen. Dabei wurde die Beförderungspflicht für die US-amerikanischen Eisenbahngesellschaften aufgehoben und die Übernahme des Schienenpersonenfernverkehrs sowie einiger ausgewählter Nahverkehrsverbindungen durch eine neuzugründende Gesellschaft namens *National Railroad Passenger Corporation* festgeschrieben. Der überwiegende Teil des Nahverkehrs blieb dagegen bei den privaten Eisenbahngesellschaften, wurde jedoch vielfach durch die beteiligten Einzelstaaten unterstützt.

Die Gründung dieser Gesellschaft, die heute unter dem Markennamen *Amtrak* ausschließliche Betreiberin des Schienenpersonenfernverkehrs ist, erfolgte als privatwirtschaftliches Unternehmen, dessen Kapital vom privaten und öffentlichen Sektor zur Verfügung gestellt wurde. Eine finanzielle Selbständigkeit war bisher nicht realisierbar. Von 1971 bis 1994 hat der US-Kongreß rd. 13 Mrd. $ zur Stützung von Amtrak bereitgestellt. 1994 erwirtschaftete das Unternehmen einen Verlust von knapp einer Mrd. $. Ab 1995 reduzierte der Kongreß die Betriebsbeihilfen. Die Einnahmen der Amtrak decken im Personenfernverkehr nur rd. 50 % der Ausgaben.

Das Streckennetz des Schienenpersonenfernverkehrs ist sehr dünn und kurz, die Schwerpunkte der Amtrak-Aktivitäten liegen im Nordost-Korridor, dem Knotenpunkt Chicago und dessen Umfeld, dem kalifornischen Korridor nördlich und südlich von Los Angeles sowie dem „Coast-to-coast"-Verkehr, der hauptsächlich dem Tourismus dient.

Abbildung 22: Netz der AMTRAK

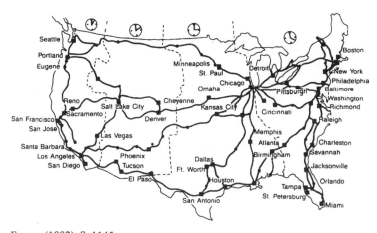

Quelle: Fonger (1992), S. 1145.

Dabei kann nur der schnelle Reiseverkehr auf dem Nordost-Korridor kostendeckend betrieben werden; er hat auf dieser aufkommensstarken Relation sogar einen Marktanteil von 36 % erreicht, da hier keine zeitlichen Nachteile gegenüber dem Flugzeug entstehen. Diese Strecke befindet sich im Eigentum der Amtrak, die entsprechende Infrastrukturverbesserungen durchführte. Für den Rest des Streckennetzes benutzt die Amtrak die Infrastruktur privater Eisenbahngesellschaften, wobei bislang weniger die zu entrichtenden Nutzungsentgelte als der Zustand der Infrastruktur Probleme bereiten, da auf den für den schweren Schienenverkehr ausgelegten Gleisen keine mit europäischen Fernverkehrszügen vergleichbaren Geschwindigkeiten gefahren werden können. Auch weist nur ein Zehntel des US-amerikanischen Schienennetzes eine doppelgleisige Trassierung auf; außer der Amtrak-Strecke ist keine elektrifiziert. Amtrak besitzt das Recht des Markzugangs zu den privaten Güterverkehrsstrecken. Mit den gezahlten Trassenpreisen sind die Güterbahnen jedoch unzufrieden mit der Folge niedriger Investitionen in Qualitätsverbesserungen der Strecken. Hierunter leidet Amtrak.

Die wichtigsten von Amtrak befahrenen Güterverkehrsstrecken befinden sich im Eigentum der privaten Güterbahnen Conrail, CSX und Santa Fe Pacific. Die von Amtrak bislang gezahlten Trassennutzungspreise in Höhe von jährlich rd. 90 Mio. $ wurden ab April 1996 neu verhandelt, wobei die Güterbahngesellschaften bereits im Frühjahr 1995 die Forderung nach einer Verdoppelung der Trassenentgelte von Amtrak sowie Beseitigung von betrieblichen Vorrangrechten des Personenverkehrs erhoben haben. Die Umsetzung dieser Forderungen würde den Amtrak-Verlust nach US-Schätzungen um 100 Mio. $ zu Lasten der Steuerzahler erhöhen. 1997 erhielt Amtrak 220 Mio. $ zur Verlustabdeckung bei den Operating costs; zusätzlich wurden 223 Mio. $ als generelle Kapitalhilfe von regionalen und bundesstaatlichen Institutionen bereitgestellt (Munzert 2000, S. 27). Die Zurechnung der Infrastrukturkosten zwischen dem dominierenden Schienengüterverkehr und dem vergleichsweise unbedeutenden Schienenpersonenverkehr erfolgt bei den im privaten Eigentum der Güterbahnen stehenden Strecken vorrangig nach dem Prime user-principle. Die Prime user (Güterzüge) werden mit den Gesamtkosten abzüglich der Incremental costs des Personenverkehrs belastet. Allerdings wird die Anwendung dieses Prinzips dann problematisch, wenn eine weitgehende Netzöffnung für dritte Bahnen erfolgt.

Auch wegen der hohen Reiseweiten und der fehlenden Zubringerverkehre kann der Aufbau eines flächendeckenden Intercitynetzes und die Erzielung einer

Marktbedeutung als Konkurrenz zum Luftverkehr kaum als realistisch angesehen werden. Aus verkehrspolitischer Sicht wird dies auch nicht angestrebt; vielmehr soll Amtrak zumindest auf einigen Relationen eine ernsthafte Alternative zu den anderen Verkehrsträgern darstellen. Wegen der schwierigen wirtschaftlichen Lage hat Amtrak seit September 1994 den Dienst auf 27 Strecken eingeschränkt bzw. völlig eingestellt. 1998 wurde ein Streckennetz von 32.740 km mit täglich 200 Intercity-Zügen bedient. Insgesamt wurden im Geschäftsjahr 1997 20,2 Mio. Fahrgäste im Intercity- und 48,4 Mio. im Nahverkehr der Ballungsräume befördert.

Übersicht 51: **Entwicklung der Transportleistungen im USA-Personenverkehr (in Mrd. Pkm)**

Jahr	MIV[1]	Eisenbahn	Bus	Stadtbahn	Luftverkehr[2]	Gesamtverkehr
1970	3.181	17	81	18	189	3.486
1980	4.076	18	111	18	353	4.575
1990	5.280	21	196	19	578	6.094
1995	5.740	22	219	18	667	6.667
1998	6.216	23	239	22	767	7.266

1) Pkw / Kombi-Fahrzeuge (Station cars)
2) Einschl. General aviation (1998: 21 Mrd. Pkm)
Quelle: US-Dep. of Transport; European Union (2001): Energy and Transport in Figures, Brussels.

Im Zeitraum 1970-1998 ist die Schienenpersonenverkehrsleistung lediglich um 7,2 % gewachsen (Pkw/Kombi + 17,7 %, Bus + 22 %, Luftverkehr + 32,8 %).

4.1.3 Straßengüterverkehr

Die Regulierung der Interstate-Verkehre des Straßengüterverkehrs der USA basierte auf dem **Motor Carrier Act** von 1935, der, ausgehend von bundesstaatlichen Regulierungen der Intrastate-Verkehre, insbesondere auf Druck der Eisenbahnen durchgesetzt wurde, die ihre traditionelle Werttarifierung gefährdet sahen. Der ICC kam die Funktion der Aufsichtsbehörde zu.

Zur Kennzeichnung der regulierten Bereiche des Straßengüterverkehrs und der Regulierungsgegenstände ist von der zugrundeliegenden Segmentierung des Marktes der Straßengüterverkehrstransporte in den USA auszugehen: Neben Werkverkehren (*Private carrier*), für die weder Transporte für Dritte noch Konzernverkehre erlaubt waren, gab es einen Ausnahmebereich von der Regulierung (*Excempt carrier*), der Nahverkehre und Transporte unverarbeiteter landwirtschaftlicher Erzeugnisse umfaßte.

Der Regulierungskompetenz der ICC unterlagen demgegenüber die *Contract carrier* und die *Common carrier*. Die Regulierung der *Contract carrier* bezog sich auf die Höchstzahl der Sonderkunden und deren ausschließliche Bedienung. Der große Bereich der *Common carrier* wurde wiederum nach *Specialized carriers* und *General freight carriers* unterschieden. Die Lizenzen der Specialized carrier beschränkten sich üblicherweise auf ein definiertes geographisches Gebiet und bestimmte Güter, wobei oft die Linienführung festgelegt war und kein Rücktransportrecht bestand. Den General freight carriers wurden Streckenlizenzen mit vorab zu genehmigenden Haltepunkten erteilt.

Auch im Straßengüterverkehr unterlag die Lizenzvergabe, d.h. der Marktzutritt, einer *doppelten Genehmigungspflicht* gemäß subjektiver Kriterien (fit, willing and able) und dem Nachweis, dass ein zusätzliches Angebot im öffentlichen Interesse liegt (Public convenience and necessity test). Angesichts der restriktiven Genehmigungsvergabe der ICC, insbesondere aufgrund der Einspruchsmöglichkeiten lizensierter Gesellschaften, war Marktneulingen faktisch der Zutritt versperrt. Der Marktaustritt blieb demgegenüber effektiv unreguliert.

Die Preisbildung erfolgte durch regionale Tarifausschüsse (Rate bureaus) als Vertreter der Unternehmen des Straßengüterverkehrs. Die von diesen auf Durchschnittskostenbasis vereinbarten Festpreise mußten bei der ICC angemeldet werden, wobei die zur Geltung der Antitrustimmunität notwendige Genehmigung für ein halbes Jahr ausgesetzt wurden und die ICC selbst Transportentgelte festschreiben konnte. Hinsichtlich der Tarifstruktur kam den sog. Güterklassentarifen die größte Bedeutung zu, wobei neben der Einteilung gemäß ähnlicher Transportcharakteristika die Werttarifierung dominierte. Kontrahierungszwang bestand dahingehend, dass den regulierten Unternehmen gesetzlich auferlegt wurde, ihren Transportmarkt in angemessenem Umfang zu bedienen (Reasonably continious and adequate service). Dieses Gesetz wurde von der ICC jedoch nie umgesetzt, da weder ein angemessenes Serviceniveau definiert wurde noch entsprechende Personalkapazitäten für Kontrollen verfügbar waren.

Im Zuge des generellen politischen Trends zur Liberalisierung lockerte die ICC schon ab 1975 die Regulierung des Straßengüterverkehrs, so dass der 1980 verabschiedete **Motor Carrier Act** weitgehend als Ratifikation dieser liberalisierenden Maßnahmen betrachtet werden kann. Seither beschränkt sich die Marktzugangskontrolle auf die *subjektiven* Kriterien; die Beweislast für den Nachweis des öffentlichen Interesses eines neuen Angebotes wurde umgekehrt. Die Nahverkehrszone wurde erweitert, und sowohl das Verbot der Konzernverkehre wie auch der gewerblichen Beiladung für Werkverkehre wurde aufgehoben. Außerdem wurde die sog. „Rule-of-eight", d.h. die Beschränkung der Kundenzahl für Contract carrier, ebenso wie manche Linien- und Ladungsbeschränkungen spezialisierter Lizenzen abgeschafft. Die Festtarife wurden in Margentarife (zunächst +/- 10 %, später +/- 15 %) ausgeweitet und die Antitrustimmunität der Tarifkartelle entfiel für Absprachen innerhalb der Marge. Auch sind kartellierte Preise nicht bindend, haben also Referenzcharakter. Weiterhin ist die Einflußnahme der Tarifausschüsse auf von einer Gesellschaft durchgehend bedienten Strecken seit 1984 untersagt.

Insgesamt geht die Liberalisierung des Straßengüterverkehrs nicht so weit wie im Luftverkehr, da weiterhin regulierende Vorschriften bestehen. Auch sind nur Teilbereiche des gesamten Straßengüterverkehrsmarktes betroffen, und eine Vielzahl der Bundesstaaten behielt die Regulierung der Intrastate-Verkehre bei. Trotz der nicht vollständigen Deregulierung wurden deutliche Auswirkungen festgestellt:

Nachdem der Marktzugang erleichtert worden war, stieg die Anzahl der Anträge auf neue Lizenzen sowohl von bereits existierenden als auch von neuen Unternehmen stark an; von 1979 bis 1987 wuchs die Anzahl der konzessionierten Unternehmen um 118 %. Dem stehen die Konkurse von rund 4.000 Unternehmen zwischen 1980 und 1984 gegenüber, wobei auch 355 größere Unternehmen mit zwei Mrd. $ Umsatz und 80.000 Beschäftigten betroffen waren. Diese Entwicklungen werden weitestgehend - außer von den Interessengruppen - als Marktbereinigungsprozeß angesehen; der Strukturwandel auf den amerikanischen Transportmärkten wird nunmehr als reibungslos funktionierend eingeschätzt. Die

Marktzutritte konzentrierten sich auf den Wagenladungsbereich *(Truck load)*, wo zahlreich kleine und bisher unregulierten Bereichen angehörige Transporteure allgemeine Genehmigungen beantragten. Diese Tendenz hat sich bis Ende der 90er Jahre stetig fortgesetzt. Die als Subunternehmen tätigen Trucker werden zunehmend als Zulieferer der Netzsysteme der Speditionen und der Kontraktlogistikdienstleister eingesetzt. Demgegenüber waren im Teilladungs- und Speditionsbereich *(Less than truck load)* kaum nennenswerte Marktzutritte festzustellen. In den auf die Deregulierung folgenden Jahren konnten die führenden Unternehmen dieses Bereiches ihre Marktanteile vergrößern. Die Konzentrationstendenzen im Stückgutbereich wurden durch den Aufbau flächendeckender *Nabe-und-Speiche-Systeme (Hub and spoke)* verstärkt. Diejenigen kleinen und mittleren Unternehmen, die sich in diesem Marktsegment behaupten konnten, hatten sich zumindest zu losen Kooperationen zusammengeschlossen, um ebenso Vorteile aus flächendeckenden Sammel- und Verteilernetzen zu ziehen. Die Entwicklung der Marktstruktur wird jedoch insgesamt aus wettbewerbspolitischer Sicht nicht für bedrohlich gehalten, da dem Stückgutmarkt der durch Angebotsüberhänge und niedrige Kosten gekennzeichnete Wagenladungsverkehr gegenübersteht. Diesem gelang es bereits, erhebliche Ladungsmengen von Stückgutunternehmen auf sich zu ziehen. Wegen der Seltenheit wettbewerbsbeschränkender Absprachen im Straßengütertransport ist die Bedeutung des Kartellrechts hier stets gering gewesen.

Die Struktur des gesamten Binnentransportmarktes blieb durch die Deregulierung des Straßengüterfernverkehrs im wesentlichen unverändert. Der Modal split-Anteil des Straßengüterverkehrs bei der Güterverkehrsleistung stieg trotz struktureller Nachfrageänderungen zwischen 1980 und 1990 nur von 23,6 % auf 27,2 %. Die kontinuierliche Ausweitung des Werkverkehrs bis 1980 ist zum Stillstand gekommen und hat sich bei einem Anteil von ca. 40 % eingependelt.

Das Tarifniveau ist insgesamt gesunken: Im Wagenladungsverkehr wurden von 1975 bis 1982 Tarifsenkungen um 25 % und bis 1985 sogar um bis zu 30 % festgestellt; die Tarife im Teilladungsverkehr sanken weniger stark um durchschnittlich 12 %. Das insgesamt niedrigere Niveau wurde insbesondere durch das sich bildende Tarifsystem mit einer Vielzahl von niedrigen Ausnahmetarifen bedingt; fast alle beantragten Tarifänderungen zielten auf Senkungen ab. Nach wie vor hängen die Tarife vom Ladungswert ab, was dem Wirken der Tarifausschüsse zuzuschreiben ist, die seit der Deregulierung insbesondere die Struktur der Tarife beeinflussen.

Die Auswirkungen der Deregulierung auf die Lage des Transportgewerbes wurden von den Folgen der allgemeinen Rezession zu Beginn der 80er Jahre überlagert. Dennoch kann festgestellt werden, dass die Liberalisierung des Marktzutritts und der Tarifbildung zu niedrigeren Gewinnen der etablierten Unternehmen führte, was auch im Wertverfall der Lizenzen zum Ausdruck kommt.

Hinsichtlich des Leistungsangebots wurde nach der Deregulierung eine Vermehrung der Preis-Qualitäts-Optionen und bei insgesamt niedrigeren Tarifen ein durchschnittlich gestiegenes Qualitätsniveau festgestellt. Demnach hat sich die Befürchtung, eine Intensivierung des Wettbewerbs könnte zu absinkender Qualität führen, nicht bewahrheitet. Dies gilt auch für periphere Regionen, deren Bedienungsqualität im regulierten Zustand niedriger war, da es den Unternehmen trotz aller Kontrollen gelungen war, eine Preisdifferenzierung zwischen zentralen und peripheren Routen durchzusetzen. Von den Qualitätssteigerungen profitieren periphere Standorte zwar relativ weniger als zentrale; dennoch sind auch hier keine Verschlechterungen, sondern teilweise Verbesserungen festgestellt worden.

Die Leistungsverbesserungen bei niedrigen Tarifen konnten nicht nur zu Lasten der Gewinnsituation erzielt werden, sondern durch gleichzeitig höhere Produktivität und niedrigere Kosten in sämtlichen Kostenkategorien. Auch wenn das Ladungsaufkommen weniger stark gestiegen ist als die Zahl der Konzessionsinhaber, so ist die Zunahme von Leerfahrten und das Absinken der Produktivität keine zwingende Folge: Die restriktive Genehmigungsvergabe vor der Deregulierung hatte zu einem hohen Leerfahrtenanteil und ineffizienter Streckenkonfiguration geführt, so dass die Unternehmen nach der Liberalisierung des Marktzutrittes die Möglichkeiten für eine erhöhte Auslastung der Fahrzeuge und eine verbesserte Streckenführung nutzten, wozu sie weitere Lizenzen beantragten, die ihren Bestand komplettierten.

Die Arbeitnehmer, vertreten durch die früher mächtigen Fernfahrergewerkschaften, waren unter dem Druck gewerkschaftsfreier Konkurrenz zu Lohnzugeständnissen gezwungen. Sie akzeptierten gespaltene Lohnstrukturen, so dass neu angestellte Arbeitnehmer zu geringeren Tarifen beschäftigt werden konnten. Die Lohnstückkosten je Tonnenmeile sanken von 1977 bis 1982 etwa um 16 %, die Kapitalverzinsung nahm im gleichen Zeitraum von 19,5 % auf 11,1 % ab. Obwohl von 1980 bis 1985 allein auf dem Stückgutmarkt wegen Insolvenzen rund 100.000 Arbeitsplätze wegfielen, hat sich die Gesamtbeschäftigung in der Branche aufgrund der vielen Neugründungen um ein Viertel erhöht.

Aussagen zur Entwicklung der Verkehrssicherheit sind widersprüchlich, was darauf zurückzuführen ist, dass entsprechenden Statistiken nicht zu entnehmen ist, welcher Regulierung (Bundesregulierung, einzelstaatliche Regulierung oder keiner) die einbezogenen Fahrzeuge unterlagen; auch bestehen keine regelmäßigen präventiven Sicherheitskontrollen, die mit europäischen vergleichbar wären.

Insgesamt werden die Erfahrungen mit der Deregulierung des Straßengüterverkehrs in den USA positiv beurteilt. Nur die Gewerkschaften und die marginalen Transportunternehmen, die den Markt verlassen mußten, können als Verlierer der Liberalisierung bezeichnet werden. Die positiven Wirkungen durch verbesserte Ressourcenallokation, höhere Produktivität, niedrigere Tarife und Kosten, eine große Zahl neuer Anbieter und höhere Beschäftigung überwiegen. Allerdings bleibt die Rolle der einzelstaatlichen Regulierungen zu klären, da nur wenige Staaten der Bundesregierung hinsichtlich der Liberalisierung des Straßengüterverkehrs folgten. Die Bundesregierung sah sich demgegenüber angesichts der positiven Ergebnisse veranlaßt, verbleibende Regulierungen (Preiskontrollen und die Rolle der Tarifausschüsse, Routenbeschränkungen) durch ein weiteres Gesetz aufzuheben. Ein entsprechender Vorschlag von 1985 (Trucking Deregulation Act 1985, proposed) wurde angesichts vielfältiger Einflußnahme durch Interessengruppen aber noch nicht verabschiedet.

Festzustellen ist allerdings, dass die klassischen Netzwerke der Stückgut- und Ladungsverkehre durch das Vordringen der Paket- und Expreßdienste (Kep) bedrängt werden, insbesondere auch als Folge des starken Zuwachses beim Electronic commerce (Internetnutzung im Handel).

4.1.4 Intercity-Busverkehre

Die Regulierung der Intercity-Busverkehre zwischen den Bundesstaaten ging ebenfalls auf den **Motor Carrier Act** von 1935 zurück. Die ICC regulierte sowohl für Linien- als auch Gelegenheitsverkehre den Marktzutritt (Konzessionsvergabe in Abhängigkeit von einem zweistufigen Test wie im Straßengüterverkehr) und erteilte die Genehmigungen für die von den Intercity-Busbüros (National Bus Traffic Association) gebildeten kollektiven Tarife, die somit Antitrustimmunität erlangten. Weiterhin bestand ein Kontrahierungszwang durch Verknüpfung der Bedienung unrentabler Strecken mit der Lizenzvergabe für lukrative Streckennetze oder Charterverkehre; dieser wurde aber bereits in den 70er Jahren, als Folge fallenden Verkehrsaufkommens, nicht mehr überwacht.

Die Deregulierung der Intercity-Busverkehre erfolgte für Interstate-Verkehre 1982 durch den **Bus Regulatory Reform Act**. Dabei wurden - wie im Straßengüterverkehr - die Marktzutrittsbeschränkungen gelockert und die Tarife in Margentarife umgewandelt. Die Antitrustimmunität der nach wie vor kollektiv gebildeten Tarife wurde grundsätzlich beibehalten. Da aber Abweichungen der Unternehmen erlaubt waren, führten vermehrter Marktzutritt und verschärfte intermodale Konkurrenz tendenziell zu eher kostenorientierten Preisen je Strecke (sinkende Tarife auf vielbefahrenen und steigende auf wenig befahrenen Strecken). Der Abbau interner Quersubventionen führte zu geänderten Netzstrukturen, wobei Streckenstillegungen zwar in Einzelfällen durch gezielte Subventionen seitens der Kommunen verringert wurden, insgesamt aber eine Verschlechterung der Bedienung dünnbesiedelter Gebiete festzustellen war.

Allerdings kommt dem öffentlichen Personenfernverkehr in den USA auf der Straße nur geringe Bedeutung zu.

Einen interessanten Seitenaspekt stellt das Nebeneinander regulierter und deregulierter Verkehre angesichts der bundesstaatlichen Regulierungen dar, da eine Transitkabotageregelung zur Integration von Intrastate- in Interstate-Verkehre geschaffen wurde.

Literatur zu Kapitel II.4.1:

Aden, K. (1987a): Die Deregulierung der Eisenbahnen in den Vereinigten Staaten von Amerika, Göttingen (Heft 24 der Vorträge und Studien aus dem Institut für Verkehrswissenschaft an der Universität Münster).

Aden, K. (1987b): Die Deregulierung des Straßengüterverkehrs der Vereinigten Staaten von Amerika - Eine Analyse ihrer Inhalte und Auswirkungen, Göttingen (Heft 112 der Beiträge aus dem Institut für Verkehrswissenschaft an der Universität Münster).

Arnold, J. (1989): Die Eisenbahnen in Nordamerika, in: Die Bundesbahn, 65. Jg., S. 168-173.

Basedow, J. (1989): Wettbewerb auf den Verkehrsmärkten - Eine rechtsvergleichende Untersuchung zur Verkehrspolitik, Heidelberg.

Batisse, F. (1993): Immer häufigere Nutzung der Eisenbahn im Nahverkehr - 2. Teil: Europa, Amerika, Afrika: Inkompatibilität von Angebot und Nachfrage, in: Schienen der Welt, 24. Jg., Heft 12, S. 56-64.

Beyen, R.K. / Herbert, J. (1991): Deregulierung des amerikanischen und EG-europäischen Luftverkehrs: Theoretische Grundlagen und Analyse der verkehrspolitischen Umsetzung, Hamburg (Band 5 der Gießener Studien zur Transportwirtschaft und Kommunikation).

Boyer, K.D. (1987): Privatisierung der Eisenbahnen in den USA und Kanada, in: Windisch, R. (Hrsg.): Privatisierung natürlicher Monopole im Bereich von Bahn, Post und Telekommunikation, Tübingen, S. 245-308.

Boyer, K.D. (1989): The Results of Railroad Reform in the U.S., Canada and Japan, in: Konsolidierung der Eisenbahnen, Bergisch-Gladbach (Band B 126 der Schriftenreihe der Deutschen Verkehrswissenschaftlichen Gesellschaft e.V.), S. 145-171.

Button, K.J. / Swann, D. (Hrsg.) (1989): The Age of Regulatory Reform, Oxford.

Deregulierungskommission (1991): Marktöffnung und Wettbewerb, Berichte 1990 und 1991, Stuttgart.

Fonger, M. (1992): Schienenpersonenfernverkehr in den USA: Entwicklungsstand und Zukunftsperspektiven, in: Die Deutsche Bahn, 68. Jg., S. 1143-1148.

Horn, M. / Knieps, G. / Müller, J. (1988): Deregulierungsmaßnahmen in den USA: Schlußfolgerungen für die Bundesrepublik Deutschland, Gutachten des Deutschen Instituts für Wirtschaftsforschung Berlin im Auftrag des Bundesministers für Wirtschaft, Baden-Baden.

Kandler, J. (1983): Verkehrspolitik im Wandel - Neuere Entwicklungen in den USA, in: Internationales Verkehrswesen, 35. Jg., S. 251-256.

Laaser, C.-F. (1991): Wettbewerb im Verkehrswesen - Chancen für eine Deregulierung in der Bundesrepublik, Tübingen (Band 236 der Kieler Studien).

Lange, I. / Sauer, W. (1993): Güterbahnen in Nordamerika, in: Die Deutsche Bahn, 69. Jg., S. 167-172.

Leuschel, I. (1993): Die Eisenbahnen Nordamerikas, in: Die Deutsche Bahn, 69. Jg., S. 162-166.

Mertens, R.R. (1988): Die Deregulierung des Schienengüterverkehrs in den USA, in: Die Bundesbahn, 64. Jg., S. 1035-1038.

Moore, T.G. (1984): Deregulating Ground Transportation, in: Giersch, H. (Hrsg.): New Opportunities for Entrepreneurship, Institut für Weltwirtschaft an der Universität Kiel, Symposium 1983, Tübingen, S. 136-157.

Munzert, R. (2001): Railway Infrastructure Management in the United States of America, Darmstadt Discussion Papers in Economics Nr. 98, Darmstadt.

O.V. (1995): Another Loose Rail At Amtrak, in: Fortune, Nr. 9, S. 14.

O.V. (1998): Modell-Markt USA. Taugt der amerikanische Markt als Vorbild?, in: VerkehrsRundschau, Heft 49, Beilage Transporting 12/98, S. 35.

Palley, J.P. (1998): Schienenverkehr in den USA, in: Rail International - Schienen der Welt (Deutsche Ausgabe), 29. Jg., Heft 12, S. 2-7.

Wernet, M. (1987): Deregulation des Luftverkehrs in den USA - Modell für Europa?, in: Internationales Verkehrswesen, 39. Jg., S. 259-262.

Woolsey, J.P. (1990): A Long-Sleeping Giant is Stirring, in: Air Transport World, Vol. 27, Heft 7, S. 48-53 und S.158.

4.2 Großbritannien

4.2.1 Luftverkehr

Die Anfänge der Regulierung des Luftverkehrs in Großbritannien gehen auf die Lizenzvergabe durch das **Civil Aviation Department** des Luftfahrtministeriums in den 30er Jahren zurück. Der Lizenzvergabe lagen *qualitative Kriterien*, insbesondere Sicherheitsstandards, zugrunde. Die **Air Transport Authority** wurde als unabhängige Regulierungsbehörde im Jahr 1938 gegründet. Nach dem Zweiten Weltkrieg wurde der Luftverkehr zunächst verstaatlicht und auf drei öffentliche Unternehmen aufgeteilt; es wurden jedoch schon bald auch private Luftverkehrsgesellschaften zugelassen. Mit dem **Civil Aviation Act** von 1960 wurde das Air Transport Licensing Board gegründet, das nicht nur für die Lizenzvergabe zuständig war, sondern auch die Flugpreise festlegte. 1971 wurde die bis heute bestehende **Civil Aviation Authority** geschaffen.

Seit Beginn der 80er Jahre wurde der Luftverkehr in Großbritannien weitgehend dereguliert. Die Politik der Streckenmonopole und der staatlich festgelegten Preise wurde von der Civil Aviation Authority aufgegeben. Die *Lizenzvergabe* erfolgt auch für Strecken, die bereits von etablierten Fluggesellschaften bedient werden. Die *Preisbildung* ist weitgehend frei; Eingriffsmöglichkeiten bestehen jedoch zur Verhinderung von Marktmachtmißbräuchen, Verdrängungsstrategien und Quersubventionierungen durch große Fluggesellschaften.

Auch auf den internationalen Luftverkehrsmärkten hat Großbritannien in den letzten Jahren durch liberale bilaterale Luftverkehrsabkommen zu einer Verstärkung des Wettbewerbs beigetragen.

Die relativ frühzeitig privatisierte Fluggesellschaft *British Airways (BA)* galt seit ihrer Privatisierung, insbesondere jedoch in den 1990er Jahren, für viele europäische Airlines als Benchmark für Profitabilität und Qualität. Die günstigen Produktionskosten (Kosten pro Sitzplatzkilometer) sind unter anderem durch die weltweit unangefochtene Marktstellung im Langstreckenverkehr bedingt. Der Marktanteil am Linienflugverkehr in sowie von und nach Großbritannien wurde zudem durch den Kauf von British Caledonian und die Übernahme der Linienverkehre der in Konkurs gegangenen Luftverkehrsgesellschaften Air Europe und Dan Air gestärkt. Zudem hält British Airways Kapitalbeteiligungen u. a. an Qantas, Air Liberté und in Höhe von 100 % an der jedoch bislang permanent defizitären Deutsche BA. Pionier war British Airways in der Verbreitung des Franchising im Luftverkehrsbereich. Heute fliegen GB Airways, Maersk Air UK und CityFlyer Express mit der Corporate Identity und dem Service von British Airways. Mit Betriebsaufnahme des Tochterunternehmens GO im Frühjahr 1998 war British Airways die erste europäische Luftverkehrslinie mit einem No Frill-Ableger. Als Reaktion auf die Erfolge der Star Alliance bildet zur Zeit British Airways mit ihren Partnern American Airlines, Canadian Airlines, Cathay Pacific, Japan Air Lines und Qantas (u.a.) die strategische Allianz Oneworld. Kern der Allianz ist die Partnerschaft zwischen Bristish Airways und American Airlines, jedoch verzögerte sich die Freistellung der EU-Kommission gemäß Artikel 81 Abs. 3 EGV. Im Januar 2002 wurde das Vorhaben aufgegeben.

Bedeutsam für die Flughafenpolitik in Großbritannien war zunächst das *White Paper on Airports Policy* von Juni 1985. Ihm folgte 1986 der **Airports Act** mit dem Beschluß der Privatisierung der British Airport Authority (BAA), welche zu dem Zeitpunkt die Flughäfen London-Heathrow, -Gatwick, -Stansted, Aberdeen, Edinburgh, Glasgow und Prestwick betrieben hat. Die BAA wurde mit allen Grundstücken, Anlagen und Verbindlichkeiten privatisiert, wobei der Handel der BAA-Aktie im Juli 1987 an der Börse aufgenommen wurde.

Der Airports Act forderte zudem die Privatisierung der größeren britischen Regionalflughäfen (Jahresumsatz größer als 1 Mio. £), woraufhin 16 Flughäfen im Jahr 1989 eine privatrechtliche Unternehmensform erhielten, die Flughäfen verblieben allerdings im Gegensatz zum Wunsch der Regierung weiterhin im Besitz der jeweiligen Gebietskörperschaften.

Die BAA Plc. verfolgt seit ihrer Privatisierung eine Strategie der Diversifizierung. Im Bereich Flughäfen hat sie inzwischen den Flughafen Prestwick verkauft und den Flughafen Southampton gekauft. Die Flughäfen Indianapolis, Harrisburg, Neapel und Melbourne betreibt sie für die jeweiligen Eigentümer, wobei sie selbst an den Flughäfen Neapel und Melbourne eine Kapitalbeteiligung hält. Das auf den eigenen Flughäfen erfolgreich entwickelte Einzelhandelsgeschäft betreibt sie zudem für die Flughäfen Indianapolis und New York-Newark. Die Kompetenz in diesem Bereich nutzt sie zudem in einem Joint Venture mit McArthur/Glen, welches Factory Outlet Center in Großbritannien, Frankreich und Österreich betreibt. Ein weiteres Geschäftsfeld sind Grundstücksgeschäfte.

Obwohl die Flughafenentgelte ein vergleichsweise niedriges Niveau aufweisen, unterliegen die marktmächtigen Londoner Flughäfen einer strengen Aufsicht. Die Monopolies and Mergers Commission begutachtet alle fünf Jahre die wirtschaftliche Situation der BAA und gibt Empfehlungen an die Civil Aviation Authority über die zu bestimmende Höchstgrenze der Flughafenentgelte (Price Cap-Regulierung).

Gemäß der seit dem 1. April 1997 gültigen Formel dürfen die Entgelte (Start- und Landeengelte sowie Entgelte pro Passagier) für die Flughäfen Heathrow und Gatwick nicht mehr als der Retail Price Index (RPI) minus 3 % pro Jahr wachsen. Für den Flughafen Stansted gilt die Formel RPI + 1 %.

4.2.2 Eisenbahn

Die Eisenbahnen in Großbritannien realisierten Mitte des 19. Jahrhunderts hohe Gewinne. 1840 wurde ein Gesetz verabschiedet, das die Dividenden aus den Eisenbahngesellschaften begrenzte. In dieser Zeit entstanden viele Eisenbahnlinien, die hauptsächlich regionalen Gesetzen unterstanden. Die Eisenbahnpolitik war darauf ausgerichtet, Unternehmenszusammenschlüsse zu verhindern und damit die Eisenbahngesellschaften in möglichst kleinen, im Wettbewerb stehenden Einheiten zu halten. Mit dem **Railway and Canal Traffic Act** von 1854 wurde es den Eisenbahnunternehmen verboten, den Nachfragern der gleichen Transportleistung unterschiedliche Konditionen hinsichtlich Preis oder Service einzuräumen (Verbot der „Undue preference"). Dieses Verbot der Diskriminierung hatte später mit der zunehmenden Konkurrenz durch den Straßenverkehr weitreichende Folgen für die Wettbewerbsposition der Bahn.

Nach dem Ersten Weltkrieg änderte sich die ökonomische Position der Bahn grundlegend durch die zunehmende Substitutionskonkurrenz. Zur Stärkung der Wettbewerbsposition der Bahn leitete der **Railways Act** von 1921 eine Rationalisierung des britischen Eisenbahnwesens ein; 121 Eisenbahngesellschaften wurden in vier größere Gesellschaften umgewandelt, die regionale Schienenmonopole darstellten. Weiterhin wurde ein Preissystem für den Güter- und Personenverkehr entwickelt und 1928 eingeführt. Das Preissystem sollte den Eisenbahnen einen Nettoerlös von £ 45 Mio. pro Jahr sichern. Jedoch fielen die Erlöse der Bahnen durch den Wettbewerb mit dem Straßenverkehr fortgesetzt unter das Erlösziel: Ende der 30er Jahre bewegte sich der Erlös bei etwa £ 20 Mio. pro Jahr.

Mit Beginn des Zweiten Weltkrieges wurde die Kontrolle der Eisenbahnen - wie schon 1914 - von der britischen Regierung übernommen. Der Erlös der Eisenbahnen stieg durch die Beförderung von Truppen und Kriegsmaterial auf etwa £ 96 Mio. pro Jahr. Mit dem Transport Act von 1947 wurde die Eisenbahn in Großbritannien verstaatlicht und blieb weiterhin reguliert.

1953 wurden mit einem weiteren Transport Act der Eisenbahn größere Freiräume bei der Preisbildung eingeräumt. Insbesondere entfiel das Diskriminierungsverbot. Jedoch mußte weiterhin der Höchstpreis für eine Transportleistung veröffentlicht werden. 1962 wurde British Rail eine vollkommen freie Preisbildung und Angebotsgestaltung ermöglicht.

Durch die schlechte Ertragslage Ende der 30er Jahre und durch die Konzentration auf die Erhaltung der operativen Leistungsfähigkeit der Bahn während der Kriegsjahre waren bei der Eisenbahn nach Kriegsende Investitionen dringend erforderlich. Jedoch wurden bis 1955 alle über die Erhaltung der operativen Leistungsfähigkeit der Bahn hinausgehenden Investitionen streng limitiert. Mit dem Modernization Plan von 1955 wurde entschieden, £ 1,2 Mrd. in einem Zeitraum von 10 bis 15 Jahren in die Eisenbahn zu investieren.

Da sich die wirtschaftliche Situation der Bahn zwischen 1952 und 1962 dramatisch verschlechterte, wurde eine drastische Reform des Eisenbahnwesens erforderlich. In dem 1963 vorgelegten **Reshaping Report** („Beeching Report") wurden grundlegende Strukturänderungen vorgeschlagen. Neben der generellen Einstellung unrentabler Verkehrsangebote und der Schließung unrentabler Strecken und Bahnhöfe sowie der substantiellen Verringerung des Rollmaterials im Personen- und Güterverkehr schlug der Reshaping Report Maßnahmen zur Effizienzsteigerung im Güterverkehr und den Ausbau einiger überregionaler Passagierdienste vor. Die vollständige Umsetzung der Vorschläge wurde durch die 1964 gewählte Labour-Regierung verhindert, jedoch wurden einige wesentliche Reformen eingeleitet. Die Produktivität der britischen Eisenbahn erhöhte sich durch die Reformen stark. Zwischen 1964 und 1970 verkleinerte sich das Streckennetz um etwa 26 %, die Zahl der Traktionen reduzierte sich um rund 37 %, die Zahl der Bahnhöfe, Waggons und der Personalbestand verringerten sich um über 50 %.

Am 1. April 1994 wurde die weitreichenste Reorganisation der britischen Eisenbahn seit der Verstaatlichung im Jahre 1948 eingeleitet. Grundlage war der **Railways Act 1993**. British Rail wurde in rd. 100 neue Gesellschaften zerlegt, die durch ein kompliziertes System von Zulassung und Aufsicht verbunden sind. Das Hauptelement der Neuordnung stellt die **institutionelle Trennung von Fahrweg und Betrieb** dar. Die neu geschaffene Fahrwegorganisation *Railtrack* übernahm das Schienennnetz von etwa 16.000 km, die Signalanlagen, 14 größere Bahnhöfe sowie etwa 11.000 Beschäftigte von British Rail. Railtrack erhielt die Zuständigkeit für den nationalen Fahrplan und koordiniert die angebotenen Dienste auf dem Schienenetz; gegenüber einer weiteren Behörde ist Railtrack für die Sicherheit verantwortlich. Railtrack wurde im Mai 1996 durch Verkauf aller Anteile mit Renditeversprechung vollständig privatisiert und steht als Angebotsmonopolist allen privatisierten Bahngesellschaften gegenüber.

Sowohl der Personen- als auch der Güterverkehr wurden in einzelne Gesellschaften aufgespalten, die Trassennutzungsrechte bei Railtrack nachfragen. Die Gesellschaften im *Güterverkehr* wurden an private Investoren verkauft. Die Eisenbahn besitzt in Großbritannien lediglich einen Marktanteil im Güterverkehr von rd. 8 % (Basis: Tonnenkilometer). Während im Personenverkehr zur Sicherung politischer Zielvorgaben nur ein Restricted open access besteht, gilt für die Interessenten der Übernahme von Güterverkehrsdiensten ein Unrestricted open access. Die Schienengüterverkehrsunternehmen sind in den Segmenten Domestic Bulk Freight, Domestic Specialised/Intermodal Freightliner und International Railfreight Distribution tätig. Die beiden größten Schienengüterverkehrsunternehmen in Großbritannien sind English Welsh & Scottish Railway (EW&S) und Freightliner. Hinter der EWS, die täglich 1.100 Züge fährt und über 900

Lokomotiven und 24.000 Waggons verfügt, steht die Wisconsin Central Transportation Corporation (WCTC). Freightliner fährt täglich rd. 110 Züge mit 100 Lokomotiven und 1.400 Waggons, mit denen jährlich 600.000 Container transportiert werden (Braybrook 1999). Auf EW&S entfallen rd. 90 % des gesamten britischen Schienengüterverkehrsmarktes (ECMT 2001, S. 88).

Der *Personenverkehr* wurde hingegen zunächst nicht veräußert, sondern bestehende Personenverkehrsstrecken oder -netze sowie 2.500 Bahnhöfe in einem Franchising-Verfahren vergeben. Hierfür wurde eine spezielle Institution, das Office of Passenger Rail Franchising (OPRAF) geschaffen. Im Personenverkehr werden Fernverkehrsdienste, der Regionalverkehr sowie der Nahverkehr im Großraum London unterschieden. Zunächst wurden 25 Dienste nach Strecken oder Netzen unterteilt, die nach einer Übergangsperiode privaten Betreibern zeitlich begrenzt angeboten werden. Die Laufzeit der Lizenzen liegt überwiegend bei sieben Jahren. Das Rollmaterial im Personenverkehr wurde durch drei neu geschaffene Gesellschaften (Rolling Stock Leasing Companies) an die Konzessionäre vermietet. Diese Gesellschaften, die sich zunächst in staatlicher Hand befanden, sind ebenfalls privatisiert worden. Weiterhin wurden die Unterhaltungs- und Reparaturdienste sowie die eisenbahnspezifische Forschung in 68 Supporting Companies (Heavy Material Services, Engineering Services) organisiert; auch hier soll eine umfassende Privatisierung für Wettbewerb sorgen. Im Unterschied zum Personenverkehr besitzen die Freight Operators eigene Lokomotiven und Waggons.

Die Vergabe der Lizenzen erfolgt durch die OPRAF. Dem Franchising Director obliegt neben der Ausschreibung und Vergabe der Konzessionen die Festlegung der Leistungsmerkmale (z. B. Pünktlichkeit, Vertaktung, Standard der Züge) für jeden Konzessionsbereich. Die Abstimmung zwischen den Lizenznehmern soll eine weitere Behörde sichern: Der *Rail Regulator* soll die Interessen der Bahnkunden wahrnehmen. In seinem Aufgabengebiet liegt neben der Förderung der Zusammenarbeit die Entscheidung, ob Streckenstillegungen erfolgen sollen und unter welchen Bedingungen weitere Wettbewerber auf einer Strecke zugelassen werden. Weiterhin ist er im Rahmen einer Preismißbrauchsaufsicht zuständig.

Auch nach der Reorganisation der britischen Eisenbahnen sind für einige Konzessionsgebiete staatliche Subventionen notwendig. Hier soll der Wettbewerb zwischen den potentiellen Lizenznehmern (bidding) dazu beitragen, den Subventionsbedarf zu minimieren. Die britische Regierung ging davon aus, in etwa vier Jahren alle Lizenzen verkauft zu haben. Railtrack sollte dann in der Lage sein, über den Verkauf von Trassennutzungsrechten eine Verzinsung des eingesetzten Kapitals von 8 % zu erwirtschaften. Die Jahre nach 1994 haben jedoch gezeigt, dass die Umsetzung des Franchisesystems im Personenverkehr nur zögerliche Fortschritte machte.

Die bisherigen Erfahrungen mit der radikalen kurzfristigen Privatisierung und Auflösung der früheren stark vertikal integrierten British Rail sind zwiespältig. Es haben sich, vor allem im Personenverkehr, mehr ernsthafte Probleme gezeigt als bei der Reform erwartet.

- Viele der Franchise-Nehmer können ihre Leistungen nur mit erheblichen Subventionen erbringen.
- Aufgrund der überwiegend nur sieben Jahre betragenden Franchise-Rechte fehlt bei den Leasinggesellschaften für das rollende Material die Bereitschaft, die erforderlichen Modernisierungsinvestitionen in neues Material durchzuführen. Als Folge sank die Qualität der eingesetzten Züge fühlbar ab.
- Die Versuche der Eisenbahnunternehmen, Kosten nachhaltig auch durch Personaleinsparungen zu reduzieren, führten zu weiteren Qualitätsdefiziten und sogar Zugausfällen wegen Personalmangels.
- Dem Rail Regulator ist es nicht hinreichend gelungen, eine Fahrplanabstimmung zwischen den Eisenbahngesellschaften zu realisieren. Auch gab es, etwa beim Winterfahrplan 1995/96, außerordentlich zahlreiche Fehler und Abstimmungsdefizite, so dass im Januar 1996 ein völlig neuer Fahrplan veröffentlicht werden mußte. Dies führte zu einer großen Beschwerdeflut von Fahrgästen mit fehlerhaften Fahrplaninformationen (Nash 1997). Die einzelnen Bahngesellschaften geben nur über ihre Dienste Auskunft.
- Dem (privaten) Angebotsmonopolisten Railtrack wird vorgeworfen, sich bei den Netzinvestitionen sehr zurückzuhalten, wodurch die Netzqualität nachhaltig leidet und bei den Bahngesellschaften zu erhöhter Verspätungsanfälligkeit führt. Der Rail Regulator setzt die Streckennutzungsabgaben (Trassenentgelte) für die Franchise-Gesellschaften fest; sie wurden 1995 um 8 % administrativ gesenkt. Die Bereitschaft von Railtrack, die Ausgaben für das Netz zu erhöhen, wurde hierdurch nicht gefördert. (Anmerkung: Die

Trassenpreise für die Güterbahnen werden ausgehandelt und nicht veröffentlicht; sie unterliegen aber ebenfalls der Aufsicht durch den Rail Regulator).

- Für Railtrack wurde hinsichtlich der Bemessung der Trassenpreise ein *Price cap-Verfahren* eingeführt, d.h. Erhöhungen der Trassenpreise dürfen nur entsprechend der Veränderung des Index des realen Sozialprodukts abzüglich eines den Produktivitätsfortschritt berücksichtigenden Faktors (er betrug mehrere Jahre 2 %) erfolgen (RPI -2 %). Das Unterlassen von Investitionen und teilweise auch von notwendigen Unterhaltungsausgaben für das Netz wird von einigen Beobachtern auch auf diese starre Preisregulierung zurückgeführt.

- Im Herbst 2001 kam es zu einer dramatischen Entwicklung bei Railtrack. Bereits im Mai 2001 wies der Business-Plan von Railtrack eine prognostizierte Einnahmen-Ausgaben-Lücke von 4 Mrd. £ bzw. 6,3 Mrd. EUR auf (Bradshaw 2001, S. 10). Das mit mehr als 5 Mrd. EUR verschuldete Unternehmen wurde insolvent. Die Railtrack-Anteilsscheine fielen von 17 £ (1998) auf 2,80 £ und wurden aus dem Börsenhandel genommen. Eine staatliche Hilfestellung wurde abgelehnt. Es besteht die Absicht, Railtrack in ein Non-Profit-Unternehmen (ohne Börsenlistung) umzuwandeln.

Resümierend ist festzustellen, dass die Bahnreform in Großbritannien keinen Vorbildcharakter für Revitalisierungsbemühungen im Eisenbahnwesen besitzt. In sehr kurzer Zeit wurden zu viele totale Reorganisationen durchgeführt; die Deregulierung wurde zu schnell und zu undifferenziert betrieben. Die Qualitätsmängel im Personenverkehr und das wirtschaftliche Desaster bei Railtrack mit erheblichen Sicherheitsdefiziten stehen neben positiven Entwicklungen im Güterverkehr.

Der zentrale Fehler der britischen Bahnreform von 1994 war die börsenmäßige Privatisierung von Railtrack. Es ist nicht nachvollziehbar, dass ein Mischnetz von Personen- und Güterverkehr mit starken Economies of density und scale mit Renditeversprechen an die Börse gebracht wurde. Solche Netze sind generell nicht gewinnbringend und kaum kostendeckend zu betreiben.

Die Krise von Railtrack kann jedoch nicht generalisierend als Argument gegen eine institutionelle Trennung von Netz und Betrieb herangezogen werden. Sie ist in fundamentalen Reformfehlentscheidungen begründet.

4.2.3 Straßengüterverkehr

1933 wurde mit dem **Road and Rail Traffic Act** ein Kontingentierungssystem im britischen Straßengüterverkehr eingeführt. Es standen vier Konzessionsarten zur Verfügung: Die *A-Lizenz* gestattete gewerbliche Transporte ohne Beschränkungen, die *C-Konzession* war für den Werkverkehr erforderlich, die *B-Genehmigung* berechtigte zu Werkverkehr und zu gewerblichem Verkehr unter Auflagen (z.b. bezüglich Kunden, Güterarten, Entfernungen), die *A-Contract Licence* war für gewerbliche Transporte im Rahmen von langfristigen Vertragsverbindungen notwendig. Die A-Vertragslizenzen und die C-Werkverkehrsgenehmigungen waren frei erhältlich, während bei den A- und B-Konzessionen die Gewährungsentscheidung bei den Genehmigungsbehörden lag.

Die Vergabepraxis der A- und B-Lizenzen war sehr restriktiv und auf den Schutz der Eisenbahn vor der Konkurrenz durch den Straßengüterverkehr ausgerichtet. Die Genehmigungsbehörden mußten bei der Konzessionsvergabe das öffentliche Interesse, einschließlich der Interessen der etablierten Transportunternehmen, berücksichtigen. Für einen Markteintritt mußte der Straßengüterverkehrsunternehmer beweisen, dass das betreffende Verkehrsangebot von allen anderen Verkehrsträgern nicht erbracht werden kann. Bei einer Kapazitätsausweitung mußte nachgewiesen werden, dass es sich um Neuverkehr handelt, der anderen Verkehrsträgern nicht entzogen wird. Die Qualität und der Preis der betreffenden Transportdienstleistung spielte dabei keine Rolle.

Dieses System wurde mit der Verstaatlichung des gewerblichen Straßengüterverkehrs im Jahr 1947 aufgehoben. Mit dem **Transport Act** 1953 wurde der Strassengüterverkehr reprivatisiert und das Regulierungssystem von 1933 mit einer wichtigen Änderung wieder in Kraft gesetzt. Die Genehmigungsbehörden mußten nun in erster Linie die Interessen der Verlader und erst in zweiter Linie die Interessen der etablierten Unternehmen berücksichtigen. Hieraus ergab sich eine gegenüber dem ursprünglichen System wesentlich liberalisierte Genehmigungspraxis.

1963 wurde durch die britische Regierung das *Gleddes Committee* zur Untersuchung der Wirkungen des Regulierungssystems einberufen. Die Kommission stellte fest, dass das Genehmigungssystem weder zu einer Erhöhung der Verkehrssicherheit noch zu einer Reduktion der Umweltbelastungen oder zu einer Sicherung des Modal split-Anteils der Bahn beiträgt, sondern zu

Inflexibilitäten der Unternehmer und zu höheren Kosten und Preisen führt. Es wurde die Abschaffung aller quantitativen Beschränkungen und die Einführung eines Systems qualitativer Markteintrittsschranken vorgeschlagen.

Mit dem **Transport Act 1968** wurden die *quantitativen* Beschränkungen im britischen Straßengüterverkehr aufgehoben und *qualitative* Marktzugangsvoraussetzungen hinsichtlich Sicherheit und Wartung der Fahrzeuge eingeführt. Die Unterschiede in den Genehmigungsverfahren zwischen Werkverkehr und gewerblichem Verkehr wurden aufgehoben; für beide Verkehrsarten mußten die gleichen qualitativen Voraussetzungen erfüllt sein, um eine *Operator's Licence* zu erhalten.

1977 wurden die Marktzugangsvoraussetzungen an EG-Vorschriften angepaßt. Für den Werkverkehr (Restricted Operator's Licence) blieben die Voraussetzungen unverändert; im gewerblichen Verkehr (Standard Operator's Licence) mußten zusätzlich durch den Unternehmer Bedingungen hinsichtlich persönlicher Zuverlässigkeit, finanzieller Leistungsfähigkeit und fachlicher Eignung erfüllt sein.

Verschiedene Untersuchungen belegen, dass der britische Straßengüterverkehrsmarkt nach der Liberalisierung stabil geblieben ist. Die Leistungsfähigkeit der Transportunternehmen erhöhte sich, und für die von Deregulierungsgegnern befürchtete Tendenz zu ruinöser Konkurrenz ergaben sich keine Anhaltspunkte.

4.2.4 Busverkehr

Mit dem **Road Traffic Act** von 1930 wurde der bis dahin von staatlichen Eingriffen weitgehend freie britische Busverkehr einer starken Regulierung unterworfen, die sowohl qualitative als auch quantitative Elemente enthielt; es wurde ein System regionaler Verkehrsgebiete mit regionalen Genehmigungsorganen (Traffic Commissioners) geschaffen. Der Busverkehr unterteilte sich in die Segmente *Liniennahverkehr, Linienfernverkehr, Ausflugs- und Urlaubsverkehr* sowie *Mietverkehre*. Die Abgrenzung zwischen Liniennah- und Linienfernverkehr erfolgte über die Höhe der Fahrpreise. Als qualitative Marktzutrittsvoraussetzung waren verschiedene Anforderungen an Fahrzeuge, Fahrer und Unternehmer zu erfüllen. Verkehrspolitisch bedeutsamer waren jedoch die *quantitativen* Beschränkungen. Für alle Verkehrsarten außer den Mietverkehren mußten Konzessionen (Road

Service Licences) bei der Genehmigungsbehörde, die durch Konzessionsauflagen auch die Fahrpreise und Fahrpläne festlegte, beantragt werden, die nur genehmigt wurden, wenn das betreffende Verkehrsangebot im öffentlichen Interesse lag. Der Antragsteller mußte den Bedarf nachweisen; Interventionen etablierter Busunternehmer und der Eisenbahn wurden bei der Entscheidung berücksichtigt und führten oft zu einer Ablehnung des Konzessionsantrages.

Grundlage der Entscheidung der Transport Commissioners waren die Transportbedürfnisse der gesamten Region. Hieraus abgeleitet wurde die Zulässigkeit der Quersubventionierung unrentabler, aber sozialpolitisch erwünschter Linien durch rentable Linien der Etablierten. Diese Interpretation des öffentlichen Interesses führte zu einem weitreichenden Schutz der vorhandenen Unternehmer vor potentiellen Konkurrenten, die Konzessionsanträge für rentable Linien stellten. Auch die etablierten Anbieter wurden durch den **Transport Act 1930** vor gegenseitiger Konkurrenz geschützt, wenn Überschneidungen der Angebote insbesondere im Nah- und Fernverkehr auftraten. Entweder wurden den Fernverkehrsunternehmen Restriktionen bei der Bedienung der Haltepunkte auferlegt oder ein hoher Mindestfahrpreis festgelegt.

Die Regulierung durch den Transport Act 1930 war ursprünglich auf die Schaffung von Streckenmonopolen ausgerichtet. Da jedoch die Transportbedürfnisse der gesamten Region für die Entscheidungen der Genehmigungsbehörden maßgebend waren, stand die Schaffung möglichst weit verzweigter regionaler Transportnetze im Vordergrund. Dies führte zu regionalen Monopolen durch Fusionen und Unternehmensübernahmen.

Abgesehen von einigen geringen Modifikationen blieb die restriktive Marktordnung von 1930 bis 1980 unverändert: In der Nachkriegszeit wurde ein Teil der Busunternehmen verstaatlicht, 1968 wurden in den großen Städten *Passenger Transport Executives* geschaffen, um den ÖPNV zu koordinieren, 1978 wurden den Grafschaftsräten (County Councils) Kompetenzen für den Busverkehr übertragen.

Der **Transport Act von 1980** führte zu einer weitgehenden Liberalisierung des Linien*fern*verkehrs sowie des Ausflugs- und Urlaubsverkehrs. Diese Verkehrsarten wurden von der Konzessionspflicht befreit. Im Linien*nah*verkehr war zwar weiterhin eine Road Service Licence erforderlich, jedoch wurde die Beweislast bei der Antragstellung umgekehrt. Der Antragsteller mußte nicht mehr beweisen, dass das betreffende Verkehrsangebot im öffentlichen Interesse liegt, sondern die etablierten Unternehmen mußten, um die Genehmigung zu verhindern, das Gegenteil nachweisen. Auch ergab sich eine starke Einschränkung der Möglichkeit der Traffic Commissioners, das Transportangebot durch Konzessionsauflagen zu beeinflussen; Fahrpreise und Fahrpläne konnten nur noch in Ausnahmefällen festgelegt werden. Für die County Councils bestand zusätzlich die Möglichkeit, ihre Region durch den Verkehrsminister zeitlich begrenzt zu einem Versuchsgebiet ohne Konzessionspflicht für den Liniennahverkehr erklären zu lassen. Die qualitativen Marktzutrittsvoraussetzungen blieben bis auf einige Modifikationen auch nach dem Transport Act 1980 bestehen. Der Liniennah- und -fernverkehr wird seit 1980 nicht mehr über die Fahrpreise, sondern durch die Transportentfernung abgegrenzt. Bei einer Transportentfernung über 30 Meilen handelt es sich um Fernverkehr.

Vor der Deregulierung dominierten im britischen Busfernverkehr die beiden staatlichen Gesellschaften *National Bus Company* und *Scottish Transport Group*. Nach der Liberalisierung gründeten mehrere private Busunternehmen die Gesellschaft *British Coachways*, um in den Markt der National Bus Company einzudringen. Die verfolgte Strategie, mit niedrigen Preisen und geringer Qualität Marktanteile zu gewinnen, scheiterte jedoch, da die National Bus Company mit Preissenkungen reagierte und eine bessere Qualität anbot. Schon im April 1981 begannen einige Busunternehmen, sich von British Coachways zurückzuziehen. Erfolgreicher waren die Versuche privater Unternehmen in Schottland, da die Scottish Transport Group weniger flexibel auf die neuen Konkurrenten reagierte. Insgesamt hat sich nach dem Transport Act 1980 der Wettbewerb sowohl im Busfernverkehr als auch zwischen der Eisenbahn und den Busunternehmen verstärkt. Besonders erfolgreich waren die Markteintritte neuer Konkurrenten in speziellen Marktsegmenten, die von den etablierten Unternehmen nur unzureichend bedient wurden.

Die Möglichkeit der County Councils, Versuchsgebiete zu schaffen, wurde nur in wenigen Regionen wahrgenommen. Die Auswertung der Ergebnisse in den liberalisierten Regionen führte nicht zu eindeutigen Ergebnissen. Da sich jedoch die finanzielle Situation des öffentlichen Nahverkehrs zunehmend verschlechterte, wurde auch der Nahverkehr außerhalb Londons durch den **Transport Act 1985** dereguliert.

Seit dem 26. Oktober 1986 ist für den Personennahverkehr die Konzessionspflicht aufgehoben. Die Busunternehmer müssen seither unter Vorlage der Fahrzeugzulassung Einzelheiten des Verkehrsangebotes (Linienverlauf, Fahrplan, Haltestellen) bei den regionalen Verkehrsbehörden nur noch registrieren lassen. Mit Ablauf einer Frist von 42 Tagen können nach der Registrierung neue Verkehre aufgenommen werden. Diese Frist gilt auch für Änderungen oder die Einstellung von Verkehrsangeboten. Interventionen in das Verkehrsangebot durch die Verkehrsbehörden sind nur noch im Interesse der Verkehrssicherheit und zur Vermeidung von Verkehrsstaus zulässig; zu Eingriffen in die Preisbildung berechtigt der Transport Act 1985 nicht mehr.

Aufgrund der Erfahrungen nach der Deregulierung des Fernverkehrs wurde die National Bus Company privatisiert und in mehrere kleinere Gesellschaften geteilt. Weiterhin wurde die Freistellung des ÖPNV von einigen Bestimmungen des britischen Wettbewerbsrechts aufgehoben und die Voraussetzung für den Einsatz von Sammeltaxis als Konkurrenz zum Busverkehr geschaffen. Da nach der Deregulierung auch das seit dem Transport Act 1930 praktizierte System der Quersubventionierung aufgehoben wurde, hätte kein Anreiz bestanden, unrentable, aber sozial erwünschte Linien zu bedienen. Aus diesem Grunde sah der Transport Act 1985 ergänzend einen subventionierten Nahverkehr vor. Die Aufrechterhaltung der im öffentlichen Interesse liegenden, aber für die Busunternehmen unattraktiven Verkehrsverbindungen wird seit 1986 durch ein komplexes Ausschreibungsverfahren der subventionierten Linien gesichert. Bei der Ausschreibung durch die kommunalen Verkehrsbehörden muß das Angebot ausgewählt werden, das den effizientesten Einsatz der öffentlichen Mittel verspricht.

Die Deregulierung bewirkte eine Ausdehnung des in Fahrzeugkilometern gemessenen Verkehrsangebots bei einer gleichzeitigen Änderung der Angebotsstruktur. Die Qualität der Verkehrsangebote hat sich bei insgesamt geringeren Nahverkehrssubventionen nicht verschlechtert. Diese Aussage wird jedoch nicht von allen Beobachtern geteilt.

Literatur zu Kapitel II.4.2:

Ashmore, G. (1993): Privatisierung der britischen Eisenbahn, in: Rail International - Schienen der Welt (Deutsche Ausgabe), 24. Jg., Heft 12, S. 10-13.

Asteris, M. / Green, P. (Hrsg.) (1992): Contemporary Transport Trends, Aldershot et al.

Basedow, J. (1989): Wettbewerb auf den Verkehrsmärkten - Eine rechtsvergleichende Untersuchung zur Verkehrspolitik, Heidelberg.

Bayliss, B. (1987): Die Deregulierung des Straßengüterverkehrs in Großbritannien, in: Internationales Verkehrswesen, 39. Jg., S. 9-12.

Bradshaw, B. (1996): The Privatization of Railways in Britain, in: Japan Railway & Transport Review, Heft 8, S. 15-21.

Bradshaw, B. (2001): Lessons from a Railway Privatization Experiment, in: Japan Railway & Transport Review, No. 29, S. 4-11.

Braybrook, I. (1999): Die Renaissance des Schienengüterverkehrs im Vereinigten Königreich, in: Rail International - Schienen der Welt (Deutsche Ausgabe), 30. Jg., S. 17-20.

ECMT – European Conference of Ministers of Transport (2001): Railway Reform. Regulation of Freight Transport Markets, Paris.

Gutknecht, R. (1987): Deregulation und Privatisierung, in: Verkehr und Technik, 40. Jg., S. 119-124.

Hollmann, M. (2001): Verkehrspolitik nach der Pleite von Railtrack am Scheideweg, in: Deutsche Verkehrs-Zeitung, 55. Jg., Nr. 131 vom 01.11.2001, S. 11.

Klivington, R. (1987): Erfahrungen mit der "Deregulation", in: Der Nahverkehr, 5. Jg., Heft 1, S. 14-21.

Laaser, C.-F. (1991): Wettbewerb im Verkehrswesen - Chancen für eine Deregulierung in der Bundesrepublik, Tübingen (Band 236 der Kieler Studien).

Nash, C. (1993): Rail Privatisation in Britain, in: Journal of Transport Economics and Policy, Vol. 27, S. 317-322.

Nash, C. (1997): The Separation of Operations from Infrastructure in the Provision of Railway Services - The British Experience, in: The Separation of Operations from Infrastructure in the Provision of Railway Services, Round Table 103, European Conference of Ministers of Transport, Paris, S. 53-89.

Savage, I. (1985): The Deregulation of Bus Services, Aldershot.

Schmitz, M. (1997): Die Privatisierung der Eisenbahnen in Großbritannien - Ziele, Maßnahmen, Beurteilung, Göttingen (Heft 31 der Vorträge und Studien aus dem Institut für Verkehrswissenschaft an der Universität Münster).

Swann, D. (1988): The Retreat of the State. Deregulation and Privatisation in the UK and US, New York et al.

Tyson, W.J. (1988): Deregulation und erste Folgen, in: Der Nahverkehr, 6. Jg., Heft 6, S. 76-81.

III Leistungsstrukturen, Kostenstrukturen und Preisbildung in der Verkehrswirtschaft

1 Leistungsstrukturmerkmale

1.1 Eigenschaften von Verkehrsleistungen

Verkehrsleistungen stellen die **Ortsveränderungen** (außerhäusige Aktivitäten) von Personen, Gütern und Nachrichten dar. In den nachfolgenden Überlegungen wird der Transport von Informationen nur als mit dem Personen- und Gütertransport im weitesten Sinne verbundene Aktivität betrachtet (transportvorauseilende, transportbegleitende oder transportnachfolgende Information), die sich im wesentlichen in Datenfernübertragungssystemen (DFÜ) abwickelt. Die *generellen* Fragen der Nachrichtenübermittlung (Brief, Telegramm, Fernschreiben, Telefax, Electronic mail u.ä.) werden nicht behandelt, da dies den Sachgegenstand dieses Buches überschreiten würde.

a) Wesentliches Merkmal von Verkehrsleistungen ist die **Identität** der **Produktion** dieser Leistungen und ihres **Absatzes**, d.h. es fehlt die **Lagerfähigkeit**. Damit direkt verbunden ist die Frage, in welcher Höhe die Kapazitäten zur Verkehrsleistungsproduktion zu bemessen sind: nach einer erwarteten mittleren Nachfrageintensität, nach Spitzennachfragesituationen u.ä. Diese Frage ist auch deshalb zu beantworten, weil die Verkehrsleistungsnachfrage starken Schwankungen unterworfen ist. Sie werden in sog. *Ganglinien* dargestellt.

- Im **Personenverkehr** gibt es deutliche Schwankungen im Tagesablauf (Berufs- und Einkaufsverkehr), an Wochentagen (sehr hohe Nachfragewerte montags und freitags beim Berufs- und Geschäftsreiseverkehr; freitags teilweise Überlagerungen mit dem Wochenend-Freizeitverkehr), in einzelnen Monaten (Urlaubsreisemonate) und vor bzw. nach Feiertagen.

- Im **Güterverkehr** gibt es saisonale Spitzenbelastungen (Herbst, Frühjahr) und relativ nachfrageschwache Perioden (insbesondere zur der Haupturlaubszeit aufgrund von Betriebsferien), aber auch wochentägliche Schwachlastzeiten (freitags, samstags) aufgrund fehlender Be- und Entlademöglichkeiten bei der verladenden Wirtschaft. Beim Güterverkehr wirkt sich der

Tatbestand der *abgeleiteten* Nachfrage besonders aus, d.h. er reagiert zusätzlich (zeitversetzt) auf konjunkturelle Schwankungen bei der verladenden Wirtschaft.

b) Ein weiteres Merkmal der Verkehrsleistungserstellung ist die Notwendigkeit des simultanen Einsatzes von Verkehrsmitteln und Kapazitäten der Verkehrsinfrastruktur. Diese **gemeinsame Ressourcennutzung** ist am schwächsten in der Seeschiffahrt ausgeprägt (infrastrukturelle Leistungsinanspruchnahme nur hinsichtlich der Seehäfen, weniger der Seeschiffahrtskanäle und von navigatorischen Seeschiffahrtsinformationssystemen). Am stärksten ist die gemeinsame Nutzung von Transportmitteln und Verkehrsinfrastruktur bei der Eisenbahn und beim Rohrleitungsverkehr erkennbar.

Es besteht dabei eine sehr unterschiedliche **Ressourceneinsatzkomplementarität** von Verkehrsmitteln und Verkehrsinfrastruktur: Auf einer gegebenen Eisenbahnstrecke oder einer Straßenkapazität können unterschiedliche Mengen von Verkehrsmitteln mit unterschiedlichen Transportkapazitäten fahren. Es gibt technische und ökonomische Optimalzustände hinsichtlich der Nutzung der Leistungsfähigkeit von Verkehrswegen und -knoten. Sie sind abhängig von der Mischung der Fahrzeuge nach Fahrzeugart und Fahrgeschwindigkeiten, des Geschwindigkeitsniveaus und des individuellen Fahrverhaltens (plötzliche Geschwindigkeitsveränderungen). Der maximale Durchfluß einer gegebenen Strecke ist um so höher, je *homogener* die gefahrenen Geschwindigkeiten und je näher das Geschwindigkeitsniveau am Optimalwert liegt, der durch Eigenschaften der Verkehrsinfrastrukturkapazität und der Umfeldbedingungen bestimmt wird (etwa Topographie, technischer Fahrbahnzustand, Zahl der Fahrbahnen, Witterungsverhältnisse usw.).

Insofern kann auch gesagt werden, dass eine Produktionsfunktion mit variabler Komplementarität von Verkehrsmitteln und Verkehrsinfrastruktureinsatz vorliegt. Es besteht, wenn von Qualitätsdifferenzen abstrahiert wird, eine begrenzte und unvollständige Substituierbarkeit bei der Erstellung von Verkehrsleistungen. Eine definierte Menge an Verkehrsleistungen kann mit einer variablen Zahl von Verkehrsmitteln auf Verkehrswegen unterschiedlicher Kapazität erstellt werden.

Die **Verkehrswegekapazität** besitzt somit den Charakter eines **Potentialfaktors**, dem ein variabler Output an Verkehrsleistungen durch intensitätsmäßige und quantitative Anpassung bei den Verkehrsmitteln zugeordnet werden kann.

Die strengste Form der Komplementarität, die der (linearen) Limitationalität, ist bei der Verkehrsleistungserstellung bezüglich Verkehrsmittel- und Verkehrsinfrastruktureinsatz nicht anzutreffen.

c) Als wesentliches drittes Merkmal ist das Erfordernis von **Erreichbarkeitslösungen** zu nennen. Dem öffentlichen Personenverkehr müssen Haltestellen und Bahnhöfe zur Verfügung stehen, beim Güterverkehr Be- und Entladeeinrichtungen sowie Umschlaganlagen. Während der individuelle Personenverkehr und auch der Straßengüterverkehr aufgrund ihrer Systemeigenschaften kaum spezielle Erreichbarkeitslösungen im direkten Haus-Haus-Verkehr erfordern, verlangen Eisenbahn, Binnen- und Seeschiffahrt sowie der Luftverkehr das Vorhalten von Stationen und Umschlageinrichtungen. Diese regelmäßig kapitalintensiven Anlagen führen zu erheblichen Kostenbelastungen. Dies gilt auch für den **kombinierten Verkehr**. Zugleich resultiert aus dieser Situation eine bislang nicht befriedigend gelöste **Vernetzungsproblematik** bei gebrochenen Verkehren, d.h. andere Verkehrsmittel und häufig unterschiedliche Verkehrsträger einschließende Transporte. Hierbei ist zu unterscheiden zwischen der **physischen** und der **kommunikativen Vernetzung**. Während die kommunikative Vernetzung in den letzten Jahren wesentliche Fortschritte erreicht hat, stellt die physische Vernetzung weiterhin ein sehr bedeutsames Qualitäts- und Kostenproblem dar.

d) Die **Nachfrage** nach Verkehrsleistungen ist in ihren quantitativ bedeutsamen Komponenten aus verkehrsfremden Bereichen und deren Entwicklungen **abgeleitet**. Das gilt generell für den Güterverkehr und bei der Zwangsmobilität auch für den Personenverkehr. Hieraus folgt für den gesamten Verkehrsmarkt, dass durch isolierte verkehrspolitische Maßnahmen, insbesondere im Bereich der Preispolitik, keine fühlbaren globalen Nachfragerückgänge oder -steigerungen eintreten.

Wenn nur ausgewählte Verkehrsmittel oder Verkehrsträger ceteris paribus Preisvariationen durchführen, kann es in Abhängigkeit von den gegebenen Kreuzpreiselastizitäten, d.h. den Graden der Substitutionsbeziehungen, zu Verschiebungen des Modal split kommen. Werden jedoch starke Anhebungen des Verkehrspreisniveaus insgesamt unterstellt, so kann die Wirkung in Standortverlagerungen der verladenden Wirtschaft, in veränderten logistischen Konzeptionen oder in der Einstellung von Lieferungen bestehen. Dies würde den Umfang der Transportleistungen reduzieren. Hierüber liegt jedoch kein hinreichender empirischer Befund vor. Andererseits ist aber auch erkennbar, dass bei Existenz eines hochwertigen Transportangebotes und im Vergleich zu den Produktions- und sonstigen Vertriebskosten relativ niedrigen Transportpreisen die Tendenz besteht, z.B. Regionalläger durch Transporte zu ersetzen oder produktbezogene Veredelungsprozesse mit größeren räumlichen Distanzen durchzuführen.

1.2 Das Auslastungsproblem

Aus den Leistungsspezifika und der Frage nach der Bemessung der Kapazitäten resultiert ein Auslastungsproblem in bezug auf die Verkehrsinfrastruktur und die Verkehrsmittel. Die Leistungsfähigkeit der Verkehrsinfrastruktur wird vor allem durch die *Netzdichte* bestimmt. Dies gilt insbesondere für Volkswirtschaften mit räumlich dispersen Siedlungs- und Produktionsstrukturen. Je umfänglicher und verflochtener solche Netze sind, desto höher ist die Kapitalbindung. Die hieraus folgenden hohen nutzungsunabhängigen Kosten können nur dann über den Markt erwirtschaftet werden, wenn eine entsprechend hohe Auslastung erreicht wird. Die Wirkung der Economies of density ist für die Wettbewerbsfähigkeit bedeutsam; sofern die Systemeigenschaften eines Verkehrsträgers oder aber die Nachfrage die erforderliche hohe Auslastung verhindern, bestehen einzelwirtschaftliche Rentabilitäts- und gesamtwirtschaftliche Ressourcennutzungsprobleme. Hiervon sind in erster Linie die Netze der Eisenbahn und die Binnenwasserstraßen betroffen. Bei den Kraftverkehrsstraßen sind wegen der hohen Mobilität im Individualverkehr und der stark wachsenden Nachfrage nach Straßengüterverkehrsleistungen aufgrund des Güterstruktur-, des Logistik- und des Integrationseffekts generell hohe Auslastungsgrade gegeben. Demgegenüber besteht für den Fahrweg (das Schienennetz) der Eisenbahn grundsätzlich ein wirtschaftlich schwierig zu bewältigendes Auslastungsproblem, das auch durch systemspezifische Merkmale des Eisenbahnverkehrs (Blockabstände) geprägt wird. Daher besitzen hier die Bemühungen, ein Fahren auf elektronische Sicht zu realisieren (CIR: Computer Integrated Railroading), eine sehr hohe Bedeutung.

Die rechnerische Verbindungsgröße zwischen der Verkehrsinfrastruktur und den Verkehrsmitteln sind die *Fahrzeugkilometer* (Straße) bzw. *Zugkilometer* (Eisenbahn). Nur ausgelastete Verkehrsmittel führen auch (bei gegebener Zahl der Fahrzeug- oder Zugkilometer) zu einzelwirtschaftlich und gesamtwirtschaftlich effizienten Nutzungsintensitäten der sowohl in der Verkehrsinfrastruktur wie auch in den Verkehrsmitteln gebundenen Ressourcen. Hinzu kommt, dass auch unter **umweltpolitischen Überlegungen** die Zielsetzung besteht, eine gegebene Menge an Verkehrsleistungen (Personen- oder Tonnenkilometer) mit einer möglichst geringen Menge an Fahrzeug- oder Zugkilometern zu erbringen. Die Lärm- und Schadstoffemissionen als wichtige negative (externe) Umwelteffekte der Verkehrsleistungserstellung sind primär abhängig von den benötigten **Fahrzeug-** und **Zugkilometern** und den kilometerbezogenen Emissionsfunktionen.

Abbildung 23: Auslastung von Verkehrsinfrastruktur und Verkehrsmitteln

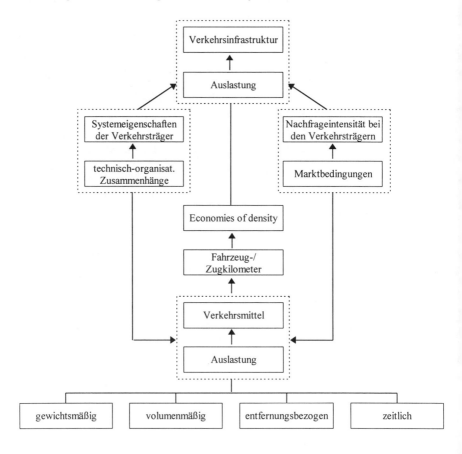

Für die Optimierung des Verkehrsmitteleinsatzes sind folgende vier Auslastungsgradkoeffizienten von Bedeutung:

Gewichtsauslastung:	$\dfrac{\text{tatsächliches Nutzgewicht}}{\text{maximales Nutzgewicht}}$	$\cdot 100$
Volumenauslastung:	$\dfrac{\text{tatsächliches Ladevolumen}}{\text{maximales Ladevolumen}}$	$\cdot 100$
Entfernungsauslastung:	$\dfrac{\text{Fahrzeug-Lastkilometer}}{\text{Fahrzeug-Gesamtkilometer}}$	$\cdot 100$
Zeitauslastung:	$\dfrac{\text{Ist-Fahrzeit des Fahrzeuges}}{\text{mögliche Fahrzeit}}$	$\cdot 100$

Die gewichts- oder volumenmäßige Auslastung kann mit der entfernungsbezogenen und zeitlichen Auslastung **kombiniert** werden, um vollständige fahrzeugbezogene Auslastungsinformationen zu erhalten. So kann für ein Fahrzeug mit einer gewichtsmäßigen Auslastung von 60 %, einer zwölfstündigen Einsatzzeit, davon drei Stunden Wartezeit und einer Tageskilometerleistung von 600 km mit 100 Leerkilometern ein Gesamtauslastungsgrad von 0,6 x 0,75 x 0,83 = 0,37 errechnet werden. Obwohl in diesem Beispiel die einzelnen Auslastungsgrade durchaus in recht günstigen Bereichen liegen, führt die Verknüpfung zu einer sehr niedrigen Gesamtauslastung. Diese ist jedoch als komplexe Größe wenig aussagefähig.

Sinnvoll ist eine Dynamisierung der obigen Auslastungskoeffizienten durch Einbezug der Fahrleistungen, also den Fahrzeugkilometern (Fzkm). Beispielsweise werden die Ist-Nutzlastkilometer den maximal möglichen Nutzlastkilometern gegenübergestellt. Für einzelwirtschaftliche Analysen ist hingegen eine weitere Differenzierung sinnvoll, um die verkehrsmittelbezogenen *Leerkilometer* zu identifizieren und zu minimieren. Ähnliches gilt für die **zeitliche Auslastung**. Standzeiten der Fahrzeuge sind ein wichtiges betriebswirtschaftliches Signal für Reorganisationsmaßnahmen und/oder Verrechnungserfordernisse an die verursachenden Stellen (Kunden, Fahrzeugdisposition u.ä.). Für die Auslastung der Verkehrsinfrastruktur sind jedoch die Fahrzeugstandzeiten nicht rechnungsrelevant.

In der allgemeinen Diskussion um Auslastungsgrade bei den Verkehrsmitteln wird in der Regel nur die Gewichtsauslastung betrachtet. So definiert Prognos (Prognos 1991, S. 148) den Fahrzeugauslastungsgrad als Quotient von Beladung je Beförderungsfall und durchschnittlicher Ladekapazität je Fahrzeug. Für 1989 errechnete Prognos einen entsprechenden Auslastungsgrad von 69,4 % für den deutschen Binnenfernverkehr, von 73,5 % für den grenzüberschreitenden gewerblichen Straßengüterverkehr und von 70,0 % für den grenzüberschreitenden Werkverkehr.

Hiervon abweichende Auslastungsgrade ermittelte Baum (Baum 1991, S. 6), der den Auslastungsgrad als Quotient von Verkehrsleistung und dem Produkt aus durchschnittlicher gewichtsmäßiger Ladekapazität einer repräsentativen Transporteinheit und Fahrleistung definiert. Für den gewerblichen Straßengüterfernverkehr nennt er 56 % und für den Werkverkehr 41,0 % als durchschnittliche Auslastungsgrade. Eine interessante neuere Analyse unterscheidet bei Auslastungsgradabschätzungen neben der gewichts- und volumenmäßigen Betrachtung auch Auslastungsgrade bei Lastfahrten (ohne Leerfahrtenanteile) von Auslastungsgraden einschließlich Leerfahrten (Baum et al. 1995).

Neue und in den Ergebnissen überraschende Auslastungsgrade wurden 1998 vorgelegt (Kessel und Partner 1998). Basis sind die *leistungsbezogenen* Rechnungsgrößen des Jahres 1997. Nach dieser Studie beträgt die *gewichtsmäßige* Auslastung im gewerblichen Straßengüterfernverkehr in Abhängigkeit von der Fahrzeuggröße zwischen 54,2 % und 71,9 %; im gewerblichen Güternahverkehr liegt sie zwischen 59,1 % und 78,0 %. Im Werkfernverkehr erreicht diese Auslastung Werte zwischen 52,3 % und 70,3 %; im Werknahverkehr wurden sogar 77,2 % ermittelt.

Wird die aufgrund des Güterstruktureffekts wichtige *volumenmäßige* Auslastung betrachtet, so liegen die Werte beim gewerblichen Straßengüterfernverkehr zwischen 61,4 % und 82,4 %, im gewerblichen Nahverkehr zwischen 65,2 % und 86,9 %. Bei der Volumenauslastung übertrifft der Werkverkehr sogar den gewerblichen Verkehr.

Die Leerfahrtenkilometer erreichen beim gewerblichen Straßengüterfernverkehr 22,0 % und im Werkfernverkehr 29,7 %. Die Leerwagenkilometer bei der DB AG betragen 32 %.

Angesichts der zunehmenden Bedeutung von *leichtgewichtigen* Transportgütern wird häufig auch bei niedriger Gewichtsauslastung eine hohe Volumenauslastung realisiert. Statistische Bezugsgröße ist der **Raumgewichtskoeffizient** (kg/cbm) des Transportgutes im Verhältnis zum spezifischen Ladegewicht des Fahrzeuges. Ist der Raumgewichtskoeffizient kleiner als das spezifische Ladegewicht, ist eine volle Gewichtsauslastung des Fahrzeuges nicht möglich. Dies hat in der konstruktiven Fahrzeugentwicklung zum Angebot von sog. Jumbo-Fahrzeugen für hohe Volumenwerte geführt. Auch durch organisatorische Maßnahmen sind hier Verbesserungen des gewichtsbezogenen Auslastungskoeffizienten nicht möglich.

Generell gilt, dass bei steigendem Einsatz *spezialisierter Fahrzeuge* die Sicherung eines hohen Auslastungsgrades erschwert wird. Diese Problematik trifft sowohl den Straßengüterverkehr wie auch die Eisenbahn. Während allerdings Auslastungsdiskussionen beim *Straßengüterverkehr* seit Jahren geführt werden, fehlten sie bei den *Eisenbahnen* fast vollständig. Es besteht jedoch Grund zur Annahme, dass sowohl im nationalen wie aber auch im grenzüberschreitenden Schienengüterverkehr die Auslastungsgrade keinesfalls höher anzusetzen sind als beim Straßengüterverkehr. Die Vermutung wird durch die vorstehend erwähnte Studie (1998) voll bestätigt.

Auslastungsgradberechnungen werden zusätzlich dadurch erschwert, dass neben der Verkehrsmittel- und Verkehrsinfrastrukturnutzung auch die Auslastungssituationen von Stationen, Umschlaganlagen u.ä. einzubeziehen sind. Engpässe bei diesen Kapazitäten wirken auf die Auslastungsverhältnisse sowohl bei den Verkehrswegen wie auch bei den Verkehrsmitteln. Die vergleichsweise größten Auswirkungen solcher Interdependenzen lassen sich bei der Eisenbahn feststellen (Knotenüberlastungen), gefolgt vom Luftverkehr (Überlastungen im Start- und Landebereich) sowie der Binnenschiffahrt, während sie beim Straßenverkehr und auch in der Seeschiffahrt nur eine nachgeordnete Bedeutung besitzen.

Die Deregulierung im Verkehrsbereich, vor allem im Straßen- und Binnenschiffahrtssegment, hat sich positiv auf die Auslastungsgrade ausgewirkt. Der starke Wettbewerbs- und Preisdruck zwingt die Verkehrsunternehmen, jede Möglichkeit einer Auslastungsverbesserung wahrzunehmen. Wirtschaftlichkeit und Rentabilität lassen sich am effektivsten durch Auslastungssteigerungen verbessern. Zu beachten ist jedoch, dass im *Straßengüterverkehr* natürliche Grenzen der Auslastungssteigerung und der Leerfahrtenvermeidung dadurch entstehen, dass viele Transporte *Verteilerverkehre* ohne Rücklademöglichkeiten darstellen (Tankstellenbelieferung, Baustellenverkehre Lebensmitteltransporte etc.). In der Binnenschiffahrt reduzieren maximale Abladezeiten in Kanälen, Untiefen in Flüssen sowie Brückendurchfahrtshöhen (Containerschiffahrt) die Auslastungswerte.

Literatur zu Kapitel III.1.2:

Baum, H. (1991): Verkehrsentlastung durch Rationalisierung des Straßenverkehrs, Köln (Kölner Diskussionsbeiträge zur Verkehrswissenschaft Nr. 3).

Baum, H. et al. (1995): Verringerung von Leerfahrten im Straßengüterverkehr, Düsseldorf (Band 58 der Buchreihe des Instituts für Verkehrswissenschaft an der Universität zu Köln).

Baum, H. / Gierse, M. / Maßmann, C. (1990): Verkehrswachstum und Deregulierung in ihren Auswirkungen auf Straßenbelastung, Verkehrssicherheit und Umwelt, Frankfurt/M.

Kessel und Partner (1998): Kapazitätsauslastung und Leerfahrten im Gütertransport, Frankfurt am Main (Nr. 16 der Materialien zur Automobilindustrie, herausgegeben vom Verband der Automobilindustrie).

Prognos AG (1991): Wirksamkeit verschiedener Maßnahmen zur Reduktion der verkehrlichen CO_2-Emissionen bis zum Jahr 2005, Untersuchung im Auftrag des Bundesverkehrsministeriums - Schlußbericht, Basel.

Schmidt, K.-H. (1991): Die Einzelkosten- und Deckungsbeitragsrechnung als Instrument der Erfolgskontrolle und Fahrzeugdisposition im gewerblichen Güterfernverkehr, Frankfurt/M. (Heft 22 der GVB-Schriftenreihe).

1.3 Qualitätsmanagement und Qualitätssicherung

Der **Aktionsparameter Qualität** hat in der Transportwirtschaft und insbesondere bei den speditionellen Dienstleistungen auch in der Vergangenheit eine große Bedeutung besessen. Die strenge Marktregulierung im Verkehr hat jedoch in einigen Teilbereichen, in denen die sog. „kontrollierte Wettbewerbsordnung" besonders ausgeprägt war und zu einer künstlichen Angebotsverknappung führte, den Qualitätswettbewerb reduziert.

Das Thema des Qualitätsmanagements und der Qualitätssicherung hat seit Ende der 80er Jahre im Verkehrsbereich ständig an Bedeutung gewonnen. Stark gefördert wurden diese Entwicklungen durch

- die Qualitätsnormen der **International Standardization Organization** (ISO 9000-9004), die sehr bald sowohl als deutsche (DIN ISO 9000-9004) wie auch als europäische Normen (EN 29000-29004) übernommen wurden;
- die insbesondere von der chemischen Industrie gesetzten Qualitätsstandards, da Transportprobleme und -folgeschäden aufgrund von Qualitätsmängeln häufig der Industrie angelastet werden;
- die gerade in Deutschland sehr differenzierten Vorschriften für den Transport gefährlicher (und speziell besonders gefährlicher) Güter sowie
- das Vordringen komplexer logistischer Konzeptionen in der verladenden Wirtschaft, welche auch die Transportvorgänge einbeziehen und die eine äußerst niedrige Fehlerquote wegen Fehlens von Lagerbeständen und ständigen Qualitätsprüfungen durch die Verlader voraussetzen.

1.3.1 Qualitätsmanagement

Unter einem Qualitätsmanagement kann die Gesamtheit der qualitätsbezogenen Tätigkeiten und Zielsetzungen verstanden werden. Neben der Definition von **Qualitätszielen** und der Festlegung von **Qualitätsanforderungen** geht es bei einem effizienten Qualitätsmanagementsystem vor allem darum, ganzheitlich im Unternehmen ein **Qualitätsbewußtsein** zu schaffen und die Mitarbeitermotivation sicherzustellen. Es muß eine **Qualitätskultur** entwickelt werden, in deren Mittelpunkt der **Kundennutzen** steht.

In diesem Sinne dient ein umfassendes, die Hierarchiestufen und alle Funktionsbereiche des Unternehmens betreffendes Qualitätsmanagement dazu,
- Wettbewerbsvorteile zu erlangen und zu stabilisieren,
- Kostensenkungen in allen Unternehmensbereichen zu bewirken, wodurch das Qualitätsmanagement eine Verbindung zu **Lean production** und **Lean administration** herstellt.

Eine alle Unternehmensfunktionen umfassende Qualitätsstrategie, die durch **Qualitätszirkel** und ständiges Vergleichen mit den **Qualitätsmarktführern** **(Benchmarking)** unterstützt wird, kann mit dem Begriff des **Total Quality Managements** (TQM) umschrieben werden. Es hat die Aufgabe, den für die Qualitätseinhaltung eines Produktes oder einer Dienstleistung entscheidenden Kundennutzen zu beobachten und bei Wandlungen entsprechende Anpassungen im Angebot vorzunehmen. Denn bei gleichbleibender objektiver Qualität einer Leistung kann sich die wichtige **subjektive Beurteilung** der aktuellen und potentiellen Nachfrager und damit der gestiftete Kundennutzen verändern.

Ein TQM als Ausdruck eine der Unternehmensleitung vorbehaltenen, längerfristig angelegten Qualitätsstrategie umfaßt nicht nur sämtliche Funktionsbereiche und Mitarbeiter eines Unternehmens, sondern bezieht auch die Determinanten der Qualität mit ein. Als wichtigste Qualitätsdeterminanten sind anzusehen (Bretzke 1992):

- Einstellungen aller Mitarbeiter und Zulieferer,
- Wissen der Mitarbeiter,
- Struktur und Abläufe in der Organisation,
- technische Merkmale.

Abbildung 24: Determinanten der Qualität

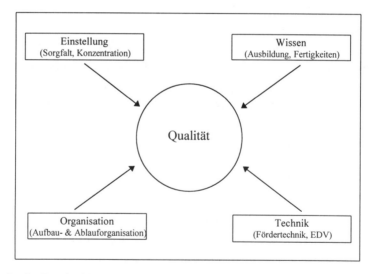

Quelle: Bretzke (1992), S. 98.

Ein Qualitätsmanagement muß auch die rationelle Erfüllung der Qualitätsanforderungen gewährleisten; sicherzustellen sind diese durch innerbetriebliche Kontrollsysteme, so dass die Qualitätssicherung als ein wesentlicher Bestandteil des Qualitätsmanagements angesehen werden muß.

Qualitätsmanagement ist weiterhin unabdingbar, um die Qualitätssicherungssysteme in ihren Qualitätszielen zu definieren und das für die Zukunft geforderte Qualitätsniveau zu erhalten bzw. den veränderten Qualitätsvorstellungen der Nachfrager anzupassen.

Je größer und komplexer strukturiert Unternehmen sind, desto schwieriger erweist sich die Einführung von TQM. Im Verkehrsbereich wird dies bei den Großunternehmen wie der DB AG oder der DLH nachvollziehbar; Engpässe sind vor allem organisatorische bzw. ablaufpolitische Probleme und der Grad der Mitarbeitermotivation.

Die zunehmende Deregulierung auf den Verkehrsmärkten räumt der nutzerbezogenen Qualität des Angebotes einen steigenden Stellenwert für die Nachfragerentscheidungen ein. TQM wird dadurch zu einem wichtigen strategischen Element der Unternehmungsplanung und ihrer Umsetzung. Die systematische und ständige Befassung mit der Qualität setzt vor allem dann, wenn externe Testate angestrebt werden, die Etablierung eines Qualitätsmanagements voraus. Die hiermit verbundenen Kosten sind in der Regel nur von mittleren und größeren Unternehmen zu tragen. Kleinere Verkehrsunternehmen, etwa im Straßengüterverkehr, können diese Aufgaben dann, wenn sie in Unternehmenskooperationen arbeiten, einem für die Kooperation tätigen Qualitätsmanager übertragen.

1.3.2 Qualitätssicherung und die Normen DIN ISO 9000ff.

Die Entwicklung von **Qualitätssicherungssystemen** ging den Konzepten eines Qualitätsmanagments voraus; die Qualitätssicherung während der Produktion zur Fehlervermeidung löste die Qualitätskontrolle von Produkten ab und bezog sich zunächst auf die unmittelbare Sicherung der Produktqualität.

Bei komplexen Produkten und insbesondere Dienstleistungen ist dies nicht oder nicht in rationeller Weise durchführbar, so dass Systeme zur mittelbaren Kontrolle und Sicherung der Produkt- bzw. Leistungsqualität entwickelt wurden, die sich *ausschließlich* auf die Darlegung und Prüfung der *Prozesse der Leistungserstellung* beziehen. Diese Systeme zur Qualitätssicherung wurden dann, zunächst in den USA im militärischen Bereich und der Raumfahrtindustrie, zur effizienten Anwendung bei der Beurteilung der Qualitätsfähigkeit einer Vielzahl von Lieferanten normiert. Die nachfolgende Etablierung von

Qualitätssicherungsnormen in verschiedenen Ländern oder einzelnen Branchen führte schließlich zur Verabschiedung der heutigen Qualitäts(kern)normen **DIN ISO 9000-9004**, die seit 1987 in Deutschland anerkannt sind.

Inhaltlich gliedert sich die Normenreihe in

- DIN ISO 9000: Normen zum Qualitätsmanagement und zur Darlegung von Qualitätsmanagementsytemen; Leitfaden (EN 29000);
- DIN ISO 9001: Qualitätsmanagementsysteme - Modell zur Darlegung des Qualitätsmanagementsystems in Design/Entwicklung, Produktion (EN 29001);
- DIN ISO 9002: Qualitätsmanagementsysteme - Modell zur Darlegung des Qualitätsmanagementsystems in Produktion und Montage (EN 29002);
- DIN ISO 9003: Qualitätsmanagementsysteme - Modell zur Darlegung des Qualitätsmanagementsystems bei der Endprüfung (EN 29003);
- DIN ISO 9004: Qualitätsmanagement und Elemente eines Qualitätsmanagementsystems; Leitfaden (EN 29004).

Im Vorwort aller Kernnormen der DIN ISO 9000ff. wird festgestellt, dass es kein genormtes Qualitätsmanagementsystem geben kann, da unternehmensindividuelle Merkmale die Gestaltung bedingen. Es gibt also keine nach DIN ISO standardisierten und zertifizierten Qualitätsmanagementsysteme, sondern genormte Anforderungen an die *externe Darlegung* von Qualitätsmanagementsystemen in DIN ISO 9001-9003, die als Grundlage für die Vertrauensbildung bei Auftraggebern in die Qualitätsfähigkeit ihrer Lieferanten anzusehen sind und von akkreditierten Zertifizierungsgesellschaften, wie TÜV-CERT, DEKRA, VERITAS, in einem (externen) Qualitätsaudit geprüft werden können. Ein positives Prüfungsergebnis hat i.d.R. drei Jahre Gültigkeit; während dieser Zeit unterliegt das Qualitätssicherungssystem der Überwachung durch die Zertifizierungsstelle.

Der Unterschied der drei Modelle zur externen Darlegung liegt im Umfang der in das Qualitätsmanagementsystem einzubeziehenden Maßnahmen bzw. Abteilungen (Nachweisstufen), was der Anzahl der zu berücksichtigenden Elemente entspricht. Während DIN ISO 9000 als grundsätzlicher Leitfaden für die Anwendung der gesamten Normenreihe und als Hilfestellung zur Auswahl eines Modells zur externen Darlegung dient, werden in dem Leitfaden DIN ISO 9004 Empfehlungen zu den möglichen Elementen eines Qualitätsmanagementsystems gegeben. Insbesondere der später als die oben genannten Kernnormen entwickelte Leitfaden DIN ISO 9004-Teil 2 ist für die Unternehmen der

Verkehrswirtschaft von Interesse, da er sich explizit auf Dienstleistungen bezieht und Empfehlungen zur Gestaltung eines Qualitätsmanagements gibt. Diese sind aber nicht kompatibel mit den Anforderungen der Modelle DIN ISO 9001 bis 9003, die beschreiben, welche Aspekte der Anwender berücksichtigen muß, um ein Zertifikat zu erhalten.

Abbildung 25: Die Elemente der Normen DIN ISO 9001-9004

Die Elemente der Normen DIN ISO 9001 - 9004					
DIN ISO 9003 Modell für Prüfbetriebe (9003 hat kaum Bedeutung)	Verantwortung der Firmen-Leitung Qualifikationsmanagement-System Lenkung der Dokumente Identifikation und Rückverfolgbarkeit Prüfungen Prüfmittel Prüfstatus Lenkung fehlerhafter Produkte Handhabung, Lagerung, Verpackung, Versand Qualitätsaufzeichnungen Schulung statistische Methoden	9003	9002	9001	9004
DIN ISO 9002 Modell für Produktion oder Dienstleister wie Handel, Kundendienst und Vertrieb...(ohne Entwicklung) ⇨ Leitfaden DIN ISO 9004-2 für Dienstleister	Vertragsprüfung Beschaffung vom Auftraggeber beigestellte Produkte Prozeßlenkung in Produktion und Montage Korrekturmaßnahmen interne Audits (neu: Kundendienst)				
DIN ISO 9001 Universelles Modell	Designlenkung / Entwicklung Kundendienst				
DIN ISO 9004 Leitfaden	Produkthaftung und Produktsicherheit Wirtschaftlichkeit				

Quelle: Saatweber (1994), S. 76.

Die wesentlichen Festlegungen für ein (zertifiziertes) Qualitätsmanagementsystem im Unternehmen werden im **QM-Handbuch** dargestellt und dokumentiert. Dieses QM-Handbuch enthält insbesondere

- QM-Grundsätze, betriebliche Festlegungen für die Qualitätspolitik;
- QM-Zuständigkeiten;
- Darstellung interner Qualitätsaudits;
- QM-Ablaufelemente;
- QM-Verfahrensanweisungen.

Die Fehlerverhütung als Zielsetzung der Normen DIN ISO 9001-9003 und die Forderung nach einem Qualitätsbeauftragten im Unternehmen verdeutlichen, dass ein Qualitätszertifikat letztlich die *Institutionalisierung eines Qualitätssicherungssystems* belegt. Die Ziele eines umfassenden Qualitätsmanagements können hiermit nicht erreicht werden, auch wenn (inzwischen) der Begriff Qualitätsmanagement (früher Qualitätssicherung) für die Normenreihe verwendet wird.

Mittlerweile ist es für viele Transport- und Speditionsunternehmen Standard geworden, sich einer externen Zertifizierung nach DIN ISO 9000ff. zu unterziehen. Waren bis Ende 1992 insgesamt nur 28 Speditions-, Transport- und Umschlagbetriebe zertifiziert, so wurden bis Ende 1993 bereits 167 Zertifikate an Verkehrsunternehmen erteilt. In den Folgejahren setzte sich diese Tendenz fort, wobei den Speditionsunternehmen und Systemanbietern von Transport- oder Umschlagleistungen der weitaus größte Anteil der Zertifizierungen zuzuordnen ist und die meisten Unternehmen oder Unternehmensbereiche nach *DIN ISO 9002* zertifiziert wurden.

Dieses Modell zur Darlegung des Qualitätsmanagementsystems (der Qualitätssicherung) von Produktion und Montage wird für speditionelle Dienstleistungen angewendet, indem unter Produktion das Erbringen von Dienstleistungen verstanden wird. Als Montage werden auch speditionelle Ergänzungsleistungen, etwa Produktkomplettierungen, bezeichnet. Die ebenfalls im Transportbereich zur Zertifizierung herangezogene Norm *DIN ISO 9001*, die zwar in erster Linie für Industrieunternehmen relevant ist, erhält wegen der Elemente Design/Entwicklung und Kundendienst einen konkreten Anwendungsbezug bei der Entwicklung logistischer Dienstleistungen.

Als Gründe für eine Zertifizierung werden von Verkehrsunternehmen insbesondere *Kundenanforderungen* und die *Verbesserung der Wettbewerbssituation* sowie eine *verbesserte Haftungssituation* (erleichterte Nachweisführung gegen den Vorwurf groben Organisationsverschuldens; Produkthaftung) genannt. Allerdings setzt sich vermehrt die Erkenntnis durch, dass die Erfüllung der Darlegungsnormen und die Zertifizierung nicht zur Verbesserung der Unternehmenssituation im Sinne eines umfassenden Qualitätsmanagements führen und dass ein Qualitätsmanagement nach DIN ISO zur Erschließung von Rationalisierungspotentialen und einer Qualitätsverbesserung in ein Konzept des TQM einzubetten ist.

Abbildung 26: Zertifizierungsurkunde eines Speditionsunternehmens

THYSSEN HANIEL LOGISTIC GMBH

Qualitätssicherungs - Zertifikat

THYSSEN HANIEL LOGISTIC GmbH
BEREICH EURO - STÜCKGUT (NATIONAL)

Standorte gemäß Anlage

*Bureau Veritas Quality International (BVQI)
bescheinigt hiermit, daß das Qualitätssicherungssystem
des obgenannten Unternehmens beurteilt wurde
und die in der internationalen Norm
festgelegten Forderungen wie folgt erfüllt:*

EN 29001-1987   ISO 9001-1987   BS 5750: PART 1: 1987

DAS QUALITÄTSSICHERUNGSSYSTEM UMFASST:

ENTWICKLUNG UND DURCHFÜHRUNG VON
STÜCKGUTTRANSPORTEN INNERHALB DER
BUNDESREPUBLIK DEUTSCHLAND MIT
BAHN UND LKW

Während der dreijährigen Gültigkeit des Zertifikats muss das Qualitätssicherungssystem des
Unternehmens die Forderungen der internationalen Norm dauernd erfüllen, was durch
BVQI regelmäßig überwacht wird.

30. APRIL 1993

Zertifizierungsdatum:

Bureau Veritas Quality International

Ausstellkdatum: 28 JUNE 1993

DAR

Zertifikat Nr. 3615   SF06/L

Literatur zu Kapitel III.1.3:

Bretzke, W.-R. (1992): Entwicklung, Realisierung und Zertifizierung von Qualitätssicherungssystemen in Logistikunternehmen, in: Pfohl, H.-C. (Hrsg.): Total Quality Management in der Logistik, Berlin (Band 3 der Reihe Unternehmensführung und Logistik), S. 77-111.

Bundesverband Spedition und Lagerei e.V. (BSL) (Hrsg.) (1991): BSL-Leitfaden für die Qualitätssicherung (QS) speditioneller Dienstleistungen, Bonn.

Bundesverband Spedition und Lagerei e.V. (BSL) / Zentralverband der Spediteure / Schweizerischer Spediteur-Verband (Hrsg.) (1993): Anleitung für ein Qualitätsmanagement-Handbuch in der Spedition, Bonn/Basel/Wien.

Geiger, W. (1994): Die Entstehung, Erstellung und Weiterentwicklung der DIN ISO 9000-Familie, in: Stauss, B. (Hrsg.): Qualitätsmanagement und Zertifizierung: Von DIN ISO 9000 zum Total Quality Management, Wiesbaden, S. 27-62.

Pfohl, H.-C. (1992): Total Quality Management in der Logistik, 7. Fachtagung der Deutschen Gesellschaft für Logistik e.V., Berlin 1992 (Band 3 der Reihe Unternehmensführung und Logistik).

Hertzog, E. und Partner (1994): Qualitätsmanagement nach DIN ISO 9000ff. in der Verkehrsbranche: Stand und Entwicklungstendenzen, Studie für das Deutsche Verkehrsforum, Kleinmachnow/Hamburg.

Otto, A. (1993): Das Management der Qualität von Transportdienstleistungen, Nürnberg (Heft 25 der Schriftenreihe der Gesellschaft für Verkehrsbetriebswirtschaft und Logistik (GVB) e.V.).

Rumpf, C. (1997): Qualitätsmanagement speditioneller Dienstleistungen. Eine informationsorientierte Analyse der Planung und Vermarktung der Qualität des Dienstleistungsangebots von Speditionen auf der Grundlage eines Geschäftstypenansatzes, Hamburg (Band 13 der Gießener Studien zur Transportwirtschaft und Kommunikation).

Saatweber, J. (1994): Inhalt und Zielsetzungen von Qualitätsmanagementsystemen gemäß den Normen DIN ISO 9000 bis 9004, in: Stauss, B. (Hrsg.): Qualitätsmanagement und Zertifizierung: Von DIN ISO 9000 zum Total Quality Management, S. 63-91.

1.4 Die Produktionsbedingungen der Verkehrsträger

1.4.1 Generelle Aussagen

Mit den Produktionsbedingungen werden hier jene Zusammenhänge umschrieben, die in der mikroökonomischen Theorie unter den Begriff der **Produktionsfunktion** eingeordnet werden. Es geht um spezifizierte Input-Output-Beziehungen, partielle und totale Input(Faktor-)variationen und somit um Produktionszusammenhänge, welche die Basis bilden für die **Kostenfunktionen** im Sinne outputabhängiger, mit Geldeinheiten bewerteter Einsatzmengen und Einsatzverhältnisse von Input(Faktor-)mengen. Hierbei besitzen produktionstechnische Zusammenhänge für die Ermittlung der Inputmengengerüste eine herausragende Bedeutung. Dies wird sofort einsichtig, wenn die sehr abweichenden Energieeinsätze zur Erbringung einer Leistung von 1.000 Tonnenkilometern beim Straßengüterverkehr, der Eisenbahn und der Binnenschiffahrt betrachtet werden.

Von grundlegender Bedeutung ist der Tatbestand der **Verbundproduktion** im Verkehrsbereich, der am **Mehrproduktcharakter** der Outputs ausgerichtet ist; die Abgrenzung der Produkte erfolgt durch die Bewertung der Nachfrager. Bei *unverbundener* Produktion, welche der Parallelproduktion entspricht, wird demgegenüber jeder Inputfaktor ausschließlich von einem Produkt beansprucht. Empirisch ist dieser Fall für den Verkehrsbereich jedoch von geringer Relevanz.

Abbildung 27: Formen der Verbundproduktion

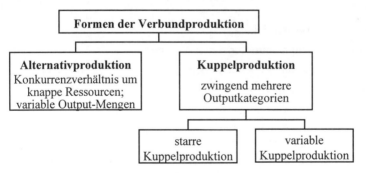

Das Vorliegen einer Verbundproduktion bedeutet:

- Es wird die Basis für die Nutzung von *Synergieeffekten* geschaffen; aufgrund der Existenz von *Economies of scope* können Effizienzvorteile im Vergleich zur Leistungserstellung in getrennten Betrieben als Einprodukt-Produktion realisiert werden.
- Es entstehen gemeinsame Kosten bei der Produktion der verschiedenen Outputs, deren Zurechnung auf die Produkte wegen ihres Charakters als echte Gemeinkosten nicht nach dem Verursachungsprinzip möglich ist.

Nicht weiter diskutiert werden soll hier die Frage, ob der Rücktransport oder die Rückfahrt von (unbeladenen) Transport- oder Verkehrsmitteln nach erfolgter Transportleistung ein Kuppelprodukt darstellt oder nicht (vgl. hierzu den Überblick bei Diederich 1977).

Literatur zu Kapitel III.1.4.1:

Diederich, H. (1977): Verkehrsbetriebslehre, Wiesbaden.

Riebel, P. (1955): Die Kuppelproduktion: Betriebs- und Marktprobleme, Köln (Band 23 der Veröffentlichungen der Schmalenbach-Gesellschaft).

1.4.2 Straßenverkehr

Beim Straßenverkehr sind je nach Bezugsobjekt folgende Begriffspaare zu unterscheiden:

- Personen- und Güterverkehr,
- motorisierter und nichtmotorisierter Verkehr,
- öffentlicher und individueller Verkehr,
- gewerblicher und Werkverkehr,
- Nah- und Fernverkehr,
- Linien- und Gelegenheitsverkehr.

Der nichtmotorisierte Verkehr, also insbesondere die Fahrradnutzung, wird im folgenden ausgeklammert.

Jede Form des Straßenverkehrs setzt als Produktionsmittel (Elemente in der Produktionsfunktion) Leistungen der Verkehrswege *und* der Verkehrsmittel ein.

Dabei sind die Verkehrswege an der Erstellung sämtlicher Verbundleistungen beteiligt: Personen- und Güterverkehr; Nah- und Fernverkehr; öffentlicher und individueller Verkehr; Linien- und Gelegenheitsverkehr. Aber auch die **Verkehrsmittel** erstellen Verbundleistungen: im **Personen**verkehr (als Busverkehr) Linien- und Gelegenheitsverkehr, Nah- und Fernverkehr; wird zusätzlich nach Fahrtzwecken (Beruf, Geschäft, Einkauf, Freizeit, Urlaub) unterschieden, wird der Umfang der Verbundleistungen, insbesondere beim Individualverkehr mit Personenkraftwagen, noch deutlicher. Ähnliches gilt für den **Güter**verkehr; hier lassen sich Verbundproduktionen von Linien- und Gelegenheits- sowie Nah- und Fernverkehr definieren.

Weitere Differenzierungen, etwa Komplettladungen, Teilladungen und Stückgut sind möglich ebenso wie im Straßengüterverkehr die Unterscheidung von Sattel- und Lastzügen, wobei die Sattelzugmaschine mit einer Vielzahl von Aufliegern bzw. Wechselbrücken kombinierbar ist (z.B. Tank-, Koffer- und Planenauflieger).

Gemeinsames Merkmal dieser Verbundproduktion ist die Leistungsinanspruchnahme von Fahrzeugen für *mehrere* Outputkategorien (**fahrzeugbezogene Verbundproduktion**) bzw. die Leistungsinanspruchnahme von Verkehrsinfrastrukturkapazitäten (Verkehrswege, Stationen, Umschlaganlagen) für eine Vielzahl von Straßenverkehrsleistungen (**verkehrsinfrastrukturbezogene Verbundproduktion**). Insofern kann von einer zweifachen Verbundproduktion gesprochen werden. Dabei handelt es sich teilweise um Formen der Alternativproduktion, d.h. die Infrastrukturleistungen können, bezogen auf eine bestimmte Strecke in einem definierten Zeitabschnitt (Slot), entweder für den Güter- oder für den Personenverkehr in Anspruch genommen werden. Solange die Leistungsfähigkeit im Sinne einer optimalen Durchsatzkapazität der jeweils genutzten Verkehrsinfrastrukturkapazitäten, z.B. eines nach Länge, Breite, Tragfähigkeit, Kurvenradien und Steigungsverhältnissen definierten Straßenabschnittes, noch nicht erreicht ist, besteht keine oder nur sehr geringe Rivalität in der Nutzung durch Verkehrsmittel (identisch mit der Produktion von Fahrleistungen). Bei Erreichen einer optimalen Auslastung (Leistungsfähigkeit), die nicht nur von der Zahl der die Verkehrsinfrastruktur befahrenden Fahrzeuge, sondern auch von ihren Geschwindigkeiten und dem Mischungsverhältnis (schnelle/langsame Fahrzeuge) abhängt, kommt es zu **Nutzungsrivalitäten**. Sie äußern sich, sofern keine Nutzungsbeschränkungen vorgenommen werden, in Verminderungen der Leistungsfähigkeit durch Abnahme der Fahrgeschwindigkeiten, d.h. in Stauungserscheinungen.

Für die Produktionsbeziehungen bedeutet dies, dass die **Leistungsabgabemöglichkeiten** der Verkehrsinfrastruktur, die als Potentialfaktor eingesetzt wird, zunehmend in ein Mißverhältnis zu den Leistungsinanspruchnahmen durch die Verkehrsmittel gerät. Da eine definierte Straßenverkehrsinfrastrukturqualität mit einer Vielzahl unterschiedlicher Fahrzeugbewegungen kombiniert werden kann (gemessen etwa als durchschnittliche tägliche Verkehrsstärken DTV), besteht für die Erstellung von Fahrleistungen eine **variable Komplementarität**. Nach Erreichen der optimalen DTV-Werte (unter Berücksichtigung des Mischungsverhältnisses von schnellen und langsamen Fahrzeugen) sinkt die Leistungsfähigkeit durch jedes weitere die Verkehrswegekapazität nutzende Fahrzeug. Die Leistungsfähigkeitsminderung drückt sich in Reduktionen der Fahrgeschwindigkeiten und der realisierten DTV-Werte aus und kann - bei weiteren Einfahrten von Fahrzeugen - bis zum völligen Stillstand (Stau) und damit zur realisierten Leistungsfähigkeit des Verkehrsweges von Null führen.

Ein wesentliches Merkmal der Leistungserstellung im Straßenverkehr ist die durch das feinmaschige Straßennetz und eine sehr differenzierte technische Fahrzeugstruktur ermöglichte hohe *Leistungsflexibilität*. Hieraus wird ein vergleichsweise großer Nachfragernutzen sowohl im Personen- wie auch im Güterverkehr erzielt.

Die Frage nach den **optimalen Entfernungsbereichen** des Straßenverkehrs für eine effiziente Verkehrsteilung hängt von der konkreten Transportaufgabe, fahrzeugtechnischen Merkmalen, dem Zustand der Verkehrsinfrastruktur, gesetzlichen Rahmenbedingungen (höchstzulässige Lenkzeiten; Fahrzeugabmessungen und -höchstgeschwindigkeiten) sowie von den Kosten der eingesetzten Produktionsfaktoren ab (insbesondere Fahrpersonal- und Treibstoffkosten). Auch ist zwischen betriebswirtschaftlicher und gesamtwirtschaftlicher Betrachtungsweise zu unterscheiden. Aussagen hierzu lassen sich sinnvollerweise auch nur für den Straßengüterverkehr tätigen, da der Straßenpersonenverkehr als Individualverkehr aus einer Vielzahl von Gründen eingesetzt wird, die nur teilweise ökonomisch-rational nachvollziehbar sind. Nach vorliegenden Studien deutet sich an, dass im Straßen*güter*verkehr in Deutschland die kritische Grenze bei **gesamtwirtschaftlicher** Rechnung, also Einbeziehung auch der sog. externen

Kosten, zwischen 400 und 500 km Transportentfernung liegt (Ewers/Fonger 1993). Von diesem Entfernungsbereich an hat die Eisenbahn (im kombinierten Verkehr) gesamtwirtschaftliche Kostenvorteile aufzuweisen. Bei diesen Werten ist zu berücksichtigen, dass es sich um sowohl für den Straßenverkehr wie auch für den Schienenverkehr geeignete Transportaufgaben handelt, also nicht etwa beim Straßengüterverkehr um Massenguttransporte (Kohle, Erze, Erdöl), die generell günstiger als Streckentransporte über die Schiene, die Wasserstraße oder die Rohrfernleitung abgewickelt werden.

In der internationalen Literatur ist umstritten, ob im Straßengüterverkehr Betriebsgrößenvorteile (Economies of large scale) auftreten können. Dies wurde aufgrund US-amerikanischer empirischer Untersuchungen für den Zeitraum vor der Deregulierung in den USA weitestgehend verneint. Eine 1989 veröffentlichte Studie gelangt jedoch auf Basis des Survivor-Verfahrens zu dem Ergebnis, dass nach 1980 (bis 1984 statistisch ermittelt) vor allem bei Straßengüterverkehrsunternehmen in den USA bereits in der Klasse geringer Betriebsgrößen (überwiegend TL-Unternehmen), aber auch in jener der größeren Betriebe (überwiegend LTL-Unternehmen), Economies of large scale feststellbar sind. Frühere Analysen, allerdings mit Daten vor der Deregulierung und auf Kostenbasis durchgeführt, hatten demgegenüber Diseconomies of large scale ergeben (Keeler 1989, S. 230 ff.). Eine aktuellere Untersuchung zu den Deregulierungseffekten im US-amerikanischen Straßengüterverkehrsgewerbe stellt hingegen konstante Skalenerträge fest. Dabei wird die Situation sowohl vor wie auch nach der Deregulierung betrachtet (Adrangi/Chow/Raffiee 1995).

Literatur zu Kapitel III.1.4.2:

Adrangi, B. / Chow, G. / Raffiee, K. (1995): Analysis of the Deregulation of the US Trucking Industry, in: Journal of Transport Economics and Policy, Vol. XXIX, No. 3, S. 233-246.

Ewers, H.-J. / Fonger, M. (1993): Gesamtwirtschaftliche Effizienz multimodaler Transportketten, Forschungsprojekt im Auftrag des Deutschen Verkehrsforums und der Kombiverkehr KG, Münster.

Keeler, T.E. (1989): Deregulation and Scale Economies in the U.S. Trucking Industry: An Econometric Extension of the Survivor Principle, in: Journal of Law and Economics, Vol. XXXII, S. 229-253.

1.4.3 Eisenbahn

Im Vergleich zum Straßenverkehr besteht beim Eisenbahnverkehr eine wesentlich engere Beziehung zwischen der Infrastruktur (Schienennetz) und den Verkehrsmitteln, d.h. zwischen dem Netz bzw. einzelnen Netzteilen und den Fahrzeugen liegt ein höherer Grad an Komplementarität vor. Er ist durch systemtechnische Merkmale vorgegeben und zeigt sich in den vergleichsweise restriktiven Zugangsbedingungen zum Netz. Dabei handelt es sich, wird ein definierter Netzteil oder eine Strecke in einer Zeiteinheit betrachtet, um eine *Alternativproduktion*: Personenzüge oder Güterzüge, Fernzüge oder Nahverkehrszüge. Mit zunehmender Auslastung der Streckenleistungsfähigkeiten nimmt die Nutzungskonkurrenz auf der Strecke zu.

Die Frage, ob solche Nutzungskonkurrenzen (Competition in the field) durch die Errichtung von im Wettbewerb stehenden Teilnetzen sinnvoll entschärft werden können, wurde viele Jahre intensiv in der wissenschaftlichen Literatur diskutiert. Die Schaffung von konkurrierenden Eisenbahnnetzen würde insbesondere eine staatliche Regulierung des Eisenbahnwesens überflüssig machen, die bei der Existenz eines **Netzmonopolisten** erforderlich werden kann, um mißbräuchliches Ausnutzen dieser Monopolposition zu verhindern. Es geht dabei um den Nachweis des Vorliegens eines **natürlichen Monopols** (als Effizienzmonopol) bei der Eisenbahn, d.h. um die Frage, ob subadditive Kostenfunktionen bei den relevanten Outputmengen anzutreffen sind. Wird die Subadditivitätsbedingung erfüllt, wäre dies eine effizienzausgerichtete Begründung für ein entsprechendes Angebotsmonopol.

Einige der vor allem in den USA vorgenommenen Studien versuchen zu zeigen, dass für dortige Netzkonfigurationen die Existenz eines natürlichen Monopols beim Eisenbahnnetz (Fahrweg) nachweisbar ist. Allerdings werden sehr *unterschiedliche Bezugsgrößen* für den Nachweis gewählt, wie die Unternehmensgröße, Transportentfernungen und Strecken- bzw. Netzauslastungen. Dies führt zu unscharfen Aussagen, die wenig mit subadditiven Kostenfunktionen, häufiger mit **Economies of large scale** und nicht minder oft mit **Economies of density** argumentieren (insbesondere Keeler 1983, S. 49 ff.). Offensichtlich werden die Economies of density wesentlich intensiver erforscht als die Skaleneffekte. Eine Auswertung der internationalen Studien zeigt, dass nur unter restriktiven Annahmen (kleinere Unternehmen mit Netzgrößen bis etwa 800 km) ein natürliches Monopol beim Bahnnetz belegt werden kann (Laaser 1991, S. 67).

Wettbewerbspolitisch und damit auch letztlich effizienzbedeutsam ist die folgende Fragenkombination:

- Kann ein bestehendes Schienennetz, etwa in der Größe bedeutender europäischer Bahnen mit 20.000 bis 50.000 km Streckenumfang, ökonomisch sinnvoll in konkurrierende Teilnetze zerlegt werden?
- Wie wirkt sich die Auflösung der vertikalen Integration der Eisenbahnen (Zusammenfassung von Fahrweg und Eisenbahntransportbetrieb) aus?

Die Aufteilung eines historisch gewachsenen Gesamtnetzes ist immer dann möglich und ökonomisch sinnvoll, wenn die Leistungs-/Qualitätsmerkmale der Teilnetze differieren, sie aber den unterschiedlichen Anforderungsprofilen der Nachfrager nach Verkehrsleistungen entsprechen. So ist es vorstellbar, Hochleistungsstrecken der Bahn zu einem (nationalen oder/und internationalen) Netz auszugestalten, das dem hochwertigen Schienenschnellverkehr dient. Strecken, die nur geringere Fahrgeschwindigkeiten erlauben, können auf der Grundlage niedrigerer Trassenpreise solche Bahntransporte übernehmen, welche eine längere Transportdauer, allerdings bei hoher Zuverlässigkeit der Zeiteinhaltung, problemlos vertragen (etwa Teile des Güterverkehrs). Auch für Deutschland sind solche konkurrierenden Teilnetze mit unterschiedlichen Eigentümern diskutiert worden (Ilgmann/Miethner 1992).

Die **Trennung von Fahrweg** (Vorhaltung und Betrieb) und **Eisenbahntransportbetrieb** (Personen- und Güterverkehr) hat im Zusammenhang mit der **Richtlinie 91/440/EWG** (welche die organisatorische Trennung empfiehlt und die rechnerische zwingend fordert) und der deutschen Bahnstrukturreform (rechnerische und organisatorische Trennung zwingend, faktische/institutionelle Trennung ab 2002 möglich) intensive und kontroverse Diskussionen ausgelöst. Der notwendige und erwünschte **diskriminierungsfreie Netzzugang für Dritte**, also für Bahnen, welche die technischen und sicherheitsspezifischen Anforderungen erfüllen, ist prinzipiell jedoch erst durch die **faktische Trennung** gewährleistet.

Abbildung 28: *Formen der Trennung von Fahrweg und Eisenbahntransportbetrieb*

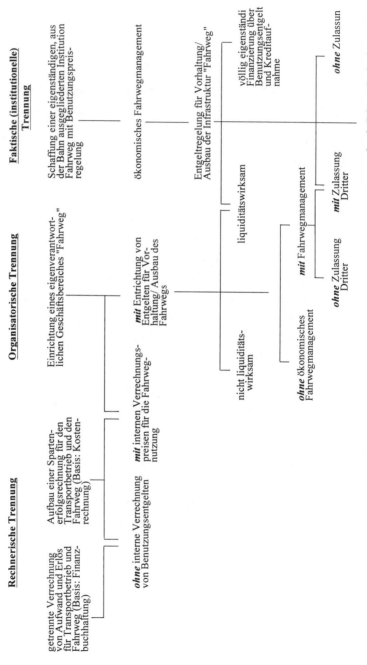

Quelle: Aberle/Engel (1993), S. 120.

Die ab 1999 in Deutschland umgesetzte 2. Stufe der Bahnstrukturreform mit vier Betriebs- und Servicegesellschaften in der Rechtsform von Aktiengesellschaften und einer beherrschenden Management-Holding DB AG entspricht noch nicht den Anforderungen, die an eine faktische / institutionelle Trennung von Fahrweg (Netz) und Eisenbahntransportbetrieb zu stellen sind. Die im Jahr 2000 von der Holding durchgeführte Organisationsreform, durch die über den beherrschten Aktiengesellschaften zusätzliche Geschäftsbereiche etabliert wurden, hat die vertikale Unternehmensintegration deutlich verstärkt.

Abbildung 29: Die zukünftige Struktur des Schienenverkehrsmarktes

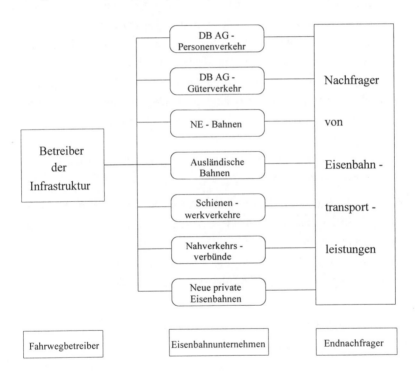

Quelle: In Anlehnung an Aberle/Hedderich (1993), S. 15.

Durch die für die Leistungserstellung und Marktpolitik der Eisenbahnen völlig neue Situation aufgrund der Netzöffnung für Dritte (ausländische Bahnen, sonstige Bahnen wie Regional- und Werksbahnen) ergeben sich interessante Schlußfolgerungen. Sie resultieren aus der veränderten Struktur des Schienenverkehrsmarktes.

- Bei fehlendem Wettbewerb von Teilnetzen besitzt der Netzbetreiber, etwa das Fahrwegressort der DB AG, ein Schienenangebotsmonopol (monopolistic bottleneck). Es ermöglicht die mißbräuchliche Ausnutzung einer marktbeherrschenden Stellung auf diesem Markt, etwa in Form von Diskriminierungen (Netzzulassung, Trassenpreise) gegenüber Dritten. Insofern ist die für alle Wirtschaftsbereiche geltende allgemeine *Mißbrauchsaufsicht* durch die Wettbewerbsbehörden erforderlich. Eine Verlagerung dieser speziellen wettbewerbspolitischen Aufsicht auf eine verkehrsträgerspezifische Regulierungsinstitution (in Deutschland etwa das Eisenbahnbundesamt) erscheint nicht sinnvoll.

- Die Marktmacht der Fahrweginstitution wird jedoch durch den *intermodalen* Substitutionswettbewerb der Verkehrsträger begrenzt. Voraussetzung ist allerdings eine eindeutige Handlungsvorgabe (Sachziel) für die Fahrweginstitution, etwa hinsichtlich der über Trassenentgelte zu erwirtschaftenden Kostendeckungsgrade für die Schieneninfrastruktur. In der Vergangenheit hat der intermodale Wettbewerb nicht zu einer nachhaltigen Verbesserung der Kosten- und Qualitätssituation der vertikal integrierten Eisenbahnen geführt. Vielmehr haben diese Bahnen in vielen EU-Staaten ihre schwache und sich stetig verschlechternde Marktposition mit (behaupteten) Wettbewerbsnachteilen erfolgreich zu erklären versucht.

- Durch die Trennung von Fahrweg und Eisenbahntransportbetrieb, die Netzzulassung Dritter sowie durch die Beseitigung von Quersubventionierungspraktiken besteht das Erfordernis eines *ökonomischen Trassenmanagements*. Dies schlägt sich in der Entwicklung eines Trassenpreissystems, der Struktur der Trassenverträge und den Netzzulassungsbedingungen nieder (vgl. Kapitel III.5.2.2).

- Umstritten und derzeit nicht hinreichend quantitativ belegbar ist die Beantwortung der Frage nach den durch die vertikale Desintegration sowie den Netzzugang Dritter bei Eisenbahnen zusätzlich auftretenden **Transaktionskosten**. Sie können im internationalen Verkehr bei Nutzung mehrerer Netze nationaler Fahrweginstitutionen sowie einer Vielzahl von unterschiedlich ausgelasteten Einzeltrassen (Strecken) und von mehreren Stationen aufgrund der Vielzahl der zu schließenden Verträge durchaus bedeutsam sein. Vor allem wird hierdurch die intermodale Wettbewerbsfähigkeit des Eisenbahnverkehrs, etwa gegenüber dem Straßenverkehr, berührt. Hier sollen die 1998 geschaffenen **Trans European Freightways** mit der **One Stop Shop-Regelung** (OSS) eine wesentliche Situationsveränderung bringen. Diese Freightways sind Trassen des internationalen Güterverkehrs durch mehrere Staaten; die Anmeldung von Gütertransporten erfolgt bei der OSS-Agentur, die sämtliche organisatorischen Koordinierungsaufgaben übernimmt.

Aus der Trennung von Fahrweg und Eisenbahntransportbetrieb können erhebliche Veränderungen in den Produktionsbedingungen und den Marktchancen der Eisenbahn resultieren. Hierbei besitzt ein **systemspezifisches Merkmal** der Produktion von Eisenbahnverkehrsleistungen eine herausragende Bedeutung: Die Ressourcenbindung im Eisenbahnnetz ist, bezogen auf die mit diesem Netz erbrachten Verkehrsleistungen, sehr hoch. Dies folgt vor allem aus hohen durchschnittlichen Kapitalkoeffizienten, aber auch aus den Betriebs- und Unterhaltungskosten. Kapital- und betriebskostenintensive Hochleistungsstrecken der Eisenbahn verschärfen diese Problematik.

Übersicht 52:   Nettoanlagevermögen der Verkehrswege von Eisenbahn und Straßenverkehr im Vergleich zu den jeweiligen Verkehrsleistungen (bis 1990 ABL; 2000 Gesamtdeutschland)

Jahr	Eisenbahn		Straßenverkehr	
	Netto-Anlagevermögen[1]	Verkehrsleistung[2] (Pkm[3] + tkm)	Netto-Anlagevermögen[1]	Verkehrsleistung[2] (Pkm[4] + tkm[5])
1980	58,8	(41,0 + 64,9) 105,9	271,0	(538,1 + 124,4) 662,5
1990	63,6	(47,5 + 56,8) 104,3	292,8	(672,4 + 192,9) 865,3
2000	79,4	(75,1 + 72,9) 148,0	309,5	(848,0 + 347,2) 1.195,2

1) in Mrd. EUR, in Preisen von 1995
2) in Mrd.
3) Schienenverkehr incl. S-Bahnverkehr
4) Individualverkehr, Taxi- und Mietwagenverkehr, Kraftomnibusverkehr
5) Straßengüterfern- und –nahverkehr; 2000: Straßengüterverkehr

Quelle: Verkehr in Zahlen (1993), S. 32 f., S. 198 f., S. 218 f.; (2001/2002), S.34f., 231.

Aus den Werten in Übersicht 52 errechnen sich als durchschnittliche (reale) Kapitalbindungen je Leistungseinheit in der Verkehrsinfrastruktur bei der Eisenbahn 0,56 EUR (1980), 0,61 EUR (1990) und 0,54 EUR (2000). Für den Straßenverkehr betragen die vergleichbaren Werte 0,41 EUR (1980), 0,34 EUR (1990) und 0,26 EUR (2000).

Wie die obigen Zahlen verdeutlichen, führt auch eine beispielsweise um 30 % erhöhte Schienenverkehrsleistung bei hypothetisch unterstelltem konstantem Nettoanlagevermögen nicht zu einer wesentlichen Verbesserung der Koeffizienten der Eisenbahn (dies bedeutet für 2000: 0,41 EUR anstelle von 0,61 EUR), d.h. es liegt im Vergleich zum Straßengüterverkehr immer noch eine um fast 58 % (!) höhere Kapitalbindung je erstellter Leistungseinheit vor. Dabei ist zu berücksichtigen, dass das Anlagevermögen der DB AG im Zuge der Bahnreform 1994 auch bei den Verkehrswegen erheblich abgewertet wurde; insofern sind die Werte für 2000 differenziert zu beurteilen.

Literatur zu Kapitel III.1.4.3:

Aberle, G. / Brenner, A. / Hedderich, A. (1995): Trassenmärkte und Netzzugang: Analyse der grundlegenden ökonomischen Bestandteile von Trassennutzungsverträgen bei Trennung von Fahrweg und Eisenbahntransportbetrieb mit Marktöffnung für Dritte, Hamburg (Band 8 der Gießener Studien zur Transportwirtschaft und Kommunikation).

Friedlaender, A.F. / Spady, R.H. (1981): Freight Transport Regulation - Equity, Efficiency, and Competition in the Rail and Trucking Industries, Cambridge / Mass.

Hedderich, A. (1996): Vertikale Desintegration im Schienenverkehr - Theoretische Basisüberlegungen und Diskussion der Bahnstrukturreform in Deutschland, Hamburg (Band 11 der Gießener Studien zur Transportwirtschaft und Kommunikation).

Hedderich, A. (2001), Der Verbund Netz und Transport im DB-Konzern, in: Die deutsche Bahnreform – kritische Zwischenbilanz und Zukunftsanspruch, Bd. B 243 der Schriftenreihe der Deutschen Verkehrswissenschaftlichen Gesellschaft, Bergisch Gladbach, S. 50-66.

Ilgmann, G. / Miethner, M. (1992): Netzstandardisierung und Preisbildung für die Fahrwegnutzung der künftigen Bahn, in: Zeitschrift für Verkehrswissenschaft, 63. Jg., S. 203-229.

Keeler, T.E. (1983): Railroads, Freight and Public Policy, Washington.

Laaser, C.-F. (1991): Wettbewerb im Verkehrswesen - Chancen für eine Deregulierung in der Bundesrepublik, Tübingen (Band 236 der Kieler Studien).

Schüller, U. (2001): Die deutsche Bahnreform – kritische Zwischenbilanz und Zukunftsanspruch, in: Die deutsche Bahnreform – kritische Zwischenbilanz und Zukunftsanspruch, Bd. B 243 der Schriftenreihe der Deutschen Verkehrswissenschaftlichen Gesellschaft, Bergisch Gladbach, S. 21-49.

1.4.4 Binnenschiffahrt

Die Binnenschiffahrt weist zwar von den binnenländischen Verkehrsträgern die günstigsten Bedingungen hinsichtlich des **Energiebedarfs** und der **Schadstoffemissionen** auf; der relativ geringe Umfang des schiffbaren Binnenwasserstraßennetzes sowie die im Vergleich zur intermodalen Konkurrenz nur sehr niedrige Netzdichte reduzieren aber die genannten Vorteile in ihrer marktwirksamen Umsetzung. Diese können nur im Transport zwischen sog. *nassen Plätzen* (Versand- und Empfangsorte mit Wasserstraßenanschluß und Umschlagmöglichkeiten) voll wahrgenommen werden. Bei den *gebrochenen Verkehren* (landseitiger Zu- und/oder Ablauf) reduzieren die Umschlag- und Frachtkosten von Schiene oder Straße die Marktmöglichkeiten der Binnenschiffahrt. Hinzu kommt, dass der Güterstruktur- wie auch der Logistikeffekt die Binnenschiffahrt noch stärker beeinträchtigen als dies bei der Eisenbahn der Fall ist, da diese Effekte den Anteil zeitsensibler Transporte erhöhen.

Wasserbautechnische Merkmale der Wasserstraßen bestimmen die **Leistungsfähigkeit** der Schiffahrt (Wasserspiegelbreite, Tauchtiefe, Zahl und Abmessungen von Schleusenbauwerken, Krümmungsradien etc.). Die Durchfahrthöhe unter Brücken (unterschiedlich bei natürlichen und künstlichen Wasserstraßen) legt die Überdeck-Beladungshöhe fest (bedeutsam z.B. in der Containerschiffahrt hinsichtlich der Zahl der Containerlagen). Schubverbände können ohne Auflösung nur auf schleusenlosen Wasserstraßen fahren, die auch bestimmte Krümmungsradien aufweisen müssen. Hieraus folgt, dass die Komplementarität zwischen Infrastruktur (Wasserstraßen) und Verkehrsmitteln (Schiffen) am höchsten bei den großen natürlichen Wasserstraßen ist (etwa Rhein) und am geringsten bei Kanälen mit Schleusen und Schiffshebewerken sowie relativ engen Krümmungsradien.

Auch wenn die Vielfalt der Schiffstypen und unterschiedlicher Verkehrsarten (Schub- und Motorgüterschiffe; Personen- und Güterschiffahrt) auf eine Verbundproduktion hinweisen, so ist zu berücksichtigen, dass die *verkehrsmittelbezogene* Verbundproduktion hier wesentlich geringer ausgeprägt ist als beim

Straßengüter- und Eisenbahnverkehr. Dies ist auf die häufig fast Einproduktcharakter besitzende Leistungserstellung der Binnenschiffe zurückzuführen (etwa Tankschiffahrt, Containerschiffahrt). Der vergleichsweise größte Verbundeffekt ist bei der Schubschiffahrt sowie den im Koppelverband fahrenden Motorgüterschiffen anzutreffen, da hier Leichter für unterschiedliche Transportgüter und Fahrtgebiete von einem Schubboot bzw. schiebenden Motorgüterschiff mitgeführt werden können.

Literatur zu Kapitel III.1.4.4:

Boss, A. / Laaser, C.-F. / Schatz, K.-W. et al. (1996): Deregulierung in Deutschland - Eine empirische Analyse, Tübingen (Band 275 der Kieler Studien), S. 48-90.

Bundesministerium für Verkehr (Hrsg.) (1997): Handbuch Güterverkehr Binnenschiffahrt, Bonn.

Deutsche Verkehrswissenschaftliche Gesellschaft (DVWG) (2001): Die Rolle der Binnenschiffahrt – Trends und Perspektiven am Beginn des 21. Jahrhunderts, Bd. B 242 der Schriftenreihe der Deutschen Verkehrswissenschaftlichen Gesellschaft, Bergisch Gladbach (Mit 10 Einzelbeiträgen).

1.4.5 Luftverkehr

Beim Luftverkehr erfolgt ein komplementärer Einsatz von

- Flughafenleistungen,
- Lufttransportleistungen und der
- Überwachung der Luftverkehrsstraßen (Flugsicherung),

die (faktisch) getrennt produziert werden. Hierdurch ergeben sich zahlreiche **Koordinationsaufgaben**, deren Lösungsqualitäten den Markterfolg des Luftverkehrs wesentlich beeinflussen.

Bei den **Flughafenleistungen** handelt es sich um die Passagierabfertigung, den Gepäcktransport, die Bereitstellung von Gates und Fluggastbrücken bzw. Flughafenbussen oder People movers, Betrieb und Unterhaltung der Vorfeldflächen und des Start- und Landebahnsystems einschl. Vorfeldkontrolle. Hinzu kommen Anlagen zur polizeilichen Kontrolle, Zollabfertigung, für soziale Dienste und für dem Flugbetrieb angelagerte Aktivitäten (Einkaufszentren, Hotels und Restaurants, Parkhäuser und vermietete Büroflächen). Ergänzt wird dies durch Lager- und Abfertigungskapazitäten für die Luftfracht.

Bei Engpässen im Abfertigungs- oder Start-Landebahn-Bereich besitzen Verfügungsrechte über **Slots** (Zeitfenster für Starts/Landungen) eine besondere Bedeutung. Sie stellen darum **wertvolle Nutzungsrechte** dar, die allerdings in Europa nicht nach marktwirtschaftlichen Prinzipien den Airlines zugeteilt werden, wobei das **Großvaterprinzip** (sog. Grandfather rights) eine besondere Rolle spielt: Bereits von Airlines genutzte Slots werden diesen stets wieder zugeteilt, unabhängig von der Wertigkeit der bisherigen Slot-Nutzung. Dies folgt aus der historischen Regelung, dass Slots nicht mit Preisen versehen sind und ist unterschiedlich zu einigen Flughäfen in den USA, auf denen die Slots versteigert und gehandelt werden, also Preise haben.

Angesichts nachhaltiger Engpässe (Überlastungen) ist die bürokratische Zuteilung von Slots auf hochbelasteten Flughäfen (etwa London Heathrow, Frankfurt Rhein-Main) nicht vertretbar. Hinzu kommt, dass eine **ökonomisch sinnvolle Definition von Engpässen** stets nur unter Verwendung von Preisen möglich ist, da ohne Preiszuordnung keine rationalen Entscheidungen bei der Nachfrage nach Slots stattfinden. Im Rahmen der EG-Luftverkehrsliberalisierung (dritte Stufe) hat die EU-Kommission eine vorsichtige Lockerung des Großvaterprinzips dahingehend durchgesetzt, dass mit zurückgegebenen oder entzogenen (Nutzung unter 80 %) Slots ein Pool gebildet wird, aus dem neue Nachfrager nach Slots bedient werden sollen (Verordnung (EG) Nr. 95/93). Da aber auf den hochbelasteten Flughäfen kaum Slots zurückgegeben werden, sondern eher durch Aufkauf von Fluggesellschaften den „Eigentümer" wechseln, ist diese Regelung kein echter Fortschritt. So hat die Fluggesellschaft Delta Airlines die zahlungsunfähige Pan Am Mitte der 80er Jahre vor allem deshalb übernommen, um deren Slots, insbesondere auch in Deutschland (Frankfurt Rhein-Main) zu erhalten. Im übrigen ist auch nicht geklärt, *wer* überhaupt *Eigentümer* und damit Anbieter solcher Slots sein sollte: der Flughafen, die Fluggesellschaften, welche sie derzeit nutzen, oder der Staat.

Sehr kontrovers wurde aktuell die Frage diskutiert, ob die Flughafenleistungen zentral durch eine Flughafengesellschaft durchgeführt werden sollen (dies ist insbesondere in Deutschland der Ist-Zustand) oder ob anstelle dieses Monopols eine wettbewerbliche Lösung mit konkurrierenden Dienstleistungen treten soll (Dezentralisierung der Flughafenleistungen). Dabei ist zu beachten, dass die Flughäfen Abfertigungs-, Vorfeld- und Start-/Landebahnleistungen als Verbundproduktion (Passagier- und Frachtflugzeuge; Linie und Charter sowie partiell die

Allgemeine Luftfahrt (General Aviation)) durchführen. Als Problem gilt, ob die hier realisierbaren Economies of scope hinreichend sind, um den fehlenden Wettbewerb bei der Erstellung der Flughafenleistungen und damit ein Monopolangebot zu rechtfertigen.

Im Oktober 1996 fiel die Entscheidung des EU-Verkehrsministerrates (96/67 EG) zur schrittweisen Liberalisierung der **Bodenabfertigung auf Flughäfen** bis zum Jahr 2003. Es wird zwischen der Selbstabfertigung (Fluggesellschaften) und der Drittabfertigung (Dienstleister) unterschieden. Die Richtlinie sieht vor, dass von 1998 an auf den Flughäfen das sog. *Self handling* von Luftverkehrsgesellschaften möglich ist. Seit 1999 liegt ein freier Zugang zur land- und luftseitigen *Drittabfertigung* vor, wobei allerdings die luftseitige Selbstabfertigung (Drittabfertigung) auf zwei Nutzer (Anbieter) beschränkt werden kann. Diese schrittweise Liberalisierung, die auch eine Ausnahmeregelung bei Kapazitätsengpässen enthält, gilt zunächst nur für Flughäfen mit jährlich mehr als drei Mio. Passagieren oder 75.000 t Fracht; ab 2001 gilt eine Senkung auf Flughäfen mit zwei Mio. Passagieren oder 50.000 t Fracht p.a.

Die Produktion von **Luftverkehrsleistungen** zeichnet sich durch einige Besonderheiten aus (vgl. Hunziker 1983 und 1985; Pompl 1998):

- Die Luftverkehrsgesellschaften erstellen Passage- und Luftfrachtleistungen häufig in Verbundproduktion (**Kuppelproduktion** in sowohl konstanter wie auch variabler Proportion): Unterdeck-Transport von Gepäck und Fracht (sog. Belly-Kapazität); kombiniertes Passage-Fracht-Gerät (Mixed versions) und wechselnder Tag/Nacht-Einsatz für Passage und Fracht des gesamten Flugzeuges aufgrund der Ausstattung mit einer Quick change-Bestuhlung. Reine Frachtflugzeuge (F-Versionen) werden aus Rentabilitätsgründen nur in geringer Zahl eingesetzt: Die Sicherung der Auslastung setzt nämlich weitgehend paarige Transportströme voraus. Eine Boeing 747 F kann rd. 110 t Cargo aufnehmen. Der Vorteil der Nurfrachter liegt darin, dass sie sich den zeitlichen und flughafenspezifischen Anforderungen des Frachtverkehrs anpassen können, während bei der Unterdeckfracht und Mixed versions eine Unterordnung unter die Passageansprüche erfolgt.
- **Batch-Produktion**; es ist keine kontinuierliche Variation des Umfangs der Produktionsleistung möglich, sondern nur entsprechend der Größe der Flugzeuge. Bedeutung hat auch die unterschiedliche Reichweite der Flugzeuge (Kurz-, Mittel-, Langstreckengerät), welche die Einsatzflexibilität begrenzt.

- **Oligopolistischer Wettbewerb**; es handelt sich um ein weites Oligopol mit spürbarer Reaktionsverbundenheit. So sind in der Nordatlantik-Relation etwa 40 Gesellschaften tätig, die täglich über 300 Flüge pro Richtung mit Großgerät (etwa Airbus A 300, 310, 330, 340, Boeing 747, 767, 777, McDonell Douglas DC 10, MD 11) anbieten und die Passagiere über Zubringerflüge zu ihren Ausgangsflughäfen (Hubs) zu lenken versuchen.
- **Beschränkter Marktzutritt**; hier sind staatliche Vorschriften und Verkehrsrechte im internationalen Verkehr zu nennen. Sie sind innerhalb der EU, beginnend mit dem zweiten Deregulierungspaket von 1990, ständig liberalisiert worden; 1997 war dieser Prozeß (Abschluß des dritten Luftverkehrspaketes) mit Einführung der Regelkabotage abgeschlossen. Als Marktzutrittsschranken wirken jedoch die hohe Kapitalintensität der Produktion, die technische Komplexität zur Erfüllung der Flugsicherheitsanforderungen, die Schwierigkeit, den Vertrieb aufzubauen und die Verfahren der Slotvergabe auf wirtschaftlich interessanten Flughäfen.
- **Staatliche Subventionen**; viele Staaten sehen in ihren nationalen Carriern Zeichen der staatlichen Eigenständigkeit. Offene und verdeckte Subventionen sind in der Mehrzahl der Staaten anzutreffen; sie verzerren den Leistungswettbewerb, verhindern ökonomisch erforderliches Marktausscheiden und führen zu weltweiten Überkapazitäten.
- **Saisonalität und Direktionalität**; die Nachfrage nach Luftverkehrsleistungen, vor allem in der Passage, ist von Saisonzeiten, aber auch von den Wochentagen und den Tageszeiten abhängig. Durch Preisdifferenzierung wird versucht, diese Nachfrageschwankungen in der Tendenz auszugleichen. Direktionalität bedeutet Unpaarigkeit im Aufkommen; dies gilt für den Frachtverkehr.
- **Reservierung**; es wird eine kurzfristige Verkaufs- und Platzplanung sowohl für die Passage wie auch für Cargo vorgenommen (Zulademöglichkeiten). In der Passage haben die elektronischen Reservierungssysteme (CRS; z.B. AMADEUS, GALILEO, APOLLO u.a.) einen hohen Stellenwert eingenommen.
- **No shows**; bestätigte Buchungen in der Passage werden ohne Information der Fluggesellschaften nicht in Anspruch genommen. Zur Vermeidung von freien Sitzplätzen nehmen die Airlines regelmäßig Überbuchungen vor, deren Umfang auf Erfahrungen beruht. Hieraus können sich aber bei Fehleinschätzungen des No-Show-Umfangs erhebliche Kundenprobleme ergeben.

- **Interlining**; hier handelt es sich um den Verkauf zusammengesetzter Strecken, die von verschiedenen Airlines beflogen werden. Eine Fluggesellschaft wird zum Agenten einer anderen; die Erlöse werden entsprechend den Teilstrecken auf die Gesellschaften verrechnet (Prorating). Dies erfolgt über die IATA (IATA-Clearing-House). Sonder-(Niedrig-)Tarife sind hiervon in der Regel ausgenommen.
- **Code sharing**; zusammengesetzte Teilstrecken werden unter einer Flugnummer von mehreren Carriern bedient. Dies war z.B. ein wesentlicher Inhalt des Kooperationsvertrages zwischen der Deutschen Lufthansa und der US-amerikanischen Gesellschaft United Airlines, der 1994 in Kraft trat.
- **Verkauf über Agenten**; bislang werden 60 bis 80 % der Leistungen über Agenten (Reisebüros, Luftfrachtspediteure) oder andere Fluggesellschaften verkauft. In der Passage deuten sich durch den Telefonverkauf und durch Nutzung elektronischer Kommunikationssysteme (Internet) höhere Anteile des Direktvertriebs an. Die Luftverkehrsgesellschaften fördern den Direktverkauf, um die Provisionen für die Agenten einzusparen. Bei der Fracht bestehen bei den Airlines für einen Direktverkauf nur geringe Möglichkeiten, da die Luftfrachtspediteure mit Gegenmaßnahmen (Verladung über Wettbewerber) wirksam reagieren können.
- **Internationalität und Wechselkursabhängigkeit**; Luftverkehrsunternehmen müssen länderspezifische Interessenlagen berücksichtigen. Sie sind darüber hinaus besonderen Währungsrisiken ausgesetzt (Fakturierung in unterschiedlichen Währungen), die durch möglichst hohe Hartwährungsfakturierung und Kurssicherungsgeschäfte zu minimieren versucht werden.

Literatur zu Kapitel III.1.4.5:

Hunziker, H.-J. (1983): Strategische Planung und Politik im Luftverkehr, Bern.

Hunziker, H.-J. (1985): Strategische Planung im Luftverkehr, dargestellt am Beispiel der Swissair, in: Jahrbuch der Schweizerischen Verkehrswirtschaft 1984, St. Gallen, S. 57-67.

Pompl, W. (1998): Luftverkehr: Eine ökonomische Einführung, 3. Aufl., Berlin et al.

Schmidt, A. (1995): Computerreservierungssysteme im Luftverkehr - Darstellung, Entwicklung und wettbewerbliche Beurteilung, Hamburg (Band 9 der Gießener Studien zur Transportwirtschaft und Kommunikation).

Weimann, L.C. (1998): Markteintrittsbarrieren im europäischen Luftverkehr – Konsequenzen für die Anwendbarkeit der Theorie der Contestable markets, Hamburg (Band 14 der Gießener Studien zur Transportwirtschaft und Kommu-nikation).

1.4.6 Seeschiffahrt

Im **Linienverkehr** werden Stückgüter, im **Trampverkehr** sowie in der **Kontraktfahrt** Massengüter (Getreide, Erz, Kohle, Erdöl, Gase etc.) transportiert. Eine expansive Sonderentwicklung hat der (überwiegend im Liniendienst tätige) **Containertransport** genommen (mit dominierend 40' und 45', aber auch 20'-Containern), der zunehmend die traditionelle Stückgutschiffahrt ersetzt.

In der **Containerschiffahrt** ist zwischen FCL-Containern (Full container load) und LCL-Containern (Less than container load) zu unterscheiden. Bei FCL-Containern erfolgt in der Regel ein Haus-Haus-Transport des Containers. Die LCL-Container werden mit mehreren Sendungen gestaut (Container stuffing) und/ oder am Pier des Bestimmungshafens sendungsspezifisch aufgelöst (Container stripping); diese Tätigkeiten erfolgen in einem Packing center (Container freight station). Somit gleicht ein LCL-Containertransport einer konventionellen Schiffsladung; Kosten- und Leistungsvorteile ergeben sich bei den Hafenumschlagvorgängen, dem Seetransport und evtl. durch Einsparungen bei der Seeverpackung.

Um die Durchschnittskosten beim Seetransport zu senken, sind in der Massengutfahrt, aber auch beim Containertransport, die Schiffsgrößen stetig erhöht worden. Ziel ist es, Economies of large scale zu realisieren. Im Erz- und Tankschiffahrtsbereich werden Schiffsgrößen bis max. 300.000 Tragfähigkeitstonnen eingesetzt. In der **Containerschiffahrt** sind Vollcontainerschiffe mit einer Stellplatzkapazität von unter 3.000 TEU bis zu 7.000 TEU im Einsatz (vgl. Kapitel I.2.2). Die Container befinden sich entweder im Eigentum der Reedereien oder von Leasing-Gesellschaften.

Allerdings sind die Grenzen des Wachstums der Schiffsgrößen erkennbar; dies gilt vor allem für Bulk- und Tankschiffe; bei den Containerschiffen ist die Beurteilung nicht eindeutig (vgl. auch Hautau 2000, S. 76ff.):

- Die erforderlichen Fahrwasserbedingungen sind für diese Schiffsgrößen nur noch bei wenigen Häfen gegeben. Daher wird die Zahl der anzulaufenden Seehäfen begrenzt, auch um die Schiffsumlaufzeiten zu verkürzen; Zu- und Ablauftransporte zu diesen Seehäfen werden entweder mit Feederschiffen oder durch Landtransporte durchgeführt.

- Die Economies of large scale sind bei Schiffsgrößenveränderungen über 250.000 t Tragfähigkeit kaum noch nachweisbar bzw. schlagen in Diseconomies um. Die zunächst auftretenden Kosteneinsparungen aufgrund der Schiffsgrößenausweitungen beziehen sich vor allem auf die durchschnittlichen Personal- und Kapitalkosten.

- Die erzielbaren Kostenersparnisse des Seetransports (im engeren Sinne) werden durch steigende Lager- und Umschlagkosten, durch fahrwasserbedingte Umwege sowie verlängerte Vor- und Nachlauftransporte neutralisiert oder sogar überkompensiert. Die wichtigen Seeschiffahrtskanäle (Suez- und Panamakanal) können nicht mehr genutzt werden, so dass weite Seestrecken als Umwegfahrten zurückgelegt werden müssen.

- Steigende Schiffsgrößen führen zu längeren Aufenthaltszeiten in den Häfen und damit zu einer Verschlechterung der Seezeit-Hafenzeit-Relation. Die hohen Tageskosten der großen Seeschiffe haben zur Folge, dass angestrebt wird, die Hafenliegetage zu minimieren; sie können in der Containerschiffahrt auf 25 % der Seetage reduziert werden; in der Stückgutschiffahrt beträgt das Verhältnis See- zu Hafenliegetage noch rd. 1 : 1.

- In den Seehäfen – wenn sie aufgrund der Fahrwassertiefen und des mengenmäßigen Zielaufkommens noch angelaufen werden – sind sehr hohe Investitionen in die Hafeninfrastruktur erforderlich (Umschlaganlagen, Zwischenlagerflächen, verkehrsmäßige Hinterlandanbindungen).

- Die Risiken bei Havarien nehmen bei steigenden Schiffsgrößen stark zu (insbesondere bei der Tankschiffahrt); gleichzeitig steigen die Versicherungskosten stark an.

- Die Wahl der Schiffsgrößen ist auch abhängig von ihrer wirtschaftlichen Auslastungssicherung; diese ist unterschiedlich bei den Verkehrsarten: Tramp- oder Linienschiffahrt, Spezialschiffahrt auf Basis von Zeitchartertverträgen (Erz, Kohle, Erdöl mit sehr großen Schiffseinheiten) oder Containerschiffahrt (häufig mit Slotcharter, d.h. Reservierung von festen Stellplätzen für Container).

In Europa zeichnen sich deutliche **Konzentrationstendenzen** auf wenige **Großhäfen** ab. In der West-Nord-Range profitiert vor allem Rotterdam von seiner günstigen Lage zum niederländischen, deutschen und schweizerischen Hinterland, dem leistungsfähigen Rhein-Anschluß und guten Fahrwasserbedingungen. Benachteiligt sind die Häfen Bremen/Bremerhaven und partiell auch Hamburg.

Wegen der begrenzten Kapazitätsausweitungsmöglichkeiten der Container-Terminals in Bremerhaven und der ungünstigen Fahrwasserverhältnisse auf der Elbe (Cuxhaven-Hamburg) ist geplant, in Wilhelmshaven einen Tiefsee-Containerhafen zu errichten (Niemann 2000, S. 178ff.). Für Containerschiffe mit 10 – 12.000 Stellplätzen (TEU) sind Wassertiefen von 16,00 bis 18,50 m (ohne Tideabhängigkeit) erforderlich. 11.800 TEU-Einheiten sind im Reißbrettentwurf bereits konzipiert; die 5. Schiffsgrößengeneration in der Containerschiffahrt mit Einheiten von 6.600 TEU-Tragfähigkeit sind im Einsatz (z.B. bei der Reederei Maersk/Sealand). Die 6. Generation weist Schiffsgrößen von 8.000 TEU auf und wird gebaut.

Zur weiteren Konzentration der Mengen auf wenige Häfen mit Einsatz hoher Schiffsgrößen sowie zur Nutzung günstiger Fahrwasserverhältnisse werden seit Jahren Projekte von *Off-shore-Häfen* (der Küste vorgelagerte Tiefwasserhäfen) diskutiert. Feederschiffe sollen die Ladung dann zu den traditionellen Seehäfen transportieren. Vor allem wegen sehr hoher Kosten und des Widerstandes der Seehäfen sind diese Pläne bislang nicht weiterverfolgt worden.

Neben den **Kapital- und Energiekosten** sind die **Personalkosten** entscheidend für die wettbewerbliche Leistungsfähigkeit der Seeschiffahrt. Die Höhe der Personalkosten wird, außer vom Schiffstyp (Bulk-, Stückgut- oder Containerschiff), vor allem bestimmt durch

- gesetzliche Mindestbemannungsvorschriften und
- tarifvertragliche Entgeltregelungen einschl. der Arbeitszeiten und Sozialleistungen

der Staaten, in denen das Seeschiff registriert ist (Schiffsregister).

Die hieraus resultierenden hohen Tageskosten unter deutscher Flagge fahrender Seeschiffe, die im deutschen Seeschiffsregister verzeichnet sind, haben zwei Entwicklungen begünstigt:

- die **Ausflaggung**, d.h. Streichung im nationalen Seeschiffsregister und Anmeldung in einem sog. Billigflaggenstaat, in dem die nationalen deutschen Regelungen keine Anwendung finden. Diese Billigflaggenstaaten führen sog. *offene Seeschiffsregister*, d.h. jeder ausländische Reeder kann dort sein Schiff registrieren lassen und unterliegt dann den dortigen Vorschriften hinsichtlich der Bemannung, der Sicherheitserfordernisse und der Mindestlöhne. Die Folge ist ein hoher Anteil von alten Schiffen mit teilweise erheblichen Sicherheitsmängeln, die in diesen offenen Registern geführt werden und unter deren nationaler Flagge die Schiffe fahren. Traditionelle Billigflaggenländer sind Liberia, Panama, Zypern, Bahamas, Malta u.a. Der Anteil nicht unter der Flagge des Heimatlandes des wirtschaftlichen Eigners fahrender Schiffe hat sich in den letzten Jahren fortlaufend erhöht. Während Ende 1994 von den weltweit eingesetzten 26.607 Handelsschiffen mit 672,4 Mio. tdw 9764 Einheiten mit 325,6 Mio. tdw (48,4 %) ausgeflaggt waren, hat sich der Anteil auf 55,5 % (1997) bzw. 62,4 % (2001) der Gesamttonnage erhöht. (ISL 1995 und ISL 2001);

- die Einrichtung von sog. **Zweitregistern** mit wesentlichen Erleichterungen bei der Beschäftigung ausländischer Seeleute bezüglich der Abweichungen vom geltenden Lohntarif. Hierdurch soll den Ausflaggungstendenzen entgegengewirkt und die Wettbewerbsfähigkeit der Seeschiffe unter ursprünglicher nationaler Flagge gestärkt werden. In Deutschland wurde 1989 die gesetzliche Regelung für ein solches Zweitregister (genaue Bezeichnung: deutsches Internationales Seeschiffahrtsregister ISR) geschaffen. Einige Bundesländer und die Gewerkschaften hatten Verfassungsbeschwerde eingelegt, die jedoch im Januar 1995 vom Bundesverfassungsgericht zurückgewiesen wurde. Zweitregister gibt es in mehreren europäischen Staaten, etwa in Dänemark und Schweden. Über 50 % der deutschen Seeschiffstonnage sind inzwischen in das Zweitregister eingetragen. Diskutiert wird auch die Einrichtung eines europäischen Seeschiffregisters (EUROS).

Die deutsche Regierung hat mit der Einführung einer Tonnagesteueroption (pauschale Steuerermittlung auf der Basis der Tonnage der im internationalen Verkehr eingesetzten Handelsschiffe) eine steuerliche Entlastung gewährt (ab 1. Januar 1999). Gleichzeitig wurde im Seeschiffahrtsanpassungsgesetz auch die Nichtabführungsregel von 40 % der von den Seeleuten einbehaltenen Lohnsteuer zur wirtschaftlichen Stärkung von Schiffen unter deutscher Flagge eingeführt. Die Entlastungswirkung wird mit 20 – 25 Mio. EUR p.a. angegeben. Dennoch verbleibt der Wettbewerbsnachteil hoher Lohnnebenkosten auf deutschen Seeschiffen (Stamm 2000, S. 23).

Die **Leistungsfähigkeit der Seeschiffahrt** wird wesentlich durch die Qualität der Seehafenfaszilitäten bestimmt. Dabei geht es vor allem um die

- Modernität und technisch-ökonomische Leistungsfähigkeit der Umschlaganlagen sowohl für die Massengüter wie auch für die immer stärker containerisierten Stückgüter;
- Qualität des seewärtigen Hafenzugangs (Fahrwasserverhältnisse);
- verfügbaren Lagerflächen (Freiläger und gedeckte Läger, teilweise temperaturgeführt) und Containerstellplätze;
- interne Erschließungsqualität des Hafens durch Straßen und Eisenbahnanbindungen;
- Qualität der Hinterlandverbindungen, möglichst mit mehreren Verkehrsträgern;
- Schnelligkeit der administrativen Abwicklung.

Von Bedeutung ist auch, ob im Seehafen oder unmittelbaren Einzugsbereich ein wesentlicher Teil der Empfänger/Versender domiziliert (*Industrie-* und *Handelshafenfunktion* mit hohem Loco-Anteil) oder ob es sich um einen *Transithafen* mit dominierender Fernleistungsfunktion handelt.

Literatur zu Kapitel III.1.4.6:

Aden. D. (2000): JadeWeserPort – Ein unternehmerisches Kooperationsmodell der Zukunft? in: Perspektiven der Schiffsgrößenentwicklung in der Containerschiffahrt – Herausforderung für die deutschen Nordseehäfen?, Bd. B 231 der Schriftenreihe der Deutschen Verkehrswissenschaftlichen Gesellschaft, Bergisch Gladbach, S. 203-216.

Bibig, P. / Althof, W. / Wagener, N. (1995): Seeverkehrswirtschaft, München/Wien.

Hautau, H. (2000): Ökonomische Aspekte der Schiffsgrößenentwicklung, in: Perspektiven der Schiffsgrößenentwicklung in der Containerschiffahrt – Herausforderung für die deutschen Nordseehäfen?, Bd. B 231 der Schriftenreihe der Deutschen Verkehrswissenschaftlichen Gesellschaft, Bergisch Gladbach, S. 8-15.

Institut für Seeverkehrswirtschaft und Logistik Bremen (ISL) (1995): Ownership Patterns of the World Merchant Fleet, Bremen.

Institut für Seeverkehrswirtschaft und Logistik Bremen (ISL) (2001): ISL Shipping Statistics and Market Review, Ownership Patterns of the World Merchant Fleet 2001, Bremen.

Niemann, J.H. (2000): Entwicklungschancen des JadeWeserPort-Projektes, in: Perspektiven der Schiffsgrößenentwicklung in der Containerschiffahrt – Herausforderung für die deutschen Nordseehäfen?, Bd. B 231 der Schriftenreihe der Deutschen Verkehrswissenschaftlichen Gesellschaft, Bergisch Gladbach, S. 177-202.

Stamm, R. (2000): Europäische und deutsche Schiffahrtspolitik, in: Weltseeverkehr vor der Jahrtausendwende, Bd. B 227 der Schriftenreihe der Deutschen Verkehrswissenschaftlichen Gesellschaft, Bergisch Gladbach, S. 13-24.

1.4.7 Exkurs: Speditionelle Dienstleister

Die frühere Legaldefinition „Spedition" gemäß § 407 HGB lautete: „Spediteur ist, wer es gewerbsmäßig übernimmt, Güterversendungen durch Frachtführer oder durch Verfrachter von Seeschiffen für Rechnung eines anderen in eigenem Namen zu besorgen." Der „klassische" Spediteur ist entsprechend Vermittler und Organisator von Dienstleistungen; er setzt als Leistungsfaktoren neben relativ geringen Büroressourcen vor allem qualifiziertes kreatives Personal und Kommunikationsinstrumente ein.

Durch die Transportrechtsreform 1998 wurden auch die entsprechenden Textstellen des HGB verändert. Die Änderung des HGB vom 22. Juni 1998 behandelt in den §§ 407ff. zunächst Frachtführerangelegenheiten. Erst im § 453 (1) wird der Spediteur erwähnt: „Durch den Speditionsvertrag wird der Spediteur verpflichtet, die Versendung des Gutes zu besorgen."

Dieser „klassische" Spediteur stellt in der Realität jedoch eine Minderheit dar. Typisch sind Speditions-, Fracht-, Lager-, Kommissions- oder sonstige üblicherweise (Allgemeine Deutsche Spediteurbedingungen ADSp § 2.1) zum Speditionsgewerbe gehörende Geschäfte. Im Regelfall betätigt sich der Spediteur in bestimmten **Fachsparten**, die Einordnung speditioneller Leistungen leitet sich vor allem aus abgrenzbaren Bereichen des Güterverkehrs ab (BSL 1996):

- verkehrsträgerorientierte Leistungsbereiche, wie Kraftwagenspedition, Luftfracht-, Seehafen- und Binnenschiffahrtspedition; der Selbsteintritt als Frachtführer erfolgt vor allem im Straßengüterverkehr und - abgeschwächt - in der Binnenschiffahrt;
- funktionsorientierte Leistungsbereiche; wie Spediteursammelgutverkehr, kombinierter Verkehr, Expreß- und Paketdienste, Auslieferungslagerei;
- standortorientierte Leistungsbereiche wie Binnenumschlagspedition, Seehafenspedition;

- güterbezogene Leistungsbereiche wie Textil-, Lebensmittel-, Möbelspedition oder temperaturgeführte Lagerung;
- räumlich bezogene Leistungsbereiche, wie Internationale Spedition, Gebietsspedition.

Dieser Systematisierung ist aber noch nicht zu entnehmen, dass die **logistischen Aktivitäten** bei den Spediteuren einen hohen Stellenwert erlangt haben, da sie - im Vergleich zu sonstigen Tätigkeiten - wertschöpfungsintensiv sind und die preisabhängige Substituierbarkeit reduzieren.

Dabei reicht das Angebot von einzelnen logistischen Dienstleistungen über Dienstleistungspakete bis zur Erstellung von Logistiksystemdienstleistungen im Sinne der Übernahme logistischer Aufgaben für die Verladerschaft, auch aufgrund von Outsourcing-Bestrebungen der Industrie und des Handels (Kontraktlogistik). In diesem Zusammenhang werden zusätzlich komplementäre Dienstleistungen erbracht wie

- Preisauszeichnung,
- Regalpflege im Handel,
- Bearbeitung von Retouren und Garantiereparaturen,
- Montagearbeiten vor der Produktauslieferung,
- Fakturierung, Vermittlung/Erbringung von Finanzdienstleistungen.

Diese Ausweitung speditioneller Tätigkeitsfelder erfordert erhebliche Ressourceneinsätze in den Teilbereichen

- Qualifikation der Mitarbeiter;
- komplexe Datenverarbeitungssysteme;
- spezialisierte Lager-, Umschlag- und Kommissionierungsanlagen;
- Anlagen zur Bearbeitung von Erzeugnissen der Investitions- oder Konsumgüterindustrie (Teil- oder Endmontagen, Übernahme von Garantiereparaturleistungen, Finishing von Textilimporten aus Fernost usw.) sowie
- Verkehrsmittel, wie Straßengüterverkehrsfahrzeuge bei der Kraftwagenspedition (oft als Euro-Carrier, Euro-Cargo u.ä. bezeichnet) und Binnenschiffen bei der Binnenschiffahrtspedition. Dieser Selbsteintritt des Spediteurs (als Frachtführer tätig) verliert jedoch zunehmend durch Outsourcing der Fahrzeuge an Bedeutung, d.h. es wird Fremdkapazität eingesetzt (auf Basis oft längerfristiger Verträge), um die eigene Kapitalbindung zu reduzieren und die vergleichsweise niedrigen Kosten der Subunternehmer (insbesondere geringere

Overhead-Kosten) zu nutzen. Nach außen ist dieser Einsatz von Fremdfahrzeugen häufig nicht erkennbar, da mit den Farben und dem Logo der Spedition gefahren wird. Während bei der Kraftwagenspedition dieser Prozeß der Reduzierung des eigenen Fuhrparks bereits seit Mitte der 80er Jahre abläuft, teilweise auch durch Übertragung der Fahrzeuge an frühere Fahrer des Unternehmens, erfolgt er in der Binnenschiffahrtspedition in größerem Umfange seit Anfang der 90er Jahre. Zurückzuführen ist dies auf die Probleme durch Überkapazitäten in der internationalen Binnenschiffahrt und auf die 1994 erfolgte Aufhebung des obligatorischen Preissystems im nationalen deutschen Verkehr. Beide Effekte haben zu einem drastischen Erlösverfall und zu krisenhaften Zuständen in der Binnenschiffahrt geführt. Sie wurden 1994 durch die Auswirkungen der wirtschaftlichen Rezession und der strukturellen Krisenlagen in der deutschen Eisen- und Stahlindustrie noch verschärft.

Generell läßt sich feststellen, dass bei dem Teil der Speditionen, der sich als logistischer Dienstleister betätigt, eine deutliche Verschiebung der Kapitalbindung von den Fahrzeugen hin zu logistisch relevanten Investitionen in stationäre Anlagen und DV-Ausstattung erfolgt. Die Fahrzeugvorhaltung wird häufig nur noch zur Qualitätsvorgabe für Subunternehmer und zur Spitzenbedarfsabdeckung praktiziert.

Entsprechend einer neueren, allerdings umstrittenen Kategorisierung wird der speditionelle Dienstleister, der neben seinem know how auch spezielle Assets (Fahrzeuge, Lagereinrichtungen, Umschlagsgerät etc.) einsetzt, als „Third Party Logistics Provider" (3rd PL) bezeichnet. „Fourth Party Logistics Provider" (4th PL) werden Dienstleister genannt, die lediglich Koordinations- und Konzeptionsaufgaben wahrnehmen, aber keine speziellen Assets besitzen. Diese werden – insbesondere mit Nutzung von Internet-Plattformen – auf den Märkten eingekauft.

Literatur zu Kapitel III.1.4.7:

Bundesverband Spedition und Lagerei e.V. (BSL) (Hrsg.) (1990): Strukturdaten aus Spedition und Lagerei, Bonn.

Korf, W. (Hrsg.) (1998): Der Güterverkehr nach neuem Recht, Sonderband, Hamburg.

Lorenz, W. (1997): Leitfaden für die Berufsausbildung des Spediteurs, Teil 1. Speditionsgeschäfte, Verkehrsträger, Lagerei, 16. Aufl., Hamburg.

2 Kostenstrukturmerkmale

2.1 Generelle Kostenstrukturmerkmale in der Transportwirtschaft

Die Verkehrsunternehmen sehen sich zwei grundlegenden Kostenkategorien gegenüber:

- den aus der Vorhaltung und dem Betrieb der **Verkehrsinfrastruktur** resultierenden Kosten sowie
- den Kosten der Vorhaltung und des Betriebes der **Verkehrsmittel**.

Das Verhältnis von Fahrweg- und Fahrzeugkosten ist bei den Verkehrsträgern sehr unterschiedlich. Hieraus resultiert eine langfristig wirkende, aber in den Systemeigenschaften der Verkehrsträger begründete Wettbewerbsproblematik. Sie kann jedoch nicht als Wettbewerbsverzerrung ausgelegt werden. Insbesondere für die Eisenbahn stellen die Verkehrswegekosten eine schwierige, die längerfristige Eigenwirtschaftlichkeit des Bahnsystems in Frage stellende Problematik dar.

Eine Sonderstellung nehmen die Rohrfernleitungen (wie auch der Transport von elektrischer Energie sowie von Daten) ein. Hier gibt es nur Infrastrukturkosten und keine Verkehrsmittelkosten.

Der dominierende Teil der Verkehrsinfrastrukturkosten bei den Landverkehrsträgern sind die **Wegekosten** (im engeren Sinn, d.h. ohne Stationen (Bahnhöfe, Terminals des kombinierten Verkehrs, Binnen-, See- und Flughäfen)). Beim Luftverkehr sind diese Wegekosten vergleichsweise sehr gering, da zu ihnen häufig lediglich die Kosten der Flugsicherung gerechnet werden. Das Bild ändert sich, wenn die gesamten Infrastrukturkosten einbezogen werden. Beim Luftverkehr fallen dann erhebliche Flughafenkosten an (Start-/Landegebühren, Abfertigungsgebühren, Pachten für Service- und Büroflächen u.ä.).

Wenn auch „sichere" Werte über die *Fahrwegkosten* der Bahn, hier der Deutschen Bahn AG, nicht vorliegen, so kann aus den Untersuchungen der Regierungskommission Bahn (1991) und weiteren Abschätzungen (Ilgmann/Miethner 1992) abgeleitet werden, dass auch nach Umsetzung der Bahnstrukturreform der Anteil der Fahrwegkosten an den Gesamtkosten der Bahn bei rd. 40 % lag. Hingegen betragen die Fahrwegkosten des Straßenverkehrs nur zwischen 10 und 20 % der Gesamtkosten. Beim Straßengüterfernverkehr erreichen sie auch unter Ansatz einer vollen Abdeckung der ihm zugerechneten kategorialen Wegekosten etwa 15 % mit langfristig sogar leicht sinkender Tendenz infolge des weiteren Anstiegs der Straßengüterfernverkehrsleistungen und verbesserter Fahrzeugauslastungen.

Beim *Transportmittelbetrieb* schlagen als wichtigste Kostenarten die Personal- und die Energiekosten durch. Wird als Bezugsbasis der Transport einer definierten Menge über eine bestimmte Entfernung gewählt, zeigen sich vor allem bei der Binnenschiffahrt, aber auch bei der Bahn, außerordentlich günstige Arbeitsproduktivitätswerte. So kann im Güterverkehr ein schiebendes Motorgüterschiff in der Rheinfahrt 4.000 t und mehr mit drei Besatzungsmitgliedern bewältigen, bei der Bahn ein Lokführer einen Zug mit 1.000 t Nutzlast fahren, während im Straßengüterverkehr für maximal 27 t Nutzlast (mindestens) ein Fahrer eingesetzt werden muß. Wenn dennoch bei der Bahn die Personalintensität und dementsprechend die Personalkosten sehr hoch sind, so resultiert dies aus dem großen administrativen Überbau mit der Wirkung hoher echter (Personal-) Gemeinkosten. Bei der Binnenschiffahrt und dem Straßengüterverkehr sind diese Personalgemeinkosten aufgrund geringerer Unternehmensgrößen und starken Wettbewerbs vergleichsweise niedriger. Insgesamt ergeben sich daher Personalkostenvorteile vor allem für die Binnenschiffahrt, tendenziell aber auch für den Straßengüterfernverkehr. Ähnliches läßt sich für den Personenverkehr allerdings nicht feststellen, wird als Vergleichsgröße der Busverkehr herangezogen. Hier erreichen die Personalkosten Werte zwischen 60 und 75 % der Gesamtkosten in Abhängigkeit von der unterstellten Nutzungszeit der Busse. Je höher diese angesetzt wird, desto geringer sind die verrechneten Abschreibungen je Periode und desto höher ist der Anteil der Personalkosten an den Gesamtkosten. Einflußfaktoren sind auch das Niveau der Löhne und Lohnzusatzkosten des fahrenden Personals sowie die tarifvertraglich festgelegten Fahrzeit- und Pausenregelungen.

2.2 Verkehrsträgerspezifische Kostenstrukturmerkmale aus betriebswirtschaftlicher Sicht

2.2.1 Eisenbahn

Zur Annäherung an die Kostenstrukturen der Eisenbahn werden die entsprechenden GuV-Positionen herangezogen. Von herausragender Bedeutung ist für die Eisenbahnen die Entwicklung

- des Personalaufwandes,
- des Materialaufwandes sowie
- der Zinsaufwendungen.

Vor der Bahnstrukturreform erreichte der Anteil des Personalaufwands mit (1993) 26,7 Mrd. DM (13,7 Mrd. EUR) rd. 53 % der Gesamtaufwendungen der Deutschen Bundesbahn und der Deutschen Reichsbahn; er lag über den am Markt erwirtschafteten Umsatzerlösen von rd. 24,7 Mrd. DM (12,6 Mrd. EUR). Der Materialaufwand betrug mit 11,9 Mrd. DM (6,1 Mrd. EUR) 24 % der Gesamtaufwendungen; die Zinszahlungen rd. 9 %. Damit wurde 1993 - trotz erfolgswirksamer Zahlungen des Bundes in Höhe von rd. 6,5 Mrd. DM (3,3 Mrd. EUR) (die sonstigen erfolgsneutralen Zuweisungen, etwa für Investitionen, werden hier nicht berücksichtigt) - ein Bilanzverlust für beide Bahnen von insgesamt rd. 16 Mrd. DM (8,2 Mrd. EUR) erzielt.

Durch die *Bahnstrukturreform* haben sich die absoluten Beträge der Aufwandspositionen wie auch deren Struktur wesentlich verändert (Aberle 1994b). Dies resultiert aus der Übernahme sämtlicher bis Ende 1993 aufgelaufenen langfristigen Schulden (67,1 Mrd. DM) (34,3 Mrd. EUR), außerordentlich hohen Wertkorrekturen beim Anlagevermögen (von 99,9 Mrd. DM (51,1 Mrd. EUR) auf 25,0 Mrd. DM (12,8 Mrd. EUR)) mit teilweiser Übertragung auf das Bundeseisenbahnvermögen (BEV) und einer Übernahme von 9,6 Mrd. DM (4,9 Mrd. EUR) Personalaufwand 1994 durch das Bundeseisenbahnvermögen. Diese im Vergleich zu früheren Modellrechnungen um 1,4 Mrd. DM (0,7 Mrd. EUR) höhere BEV-Belastung stellt einmal den Ausgleich für einen erheblichen Personalüberhang bei der Deutschen Reichsbahn dar; zum anderen handelt es sich um die Finanzierung von Unterschieden in der Bezahlung bei solchen Beschäftigten der DB AG, die aufgrund von Überlassungsverträgen vom Bundeseisenbahnvermögen auf die DB AG übergegangen sind und von der Bahn niedrigere, ihren Privatarbeitsverträgen entsprechende Vergütungen erhalten. Auch muß das BEV den Personalaufwand der durch Rationalisierungsmaßnahmen der DB AG freigesetzten unkündbaren früheren Beschäftigten der Deutschen Bundesbahn finanzieren. Bis 1999 stieg nach der Finanzplanung des BEV die Nettobelastung des Bundes aufgrund der „hängenbleibenden" Personalaufwendungen von 9,6 Mrd. DM (4,9 Mrd. EUR) (1994) auf 12,103 Mrd. DM (6,2 Mrd. EUR) (Summe der Netto-Belastung des Bundes von 1995 bis 1999: 58,154 Mrd. DM (24,7 Mrd. EUR)).

Als Folge dieser außerordentlich starken Veränderungen in den Aufwandspositionen der DB AG im Jahre 1994, verglichen mit denen von DB und DR im Jahre 1993, sank der Personalaufwand absolut auf 17,6 Mrd. DM (9,0 Mrd. EUR), der Anteil stieg jedoch auf 60,9 % der insgesamt erheblich reduzierten Aufwendungen von rd. 28,9 Mrd. DM (14,8 Mrd. EUR) (bei Umsatzerlösen und sonstigen Erträgen von 24,1 Mrd. DM (12,3 Mrd. EUR) gegenüber 1993 24,75 Mrd. DM (12,7 Mrd. EUR)). Der Materialaufwand verminderte sich von 11,8 auf 7,2 Mrd. DM (6,0 auf 3,7 Mrd. EUR) und stieg auf 30,0 % der Gesamtaufwendungen. Der negative Zinssaldo sank von 4,7 auf 0,08 Mrd. DM (2,4 auf 0,04 Mrd. EUR) und reduzierte sich damit auf 0,3 % des Gesamtaufwands. Auch die Abschreibungen verminderten sich aufgrund der Berichtigung des Anlagevermögens von 4,8 auf 1,6 Mrd. DM (2,5 auf 0,82 Mrd. EUR); ihr Anteil am Gesamtaufwand sank auf 4,5 % gegenüber 1993 noch 9,6 % (DB AG 2000).

Im Jahr 2000 realisierte die DB AG Umsatzerlöse von 15,5 Mrd. EUR. Der Personalaufwand betrug 8,5 Mrd. DM (51,2 % der Gesamtaufwendungen einschl. Zinsen), der Materialaufwand 6,6 Mrd. EUR (37,9 %) und die Abschreibungen 2,05 Mrd. EUR (9,8 %). Vom Bereichsumsatz der Fahrwegsparte in Höhe von 3,437 Mrd. EUR im Jahr 2000 entfielen 3,415 Mrd. EUR auf bahninterne Transaktionen und nur 0,110 Mrd. EUR auf konzernexterne Einnahmen (3,2 %). Diese setzen sich aus Trassenerlösen und Anlagennutzungspreisen dritter Bahnen zusammen.

Ein weiteres spezielles Kostenstrukturmerkmal der Eisenbahn ist in den hohen *Netzkostenanteilen* an den Gesamtkosten zu sehen. Hierauf wurde bereits hingewiesen. Auffallend ist dabei die Personalintensität der Netzinstitution. So waren im Februar 1994 von 339.800 Gesamtbeschäftigten der DB AG 119.665 dem Netzbereich zugeordnet, also 35 % aller Beschäftigten. Damit waren zu diesem

Zeitpunkt über 75 % der Netzkosten Personalaufwendungen. Bis zum Herbst 2000 konnte der dem Netzbereich zugeordnete Personalbestand der DB AG auf rd. 53.500 Beschäftigte reduziert werden, bei einer Gesamtbeschäftigtenzahl von 222.600. Auch nach der geplanten Verminderung der Beschäftigten der DB AG auf unter 230.000 wird der Netzbereich die vergleichsweise höchste Zahl von Arbeitskräften binden.

Drei weitere spezielle Kostenstrukturmerkmale der Bahn sind zu berücksichtigen:

- Die Grenzkosten, aber auch die beschäftigungsabhängigen Kosten generell, sind bei der Bahn sehr niedrig. Dabei ist es von Bedeutung, welche **Bezugsgrundlage** bei der Betrachtung gewählt und welche **Fristigkeit** unterstellt wird. So sind - bei gegebener Kapazität an Sachanlagen und Personal - die (kurzfristigen) Grenzkosten der Beförderung einer Stückguteinheit, eines Passagiers, einer Wagenladung und auch eines zusätzlichen Zuges sehr gering. Die marginalen Netzkosten einer Zugfahrt belaufen sich auf nur 2 bis 8 % der gesamten Fahrwegkosten.
- Der Anteil der (echten) **Gemeinkosten** an den Gesamtkosten ist wegen der **Verbundproduktion** und hoher **Overheadkosten** im Vergleich zu den anderen Verkehrsträgern am höchsten, gefolgt vom Luftverkehr. Dies zeigt sich insbesondere bei der Anlastung von Netzkosten an die Geschäftsbereiche Personen- und Güterverkehr und weiter differenziert nach Produktkategorien (ICE-, IC-, IR-Züge, InterCargo-/KLV-Züge u.ä.). Hier handelt es sich weitgehend um fixe Gemeinkosten. Ähnliches gilt für die Zuordnung wesentlicher Teile der Kapitalkosten, aber auch der Energiekosten auf einen Zug als Bezugsgröße bei Betrachtung einzelner Sendungen bzw. Beförderungsfälle (variable Gemeinkosten).
- Sehr niedrig sind folglich die einem Kostenträger direkt zurechenbaren Einzelkosten der Bahn, die sich in Akquisitionskosten eines Transportes, den Kosten der zu erstellenden Dokumente, speziellen Versicherungsaufwendungen sowie Umschlag- und Zubringer-/Verteilerkosten niederschlagen.

2.2.2 Straßengüterverkehr

Die Kostenstrukturen im Straßengüterverkehr lassen sich, bezogen auf eine Periode und ein durchschnittliches Fahrzeug, anhand eines Beispielfalls aufzeigen.

Dabei wurde ein Straßengüterfernverkehrsfahrzeug mit 40 t Gesamtgewicht, einer Jahresfahrleistung von 140.000 km und einer Nutzungszeit von vier Jahren unterstellt.

- Zeitabhängige, d.h. **beschäftigungsunabhängige** Periodeneinzelkosten mit Bezug auf das einzelne Fahrzeug sind (Durchschnittswerte als Gesamtkostenanteile):
  - Abschreibungen (12 %),
  - kalkulatorische Zinsen (6 %),
  - Kfz-Steuer (1 %),
  - Haftpflichtversicherung (4 %),
  - Kaskoversicherung (3 %),
  - Fuhrparkverwaltung (7 %).

  Sie betragen im Durchschnitt zwischen 33 und 35 % der Fahrzeugkosten (ohne Fahrpersonalkosten).

- Die zweite Gruppe der Fahrzeugkosten umfaßt die **beschäftigungsabhängigen**, also kilometerabhängigen Periodeneinzelkosten:
  - Reparaturen, Wartung, Reifen (10 %),
  - Kraftstoff (20 %),
  - Schmierstoffe (3 %).

  Sie summieren sich auf etwa 30 bis 33 % der Fahrzeugkosten (ohne Fahrpersonalkosten).

- Die Fahrpersonalkosten liegen zwischen 30 und 36 % der Fahrzeuggesamtkosten.

- Wichtige **Kosteneinflußgrößen** sind insbesondere:
  - die Verkehrsart (Nah- oder Fernverkehr, gewerblicher oder Werkverkehr) im Hinblick auf die Jahresfahrleistungen, Versicherungskosten, Fahrpersonalkosten,
  - das Alter des Fuhrparks,
  - die Betriebsart (Solo- oder Zugbetrieb),
  - die Fahrzeugauslastung,
  - der Kaufpreis und der Restwert des Fahrzeugs.

2.2.3 Binnenschiffahrt

Bei gegebener Flottenkapazität sind bei der Binnenschiffahrt - wie bei der Eisenbahn - sehr niedrige **beschäftigungsabhängige** und entsprechend hohe **beschäftigungsunabhängige** Kosten gegeben.

Beschäftigungsabhängige Kostenarten sind:

- Treibstoffe (Anteil an den Gesamtkosten 20 bis 25 %),
- Wasserstraßen-Befahrungsabgaben, Schleusengebühren,
- Schmierstoffe,
- Lotsenentgelte,
- Umschlagentgelte/Kaigebühren in den Häfen sowie
- fahrtabhängige Abschreibungen.

Beschäftigungsunabhängige Kostenarten sind:

- Personalkosten,
- beschäftigungsunabhängige Abschreibungen,
- kalkulatorische Zinsen,
- Liegegelder in den Häfen (Warten auf Ladung),
- laufende Wartungs-/Unterhaltungskosten für Maschine und Kasko,
- Versicherungsprämien.

Zur Unterscheidung nach Einzel- und Gemeinkosten ist es bei der Binnenschiffahrt üblich, als Bezugsgröße eine Schiffsreise (Fahrt mit einer ganzen Schiffsladung) zu wählen. Einzelkosten sind dann:

- Treib- und Schmierstoffkosten (der Treibstoffverbrauch ist sowohl von der Ladungsmenge wie auch der Art der Fahrt - Berg- oder Talfahrt, Strom- oder Kanalfahrt - abhängig),
- Befahrungs-, Schleusen- und Lotsengebühren,
- Kosten der Schiffsbereitstellung, Reinigung,
- Transaktionskosten des Auftrags,
- Umschlagkosten,
- Hafenliegegelder (auftragsbezogen).

Dementsprechend sind (Perioden-)Gemeinkosten:

- kalkulatorische Kapitalkosten,
- Personalkosten,

- Wartungs- und Unterhaltungskosten,
- Versicherungsprämien,
- allgemeine Liegegelder.

Abgesehen von speziellen Akquisitionskosten für einen Auftrag und mit ihm verbundene sonstige Transaktionskosten stellen die allgemeinen Reedereikosten beschäftigungsunabhängige Gemeinkosten dar.

2.2.4 Luftverkehr

Zu den beschäftigungs**abhängigen** Kosten im Luftverkehr zählen, sofern als Bezugsgröße ein Flugzeug gewählt wird (Fall der Passage):

- Treibstoffkosten,
- Flughafengebühren (insbesondere in Deutschland wegen ihrer Höhe von erheblicher Bedeutung),
- Bordverpflegung (Catering),
- flugzeitabhängige Abschreibungen,
- Kosten spezieller Maßnahmen am Flugzeug (z.B. Enteisung),
- Reinigungs- und Entsorgungskosten,
- Crew-Nebenkosten,
- Reifenverschleiß,
- Flugsicherungskosten.

Bei diesen beschäftigungsabhängigen Kosten handelt es sich auch um die Einzelkosten eines Fluges. Sie sind stark abhängig vom eingesetzten Flugzeugtyp (unterschiedliche Kapazitäten für Paxe, Belly-Fracht; unterschiedliche Reichweiten für Nonstop-Relationen; Zahl des Kabinenpersonals; Treibstoffverbräuche, Flughafengebühren etc.); auch sind mögliche Umrüstaufwendungen für das Gerät (z.B. von Passage auf Post bzw. Cargo) hinzuzurechnen. Kostenmäßig bedeutsam sind wegen der Flughafengebühren die Länge der Flugstrecken (Kurz-, Mittel- und Langstrecke) sowie technisch notwendige Zwischenlandungen. Da bei häufigen Starts neben den Flughafengebühren sowie spezifischem Verschleiß (z.B. Reifen) auch die Treibstoffverbräuche höher liegen, sind Kurzstreckenflüge je Flugmeile generell mit höheren Kosten belastet als (insbesondere Nonstop-) Langstreckenflüge. Hinzu kommt eine häufig deutlich günstigere Blockstundenzahl bei Langstreckendiensten.

Zu den (Perioden-)**Gemeinkosten** des Flugbetriebs zählen:

- Kosten des fliegenden Personals,
- zeitabhängige Abschreibungen (es dominieren Abschreibungszeiten zwischen zehn bis max. zwölf Jahren),
- technische Prüfungen des Fluggerätes,
- kalkulatorische Zinsen,
- Bodenpersonal (Ground staff),
- Leistungsfähigkeits- und Gesundheitsprüfungen der Piloten,
- Kosten der Verkaufsorganisation,
- Kosten der Reservierungssysteme.

Ebenfalls zählen zu den Periodengemeinkosten die beschäftigungs**unabhängigen** Kosten der Zentral- und Regionalleitungen, werksärztliche Dienste, Substanzsteuern, Mitgliedsbeiträge zu internationalen und nationalen Organisationen (IATA, ECAC, ADL). Sind Flugzeuge geleast, so stellen die Leasing-Raten ebenfalls echte Periodengemeinkosten dar.

Vergleicht man die obige Unterteilung in beschäftigungsabhängige/-unabhängige Kosten sowie in Einzel- und Gemeinkosten, dann kann die in der Fachliteratur vorgenommene Gliederung in „Direct operating costs" und „Indirect operating costs" (Doganis 1991, S. 110 ff.) nicht befriedigen.

Aus der Kostenstruktur im Luftverkehr resultiert eine **hohe Auslastungssensitivität**; kurzfristig, d.h. bei gegebenem Flugplan (scheduled), sind rd. 85 % der Kosten der Flugleistungsproduktion beschäftigungsunabhängig. In diesem Zusammenhang ist die Betrachtung des Break even-Punkt von besonderem Interesse; generell liegt er im Luftverkehr bei 64 bis 70 % der angebotenen Leistungen. Rechnungsgrößen sind in der Passage der Sitzladefaktor (Verhältnis von verkauften zu angebotenen Sitzmeilen) und im Luftfrachtverkehr der Nutzladefaktor (Verhältnis von verkauften zu angebotenen Tonnenkilometern; TKT : TKO). Bei Erlösverfall je Passagier, etwa durch niedrige Sondertarife, steigt der Break even an. Daher ist es eine wichtige Aufgabe des **Yield managements**, den Durchschnittserlös je Sitz-km (oder Sitzmeile) kritisch zu verfolgen und zu stabilisieren.

Unter **Yield management** wird eine Preis-Mengen-Steuerung für Dienstleistungen verstanden, häufig auch als Ertragsmanagement bezeichnet. Dienstleistungskapazitäten können, in der Regel abhängig vom Zeitpunkt des Vertragsabschlusses, zu niedrigen oder hohen Preisen veräußert werden. **Aufgabe** des Yield management ist es, einerseits eine möglichst hohe Auslastung der Kapazitäten durch frühzeitigen Verkauf, etwa von Flugzeug-Sitzmeilen, zu niedrigeren Preisen zu sichern, andererseits Kapazitäten für Kurzfristbucher mit höheren Preisen bis zum Ende der Buchungsfristen vorzuhalten. Dies ist mit dem Risiko nicht verkaufter Sitzmeilen verbunden. Die **Ziele** des Yield managements bestehen in der Erlösmaximierung, d.h. hoher Kapazitätsauslastung unter Berücksichtigung ausschöpfbarer unterschiedlicher Zahlungsbereitschaften der Nachfrager.

Damit handelt es sich beim Yield management um spezielle Preisdifferenzierungsstrategien. Informationen für diese Strategien liefern die Vergangenheitserfahrungen im Nachfrageverhalten und Prognosen zum Buchungsverhalten (Buchungskorridore). Zum Yield management ist auch die Überbuchungspolitik der Luftverkehrsunternehmen zu rechnen.

Bestandteile des Yield managements sind die Kontingentierungen für unterschiedliche Zahlungsbereitschaften, etwa im Zusammenhang mit Klasseneinteilungen (First, Business und verschiedene Teilkategorien der Economy). Diese sog. *Buckets of Inventory* können getrennt oder flexibel („geschachtelt") sein. Bei getrennten Buckets ist ein Zugriff auf die Kapazität anderer Buchungsklassen nicht möglich. Erst durch eine Schachtelung werden niedrige Tarifklassen für Buchungen aus höheren Buchungsklassen zugänglich gemacht. Darüber hinaus lassen sich dynamische und statische Verfahren der Kontingentierung unterscheiden. Dynamische Verfahren gestatten Veränderungen der Buckets vor dem Zeitpunkt des Fluges, während bei statischen Verfahren die Kontingentierung lediglich einmal durchgeführt wird.

Aufgrund der Deregulierung des Luftverkehrs und eines intensivierten Preiswettbewerbs hat das Yield management eine zentrale Bedeutung erlangt. Es verdeutlicht auch, dass globale Informationen über Sitzladefaktoren hinsichtlich der wirtschaftlichen Auswirkungen immer mehr an Aussagekraft verlieren. Sinkende Durchschnittserlöse etwa in der Economy Class aufgrund verstärkten Angebots zu niedrigen Sondertarifen verschieben den Break even-Punkt auf höhere Sitzladefaktoren.

Abbildung 30: Break even im Luftverkehr

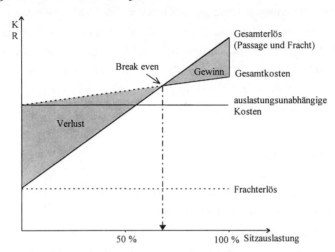

Weltweit hat sich der Durchschnittserlös der Passagiermeile in den vergangenen Jahren ständig reduziert; Dies ist fast ausschließlich auf wettbewerbsbedingte Preisreduktionen in der Economy-Class und spezielle Sondertarife zurückzuführen, während die für die Streckenrentabilität besonders bedeutsamen Business Class-Tarife einen langfristig steigenden Trend aufweisen. Allerdings besagen diese Durchschnittswerte wenig über die Relationenergebnisse, die erhebliche Abweichungen aufweisen (etwa Relation Europa - Nordamerika versus Europa - Südamerika).

2.2.5 Speditionen

Generalisierbare Aussagen zur Kostenstruktur und der Relevanz einzelner Kostenarten in Speditionen lassen sich wegen der Heterogenität der Branche und des Leistungsangebots (Anzahl, Art sowie Bedeutung einzelner Geschäftsbereiche) kaum treffen. Lediglich für den Geschäftsbereich Frachtführertätigkeit liegen empirisch gewonnene Kostendaten vor; die Mehrzahl der Spediteure ist überwiegend oder teilweise im Selbsteintritt, also als Kraftwagenspediteur (K-Spediteur), tätig. Hinsichtlich dieser Spartenkosten gelten die für den Straßengüterverkehr formulierten Aussagen (vgl. Kapitel III.2.2.2).

In der Spedition sind allgemein nur sehr wenige Kostenarten als direkt beschäftigungsabhängig zu betrachten, wird von einem vorhandenen Stammpersonal ausgegangen. Interessanter als die Differenzierung nach beschäftigungsabhängigen und beschäftigungsunabhängigen Kosten ist die Unterscheidung von Einzel- und Gemeinkosten, wobei auch hier die Wahl der **Bezugsgröße** von herausragender Bedeutung ist. Dies wird deutlich beim Vergleich zwischen einem Geschäftsbereich oder einem Auftrag als Zuordnungsmerkmal der Einzelkosten. Wird ein Geschäftsbereich als Bezugsgröße gewählt, etwa Gefahrgutlagerei oder temperaturgeführte Lagerung, dann sind als **Einzelkosten** dieses **Bereichs** anzusehen:

- Personalkosten Lager,
- Energiekosten,
- kalkulatorische Zinsen und Abschreibungen,
- laufende Unterhaltungs-/Betriebskosten,
- Versicherungskosten,
- Kosten von im Lager eingesetzten Umschlag-/Transportanlagen,
- Reinigungskosten,
- Grundsteuer,
- Raummiete (alternativ).

Wird hingegen als Bezugsgröße ein einzelner **Auftrag** in diesem Lagergeschäft gewählt, dann reduzieren sich die Einzelkosten auf wenige Positionen:

- Kosten der Ein- und Auslagerung (soweit überhaupt erfaßbar),
- zurechenbare Versicherungskosten,
- evtl. Reinigungskosten,
- Kosten der Auftragsakquisition.

Alle übrigen Kosten müssen als Periodengemeinkosten für den Geschäftsbereich Lagerei betrachtet werden. Darüber hinaus stellen die allgemeinen Kosten der Hauptniederlassung und auch der übrigen Niederlassungen nicht nur auftragsspezifische, sondern auch geschäftsbereichspezifische Gemeinkosten dar. Nur die in der Geschäftsleitung und in den Niederlassungen auf Geschäftsbereiche zuzuordnenden Personal- und Sachkosten sind geschäftsbereichsbezogene Einzel- und auftragsbezogene Gemeinkosten.

Literatur zu Kapitel III.2:

Aberle, G. (1994b): Erstaunliche Wertkorrekturen, in: Handelsblatt Nr. 61 vom 25.03.1994, S. 2.

Bundesrechnungshof (1995): Bericht über die Haushaltsbelastungen und -risiken des Bundes aus der Übernahme von Personalkosten der ehemaligen Deutschen Bundesbahn, Frankfurt/M.

Daudel, S. / Vialle, G. (1992): Yield-Management. Erträge optimieren durch nachfrageorientierte Angebotssteuerung, Frankfurt/M.

Deutsche Bahn AG (1995): Geschäftsbericht 1994, Berlin / Frankfurt/M.

Deutsche Bahn AG (2001a): Geschäftsbericht 2000, Berlin / Frankfurt/M.

Deutsche Bank Research (1995): Company Report Deutsche Bahn AG, Frankfurt/M.

Doganis, R. (1991): Flying off Course - The Economics of International Airlines, 2nd Ed., London.

Friege, C. (1996): Yield-Management, in: WiSt, 25. Jg., S. 616-622.

Ilgmann, G. / Miethner, M. (1992): Netzstandardisierung und Preisbildung für die Fahrwegnutzung der künftigen Bahn, in: Zeitschrift für Verkehrswissenschaft, 63. Jg., S. 203-229.

Regierungskommission Bundesbahn (1991): Bericht der Regierungskommission Bundesbahn, Bonn.

3 Kostenrechnungsverfahren in der Transportwirtschaft

Wie gezeigt prägen die spezifischen Leistungsstrukturen in der Transportwirtschaft die Kostenstrukturen. In Verbindung mit betriebsindividuellen Gegebenheiten beeinflussen sie ebenfalls die Ausgestaltung der Kosten- und Leistungsrechnung. Diese muß grundsätzlich den vorherrschenden Rechnungszwecken entsprechen, die wiederum von produktionstechnischen und organisatorischen Eigenarten des Unternehmens und den besonderen Marktbedingungen bestimmt werden.

Im einzelnen hängen von **Betriebseigenart** und **Rechnungszweck** ab:
- Umfang und Gliederung des Rechnungsstoffes,
- die Art der Erfassung und Bewertung der Kostenbestandteile
- sowie die Rechnungsverfahren.

Dementsprechend werden nachfolgend zunächst die wichtigsten Aufgaben und Rechnungszwecke der Kosten- und Leistungsrechnung allgemein beschrieben, um dann unterschiedliche Kostenrechnungsverfahren grundsätzlich hinsichtlich ihrer Aufgabenentsprechnung zu kennzeichnen. Vor diesem Hintergrund werden schließlich Umsetzungsbeispiele in der Transportwirtschaft dargestellt und gewürdigt.

3.1 Aufgaben

Generelle Aufgaben der Kostenrechnung liegen in der

- Abbildung des Unternehmensprozesses in Kosten- und Leistungsgrößen,
- Planung und Steuerung des Unternehmensprozesses auf der Grundlage von Kosten- und Leistungsinformationen sowie der
- kosten- und leistungsmäßigen Kontrolle des Unternehmensprozesses.

Dabei steht, im Gegensatz zum externen Rechnungswesen, nicht die Dokumentations-, sondern vielmehr die Instrumentalfunktion zur Fundierung unternehmensinterner Entscheidungen im Vordergrund.

Konkrete Aufgaben zur Unterstützung von Planungsentscheidungen liegen darin, bei der Bestimmung des Dienstleistungsangebots (Produktionsprogramms) alternative Ausgestaltungen einzelner Leistungen und alternative Zusammensetzungen des gesamten Dienstleistungsprogramms kostenmäßig abzubilden. Diese Planungsaufgaben sind integriert mit der Potentialplanung durchzuführen. Hieraus folgt, dass relevante Kostendaten aus alternativen Belegungsplanungen der Betriebsmittel in Verbindung mit deren Inanspruchnahme durch bestimmte Dienstleistungen herangezogen werden müssen. In diesem Zusammenhang stellt auch die Beurteilung nach Art und Umfang konkurrierender Leistungserstellungsverfahren und -potentiale unter Einbezug unterschiedlicher realisierbarer Dienstleistungsprogramme in die Wirtschaftlichkeitsrechnungen einen wichtigen Rechnungszweck dar.

Die Entscheidungsunterstützung bei der **Investitions- und Finanzplanung** bezieht sich insbesondere auf die aus Investitions- und Finanzierungsmaßnahmen resultierenden Auswirkungen auf das kalkulatorische Ergebnis des Unternehmens. Zur Beurteilung von Investitions- und Finanzierungsalternativen sind reine Kostenvergleiche nur bedingt geeignet.

Weiterhin bestehen wichtige Aufgaben der Kostenrechnung in der Bestimmung des **Beschaffungsprogramms**. Ausgehend von der Ermittlung von Preisobergrenzen für Beschaffungsgüter und bezogene Dienstleistungen durch retrograde

Rechnungen, unterstützt die Kostenrechnung Entscheidungen zur Lieferantenauswahl. Da dies u.a. den Einsatz von Subunternehmen als Frachtführer und andere, umfassende fremdbezogene Dienstleistungen betreffen kann, kommt nicht zuletzt in Transportunternehmen der Kosten- und Leistungsrechnung für Make-or-buy-Entscheidungen herausragende Bedeutung zu.

Die in der Kostenrechnung ermittelten Selbstkosten des Dienstleistungsangebots können preisbestimmenden Charakter besitzen, wenn das Unternehmen eine kostenorientierte Preissetzung durchführt. Grundsätzlich sind jedoch - gleichgültig nach welchen Kriterien letztlich die Preise bestimmt werden - Preisuntergrenzen aus Kostengrößen zu ermitteln, um Verluste zu vermeiden bzw. zu minimieren (Schweitzer/Küpper 1986, S. 374). Je nach Kostenrechnungsverfahren erfolgt dies in Abhängigkeit von der Absatz- und Beschäftigungssituation des Unternehmens.

Die Ermittlung von Selbstkosten kann auch der Entwicklung innerbetrieblicher Lenkungspreise dienen; dies erscheint insbesondere für verbundene bzw. kooperierende Unternehmen relevant.

Weitere Aufgaben der Kostenrechnung liegen in der Fundierung von Entscheidungen zur Annahme oder Ablehnung von (Zusatz-)Aufträgen unter Berücksichtigung der Beschäftigungssituation der Unternehmen, insbesondere wenn betriebliche Engpaßsituationen auftreten können.

Die Aufgaben im Zusammenhang mit der **Kontrolle** des Unternehmensprozesses bauen auf bereits dokumentierten Kosten- und Erlösdaten auf. Arten der innerbetrieblichen Kostenkontrolle sind *Zeitvergleiche* und *Soll-Ist-Vergleiche*. Sie dienen der Überwachung der Wirtschaftlichkeit durch Feststellung und Analyse von Abweichungen zwischen den für den Vergleich herangezogenen Kosten- und Erlösdaten.

Beim *Zeitvergleich* werden die Ausprägungen wirtschaftlicher Größen verschiedener Zeiträume bzw. Zeitpunkte gegenübergestellt. Die für Zeitvergleiche verwendeten Kostengrößen sind i.d.R. Istkosten (perioden- oder stückkostenbezogen). Diese Form der Kostenkontrolle dient dem Aufzeigen der Kostenentwicklung im Zeitverlauf und ihrer Überwachung, wobei allerdings das Problem auftritt, dass den zum Vergleich herangezogenen Kostenbeträgen dieselben Unwirtschaftlichkeiten zugrunde liegen können.

Soll-Ist-Vergleiche beruhen auf der Gegenüberstellung der für gleiche wirtschaftliche Sachverhalte abzuleitenden Soll- und Istgrößen. Diese Kostenvergleiche ermöglichen die Feststellung von Kostenabweichungen (Kostenüber- und -unterdeckungen). Unterdeckungen, d.h. die Istkosten übersteigen die Sollkosten, können auf Unwirtschaftlichkeiten im Unternehmensprozeß hinweisen. Die Ursachen sollen durch *Abweichungsanalysen* aufgedeckt werden, so dass betriebliche Schwachstellen sichtbar werden. Die interne Kostenkontrolle steht daher in engem Zusammenhang mit der Steuerung des Unternehmensprozesses. Ferner weist sie auch einen engen Bezug zur Kostenplanung auf, weil die Kostenüberwachungen und Abweichungsanalysen zur Verbesserung künftiger Kostenplanungen beitragen können, indem sie Fehler in der Kostenplanung aufzeigen.

Betriebsvergleiche als zwischenbetriebliche Kostenvergleiche können eine Beurteilung der wirtschaftlichen Lage des Unternehmens im Vergleich zu anderen ermöglichen, wobei - falls relevante Daten in genügender Disaggregation verfügbar sind - konkrete Verbesserungsmöglichkeiten und damit Kostensenkungspotentiale identifiziert werden können.

Inhaltlich kann hinsichtlich der Aufgaben der Kostenkontrolle zwischen der Dispositions- und der Durchführungskontrolle unterschieden werden (Riebel 1985). Diese Differenzierung beruht auf grundsätzlich unterschiedlichen Anforderungen der Kontrollaufgaben: Bei der *Durchführungskontrolle* im Bereich der Leistungserstellung sind Kostenvergleiche so zu gestalten, dass unternehmens*externe* Einflüsse auf die Höhe der Kosten durch Festpreise ausgeschaltet werden, um im Sinne von Soll-Ist-Vergleichen durch *Mengen*abweichungen bedingte Kostenabweichungen zu identifizieren.

Demgegenüber läuft die Kontrolle der Betriebsdisposition stets auf eine Wirtschaftlichkeits- und Erfolgskontrolle hinaus. Neben der o.g. Feststellung von Kostenabweichungen und ihrer Analyse ist im Rahmen der Dispositionskontrolle der Einbezug von Erlösrechnungen und die Verknüpfung der innerbetrieblichen Kostenrechnung mit *außer*betrieblichen Marktforschungsdaten notwendig, um die Steuerung und Kontrolle der Planung der Unternehmensprozesse hinsichtlich der tatsächlichen Entwicklung zu ermöglichen und Strukturwandlungen auf den Märkten zu erkennen. Es kommt also darauf an zu prüfen, ob im Hinblick auf die jeweiligen Preise der Kosten- und Ertragsgüter die optimale Kombination der Produktionsfaktoren und das günstigste Dienstleistungsprogramm gewählt worden ist, um schließlich Anpassungsentscheidungen zu initiieren.

Als **Nebenaufgaben** der Kosten- und Leistungsrechnung sind außerdem die Bewertung eigenerstellter Vermögensgegenstände für Zwecke der *Bilanzierung* und *Besteuerung* und die Ermittlung von Selbstkostenpreisen für öffentliche Aufträge zu nennen.

3.2 Kostenrechnungssysteme

Angesichts der Vielzahl heterogener Aufgaben der kalkulatorischen Erfolgsrechnung wurden in Theorie und Praxis unterschiedliche Kostenrechnungssysteme entwickelt und praktiziert.

In Abhängigkeit davon, ob das verwendete Zahlenwerk Istgrößen, Durchschnittswerte vergangener Perioden (Normalkosten, -erlöse) oder geplante Zukunftsgrößen (Plan- bzw. Sollkosten und -erlöse) umfaßt, werden Kostenrechnungssysteme nach dem Zeitbezug in **Ist-, Normal-** und **Plankostenrechnungen** unterschieden. Die so differenzierten Kostenrechnungssysteme sind aber nicht als Alternativen zu verstehen, sondern als je nach Rechnungszweck sinnvolle Komplemente. So kann bspw. nur durch parallele Verwendung von Ist- und Plangrößen die Kontrollaufgabe der Kostenrechnung in Soll-Ist-Vergleichen erfüllt werden.

Demgegenüber stellen Art und Umfang der Verrechnung der Kosten ein grundlegendes Kriterium für die Differenzierung verschiedener Systeme der Kosten- und Leistungsrechnung dar, das zur Unterscheidung von **Voll-** und **Teilkostenrechnungen** führt.

3.2.1 Vollkostenrechnung

Für die Ausprägungsformen der **Vollkostenrechnung** ist kennzeichnend, dass jeweils *alle* in einer Periode anfallenden Kostenarten auf die Produkte des Unternehmens - oder in Sonderrechnungen auf andere Kalkulationsobjekte - *weiterverrechnet* werden. Wegen der umfassenden Weiterwälzung der Kosten von der Kostenartenrechnung über die Kostenstellen- bis zur Kostenträgerrechnung wird die Vollkostenrechnung auch Kostenüberwälzungsrechnung genannt.

Das dominante Gliederungsprinzip der Kostenarten stellt die *Zurechenbarkeit* auf die Kostenträger dar, also die Unterscheidung von Einzel- und Gemeinkosten. Dieser Differenzierungsebene folgen die Kriterien zur Verteilung der Kosten: Ausgehend vom *Verursachungsprinzip*, dem die direkte Zurechnung der Einzelkosten entspricht, werden die Gemeinkosten durch Verwendung möglichst kostenverursachungsgerechter Schlüsselgrößen verrechnet. Da in der Vollkostenrechnung die Verrechnungsfunktion zur Ermittlung der vollen Kosten dominiert, wird, falls keine i.e.S. verursachungsgerechte Verteilung der Kosten möglich ist, durch die Verwendung anderer Zurechnungsprinzipien wie des Durchschnittsprinzips oder des erlösorientierten Tragfähigkeitsprinzips eine vollständige Verteilung der (Gemein-) Kosten durchgeführt.

Die verschiedenen Verfahren der Vollkostenrechnung unterscheiden sich vor allem durch die Gemeinkostenschlüsselung bei der *Kostenstellenrechnung* (Kostenstellenumlageverfahren, Kostenstellenausgleichsverfahren u.a.) und der *Kostenträgerrechnung* (Kalkulationsverfahren bei der Kostenträgerstückrechnung und Methoden zur Ermittlung des Betriebsergebnisses bei der Kostenträgerzeitrechnung). Verfahrenskennzeichnend ist außerdem die Art der Fixkostenproportionalisierung, das heißt, ob die Vollkostenrechnung auf der Basis der Ist- oder der (Normal-) Sollbeschäftigung erfolgt.

Die Ermittlung der Perioden- und Stückerfolge in der Vollkostenrechnung kann als progressives Abrechnungssystem aufgefaßt werden, da den derart verrechneten Kosten realisierte oder erwartete Erlöse gegenübergestellt werden.

Unabhängig von der spezifischen Ausgestaltung läßt sich hinsichtlich der Aufgabenentsprechung von Vollkostenrechnungen folgendes feststellen:

- Von grundlegender Bedeutung für die Aussagefähigkeit ist, ob die Kostenrechnung den Unternehmensprozeß annähernd strukturgleich abbildet. Eine Verteilung der Kosten auf Bezugsgrößen wie Kostenstellen und Kostenträger gibt nur dann die Realität strukturgleich wieder, wenn sie dem *Verursachungsprinzip* entspricht. Da aber die Auswahl und Anwendung der Gemeinkostenschlüssel nie sachlich einwandfrei als verursachungsgerecht eingeschätzt werden kann, liegt hier der wesentliche systemimmanente Mangel von Vollkostenrechnungen. Diese Problematik beruht insbesondere darauf, dass i.d.R. zwischen den Gemeinkosten und den Bezugsgrößen der Einzelkosten keine eindeutigen empirischen Beziehungen bestehen.

- Bei verbundener Leistungserstellung verstärkt sich die Schwierigkeit der verursachungsgerechten Zuordnung: So lassen sich etwa die Kosten des Transports mehrerer Stückgüter in einem Fahrzeug nicht ohne Willkür auf diese einzelnen Leistungen verteilen.
- Aus der *Gemeinkostenschlüsselung* ergibt sich als weiterer wesentlicher Mangel der Vollkostenrechnung die fehlende Spaltung der Kosten in fixe und variable Bestandteile. Im Sinne einer strukturgleichen Abbildung des Unternehmensgeschehens läßt sich keine Fixkostenproportionalisierung durchführen, da es kein Kriterium zur verursachungsgerechten Verteilung der Fixkosten auf einzelne Leistungseinheiten geben kann: Höhe und Zusammensetzung der Fixkosten werden durch Dispositionen bestimmt, die auf langfristigen Erwartungen hinsichtlich der art- und mengenmäßigen Ausprägung des Produktions- und Absatzvolumen beruhen. Wenn auch die geplante Ausbringungsmenge je Leistungseinheit eine wesentliche Determinante für längerfristige Entscheidungen darstellt, so haben die Fixkosten doch mehrdimensionalen Charakter, mit der Folge, dass diese nicht isoliert auf die einzelnen, gemeinsam wirksamen Kosteneinflußgrößen verursachungsgerecht zu verteilen sind.
- Damit lassen sich bereits im Hinblick auf die Dokumentationsfunktion deutliche **Mängel der Vollkostenrechnung** feststellen, die der Verwendung der Kostendaten als adäquate Grundlage für Planungs- und Kontrollzwecke entgegenstehen.
- Die *Gemeinkostenschlüsselung* beeinträchtigt nicht nur die Aussagefähigkeit der Nettoerfolgsgrößen in der Kostenträgerstück- und Kostenträgerzeitrechnung, sondern ebenso der Nettoerfolgsgrößen, die bspw. für Betriebsbereiche, Geschäftssparten, Produktgruppen etc. ermittelt werden. Die Verwendung dieser Werte für die Erfolgsplanung und -analyse führt zu einer fehlerhaften Schätzung des Periodenergebnisses, wenn die der Nettogewinnermittlung zugrundeliegende Ausbringungsmenge von der Ist-Beschäftigung abweicht.
- Auch für die *Programmplanung* und *-analyse* birgt die Orientierung an Nettostückgewinnen Gefahren, da aufgrund der Gemeinkostenverteilung nicht deutlich wird, inwieweit die einzelnen Produkte die Gesamtkosten verursacht und zum Periodenerfolg beigetragen haben.
- Die Informationen der Vollkostenrechnung über die Selbstkosten je Stück sind nur in sehr begrenztem Umfang für *Preisentscheidungen* verwendbar, weil je

nach Fristigkeit preispolitischer Entscheidungen und je nach Beschäftigungslage unterschiedliche Kalkulationselemente einzubeziehen sind und die Abrechnungssystematik der Vollkostenrechnung dies vernachlässigt.

- Eine Fixkostenproportionalisierung auf der Basis der Ist-Beschäftigung führt bei einem Beschäftigungsrückgang zu steigenden Vollkosten pro Leistungseinheit. Würde ein Unternehmen versuchen, diese in Form einer Preiserhöhung am Markt durchzusetzen, so kann bei ungünstiger Marktlage die Konkurrenzfähigkeit stark beeinträchtigt werden und die Beschäftigung weiter sinken. Basiert die Verrechnung der Fixkosten auf einer Normal- oder Optimalbeschäftigung, so besteht umgekehrt die Gefahr, aus der Ist-Beschäftigung resultierende Implikationen für die Preissetzung zu ignorieren. So sind bei geringerer als angenommener Beschäftigung die Preise zu senken, bei günstiger Marktlage dagegen Preiserhöhungen realisierbar.

- Bei *Mehrproduktunternehmen* ist zusätzlich zu bedenken, dass die Vollkostenrechnung in traditioneller Ausprägung die Abhängigkeit des für eine Produkt- bzw. Leistungsart kalkulierten Preises von der zum Kalkulationszeitpunkt noch unbekannten Zusammensetzung des gesamten Produktions- und Absatzprogrammes außer acht läßt, da die Gemeinkostenschlüssel auf der Basis einer fiktiven Beschäftigung und einer fiktiven Verteilung der Kapazitätsinanspruchnahme durch die angebotenen Produkte bzw. Leistungen ausgewählt werden.

- Grundsätzlich tragen weder die sich an der Ist-Beschäftigung orientierende Preiskalkulation noch das Kalkulieren unter Orientierung an der Normal- bzw. Optimalkapazität der Art, konkreten Lage und Ausprägungsintensität betrieblicher Engpässe Rechnung.

- Bei *kurzfristigen* Entscheidungen ist meist von konstanten Fixkosten auszugehen, so dass die Vollkostenrechnung nicht zur Bestimmung kurzfristiger Preisunter- oder Preisobergrenzen geeignet sein kann. Dementsprechend kann sie auch bei kurzfristigen Entscheidungen zur Wahl zwischen Eigenfertigung und Fremdbezug, der Annahme oder Ablehnung von Aufträgen sowie über den Arbeitsablauf und die Produktionsverfahren nicht verwendet werden.

- Die hieraus resultierende Problematik verschärft sich bei zunehmendem Anteil der Fixkosten an den Gesamtkosten, was insbesondere für Transportunternehmen mit relativ hohen Bereitschaftskosten von besonderer Bedeutung ist.

- Bei allen *längerfristigen* Entscheidungen sind Informationen über die Veränderung der fixen Kosten zu berücksichtigen, so dass prinzipiell die vollen Kosten herangezogen werden könnten. Mit den Systemen der Vollkostenrechnung sind zwar Informationen über die realisierten fixen Istkosten und (in Plankostenrechnungen) über die erwarteten Fixkosten zu ermitteln; zur Fundierung längerfristiger Entscheidungen sind jedoch verschiedene Handlungsalternativen hinsichtlich ihrer Auswirkungen auf die Höhe der Fixkosten zu beurteilen. Auch hier sind also die verfügbaren Kosteninformationen nur in begrenztem Umfang verwendbar.
- Bezüglich der Eignung von Vollkostenrechnungen für die *Kontrolle* des Unternehmensprozesses ist anzumerken: Für eine exakte Betriebskontrolle (Durchführungskontrolle) müssen die Kostenabweichungen bestimmt werden, die in den einzelnen *Kostenstellen* verursacht worden sind. Somit werden die Probleme der verursachungsgemäßen Kostenzurechnung auch bei den Abweichungsanalysen bedeutsam. Schlüsselung und Umlage der Gemeinkosten erfordern im Rahmen von Abweichungsanalysen eine komplizierte Dekomposition der Kostenbestandteile, um Rückschlüsse hinsichtlich ihrer Beeinflussung durch einzelne Kosteneinflußgrößen und ihrer Beeinflußbarkeit durch einzelne Kostenstellen zu ziehen. Auch um Hinweise auf die Kapazitätsausnutzung in den Kostenstellen zu erhalten, sind die den Teilkapazitäten zuordenbaren Fix- und Gemeinkosten auszusondern.
- Weiterhin ist im Rahmen der Dispositionskontrolle eine Wirtschaftlichkeits- und Erfolgskontrolle vorzunehmen. Angesichts der im Rahmen der Probleme der Erfolgsplanung und -analyse genannten fehlenden Möglichkeit, in Vollkostenrechnungen den Beitrag einzelner Produkte bzw. Leistungen zum Periodenerfolg festzustellen, können grundlegende Anforderungen an eine Wirtschaftlichkeitskontrolle nicht erfüllt werden. Kritisch ist weiterhin zu sehen, dass eine Zurechnung mehrperiodiger Kosten wie Abschreibungen erfolgt, die nicht unbedingt verursachungsgemäß ist.

Angesichts der aufgezeigten Mängel der Vollkostenrechnung, insbesondere zur Fundierung unternehmenspolitischer Entscheidungen wie auch zur Wirtschaftlichkeitskontrolle, die als wichtigste Aufgaben der Kostenrechnung angesehen werden, wurden **Teilkostenrechnungssysteme** entwickelt, die speziell auf dispositive Zwecke ausgerichtet sind.

Die Anwendung der (reinen) Vollkostenrechnung wird somit nur zur Erfüllung der Nebenaufgaben der Bestandsbewertung in der Bilanz und der Ermittlung von Selbstkostenpreisen für öffentliche Aufträge als sinnvoll eingeschätzt. Auch die traditionelle Betriebsabrechnung zur Ermittlung des kurzfristigen Betriebserfolgs ist i.d.R. durch eine auf Istkosten basierende Vollkostenrechnung charakterisiert.

3.2.2 Teilkostenrechnungen

Als **Systeme der Teilkostenrechnung** werden in der Literatur **das Direct costing**, die **stufenweise Fixkostendeckungsrechnung** und die **Grenz(plan)- kostenrechnung** sowie die **relative Einzelkosten- und Deckungsbeitragsrechnung** genannt.

Für alle Teilkostenrechnungen gilt der zentrale Grundsatz, dass nur die für den jeweils anstehenden kostenrechnerischen Zweck *relevanten Kosten* zu verrechnen sind. Hinsichtlich der Abgrenzung jener Kosten, die als relevante Kosten zu betrachten sind, werden Teilkostenrechnungen auf der Basis von (beschäftigungs-) variablen Kosten, von Grenzkosten und auf der Basis von relativen Einzelkosten unterschieden.

Teilkostenrechnungen auf der Basis von *variablen Kosten* setzen an der Kritik der Fixkostenproportionalisierung und damit der fehlenden Berücksichtigung der Fristigkeit der Entscheidung an. Sie weisen die Auflösung der Gesamtkosten in (beschäftigungs-) fixe und (beschäftigungs-) variable Kosten als wesentliches systemimmanentes Merkmal auf.

Das in den USA entwickelte **Direct costing** wurde als erstes dieser Kostenrechnungssysteme konzipiert und wird auch *Proportionalkostenrechnung* genannt, da die variablen Kosten als beschäftigungsproportionale Kosten interpretiert werden, womit ein linearer Gesamtkostenverlauf unterstellt wird. Für die Fixkosten wird hingegen eine reine Zeitabhängigkeit angenommen; sie werden als Periodenkosten behandelt. Die Aufspaltung der Kosten in fixe und variable Bestandteile erfolgt in der Kostenartenrechnung. In der sich anschließenden Kostenstellen- und der Kostenträgerrechnung werden die fixen Kosten nicht berücksichtigt. Da nur die variablen Kosten auf die Kalkulationsobjekte bezogen werden, verzichtet das Direct costing bewußt auf die Ermittlung der vollen Kosten. Eine Gemeinkostenschlüsselung wird aber dennoch vollzogen, da in der Kostenstellenrechnung die *variablen Gemeinkosten* verteilt werden.

In der kalkulatorischen Erfolgsrechnung werden entsprechend keine Nettoerfolge ermittelt, sondern aus der Differenz zwischen variablen Kosten und Erlösen einer Leistungseinheit wird eine *Bruttoerfolgsgröße* abgeleitet, die Deckungsspanne oder *Deckungsbeitrag* bzw. *Contribution margin* genannt wird. Das Produkt aus der abgesetzten Menge und den Deckungsbeiträgen je Leistungseinheit ergibt den Bruttogewinn der Periode. Dem Kostenverursachungsprinzip entsprechend sind die *fixen* Kosten als Betriebsbereitschaftskosten nur der *Gesamtheit* der in einer Periode erstellten und/oder abgesetzten Leistungen, allenfalls bestimmten Produktarten bzw. -gruppen, nicht aber den einzelnen Kostenträgern zuzuordnen. Zur Ermittlung des kurzfristigen Betriebserfolgs werden dem Bruttogewinn die Fixkosten en bloc gegenübergestellt.

Dieses Konzept vermeidet somit die aus der Fixkostenproportionalisierung resultierenden Mängel der Vollkostenrechnung. Der getrennte Ausweis fixer und variabler Kosten ermöglicht die Heranziehung relevanter Kostendaten für kurzfristige Entscheidungen. Auch kann abgeleitet werden, ab welcher Menge bei gegebenen Preisen und gegebener Kostenstruktur ein Gewinn erzielt wird bzw. ab wann bei einem Umsatzrückgang Verluste zu erwarten sind (Break even-Analyse).

Trotz wesentlicher Vorteile gegenüber der herkömmlichen Vollkostenrechnung sind wichtige *Mängel* festzustellen: Neben der Schlüsselung von Periodengemeinkosten und von variablen Gemeinkosten ist zu kritisieren, dass die Gleichsetzung variabler Kosten mit proportionalen Kosten nicht in jedem Fall haltbar ist. Außerdem wird die Beschäftigung als einzige Kosteneinflußgröße herangezogen. Auch werden in der praktischen Umsetzung Kosten wie Fertigungslöhne als variabel eingestuft, obwohl sie zumindest auf kurze Sicht beschäftigungsunabhängig sind. Des weiteren wird am Direct costing kritisiert, dass keine differenzierte Analyse der Fixkosten vorgenommen wird.

Am zuletzt genannten Kritikpunkt setzen die Vertreter der **stufenweisen Fixkostendeckungsrechnung** an. Der wesentliche konzeptionelle Unterschied liegt entsprechend darin, dass der Fixkostenblock in mehrere Schichten aufgespalten wird. Die *Differenzierung* der *Fixkosten* erfolgt durch Auswahl von Bezugsobjekten, denen die Fixkosten direkt zugeordnet werden können.

Während in der Kostenträgerstückrechnung wie beim Direct costing die Berücksichtigung fixer Kosten entfällt, wird für die Kostenträgerzeitrechnung eine Art

Fixkostenhierarchie gebildet. Zur Ermittlung des Periodenerfolgs werden in einer differenzierten Deckungsrechung nacheinander die Kategorien der Fixkosten einzelner Erzeugnisarten, einzelner Erzeugnisgruppen, einzelner Kostenstellen, einzelner Betriebsbereiche und schließlich die Fixkosten des Gesamtunternehmens von den Erlösen abgezogen.

Mit diesem Konzept der *mehrstufigen Aggregation* von *Deckungsbeiträgen* ist durch den differenzierten Erfolgsausweis eine aussagekräftigere Erfolgsanalyse möglich. Es wird transparent, ob und inwieweit einzelne Erzeugnisarten bzw. Erzeugnisgruppen die von ihnen verursachten fixen Kosten decken und darüber hinaus noch zur Abdeckung der allgemeinen Fixkosten des Unternehmens sowie zur Gewinnerzielung beitragen.

Neben den beim Direct costing genannten Vorteilen sind aus der stufenweisen Fixkostendeckungsrechnung zusätzlich bessere Informationen für mittel- und längerfristige Entscheidungen ableitbar, da bspw. in der Programmplanung und Programmanalyse die Auswirkungen auf die Fixkosten ermittelt werden können. Allerdings sind Sonderrechnungen, insbesondere unter Berücksichtigung der zeitlichen Disponierbarkeit der Fixkosten hinsichtlich ihrer Abbaufähigkeit, vorzunehmen.

Die Eignung der Fixkostendeckungsrechnung im Rahmen der *Preiskalkulation* ist für kurzfristige Entscheidungen unbestritten, da hier die fixen Kosten irrelevant sind. Da aber ein Unternehmen zumindest langfristig eine volle Kostendeckung anstreben muß, ist die Ermittlung einer langfristigen Preisuntergrenze bzw. von „vollen" Angebotspreisen notwendig. Hier bieten die Fixkostendeckungsrechnungen keine Lösung der im Rahmen der Vollkostenrechnung erläuterten Probleme, da Vorschläge zur progressiven Kalkulation mit Hilfe von stufenweise differenzierten Fixkostenzuschlägen einem Rückschritt zu den Prinzipien der traditionellen Vollkostenrechnung gleich kommen. In den übrigen Aspekten entspricht eine kritische Würdigung der Fixkostendeckungsrechnung jener des Direct costing.

Auf die Methodik der **Grenzkostenrechnung** in Form einer Ist-Kostenrechnung oder als Grenzplankostenrechnung soll hier nicht näher eingegangen werden, da sie hinsichtlich der Vorgehensweise prinzipiell den Deckungsbeitragsrechnungen entspricht. Der Begriff der Grenzkosten leitet sich aus der Infinitesimalbetrachtung ab und stellt somit insbesondere das Verursachungsprinzip heraus. Unterschiede zwischen Grenzkosten und proportionalen Kosten treten bei progressiven oder degressiven Verbrauchsfunktionen oder dem Vorhandensein intervallfixer Kosten auf. Werden lineare Kostenverläufe (mit konstanten Grenzkosten) unterstellt und von gegebenen Kapazitäten ausgegangen, so entsprechen bis zur Kapazitätsgrenze die Grenzkosten den durchschnittlichen variablen bzw. proportionalen Kosten einer Leistungseinheit.

Die **Deckungsbeitragsrechnung mit relativen Einzelkosten** verzichtet im Gegensatz zu den anderen Teilkostenrechnungssystemen nicht nur auf die Proportionalisierung der Fixkosten, sondern auch vollständig auf die Schlüsselung von Gemeinkosten. Das von Riebel entwickelte Teilkostenrechnungssystem basiert auf einer konsequenten Interpretation und Weiterentwicklung des *entscheidungsorientierten* Kostenbegriffs.

Dies beinhaltet die Zurechnung der Gesamtkosten und Leistungen auf betriebliche Entscheidungen nach dem Identitätsprinzip, was bedeutet, dass „...der Werteverzehr auf dieselbe Disposition zurückgeführt werden kann wie die Existenz des jeweiligen Kalkulationsobjekts" (Riebel 1985, S. 286). Grundsätzlich sollen alle Kosten als *Einzelkosten* erfaßt und ausgewiesen werden. Dabei wird der traditionell auf die Zurechenbarkeit zu Kostenträgern ausgerichtete Einzelkostenbegriff relativiert, indem - gemäß des *Identitätsprinzips* - die betrieblichen Entscheidungen die Bezugsgrößen darstellen. In diesem Sinne ist eine *Hierarchie von Bezugsgrößen* in Gestalt betrieblicher Entscheidungsgegenstände aufzustellen, auf deren unterster Ebene in der Regel die kurzfristigen Entscheidungen über die Produktionsmengen der Kostenträger stehen. Die Kostenstellen und Bereiche sowie die Betriebsbereitschaft stellen übergeordnete Entscheidungsgegenstände dar. Maßgebend für die Kostenverteilung ist jeweils die unterste Stelle der Bezugsgrößenhierarchie, der einzelne Kosten gerade noch als relative Einzelkosten zuordenbar sind.

Wegen der Heterogenität betrieblicher Entscheidungen ist für dieses Kostenrechnungssystem aus Praktikabilitätsgründen zunächst ein zweckneutrales Rechenwerk zu schaffen, das eine fortlaufende wirtschaftliche Erfassung und Auswertung der Kosten ermöglicht. Diese sogenannte Grundrechnung dient als kombinierte Kostenarten-, Kostenstellen- und Kostenträgerrechnung der von bestimmten Entscheidungssituationen unabhängigen Zusammenstellung aller erforderlichen Basisdaten für später getrennt durchzuführende Standard- und Sonderauswertungen. Wesentliche Gliederungsmerkmale stellen dabei der Ausgabencharakter der Kosten, die Zurechenbarkeit auf Perioden, die Abhängigkeit der Kosten von wichtigen Einflußgrößen und die Unterscheidung in die Kategorien der Leistungs- und Bereitschaftskosten dar.

Für jede Entscheidung sind dann diejenigen Kosten bzw. Erlöse heranzuziehen, die durch die betrachtete Entscheidung *direkt* ausgelöst wurden, also *relevante* Kosten darstellen. Dabei werden stets Deckungsbeiträge als Differenz zwischen den einer Entscheidung zurechenbaren Erlösen und Kosten gebildet. Für die nicht den Produkten bzw. Aufträgen zurechenbaren Kosten und für den Erfolg einer Periode werden Deckungsbudgets bestimmt, die einzelnen Unternehmensbereichen nach Maßgabe unternehmenspolitischer Gesichtspunkte vorgegeben werden. Auch bei der Teilkostenrechnung auf der Basis relativer Einzelkosten dominiert die charakteristische *retrograde* Ermittlung des Betriebserfolgs, wobei rein formal Ähnlichkeiten mit der Fixkostendeckungsrechnung bestehen.

Insgesamt entspricht das Riebel'sche System wegen der konsequenten Umsetzung des Prinzips der relevanten Kosten weitestgehend den theoretischen Anforderungen an eine Kostenrechnung für dispositive Zwecke. Wie aus der kurzen Darstellung des Systems abzuleiten ist, werden die o.g. Mängel der Teilkostenrechnungssysteme auf der Basis von variablen Kosten vermieden, da der Beschäftigungsmaßstab enger gefaßt wird (keine Verrechnung von auf indirekten Beziehungen begründeten Kosten), keinerlei Gemeinkostenschlüsselung erfolgt und neben der Beschäftigung weitere Kosteneinflußgrößen berücksichtigt werden. Unterschiede ergeben sich weiterhin hinsichtlich des Umfangs der abgebildeten Kosten, da Riebel den *ausgabe*orientierten Kostenbegriff vertritt und somit den Kostencharakter kalkulatorischer Kosten für umstritten hält.

Kritisiert wird auf konzeptioneller Ebene an der relativen Einzelkosten- und Deckungsbeitragsrechnung, dass gerade die konsequente Umsetzung des Identitätsprinzips an Praktikabilitätsgrenzen stößt, da keine eindeutige Periodisierung aller Bereitschaftskosten erfolgt und somit keine spezifischen Betriebserfolge für einzelne Abrechnungsperioden ermittelt werden können, sondern nur sogenannte Periodenbeiträge. Auch wird bemängelt, dass gerade bei den in der relativen Einzelkostenrechnung als Gemeinkosten offener Perioden ausgewiesen Kostenarten (Abschreibungen und Vorleistungskosten, deren Nutzungsdauer nicht vorab bestimmbar ist, wie für Forschung und Entwicklung, Mitarbeiterqualifikation und Restrukturierungen) ein steigendes Volumen festzustellen ist und die Riebel'sche

Vorgehensweise keine adäquate Kostenplanung und -kontrolle unter Einbezug einer Veranwortungsübernahme von Abweichungen bei den verursachenden Bereichen bedinge.

Der zentrale Kritikpunkt in der Literatur stellt jedoch auf die *praktische Umsetzung* des Konzeptes ab. Aufgrund der Mehrdimensionalität und der differenzierten Kostenzuordnung wurde die Umsetzung der Grundrechnung für unwirtschaftlich gehalten. Angesichts der informationstechnologischen Entwicklung ist dieser Einwand jedoch zu entkräften, da die datentechnische Umsetzung der Grundrechnung mit Hilfe relationaler Datenbanken in Verbindung mit einer Betriebsdatenerfassung durch Schaffung geeigneter Schnittstellen nicht nur aus technischer, sondern auch aus wirtschaftlicher Sicht möglich erscheint.

Zusammenfassend läßt sich für alle Teilkostenrechnungssysteme feststellen, dass die Abbildung des Unternehmensprozesses umfangmäßig anders als in Systemen der Vollkostenrechnung vorgenommen wird. Aus der Art und dem Umfang der kostenmäßigen Abbildung des Unternehmensprozesses, die jeweils nach unterschiedlichen Kostenmerkmalen gegliedert wird, folgen die Aussagefähigkeit und Verwendbarkeit der Teilkostenrechnungen. Grundsätzlich gilt, dass diese Systeme durch die Trennung verursachungsgemäßer und nichtverursachungsgemäßer Kostenzurechnung die realen Kostenzusammenhänge präziser abbilden. Da auch in Vollkostenrechnungen die Gesamtkosten z.B. im Hinblick auf die Abweichungsanalyse in (beschäftigungs-)variable und fixe Teile gegliedert werden können, vermindern sich aber diesbezügliche Unterschiede. Damit wird deutlich, dass die grundsätzlichen Unterschiede zwischen Voll- und Teilkostenrechnungen weniger in der Kostenarten- und Kostenstellenrechnung, sondern vor allem in der *Kostenträgerrechnung* bestehen.

Die Entwicklung der Teilkostenrechnungssysteme zielte auf eine *entscheidungsorientierte* Kostenrechnung ab. Jedoch ist umstritten, ob Teilkostenrechnungen, insbesondere die auf der Basis variabler Kosten, Informationen für die häufigsten und wichtigsten Entscheidungen von Unternehmen liefern. Auch ist für einige Zwecke die Kenntnis der Vollkosten unabdingbar und die aus den Teilkostenrechnungen auf der Basis variabler Kosten abzuleitenden zusätzlichen Informationen stellen weitgehend auf gegebene Kapazitäten ab. Die ermittelten Deckungsbeiträge sind nur im Kontext mit den einengenden Voraussetzungen bzw. nur für bestimmte Entscheidungssituationen verwendbar. Aus diesem Grund wird in der Literatur teilweise vorgeschlagen, die beiden Kostenrechnungssysteme *kombiniert* zu verwenden.

Dies ist auch in der Praxis festzustellen, die vielfach Mischsysteme verwendet, indem etwa eine Vollkostenrechnung derart modifiziert wird, dass auch für eine Teilkostenrechnung auf der Basis variabler Kosten die relevanten Basisinformationen aussonderbar sind. Allerdings vermeidet diese Vorgehensweise nicht die genannten Mängel solcher Teilkostenrechnungen im Hinblick auf eine verursachungsgerechte Kostenzuordnung, da auch die grundlegende Bedeutung der Kosteneinflußgröße *Beschäftigung* nicht unumstritten ist und bei konsequenter Ausrichtung am Verursachungsprinzip die Kostenrechnung für Entscheidungen auf die Einzelkosten abstellen müßte. Ebenfalls hat das Problem mehrdimensionaler Kostenbeziehungen bisher - außer in der relativen Einzelkosten- und Deckungsbeitragsrechnung - wenig Beachtung gefunden.

3.2.3 Prozeßkostenrechnung

Angesichts der sich seit dem Ende der siebziger Jahre vollziehenden Änderung der betrieblichen Prozesse der Leistungserstellung und der Wertschöpfung in der Industrie wird zunehmend an den modernen Teilkostenrechnungssystemen kritisiert, dass diese den kostenrechnerischen Aufgaben angesichts der sich verschiebenden Kostenstrukturen mit ihren überwiegend wertabhängigen Bezugsgrößen nicht mehr gerecht werden. So wird argumentiert, dass die veränderten Kostenstrukturen die vorhandenen Kostenrechnungssysteme an die Grenzen ihrer Aussagefähigkeit und Verursachungsgerechtigkeit gebracht haben, wobei auf den stark gestiegenen Anteil der *Gemeinkosten* an den Gesamtkosten der Unternehmen abgestellt wird. Diese Entwicklung und vor allem die entsprechenden Schlußfolgerungen sind angesichts der dargestellten Kostenstrukturen in der Transportwirtschaft, die eben typischerweise durch hohe Gemeinkostenanteile gekennzeichnet sind, von besonderem Interesse, so dass im folgenden kurz auf diskutierte Lösungsmöglichkeiten eingegangen wird. Diese beziehen sich auf einen vorgeschlagenen neuen Ansatz zur Produktkalkulation, der in der Literatur u.a. unter dem Begriff der **Prozeßkostenrechnung** in den letzten Jahren breiten Niederschlag gefunden hat. Andere Bezeichnungen sind in der amerikanischen Literatur Activity accounting, Transaction costing, Activity-based costing, Cost-driver accounting system und in der deutschen Literatur Vorgangskostenrechnung oder prozeßorientierte bzw. aktivitätsorientierte Kostenrechnung.

Da alle betrieblichen Leistungsprozesse eine Aufeinanderfolge von Aktivitäten bzw. Prozessen darstellen, sollen durch eine *ablauforientierte Betrachtungsweise* die relevanten Kosten einzelner Entscheidungen identifiziert werden. Die *Gemeinkosten* vor allem indirekter Leistungsbereiche bzw. Kostenstellen sollen exakt ermittelt und „verursachungsgerecht" zugeordnet werden. Dazu werden die in den betreffenden Stellen wahrzunehmenden Aufgaben analysiert und die zugehörigen, zugleich den jeweiligen Arbeitsumfang bestimmenden Gemeinkostenbestimmungsfaktoren ermittelt. Das Ziel ist eine Verteilung der indirekten Gemeinkosten auf der Basis einer prozeßbezogenen Kostenkontrolle und Kalkulation. Sie soll die Durchführung von Rationalisierungsmaßnahmen hinsichtlich der Aufgabenerfüllung in den indirekten Leistungsbereichen induzieren bzw. einschließen und aktives Gemeinkostenmanagement ermöglichen.

Ob die Prozeßkostenrechnung wirklich grundlegend neue Möglichkeiten der Kostenrechnung im allgemeinen und insbesondere des Gemeinkostenmanagements eröffnet, wird kontrovers diskutiert: Auch die synthetischen Methoden der Gemeinkostenplanung, die bei Grenzplankostenrechnungen mit stufenweiser Fixkostendeckungsrechnung eingesetzt werden, enthalten eine umfassende Analyse betrieblicher Tätigkeiten und ermitteln deren Plankosten auf der Basis technischer oder arbeitswissenschaftlicher Studien. Außerdem wird zur Einführung der Prozeßkostenrechnung von deren Befürwortern eine *Gemeinkostenwertanalyse* empfohlen, die als geeignetes Instrument des Gemeinkostenmanagements hinreichend anerkannt ist und sich grundsätzlich derselben Vorgehensweise und Evaluierung innerbetrieblicher Leistungen bedient. Die sorgfältige Prüfung innerbetrieblicher Leistungen erhöht die Transparenz der Kostenstrukturen und dient der Gemeinkostensenkung und der Aufdeckung von Effizienzreserven.

Einen interessanten Aspekt stellt hier auch die Informationsgewinnung über die Kosten betrieblicher Prozesse bezüglich des geschaffenen Kundennutzens dar. Die Ermittlung und Verrechnung der Kosten, die aus den Aktivitäten resultieren, die zur Erstellung der betrieblichen Leistungen erforderlich sind, sollen eine strategieorientierte Gestaltung des Produktionsprogrammes bzw. Dienstleistungsangebotes ermöglichen. Dies gilt auch für die Zuordnung von Verantwortlichkeiten für Prozesse und entsprechende Kosten. Diese Informationen dienen neben der Kostenkontrolle auch der Abstimmung des operativen Controllings mit den strategischen Zielsetzungen.

Allerdings bleibt zu hinterfragen, ob es sich nun bei der Prozeßkostenrechnung tatsächlich um ein neues Kostenrechnungssystem handelt oder vielmehr um eine Ergänzung bestehender Systeme im Hinblick auf spezifische Aufgaben der Planung und Kontrolle des Unternehmensprozesses.

Literatur zu den Kapiteln III.3.1. und III.3.2.:

Coenenberg, A.G. (1993): Kostenrechnung und Kostenrechnungsanalyse, 2. Aufl., Landsberg/L.

Haberstock, L. (1992): Kostenrechnung II: (Grenz-)Plankostenrechnung mit Fragen, Aufgaben und Lösungen, 7. Aufl., Hamburg.

Horváth, P. (2001), Controlling, 8.Aufl., München.

Hummel, S. / Männel, W. (1983): Kostenrechnung 2: Moderne Verfahren und Systeme, 3. Aufl., Wiesbaden.

Riebel, P. (1994): Einzelkosten- und Deckungsbeitragsrechnung: Grundfragen einer markt- und entscheidungsorientierten Unternehmensrechnung, 7. Aufl., Wiesbaden.

Schweitzer, M. / Küpper, H.-U. (1986): Systeme der Kostenrechnung, 4. Aufl., Landsberg/L.

3.3 Verkehrsträgerspezifische Beispiele

Nachfolgend werden einige beispielhafte Kostenrechnungsverfahren aus der Transportwirtschaft angefügt. Da eine differenzierte und alle Bereiche der Transportwirtschaft erfassende Analyse den Umfang dieses Buches weit überschreiten würde, erfolgt lediglich eine Auswahl in knapper Darstellungsweise.

Generell ist festzustellen, dass die Schwächen der reinen Vollkostenrechnung erkannt werden. Unternehmen aller Verkehrsträger arbeiten mit **Teilkostenrechnungen** und **Deckungsbeiträgen**. Allerdings handelt es sich häufig um modifizierte **Vollkostenrechnungen**, die das Schlüsselungsproblem von Gemeinkosten hierarchisch verschieben, um zu Kostenträgerstückergebnissen zu gelangen, die letztlich von Zurechnungsprinzipien abhängen. **Prozeßkostenrechnungen** sind in der Transportwirtschaft nur begrenzt eingesetzt worden, oder es fehlen hierüber Informationen. Es dominieren **stufenweise Fixkostendeckungsrechnungen** in unterschiedlichen Ausformungen. Anstelle von beschäftigungsabhängigen und -unabhängigen (variablen und fixen) Kosten wird auch von Leistungs- und Bereitschaftskosten gesprochen.

Bei einer Vielzahl von Aufträgen, Fahrzeugen und Geschäftsbereichen können sich hier bei Anwendung der Deckungsbeitragsrechnung zur Bestimmung der Preisuntergrenzen Probleme ergeben. Daher ist es generell notwendig, auch Deckungsbeiträge zu **budgetieren**, d.h. als **Plangrößen** vorzugeben.

Bei den **Erlösen** der Transportwirtschaft zeigt sich, dass neben Einzelerlösen sehr häufig **Verbunderlöse** (Gemeinerlöse) anzutreffen sind. Dies gilt etwa für den Speditionsbereich, wenn eine Sendung im Selbsteintritt transportiert, umgeschlagen und im eigenen Lager zwischengelagert wird. Ähnliches gilt für den Personenluftverkehr: Der Preis des Tickets abzüglich Umsatzsteuer entspricht dem Bruttoerlös. Er enthält Teilerlöse für den Lufttransport, das Catering, die Flughafengebühren, die Flugsicherung etc. Bis zur rechnerischen/organisatorischen Trennung von Fahrweg und Eisenbahntransportbetrieb gab es bei der Bahn nur Gemeinerlöse für den Transport (Nutzung von Waggons und Triebfahrzeugen) sowie die Inspruchnahme des Streckennetzes, der Rangieranlagen, Terminals und Bahnhöfe. Seit der Trennung enthält jedes Beförderungsentgelt die Bestandteile „Trassennutzung", „Bahnhofs- und Terminalnutzung", „Nutzung von sonstigen Fahrweganlagen" und „Transportleistung", ohne dass dies auf dem Fahrschein bzw. Frachtbrief ausgewiesen wird. Da entsprechende (interne) Teilrechnungen erstellt werden, repräsentiert der Gesamtpreis (als Gesamterlös einer Personen- oder Sendungsbeförderung) die Summe von ausgewiesenen Teilpreisen (Teilerlösen). Somit liegen nach der Trennung bereichsspezifische Einzelerlöse vor, so dass ein besonderes Aufteilungsproblem, sofern die Einzelleistungen mit Preisen versehen sind, nicht mehr gegeben ist.

a) Straßengüterverkehr

In der (praxisbezogenen) Fachliteratur wird eine sehr vereinfachte Deckungsbeitragsrechnung empfohlen. Sie geht von den Erlösen für eine Sendung (Wagenladung) oder Tour aus, die um erlösabhängige Positionen reduziert werden (erlösabhängige Kosten oder Erlösminderungen, wie Provisionen, Rabatte und Skonti oder die Güterschadensversicherung für den gewerblichen Güterfernverkehr).

Von diesen Netto-Frachterlösen (ohne Umsatzsteuer) werden die Leistungskosten abgezogen; dabei erfolgt jedoch häufig eine Schlüsselung von echten und auch unechten Gemeinkosten (wie z.B. Reparaturkosten, Reifenverschleiß). Die Differenz zwischen Netto-Frachterlösen und Leistungskosten ist der *Deckungsbeitrag I*. Von ihm werden die *Bereitschaftskosten* abgezogen; dabei kann *stufenweise* vorgegangen werden und zunächst ein Deckungsbeitrag über die Personalkosten ausgewiesen werden (*Deckungsbeitrag II*), von dem anschließend die sonstigen Bereitschaftskosten subtrahiert werden, um den *Deckungsbeitrag III* zu erhalten. Die sonstigen Bereitschaftskosten enthalten u.a die zeitabhängigen Abschreibungen sowie kalkulatorische Zinsen, also Periodengemeinkosten, die hier jedoch (wie in der Vollkostenrechnung) zugeschlüsselt werden. Das Ergebnis ist ein *auftrags-* oder *tourenspezifischer Deckungsbeitrag je Fahrzeug*. Werden Fremdleistungen beansprucht, z.B. Transporte im kombinierten Verkehr, so handelt es sich um auftrags- oder tourenspezifische Einzelkosten; sie finden in den Leistungskosten Berücksichtigung.

Die Summe der fahrzeugbezogenen (auftrags- oder tourenspezifischen) Deckungsbeiträge III kann über eine Periode erfaßt und den Periodeneinzelkosten des Bereiches „Straßengüterverkehr" gegenübergestellt werden. Diese umfassen beispielsweise die Personal- und Sachkosten der Disponenten, nicht einzelnen Fahrzeugen zurechenbare Kosten der eigenen Werkstatt etc. Dieser als *Deckungsbeitrag IV* bezeichneten Differenz zwischen dem Deckungsbeitrag III und den Periodeneinzelkosten des Bereiches Straßengüterverkehr sind dann noch die Periodeneinzel- und -gemeinkosten des **Gesamt**unternehmens (Unternehmensleitung, Steuerberatungskosten, allgemeine Sozialeinrichtungen etc.) gegenüberzustellen. Um den **Unternehmenserfolg** zu ermitteln, wird also der Summe der *Deckungsbeiträge IV* aller Teilbereiche des Straßengüterverkehrsunternehmens (Straßengütertransport, Lagerei, Logistikaktivitäten) der Gesamtbetrag der allgemeinen Periodeneinzel- und Periodengemeinkosten des Unternehmens gegenübergestellt. Das Ergebnis ist der Unternehmenserfolg vor Steuern.

Die nach Aufträgen/Touren und evtl. auch nach einzelnen Kunden spezifizierten fahrzeugbezogenen Deckungsbeiträge liefern in ihrer hierarchischen Strukturierung die für die Kalkulation erforderlichen Informationen über Preisuntergrenzen. Die Summe aller Deckungsbeiträge IV je Periode muß jedoch einen Perioden-Gesamterfolg sicherstellen.

Übersicht 53: **Deckungsbeitragsrechnung im gewerblichen Straßengüterverkehr**

Frachterlös je Sendung bzw. Tour/Fahrzeug
./. erlösabhängige Kosten ./. Erlösschmälerungen
Netto-Frachterlöse je Sendung bzw. Tour
./. Leistungskosten • Kraftstoffkosten • Schmiermittelkosten • Reifenverschleiß • Reparaturkosten • Fahrerspesen • Überstundenzuschläge • Straßenbenutzungsgebühren • Wiege-/Zollgebühren
= Deckungsbeitrag I des Auftrags
./. Bereitschaftskosten des Fahrzeugs • Fahrerlöhne • Sonderaufwand
= Deckungsbeitrag II des Auftrags
./. Kfz-Steuern ./. Haftpflicht-/Kasko-Versicherung ./. zeitabh. kalk. Abschreibung ./. kalk. Zinsen
= Deckungsbeitrag III
Σ Deckungsbeiträge III je Periode = Periodendeckungsbeitrag des Fahrzeugs
./. Periodeneinzelkosten des Bereichs Straßengüterverkehr
= Deckungsbeitrag IV
./. Periodeneinzel- und -gemeinkosten des Gesamtunternehmens
= Unternehmenserfolg (vor Steuern)

Für kalkulatorische Zwecke wird nicht nur nach Leistungs- und Bereitschaftskosten, sondern auch nach **kilometer-** und **zeitabhängigen Kosten** unterschieden (Kilometer- und Tagessätze). Risikopotentiale liegen in den oft erhebliche Ausmaße annehmenden **Standzeiten** bei den Kunden oder in den Terminals. Sie reduzieren die zeitliche Auslastung und müssen sich auch in den Preisen widerspiegeln. Dies würde letztlich auch zu einer verbesserten Organisation bei den Kunden führen, die ohne solche Kostenanlastungen nur wenig Anreize haben, oft beklagte Mißstände der Fahrzeugabfertigung zu beheben.

b) Eisenbahn

Wegen der aufgezeigten speziellen Kosten- und Leistungsstrukturen gestalten sich Kostenrechnungen bei der Eisenbahn besonders schwierig. Dies zeigt sich darin, dass es trotz jahrzehntelanger Bemühungen bei der Deutschen Bundesbahn nicht gelungen war, ein aussagefähiges und für Steuerungszwecke geeignetes Kostenrechnungssystem zu entwickeln. Fast alle namhaften Unternehmensberatungs- und Wirtschaftsprüfungsgesellschaften haben sich hierin mit wenig Erfolg gutachtlich bemüht. Auch im Gründungsjahr 1994 war die DB AG bestrebt, ein den veränderten Rahmenbedingungen entsprechendes innerbetriebliches Rechnungswesen zu schaffen. Dessen Strukturen sind jedoch bislang nicht veröffentlicht.

Allerdings hat die **rechnerisch/organisatorische Trennung** von **Fahrweg** und **Transportbetrieb** zu einer gewissen Klärung geführt. Die Bereiche Fahrweg, Personenfern- und Personennahverkehr sowie Wagenladungs- und Stückgutverkehr erarbeiten eigene Preislisten, so dass die Inanspruchnahme von Leistungen eines Geschäftsbereichs durch andere Bereiche über Preise (= Input-Kosten) erfolgt. Dennoch verbleiben hohe Verbundkosten, die einer Zurechnung bedürfen. Sie sind allerdings durch die 2. Stufe der Bahnreform in Deutschland mit der Ausgründung der vier neuen Aktiengesellschaften (1999) reduziert worden. Es verbleibt jedoch das Erfordernis, die hierdurch in den verselbständigten Geschäftsbereichen erhöhten Gemeinkosten auf Leistungen zu verrechnen.

Die **historische Entwicklung** des internen Rechnungswesens der Eisenbahn zeigt eine ständig verfeinerte Anwendung der **Vollkostenrechnung** mit komplizierten vielfachen Schlüsselungen von Kosten und Erlösen. Bis Mitte der 80er Jahre dominierte die Netto-Ergebnisrechnung, in der den nach Kostenträgergruppen zusammengefaßten Erlösen die summierten und geschlüsselten Kosten gegenübergestellt wurden. Unterschieden wurde zwischen der DB-Betriebskostenrechnung „Beko", die auch zu einer Zugkostenrechnung „Zuko" führte. Basis der Beko waren die Jahresaufwendungen der Bahn, umgeformt in Kosten und unterteilt in

- Abfertigung von Reisenden und Gütern,
- Bilden, Umbilden und Auflösen von Zügen,
- Zugförderung.

Diese drei Leistungsarten und die ihnen zugerechneten Kosten wurden jeweils untergliedert in Betriebsführung und Vorhaltung.

Durch Umformungen wurden die Betriebskosten (einschl. Abschreibungen vom Wiederbeschaffungswert) in die Selbstkosten je Verkehrszweig und Verkehrsart (einschl. kalkulatorischer Zinsen) überführt. Sie wurden den Erlösen gegenübergestellt, um den Kostendeckungsgrad je Leistungsbereich (etwa Wagenladungs- oder InterCity-Verkehr) ermitteln zu können.

Seit 1976 laufen zahlreiche Bemühungen, die aufgrund der vielfältigen Kostenschlüsselungen von echten Gemeinkosten wenig aussagefähigen und für unternehmerische Entscheidungen kaum nutzbaren Informationen durch ein neues Kostenrechnungssystem zu ersetzen. Dies soll durch Einbeziehung einer **Direktkostenrechnung** mit Abkehr vom Vollkostenprinzip erfolgen. Seit 1987 wird eine Deckungsbeitragsrechnung aufgebaut.

Alle relevanten Daten werden dabei in einer **Grundrechnung** erfaßt, also sämtliche Kostenarten, Kostenstellen und Kostenträger (Geschäftssparten, Produkte). Die Kostenstellenrechnung ist als örtliche und funktionale Rechnung aufgebaut; die in der Grundrechnung erfaßten Daten werden hier für die Kostenträger- und Deckungsbeitragsrechnung aufbereitet. Ziel ist die Ermittlung von *Direktkostensätzen* für die Transportleistungsrechnung und die monatliche Verrechnung der leistungsbezogenen Direktkosten auf die Kostenträger (Produkte, Produktgruppen).

In der **Transportleistungsrechnung** werden Transporte auf Basis leistungsbezogener Richtkosten kalkuliert; es erfolgt die Verrechnung der leistungsbezogenen Kosten der DB-weiten funktionalen Kostenstellen (z.B. Betriebsführung Schienenverkehr; Vorhaltung der Anlagen und Fahrzeuge; Sozialdienst; zentrale Verwaltung etc.) in die Kostenträger- und Deckungsbeitragsrechnung.

Die **Vorhaltungskostenrechnung** ermittelt und verteilt die kalkulatorischen Kosten der Vorhaltung der Sachanlagen (Abschreibungen, Zinsen, Instandhaltungskosten) auf Kostenstellen und Kostenträger.

Abbildung 31: ***Systemteile des weiterentwickelten DB-Rechnungswesens***
- Informationsfluß -

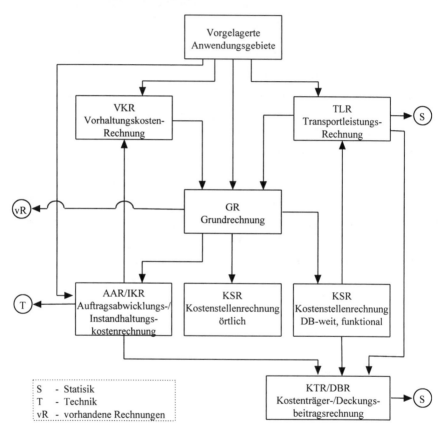

Quelle: Rahn/Prahl (1986), S. 876.

Die **Kostenträger-Deckungsbeitragsrechnung** ermittelt für hierarchisch strukturierte Kostenträger(-gruppen) die für jede Hierarchiestufe direkt zurechenbaren Kosten, so dass alle Kosten auf einer der Hierarchieebenen zu direkten Kosten werden (vgl. Abbildung 32 und 33).

Abbildung 32: Hierarchie der Kostenträger

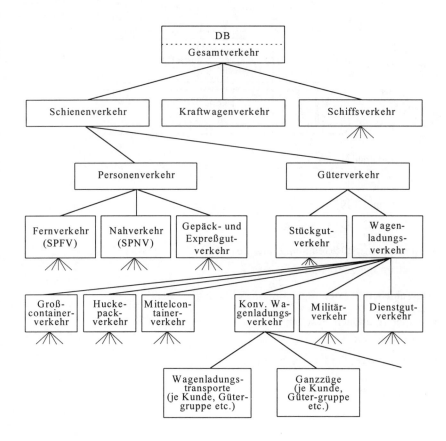

Quelle: Gschwendtner/Haindl (1980), S. 750.

Abbildung 33: Kostenträgerplan - Hierarchiestufen 1 bis 4

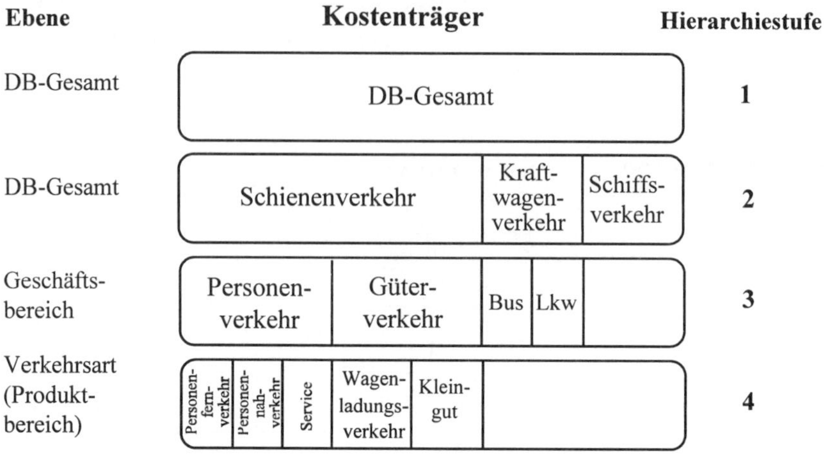

Ebene	Kostenträger					Hierarchiestufe
DB-Gesamt	DB-Gesamt					1
DB-Gesamt	Schienenverkehr		Kraftwagenverkehr	Schiffsverkehr		2
Geschäftsbereich	Personenverkehr	Güterverkehr	Bus	Lkw		3
Verkehrsart (Produktbereich)	Personenfernverkehr / Personennahverkehr / Service		Wagenladungsverkehr	Kleingut		4

Quelle: Rahn/Prahl (1986), S. 877.

Zum 1. Januar 1995 wurde bei der DB AG eine veränderte Kostenträgerrechnung (KTR) eingeführt. Es werden die

- Kostenträgerstückrechnung und die
- Kostenträgerzeitrechnung

unterschieden. Kostenträger sind in der *Stückrechnung*:

- Linien (Personenverkehr),
- Aufträge und
- Strecken (Geschäftsbereich Netz).

Die *Kostenträgerzeitrechnung* aggregiert Kosten (und Erlöse) eines oder mehrerer Kostenträger über einen definierten Zeitraum (Monat, Jahr). In der *Kostenträgerstückrechnung* stehen die *Transportleistungsrechnungen* für den *Personen-* und *Güterverkehr* im Zentrum. Kalkuliert werden Züge und Linien, im Güterverkehr auch Wagenladungen (Sendungen in Einzelwagen und Wagengruppen). Nach der Trennung von Fahrweg und Transportbetrieb besitzt die *Streckenrechnung* eine erhebliche Bedeutung. In ihr werden die auf den Streckenkostenstellen gesammelten Kosten den Strecken zugeordnet (sowie die Streckenerlöse). Monatlich wird eine *Periodenergebnisrechnung* erstellt (mit Ist-, Plan- und Vorjahreswerten). Sie ist in Form einer Deckungsbeitragsrechnung aufgebaut. Vom (bereinigten) Erlös werden die Herstellungskosten (Produktionskosten) zu Sollwerten subtrahiert, um den *Deckungsbeitrag I* zu erhalten. Der Abzug der direkten Vertriebskosten führt zum *Deckungsbeitrag II*, die Verwendung der Differenz von Soll- und Ist-Kosten der Produktion zum *Deckungsbeitrag III*. Werden die Verwaltungs- und sonstigen Vertriebskosten sowie die kalkulatorischen Zinsen mindernd berücksichtigt, so ergibt sich das **Betriebsergebnis**.

c) Binnenschiffahrt

Traditionell werden in der Binnenschiffahrt **Vollkostenrechnungen** mit dem Ziel erstellt, sog. **Tageskostensätze** zu ermitteln. Hierzu erfolgt die Erfassung aller Periodeneinzel- und -gemeinkosten (einschl. Personal- und Sachkosten zuzügl. der Betriebs- und Verwaltungsgemeinkosten). Diese Bereitschaftskosten je Periode werden durch die Zahl der Betriebstage dividiert, um den Tageskostensatz **Bereithaltung** zu ermitteln. Weiterhin werden die **Fortbewegungskosten je Fahrstunde** für konkrete Einsatzstrecken und Schiffstypen errechnet.

Auch in der Binnenschiffahrt werden mit neueren Kostenrechnungsverfahren perioden- und auftragsbezogene Rechnungen durchgeführt. Monatliche Periodenrechnungen besitzen die Struktur von **Deckungsbeitragsrechnungen**. Die Einzelauftragskalkulation steht auch hier vor den Schwierigkeiten, echte Gemeinkosten zuordnen zu müssen.

Kostenstellen im Bereich der Reederei sind die Schiffseinheiten, differenziert nach Schiffstypen (Motorschiffe flüssige Güter; Motorschiffe Trockengüter; Schubschiffahrt). Jedes einzelne Schiff stellt letztlich eine Kostenstelle dar; auf die einzelnen Einheiten werden möglichst viele Kostenarten direkt verbucht. Die Gemeinkosten der Abteilung Reederei (oft als „indirekte" Kosten bezeichnet) werden in der Regel auf Hilfskostenstellen gesammelt und nicht auf die Schiffseinheiten verrechnet. Ihre Abdeckung sowie die der Gemeinkosten des Gesamtunternehmens (mit weiteren Abteilungen, wie Akquisition, Umschlagbetrieb etc.) muß durch Deckungsbeiträge sichergestellt werden.

In einigen Unternehmen werden demgegenüber die Kosten von Verwaltungsleistungen, wie Geschäftsleitung, Finanzbuchhaltung, Personalwesen etc. durch prozentuale Zuweisungen auf die Schiffseinheiten verrechnet. Es handelt sich jedoch größtenteils um echte Gemeinkosten; insofern ist diese Vorgehensweise zu problematisieren.

Beim Schubverbandeinsatz erhält das Schubboot den Schublohn zugewiesen; dabei ist der Einsatzstundenwert in der Regel über eine Periode festgelegt. Bei eigenem Schubboot stellen die Schublöhne interne Erlöse dar. Externe Erlöse sind Zahlungen der Kunden (verladende Wirtschaft) an das Binnenschiffahrtsunternehmen, aber auch für Dritte zur Verfügung gestellte Schubbootleistungen und die hierfür vereinnahmten Entgelte.

d) Seeschiffahrt

Im Zentrum der Kostenrechnung der Seeschiffahrt stehen die disponierten Schiffseinheiten als **Kostenstellen** sowie die Reisen jedes Schiffes. Übersicht 54 gibt eine beispielhafte Deckungsbeitragsrechnung für die Seeschiffahrt wieder; angesichts bestehender Analogien zu Deckungsbeitragsrechnungen anderer Verkehrsträger wird hier auf eine detaillierte Erläuterung verzichtet (vgl. auch Diederich 1977, S. 407 f.).

Bei den Kostenbereichen einer Container-Linienreederei sind zu unterscheiden:

- Zentralfunktionen
- Verkaufs- und Logistikorganisation
- Schiffskosten
- Be- und Entladung
- Container-Logistik

Besondere Ergebnisrelevanz besitzt das Ausmaß der Unpaarigkeit der Verkehrsströme (sog. imbalance) zwischen den Fahrtrelationen. Auslastungsgrade und Leerfahrten sind hiervon abhängig. Hinzu kommen noch Ungleichgewichte hinsichtlich der genutzten Containertypen.

Ziel der Reedereien ist es, verstärkt logistische Gesamtlösungen einschließlich Landtransporte und weiterer value added-Leistungen anzubieten.

Übersicht 54: Deckungsbeitragsrechnung in der Seeschiffahrt

Brutto-Frachteinnahme einer Reisecharter
./. Abschlußkommissionen
./. Befrachtungskommissionen
Netto-Frachterlöse je Reisecharter
./. Reiseabhängige Kosten • Kraftstoffe • Hafenkosten • Eil- und Überliegegelder • Nebenkosten
= **Gesamtreiseergebnis Brutto** bzw. *Reisebruttoergebnis pro Reisetag*
./. Tageskostensatz des Schiffes (Schiffsbetriebskosten je Periode ÷ Anzahl der Betriebstage; ohne Abschreibungen und Schiffskreditzinsen)
= **Schiffsbetriebsüberschuß I je Reisetag**
* Reisetage
= *Schiffsbetriebsüberschuß je **Periode** für ein Seeschiff* *(Deckungsbeitrag für die einer Periode zuzuordnenden Kapitalkosten)*
./. Abschreibungen ./. Kreditzinsen (über alle Einheiten)
= **Summe der Schiffsbetriebsüberschüsse II sämtlicher Einheiten**
./. sonstige Abschreibungen
./. Gemeinkosten Reedereibetrieb
= **Reedereiergebnis Seeschiffe**
± Ergebnis aus Schiffahrtsbeteiligungen und Bereedungstätigkeiten
= **Reedereiergebnis insgesamt**
± Ergebnis aus Nebenbetrieben
± Neutrales und außerordentliches Ergebnis
= **Jahresergebnis**

e) Luftverkehr

Wird als Rechnungsverfahren die **Deckungsbeitragsrechnung** gewählt, so wird im Linienluftverkehr häufig von den **Streckenerlösen** ausgegangen. Die Streckenerlöse in einer Periode sind in der Regel Gemeinerlöse (Passage und Fracht). Anschlußflüge haben dabei oft geringe oder teilweise keine eigenen Erlöse und werden mit Verrechnungssätzen berücksichtigt. In die Streckenerlöse gehen auch Zahlungen anderer Carrier für gebuchte Sitzplätze und Frachtraum ein, ebenso Zahlungen im Rahmen von Gemeinschaftsdiensten (Erlöspooling) und beim Interlining. Die Vorgehensweise zur Ermittlung von Streckenergebnissen im Rahmen einer Deckungsbeitragsrechnung ist Übersicht 55 zu entnehmen:

Übersicht 55: Deckungsbeitragsrechnung im Luftverkehr

Gesamte (auch zugerechnete) Streckenerlöse
./. **Erlösabhängige Einzelkosten (Provisionen)**
./. **Beförderungsabhängige Einzelkosten** (Versicherungen, Catering, spezielle Bodenkosten der Passagiere, Cargo-Umschlag)
./. **Flugabhängige Einzelkosten** (Betriebsstoffe, Lande-, Abfertigungs- und Flugsicherungsgebühren, Reisekosten des Flugpersonals)
= *Streckendeckungsbeitrag I*
./. **Direkte Technikkosten** (Einsatzabhängige flugzeugtypspezifische und streckenspezifische Kosten
= *Streckendeckungsbeitrag Ia*
./. **Personalkosten**
./. **Kalkulatorische Abschreibungen und kalkulatorische Zinsen des einzelnen Fluggeräts**
= *Streckendeckungsbeitrag II*
./. **Sonstige Streckengemeinkosten** (Flugbetrieb, Bord- und Bodendienst, Verkaufsstellen und Verkaufsdirektionen)
= *Streckenergebnis*

Die Summe aller Streckenergebnisse wird den echten Gemeinkosten (Kosten der übergeordneten Bereiche) gegenübergestellt, teilweise noch differenziert nach

Passage und Fracht. Als Ergebnis wird das **operative Unternehmensergebnis** sichtbar, das unter Berücksichtigung der neutralen und außerordentlichen Positionen zum **Unternehmensgesamtergebnis** verdichtet wird. Hierbei sind auch Gewinn- und Verlustabführungen aufgrund vertraglicher Regelungen mit rechtlich selbständigen Tochterunternehmen (Catering, Consultingfirmen, Hotelbetriebe) zu berücksichtigen.

Eine schwierige Aufgabe stellt sich bei der kostenrechnerischen Behandlung der **Fracht**, insbesondere bei der Unterdeck-(Belly-)fracht und den gemischt genutzten Flugzeugen Passage/Fracht (M-Version):

Bei der **Unterdeckfracht** müssen Verbundkosten als Folge der Kuppelproduktion geschlüsselt werden. Dies führt stets zu Schwierigkeiten und Diskussionen um die Verrechnungssätze. Dabei muß auch berücksichtigt werden, dass das Qualitätsprofil des Frachttransports entscheidend von den Ansprüchen der Passage bestimmt wird (Zielflughäfen, Flugzeiten).

Beim Einsatz von **M-Versionen** liegt ebenfalls eine gemeinsame Produktion (in variabler Proportion) vor. Sie kann im Grenzfall auch zur Alternativproduktion aufgrund sehr hoher Nachfrage, etwa der Passage, werden. Die Kostenzuscheidung zu Fracht und Passage bleibt hier schwierig und wenig aussagefähig für Steuerungszwecke.

Darum ist es sinnvoller, die Fracht nicht über geschlüsselte Kosten zu berücksichtigen. Hierzu bieten sich zwei Verfahren an:

- Verwendung von Verrechnungspreisen (nicht von geschlüsselten Kosten); Maßstab für die Verrechnungspreise bei Unterdeckfracht und Frachtkapazität bei M-Versionen könnten Preisangebote des Passagebereichs oder auch fremder Carrier sein. Hierbei handelt es sich um eine Hilfskonstruktion vor allem für die Unterdeckfracht. Bei M-Versionen könnte eine Kostenschlüsselung nach **vorgehaltener** Raumkapazität erfolgen.
- Gründung einer speziellen Frachtgesellschaft, die neben eigenem (reinen) Frachtgerät Frachtraum einkauft. Damit wird für den Cargobereich eine eindeutige Kostenzuordnung ermöglicht; gleichzeitig sind die Flugkosten beim Cargogerät deutlich geringer als beim Passagegerät (weniger Personaleinsatz; kostengünstigere Verträge mit dem Cockpitpersonal). Dementsprechend hat zum Beispiel die Deutsche Lufthansa seit 1995 den Frachtbereich in einer eigenständigen Aktiengesellschaft zusammengefaßt (Lufthansa Cargo AG).

Werden die Streckenrechnungen auf den einzelnen **Flug** bezogen, so reduzieren sich die direkt zurechenbaren Einzelkosten. Der Deckungsbeitrag I wird - zugeordnet auf den Flug - geringfügig erhöht durch Wegfall von Kostenpositionen, die dann als Gemeinkosten anzusetzen sind (z.b. spezielle Bodenkosten für Streckendienste, die durch technische Zwischenlandungen erforderlich werden).

f) Öffentlicher Personennahverkehr

Beim öffentlichen Personennahverkehr handelt es sich um den Linienverkehr bis zu einer Entfernung von 50 km (§ 8 Abs. 1 Personenbeförderungsgesetz PBefG). Hier stehen hinsichtlich der Kostenrechnungsverfahren **Linienerfolgsrechnungen** im Zentrum. Sie setzen sich aus Linienkosten- und Linienerlösrechnungen zusammen. Die Linienerfolgsrechnungen verknüpfen die Resultate von Linienkosten- und -erlösrechnung. Ziele sind (VDV 1998, S.15):

- Übersicht über die Erfolgsdaten sämtlicher Liniendienste;
- Ausweis von Deckungsbeiträgen verschiedener Verkehrslinien;
- Beurteilungsgrundlagen für den Linienumfang.

Übersicht 56 (S. 317) gibt die mögliche Grundstruktur einer **Linien-Betriebszweig-Erfolgsrechnung** wieder (Diederich 1977, S. 412).

In einem weiteren Schritt können die sich ergebenden Betriebszweig-Deckungsbeiträge II zusammengefaßt und den Einzelkosten des Gesamtbetriebes gegenübergestellt werden (Verwaltung, Konzessionsabgaben, Bereitschaftsdienste etc.). Hieraus resultiert dann das **operative Ergebnis** des ÖPNV-Unternehmens.

Für die Kosten- und Erlösdaten im öffentlichen Personennahverkehr gilt, dass

- sie stark durch politische Vorgaben beeinflußt werden;
- Linien*einzel*erlöse häufig fehlen, da der Nachfrager mit einem Fahrschein mehrere Linien befahren kann und zunehmend Zeitkarten mit Verbunderlöscharakter eingesetzt werden;
- bei den Kosten ebenfalls zahlreiche echte Gemeinkosten vorliegen;
- eine Problemlösung darin gesehen wird, Einzellinien zu Betriebszweigen zusammenzufassen (Bus, Stadtbahn).

Übersicht 56: Linienerfolgsrechnung im ÖPNV

Linieneinzelerlöse (direkt erfaßt)
./. Linieneinzelkosten (direkt erfaßt)
= *Liniendeckungsbeitrag I*
+ Zugeschlüsselte Linieneinzelerlöse
./. Zugeschlüsselte Linieneinzelkosten
= *Liniendeckungsbeitrag II*
Die Liniendeckungsbeiträge II können nach Betriebs- zweigen zusammengefaßt werden:
+ Betriebszweig-Einzelerlöse (Öffentliche Ausgleichszahlungen) • direkt erfaßt • zugeschlüsselt
./. Betriebszweig-Einzelkosten (Stadtbahndepots, Buswerkstätten etc.) • direkt erfaßt • zugeschlüsselt
= *Betriebszweig-Deckungsbeitrag II*

Literatur zu Kapitel III.3.3:

Diederich, H. (1977): Verkehrsbetriebslehre, Wiesbaden.

Friedrich, M. / Mott, P. (1998): Linienerfolgsrechnung mit dem Planungsprogramm Visum, in: Der Nahverkehr, 16. Jg., Heft 10, S. 27-30.

Meisel, F. / Weinhold, B. (1997): Die Linienerfolgsrechnung, in: Der Nahverkehr, 15. Jg., Heft 12, S. 34-37.

Rahn, T. / Prahl, J. (1986): Das weiterentwickelte innerbetriebliche Rechnungswesen in der Realisierung, in: Die Bundesbahn, 62. Jg., S. 875-878.

Verband Deutscher Verkehrsunternehmen VDV (1998): Linienleistungs- und Linienerfolgsrechnungen im ÖPNV, VDV-Mitteilungen, Köln.

4 Controlling

4.1 Begriff, Ziele und Voraussetzungen

Controlling hat die Aufgabe, die **Ergebnisoptimierung** im Unternehmen zu unterstützen bzw. sicherzustellen (Kapitalwert- bzw. Gewinnmaximierung und Liquiditätssicherung). Hierbei nimmt das Controlling eine **Koordinationsfunktion**, vielfach auch eine Integrationsfunktion wahr (Hahn 2001, S. 272ff.). Es handelt sich um eine Beratungs- und Dienstleistungsaufgabe zur Führung und Führungsunterstützung.

Das Controlling soll eine **zielgerichtete Abstimmung** aller Unternehmensbereiche vornehmen, Schwachstellen analysieren, die Unternehmungsplanung zwischen den verschiedenen Bereichen des Unternehmens abstimmen und die Einhaltung von Kostenbudgets überwachen.

Spezielle Aufgaben und die Interpretation der Ziele des Controlling variieren in der Literatur je nach Autor und entsprechendem Controllingkonzept. Abb. 34 (S. 317) gibt beispielhaft Ziele und Aufgaben des Controlling nach D. Hahn wieder.

Dabei ist das Controlling von der *Revision* zu unterscheiden. Die Revision übt eine Kontrollfunktion hinsichtlich der Ordnungsmäßigkeit von Zahlungen und ihrer Zuordnung zu Kostenstellen und Kostenträgern vor, ist also vergangenheitsorientiert. Das Controlling ist hingegen **zukunftsausgerichtet**; es sollen Zukunftsentwicklungen rechtzeitig erkannt und Planungs- und Entscheidungsgrundlagen erarbeitet werden. Hier finden sich Gemeinsamkeiten mit der Unternehmungsplanung, vor allem dann, wenn zwischen dem *operativen* und dem *strategischen* Controlling unterschieden wird.

Je nach Schwerpunktsetzung sind folgende **Controllingformen** zu unterscheiden:

- das *rechnungswesenorientierte Controlling*, welches das interne Rechnungswesen durchführt, diese Daten aufbereitet (Bildung von Kennziffern, Analyse von Plan-/Ist-Abweichungen) und für die Geschäftsleitung als Entscheidungsunterstützung interpretiert;

Abbildung 34: Ziel und Aufgaben des Controlling nach D. Hahn

Ziel des Controlling:
Ergebnisoptimierung unter Beachtung der Liquiditätssicherung
Generelle Aufgabe des Controlling:
Informationelle Sicherung bzw. Sicherstellung ergebnisorientierter Planung, Steuerung und auch Überwachung des Unternehmungsgeschehens - vielfach verbunden mit einer Integrations- bzw. Systemgestaltungsfunktion, grundsätzlich verbunden mit einer Koordinationsfunktion, primär auf der Basis des Zahlenwerks des Rechnungs- und Finanzwesens (möglichst verkettet in einer betriebswirtschaftlich-technischen Daten-, Modell-, und Wissensbank).
Spezielle Aufgaben des Controlling:

Unternehmungsplanung und -kontrolle, insbesondere ergebnisorientierte, z.T. liquiditätsorientierte Planungs- und Kontrollrechnung	
Mitwirkung oder **Mitentscheidung** bei	
- genereller Zielplanung	
- strategischer Planung und Kontrolle	
- operativer Planung und Kontrolle	
Koordination aller Teilplanungen mit	
Durchführung der	**Entscheidung**
- periodischen Ergebnis- und Finanzplanungen und -kontrollen	oder **Mitentscheidung**
- Kapitalwertplanungen und -kontrollen	über
Rechnungswesen/Dokumentationsrechnungen	System mit
Durchführung der	Verfahren,
- Kosten- und Erlösrechnung sowie ggf.	Organisation
- Buchhaltung, GuV, Bilanz	
- Steuern, Zölle	
Information	
Durchführung der primär ergebnisorientierten Informationserstellung und -erstattung für	
- interne interessierte Gruppen	
- externe interessierte Gruppen	
Nutzungsaufgabe	**Gestaltungsaufgabe**

Quelle: Hahn (2001), S. 278.

- das *informationsorientierte Controlling*, welches neben den Daten aus dem internen Rechnungswesen eine Vielzahl weiterer interner und externer Informationen sammelt und hinsichtlich der Sicherung der Erfolgspotentiale des Unternehmens auswertet sowie Empfehlungen für die Geschäftsleitung erarbeitet (hierzu zählen auch Schwachstellenberichte);
- das *Controlling* als integraler Teil der Unternehmungsführung zur *Koordination* von *Planungs- und Kontrollprozessen*; hier treten die strategischen Aufgaben am stärksten hervor.

Um ein funktionsfähiges Controlling aufzubauen, bedarf es wichtiger **Grundvoraussetzungen:**

- eines **Zielsystems** des Unternehmens mit **operativen Unterzielen**,
- einer **zielorientierten Organisation** des Unternehmens,
- eines aussage- und leistungsfähigen betrieblichen **Informationssystems**, das auf dem traditionellen betrieblichen Berichtswesen aufbaut und die notwendigen Daten zur Verfügung stellt,
- der Anwendung **motivationsfördernder Führungsgrundsätze**.

Ende der 90er Jahre ist als Instrument zur Unternehmenssteuerung und des Controlling die **Balanced Scorecard (BSC)** in die theoretische Diskussion und auch betriebliche Anwendung gelangt. Es handelt sich um ein Modul im Rahmen einer wertorientierten Unternehmenssteuerung (Horvarth/Kaufmann 1998, S. 40); entwickelt wurde es 1996 (Kaplan/Norton 1996) als Kritik an den traditionellen, oft isolierten Kennziffernmethoden zur Unternehmenssteuerung ohne Strategiebezug. Die BSC wird in Kap. IV 2.1.2 dargestellt.

4.2 Controlling in der Transportwirtschaft

Die Notwendigkeit, auch in der Verkehrswirtschaft in mittleren und größeren Unternehmen ein wie im vorhergehenden Teilkapitel aufgabenspezifisch definiertes Controlling zu etablieren, ergibt sich vor allem aus

- dem verstärkten Preis- und Qualitätswettbewerb durch Deregulierung und EU-Integration;
- der notwendigen Neuausrichtung der unternehmerischen Aktivitäten (Beurteilung alternativer Geschäftsfelder);

- den stark veränderten Qualitätsansprüchen der verladenden Wirtschaft;
- den erweiterten technischen Möglichkeiten, Logistikketten zu schaffen sowie
- den komplexen, oft dezentral stattfindenden Leistungsprozessen mit teilweise im Wettbewerb stehenden Geschäftsbereichen.

Ein Teil der Verkehrsunternehmen ist dem öffentlichen Bereich zugeordnet (insbesondere ÖPNV-Betriebe und Hafenbetriebe; in vielen Ländern auch die staatlichen Eisenbahnen). Bei Verwaltungen oder verwaltungsähnlich geführten Verkehrsbetrieben sind die Aufgabenerfüllungen des Controlling aber wesentlich erschwert. Da diese öffentlichen Betriebe weniger finanzwirtschaftliche als leistungswirtschaftliche Ziele verfolgen, besteht eine wichtige Aufgabe des Controlling hier darin, den öffentlichen Eigentümern bzw. politischen Entscheidungsträgern die finanzwirtschaftlichen Konsequenzen von leistungswirtschaftlichen Zielen mit Sozialverpflichtungen (oft Auflagen) aufzuzeigen. Solche **Leistungsziele** können Marktanteile, Streckenbedienungshäufigkeiten, Streckenführungen u.ä. sein; **finanzwirtschaftliche Ziele** sind Kostendeckungsgrade, Cash flow-Entwicklungen etc. Von Bedeutung ist auch, dass die Anwendung motivationsfördernder Führungsgrundsätze als Voraussetzung eines funktionsfähigen Controlling bei öffentlich-rechtlichen Transportunternehmen in der Regel kaum realisierbar ist.

In mittelgroßen, aber insbesondere in großen Unternehmen der Verkehrswirtschaft, etwa privatrechtlich organisierten Eisenbahnen, Fluggesellschaften, international tätigen Speditionsbetrieben, See- und Binnenschiffahrtsreedereien und teilweise in Flug- und Seehäfen sind mittlerweile Controllingabteilungen eingerichtet worden. Allerdings wird nicht in jeder Position, die als Controller beschrieben wird, diese Aufgabe wahrgenommen. Sowohl in größeren wie aber auch in mittleren Unternehmen der Verkehrswirtschaft sind Controller oft für jene Aufgaben zuständig, die außerhalb der betrieblichen Fachabteilungen anfallen und von der Geschäftsleitung entschieden werden. Häufig werden institutionell die Aufgaben des Controlling und der Unternehmungsplanung zusammengefaßt, letztlich auch aus Kostengründen, obwohl gewichtige Gründe gegen eine solche Zusammenfassung sprechen. Andererseits erfahren gelegentlich Positionen im Bereich des internen Rechnungswesens fälschlicherweise die Bezeichnung als Controller, auch wenn sich die Aufgabenstellung allein auf die Durchführung des internen Rechnungswesens beschränkt.

In den letzten Jahren haben die **Lebenszykluskosten** von Fahrzeugen und Transportsystemen eine hohe Entscheidungsbedeutung erlangt. Unter diesen Kosten werden die Gesamtkosten eines Produkts von dessen Entwicklung über die Produktion, die laufenden Betriebs- und Unterhaltsaufwendungen der Nutzung bis hin zur Entsorgung bzw. zum Restwert verstanden. Da der Großteil der Kosten von Verkehrsmitteln nicht in den Anschaffungs-, sondern in den *Folgekosten* während der Nutzungszeit auftritt, besitzen die Lebenszykluskosten einen hohen Informationswert.

Literatur zu Kapitel III.4:

Ernst, M. / Meyer, W. (1998): Lebenszykluskosten von Bussystemen, in: Der Nahverkehr, 16. Jg., Heft 7/8, S. 36-40.

Hahn, D. (2001): PuK – Wertorientierte Controllingkonzepte, 6. Aufl., Wiesbaden.

Horvath, P., Kaufmann, L. (1998): Balanced Scorecard – ein Werkzeug zur Umsetzung von Strategien, in: Harvard Business Manager, Heft 5, S. 39-48.

Kaplan, R.S. / Norton, P. (1996): The Balanced Scorecard - Translating Strategy into Action, Boston.

Werner, H. (2000): Die Balanced Scorecard. Hintergründe, Ziele und kritische Würdigung, in: WiSt, S. 455-457.

Verband Öffentlicher Verkehrsbetriebe (VÖV) / Bundesverband Deutscher Eisenbahnen, Kraftverkehre und Seilbahnen (BDE) (Hrsg.) (1990): Controlling - Führungshilfe für Verkehrsunternehmen, Köln.

Zehbold, C. (1996): Frühzeitige, lebenszyklusbezogene Kostenbeeinflussung und Ergebnisrechnung, in: KRP - Kostenrechnungspraxis, 40. Jg., Heft 1, S. 46-51.

Zeterberg, U. (1995): Ziele und Aufgaben des Logistik-Controlling, in: RKW-Handbuch Logistik, 1. Band, Kennzahl 1540, 21. Ergänzungslieferung, Berlin.

5 Preispolitik in der Transportwirtschaft

5.1 Theoretische Grundlagen: von der wohlfahrtsoptimierenden Preissetzungsregel zu praxisrelevanten Second best-Ansätzen

5.1.1 Marginalkostenpreisbildung und Grenzen ihrer Anwendung

Die generelle **wohlfahrtsoptimierende Preisbildungsregel** besagt, dass die Produktion eines Gutes mengenmäßig so zu bestimmen ist, dass der erzielbare Preis mit den Grenzkosten der Erstellung eines Gutes übereinstimmt. Die Einhaltung dieser sog. **Marginalkostenpreisregel** sichert die bestmögliche Allokation der Produktionsfaktoren und stellt ein wichtiges Effizienzkriterium dar. Für die letzte nach dieser Regel produzierte (und abgesetzte) Gütereinheit wird ein Preis erzielt, welcher gerade noch die Marginalkosten der Erstellung dieses Gutes abdeckt.

Die wohlfahrtstheoretische Optimallösung basiert darauf, den sozialen Überschuß oder Nettonutzen (Summe aus Konsumenten- und Produzentenrente) zu maximieren. Diese Zielsetzung ist nur erreichbar, sofern eine Übereinstimmung von Grenzkosten (K') und Preis (p) existiert (vgl. Abbildung 8, Kap. I. 2.5.2.).

Hinsichtlich der Umsetzung der Marginalkostenpreisregel sind jedoch die dem Effizienzkriterium zugrundeliegenden - häufig impliziten - Annahmen zu beachten. Es wird davon ausgegangen, dass

- die **Zahlungsbereitschaft**, die sich in der jeweiligen Nachfragekurve ausdrückt, ein adäquates Maß für das Nachfragernutzen darstellt;
- Verschiebungen zwischen der Konsumenten- und der Produzentenrente (= distributiver Effekt) die Wohlfahrtssituation nicht beeinflussen;
- die (Real-)Einkommenseffekte von Preisänderungen vernachlässigbar sind, da nur Substitutionseffekte aufgrund von Preisänderungen relevant sind;
- ein konstanter Grenznutzen des Geldes für alle Marktteilnehmer gilt und
- die Einkommensverteilung gegeben ist.

Außerdem ist zu beachten, dass die restriktiven Bedingungen der **statischen Wohlfahrtsökonomik** gelten.

Die Grundaussagen beziehen sich zunächst auf **Einproduktunternehmen**; die Berücksichtigung von **Mehrproduktunternehmen** setzt entweder die Unabhängigkeit der Nachfrage nach einem Gut von der nach allen anderen Gütern voraus (Aggregationsmöglichkeit der verschiedenen Renten dieser Güter) oder erfordert bei Kreuzpreiselastizitäten ungleich null komplexere Vorgehensweisen. Sie verwenden dann zur Identifizierung der Konsumentenrente das sog. **Linienintegral**. Im Ergebnis gilt aber auch hier die Handlungsanweisung für jede Produktion eines Gutes, die Preise entsprechend den Grenzkosten zu setzen, um die gesellschaftliche Nutzen-Kosten-Differenz im Sinne des **sozialen** Nettonutzens zu maximieren.

Beim Grenzkostenbegriff sind kurz- und langfristige Verläufe zu unterscheiden. Bei **langfristiger Betrachtungsweise** werden sämtliche Einsatzfaktoren, also auch die der Bereitstellung von Kapazitäten, als variabel angesehen. Die langfristige Grenzkostenkurve ist somit die erste Ableitung der langfristigen Gesamtkostenkurve. Zur Bestimmung gesamtwirtschaftlich optimaler Kapazitätsstrukturen (Anlagegrößen) ist die Heranziehung der *langfristigen* Grenzkosten erforderlich. Wird hingegen die Aufgabenstellung auf die Optimalnutzung *gegebener* Kapazitäten beschränkt, soll also die Investitionsentscheidung zur Kapazitätsfestlegung nicht Entscheidungsaufgabe sein, dann ist die Heranziehung der **kurzfristigen** Grenzkosten sinnvoll und ausreichend. Dieser Fall erleichtert die Anwendung der Marginalkostenpreisregel insofern, als die empirische Bestimmung langfristiger Grenzkosten erhebliche Schwierigkeiten beinhaltet, da hierzu alternative Kapazitätsvariationen (Totalanpassung) kostenmäßig antizipiert werden müssen.

Aber auch bei Heranziehung der **kurzfristigen** Grenzkosten zur optimalen Nutzung vorhandener Ressourcenbestände ergeben sich zahlreiche Probleme:

- Außer den reinen Produktionskosten treten zahlreiche weitere Kostenarten auf, deren Marginalisierung und entsprechende Berücksichtigung oft nicht möglich ist (verschiedene Transaktionskosten; Logistik- und Vertriebskosten u.ä.).
- In der paretianischen Wohlfahrtsökonomik wird generell von ertragsgesetzlichen Produktionsfunktionen ausgegangen. Die hieraus abgeleiteten Kostenfunktionen ermöglichen in der Regel bei unterstellter Marktform der vollständigen Konkurrenz (bzw. homogenes Polypol) ein verlustfreies Angebot bei Realisierung der Marginalkostenpreisregel (Abbildung 35).

Abbildung 35: **Verlustfreie Marginalkostenpreisbildung im Fall vollständiger Konkurrenz (homogenes Polypol)**

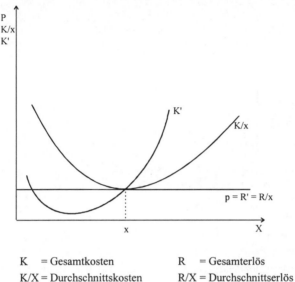

K   = Gesamtkosten   R   = Gesamterlös
K/X = Durchschnittskosten R/X = Durchschnittserlös
K´   = Grenzkosten   R´ = Grenzerlös

- Werden limitationale Kostenverläufe oder mengenabhängige Outputpreise (Preis-Absatz-Funktionen mit negativer Steigung) unterstellt, so kann die Erfüllung der Marginalkostenpreisregel in wirtschaftlichen Verlusten resultieren. Dieser Fall ist gegeben, wenn mit zunehmendem Wirkungsgrad (Rendement croissant, Decreasing costs, Economies of density) gearbeitet wird, also im Bereich sinkender Durchschnittskosten. Dies führt dann zur Notwendigkeit, *Verlustvermeidungsstrategien* zu entwickeln, welche die Allokationsvorteile der Marginalkostenpreisregel so weit wie möglich erhalten sollen, jedoch Abweichungen von dieser Regel darstellen.

Abbildung 36: Verlustbringende Marginalkostenpreisbildung bei ertragsgesetzlichen Kostenverläufen und mengenabhängigen Preisen

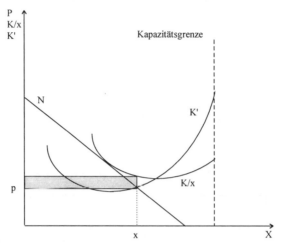

Die Diskussion der Marginalkostenpreisregel hat besondere Bedeutung in jenen wirtschaftlichen Sektoren erlangt, die einer staatlichen Regulierung unterworfen waren (Elektrizitäts-, Transport-, Telekommunikationswirtschaft). Die in diesen Bereichen entstandenen staatlichen und privaten Monopolanbieter sollten einer die gesellschaftliche Wohlfahrt maximierenden Preisregulierung unterworfen werden. Dies hat auch dazu geführt, dass wesentliche theoretische Arbeiten zur Optimalpreisbildung in diesen Sektoren entstanden sind; hinzuweisen ist etwa auf die Studien, die für das französische Energieversorgungsunternehmen Electricité de France (EdF) erstellt worden sind.

Abbildung 37: **Verlustbringende Marginalkostenpreisbildung bei linerarem Gesamtkostenverlauf und mengenabhängigen Preisen**

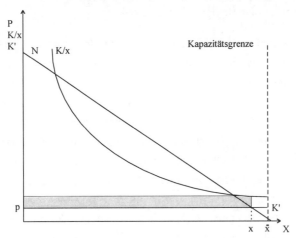

Die Diskussion der Marginalkostenpreisregel hat besondere Bedeutung in jenen wirtschaftlichen Sektoren erlangt, die einer staatlichen Regulierung unterworfen waren (Elektrizitäts-, Transport-, Telekommunikationswirtschaft). Die in diesen Bereichen entstandenen staatlichen und privaten Monopolanbieter sollten einer die gesellschaftliche Wohlfahrt maximierenden Preisregulierung unterworfen werden. Dies hat auch dazu geführt, dass wesentliche theoretische Arbeiten zur Optimalpreisbildung in diesen Sektoren entstanden sind; hinzuweisen ist etwa auf die Studien, die für das französische Energieversorgungsunternehmen Electricité de France (EdF) erstellt worden sind.

Im Verkehrsbereich haben die Fragen der Optimalpreisbildung vor allem bei der Preisfindung für die **Verkehrsinfrastrukturnutzung** einen hohen Stellenwert erlangt, abgeschwächt aber auch bei der Eisenbahn-Tarifgestaltung, solange die Bahn noch einer öffentlichen Preisregulierung unterworfen war.

Die Anwendung der Marginalkostenpreisbildung ist in *reiner* Form auch im Verkehrsbereich nicht praktiziert worden. Lediglich in den Wegekostenrechnungen sowie im Zusammenhang mit der Preisbildung für Verkehrswegenutzungen (Road pricing) werden die (kurzfristigen) Grenzkosten herangezogen. Wegen der Problematik des dann häufig auftretenden wirtschaftlichen Defizits wird jedoch eine modifizierte Preissetzungsregel benutzt. Zunehmend wird für die Verkehrswegebepreisung das inhaltlich schwierig auszufüllende Prinzip der Ausrichtung an den sozialen Grenzkosten genannt (EU-Kommission 1998: Weißbuch); auf die Ausführungen in Teilkapitel III 3.5 wird verwiesen.

Bei der Kennzeichnung der Kostenstrukturen wurde festgestellt, dass bei *gegebenen* Kapazitäten sowohl im Segment der Verkehrsinfrastruktur (Schienennetz der Bahn, Straßennetz, Binnenwasserstraßen, aber auch Stationen und Umschlaganlagen) wie auch beim Verkehrsmittelbetrieb generell hohe **beschäftigungsunabhängige Kosten** vorliegen (der überwiegende Teil der Personal- und Kapitalkosten sowie der Unterhaltungskosten). Soll nun die Grenzkostenpreisregel angewendet werden, stellt sich wiederum die Frage nach der Wahl der Bezugsgröße, da diese große Bedeutung für die Abgrenzung beschäftigungsabhängiger Kosten und damit der kurzfristigen Grenzkosten hat. Beispielhaft sei erwähnt: Die Mitnahme eines zusätzlichen Reisenden oder einer Tonne Ladung in einem planmäßig verkehrenden Eisenbahnzug verursacht kaum meßbare Grenzkosten. Ähnliches gilt für die Mitnahme eines zusätzlichen Passagiers im Luftverkehr oder einer Ladungseinheit, etwa ein 40'-Container, in der See- oder Binnenschiffahrt.

Diese Aussage gilt aber zunächst nur, wenn keine zusätzliche Betriebsmitteleinheit aufgrund von Kapazitätsengpässen eingesetzt werden muß. Aber auch dann sind die Grenzkosten weiterhin sehr niedrig, wenn eine bereits vorhandene Reservebetriebsmitteleinheit zum Einsatz gelangt oder ein größeres Transportgefäß gewählt wird. Gerade dieser letzte Fall besitzt im Luftverkehr einen beträchtlichen Stellenwert, als in Abhängigkeit von der Buchungslage größeres oder kleineres Gerät bereitgestellt wird. Es handelt sich folglich um eine quantitative Anpassung; sie ist, bezogen auf einen bestimmten Flug, mit einer Veränderung der beschäftigungsunabhängigen Kosten verbunden. Die Grenzkosten des eigentlichen Fluggerätes, die sinnvollerweise nicht nur auf die Passagierzahl, sondern auch auf die Streckenlänge (Meilen) bezogen werden, variieren in Abhängigkeit von den Verbrauchsfunktionen der Triebwerke.

Die Grenzkosten einer Zugfahrt oder eines Fluges sind von denen des einzelnen Passagiers oder der Ladeeinheit zu unterscheiden. Sehr stark disaggregierte Bezugsgrößen, wie etwa ein einzelner Passagier oder eine Ladeeinheit, sind für Marginalkostenüberlegungen nicht geeignet.

Die **langfristigen** Marginalkosten besitzen vor allem beim Peak load-pricing Bedeutung, geht es bei diesem Verfahren der Spitzenlastpreisbildung doch darum, den optimalen Kapazitätsumfang zu bestimmen. Es werden die Schnittpunkte der *langfristigen* Grenzkostenkurve mit den periodenbezogenen Nachfragekurven (Peak/off peak) für die Bestimmung der *Preisstruktur* sowie mit der Kapazitätsnachfragekurve (Vertikaladdition der Nachfragekurven) für die *Kapazitätsdimensionierung* herangezogen.

Bei allen Schwierigkeiten der Erfassung der Grenzkosten und ihrer für die Preisbildungspraxis nur begrenzten Relevanz stellt die Preissetzung nach **Durchschnittskosten** keine sinnvolle Alternative dar. Zunächst ist der Begriff der Durchschnittskosten nur bei sehr restriktiven Annahmen mit eindeutigen Werten auszufüllen (etwa im reinen Einproduktunternehmen). Bedeutsamer ist hingegen die bei Ausrichtung der Preise an den Durchschnittskosten eintretende Reduzierung des sozialen Überschusses. Die Abweichung der Durchschnittskosten von den Grenzkosten sowie der abgesetzten Mengen ist im relevanten Preisbereich um so höher, je größer die direkte Preiselastizität der Nachfrage und demzufolge je geringer die Steigung der Nachfragekurve ist.

Der zunächst erkennbare Vorteil einer Durchschnittskostenpreisbildung, die Vermeidung eines wirtschaftlichen Defizits auch in Fällen, in denen die Grenzkostenkurve unterhalb der Durchschnittskostenkurve verläuft, wird durch die **Effizienznachteile** dieser Preisbildungsregel aufgehoben. Sie bestehen sowohl in einer Reduzierung des sozialen Überschusses im Vergleich zur Marginalkostenpreisbildung (etwa bei Gültigkeit von N_2: schraffiertes Dreieck in Abbildung 38) wie auch in einer vergleichsweise niedrigen Auslastung vorhandener Kapazitäten (statt x_1 nur x_2 bei N_1 bzw. x_3 bei N_2). Weiterhin erfolgt eine Strukturveränderung des sozialen Überschusses: Bei Übergang von der Marginalkosten- zur Durchschnittskostenpreisbildung reduziert sich die Konsumentenrente und erhöht sich die Produzentenrente (distributiver Effekt).

Ein Verlust tritt nur dann nicht ein, wenn die Nachfragekurve die Durchschnittskostenkurve im Betriebsoptimum oder östlich davon schneidet, da dann noch eine Übereinstimmung von Marginal- und Durchschnittskosten vorliegt (im Betriebsoptimum) oder die Grenzkosten oberhalb der Durchschnittskosten verlaufen.

Ergänzend ist darauf hinzuweisen, dass im Rahmen praxisbezogener Studien zur Preissetzung in der Verkehrswirtschaft anstelle der Marginalkosten die sog. **in-**

krementalen Kosten herangezogen werden. Hierbei handelt es sich um eine Abkehr von der infinitesimalen Betrachtung der Marginalkosten zugunsten einer empirisch ausfüllbaren finiten Variation der Leistungseinheiten(z.B. Δx statt dx).

Abbildung 38: Preis-Mengen-Effekte bei Grenzkosten- und Durchschnittskostenpreissetzung

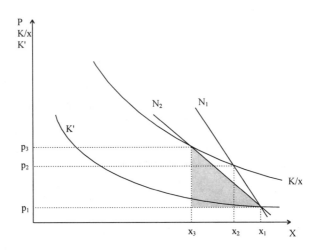

Abbildung 39: Verlustfreie Grenzkostenpreisbildung

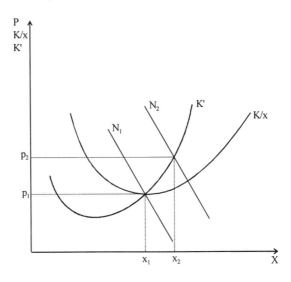

5.1.2 Praxisrelevante Second best-Ansätze

5.1.2.1 Zuschlagsysteme

5.1.2.1.1 Ramsey-Preise

Um das häufig auftretende Problem des wirtschaftlichen Verlustes bei strenger Befolgung des Marginalkostenprinzips zu lösen, wurde von Ramsey ein **Second best-Ansatz** entwickelt, der die wohlfahrtsökonomischen und allokationsspezifischen Vorteile weitgehend erhält, indem die Grenzkostenpreise mit einem *Zuschlag* versehen werden (Ramsey 1927). Dieser Zuschlag soll *das Verhältnis der Angebotsmengen*, die bei einer *Grenzkostenpreisbildung* angeboten und abgesetzt werden, *nicht* verändern. Zur Erreichung dieses Ziels werden die Abweichungen von den Grenzkostenpreisen durch Zuschläge bemessen, welche zu *gleichen relativen Mengenabweichungen* für alle Güter führen.

Die allgemeine Regel für sog. **Ramsey-Preise** lautet:

Bei konstanten Grenzkosten sind alle Outputs, ausgehend von der Menge bei Marginalkostenpreissetzung (p = k') um den gleichen Prozentsatz so zu kürzen, dass die dann erzielten Gewinne ausreichen, eine Kostendeckung (oder einen Mindestgewinn) zu realisieren.

Der Aufschlag (dp) korrespondiert mit dieser proportionalen Kürzung des Outputs aller betrachteten Güter; d.h. es werden gleiche Mengenverhältnisse wie bei einer Marginalkostenpreisbildung realisiert. Unter Einbezug der direkten Preiselastizitäten der Nachfrage und der Annahme einer Kreuzpreiselastizität von null gilt (totales Differential der Nachfragefunktion):

$$dx_i = \frac{dx_i}{dp_i} dp_1 + \frac{dx_i}{dp_2} dp_2 \quad \text{mit:} \quad \begin{aligned} dp_1 &= p_1 - k'_1 \\ dp_2 &= p_2 - k'_2 \\ k'_1, k'_2 &= \text{Grenzkosten} \\ dp_1, dp_2 &= \text{Abweichungen der Second best-Preise von den Grenzkosten} \end{aligned}$$

Die relativen Abweichungen der Preise von den Grenzkosten betragen

$$\frac{p_i - k_i'}{p_i} = k \frac{1}{-\varepsilon}$$

$-\varepsilon$: Direkte Preiselastizität der Nachfrage
k : Konstante, die für alle Güter im Sinne eines Reduktionsfaktors der Mengen gleich ist. k ist allerdings von der Zielgröße des Mindestgewinns abhängig (Kostendeckung = Mindestgewinn von null).

Bei Annahme einer Kreuzpreiselastizität von null sind somit die prozentualen Abweichungen der Preise von den Grenzkosten umgekehrt proportional zu den Preiselastizitäten der Nachfrage. Bei Gütern mit niedriger Preiselastizität der Nachfrage folgen hieraus starke, bei Gütern mit hoher Preiselastizität der Nachfrage geringe Aufschläge auf die Grenzkosten. Man spricht daher auch von einem **System variabler Zuschläge auf die Marginalkosten** (im Unterschied zu festen Aufschlägen) bzw. von der Regel inverser Elastizitäten.

Abbildung 40: *Variable Grenzkostenzuschläge bei unterschiedlichen Preiselastizitäten der Nachfrage*

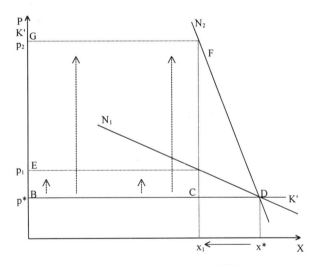

Zur vereinfachten Darstellung wird von einer einheitlichen Ausgangsmenge (x*) bei beiden Gütern ausgegangen. Die gleiche prozentuale Mengenkürzung (auf x_1) zur Defizitabdeckung bei jedem Gut führt bei Gut 2 (N_2) zur Preisanhebung auf p_2 (Folge der vergleichsweise niedrigen Preiselastizität der Nachfrage), bei Gut 1 (N_1) jedoch nur auf p_1 (Folge der vergleichsweise hohen Preiselastizität der Nachfrage).

Die Nettoerlössteigerung erreicht z.B. bei Gut 2 (p_2) den Wert BCFG, der Verlust an sozialem Nettonutzen ist gleich der Fläche FCD; die Konsumentenrente reduziert sich um den Inhalt der Fläche BDFG, während die Produzentenrente um die Nettoerlössteigerung zunimmt.

5.1.2.1.2 Péage-Systeme

In der Literatur sind mit dem Ziel der Defizitvermeidung auch zahlreiche Vorschläge unterbreitet worden, die mit festen (konstanten) Zuschlägen arbeiten. Einzuordnen sind hier die Überlegungen, die eine an den *jeweiligen Grenzkosten* konkurrierender Anbieter und Güter ausgerichtete Nachfrageentscheidung sichern, zugleich jedoch das möglicherweise auftretende Problem eines wirtschaftlichen Defizits lösen wollen. Zu nennen ist insbesondere die Diskussion um die **Gleichheit der auf die Grenzkosten aufzuschlagenden Beträge** (égalité des péages), die im Zusammenhang mit der staatlichen Tarifkoordination im Verkehr geführt und zunächst in Frankreich entwickelt worden ist (Löw 1959; Hutter 1960).

Bezugsbasis für die Bemessung der (gleichen) Zuschläge zu den (unterschiedlichen) Grenzkosten ist hier die erstrebte **Eigenwirtschaftlichkeit des Verkehrssektors insgesamt**, d.h. die summierten Zuschläge sichern die Defizitvermeidung des **gesamten** Verkehrsbereichs bei sinkenden Durchschnittskosten.

In den Preisen spiegeln sich zwar die unterschiedlichen Grenzkosten der konkurrierenden Verkehrsträger, nicht jedoch die ebenfalls sehr divergierenden nichtmarginalen Kosten. Tendenziell werden durch ein solches System konstanter Zuschläge bei sektoraler Betrachtungsweise solche Anbieter im Wettbewerb begünstigt, deren nichtmarginale Kosten vergleichsweise hoch sind (z.B. die Eisenbahn), während die Anbieter mit vergleichsweise höheren marginalen, aber niedrigeren nichtmarginalen Kosten benachteiligt werden, da die dort verrechneten Zuschläge dann in der Regel die Differenz zu ihren Durchschnittskosten übersteigen. Hinzu kommt, dass gemäß dieses Lösungsvorschlags die Zuschläge nicht den Anbietern, sondern einer staatlichen Institution zufließen, welche die Defizitabdeckungen bei den Verkehrsträgern vornimmt. Diese sektoral identischen Zuschläge haben keine nachwirkende Bedeutung für die Verkehrspolitik erlangt.

5.1.2.2 Zweistufige Tarife

Im Telekommunikations- und Energiebereich sind gespaltene oder zweistufige Tarife (Two part tariffs) seit Jahrzehnten anzutreffen (Grundpreis plus Leistungspreis). Im Verkehrssektor war dieses Preissystem in der Vergangenheit praktisch nur bei der Kraftfahrzeugbesteuerung anzutreffen (fixe Jahresbeträge bei der Kraftfahrzeugsteuer in Abhängigkeit von der fahrzeugspezifischen Pkw-Motorleistung oder dem Nutzfahrzeug-Gesamtgewicht; verbrauchsabhängige Mineralölsteuerbelastung). Seit einigen Jahren greifen die Eisenbahnen im Personenverkehr ebenfalls auf dieses Preissystem zurück (Halbpreis-Karte in der Schweiz, BahnCard in Deutschland). Mitte 1998 führte die Deutsche Bahn AG als Trassenpreissystem ebenfalls einen in sich mehrfach differenzierten, grundsätzlich aber zweistufigen Tarif ein. Er wurde jedoch im Jahr 2001 durch ein einstufiges Preissystem abgelöst (vgl. hierzu Kapitel III.5.2.2.4).

Durch eine solche Tarifierung soll zusätzliche Nachfrage attrahiert werden, die sich in ihren Entscheidungen dann überwiegend an den (niedrigen) Leistungspreisen orientiert. Ein direkter Bezug zu den Grenzkosten besteht hier jedoch nicht. Es wird ein zusätzlicher Kostendeckungs- oder Gewinnbeitrag dadurch erzielt, dass über den fixen Grundbetrag Konsumentenrentenbestandteile (Zahlungsbereitschaft) abgeschöpft und in Erlöse transformiert werden.

Allerdings weisen solche zweistufigen Preissysteme auch Probleme auf:

- Die *Höhe des Grundbetrages* ist sorgfältig zu bemessen und zu differenzieren, da Niveau und Struktur wiederum die Nachfrage insgesamt beeinflussen.
- Übersteigt der Grundpreis die Nachfragerrente (Konsumentenrente), so kommt es zum Nachfrageausfall.
- Die Einführung eines solchen gespaltenen Tarifs, wie etwa der BahnCard, führt auch zu einem *Erlösverfall*, da bisherige Vollpreiszahler mit hohem Nachfragevolumen nunmehr Ersparnisse realisieren können.
- Angestrebte Erlössteigerungen erfordern bei Konstanz der Grundbeträge vergleichsweise *starke Preiserhöhungen* bei den Leistungspreisen, verglichen mit einem Preissystem ohne gespaltenen Tarif.

Ein weiterer Anwendungsbereich solcher zweistufigen Preissysteme liegt in der Preispolitik für die Verkehrsinfrastrukturnutzung (Road pricing). Ein Preisbestandteil wird, vor allem wegen des Erfordernisses einer Defizitvermeidung, eine zeitbezogene Komponente sein; sie kann auch als *Optionspreis* für die generelle Nutzungsmöglichkeit der Verkehrsinfrastruktur bzw. als *Clubbeitrag* des Nutzerclubs betrachtet werden.

In der Regel wird neben einem zweistufigen Tarif auch ein einstufiges Preissystem (linearer Tarif) alternativ angeboten. Hierdurch kann eine stärkere Diskriminierung von Nachfragern vermieden werden, die nur vergleichsweise geringe Mengen/Zeiteinheit kaufen. Die Preise sind bei diesem einstufigen Tarif bis zu definierten Nachfragemengen niedriger als beim zweistufigen Tarif; es gilt das Prinzip der Selfselection.

Abbildung 41: Beispielfall eines zweistufigen Tarifs in Verbindung mit einem einstufigen Preissystem und Selfselection

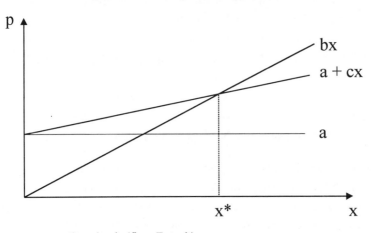

a = Grundpreis (fixes Entgelt)
c = variabler Preis des zweistufigen Tarifs je Mengeneinheit
b = variabler Preis des einstufigen Tarifs je Mengeneinheit
x* = mengenmäßige Preisparität beider Tarife

5.1.2.3 Preisdifferenzierung

Preisdifferenzierung besitzt im Verkehrswesen eine hohe Bedeutung, vor allem dann, wenn hierunter das Setzen unterschiedlicher Preise für eine *gleichartige*, aber *nicht identische* Leistung verstanden wird. Gleichartige Leistungen erlauben **Qualitätsunterschiede**, die zwar mit unterschiedlichen Kosten, aber die Kostendifferenzen übersteigenden Erlösdifferenzen verbunden sind.

Es geht bei der Preisdifferenzierung darum, im Vergleich zum Einheitspreis für eine Leistung weitere Teile der Konsumentenrente in Erlöse zu transformieren. Damit unterschiedliche Zahlungsbereitschaften der Nachfrager marktwirksam werden, sind unterschiedliche Qualitäten anzubieten, etwa durch Komfortklassen in Flugzeugen und Eisenbahnzügen im Personenverkehr oder Wertstaffelung im Güterverkehr (Prinzip „What the traffic will bear"). Die realisierbaren Preisunterschiede sind im Verkehr erheblich; sie reichen im Personenverkehr von 50 % (Eisenbahn erster Klasse, bezogen auf den Preis zweiter Klasse) bis zu 1.000 % (Luftverkehr first class, bezogen auf Tourist-Tarife). Im *Güterverkehr* ist das Spannungsverhältnis in den *Wertstaffeln* ebenfalls beträchtlich.

Neben der Abschöpfung der individuellen Zahlungsbereitschaft im Segment hoher Preise (gestützt durch eine spezielle Qualitätspolitik) dient die Preisdifferenzierung aber insbesondere auch dazu, den Auslastungsgrad und die Gesamterlössituation durch Gewinnung zusätzlicher Nachfrage mit geringer Zahlungsbereitschaft zu verbessern. Dabei besteht allerdings die Gefahr einer Absenkung des Durchschnittserlöses je verkaufter Leistungseinheit; hierdurch wird auch der Break even verschoben (höhere Auslastung erforderlich). Diese Tendenz wird dann verstärkt, wenn eine Arbitrage nicht verhindert werden kann, etwa das Überwechseln von Vollzahlern in Niedrigpreissegmente.

Preisdifferenzierung kann aber auch zur internen Subventionierung herangezogen werden. Durch Preisdifferenzierung kann möglicherweise überhaupt erst ein Angebot sichergestellt werden, wenn bei einem Einheitspreis bei allen Ausbringungsmengen ein Verlust eintritt (Durchschnittserlös < Durchschnittskosten), durch Preisdifferenzierung jedoch eine Anhebung des Durchschnittserlöses auf oder über die Durchschnittskosten möglich wird („all or nothing case"; v. Arnim 1963, S. 24).

5.1.2.4 Subventionierung

Preispolitisch ist insbesondere die **interne Subventionierung** von Bedeutung, wenn von einem Anbieter sowohl gewinnbringende wie auch verlustbringende Leistungen angeboten werden und ein Verzicht auf die Defizitbereiche nicht möglich ist (z.B. Verbundproduktion in Mehrproduktunternehmen) oder nicht als sinnvoll angesehen wird. Die Gründe für die Aufrechterhaltung von verlustbringenden Angeboten können darin liegen, dass

- zur Abrundung des Gesamtangebotes aus unternehmerischer Sicht auf die Leistungserstellung auch solcher Angebote nicht verzichtet werden kann (Sicherung der gewinnträchtigen Erfolgspotentiale) oder
- Regulierungsauflagen staatlicher Institutionen die Erbringung auch defizitärer Leistungen verlangen, möglicherweise als Kompensation für Wettbewerbsbeschränkungen zugunsten der gewinnträchtigen Bereiche.

Solche internen Subventionierungen können auch durch steuerliche Regeln gefördert werden, die gerade im Verkehrsbereich zu (vertikalen) Unternehmensintegrationen geführt haben. Beispielhaft sei der Verbund von (gewinnträchtigen) Energieversorgungsbetrieben mit (verlustbringenden) ÖPNV-Betrieben über eine gemeinsame Dachgesellschaft und Ergebnisabführungsverträgen genannt. Allerdings werden diese Konstruktionen durch das EG-Recht (Verordnung (EWG) Nr. 1893/91) zunehmend erschwert.

Preistheoretisch ist das Problem der internen Subventionierung mit Hilfe **langfristiger Grenzkostenkurven** zu erläutern, da die Kapazitätsbestimmung hier ebenfalls als Entscheidungsproblem auftritt.

Interne Subventionierung ist dann möglich, wenn in einem Leistungsbereich mit langfristig sinkenden, in dem anderen Bereich mit langfristig steigenden Durchschnittskosten gearbeitet wird, also Economies oder Diseconomies of large scale vorliegen. Es wird dabei Unabhängigkeit der Kostenfunktionen unterstellt.

Abbildung 42: Defizitbereich aufgrund von Economies of large scale

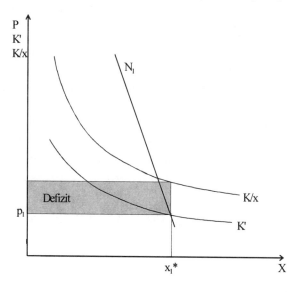

Abbildung 43: Gewinnbereich aufgrund von Diseconomies of large scale

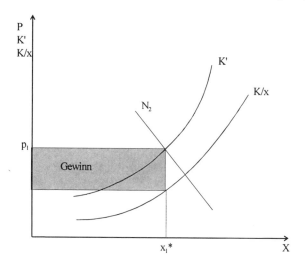

Wird, etwa als Regulierungsbedingung, eine jeweilige Preisstellung nach der Marginalkostenpreisregel verlangt, so besteht in diesem Fall die Möglichkeit, den im Leistungsbereich mit Economies of large scale auftretenden Verlust voll oder teilweise durch die Gewinne im Leistungsbereich mit Diseconomies of large scale auszugleichen. Dieser Fall der Kompensation ist auch unter Effizienzgesichtspunkten positiv zu beurteilen. Bedingung hierfür ist allerdings, dass die erwirtschafteten Gewinne nicht durch einen Marktzugang Dritter eliminiert werden.

Wenn jedoch in sämtlichen Leistungsbereichen Economies of large scale auftreten, gleichzeitig die Marginalkosten-Preisregel befolgt werden soll und auch keine Verbundvorteile realisiert werden können, dann stellt sich wiederum das bereits behandelte Problem der Defizitabdeckung als Second best-Lösung. Allerdings wird in diesem Fall stets von langfristigen Kostenkurven auszugehen sein. Die grundsätzliche Aussage zu den Lösungen, etwa im Sinne von preiselastizitätsabhängigen Zuschlägen im Sinne von Ramsey-Preisen, ändert sich jedoch nicht.

Von praktischer Bedeutung ist im Verkehrsbereich aber auch die **externe Subventionierung**. Sie besteht beispielsweise in der nur teilweisen Anlastung von Wegekosten, Fahrzeugbeschaffungsbeihilfen, Übernahme von Defiziten durch öffentliche Haushalte u.ä. Die externe Subventionierung stellt im Unterschied zur internen Subventionierung keinen sinnvollen Second best-Ansatz dar.

5.1.3 Spitzenlastpreisbildung

Bei zeitlich schwankender Nachfrage und nicht lagerfähiger Produktion stellt sich die Frage nach

- der Bestimmung des optimalen Kapazitätsumfangs und
- der optimalen Preisstruktur mit dem Ziel einer effizienten Nutzung der Kapazitätsausstattung durch Setzen unterschiedlicher Nutzungspreise in Abhängigkeit von der zeitlich variierenden Nachfrageintensität.

Es besteht eine zeitliche Produktionsverbundenheit zwischen der Spitzennachfrage (Peak-Periode) und der Schwachlastperiode (Off peak-Periode). *Ökonomisch* handelt es sich um zwei *unterschiedliche* Güter; sie werden daher mit unterschiedlichen Preisen versehen (Peak load-pricing). Zur maximalen Auslastung der vorhandenen Kapazitäten in der Off peak-Periode werden lediglich die (kurzfristigen) Grenzkosten bzw. laufenden Betriebskosten angelastet. Dies sichert eine möglichst umfängliche Nutzung der Kapazitätsausstattung, deren Umfang durch die Nachfrageintensität in der Peak-Periode bestimmt wird.

Die Nachfrager der Peak-Periode müssen hingegen einmal die kurzfristigen Grenzkosten der Leistungserstellung, darüber hinaus aber auch die Kapazitätsvorhaltungskosten sowohl der Schwachlast- wie auch der Spitzenlastperiode zahlen (sog. Firm peak-Fall). Diese u.U. erheblichen Zuschläge auf die Grenzkosten in der Peak-Periode verdeutlichen die **Peak responsibility** der Spitzenlastverursacher: Der Kapazitätsumfang wird durch den Schnittpunkt der langfristigen Grenzkostenkurve mit der totalen **Kapazitätsnachfragefunktion** (Total effective demand for capacity curve nach Steiner 1957) gewonnen, wobei die Kapazitätsnachfragefunktion sich als vertikale Aggregation von als unabhängig unterstellten Off peak- und Peak-Nachfragefunktionen ergibt. Eine Anlastung von nichtmarginalen Kosten in der Schwachlastperiode würde zu einer sehr niedrigen, ggf. sogar entfallenden Nachfrage und damit zu einer Nichtnutzung der vorhandenen Kapazitäten führen.

Das Setzen unterschiedlicher Preise in Abhängigkeit von der Nachfrageintensität orientiert sich zwar auch an den Preiselastizitäten der Nachfrage und ähnelt hierdurch der Preisdifferenzierung. Dennoch besteht ein Unterschied: Bei der *Preisdifferenzierung* wird das Ziel verfolgt, durch Setzen unterschiedlicher Preise im Vergleich zu einem einheitlichen Preis den Periodengewinn zu erhöhen. Die *Spitzenlastpreisbildung* will hingegen durch unterschiedliche Preise die **Kapazitätsauslastung** während der Schwachlast- und Spitzenlastzeiten optimieren und extreme Spitzennachfragen durch hohe Preise reduzieren, um die vorgehaltene Kapazität begrenzen zu können. Weiterhin beschränkt sich die Anwendung des Peak load-pricing auf nicht lagerfähige Güter, während Preisdifferenzierung *immer* dann praktizierbar ist, wenn unterschiedliche Preiselastizitätswerte gegeben sind oder durch Marketingmaßnahmen geschaffen werden können (Segmentierung der Nachfragergruppen).

Ihr Hauptanwendungsgebiet besitzt die Spitzenlastpreisbildung bei solchen Gütern, bei denen ein staatlicher Versorgungsauftrag besteht und dementsprechende Kapazitätsbemessungen erfolgen müssen. Beispiele sind die Elektrizitätswirtschaft, der Telekommunikationsbereich, aber auch - und zunehmend an Bedeutung gewinnend - der Verkehrsinfrastruktursektor. So enthalten die Überlegungen zum sog. **Road pricing** oder auch zur **Trassenpreisbildung bei der Eisenbahn** Komponenten, welche bei ausgelasteten oder bereits Engpaßwirkungen zeigenden Kapazitäten als Peak-Zuschläge zu bezeichnen sind.

Literatur zu Kapitel III.5.1:

Allais, M. et al. (1965): Möglichkeiten der Tarifpolitik im Verkehr, Brüssel (Studien hrsg. von der Europäischen Kommission, Reihe Verkehr, Nr. 1).

Arnim, C. von (1963): Die Preisdifferenzierung im Eisenbahngüterverkehr, ihre theoretische und wirtschaftspolitische Begründung, Tübingen (Band 61 der Kieler Studien).

Baumol, W.J. / Bradford, D.F. (1970): Optimal Departures from Marginal Cost Pricing, in: American Economic Review, Vol. 60, Nr. 3, S. 265-283.

Blankart, C.B. (1980): Ökonomie der öffentlichen Unternehmen, München.

EU-Kommission (1998): Weißbuch „Faire Preise für die Verkehrsinfrastrukturbenutzung – ein abgestuftes Konzept für einen Gemeinschaftsrahmen für Verkehrsinfrastrukturgebühren in der EU, Brüssel (KOM 1998 / 466).

Fritsch, M. / Wein, Th. / Ewers, H.-J. (2001): Marktversagen und Wirtschaftspolitik, 4. Aufl., München (insbes. Kap. 8).

Hutter, R. (1960): Das Grenzkostenpreisprinzip in der Preisbildung der Verkehrsträger und seine Bedeutung für die Verkehrsteilung, Köln.

Löw, A. (1959): Die Transportkosten und die Koordinierung der Verkehrsträger, Düsseldorf (Heft 6 der Forschungsberichte des Instituts für Verkehrswissenschaft an der Universität zu Köln).

Ministry of Transport (1964): Road Pricing: The Economic and Technical Possibilities, London (Smeed-Report).

Ramsey, F. (1927): A Contribution to the Theory of Taxation, in: Economic Journal, Vol. 37, S. 47-61.

Schellhaaß, H.-M. (1978): Die Grenzkostenpreisregel: Allgemeine Grundsätze, in: Wirtschaftswissenschaftliches Studium (WiSt), 7. Jg., S. 212-219.

Sibley, D.S. / Brown, S.J. (1986): The Theory of Public Utility Pricing, Cambridge University Press, Cambridge et.al.

Steiner, P.O. (1957): Peak Loads and Efficient Pricing, in: Quarterly Journal of Economics, Vol. 71, S. 585-610.

Waldmann, R. (1981): Die Theorie des Peak load-pricing: Eine Modellanalyse von Struktur und Ergebnissen früher Ansätze zur Spitzenlastpreisbildung und deren Weiterentwicklungen, Gießen.

5.2 Preise für die Infrastrukturnutzung

Preise für die Nutzung der Infrastruktur zu setzen ist grundsätzlich für alle Verkehrswege und sonstigen Infrastruktureinrichtungen des Verkehrsbereichs möglich. Beim System des Road pricing werden Prinzipien der auslastungsabhängigen Preissetzung für die Infrastrukturnutzung dargestellt; es wurde erstmals 1964 vorgeschlagen (Smeed-Report) und wird insbesondere bezüglich des Straßenverkehrs diskutiert. Dem Prinzip nach ist bei vergleichbaren Produktionsbedingungen aber auch eine Übertragung auf andere Verkehrsträger und Infrastrukturkapazitäten möglich (z.B. Slotvergabe im Luftverkehr).

Ähnliches gilt für das anschließend gekennzeichnete (allgemeine) Trassenpreissystem für Schienenwege, das um eine Darstellung des von der DB AG eingeführten Trassenpreissystems ergänzt wird.

5.2.1 Road pricing

Beim **Road pricing** handelt es sich um die Anwendung des von Schmalenbach geprägten betriebswirtschaftlichen Prinzips der **pretialen Lenkung** auf Verkehrsinfrastrukturkapazitäten sowie der Congestion theory. Allerdings geht es beim Road pricing in der Regel nicht um die Bestimmung optimaler Kapazitätsstrukturen; daher stehen auch die kurzfristigen Kostenverläufe im Zentrum der Überlegungen. Die Nutzung dieser Kapazitäten wird einem Preissystem unterworfen, welches in seiner Struktur die *räumlichen* und *zeitlichen Nachfrageintensitäten* und damit Auslastungsgrade berücksichtigt. Ziel des Road pricing ist es, eine *Nachfragesteuerung* im Sinne einer möglichst gleichmäßigen Kapazitätsauslastung zu erreichen; insbesondere sollen Überlastungen durch engpaßorientierte Preise und hieraus resultierende intertemporale sowie strecken- und verkehrsmittelspezifische Verlagerungen abgebaut werden. Gleichzeitig signalisieren zunehmende Engpaßpreise einen infrastrukturellen Investitionsbedarf. Die Erlöse des Road pricing sollten nicht zur Stärkung allgemeiner Budgetpositionen der öffentlichen Haushalte dienen; vielmehr ist es sinnvoll, die aus Engpässen resultierenden Einnahmen des Road pricing zur Beseitigung dieser Engpässe einzusetzen. In der praktischen Verkehrspolitik werden allerdings in einigen Ländern die Einnahmen aus dem Road pricing zur allgemeinen Verkehrsinfrastrukturfinanzierung oder zur Finanzierung spezieller Infrastrukturprojekte herangezogen.

Abbildung 44: Wirkungen von Überlastungen einer definierten Straßenkapazität

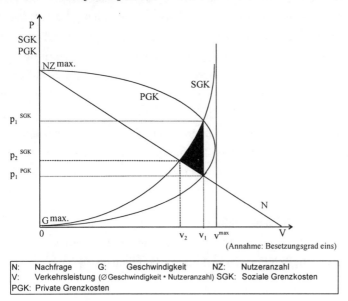

Quelle: In Anlehnung an Knauth/Lux (1989), S. 585.

Strittig ist, ob Road pricing-Systeme auch zur Anlastung von Umwelteffekten (externe Kosten) dienen sollten. Es besteht die Gefahr, dass hierdurch die konzeptionelle Ausgestaltung des Road pricing mit zusätzlichen Problemen überfrachtet wird, da neben den Problemen der Erfassung und Kontrolle der Fahrzeugbewegungen und der entsprechenden Preissetzung noch jene der Messung und ökonomischen Bewertung der fahrzeugspezifischen Umwelteffekte zu lösen sind (vgl. Kapitel VI).

Bei einer Anwendung des Road pricing zur Nachfragebeeinflussung mittels infrastrukturauslastungsabhängiger Preise besitzen Kapazitätsengpässe aufgrund von Überlastungen einen besonderen ökonomischen Stellenwert. Diese Überlastungen der Verkehrsinfrastruktur bilden sich in den *Stauungskosten* ab. Bezogen auf die in eine Verkehrswegekapazität einfahrenden Fahrzeuge sind die **Grenzkosten der Stauung** relevant. Der einzelne Verkehrsteilnehmer registriert nur die Durchschnittskosten der Stauung; sie sind identisch mit seinen privaten Grenzkosten. Anzulasten im Sinne einer Optimierung der Verkehrswegenutzung sind hingegen die **sozialen Grenzkosten**. Sie spiegeln den Beitrag eines zusätzlichen Fahrzeuges (praktisch bedeutsamer: einer Gruppe zusätzlicher Fahrzeuge) zu den überlastungsbedingten Behinderungen **aller** auf diesem Streckenabschnitt fahrenden Fahrzeuge wider (Zeit-, Unfall-, Treibstoffkosten). Werden lediglich die privaten Grenzkosten angelastet, so erfolgt eine überoptimale Nutzung der betrachteten Verkehrsinfrastrukturkapazität. Sie zeichnet sich durch Geschwindigkeitsreduktionen und damit Zeitkostensteigerungen bei allen anderen Nutzern dieses Verkehrsweges aus, ohne dass diese Wirkungen beim zusätzlichen Nachfrager entscheidungsbedeutsam sind. Werden hingegen diese bei Dritten entstehenden zusätzlichen Kosten dem marginalen Nutzer angelastet, muß er neben seinen privaten Grenzkosten auch die Differenz zwischen diesen und den sozialen Grenzkosten tragen. Bei preisabhängiger Nachfrage führt dies zu einer Nachfragereduzierung bis zum Schnittpunkt der Nachfrage- mit der sozialen Grenzkostenkurve.

Für den Straßenverkehr sind zahlreiche Road pricing-Systeme mit unterschiedlichen technisch-organisatorischen Strukturen entwickelt worden. Einen Überblick über die wichtigsten Formen vermittelt Abbildung 45:

Abbildung 45: Formen des Road pricing im Straßenverkehr

Ausprägung	Anwendungsgebiet			
	HONGKONG	SINGAPUR	OSLO	CAMBRIDGE
Zielsetzung	Reduzierung der Stauungsintensität	Verringerung des Verkehrsaufkommens	Finanzierung des Infrastrukturausbaus	Allokation knappen Verkehrsraumes
Erhebungsmethode	point pricing	point pricing	point pricing	continuous pricing
Steuerung	off-vehicle-system	off-vehicle-system	off-vehicle-system	driver operated system
Zahlungsweise	post-pay	pre-pay	pre-pay	pre-pay
Probleme	• Akzeptanz • Abbruch des Modellversuchs	sehr viele parallele fiskalische Maßnahmen	Akzeptanz	noch nicht bekannt

Quelle: Aberle/Brookshire (1993), S. 51.

Bereits 1965 wurde im sog. **Allais-Bericht**, der im Auftrag der EG-Kommission erstellt wurde, ein methodisch dem Peak load-pricing ähnlicher Vorschlag für die Preisbildung bei Verkehrswegen unterbreitet. Dieser Bericht entwirft das Grundkonzept eines Preisbildungsverfahrens für *gegebene* Verkehrswegekapazitäten, in dessen Mittelpunkt die Optimierung der Nutzung der gebundenen Ressourcen steht. Die Nutzungsentgelte werden in Abhängigkeit von der Auslastungssituation der Verkehrsflächen bemessen: Bei Kapazitätsreserven wird ein Preis in Höhe der (kurzfristigen) Grenzkosten erhoben (sog. Grenzkostenentgelt); wird die Kapazitätsgrenze erreicht, erhöht sich der Preis um einen Knappheitsbestandteil (sog. reines Entgelt). Der gesamte Nutzungspreis (sog. wirtschaftliches Entgelt) setzt sich demnach stets aus den Grenzkosten und einem von der Auslastungssituation (der Nachfrageintensität) abhängigen reinen Entgelt zusammen. Der Zuschlag des reinen Entgelts soll einmal die kapazitätsüberlastende Nachfrage beeinflussen (Verkehrsverlagerung auf Schwachlastzeiten oder andere Infrastrukturen, ggf. sogar Verkehrsvermeidung bewirken), zum anderen aber auch Hinweise auf die Notwendigkeit kapazitätserweiternder Investitionen geben.

Abbildung 46: System wirtschaftlicher Entgelte (Allais-Bericht)

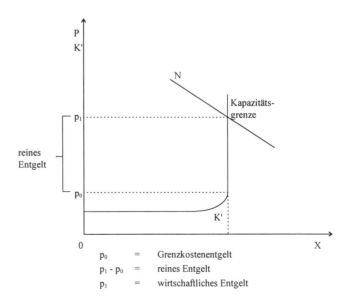

p_0 = Grenzkostenentgelt
$p_1 - p_0$ = reines Entgelt
p_1 = wirtschaftliches Entgelt

Literatur zu Kapitel III.5.2.1:

Aberle, G. / Brookshire, K. (1993): Prometheus: Pro-General - Die Bedeutung verkehrs- und ordnungspolitischer Rahmenbedingungen zur Sicherung der gesamtwirtschaftlichen Effizienz von Prometheus Forschungsergebnissen, Gießen.

Allais, M. et al. (1965): Möglichkeiten der Tarifpolitik im Verkehr, Brüssel (Studien hrsg. von der Europäischen Kommission, Reihe Verkehr, Nr. 1).

Baum, H. (1972): Grundlagen einer Preis-Abgabenpolitik für die städtische Verkehrsinfrastruktur, Düsseldorf (Band 28 der Buchreihe des Instituts für Verkehrswissenschaft an der Universität zu Köln).

Eisenkopf, A. (1992): Road pricing, Wirtschaftspolitische Blätter, Heft 3, S. 316-326.

Knauth, P. / Lux, T. (1989): Ökonomische Analyse von Verkehrsstaus, in: Wirtschaftswissenschaftliches Studium (WiSt), 18. Jg., S. 583-586.

Ministry of Transport (1964): Road Pricing: The Economic and Technical Possibilities, London (Smeed-Report).

Rothengatter, W. (1994b): Road Pricing, in: Straße + Autobahn, 45. Jg., S. 425-429.

5.2.2 Trennung von Fahrweg und Transportbetrieb bei der Eisenbahn: Konsequenzen für die Preispolitik

5.2.2.1 Vorbemerkungen

Durch die *Richtlinie 91/440/EWG* zur Eisenbahnpolitik sowie insbesondere durch die deutsche *Bahnstrukturreform* 1994 hat sich im Verkehrsbereich ein völlig neuartiges preispolitisches (und ordnungspolitisches) Problem ergeben. Die rechnerische und organisatorische Trennung von Fahrweg und Eisenbahntransportbetrieb mit der Verpflichtung zur Netzöffnung für Dritte stellt die Aufgabe, ein diskriminierungsfreies Trassenpreissystem einzuführen. Es gliedert sich in die Bedingungen zur *Zulassung zum Netz* und in jene, welche die *Trassenverträge* kennzeichnen. Unter einer Trasse wird hier das Recht zur Nutzung eines zeitlich und räumlich definierten Streckenabschnitts verstanden.

Die *ordnungs- und preispolitische* Betrachtung ist deswegen von hoher Relevanz, weil es sich bei dem Anbieter von Trassen, der Fahrwegdivision der DB AG, regelmäßig um einen **Netzangebotsmonopolisten** handeln wird. Zwar ist die Monopolmacht durch den intermodalen Wettbewerb anderer Verkehrsträger begrenzt; dennoch besitzt die Trasseninstitution als Infrastrukturunternehmen gegenüber den Eisenbahnbetriebsunternehmen (DB AG - Betriebssparten Güter-

und Personenverkehr; sonstige in- und ausländische Eisenbahnunternehmen und potentielle dritte Schienennutzer) eine *überragende Marktstellung* (auch im Sinne des Gesetzes gegen Wettbewerbsbeschränkungen GWB). In der Wertschöpfungskette der Erstellung von Eisenbahnleistungen (Produktion und Angebot von Netzleistungen; Produktion und Angebot von Eisenbahnverkehrsleistungen) besteht ein Monopolistic bottleneck.

Insofern ist die Trasseninstitution grundsätzlich in der Lage, ein diskriminierendes Verhalten zu praktizieren, wobei Diskriminierung generell beinhaltet, dass gleiche Tatbestände ungleich behandelt bzw. ungleiche Tatbestände gleich behandelt werden. Zusätzlich besteht eine *Tendenz zur Diskriminierung* bestimmter (potentieller) Nutzergruppen des Netzes oder von Netzteilen auch darin, dass die Hauptnutzer des Fahrwegs die konzernverbundenen Bereiche Personenfern- und Personennahverkehr sowie Güterverkehr der DB AG sind. Trassennutzungen durch Dritte werden häufig entgangene Geschäftstätigkeiten der DB AG-Eisenbahnbetriebe darstellen.

Bei gesamtunternehmerischer Verbundenheit der Fahrweg- und der Eisenbahnbetriebsbereiche und damit faktisch vertikaler Integration besteht somit die Gefahr von erheblichen Interessenkonflikten bei der Fahrweginstitution; sie begünstigen diskriminierendes Verhalten gegenüber Dritten. Bei nur rechnerischer Trennung ist das Diskriminierungspotential am größten, bei faktischer Trennung am niedrigsten.

Damit stellen sich als ordnungs- und preispolitische Fragestellungen der Trennung von Fahrweg und Transportbetrieb die folgenden Sachkomplexe als besonders bedeutsam heraus:

- die Festlegung von *Trassenpreisen*, von *Rabattierungsprinzipien* und der *Laufzeit von Trassenverträgen*;
- die Definition der *Trennungslinie* von Fahrweg und Eisenbahntransportbetrieb hinsichtlich der genutzten Anlagen sowie
- die *Abgrenzung mißbräuchlicher Ausnutzung von Marktmacht* durch den Anbieter von Trassen.

5.2.2.2 Eisenbahnrechtliche und kartellrechtliche Rahmenbedingungen

Für die Umsetzung der Trennung von Fahrweg und Transportbetrieb der Bahn sowie der Netzöffnung für Dritte und die hieraus resultierenden Einzelprobleme gelten sowohl *eisenbahnrechtliche* wie auch *kartellrechtliche* Bestimmungen (vgl. insbesondere Aberle/Brenner/Hedderich 1995).

Bei den **eisenbahnrechtlichen** Vorschriften handelt es sich um

- die Richtlinie 91/440 EWG sowie die hierzu in Ergänzung erlassenen Richtlinien über die Erteilung von Genehmigungen an Eisenbahnunternehmen (95/18 EG) und über die Zuweisung von Fahrwegkapazität der Eisenbahn und die Berechnung von Wegeentgelten (95/19 EG);
- die Richtlinien EG 2001/12 (Revision der Richtlinie EWG 91/440), EG 2001/13 (Änderung der Richtlinie EG 95/18 zur Genehmigungserteilung für Eisenbahnunternehmen) und EG 2001/14 (Zuweisung von Fahrwegkapazitäten und Erhebung von Nutzungsentgelten für Netzleistungen);
- die Bestimmungen des Allgemeinen Eisenbahngesetzes neuer Fassung (AEG n.F.) vom 27. Dezember 1993.

Festgeschrieben sind in diesen Rechtsquellen die Verpflichtung zur **diskriminierungsfreien Netzöffnung öffentlicher Eisenbahnen für Dritte**, die Definition dieser Dritten und das **Verbot der Quersubventionierung** zwischen dem Fahrweg und dem Eisenbahntransportbetrieb. Das AEG n.F. zeichnet in § 2 Abs. 3 auch die **Trennungslinie** zwischen der Eisenbahninfrastruktur und dem Eisenbahntransportbetrieb; es lehnt sich dabei an die Verordnung (EWG) Nr. 2598/70 an. Danach zählen zum Fahrweg auch die ortsfesten und beweglichen Verkaufs-, Abfertigungs- und Verladeeinrichtungen, Rangierbahnhöfe, Terminals des kombinierten Verkehrs und Personenbahnhöfe. Die Bestimmung dieser Trennungslinie ist insofern von großer eisenbahnpolitischer Bedeutung, als nur für die Anlagen des Fahrwegs die Netzöffnungsverpflichtung gilt, nicht aber für Anlagen, die dem Eisenbahntransportbetrieb zugeordnet sind.

Nach § 14 Abs. 5 AEG n.F. entscheidet bei Nichteinigung über den Netzzugang oder die Trassenpreise das **Eisenbahn-Bundesamt** (EBA) als Aufsichtsbehörde. Die wettbewerbsrechtliche Zuständigkeit der Kartellbehörden nach dem Gesetz gegen Wettbewerbsbeschränkungen (GWB) wird ausdrücklich *auch* anerkannt.

Bei den **kartellrechtlichen** Vorschriften handelt es sich um

- die im Gesetz gegen Wettbewerbsbeschränkungen (GWB) enthaltenen Regelungen zum Kartellverhalten marktdominierender Eisenbahntransportunternehmen und zum diskriminierenden Verhalten marktbeherrschender und marktmächtiger Unternehmen;
- den mit der 6. Novellierung des GWB in §19 Abs. 4 Nr.4 eingefügten Allgemeinen Netzzugangstatbestand zur Sicherung eines symmetrischen und diskriminierungsfreien Netzzugangs, sowie um
- die in Art. 82 EG-Vertrag ausgewiesenen und untersagten Praktiken der mißbräuchlichen Ausnutzung einer marktbeherrschenden Stellung. Ergänzend ist die Rechtsprechung des EuGH zum diskriminierenden Marktverhalten zu berücksichtigen, die sich in zahlreichen Urteilen, wenn auch in anderen Wirtschaftsbereichen, niedergeschlagen hat und aus denen allgemeine und für die Eisenbahnpolitik relevante Grundsätze ableitbar sind.

Die Heranziehung allgemeiner wettbewerbsrechtlicher Beurteilungskriterien und die explizite Möglichkeit, die nationalen und EU-Wettbewerbsbehörden mit diesen eisenbahnpolitischen Problemen zu befassen, stellen einen weiteren wichtigen Schritt in dem Bemühen dar, von sektorspezifischen Sonderregelungen abzukommen. Dies gilt um so mehr, als gerade die Trassenpolitik der Eisenbahnunternehmen viele Möglichkeiten diskriminierenden Verhaltens bietet, etwa bei

- der Netzzulassung und den Nutzungsbedingungen;
- dem strukturellen Aufbau des Trassenpreissystems;
- Versuchen der staatlichen oder ehemals staatlichen Eisenbahntransportunternehmen, eine Trassenvergabe an Dritte mittels Sperrkäufen u.ä. zu verhindern.

Regelungen zur Marktöffnung der nationalen Schienennetze für dritte Eisenbahnunternehmen unterliegen dem Problem, dass die Entscheidungen mit der Wirkung höherer (intramodaler) Wettbewerbsintensität für die dominanten (staatlichen) Eisenbahnen von den Eigentümern dieser Bahnen getroffen werden (müssen). Dies erklärt das zögerliche oder verhindernde Verhalten vieler nationaler Regierungen und die Verärgerung der EU-Kommission über die geringen Fortschritte in der europäischen Eisenbahnpolitik.

5.2.2.3 Ziele und Struktur eines ökonomischen Trassenpreissystems

Aus **betriebswirtschaftlicher Sicht** hat ein Trassenpreissystem für die Eisenbahn mehrere Funktionen zu erfüllen:

- die Erwirtschaftung von kostendeckenden, evtl. gewinnsichernden Erlösen durch den Verkauf von Trassen;
- die Unterstützung eines ökonomischen Trassenmanagements; dies beinhaltet eine differenzierte Vermarktung qualitativ und im Auslastungsgrad unterschiedlicher Netzteile (Trassen) mit Hilfe unterschiedlicher Preise.

In **gesamtwirtschaftlicher Betrachtung** geht es um eine optimale Nutzung der in der Eisenbahninfrastruktur gebundenen Ressourcen, wobei auch die Zielsetzungen einer Modal split-Veränderung zugunsten der Bahn (Kapazitätsengpässe bei der Straßeninfrastruktur; Umwelteffekte) zu berücksichtigen sind.

Um diese betriebswirtschaftlichen und gesamtwirtschaftlichen Funktionen zu erfüllen, müssen bei der Bildung der Trassenpreise verschiedene Kalkulationselemente berücksichtigt werden.

Bei einem ökonomisch rationalen Trassenpreissystem sollte sich der Trassenpreis als Nutzungsentgelt aus den folgenden Elementen zusammensetzen (gespaltener Tarif):

a) Mindestbestandteil ist ein sog. **Leistungspreis**, der sich an den Marginalkosten bzw. den inkrementalen Kosten der Streckennutzung orientiert. Für konkrete Rechnungen erweisen sich hier die durchschnittlichen variablen Kosten der Trasseninanspruchnahme als geeignetere Größe. Dies setzt voraus, dass die Fahrwegkosten in marginalisierbare und nichtmarginalisierbare Rechnungsgrößen aufgespalten werden. Dabei ist es sinnvoll, eine mittelfristige Betrachtungsweise, etwa von fünf Jahren, für die Rechnungen zugrunde zu legen, da *kurzfristig* die marginalen Kosten der Nutzung (Abnutzung, Verschleiß) außerordentlich gering sind und bei *langfristiger* Betrachtungsweise die Trennung von Benutzungs- und Kapazitätskosten nicht mehr möglich ist. Um den sehr hohen Rechenaufwand bei der großen Zahl von Streckenabschnitten zu reduzieren, könnten die Bemessungen dieser Leistungspreise jeweils für drei Jahre vorgenommen werden (Aberle/Weber 1987).

Diese Leistungspreise sind ergänzend mit **Zu- und Abschlägen** auszustatten, um den Besonderheiten der Nutzung aufgrund spezifischer qualitativer Anforderungen oder/und spezifischer Trassenbelastungen durch die Nutzer entsprechen zu können. Die Leistungspreise basieren beispielsweise auf unterstellten Normgeschwindigkeiten bei zunächst grober Unterteilung der Züge in Personen- und Güterverkehrszüge. An dieser Stelle soll nicht auf die Festlegung der Normgeschwindigkeiten eingegangen werden. Sie könnten z.B. durch die Zuggeschwindigkeiten des *Hauptnutzers* wesentlich bestimmt werden. Hierin kann allerdings eine Diskriminierungsproblematik im Sinne einer preispolitischen Bevorteilung des Hauptnutzers liegen. Für die konkrete Preissetzung sind jedoch mehrere zusätzliche Komponenten zu berücksichtigen.

b) Als erste Zuschlagsgröße sind **Beeinträchtigungseffekte** zu ermitteln. Sie spiegeln die Störungen des Verkehrsflusses durch Abweichungen von den Normgeschwindigkeiten nach unten und oben wider, da diese Abweichungen den Verkehrsfluß im Sinne einer Reduzierung der möglichen Durchsatzkapazität beeinträchtigen. Möglicherweise müssen auch mehrere Züge bei diesem Zeitfenster eine Warteposition einnehmen. Züge mit deutlichen Abweichungen von der Normgeschwindigkeit sind mit ihren Opportunitätskosten, d.h. den verdrängten Deckungsbeiträgen, zu belasten.

Es ist notwendig, diese Zuschläge, die sich rechnerisch als Multiplikatoren der Leistungspreise mit Werten größer als eins darstellen, nach dem Auslastungsgrad der Strecken und damit in der Regel zeitabhängig zu gestalten. Auch die sog. Hauptabfuhrstrecken der Bahn weisen über die 24-Stunden-Skala sehr unterschiedliche Auslastungssituationen auf. Bei generell nicht ausgelasteten Strecken entfallen die Beeinträchtigungszuschläge, da die Opportunitätskosten der hier verkehrenden Züge null sind.

c) Als weiterer Preisbestandteil sind **Knappheitszuschläge** (im Sinne des Peak load-pricing) anzusetzen. Bei voll ausgelasteten Strecken verdrängt jeder weitere Nutzer, also auch jener, welcher die Normgeschwindigkeit einhält, andere Nutzungsmöglichkeiten. Diese Zuschläge in Peak-Perioden haben eine Rationierungsfunktion; der hier erhobene *Peak-Zuschlag* entspricht dem sog. *reinen Entgelt* der Theorie der wirtschaftlichen Effekte (Allais-Bericht 1965). In Off peak-Perioden entfällt eine solche ergänzende Preiskomponente. Bei starker Streckennutzungsnachfrage über die Kapazitätsgrenzen hinaus werden entsprechend hohe Peak-Zuschläge erhoben, die zur Abdeckung der beim Fahrweg der Bahn hohen nichtmarginalen Kosten beitragen.

d) Da generell nicht davon ausgegangen werden kann, dass die bislang berücksichtigten Preisbestandteile ausreichen, die gesamten Fahrwegkosten der Bahn abzudecken, muß ein Zusatzbetrag **(Systemzuschlag)** von allen Trassennutzern erhoben werden. Er kann als sog. **Clubbeitrag** oder **Optionspreis** für die generelle Nutzungsmöglichkeit des Schienenfahrwegs angesehen werden. Allerdings ist eine nur jährliche Festlegung dieses Betrages nicht zulässig, da er eine Diskriminierung jener Trassennachfrager darstellen würde, die vergleichsweise wenige Trassen je Kalenderjahr beanspruchen. Dies hat der EuGH im Jahre 1992 im Urteil zur Einführung einer Straßenbenutzungsgebühr für schwere Lkw in Deutschland verdeutlicht (EuGH-Urteil vom 19.05.1992, Rechtssache C-195/90). Es muß ein Herunterbrechen auf geringe Nutzungshäufigkeiten erfolgen, wie es etwa auch bei der ab 1. Januar 1995 erhobenen zeitabhängigen Straßenbenutzungsgebühr für sog. schwere Lkw der Fall ist. Ein solches Herunterbrechen ist allerdings dann nicht erforderlich, wenn neben dem zweistufigen Tarif (Leistungspreise mit Zu-/ Abschlägen und dem Systembeitrag/Optionspreis) ein einstufiger, d.h. durchgehender Tarif angeboten wird. Die Systemzuschläge können weiterhin nach Fahrzeugtypen differenziert werden, etwa nach dem Beispiel Schwedens, wo seit 1988 eine faktische Trennung von Fahrweg (staatliche Institution Banverket) und privatwirtschaftlich agierender Eisenbahn (SJ) mit Zulassung Dritter zum Netz besteht (Brandborn/Hellsvik 1990). Auch ist eine regional oder nach Netzkategorien (Hochleistungs- und Standardnetz) unterschiedliche Ausgestaltung vorstellbar. Ebenfalls könnten Umweltaspekte durch Berücksichtigung unterschiedlicher Schadstoff- und Lärmemissionen erfaßt werden.

e) Grundsätzlich sind **Rabattierungen** bei Trassenpreisen möglich und auch betriebswirtschaftlich sinnvoll. Das Postulat der Diskriminierungsfreiheit im Zusammenhang mit der Trassenvergabe an Dritte verlangt jedoch transparente und sachlich begründete **Bestimmungsgrößen** dieser Rabatte. Grundsätzlich gilt, dass Rabatte ihr Pendant in **Kosteneinsparungen** beim Rabattgeber besitzen müssen. Solche Kosteneinsparungen betreffen insbesondere die sog. **Transaktionskosten**, die vor allem als Kosten des Aushandelns sowie der Überwachung der Trassenvergabeverträge entstehen, resultieren aber auch aus höherer Planungssicherheit und schließlich aus dem *Verringern* von *Auslastungsproblemen* bei größerer Mengennachfrage bzw. längeren Vertragsdauern.

Insofern lassen sich bei den Rabatten unterscheiden:

- **Mengenrabatte** (nachgefragte Menge an Trassen, etwa auf Basis der Zugfahrten bzw. Zugkilometer);
- **Regelmäßigkeitsrabatte** (gleichmäßige Streckenauslastung, vereinfachte Planung der Trassenvergabe);
- **Vertragsdauerrabatte.**

Hingegen dürften nachträglich gewährte **Treuerabatte** wegen fehlender ex ante-Transparenz nicht als diskriminierungsfrei gelten.

Bei der Wahl eines zweistufigen Tarifs ergibt sich durch den Dynamisierungseffekt beim Systembeitrag bzw. Optionspreis eine implizite Rabattierung. Ob sie diskriminierend wirkt hängt von der konkreten Ausgestaltung des Preissystems ab.

Abschließend sei noch auf drei wichtige Sachkomplexe der Trassenpreisbildung hingewiesen.

- Bei der **Bemessung** von **Mengenrabatten** ist die **Bezugsgröße** für diese Rabatte zu präzisieren. Konkret: Sind *sämtliche* von einem Eisenbahnunternehmen nachgefragten Zugkilometer und damit Trassen hier die geeignete (und diskriminierungsfreie) Basis oder müssen differenziertere Grundlagen gewählt werden? Die Beantwortung setzt eine Analyse der **Kosteneinsparungen** aufgrund größerer Mengennachfrage voraus. Auf jeden Fall erscheint es notwendig, zwischen Personen- und Güterverkehr und beim Personenverkehr nach Nah- und Fernverkehr zu unterscheiden.

Aber auch dann verbleiben weitere wichtige Fragen: Sind beim Personennahverkehr hinsichtlich einer konkreten Rabattierung für eine einzelne Strecke oder Strecken in einer Nahverkehrsregion nur die in **dieser Region insgesamt** von einem Trassennutzer nachgefragten Trassen oder überhaupt **alle in Deutschland für den Nahverkehr** eingekauften Trassen zugrunde zu legen? Die Relevanz dieses Problems ergibt sich daraus, dass als Dritte in den Nahverkehrsregionen kommunale und private NE-Bahnen auftreten, die mit der (ehemaligen) Staatsbahn DB AG möglicherweise um die Trassen konkurrieren. Sie würden dann aufgrund der Mengenrabattierung auf Basis aller nachgefragten Nahverkehrstrassen preispolitisch benachteiligt und ggf. auch diskriminiert. Es ist davon auszugehen, dass ein dominierender Anteil eingesparter Kosten in engem Zusammenhang mit der *regionalen* Nachfrageintensität steht, d.h. nachgefragte Trassen in räumlich weit entfernten Nahverkehrsregionen bewirken keine oder nur sehr begrenzte Kosteneinsparungseffekte hinsichtlich der Trassenkosten in der Verhandlungsregion.

- Weiterhin ist die **Zeitdauer** der Trassenvergabeverträge von erheblicher Bedeutung. Generell gilt, dass es sich hier nicht um Spotmärkte handelt. Solche kurzfristigen Nachfragen nach Trassen stellen Ausnahmen dar; ihre Befriedigung ist von der Auslastungssituation der Strecke und der Zahlungsbereitschaft der Nachfrager abhängig.

Die Interessen der Nachfrager und Anbieter von Trassen sind heterogen. So wird der Trassen*anbieter* an längerfristigen Verträgen mit dem Ziel der Planungs- und Auslastungssicherheit interessiert sein; dieses Interesse wird verstärkt, wenn für einen Trassennutzer spezielle Maßnahmen am Fahrweg (Investitionen, Organisationsregelungen) durchgeführt werden müssen (hoher Grad an **Spezifität**). Andererseits ist für den Anbieter aber auch eine gewisse Flexibilität bezüglich des Neuabschlusses von Nutzungsverträgen durchaus ökonomisch interessant, um die Abhängigkeit durch sehr lange Vertragsdauern zu reduzieren. Außerdem muß, um den **Marktzugang Dritter** überhaupt zu ermöglichen, eine Mindestnutzungsmöglichkeit von Trassen (ohne Berücksichtigung von Spotabmachungen) möglich sein.

Bei den Trassen*nachfragern* bestehen ebenfalls divergierende Interessenlagen. So werden die „Hauptnutzer", in Deutschland also die Eisenbahnverkehrssparten der DB AG, zu sehr langfristigen Vertragsdauern bereit sein, um etwa in den internationalen Fahrplankonferenzen entsprechende Abmachungen tätigen zu können und um ihre jeweiligen Planungen und Investitionsentscheidungen für das Rollmaterial abzusichern.

Sehr lange Mindestnutzungsdauern, etwa deutlich größer als eine Fahrplanperiode, dürften als diskriminierend gegenüber dritten Nutzern einzustufen sein. Sinnvoll erscheint es auch, bei langen Vertragsdauern sowohl Preisgleitklauseln einzufügen wie auch die Möglichkeit, Trassen unter definierten Bedingungen (Verhinderung spekulativer Handlungen) an sonstige (potentielle) Trassennutzer zu übertragen.

- Letztlich ist darauf hinzuweisen, dass **Diskriminierungsfreiheit** beinhaltet, dass die Bedingungen zur Trassenvergabe **generell** gegenüber *allen* Nutzern, also auch traditionellen Hauptnutzern und den Dritten gelten. Alle Differenzierungen in den Trassenpreisen und sonstigen Vertragselementen müssen aus allgemein zugänglichen Bedingungen zur Trassenvergabe ersichtlich sein. Ob dies tatsächlich bei einer nur organisatorischen, aber nicht institutionellen Trennung von Fahrweg und Eisenbahntransportbetrieb möglich ist, muß zumindest wegen der dann bestehenden erheblichen **Interessenkonflikte** kritisch hinterfragt werden. Ein hinreichender Erfahrungszeitraum liegt noch nicht vor. Allerdings sollte auch vermerkt werden, dass mit der organisatorischen Trennung von Fahrweg und Transportbetrieb, dem verpflichtenden diskriminierungsfreien Netzzugang Dritter sowie dem Trassenpreissystem völliges Neuland in der Verkehrspolitik betreten wird.

Literatur zu Kapitel III.5.2.2.1-III.5.2.2.3:

Aberle, G. (1998b): User Charges for Railway Infrastructure, in: Round Table 107, Economic Research Centre, European Conference of Ministers of Transport, Paris, S. 5-45.

Aberle, G. / Brenner, A. / Hedderich, A. (1995): Trassenmärkte und Netzzugang: Analyse der grundlegenden ökonomischen Bestandteile von Trassennutzungsverträgen bei Trennung von Fahrweg und Eisenbahntransportbetrieb mit Marktöffnung für Dritte, Hamburg (Band 8 der Gießener Studien zur Transportwirtschaft und Kommunikation).

Aberle, G. / Weber, U. (1987): Verkehrswegebenutzungsabgaben für die Eisenbahn: Theoretische Grundlegung und verkehrspolitische Ausgestaltung, Darmstadt (Band 1 der Gießener Studien zur Transportwirtschaft und Kommunikation).

Brandborn, J. / Hellsvik, L. (1990): Die neue Eisenbahnpolitik in Schweden, in: Internationales Verkehrswesen, 42. Jg., S. 342-348.

Hedderich, A. (1994): Ökonomische Analyse der Laufzeit von Trassennutzungsverträgen, in: Internationales Verkehrswesen, 46. Jg., S. 477-483.

Hedderich, A. (1996): Vertikale Desintegration im Schienenverkehr - Theoretische Basisüberlegungen und Diskussion der Bahnstrukturreform in Deutschland, Hamburg (Band 11 der Gießener Studien zur Transportwirtschaft und Kommunikation).

Knieps, G. (1996): Wettbewerb in Netzen. Reformpotentiale in den Sektoren Eisenbahn und Luftverkehr, Vorträge und Aufsätze des Walter Eucken Instituts Nr. 148, Tübingen.

5.2.2.4 Exkurs: Die Trassenpreissysteme der Deutsche Bahn AG 1994/95, 1998 und 2001

Nach der Kennzeichnung der Grundlagen eines ökonomisch rationalen Trassenpreissystems in Verbindung mit einem diskriminierungsfreien Netzzugang für Dritte werden nachfolgend die wichtigsten Merkmale der Trassenpreissysteme der DB AG vorgestellt. Die DB AG - Unternehmensbereich Fahrweg - hat als erste EU-Bahn aufgrund der Richtlinie 91/440/EWG und der Ergebnisse der deutschen Bahnstrukturreform ab Anfang Juli 1994 ihr Netz für die Nutzung durch Dritte geöffnet und ein Trassenpreissystem erarbeitet und veröffentlicht. Die Schwierigkeiten bei der Konzipierung eines solchen Preissystems sind nicht zu unterschätzen; es ist davon auszugehen, dass in den nächsten Jahren noch wesentliche Modifikationen erfolgen. Erste - wenn auch geringfügige – Korrekturen wurden 1995 vorgenommen; eine grundlegende Neukonzeption des Trassenpreissystems wurde Mitte 1998 eingeführt. Im Jahr 2001 folgte aufgrund von Beschwerden dritter Bahnen mit mengenmäßig niedriger jährlicher Trassennachfrage und einer Intervention des Bundeskartellamts der Verzicht auf das 1998 eingeführte zweistufige Tarifsystem (mit Optionsmöglichkeit für einen linearen Tarif). Ab 01. April 2001 gilt ein strukturell einfaches einstufiges Preissystem; es wird nachfolgend ebenfalls dargestellt.

Dritte, die das Netz der DB AG nutzen können, sind

- öffentliche Eisenbahnenverkehrsunternehmen,
- private Eisenbahnverkehrsunternehmen,
- ausländische Eisenbahnen sowie
- sonstige Betreiber, die einem Eisenbahnunternehmen gleichzustellen sind (Speditionen, Reiseveranstalter, Produktions- und Handelsunternehmen, Gebietskörperschaften u.ä.).

Bedingung ist, dass diese Bahnen, sofern sie eigene Netze besitzen, diese ebenfalls der öffentlichen Nutzung zur Verfügung stellen und eine Zulassung (Lizenz) als Eisenbahnverkehrsunternehmen besitzen. In Deutschland wird diese Zulassung („Genehmigung") durch die Bundesländer bzw. das Eisenbahnbundesamt EBA (§ 6 in Verbindung mit § 5 Abs. 1 AEG n.F.) erteilt.

Verfügen die Dritten nicht über eigene Waggons und/oder Triebfahrzeuge, können diese angemietet werden. Bei Triebfahrzeugen hat dies bis etwa zum Jahr 2000 erhebliche Schwierigkeiten wegen Verweigerung der DB AG und zögerlicher Verkaufspolitik der herstellenden Industrie bereitet, die den Hauptkunden DB AG nicht verärgern wollte. Inzwischen gibt es Lokpools mit Anmietmöglichkeiten und auch problemlose Käufe durch Dritte bei den Triebfahrzeugherstellern.

Im Zentrum des **Trassenpreissystems 1994** standen die **Grundpreise** für die einzelnen Trassen, jeweils errechnet für Streckenabschnitte zwischen Knoten. Ihre Höhe wurde von zwei Faktoren beeinflußt:

- der **Zugpreisklasse**: Sie ließ sich ermitteln durch die Zuordnungskriterien Zuglast, Geschwindigkeit auf mindestens einem Abschnitt des Laufweges und der Planungsqualität;
- der **Streckenkategorie**: Kriterien der Kategorienbildung waren Verkehrspotential (wirtschaftliche Bedeutung für den Personen- und Güterverkehr) und die Leitgeschwindigkeit des Streckenabschnittes.

Beim Faktor **Streckenkategorie** unterschied das Preissystem verschiedene Geschwindigkeitsbereiche (von 50 km/h bis 250 km/h). Für die Erfassung des Verkehrspotentials wurde das Gesamtnetz in drei Kategorien (A, B, C) untergliedert. Dabei umfaßte Kategorie A die Hochgeschwindigkeitsstrecken als Verbindung der Ballungsräume, Kategorie B Streckenabschnitte zwischen Oberzentren und ihren Knotenpunktbahnhöfen für Fern- und Nahverkehr sowie Kategorie C solche Trassen, welche Mittelzentren und die Ballungsräume mit dem regionalen Umland verbinden. Insgesamt gab es zehn Streckenkategorien von A 250 bis C 50. Die insgesamt zwölf **Zugpreisklassen** gliederten sich in sieben Zugpreisklassen für den Personenverkehr (P1-P7) und fünf Zugpreisklassen für den Güterverkehr (G1-G5).

Spezifische **nachfragerindividuelle Preisbestimmungsfaktoren** drückten sich in internen Multiplikatoren bei der Ermittlung der Grundpreise aus. Sie wurden in den Zugpreisklassen wirksam.

Hieraus ergab sich z.B., dass auch bei Nutzung gleicher Trassen (Streckenabschnitte) unterschiedliche Zugkilometerpreise in Abhängigkeit von der Zugpreisklasse zu zahlen waren (Güterverkehrszüge, Personenzüge; innerhalb des Personenverkehrs Interregio-Züge und Regionalbahnzüge).

Diese in Listen nachvollziehbaren Grundpreise wurden in einem weiteren Schritt aufgrund nachfrageindividueller Bedingungen modifiziert. Modifizierungskriterien waren:

- nachgefragte *Mengen* (Zugkilometer) im Personen- und Güterverkehr (Mengenstaffel); ab 1995 war der Mengenrabatt auf 5 % reduziert.
- *Zeitdauer* der Trassenverträge (Zeitstaffel); Rabattsatz bis 6 %.

Zusätzlich gab es allerdings auch **generelle Vorrangregeln**. So hatte der vertaktete Verkehr Priorität vor den nichtvertakteten Verkehren (§ 14 AEG n.F. spricht allerdings nur von „angemessener Berücksichtigung des vertakteten Verkehrs"). Für nur gelegentlich das Netz nutzende Dritte ergab sich aus dieser Regel durchaus eine Zugangsproblematik, sind doch bei der DB AG in der Sparte Personenfern- und Personennahverkehr nahezu fast alle Zugkategorien vertaktet.

Zum 1. August 1995 veröffentlichte die Fahrwegsparte der DB AG ergänzend zu den Trassenpreisen ein sog. **Anlagenpreissystem**. Darin sind die Entgelte für die Nutzung von Gleisen der DB AG zum Abstellen oder Rangieren von Wagen bzw. Zügen verzeichnet. Das Anlagenpreissystem ist als gespaltener Tarif aufgebaut (zeitlich differenzierte Grundpreise zuzüglich Entgelte für jeden lfd. Schienenmeter beanspruchtes Gleis). Die Höhe der Preise wird zusätzlich durch Qualitätsmerkmale beeinflußt (elektrifiziert/nicht elektrifiziert; einseitig/zweiseitig an das Netz angebunden).

Ein weiteres Preissystem für die Nutzung von *Bahnhofs-* und *Rangieranlagen* ergänzt das Trassenpreissystem; es wurde 1998 überarbeitet.

Zur **Jahresmitte 1998** wurde von der DB AG ein völlig **neues Trassenpreissystem** eingeführt. Es handelte sich um einen **zweistufigen Tarif**, mit dem das Ziel verfolgt wurde, einerseits Anreize für Mehrverkehre auf der Schiene zu schaffen, andererseits eine Deckung der hohen nutzungsunabhängigen Fahrwegkosten zu ermöglichen. Neben diesem zweistufigen Tarif wurde weiterhin ein durchgehender, d.h. *einstufiger* Tarif angeboten (vgl. zur Darstellung des Trassenpreissystems `98 Haase (1998), S. 460 ff.).

Der *zweistufige* Tarif setzte sich aus einem **festen Preisbestandteil** (sog. Infra-Card) und einem **variablen Entgelt** zusammen. Der Preis der InfraCard (als Optionspreis) war abhängig von der *Qualität* der nachgefragten Netzteile (Strecken), dem *Umfang* (Streckenkilometer) und der *Vertragsdauer* (Zeitrabatt bis 10 %). Ferner waren die Preise nach *Verkehrsarten* (Personennah-, Personenfern- und Güterverkehr) differenziert.

Zur Qualitätsabgrenzung war das Netz der DB AG in 6 Kategorien unterteilt; dabei umfaßte K1 beispielsweise Strecken zwischen 200 und 300 km/h-Auslegung, K6 Strecken für Geschwindigkeiten unter 80 km/h. Es fand also innerhalb des Optionspreises eine weitere Stufung nach Kosten- und Nachfragestrukturen statt. Der Preis der InfraCard wurde für jede Verkehrsart nach der Menge der nachgefragten Streckenkilometer je Netzkategorie ermittelt.

Die **variable Preiskomponente** wurde auf Basis der nachgefragten *Zugkilometer* (DM/Zugkm) errechnet. *Zu- und Abschläge* ergaben sich in Abhängigkeit von der Streckenauslastung, der Fahrplanflexibilität des Trassennachfragers und speziellen Innovationsmerkmalen.

Da die streckenkilometerabhängigen Preise der InfraCard sich zu erheblichen Beträgen addierten, zumal noch *Mindestnetzgrößen* (unterschiedlich nach Verkehrsart) vorgegeben waren, hätten sich für Trassennachfrager mit vergleichsweise niedrigen Zugkilometerwerten pro Jahr marktzutrittsverhindernde hohe Trassenkosten ergeben. Dies hätte einen unzulässigen Diskriminierungstatbestand darstellen. Der durchgehende (einstufige) Tarif (sog. VarioPreis) für Trassennachfrager ohne InfraCard wies *nur zugkilometerabhängige* Preise unter Berücksichtigung der Qualitätsmerkmale der befahrenen Strecken (K1 bis K6) sowie des jeweiligen Streckenauslastungsgrades aus. Wie beim variablen Entgelt des zweistufigen Tarifs konnten Zu- und Abschläge auftreten. Insgesamt lagen die VarioPreise je Zugkm deutlich über den variablen Preisbestandteilen des zweistufigen Tarifs.

Das Trassenpreissystem '98 war preistheoretisch abgesichert (Knieps 1998, S. 466 ff.), unterstützte die Ziele der Bahnstrukturreform von 1994 (Aberle 1998, S. 471 ff.) und entsprach den Vorgaben der **Eisenbahninfrastruktur-Benutzungsverordnung** (EIBV) in der Fassung vom Dezember 1997.

Anwendungsprobleme des Trassenpreissystems '98 ergaben sich dadurch, dass der zweistufige Tarif für Nachfrager mit sehr hohen Zugkilometerleistungen betriebliche Degressionswirkungen ergab. Dies war - als *impliziter Mengenrabatt* - systembedingt und hinsichtlich der Attrahierungszielsetzung (Verbilligung von Mehrverkehren) auch erwünscht. Dennoch konnte hierdurch eine Benachteiligung insbesondere von sog. Dritten eintreten, welche die InfraCard nicht nachfragten und den im Vergleich zum variablen Preisbestandteil des zweistufigen Tarifs deutlich höheren VarioPreis je Zugkilometer zahlen mußten.

Die Grundstruktur des Trassenpreissystems `98 der DB AG wurde auch von nichtbundeseigenen Eisenbahnen mit eigener Infrastruktur (sog. NE-Eisenbahninfrastrukturunternehmen) angewandt (Rumpf/Henrich-Köhler 1999).

Abbildung 47: Trassenpreissystem 1998 der DB AG: Zusammensetzung des Trassenpreises im zweistufigen Preissystem

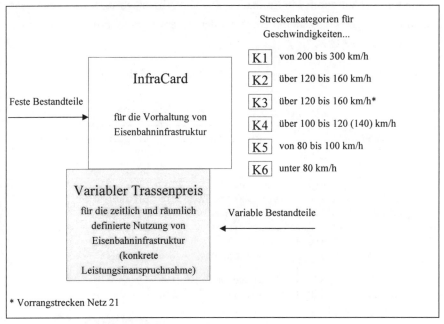

Quelle: in Anlehnung an Haase (1998), S. 462f.

Ab 01. April 2001 hat die DB AG das zweistufige Trassenpreissystem durch ein ein einstufiges Preissystem ersetzt. Ursächlich hierfür waren Beschwerden von dritten Bahnen über Wettbewerbsverzerrungen gegenüber den DB-Konzerngesellschaften Regio, Reise & Touristik sowie Cargo aufgrund des (hohen) impliziten Mengenrabatts bei Nutzung der Infracard. Das Bundeskartellamt hatte ebenfalls die degressionsbedingte Rabattierung für Trassennachfrager mit hohen Mengenrabatten kritisiert.

Das neue Trassenpreissystem ist vergleichsweise einfach strukturiert und gilt für jeden Trassennachfrager gleichermaßen. Ausgangsgrößen sind trassenkilometerbezogene Grundpreise für die Streckenkategorien Fernnetz, Zulaufstrecken und S-Bahnstrecken. Bei stark belasteten Strecken wird ein Preiserhöhungsfaktor von 1,2 verrechnet.

Diese Grundpreise werden mit sog. Produktfaktoren multipliziert. Hierbei handelt es sich um qualitative Anforderungsmerkmale; sie liegen als Faktorkoeffizienten zwischen 0,5 (Zubringer-Trassen) und 1,8 (Expresstrassen Personenverkehr). Weiterhin werden durch Multiplikation Zu- und Abschläge für spezifische Trassenanforderungen vorgenommen, um den Trassengesamtpreis zu ermitteln (Deutsche Bahn AG 2001b).

Abbildung 48: Trassenpreissystem der DB Netz AG ab 2001 (TPS '01)

DB-Netz-Trassenpreissystem '01

	Grundpreis			Produktfaktoren		Sonderfaktor = Trassenpreis
	Kategorie		DM je Tr.-km			Zuschläge / Abschläge
Fernnetz	HGV	F1	6,60	Express-Trasse PV	1,80	Dampf
	Rapid	F2	4,40	Nahverkehrs-Takt Trasse	1,65	Lademaßüber-
	Leistung	F3	4,25	Fernverkehrs-Takt Trasse	1,65	schreitung
	V-Schnell	F4	4,15 x	Economy-Trasse PV	1,00 x	spezifische = Trassenpreis
	V-Langsam	F5	4,00			Investitions-
	N-Schnell	F6	3,75	Express-Trasse GV	1,65	vorhaben
Zulauf-Strecken	Regional	Z1	4,15	GV Standard-Trasse	1,00	Lärm +
	Peripherie	Z2	4,30	Zubringer-Trasse	0,50	
S-Bahn-Strecken	S-Bahn Stamm	S1	2,90			Lastkomponente
						Ggf. Regent-Faktor
						NeiTech-Zuschlag
Auslastungsfaktor 1,2 auf stark belasteten Abschnitten						

Das TPS '01 verhindert zwar die Diskriminierung von Trassennachfragern mit vergleichsweise geringer jährlicher Trassennachfrage, diskriminiert dagegen die mengenmäßig großen Nachfrager. Kostenersparnisse werden nicht preiswirksam. Weiterhin fehlt jeder Anreiz, zur Absenkung des Trassenpreises vermehrt Trassen nachzufragen, aber auch das an sich wünschenswerte Preisincentive, zusätzliche Eisenbahnverkehre zu initiieren.

Literatur zu Kapitel III.5.2.2.4:

Aberle, G. (1998c): Von der Bahnstrukturreform zum Trassenpreissystem '98, in Internationales Verkehrswesen, 50. Jg., S. 471-475.

Aberle G. / Brenner, A. (1994): Trassenpreissystem der Deutsche Bahn AG - eine erste kartellrechtliche und ökonomische Beurteilung, in: Internationales Verkehrswesen, 46. Jg., S. 704-712.

Deutsche Bahn AG, Geschäftsbereich Netz (1994a): Trassenpreise Güterverkehr (erste Fassung 1994, ergänzt 1995), Frankfurt/M.

Deutsche Bahn AG, Geschäftsbereich Netz (1994b): Trassenpreise Personenverkehr (erste Fassung 1994, ergänzt 1995), Frankfurt/M.

Deutsche Bahn AG, Geschäftsbereich Netz (1995): Anlagenpreise, Frankfurt/M.

Deutsche Bahn AG (1998a): Allgemeine Bedingungen für die Nutzung der Eisenbahninfrastruktur der DBAG (ABN).

Deutsche Bahn AG (2001b), Trassenpreissystem 2001, Frankfurt am Main.

Haase, D. (1998): Das neue Trassenpreissystem der Deutschen Bahn AG, in: Internationales Verkehrswesen, 50. Jg., S. 460-465.

Häusler, U. (1995): Bildung und Funktion von Trassenpreisen für die Nutzung der Schieneninfrastruktur der DB AG, in: Zeitschrift für Verkehrswissenschaft, 66. Jg., S. 77-86.

Knieps, G. (1998): Das neue Trassenpreissystem: volkswirtschaftliche Vorteile eines zweistufigen Systems, in: Internationales Verkehrswesen, 50. Jg., S. 466-470.

Rumpf, C. / Henrich-Köhler, C. (1999): Trassenpreissysteme für Nichtbundeseigene Eisenbahnen, in: Der Nahverkehr, 17. Jg., Heft 1/2, S. 8-13.

5.3 Preise für Verkehrsleistungen - Tarifsysteme in der Verkehrswirtschaft

Traditionell werden in der Verkehrswirtschaft die Preisübersichten für Transportleistungen als *Tarife* bezeichnet. Tarife sind somit Frachtsätze (Güterverkehr) und Beförderungsentgelte (Personenverkehr).

Tarifsysteme spiegeln die strukturellen Komponenten der Preisbildung wider. Generell gilt, dass mit steigendem Regulierungsgrad die Struktur der Tarifbildung, d.h. die preisbildenden Elemente im Sinne nachvollziehbarer und veröffentlichter preisbestimmender Faktoren, an Bedeutung gewinnt. Der Verkehrsbereich als viele Jahrzehnte preisregulierter Sektor hat sich hier als herausragendes Beispiel einer expliziten Anwendung von solchen Preis- oder Tarifstrukturmerkmalen erwiesen.

In Deutschland haben erst mit Beginn der Preisliberalisierung auch im nationalen Verkehr zum 1. Januar 1994 die traditionellen Tarifsysteme entscheidend an Bedeutung verloren. Insbesondere sind die zahlreichen (veröffentlichten) Preisbildungskriterien nur noch für die interne Kalkulation von Bedeutung. Die Preise bilden sich am Markt und können nicht mehr - wie in Zeiten der staatlichen Preiskontrolle - in einzelne Bestandteile zum Zweck des Nachvollziehens der Preishöhe zerlegt werden.

5.3.1 Freie versus regulierte Preisbildung

Tarifsysteme können zur Kennzeichnung freier versus regulierter Preisbildung hinsichtlich ihrer **Preisflexibilität** gegliedert werden:

- Bei der *freien Preisbildung* liegen keine staatlichen oder verbandspolitischen Einflußnahmen vor. Die Leistungen werden individuell vom Anbieter kalkuliert; der Markt entscheidet über die Tragfähigkeit des Preis-Qualitäts-Verhältnisses. Bei der freien Preisbildung im Verkehrsbereich kann im Gütertransport das Problem der Ausnutzung von *Nachfragemacht* durch Großverlader auftreten. Ebenfalls nicht auszuschließen sind Marktmachtprobleme zwischen kleinen und mittleren Anbietern sowie Großanbietern (zu den letzten zählen etwa die staatlichen Eisenbahngesellschaften, Speditionskonzerne, die nationalen Postunternehmen und Fluggesellschaften als National carrier).

- Als Gegenpol zur individuellen freien Preisbildung ist die *öffentlich-rechtliche* Preissetzung durch Allgemeinverbindlichkeitserklärung von Tarifen durch staatliche Behörden (z.B. Verkehrsministerium) zu nennen. In den veröffentlichten Preisverzeichnissen werden regelmäßig die tarifbildenden Elemente aufgeführt, um die Nachvollziehbarkeit dieser *administrierten Preise* zu gewährleisten. Insbesondere wird dabei auf die Einhaltung der Nichtdiskriminierungsbedingung geachtet, da diese Form der Preissetzung mit einer starken Einschränkung des verkehrsträgerinternen Wettbewerbs verbunden ist. Die Verpflichtung zur Einhaltung eines vom Staat für allgemeinverbindlich erklärten Tarifsystems für einen Verkehrsträger entspricht der Bildung eines staatlichen Zwangspreiskartells mit Strafandrohung bei Verstößen gegen die Kartellbedingungen (etwa: Unterschreitung der obligatorischen Preise). Diese öffentlich-rechtliche Preisbildung war in Deutschland bis Ende 1993 vorherrschend.

- Die Festtarife hatten sich im Zeitablauf die Festtarife in *Margentarife* (Mindest-Höchst-Tarife) gewandelt; je weiter der Margenumfang definiert wird, desto höher ist die individuelle preispolitische Flexibilität und desto mehr nähert sich das obligatorische Tarifsystem einem freien Preissystem an.

- Staatlich genehmigte *Referenztarife* (Empfehlungspreise) stellen die unmittelbare Vorstufe zu freier individueller Preisbildung dar. Referenztarife können in einer Übergangszeit als Preisbildungshilfen benutzt werden. Sie sind generell unverbindlich.

- *Private Kartellabsprachen* zur Preisbildung haben bis Anfang der 70er Jahre im internationalen Luftverkehr (IATA-Tarife) beträchtliche Bedeutung besessen. Der heutige Stellenwert solcher Kartellabsprachen ist, mit Ausnahme der Preisvereinbarungen wichtiger Seeschiffahrtskonferenzen, gering. Vergleichbare Kartellabsprachen hat es in den 50er Jahren auch in der internationalen Binnenschiffahrt für Spezialverkehre gegeben (etwa: Duisburger Frachtenkonvention von 1951 für den Stückgutverkehr). Diese Absprachen sind inzwischen bedeutungslos geworden.

5.3.2 Preisbildende Strukturmerkmale

Die **preisbildenden Strukturmerkmale** von Verkehrstarifen haben ihre stärkste Ausprägung bei den Eisenbahnen erfahren. Der Grund ist vor allem in der früheren Monopolposition der Eisenbahn zu sehen, die zu einer staatlichen Regulierung insbesondere der Preisfestlegung führte. Die Eisenbahn wurde zum herausragenden Anwendungsbeispiel einer Vielzahl preistheoretischer Analysen, die sich vor allem in komplexen Preisdifferenzierungsregeln niederschlugen (Launhardt 1890; Engländer 1924; Schulz-Kiesow 1940). Einen informativen und umfassenden Überblick vermittelt Predöhl (1958). Zusätzlich wurde der Nachweis einer speziellen Eignung der Eisenbahn zur Durchsetzung raumstruktureller und regionalwirtschaftlicher Zielsetzungen zu erbringen versucht.

Zwar haben diese Tarifbildungselemente als Folge der Deregulierung und der damit verbundenen Aufhebung der obligatorischen Preissysteme an Bedeutung verloren. Dennoch werden nachfolgend in knapper Form die wesentlichen traditionellen preisbildenden Elemente der Eisenbahntarife dargestellt. Generell galten die Strukturmerkmale der Eisenbahntarife als Vorbild für die Tarife des Straßengüterverkehrs. In Deutschland bestand über einen längeren Zeitraum nach dem zweiten Weltkrieg (bis 1961) nicht nur eine weitgehende Übereinstimmung bei den Tarifbildungsprinzipien, sondern auch bei wichtigen Einzelentgelten von Eisenbahn und gewerblichem Straßengüterverkehr. Wegen der erheblichen Qualitätsunterschiede zwischen den Leistungen der beiden Verkehrsträger führte diese zum Schutz der Bahn gedachte Preisregulierung jedoch zu einer Marktstärkung des Straßengüterverkehrs.

Üblicherweise wird zwischen dem **Regeltarif** und **Ausnahmetarifen** unterschieden. Regeltarife sind Preisverzeichnisse, die für alle auftretenden Transportaufgaben gelten. Liegen besondere Voraussetzungen für die Transportaufgaben vor, wie große jährliche Mengen oder spezielle transportwirtschaftliche Wettbewerbsbedingungen, so können Ausnahmetarife gebildet werden. Ihre Anwendbarkeit ist an die Erfüllung der in den allgemeinen Bedingungen genannten Voraussetzungen gebunden. Im Rahmen des früheren obligatorischen Preissystems wurden im gewerblichen Straßengüterfernverkehr und bei der Eisenbahn die Mehrzahl der Gütertransporte zu Ausnahmetarifen abgewickelt, die einen höheren Grad an individueller Ausrichtung auf die konkreten Transportbedingungen und damit eine zusätzliche wettbewerbliche Komponente aufweisen. Die heute als „klassisch" zu bezeichnende Form der Preisbildung im Verkehr läßt sich anhand der sog. *Tarifstaffeln* verdeutlichen. Diese Staffeln kennzeichneten vor allem den Eisenbahngütertarif (bis Ende 1991 in Deutschland im Rahmen des *Deutschen Eisenbahn-Gütertarifs DEGT*), aber auch den Straßengüterfernverkehrstarif (bis Mai 1990 den *Reichskraftwagentarif RKT*; danach bis zur Aufhebung des obligatorischen Preissystems am 1. Januar 1994 den *Güterfernverkehrstarif GFT*). Im Personenverkehr waren und sind solche Tarifstaffeln wesentlich schwächer ausgeprägt.

Die Tarifstaffeln stellen einen speziellen funktionalen Zusammenhang zwischen preisbestimmenden Faktoren und den Preisen dar. Die wichtigsten Arten von Tarifstaffeln sind:

- Die **Entfernungsstaffeln**, bei denen ohne oder mit einer festgelegten Mindestentfernung ein linearer, degressiver oder progressiver Anstieg der Preise über die Entfernung verdeutlicht werden kann. Eine Mindestentfernung führt zu vergleichsweise höheren Preisen je km bei geringen Entfernungen; dies wird auch in Personennahverkehrstarifen angewandt, etwa bei einem Einheitspreis von 1-5 km.

Ein *degressiver* Entfernungstarif begünstigt längere Transporte und periphere Räume, indem die *ökonomische* Entfernung gegenüber der kilometrischen Entfernung durch die Entfernungsstaffel verringert wird. *Progressive* Entfernungsstaffeln besitzen keine praktische Bedeutung.

Abbildung 49: Formen von Entfernungsstaffeln

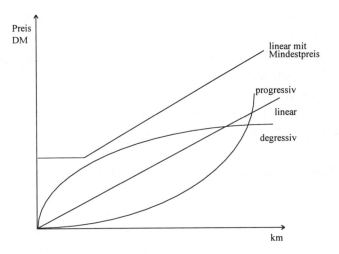

- Die **Wertstaffeln**, auch Belastbarkeitsstaffeln genannt. Sie stellen das herausragende Preisbildungsprinzip im Verkehr und insbesondere bei den Eisenbahnen dar; es wird auf die sog. **Tragfähigkeit** der Güter abgestellt. Damit wird ein Bezug zur Preiselastizität der Nachfrage und zu den monopolistischen Preisdifferenzierungsregeln hergestellt.

Zu diesem Zweck werden die Transportgüter in *Wertgruppen* eingeordnet. Hochwertige Produkte (z.B. Investitions- und langlebige Konsumgüter) werden mit vergleichsweise hohen Preisen, Massengüter mit niedrigen Preisen tarifiert; letztere würden bei höheren Frachtsätzen überhaupt nicht mehr transportfähig sein. Das in den Anfangsjahren der Wertstaffelnutzung recht weite Spannungsverhältnis der höchst- und niedrigsttarifierten Güter ist im Zeitablauf wesentlich verringert worden. Dies ist auf die zunehmende Konkurrenzierung der Eisenbahn durch den Straßengüterverkehr zurückzuführen, der aufgrund seiner Systemeigenschaften stark in den Markt der hochwertigen

Güter eingedrungen ist. Die Bahn mußte aufgrund qualitativer Unterlegenheit bei diesen Transportgütern die Preise nach unten anpassen.

- Die **Mengenstaffeln**, welche Mengenrabatte darstellen und Kostenersparnisse der Transportunternehmen bei Versand größerer Mengen von einem Verlader widerspiegeln. Berücksichtigt werden auch bessere Auslastungen der Fahrzeuge. Man kann bei den Mengenstaffeln zwei Unterformen unterscheiden:

  - Die sog. **kleine Mengenstaffel** berücksichtigt den (gewichtsmäßigen) Auslastungsgrad eines Fahrzeugs, also eines Eisenbahnwaggons oder eines Lastkraftwagens. Der günstigste Preis, gerechnet etwa je 100 kg, ergibt sich, wenn eine Vollauslastung mit einer Ladung (Sendung) erreicht wird, etwa bei einem Gewicht von 27 t (Preis: 100 %). Alle niedrigeren Ladungsgewichte (Teilladungen) werden (je 100 kg) mit sog. Nebenklassenzuschlägen belastet, z.B. 20 t mit 5 %, 15 t mit 20 %, 10 t mit 50 % und 5 t mit 120 %.

  - Bei der sog. **großen Mengenstaffel** handelt es sich um Preisermäßigungen, die im Eisenbahnbereich auftreten können. Wagengruppen und Ganzzüge, die von einem Versender an einen Empfänger aufgegeben werden, erhalten im Vergleich zur Einzelwagenauflieferung eine Preisermäßigung. Die große Mengenstaffel ist vor allem Merkmal der Ausnahmetarife (Vereinbarungspreise).

Abbildung 50: Tarifstaffeln im Verkehr

Für die Tarifbildung werden die drei Staffeln miteinander kombiniert. Das in der Entfernungsstaffel häufig enthaltene entfernungsabhängige Basisentgelt ist nicht für sämtliche Gütergruppen identisch, sondern von der Eingruppierung in die Wertstaffel abhängig. Bei der Bahn wurde früher, als sie noch als staatliches Sondervermögen am Markt auftrat, von sog. Abfertigungsgebühren gesprochen. Diese konstanten Beträge sollten der Abdeckung von Kosten dienen, die nicht mit der Transportentfernung und dem Wert der Transportgüter variieren, sondern durch die Bereitstellung und Abfertigung von Waggons oder eines Zuges bestimmt werden.

Literatur zu Kapitel III.5.3.2:

Engländer, O. (1924): Theorie des Güterverkehrs und der Frachtsätze, Jena.

Launhardt, W. (1890): Theorie der Tarifbildung der Eisenbahnen, in: Archiv für Eisenbahnwesen, 13. Jg.

Predöhl, A. (1964): Verkehrspolitik, 2. Auflage, Göttingen.

Schulz-Kiesow, P. (1940): Die Eisenbahngütertarifpolitik in ihrer Wirkung auf den industriellen Standort und die Raumordnung. Zugleich ein volkswirtschaftliches Lehrbuch der Eisenbahngütertarifpolitik, Heidelberg et al.

Zachcial, M. (1998): Güterverkehrssysteme im Seeverkehr und in der Binnenschiffahrt, in: Isermann, H. (Hrsg.): Logistik - Gestaltung von Logistiksystemen, 2.Aufl. Landsberg/L., S. 139-148.

5.3.3 Anmerkungen zur Preisbildung der Landverkehrsträger nach dem Tarifaufhebungsgesetz

Durch die Deregulierung der deutschen Verkehrsmarktordnung mit dem Wegfall der obligatorischen Tarife sowohl im grenzüberschreitenden EU-Binnenverkehr wie auch im nationalen deutschen Verkehr sind obligatorische Gütertarife bei den Landverkehrsträgern nur noch im grenzüberschreitenden Verkehr mit einigen Staaten außerhalb der EU gegeben. Lediglich im öffentlichen Personennahverkehr bestehen noch genehmigungsnotwendige und veröffentlichte Tarife. Damit bestimmt nahezu ausschließlich der Markt die realisierbaren Preise; die einzelnen preisbildenden Elemente, die während der Preisregulierung zur Nachvollziehbarkeit der Tarifanträge bei den Behörden und als Unterstützung für die staatlichen Preiskoordinierungsaufgaben zwischen den Verkehrsträgern dienten, treten nach außen nicht mehr in Erscheinung. Dennoch werden die im vorangegangenen Teilkapitel aufgeführten Komponenten, also Entfernung, Wert und Menge der transportierten Güter weiterhin wichtige *interne* preisbildende Größen darstellen. Ihre starre Struktur und die Veröffentlichung gehören jedoch der Vergangenheit an; ergänzend werden unternehmensinterne und -externe Einflußfaktoren auf die Preisbildung mit höherem Stellenwert als während der Preisregulierung berücksichtigt. Sie resultieren aus den Kostenstrukturen, aber auch der Nachfrage- und Konkurrenzsituation. Zu erwähnen sind etwa der Faktor Zeit, Rückladungsmöglichkeiten, logistische Zusatzleistungen, die Dringlichkeit des Transports sowie der Wert eines Kunden im Rahmen der gesamten Geschäftstätigkeit.

Erhalten bleibt auch die Unterscheidung von *Stückgut* (Sendungen mit einem Gewicht ab etwa 20 kg bis zu einer Gewichtsgrenze, die mit üblichen Förderhilfsmitteln verladen werden kann), *Teilladungen* (etwa ab 1.000 kg) und *Wagenladungen*. Ebenfalls wird differenziert nach Transporten, für die der Regeltarif gilt und solchen, die nach günstigeren Spezialtarifen (Ausnahmetarifen) abgerechnet werden (bei der Bahn rd. 85 % der Wagenladungen).

Ein gewisses Sonderinteresse beansprucht das Eisenbahntarifsystem. Zum 1. Januar 1992 wurde in Deutschland ein bereits stärker auf den Wettbewerb ausgerichtetes neues Preissystem eingeführt, das für den Wagenladungsverkehr gilt und eine wesentliche Abkehr von traditionellen Tarifierungsprinzipien beinhaltet. Es basiert auf **Grundfrachten** für sog. Standardtransportleistungen in einem 25 t-Achsenwagen. Diese Grundfrachten werden nach Gewichtsstufen (Mengenstaffel) der Sendungen und nach den verwendeten Waggontypen mit Hilfe von Koeffizienten modifiziert. Weiterhin werden Zuschläge für Zusatzleistungen und Abschläge (etwa der P-Abschlag für den Einsatz von Privatgüterwagen i.d.R. in Höhe von 15 %) verrechnet. Zusätzlich gibt es zahlreiche weitere Zuschläge für Sonderleistungen (sog. Nebenentgelte) und für die Beförderung von Tieren.

Das veränderte Güterpreissystem verzichtet auf komplizierte Wert- und Mengenstaffelunterscheidungen; damit werden auch die früher bei der kleinen Mengenstaffel wichtigen sog. *Schnittgewichte* bedeutungslos (Sendungsgewichte, ab denen eine höhere Ladungsklasse als dem Effektivgewicht entsprechend, zur günstigen Tarifierung zu wählen war). Ebenso entfallen die früheren Mindestgewichte im Regeltarif. Für die Entfernungsbemessung gilt der Entfernungsanzeiger des DEGT, Abt. D.

Weiterhin werden durch Individualverträge Sondertarife (Vereinbarungspreise) ausgehandelt; sie betreffen Großkunden mit regelmäßiger Nachfrage nach Wagengruppen und vor allem Ganzzügen. Diese Tarife sind zunehmend als unternehmens- und branchenbezogene Wettbewerbspreise konzipiert. Der kostenintensive und deckungsbeitragsschwache Einzelwagenverkehr soll hingegen systematisch reduziert werden; die Deutsche Bahn AG versucht dies mit Hilfe des Aktionsprogramms MORA C („marktorientiertes Angebot Cargo") zu erreichen, dessen Kern eine ertragsorientierte Kundenselektion darstellt und im Grundansatz als Yield Management charakterisiert werden kann.

Abbildung 51: Güterpreissystem der Bahn

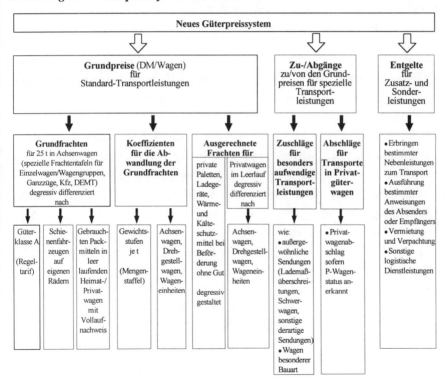

Quelle: Lorenz (1993), S. 225.

Weiterhin gibt es bei der Bahn noch **Ortsfrachten** und **örtliche Entgelte**, die für die Beförderung zwischen zwei Gütertarifbahnhöfen eines Ortes oder innerhalb eines Güterbahnhofs erhoben werden (können). Die Organisation des Stückgutverkehrs der Bahn erfolgt seit Jahresbeginn 1995 durch die frühere BahnTrans GmbH (ab 1.10.1998 zu 90 % im Eigentum der Belgischen Eisenbahn (SNCB) über deren Logistikunternehmen ABX; 10 % hielt die DB AG bis Mitte 1999). Die Zustellung von (Stückgut-) Sendungen an den Empfänger oder das Abholen solcher Sendungen wird von Straßengüterverkehrsbetrieben (Rollfuhrunternehmen; früher: bahnamtliche Rollfuhrunternehmer) vorgenommen.

Für den **kombinierten Verkehr** gelten spezielle Preise; hierbei ist zu unterscheiden zwischen dem Containerverkehr, der in Deutschland von der Transfracht GmbH (100 %-Tochter der DB AG) betrieben wird (international: Intercontainer/Interfrigo) und dem von der Kombiverkehr organisierten und vermarkteten Transport von Wechselaufbauten, Aufliegern (Trailern) sowie ganzen Straßenfahrzeugeinheiten (Rollende Landstraße).

Für den *Containerverkehr* wird ein spezielles Preissystem, das *InGrid-System,* angewendet; hierbei werden für Regionen (Flächenraster, sog. Grids) Sondertarife ausgewiesen. Als Interkombi-Express (IKE) werden besonders schnellfahrende Züge des kombinierten Verkehrs von der Deutschen Bahn eingesetzt (Nachtsprungverkehre, Geschwindigkeiten von etwa 120 km/h und höher). Hier gilt ein relationsbezogenes Preissystem, das neben den Beförderungs- auch die Umschlagskosten der Behälter einschließt. In der Vergangenheit wurden Transporte von und zu den deutschen Seehäfen besonders günstig tarifiert, um im Wettbewerb mit dem Hinterlandverkehr der Rheinschiffahrt von und nach den ARA-Häfen (Antwerpen, Rotterdam, Amsterdam) bestehen zu können. Mittlerweile bietet die Bahn jedoch in Zusammenarbeit mit ausländischen Bahngesellschaften auch spezielle Wettbewerbstarife im Verkehr Rotterdam - Ruhrgebiet - Rhein/Main an.

Wechselaufbauten, Auflieger und die *Rollende Landstraße* werden von der Kombiverkehr KG mit eingekauften Zügen transportiert. Dieser Einkauf erfolgt einmal bei der Tochtergesellschaft Kombiwaggon, welche die Tragwagen besitzt, und bei der DB AG, welche die Triebfahrzeuge und die Trassen zur Verfügung stellt. An der Kombiwaggon ist die DB AG mittlerweile mehrheitlich beteiligt. Zu den Transportentgelten kommen die Preise für die Nutzung der Terminalanlagen (Gleise, sonstige Infrastruktur, Umschlageinrichtungen) hinzu. Als wichtige Betreibergesellschaft dieser Terminals des kombinierten Verkehrs fungiert die Deutsche Umschlaggesellschaft Schiene - Straße (DUSS).

Internationale Tarife der Bahn werden entweder als sog. *durchgerechnete Tarife* oder als *Anstoßfrachten* der beteiligten Bahnen gebildet. Für den Wettbewerb zum Straßengüterverkehr sind nur durchgerechnete Tarife geeignet, da hier eine Entfernungsdegression genutzt bzw. auf hohe Preise der ersten Tarifstaffeln verzichtet werden kann.

Im **gewerblichen Straßengüterverkehr** verwischt sich als Folge der Preisliberalisierung die Unterscheidung zwischen dem Nah- und Fernverkehr. Drei unterschiedliche Verfahren der freien Preisbildung sind zu erkennen:

- Orientierung an dem bis 31. Dezember 1993 gültigen Güterfernverkehrstarif (GFT) mit Abschlägen von der unteren Margengrenze zwischen 25 und 40 %. Diese Vorgehensweise kam - zumindest in einer ersten Phase - auch zahlreichen Verladern entgegen, die erhebliche Unsicherheiten hinsichtlich der Preisverhandlungen erkennen ließen und vor allem an einer Frachtenreduzierung im Vergleich zur früheren GFT-Abrechnung interessiert waren.

- Orientierung an (unverbindlichen) Preisempfehlungen der Fachverbände, die nach dem deutschen Wettbewerbsrecht nach Anmeldung beim Bundeskartellamt zulässig sind; zu nennen sind etwa die (Mittelstands-) Empfehlungen der Arbeitsgemeinschaft Möbelverkehr (AMÖ Bundesverband) für den Umzugs- und Neumöbelverkehr. Diese Empfehlungen sollten die Preisfindung erleichtern und eine Brückenfunktion auf dem Wege zu vollständig individueller Preiskalkulation wahrnehmen.

  Im Spediteursammelgutverkehr gibt es bereits seit 1975 unverbindliche Preisempfehlungen, die beim Bundeskartellamt anzumelden sind und zu denen die Verladerverbände eine Stellungnahme abgeben.

- Individuelle Preiskalkulation unter Berücksichtigung der Kosten- und Marktsituation. Diese Form der Preisermittlung wird vor allem von größeren Unternehmen mit entsprechenden Erfahrungen im seit Jahren liberalisierten internationalen Verkehr praktiziert. Es ist fraglich, ob kleine mittelständische Betriebe ohne aussagefähiges internes Rechnungswesen und mit nur begrenzter Marktkenntnis in Zukunft in der Lage sein werden, diese individuellen Preiskalkulationen und Preisverhandlungen durchzuführen. Hierfür haben insbesondere die Verbände des Straßengüterverkehrs bereits Kalkulationshilfen herausgegeben (vom deutschen Bundesverband Güterkraftverkehr, Logistik und Entsorgung (BGL) das Kosteninformationssystem KALIF und vom früheren Bundesverband des deutschen Güternahverkehrs (BDN) die kostenorientierten unverbindlichen Richtpreistabellen KURT).

Für die **Binnenschiffahrt** läßt sich ebenfalls feststellen, dass im Jahr nach der Liberalisierung des innerdeutschen Preissystems vorwiegend auf Basis des früheren Frachten- und Tarifanzeigers Binnenschiffahrt (FTB) die Preisverhandlungen geführt und 1994 Abschläge bis zu 60 % (Grenzfall; häufig zwischen 30 und 40 %) verhandelt wurden. In diesem Zusammenhang ist anzumerken, dass die Struktur des FTB sich von denen des DEGT und GFT dadurch unterschied, dass der FTB als *Relationentarif* (Versand-/Empfangsort) für bestimmte Gütergruppen aufgebaut war. Es fehlte also eine allgemeine Entfernungsberechnung (km-Basis). Bei der Binnenschiffahrt sind, sofern künstliche Wasserstraßen und Schleusen benutzt werden, öffentlich-rechtliche Befahrungsabgaben und Schleusengebühren zu entrichten.

Für den **Luftfrachtverkehr**, der nur im grenzüberschreitenden Bereich Bedeutung besitzt, gilt das IATA-Tarifgefüge. Die Tarife werden in den Tarifhandbüchern der Fluggesellschaften veröffentlicht. Das wichtigste Tarifwerk ist der dreibändige Air Cargo Tariff (ACT). Er unterscheidet

- allgemeine Frachtraten (General cargo rates) und
- Spezialraten (Specific commodity rates).

Diese Raten umfassen nur den Lufttransport im engeren Sinne, also keine sonstigen Nebenleistungen (Abholen und Zustellen, Versicherungen, Lagergelder u.ä.). Nur bei Haus-Haus-Tarifen sind die Zustell- und Abholkosten bereits eingerechnet.

Basis für die Frachtberechnung im Luftfrachtverkehr sind das Bruttogewicht einer Sendung oder das Volumengewicht. Die General cargo rates gelten für Sendungsgewichte bis 45 kg bei der Subform der Normal rates. Das System der Luftfrachttarife weist eine Vielzahl von Zuschlägen auf, welche die General cargo rates (und dort die Normal rates) abändern. Neben den Normalraten umfassen die General cargo rates noch Mengenrabattraten (Quantity discount rates). Zusätzlich gibt es Container- und Palettentarife.

Generell ist festzustellen, dass im Bereich Air cargo schon seit vielen Jahren ein intensiver Preiswettbewerb stattfindet. Diese Entwicklung hat im Frachtbereich wesentlich früher eingesetzt als im Personenluftverkehr, da hier die Regulierungsauflagen der Regierungen bis zur Deregulierung in den USA (1980) und der Verabschiedung des dritten Luftverkehrspaketes der EG-Kommission 1992 mit Wirkung vom 1. Januar 1993 für eine gewisse „Tarifdisziplin" sorgten.

6 Ermittlung und Anlastung der Kosten der Verkehrsinfrastruktur

6.1 Vorbemerkungen

Ein bis in die 30er Jahre zurückreichendes und überaus kontrovers diskutiertes Thema verkehrswissenschaftlicher und verkehrspolitischer Aussagen ist das der **Verkehrsinfrastrukturkosten**. Unter den Stichworten „Wegekostenermittlung und -anlastung" hat sich, insbesondere seit Veröffentlichung der EWG-Musteruntersuchung (1969) sowie des sog. Wegekostenberichtes (1969) einer Arbeitsgruppe beim deutschen Bundesverkehrsministerium (auch Wegekostenenquête genannt, mit Daten von 1965) und der nachfolgend vom DIW Berlin in Mehrjahresabständen im Auftrag des Bundesverkehrsministeriums erstellten Wegekostenberichte eine intensive wissenschaftliche Debatte ergeben. Sie konzentriert sich, ausgehend von strittigen Ergebnissen zu wegekostenbezogenen Wettbewerbsverzerrungen zwischen den Verkehrsträgern, auf zahlreiche **methodische Grundfragen** und hat inzwischen einen hohen Komplexitätsgrad erreicht. Diese Komplexität von Wegekostendiskussionen, die durch zahlreiche Verordnungsvorschläge der EG-Kommission zur Anlastung der Wegekosten noch verstärkt wurde, ist daher von herausragender Bedeutung für die Verkehrspolitik. Die den Rechnungsergebnissen vorgelagerten methodischen Grundlagen werden dabei jedoch selten berücksichtigt.

Die **methodischen Wegerechnungsdiskussionen** konzentrieren sich auf die Ermittlung und Anlastung der Verkehrsinfrastrukturkosten beim **Straßenverkehr**. Einen deutlich niedrigeren Komplexitätsgrad besitzen die Wegerechnungen für die **Eisenbahn**, die **Binnenschiffahrt** und den **Luftverkehr**. Allerdings haben sich aufgrund der rechnerischen / organisatorischen Trennung von Fahrweg und Transportbetrieb bei der Eisenbahn einige neue Fragestellungen ergeben, die bislang noch nicht in der Wegekostendiskussion erörtert wurden. Diese veränderten Problemstellungen werden nachfolgend ebenfalls angesprochen.

6.2 Begriff und Struktur von Wegerechnungen

In der verkehrspolitisch relevanten Wegerechnungsdiskussion geht es um die Ermittlung und Verrechnung der **Ressourcenbindungen in den Verkehrswegen der Verkehrsträger**, wobei **Wegeeinnahmen/-entgelte** (öffentlich-rechtliche Abgaben oder sonstige Benutzungsentgelte) einbezogen werden. Wird hierfür der Begriff „Wegekostenrechnung" verwendet, so entsteht zumindest im Zusammenhang mit der wirtschaftswissenschaftlich üblichen begrifflichen Abgrenzung zwischen Ausgaben, Aufwand und Kosten der Eindruck einer Festlegung auf den **betriebswirtschaftlichen Kostenbegriff**. Dies hat beträchtliche Konsequenzen hinsichtlich der Art der einzubeziehenden Rechnungsgrößen wie auch für deren Bewertung. Da jedoch hier bereits wesentliche Zuordnungsunterschiede in der wissenschaftlichen Fachdiskussion vorliegen, empfiehlt es sich, als Oberbegriff „Verkehrsinfrastrukturrechnungen" bzw. „Wegerechnungen" zu wählen. Wichtig ist die Abgrenzung von Wegeausgaben- und Wegekostenrechnungen:

- **Wegeausgabenrechnungen** basieren auf der pagatorischen Betrachtungsweise von Zahlungsströmen, so dass geringere Schlüsselungsprobleme auftreten.
- **Wegekostenrechnungen** basieren auf der Fiktion einer unternehmerischen Vorhaltung/Betreiberschaft der Verkehrsinfrastruktur. Insofern wird, im Unterschied zu Ausgabenrechnungen, mit kalkulatorischen Abschreibungen, vor allem aber kalkulatorischen Zinsen, gerechnet. Andere Kostenpositionen sind mit denen der Wegeausgabenrechnung identisch: die laufenden Betriebs- und Unterhaltungskosten/-ausgaben der Verkehrsinfrastruktur, die Kosten / Ausgaben für die Verkehrspolizei u.ä.

Abbildung 52: Wegerechnungen

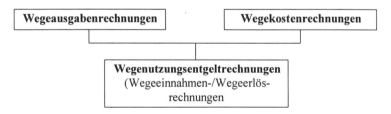

In Wegerechnungen einbezogen sind die vom Staat vorgehaltenen Verkehrsinfrastrukturanlagen, deren Abgrenzung jedoch bei den einzelnen Verkehrsträgern unterschiedlich ist:

- Beim **Straßenverkehr** sind alle dem öffentlichen Verkehr dienenden Straßen einbezogen, unabhängig von deren Zuordnung zu einzelnen Gebietskörperschaften.
- Beim **Eisenbahnverkehr** werden die Schienenstrecken der bundeseigenen Deutschen Bundesbahn und Deutschen Reichsbahn (bis 31.12.1993) bzw. der DB AG (ab 1.01.1994) erfaßt, zuzüglich der Stationen (Bahnhöfe des Personen- und Güterverkehrs) sowie der Rangieranlagen.
- Bei der **Binnenschiffahrt** sind die natürlichen und künstlichen Bundeswasserstraßen sowie die Schiffahrtsschleusen und -hebewerke wegerechnungsrelevant.
- Für den **Luftverkehr** wird der Betrieb der Flugsicherung als Bezugsgröße gewählt.

Die obige Auflistung zeigt, dass

- bei der **Eisenbahn** zwar die Anlagen der sonstigen Eisenbahnen (NE-Bahnen) nicht berücksichtigt werden, wohl aber die Stationen der Hauptbahn;
- beim **Straßenverkehr** und der **Binnenschiffahrt** die Stationen wegen eigentumsrechtlicher Zuordnung zu sonstigen privaten oder öffentlichen Institutionen nicht einbezogen werden;
- im **Luftverkehr** eine vergleichsweise schmale Bezugsgrundlage gewählt wird, da die eigentlichen Verkehrsinfrastrukturkosten/-ausgaben bei den Flughäfen anfallen;
- eine veränderte Sachlage bei der Abgrenzung der wegerechnungsrelevanten Anlagen dann eintritt, wenn Teile der Straßeninfrastruktur mit **Privatkapital** finanziert und **privat betrieben** werden;
- unter Wegerechnungsüberlegungen zu prüfen ist, wie sich die beim Anlagevermögen der DB AG in deren Eröffnungsbilanz 1994 vorgenommenen „Wertkorrekturen" in Höhe von rund 75 Mrd. DM gegenüber der konsolidierten Schlußbilanz von DB/DR zum 31.12.1993 auswirken; sie beziehen sich besonders stark auf das Streckennetz (so sind die Neubaustrecken der DB Hannover - Würzburg und Mannheim - Stuttgart, 1991 fertiggestellt mit Herstellungs-/Anschaffungskosten von rd. 16 Mrd. DM, nicht im immobilen Anlagevermögen der Eröffnungsbilanz enthalten). Auch ist offen, wie in Zukunft Wegerechnungen bezüglich der Eisenbahn methodisch zu erstellen sind, zumal ab 1998 Investitionen des Schienenwegeausbauprogramms über Baukostenzuschüsse des Bundes finanziert werden. Dies gilt auch für die Sonderzuweisun-

gen an die DB AG aus ersparten Zinsaufwendungen bei den UMTS-Erlösen und weiteren Zuführungen öffentlicher Finanzmittel in den Netzbereich der Bahn. Als Baukostenzuschüsse werden sie nicht aktiviert und „fehlen" daher in den betriebswirtschaftlichen Rechnungen der Bahn. In aussagefähige gesamtwirtschaftliche Wegerechnungen müssen solche Kürzungen jedoch einbezogen werden.

Traditionell werden in den Wegerechnungen die **marginalisierbaren** und die **nichtmarginalisierbaren Ressourcenbeanspruchungen** unterschieden. Zu den **marginalisierbaren** Positionen zählen:

- Maßnahmen zur Unterhaltung und zum laufenden Betrieb der Verkehrsinfrastruktur;
- Maßnahmen zur Erneuerung der Verkehrsinfrastruktur;
- Kosten/Ausgaben für die Verkehrspolizei.

Dabei ist zu beachten, dass nur jeweils der mit den Fahrleistungen variierende Teil der Gesamtkosten/-ausgaben bei den obigen drei Positionen als Marginalgröße anzusehen ist. Da in jeder der obigen Positionen aber auch erhebliche nichtmarginalisierbare Anteile enthalten sind, werden diese nicht von der Fahrleistungsentwicklung abhängigen Anteile der zweiten Gruppe zugeordnet, also den nichtmarginalisierbaren Kosten/Ausgaben.

In den deutschen Wegerechnungen werden die marginalisierbaren Positionen (bewertet zu konstanten Preisen) unter der Bezeichnung „Grenzkosten/-ausgaben der Benutzung" zusammengefaßt; die nichtmarginalisierbaren Positionen stellen „Kapazitätskosten/-ausgaben" dar.

Zu den **Kapazitätskosten/-ausgaben** zählen demnach

- die nichtmarginalisierbaren Anteile der Position Unterhaltung/laufender Betrieb, Erneuerung und Verkehrspolizei;
- Ausgaben für Erweiterungsinvestitionen/Neubau oder kalkulatorische Abschreibungen (abhängig von gewählter Rechnungsmethodik);
- kalkulatorische Zinsen (falls angesetzt; abhängig von gewählter Rechnungsmethodik) und
- die Differenz zwischen den in realen Größen verrechneten marginalisierten Positionen und den entsprechenden Werten zu laufenden Preisen.

Durch die deutsche Bahnstrukturreform und die Umwandlung der Bahn in eine privatrechtliche Unternehmensform (AG) hat sich insofern eine Änderung ergeben, als nunmehr die Fiktion der Unternehmereigenschaft bei den Investitionsentscheidungen in die Verkehrswege der Bahn zutreffen dürfte. Durch die (allerdings in ihrem Umfang kritisch zu hinterfragende) Neubewertung des immobilen Anlagevermögens und die Übertragung sowohl betriebsnotwendiger wie auch nicht betriebsnotwendiger Teile des stationären Anlagevermögens auf das Bundeseisenbahnvermögen kann beim bestehenden Verkehrsinfrastrukturvermögen der Bahn von einem weitgehend unternehmerisch relevanten Verkehrswegebestand ausgegangen werden. Damit dürfte sich für die Wegerechnung der Eisenbahn ab 1994 die betriebswirtschaftliche Wegekostenrechnung als adäquates Verfahren darstellen; allerdings sind wegen der Baukostenzuschußregelungen erhebliche Unterbewertungen des Anlagevermögens eingetreten.

Nicht geeignet ist die Unternehmerfiktion jedoch für die Investitionen und den Betrieb der Verkehrswege des Straßenverkehrs und der Binnenschiffahrt. Hier handelt es sich nicht um marktmäßige Entscheidungsprozesse unter Mitwirkung der Nutzer (und Zahler für die Inanspruchnahme), sondern ausschließlich um gesellschaftspolitische Entscheidungen. Insofern ist hier die Verwendung der betriebswirtschaftlichen Kostenrechnungsmethodik nicht begründbar (Aberle/ Mager 1980; Aberle 1984; Aberle/Holocher 1984; Aberle/Engel 1992a). Dies hat gravierende Auswirkungen hinsichtlich der Rechnungsergebnisse.

Da der Unternehmensbereich Fahrweg der DB AG, die DB Netz AG, über das Trassenpreissystem Nutzungserlöse erhält, veränderte sich ab 1994 hier auch die Struktur der Wegeentgelte: statt um fiktive Wegeeinnahmen handelt es sich um die den betriebswirtschaftlichen Wegekosten entsprechende Position der Wegenutzungs**erlöse** durch Trassenpreise.

6.3 Aufgaben von Wegerechnungen und Kostenverantwortlichkeiten

Wegerechnungen können verschiedene **Aufgabenstellungen** erfüllen:

- Ermittlung des Umfangs der **gesamtwirtschaftlichen Ressourcenbindung** in der Verkehrsinfrastruktur;
- Ermittlung der den **einzelnen Verkehrsträgern** und ggf. auch den verschiedenen **Fahrzeugkategorien** zurechenbaren **Ressourcenbindungen**;

- Ermittlung **verkehrsträgerspezifischer Deckungsgrade** durch Gegenüberstellung von Wegeentgelten und Wegekosten/-ausgaben, ggf. weiter differenziert nach jeweiligen Fahrzeugkategorien;
- **empirisch-statistische Absicherung verkehrspolitischer Maßnahmen** zur Angleichung der Deckungsgrade mit dem Ziel der Schaffung wettbewerbsneutraler Belastungen der Verkehrsträger für deren Verkehrsinfrastrukturnutzung.

Hinsichtlich der *Kostenverantwortlichkeit* der Verkehrsträger in bezug auf Verkehrsinfrastrukturinvestitionen ist festzustellen: Aus betriebswirtschaftlicher Sicht besteht ein wesentlicher Unterschied zwischen dem Straßenverkehr und der Binnenschiffahrt auf der einen und der Eisenbahn auf der anderen Seite darin, dass bei der Bahn in deutlich stärkerem Maße als beim Straßenverkehr und der Binnenschiffahrt vom Nutzer Einfluß auf Umfang und Struktur der Investitionsmaßnahmen und damit auch der Wegekosten genommen werden kann. Auch wenn generell die Investitionsentscheidungen durch ein verkehrsträgerübergreifendes (standardisiertes) vergleichbares Bewertungsverfahren in der Bundesverkehrswegeplanung (BVWP) geprüft werden (bei dem allerdings die Schiene investitionspolitisch präferiert wird; vgl. Kapitel IV.3), so bleiben aus einzelwirtschaftlicher Sicht doch wesentliche Unterschiede bestehen.

So wird die Bahn stets nur dann Infrastrukturinvestitionen zur Realisierung vorschlagen, wenn deren betriebswirtschaftliche Rentabilität gesichert erscheint. Liegt sie nicht vor und soll aus gesamtwirtschaftlichen Interessenlagen heraus dennoch eine Streckenneu- oder -ausbauentscheidung getroffen werden (positives Ergebnis der Nutzen-Kosten-Rechnungen im Rahmen der BVWP ist gegeben), dann übernimmt der Bund nicht nur die Vorfinanzierung dieser Maßnahme, sondern nach dem Bundesschienenwegeausbaugesetz von 1993 die Gesamtfinanzierung. Diese Regelung galt bis Ende 1997; seit 1998 wird bei Neu- und Ausbauten sogar generell die Gesamtfinanzierung durch den Bund übernommen (Baukostenzuschußregelung).

Da ein Großteil der Nutzenkomponenten, die in der BVWP enthalten sind, keine **betriebswirtschaftlich relevanten Einzahlungen** darstellen, werden bei den Straßen- und Binnenwasserstraßeninvestitionsentscheidungen insofern abweichende Beurteilungsgrundlagen im Vergleich zur Schiene gewählt, als dort ausschließlich volkswirtschaftliche BVWP-Rechnungsergebnisse zum Tragen kommen. Das heißt, es fließen bei den Straßen und Wasserwegen im Unterschied zur

Schiene wesentlich stärker gesamtwirtschaftliche Bewertungselemente ein, deren Ursprung teilweise in außerverkehrlichen Zielsetzungen liegt, etwa bei regional- und raumordnungspolitischen sowie umweltpolitischen Nutzenkomponenten. Das gilt in noch höherem Maße für die nicht in der BVWP bewerteten Landes-, Kreis- und Gemeindestraßen, bei denen zusätzlich sehr große historische Bestände vorliegen, deren Kosten jedoch ebenfalls in die Wegerechnungen eingehen.

Auch darf nicht übersehen werden, dass die Entscheidungen über die Finanzmittelbereitstellungen für Neu- und Ausbau von Verkehrswegen sowie für Ersatzinvestitionen ebenfalls **gesellschaftspolitisch** ausgerichtet sind. Dies verdeutlichen die politisch gesetzten Gewichte bei der Finanzmittelbereitstellung für die Eisenbahn (DB AG) und die übrigen Verkehrsträger im Rahmen der BVWP im Zeitraum 1992 bis 2012 mit deutlicher Bevorzugung der Schiene auch gegenüber den Bundesfernstraßen.

Letztlich erscheint im Zusammenhang mit Wegerechnungen auch der folgende Sachverhalt von Bedeutung: Wegerechnungen sind weder darauf ausgerichtet, noch dazu geeignet, als Instrument zur **Internalisierung negativer externer Effekte** des Verkehrs zu dienen. Hierzu bedarf es **gesonderter Verfahren** außerhalb von Wegerechnungen. Eine Vermischung kompliziert nicht nur die bereits schwierige Wegerechnungsdiskussion, sondern erschwert eine rationale Diskussion wichtiger Grundfragen der Verkehrspolitik.

6.4 Alternative Verfahren von Wegerechnungen und deren wettbewerbspolitische Bedeutung

Verkehrswegerechnungen lassen sich generell in **Globalrechnungen** und in **Kategorienrechnungen** unterteilen. Dabei hat die Globalrechnung das Ziel, für eine Zeitperiode die gesamten Infrastrukturkosten/-ausgaben eines Verkehrsträgers zu erfassen. Das bedeutet auch, dass in der Globalrechnung die Erfassungs- und Bewertungsmethodik einen erheblichen Stellenwert besitzt, also die Fragen der Ausgaben- oder betriebswirtschaftlichen Kostenrechnung. Diesen globalen Teilergebnissen können die verkehrsträgerbezogenen Wegeentgelte gegenübergestellt werden; das Ergebnis sind **globale Wegerechnungsdeckungsgrade**.

Ist schon der erste Schritt von Wegerechnungen, jener der *Globalrechnung*, von beträchtlichen methodischen Problemen begleitet, so kompliziert sich die Wegerechnungsdiskussion zusätzlich, wenn weiterhin eine *Kategorienrechnung* durchgeführt wird. Hierbei geht es um die **fahrzeugkategoriale Zuordnung** der in der Globalrechnung ausgewiesenen Kosten-/Ausgaben- und Entgeltpositionen, also um eine intramodale Verrechnung. Sie besitzt jedoch eine erhebliche intermodale Relevanz, wenn etwa über Wettbewerbsverzerrungen aufgrund unzulänglicher Verkehrsinfrastrukturkostenanlastungen zwischen dem (schweren) Straßengüterverkehr und der Eisenbahn gesprochen wird.

Die Kategorienrechnungen konzentrieren sich regelmäßig auf den Straßenverkehr; nur in sehr grober Form sind auch für den Eisenbahnverkehr Kategorienrechnungen durchgeführt worden.

6.4.1 Erfassung und Bewertung in der Globalrechnung

Wird von der (allerdings umstrittenen) Annahme ausgegangen, bei der Vorhaltung und dem Betrieb von Verkehrswegen handelte es sich um eine betriebswirtschaftlich-unternehmerische Aufgabe, dass also der Staat als (renditeorientierter) Verkehrsinfrastrukturanbieter tätig ist, dann ist die betriebswirtschaftliche Vollkostenrechnung das angemessene Wegerechnungsverfahren. Diese Methodik wurde bereits im erwähnten Wegekostenbericht (1969) systematisch erarbeitet und für die zahlreichen in Deutschland im Auftrag des Bundesverkehrsministeriums erstellten Wegekostenberichte des DIW für die Jahre 1975, 1978, 1981, 1984, 1987 und 1991 (letzterer nur für den Straßenverkehr) als Vorgabe zugrundegelegt.

In der grundlegenden EWG-Musteruntersuchung (1969) für die Relation Paris - Le Havre wurden vier Verfahren theoretisch und empirisch diskutiert; die Methoden der

- sozialen Grenzkosten,
- der wirtschaftlichen Entgelte,
- des Haushaltsausgleichs und
- der Gesamtkosten oder wirtschaftlichen Vollkosten.

Der deutsche Wegekostenbericht konzentriert sich auf die letztgenannte Methodik, während die Wegerechnungen der EG-Kommission sich der Methodik des Haushaltsausgleichs bedienen, d.h. einer Ausgabenrechnung (Verordnung (EWG) Nr. 1108/70).

Seit 1987 werden die DIW-Wegerechnungen auch jeweils durch eine (wenn auch sehr knappe) Ausgabenrechnung ergänzt. Bei den marginalisierbaren Positionen der Wegerechnung ergeben sich dabei keine Unterschiede bezüglich der Wahl einer betriebswirtschaftlichen Kostenrechnung oder einer Ausgabenrechnung. Aus der *Unternehmerfiktion* des Staates bezüglich der Verkehrsinfrastrukturpolitik, die in Wegekostenrechnungen unterstellt wird, resultieren wesentliche Unterschiede zur Ausgabenrechnung, die insbesondere die kalkulatorischen Positionen betreffen. Hierauf beziehen sich die zahlreichen Kritikpunkte (Aberle/Engel 1992a) an der betriebswirtschaftlichen Vollkostenmethodik, von denen im folgenden nur einige genannt werden:

- Von entscheidender Bedeutung sind die in der Kostenrechnung verwendeten **Kapitalkosten**. Zur Feststellung der Abschreibungen muß eine Vermögensrechnung für die Verkehrsinfrastruktur erstellt werden, die auch für zurückliegende Zeiträume (etwa vor dem zweiten Weltkrieg) die Bestandszu- und -abgänge erfaßt, um einen abschreibungsrelevanten Kapitalstock zu erhalten. Ferner müssen jahrgangsbezogene Nutzungsdauerschätzungen erfolgen. Das DIW hat zwar eine umfängliche Vermögensrechnung erstellt; auf EU-Ebene lassen sich vergleichbare Grundlagen zur Harmonisierung der Wegerechnungen jedoch kaum schaffen.
- Der Ansatz von jährlichen *Abschreibungen* stellt eine Schlüsselung zeitlicher (und echter) Gemeinkosten dar; die entsprechende Verteilung der Investitionsausgaben ist somit stets von Konventionen und subjektiven ex ante-Einschätzungen geprägt.
- Die Verwendung von kalkulatorischen Abschreibungen anstelle der jährlichen Investitionsausgaben schafft dann eine größere Rechnungskontinuität, wenn die Investitionsausgaben wesentlichen jährlichen Schwankungen unterliegen. Dies war in Deutschland (ABL) jedoch zumindest bei den Straßeninvestitionen kaum der Fall. Ist eine akzeptierte Anlagevermögensrechnung vorhanden, sind die quantitativen Unterschiede zwischen einer Verrechnung von kalkulatorischen Abschreibungsbeträgen und der von Ist-Investitionsausgaben nicht von ergebnisentscheidender Bedeutung. Dies gilt vielmehr für die Verrechnung kalkulatorischer Zinsen, die in einer Ausgabenrechnung fehlen.
- Die Verrechnung *kalkulatorischer Zinsen* suggeriert im Sinne eines Opportunitätskostenansatzes, der Staat habe die Möglichkeit, bei einer alternativen Verwendung der für Verkehrswegeinvestitionen bereitgestellten Finanzmittel eine entsprechende Verzinsung als Rendite zu erzielen. Diese Alternative stellt sich jedoch für den Staat nicht, solange die Verkehrsinfrastrukturpolitik, zumindest bei den Straßen und Binnenwasserwegen, als eine öffentliche Daseinsvorsorgeaufgabe definiert wird.
- Wird eine solche Staatsaufgabe zumindest für einen wesentlichen Teil der gesamtwirtschaftlichen Verkehrsinfrastrukturpolitik anerkannt, dann stellt sich die Frage nach der impliziten **intergenerationellen Wirkung** eines kalkulatorischen Zinses. Wird der Zins als Ausdruck der Minderschätzung zukünftiger Bedürfnisse im Vergleich zu den Gegenwartsbedürfnissen betrachtet, dann beinhaltet die Verrechnung eines positiven kalkulatorischen Zinses, dass der Staat die Bedürfnisse zukünftiger Generationen, welche die Verkehrsinfrastruktur nutzen, geringer einschätzt als die

der jetzigen Generation. Dies aber ist eine nicht haltbare gesellschaftspolitische Kostentragungsphilosophie. Eine Rechtfertigung für den Ansatz kalkulatorischer Zinsen ist daher bei den Kraftverkehrsstraßen und den Binnenwasserstraßen nicht gegeben.
Im übrigen hat dieses Argument, vertreten von der Regierungskommission Bahn (1991), auch entscheidend dazu beigetragen, dass der Staat die Vorfinanzierung der Investitionen in das Schienennetz der DB AG ohne Ansatz kalkulatorischer Zinsen übernimmt und die Bahn eine Rückzahlung der Investitionsausgaben über an den Bund abzuführende Abschreibungen vorzunehmen hat (§ 10 Bundesschienenwegeausbaugesetz von 1993).

- Auffällig ist auch die quantitative Bedeutung der kalkulatorischen Zinsen, bezogen auf die gesamten Wegekosten der Verkehrsträger. Sie erreichen (als Folge der Netto-Vermögenskumulation) Anteile von 33 bis 35 % der Gesamtkosten der Straße - ein sonst in keinem anderen Wirtschaftszweig auch nur annähernd anzutreffender Wert. Für das Jahr 1991 waren dies - nur ABL - bei den Kraftverkehrsstraßen 16,16 Mrd. DM bzw. 8,26 Mrd. EUR (Enderlein/Link 1992); 1997 erreichten die in der betriebswirtschaftlichen Wegerechnung angelasteten kalkulatorischen Zinsen sogar 19,4 Mrd. DM (9,92 Mrd. EUR), bezogen auf Gesamtdeutschland. Das sind 40,3 % (!) der gesamten Straßenwegekosten von 48,18 Mrd. DM (24,63 Mrd. EUR) (Link/Rieke/Schmied 2000, Anlage 4).

- Bei den Kraftverkehrsstraßen wird angesichts der Diskussionsfähigkeit der Unternehmerfiktion und der aufgezeigten Größenordnungen auch das Argument vertreten, dass den Nutzern der von ihnen voll finanzierten Straßen (durch zuzurechnende Wegeentgelte) nicht noch zusätzlich kalkulatorische Zinsen angelastet werden können.

Im übrigen hat auch der Wissenschaftliche Beirat beim Bundesminister für Verkehr in einer gutachtlichen Stellungnahme (1978) erhebliche Bedenken gegenüber der betriebswirtschaftlichen Wegerechnungsmethodik geltend gemacht und zahlreiche Rechnungsschritte verworfen.

Bei den Globalrechnungen verbleiben noch zwei weitere umstrittene Rechnungsschritte:

- Zum einen geht es um die Berücksichtigung eines sog. **Staatsanteils** bei den Wegekosten bzw. Wegeausgaben. Ein nicht unbeträchtlicher Teil der Aufgaben der Verkehrsinfrastruktur besteht in der Sicherung allgemeiner Kommunikations- und Erreichbarkeitsfunktionen. Sie sind auch ohne Berücksichtigung des motorisierten Straßenverkehrs zu gewährleisten. Dies gilt insbesondere für die gemeindliche Erschließung und für Teile der Außerortsverbindungen. Hinzu kommt, dass zahlreiche Verkehrswegeinvestitionen in ihrer quantitativ-qualitativen Dimensionierung durch regionalwirtschaftliche/raumordnungspolitische und militärstrategische Zielsetzungen bestimmt worden sind. Bei den Binnenwasserstraßen handelt es sich ergänzend um spezielle wasserwirtschaftliche Aufgaben. Diese dem Verkehr in Wegerechnungen nicht anzulastende Anteile werden vom DIW bei der Bahn überhaupt nicht und beim Straßenverkehr in nicht nachvollziehbarer Form (als methodische Übernahme aus dem Wegekostenbericht 1969) in Abzug gebracht: die Zinsen für den Vermögenswert der Grundstücke von Fahrbahnen bis 6 m Breite bei Innerortsstraßen für die allgemeine Kommunikationsfunktion (z.B. Enderlein/Link 1992, S. 8). Diese jahrelang kritisierte, aber nicht veränderte Vorgehensweise führt für 1997 zu einem Abzugsbetrag für verkehrsfremde Funktionen von 2,536 Mrd. DM (= 4,7 % der nach der betriebswirtschaftlichen Rechnungsmethodik ermittelten gesamten Wegekosten des Straßenverkehrs von 53,594 Mrd. DM). Dieser vergleichsweise geringe und nur auf den Innerortsbereich bezogene Staatsanteilswert steht wesentlich höheren Anteilen von 20 bis 25 % gegenüber, mit denen international gerechnet wird (vgl. hierzu auch Link/Dodgson/Maibach/Herry 1999, S. 41f.).

- Zum anderen bestand Uneinigkeit darüber, ob bei den **Wegeentgelten** beim Straßenverkehr neben den (unumstrittenen) Einnahmen aus der Mineralöl- und der Kraftfahrzeugsteuer (und ggf. aus den quantitativ unbedeutsamen Parkgebühren) auch die Mehrwertsteuer auf die Mineralölsteuer berücksichtigt werden kann. Es liegt hier der Fall vor, dass eine Verbrauchsteuer mit der Mehrwertsteuer belegt wird. Es handelt sich um für die Deckungsgradberechnungen erheblich auswirkende Einnahmenpositionen, wobei aber nur jene Beträge des treibstoffpreisabhängigen Umsatzsteueraufkommens als Wegeeinnahmen angerechnet werden können, die nicht dem Vorsteuerabzug für gewerblichen Treibstoffverbrauch unterliegen.

Die Begründungen für eine Nichtberücksichtigung lauteten (Enderlein/Link 1992):
- Es handelt sich bei der Mehrwertsteuer um eine allgemeine Verbrauchsteuer (rechtlich: Verkehrssteuer).
- Bei den Wegekosten bzw. -ausgaben wird mit mehrwertsteuerbereinigten Werten gerechnet.

Sie vermögen nicht zu überzeugen, da
- die Mehrwertsteuer auf die Mineralölsteuer eine spezifische Sonderbelastung des nicht vorsteuerabzugsberechtigten motorisierten Straßenverkehrs darstellt;
- die Wegekosten/-ausgabenentlastung von der Mehrwertsteuer, d.h. die Bereinigung der Investitionsausgaben um die enthaltene Mehrwertsteuer, in jedem Fall geringer als die bei den Wegeeinnahmen anzurechnende Umsatzsteuer ist.

Interessant ist, dass 1994 das DIW mit Verweis auf entsprechende Ausführungen von Aberle die Anrechnung der Mehrwertsteuer auf die Mineralölsteuer als Wegeeinnahme erstmals ausdrücklich anerkennt (Enderlein/Kunert/Link 1994, S. 90).

6.4.2 Fahrzeugkategoriale Zuordnung von Wegeaufwendungen und Wegeentgelten

In den Wegerechnungen für den Straßenverkehr, in Grundzügen auch für den Eisenbahnverkehr, erfolgt eine Zuordnung der in den **Globalrechnungen** ermittelten Wegekosten/-ausgaben auf einzelne **Fahrzeugkategorien**. Insbesondere beim Straßenverkehr besitzen diese Weiterverrechnungen einen hohen verkehrspolitischen Stellenwert, der sich vor allem auf den Straßen**güter**verkehr konzentriert.

Im Vergleich zur Aufteilung von Wegekosten/-ausgaben ist beim Straßenverkehr die Zuordnung der fahrzeugkategorialen **Wegeentgelte/-einnahmen** (vor allem Kraftfahrzeug- und Mineralölsteuer, evtl. Mehrwertsteuer auf Mineralölsteuer) zwar rechnungsmäßig aufwendig, aber methodisch wenig problematisch. Der Grund hierfür ist darin zu sehen, dass es sich bei den Entgelten fast ausschließlich um echte Einzelerlöse handelt, die ohne Zurechnungsschlüssel abgrenzbar sind (bei der Mineralölsteuer über typspezifische Treibstoffverbrauchsfunktionen, auch für die Anhänger und Auflieger im Straßengüterverkehr). Schwieriger gestaltet sich hingegen die Wegeentgeltzuordnung bei der **Eisenbahn**, da bis Ende 1993 keine speziellen Trassenentgelte ausgewiesen wurden und somit „plausible" Zurechnungen aus den Gesamterlösen der Eisenbahn vorgenommen werden mußten.

Wird die in den deutschen Wegerechnungen übliche Unterscheidung in **marginalisierbare** und **nichtmarginalisierbare** Verkehrswegekosten/-ausgaben beibehalten, dann besteht bezüglich des **Straßenverkehrs** die Aufgabe, die Grenzkosten/-ausgaben der Benutzung und die Kapazitätskosten/-ausgaben fahrzeugkategorial zu verrechnen. Hierbei zeigen sich nun erhebliche Schwierigkeiten, handelt es sich doch teilweise um echte Gemeinkosten/-ausgaben, für die nur umstrittene Schlüsselgrößen zur Verfügung stehen.

- Die Grenzkosten/-ausgaben der **Benutzung** werden in ihren Teilkomponenten nach unterschiedlichen Zuordnungskriterien kategorial verrechnet. Die Grenzkosten/-ausgaben der *Unterhaltung* wie auch der *Verkehrspolizei* werden nach Fahrleistungen zugeordnet, d.h. es müssen fahrzeugkategoriale Fahrleistungsschätzungen vorliegen. Hier bestehen zwar Schätzunsicherheiten; sie sind jedoch im Vergleich zu anderen kategorialen Verteilungsregeln relativ unbedeutend.

- In der Öffentlichkeit stehen die Grenzkosten/-ausgaben der (Fahrbahn decken-) *Erneuerung* im Vordergrund des Interesses, obwohl - und das wird häufig übersehen - sie nur zwischen 4 und 7 % der gesamten Wegekosten/-ausgaben umfassen. Hier geht es um den Versuch, die *achslastabhängigen Verschleißwirkungen* bei den Straßen verursachungsgerecht zu erfassen. Basis nahezu aller diesbezüglicher Aussagen sind die Ergebnisse des sog. *AASHO-Road-Tests,* der von der *A*merican *A*ssociation of *S*tate *H*ighway *O*fficials in den Jahren 1958 bis 1960 durchgeführt wurde. Dieser Test gelangte damals zu der Feststellung, dass der Straßenverschleiß durch Kraftfahrzeuge mit der vierten Potenz der tatsächlichen Gewichte der Fahrzeugachsen ansteigt. Zur Berechnung wurden die tatsächlichen Achsgewichte (Achslasten) auf eine gemeinsame Bezugsachse bezogen (in Deutschland auf die 10 t-Achse). Die Achslastenabrollungen werden durch *Äquivalenzfaktoren* hinsichtlich ihrer Straßenschädigungswirkung vergleichbar gemacht: das Ergebnis sind sog. *äquivalente Achsübergänge.* Dieser formalisierte Zusammenhang bedeutet für die Straßenschädigungswirkungen eines Lkw mit 16 t Gesamtgewicht und zwei Achsen (Vorderachse 6 t, Hinterachse 10 t), dass ein Äquivalenzfaktor von

$$\left(\frac{6t}{10t}\right)^4 + \left(\frac{10t}{10t}\right)^4 = 1{,}1296$$

gilt. Demnach ist die Straßenschädigung eines Lkw mit dieser Achslastverteilung 1,1296 mal so hoch wie diejenige einer einzelnen 10 t-Achse.
Für einen Lkw mit 10 t Gesamtgewicht und einer Vorderachs-/Hinterachslastverteilung von 4 t zu 6 t ergibt dies einen Äquivalenzfaktor von

$$\left(\frac{4t}{10t}\right)^4 + \left(\frac{6t}{10t}\right)^4 = 0{,}1552$$

Durch Multiplikation der fahrzeugkategorialen Fahrleistungen mit diesen Äquivalenzziffern werden **äquivalente Fahrleistungen** ermittelt.
Kritisiert wird an dieser **historischen AASHO-Road-Formel**, dass
- der Exponent 4 auf die damals gegebenen fahrzeugkonstruktiven Merkmale zurückzuführen ist (sog. statische Achslast), für aktuelle Untersuchungen jedoch die **dynamische Achslast** zu berücksichtigen sei, welche ein verändertes Schwingungsverhalten der Achsen und Räder zu berücksichtigen hat und schadensreduzierend wirkt;
- Reifeninnendruck, Einzel- oder Zwillingsbereifung sowie der Achsabstand bei Tandem- und Tridemachsen in der Schädigungsfunktion zu berücksichtigen sind (Eisenmann 1979; Mitschke 1979). Generell werden somit die Straßenschädigungen durch die historische AASHO-Road-Formel überschätzt, da die fahrzeugkonstruktiven Entwicklungen nicht berücksichtigt werden.
- die AASHO-Road-Formel nur bei höheren Achslasten „greift", also leichte Lkw und vor allem die Pkw von ihr nicht erfaßt werden, d.h. es werden diesen Fahrzeugen keine Grenzkosten/-ausgaben der Erneuerung zugeordnet.

1982 gelangte der Schlußbericht der Schweizerischen Kommission zur Überprüfung der Straßenrechnung zu der Empfehlung, „die gewichtsbedingten Mehrkosten der Reparaturen auf die schweren Fahrzeuge nach Achslastfaktoren zu verteilen, die mit einem Exponenten von 2,5 in Abhängigkeit der tatsächlichen Achslast ansteigen" (Bundesamt für Statistik 1982, S. 144).

Neben den Einwänden gegen eine undifferenzierte Übernahme der AASHO-Road-Formel zur Verteilung der Grenzkosten/-ausgaben der Erneuerung ist auch wichtig, dass die **tatsächlichen** Achslasten relevant sind, d.h. die jeweiligen gewichtsmäßigen Auslastungsgrade zu berücksichtigen sind. Daraus folgt auch, dass schwächer ausgelastete Lkw und vor allem Leerfahrten vergleichsweise geringe Schädigungswirkungen verursachen.

- Die fahrzeugkategoriale Verteilung der **Kapazitätskosten/-ausgaben** ist deshalb von wesentlicher Relevanz, weil 60 bis 90 % der gesamten Wegekosten/-ausgaben diesen nicht-marginalisierbaren Positionen zuzuordnen sind.

Basis für die in Deutschland erstellten Wegerechnungen ist hier wiederum der **Wegekostenbericht von 1969**, der die Straßeninanspruchnahme der verschiedenen Fahrzeugkategorien des Straßenverkehrs als Verteilungsschlüssel wählt (dynamische Straßenflächenbeanspruchung). Hierfür werden Äquivalenzziffern gebildet, welche bereits (mit einer Ausnahme für Busse) 1969 benutzt wurden. Sie beziehen die Fahrzeuggeschwindigkeiten, Flächenbeanspruchung, topographische Verhältnisse u.ä. ein; dabei haben Pkw/Kombi einen Bezugs-Äquivalenzfaktor von 1, Lkw von 1,7 bis 6,0, Busse von 3,0 und Krafträder von 0,5.

Diese Zurechnung auf Basis der historischen Äquivalenzfaktoren ist umstritten, da sie als revisionsbedürftig gelten und die schweren Lastkraftwagen benachteiligen. Gerade die schweren Lkw verzeichnen in den vergangenen Jahrzehnten wesentliche Erhöhungen der Motorleistungen im Vergleich zu den 60er Jahren; damit reduzieren sich die Verkehrsfluß-Störwirkungen (Aberle/Holocher 1984, S. 87-101).

Schweizer Untersuchungen im Rahmen der dortigen Straßenrechnungen schlagen die Verwendung der **dynamischen Fläche** (DF) als Maßstab der Straßennutzung vor (Dietrich/Lindemann 1982):

$$DF = (Fahrzeuglänge + 2 \sec \times V) \times \varnothing \, Fahrbahnbreite$$

$$\text{mit } V = \varnothing \, Fahrgeschwindigkeit \text{ in m/sec}$$

Diese dynamische Fläche wird auf die Zeit ihrer fahrzeugspezifischen Beanspruchung bezogen („Flächenstunden"), indem die jährlichen kategorialen Fahrleistungen durch die jeweiligen durchschnittlichen Fahrgeschwindigkeiten dividiert werden.

In den Schweizer Rechnungen wird allerdings nur der gewichts**un**abhängige Teil der Straßenneubauten und -erneuerungen sowie der Reparaturkosten/-ausgaben auf Basis der Flächenstunden fahrzeugkategorial verteilt. Die Unterhaltungskosten/-ausgaben werden dort im übrigen als vollständig marginalisierbar angesehen und über die Fahrleistungen zugeordnet. Auch wird in den Schweizer Studien darauf hingewiesen, dass die Straßenkosten/-ausgaben des ruhenden Verkehrs ausschließlich dem Pkw zugerechnet werden müßten, was aber wegen fehlender Daten nicht durchführbar sei. Folglich würden die Pkw bei der Zuordnung der Kapazitätskosten/-ausgaben begünstigt.

Die **Wegerechnung bei der Eisenbahn** ist vergleichsweise einfach strukturiert, zumindest für den Zeitraum (bis 1987), für den in Deutschland solche Rechnungen durch das DIW Berlin auf Grundlage der von der damaligen Deutschen Bundesbahn zur Verfügung gestellten Unterlagen durchgeführt wurden. Die Trennung von Fahrweg und Eisenbahntransportbetrieb erfordert völlig neue Verfahren einer Wegerechnung.

Ein für Außenstehende nicht nachvollziehbarer Rechnungsschritt war bei fehlender rechnerischer Trennung von Fahrweg und Eisenbahntransportbetrieb stets die (quantitativ außerordentlich bedeutsame) Abgrenzung der Kosten/Ausgaben für den Fahrweg. Hier wurde 1987 und in den Folgejahren mit Wegekosten/-ausgaben in Höhe von über 9 Mrd. DM p.a. gerechnet. Sie wurden nach von der DB ermittelten Nutzungskoeffizienten auf die Kategorien Personen- und Güterverkehr sowie beim Güterverkehr weiter differenziert auf den Wagenladungs- und den Stückgutverkehr, beim Personenverkehr auf den Nah- und Fernverkehr, verteilt. Dabei gab es für den vertikal integrierten Eisenbahnbetrieb Deutsche Bundesbahn keine Unterteilung in marginalisierbare und nicht-marginalisierbare Wegekosten/-ausgaben. Die neben der Globalrechnung erstellten (betriebsartenspezifischen) Kategorienrechnungen waren stets wesentlich weniger differenziert angelegt als bei der Straße, wenngleich weitere Segmentierungen, etwa in Wegerechnungen für das elektrifizierte und für das sonstige Netz grundsätzlich möglich waren. Allerdings: Alle relevanten Kosten- bzw. Ausgabenpositionen konnten nur bahnintern zusammengestellt werden.

Während beim Straßenverkehr die fahrzeugkategoriale Zuordnung der Wegeentgelte grundsätzlich ohne wesentliche Schwierigkeiten möglich war, hat es bei der Ermittlung der globalen und der betriebsartenspezifischen Wegeentgelte der Bahn früher stets besonderer Annahmen bedurft. Dies resultierte daraus, dass

- in den Erlösen der Bahn keine Anteile für den Fahrweg ausgewiesen wurden;
- die Rechnungslegung insofern kompliziert war, als die DB ständig Jahresfehlbeträge auswies und daher generell die Frage nach der Erwirtschaftung von Wegekosten zu beantworten war.

So wurde die (fiktive) Erlösaufteilung für den Fahrweg und den Eisenbahntransportbetrieb vom DIW proportional zu den Kostenverhältnissen beider Bereiche vorgenommen. Das generelle Defizitproblem der Bahn wurde dergestalt berücksichtigt, dass zwei Verfahren durchgerechnet wurden:

- Zuweisung der Fahrwegerlöse **proportional** zu den **Kosten** der beiden Bereiche unter Einbezug/Nichtberücksichtigung der erlöswirksamen Bundesleistungen (Fall der nur *anteiligen Deckung der Betriebkosten*);
- Zuweisung nur jenes Teils der Gesamterlöse der Bahn als Fahrwegentgelt, welcher **nach Abdeckung der vollen Betriebskosten** noch zur Verfügung steht (sog. Resterlösmethode; Fall der *vollen Betriebskostendeckung*). Diese Vorgehensweise entspricht der Situation beim Straßenverkehr und bei der Binnenschiffahrt, da dort die Transportbetriebskosten auf jeden Fall erwirtschaftet werden müssen.

Ein expliziter **Staatsanteil** wird in den DIW-Rechnungen für die Bahn nicht berücksichtigt. Für 1997 hat das DIW nach Angaben der DB AG direkte Erlöskomponenten aus Trassenpreiseinnahmen für den Personen- und Güterverkehr benutzt (Link/Rieke/Schmied 2000, S. 54ff.).

Auch bei der **Binnenschiffahrt** ist in den Wegerechnungen eine Aufgliederung in marginalisierbare und nichtmarginalisierbare Wegekosten/-ausgaben nicht möglich. Im Prinzip handelt es sich um eine einfache Globalrechnung, welche geringfügig segmentiert wird. Den gesamten Wegekosten/-ausgaben werden die von der Binnenschiffahrt geleisteten Zahlungen für die Befahrung der Wasserstraßen sowie für die Schleusenbenutzung gegenübergestellt. Da Wegeentgelte im Sinne von Abgaben nur bei den Kanälen und kanalisierten Flüssen anfallen - soweit es sich nicht um abgabebefreite internationale Wasserstraßen handelt - ist es sinnvoll, Kosten-/Ausgabendeckungsgrade sowohl global für das Gesamtnetz wie aber auch beschränkt auf die abgabepflichtigen Wasserstraßen zu ermitteln. Hierdurch wird auch deutlich, dass der global sehr niedrige Deckungsgrad aufgrund politischer Entscheidungen hinsichtlich der völligen Abgabenfreiheit wichtiger Wasserstraßen (z.B. des Rheins und der Donau) vorbestimmt ist.

6.5 Aktuelle Wegerechnungsergebnisse

In Deutschland wurden im Auftrag des Bundesverkehrsministeriums auf der methodischen Grundlage des Wegekostenberichtes von 1969 (betriebswirtschaftliche Vollkostenrechnung) vom DIW Berlin seit 1975 in dreijährigem Abstand Wegerechnungen durchgeführt. Sie umfassen die Verkehrsträger Straße, Schiene und Binnenwasserstraße und den Luftverkehr. Für 1987 erfolgte die letzte multimodale Wegerechnung. Für 1991 wurde lediglich eine Wegerechnung für den Straßenverkehr (ABL) erstellt (Enderlein/Link 1992); sie enthält - wie der Bericht für 1987 - auch eine Wegeausgabenrechnung.

1997 wurde eine Wegeausgabenrechnung für den Straßenverkehr in Deutschland mit dem Bezugsjahr 1994 veröffentlicht (Aberle/Brenner 1997). Weiterhin erfolgten zwei interessante Versuche, für die Deutsche Bahn AG nach der Bahnreform Informationen über die Schienenwegekosten und -ausgaben zu erarbeiten (Brenner 1997; Link 1997).

Die Mehrzahl von Wegerechnungen basiert auf einem *Top down-Ansatz*. Es werden die statistisch nachgewiesenen Gesamtausgaben einer Periode, aufgeteilt in Investitions- und Erneuerungs-, Unterhaltungs- und Verkehrspolizeiausgaben, mit den Fahrleistungswerten der Fahrzeugkategorien in Beziehung gesetzt. Aus den Veränderungen der Ausgaben und Fahrzeugkilometerwerte erfolgt die Differenzierung in Grenzausgaben und nichtmarginale Ausgaben (Kapazitätsausgaben).

Diese Vorgehensweise ist als Hilfskonstruktion anzusehen. Notwendig wäre an sich ein *Bottom up-Ansatz*, um die Wegerechnungskomponenten zu ermitteln. Dies würde das Erfordernis beinhalten, die Marginalgrößen *direkt* auf Basis spezieller Kostenfunktionen zu identifizieren (und nicht nach jährlichen Ausgaben, die von finanzpolitischen Zufälligkeiten abhängig sind, so dass hieraus sogar negative Grenzausgaben resultieren können!). Zwischen Marginalausgaben und Marginalkosten besteht hier kein Unterschied.

Über die AASHO-Road-Formel werden zwar marginalkostentheoretische Überlegungen auch im Top down-Ansatz berücksichtigt; es handelt sich jedoch um eine fahrzeugkategoriale Kostenverteilung der statistisch ausgewiesenen, mit der Fahrleistung als variierend angesehenen Erneuerungsausgaben. Dies ist folglich entscheidend durch die *retrograde* Vorgehensweise geprägt.

Übersicht 57: *Kosten der Verkehrswege 1984 und 1987 (in Mio. DM; ABL)*

Kostenart	Deutsche Bundesbahn		Straßen		Binnenwasserstraßen	
	1984	1987	1984	1987	1984	1987
Kapitalkosten[1]	5.410	5.448	21.805	24.271	1.328	1.448
Abschreibungen	2.988	2.940	9.897	11.416	574	626
Kalk. Zinsen	2.422	2.508	11.908	12.855	754	822
Laufende Kosten	4.479	4.331	10.668	12.691	420	966
Unterhaltung	2.246	2.044	2.528	2.828	166	401
Betrieb und Verwaltung[2]	2.233	2.287	8.140	9.862	254	565
Gesamtkosten	**9.889**	**9.779**	**32.473**	**36.962**	**1.748**	**2.414**
abzüglich:						
Mehrwertsteuer	-	-	900	1.340	64	82
nicht dem Verkehr zuzurechnende Kosten	-	-	1.968	2.286	549	1.107
dem Verkehr zuzurechnende Wegekosten	**9.889**	**9.779**	**29.605**	**33.336**	**1.135**	**1.225**

1) Kalk. Zinsen von 2,5% p.a.,   2) Einschließlich Verkehrspolizei

Quelle: Enderlein/Rieke (1987), Übersicht 5; Enderlein/Kunert (1990), S. 71.

Im Jahr 2000 veröffentlichte das DIW mit Bezugsjahr 1997 eine auf den gleichen Grundprinzipien wie in den Vorgängerstudien beruhende Wegerechnung (als Wegekosten- und Wegeausgabenrechnung) für den Straßenverkehr in Gesamtdeutschland. Für die Eisenbahn (Deutsche Bahn AG) erfolgte aufgrund der rechnerischen und organisatorischen Trennung von Fahrweg und Transportbetrieb und des Ausweises von Trassenerlösen (nach Angaben der DB AG) eine Wegekosten-/ Wegeausgabenrechnung mit Deckungsgraden für den Personenverkehr (als Nah- und Fernverkehr) sowie für den Güterverkehr.

Wegerechnungen für die Binnenschiffahrt wurden in Deutschland letztmalig für das Jahr 1987 erstellt.

Übersicht 58: Wegekostendeckungsgrade bei Straßen 1984 und 1987 (ABL)

Fahrzeugkategorie	Wegekostendeckungsgrad in v. H.	
	1984	1987
Inländische Fahrzeuge		
Voll abgabepflichtiger Kraftfahrzeugverkehr	113,4	111,7
Krafträder	158,7	159,7
Personen- und Kombinationskraftwagen	139,7	146,0
Nutzfahrzeuge des Güterverkehrs	69,4	66,5
Lastkraftwagen	80,2	78,4
davon mit Gesamtgewicht		
bis 3,5 t	100,3	102,9
über 3,5 t bis 9,0 t	93,8	93,8
über 9,0 t bis 12,0 t	90,1	87,5
über 12,0 t	71,8	69,0
Satteleinheiten	59,1	54,2
Gewöhnl. Zugmaschinen	69,5	68,4
Gewöhnl. Kraftfahrzeuganhänger	45,0	44,1
Kraftomnibusse	101,0	97,3
Inländische Fahrzeuge zusammen	**104,3**	**102,8**
Ausländische Fahrzeuge	**18,3**	**16,8**
Personen- u. Kombinationskraftwagen	41,6	43,3
Nutzfahrzeuge des Güterverkehrs	9,5	8,7
Übrige Kraftfahrzeuge	12,0	13,1

Quelle: Enderlein/Kunert (1990), S. 86.

Übersicht 59: **Wegekostendeckungsgrade bei der Deutschen Bundesbahn 1984 und 1987** *(in v.H.; einschließlich Bundesleistungen)*

Verkehrsart	Bei anteiliger Betriebskostendeckung		Bei voller Betriebskostendeckung	
	1984	1987	1984	1987
Personenverkehr	**66,4**	**69,0**	**30,4**	**28,4**
Personenfernverkehr	66,4	69,5	25,2	18,4
Personennahverkehr	66,4	68,8	32,9	33,0
Güterverkehr	**62,9**	**61,5**	**23,8**	**13,7**
Wagenladungsverkehr	66,3	64,3	45,5	32,6
Stückgutverkehr	39,9	43,4	-[1]	-[1]
Expreßgutverkehr	40,3	40,2	-[1]	-[1]
Übrige Verkehrsarten	60,6	63,2	17,0	15,0
Verkehr insgesamt	**64,4**	**64,7**	**26,6**	**20,2**

1) Die Erträge decken nicht die Betriebskosten; somit verbleiben keine Einnahmen für den Verkehrsweg.

Quelle: Enderlein/Rieke (1987), Übersichten 9,10; Enderlein/Kunert (1990), S.10.

Übersicht 60: **Wegekosten, Wegeeinnahmen und Wegekostendeckungsgrade bei den Binnenwasserstraßen 1984 und 1987** *(ABL)*

Wasserstraßenart	Kosten (in Mio. DM)		Einnahmen (in Mio. DM)		Kostendeckungsgrad (in v.H.)	
	1984	1987	1984	1987	1984	1987
Abgabepflichtige Wasserstraßen	937	1.014	112,2	104,4	12,0	10,3
Nichtabgabepflichtige Wasserstraßen	198	211	-	-	-	-
Rhein	129	137	-	-	-	-
Übrige Wasserstraßen	69	74	-	-	-	-
Binnenwasserstraßen insgesamt	**1.135**	**1.225**	**112,2**	**104,4**	**9,0**	**8,5**

Quelle: Enderlein/Rieke (1987), Übersicht 25; Enderlein/Kunert (1990), S. 95.

Wird anstelle der **betriebswirtschaftlichen Vollkostenmethodik** eine **Ausgabenrechnung** angewandt, so führt dies zu erheblichen Ergebnisveränderungen. Sie resultieren aus dem Wegfall der Kapitalkosten (kalkulatorische Abschreibungen und kalkulatorische Zinsen) und deren Ersatz durch die Ist-Investitionsausgaben.

Übersicht 61: *Vergleich zwischen Ausgaben und Einnahmen bei den Verkehrswegen für das Jahr 1987 (in Mio. DM)*

	Deutsche Bundesbahn	Straßen[1]	Binnenwasserstraßen[2]
Wegeausgaben[3]	8.910	23.425	997
Investitionen[4]	4.579	11.404	600
Laufende Ausgaben	4.331	12.014	397
Unterhaltung	2.044	2.677	160
Betrieb u. Verwaltung[5]	2.287	9.337	237
Wegeeinnahmen	6.330	32.615	104
Wegeausgabendeckungsgrad in v.H.	71,0	139,2	10,4

1) Die Anliegerbeiträge (2.012 Mio. DM) wurden nicht als Einnahmen berücksichtigt, sondern die (investiven) Ausgaben wurden um diesen Betrag verringert.
2) Binnenschifffahrtsanteil 3) Ohne Mehrwertsteuer
4) Einschließlich Grunderwerb 5) Einschließlich Verkehrspolizei.

Quelle: Enderlein/Kunert (1990), Übersicht 31, S. 98.

Wird für die Straßen 1987 eine weiter modifizierte Globalrechnung durchgeführt (Aberle/Engel 1992a), in der zwar Abschreibungen, aber keine kalkulatorischen Zinsen und zusätzlich ein Staatsanteil von 20 % berücksichtigt werden, so führt dies zu den nachfolgend ausgewiesenen Ergebnissen:

Übersicht 62: *Modifizierte Globalrechnung für Straßen 1987*

Wegekosten	
ohne MWSt[1]	17.946 Mio. DM
mit MWSt	19.286 Mio. DM
Wegeeinnahmen	
ohne MWSt auf Mineralölsteuer	32.615 Mio. DM
mit MWSt auf Mineralölsteuer	36.015 Mio. DM
Wegekostendeckungsgrade	
ohne MWSt-Berücksichtigung	181,7 %
mit MWSt-Berücksichtigung	186,7 %

1) Die Summe der Mehrwertsteuer auf die Mineralölsteuer stellt einen Bruttowert dar, der um jenen Anteil zu bereinigen ist, der aufgrund des Vorsteuerabzugs von gewerblichen Verkehren nicht getragen wird.

Quelle: Enderlein/Kunert (1990), eigene Berechnungen.

Bei der Betrachtung der in den vorstehenden Rechnungen ausgewiesenen globalen und fahrzeugkategorialen Wegerechnungsdeckungsgrade stellt sich allerdings die Frage, ob - unabhängig von der Wahl der Methodik einer Vollkosten- oder Ausgabenrechnung - nicht auch ein Bezug zu den auf den jeweiligen Verkehrswegen erbrachten Leistungen (Personen- und Tonnenkilometer) hergestellt werden sollte. Es ist von Interesse, ergänzend die Wegekosten- oder -ausgabenunterdeckung *je Leistungseinheit* zu kennen, da dies auch wesentliche Informationen hinsichtlich der Internalisierungsmöglichkeiten nicht gedeckter Wegeaufwendungen liefert.

Bei Übernahme der DIW-Wegekostenrechnungsergebnisse für das letztverfügbare, alle drei Verkehrsträger einbeziehende Vergleichsjahr 1987 ergeben sich für die drei Binnenverkehrsträger die folgenden Werte:

Übersicht 63: *Betriebswirtschaftlich ermittelte Wegekosten und Wegekostenüber-/-unterdeckungen 1987 je Pkm/Tkm (Basis: DIW Wegekosten; ABL)*

Verkehrsträger/ Verkehrsmittel	Wegekosten in Mio. DM	Wegekosten je 1000 Pkm/Tkm	Wegekostenüber-/unterdeckung in Mio. DM	je 1000 Pkm/Tkm
inländische Pkw/Kombi	17.672	33,26	6.494	12,22
inländische Nutzfahrzeuge zur Güterbeförderung	11.273	100,00	-4.272	-38,00
Kraftomnibusse	644	12,20	-96	-1,81
ausländische Nutzfahrzeuge zur Güterbeförderung	1.375	45,38	-1.256	-41,45
DB-Personenverkehr[1]	4.154	106,05	-2.975	-75,95
DB-Güterverkehr[1]	5.625	94,70	-4.856	-81,75
Binnenschiffahrt	1.225	24,65	-1.121	-22,55

1) Erlöse DB einschließlich Bundesleistungen; Resterlösmethode (volle Betriebskostendeckung).

Quelle: Enderlein/Kunert (1990), Verkehr in Zahlen (1991), eigene Berechnungen.

Die Wegekostenüber- und -unterdeckungen je 1.000 Leistungseinheiten lassen, sofern das Ziel einer gleichmäßigen Wegekosten/-ausgabenanlastung angestrebt wird, die Problematik einer Angleichung der Wegekostenbelastung bei der Bahn erkennen. Die Unterdeckungen bei der Binnenschiffahrt relativieren sich im Vergleich zu den globalen Deckungsgradaussagen; ein Tatbestand, auf den die Binnenschiffahrt wiederholt verwiesen hat (Kühl 1981).

Ergänzend zu den obigen Wegerechnungen werden noch zentrale Wegerechnungsergebnisse für die Straßen für das Jahr 1997 (Gesamtdeutschland) aufgrund der DIW-Untersuchungen angeführt (Link/Rieke/Schmied 2000):

Übersicht 64: *Kosten der Verkehrswege 1997 (in Mio. DM, kalk. Zins 2,5%)*

	Schienenwege Deutsche Bahn AG	Straßen gesamt
Kapitalkosten	8.871	37.273
Abschreibungen	4.846	17.847
kalk. Zinsen	4.025	19.426
Laufende Kosten	9.856	16.321
Gesamtkosten	18.727	53.594
abzgl. Mehrwertsteuer	-	2.883
verkehrsfremde Kosten	-	2.536
Verkehrsbezogene Wegekosten	18.727	48.175

Quelle: Link/Rieke/Schmied (2000), Tab. A-2.

Die vorausstehende Übersicht verdeutlicht die im betriebswirtschaftlichen Sinn ungewöhnliche Höhe der kalkulatorischen Zinsen (bei einem Realzins von 2,5 %). Diese den Wegenutzern anzulastenden kalk. Zinsen (*nicht*: Fremdkapitalzinsen) erreichen 40,3 % der dem Straßenverkehr zu verrechnenden Wegekosten. Damit sind die Straßen eines der interessantesten Profit centers des Staates, obwohl er (d.h. sämtliche Gebietskörperschaften) nur 40-45 % der fiskalischen Sonderabgaben des Straßenverkehrs für Ausgaben in das Straßennetz bereitstellt, also 55-60 % für allgemeine staatliche Finanzierungsaufgaben verwandt werden.

Nicht uninteressant ist, dass auch die Wegerechnungen des DIW für das Jahr 1997 die Ergebnisübereinstimmung bei Straßenwegerechnungen in Ausgaben- oder Kostenmethodik belegen, wenn bei den betriebswirtschaftlichen Wegekostenrechnungen zwar Abschreibungen, jedoch keine kalkulatorischen Zinsen verrechnet werden.

Übersicht 65: Wegeausgabendeckungsgrade für Straßen 1997 (in v.H.)

Fahrzeugkategorie	Wegeausgaben-deckungsgrad
Inländische Fahrzeuge	
Personen- und Kombinationskraftwagen	354,4
Kraftomnibusse	178,5
Nutzfahrzeuge des Güterverkehrs[1]	123,1
Lastkraftwagen	141,9
davon mit Gesamtgewicht[2]	
über 3,5 t bis 12 t	198,7
über 12 t bis 18 t	108,6
über 18 t	115,2
Sattelzüge	86,4
Übrige Kraftfahrzeuge[3]	133,7
Inländische Fahrzeuge zusammen	**256,1**
Ausländische Fahrzeuge	**84,3**
Personen- und Kombinationskraftwagen	220,3
Kraftomnibusse	123,3
Nutzfahrzeuge des Güterverkehrs[1]	60,1
davon mit Gesamtgewicht über 3,5 t[2]	59,3
Fahrzeuge insgesamt	**240,2**

1) Lastkraftwagen, gewöhnliche Zugmaschinen, Kfz-Anhänger, Sattelfahrzeuge.
2) Bei Fahrzeugkombinationen bezieht sich das Gesamtgewicht auf das Zugfahrzeug einschließlich Anhänger.
3) Krafträder, Sonderkraftfahrzeuge und Kraftfahrzeuganhänger nicht zur Lastenbeförderung.

Quelle: Link/Rieke/Schmied (2000), Tab. A-22.

Übersicht 66: Wegekostendeckungsgrade für Straßen 1997 (in v.H.)

Fahrzeugkategorie	Wegeausgaben-deckungsgrad
Inländische Fahrzeuge	
Personen- und Kombinationskraftwagen	218,2
Kraftomnibusse	109,9
Nutzfahrzeuge des Güterverkehrs[1]	75,8
Lastkraftwagen	87,4
davon mit Gesamtgewicht[2]	
über 3,5 t bis 12 t	122,4
über 12 t bis 18 t	66,9
über 18 t	70,9
Sattelzüge	53,2
Übrige Kraftfahrzeuge[3]	82,3
Inländische Fahrzeuge zusammen	**157,7**
Ausländische Fahrzeuge	**51,9**
Personen- und Kombinationskraftwagen	135,6
Kraftomnibusse	75,9
Nutzfahrzeuge des Güterverkehrs[1]	
davon mit Gesamtgewicht über 3,5 t[2]	36,5
Fahrzeuge insgesamt	**147,9**

1) Lastkraftwagen, gewöhnliche Zugmaschinen, Kfz-Anhänger, Sattelfahrzeuge.
2) Bei Fahrzeugkombinationen bezieht sich das Gesamtgewicht auf das Zugfahrzeug einschließlich Anhänger.
3) Krafträder, Sonderkraftfahrzeuge und Kraftfahrzeuganhänger nicht zur Lastenbeförderung.

Quelle: Link/Rieke/Schmied (2000), Tab. A-18.

Weitere, nur auf einzelne Verkehrsträger bezogene Wegerechnungen wurden in Deutschland 1997 für die Bezugsjahre 1994 sowie 1995 und 1996 veröffentlicht. Im Unterschied zu den vorher erstellten Wegerechnungen beziehen sich diese Analysen auf *Gesamtdeutschland*. Bei den Schienenwegerechnungen wird weiterhin die Bahnstrukturreform 1994 in ihren Kostenwirkungen zu berücksichtigen versucht.

Die für das deutsche Straßennetz vorgelegte und die in- und ausländischen Fahrzeuge berücksichtigende Wegerechnung für 1994 stellt eine globale, fahrzeugkategoriale und nach Straßenarten differenzierte Einnahmen- Ausgabenrechnung dar (Aberle/Brenner 1997). Sie enthält mehrere Einnahmeszenarien bei der fiskalischen Abgabenbelastung des Straßengüterverkehrs. Sie wurden erforderlich, da zum 1.04.1994 eine deutliche Absenkung der Kraftfahrzeugsteuer für Lastkraftwagen erfolgte, die zusätzliche zeitabhängige Straßenbenutzungsgebühr (für Lkw mit einem Gesamtgewicht über 12 t) jedoch erst ab 1.01.1995 eingeführt wurde. Die Ist-Einnahmen aus Abgaben des Straßengüterverkehrs ergeben für 1994 folglich ein verzerrtes Bild; dies wird durch Szenarien mit unterschiedlichen Annahmen über die Belastungsstruktur des Straßengüterverkehrs ergänzt, etwa durchgängige alte (höhere) Kfz-Steuerbelastung für das Gesamtjahr 1994 oder Übertragung der neuen Belastungsstruktur des Straßengüterverkehrs 1995 auf das Rechnungsjahr 1994.

Zusätzlich wurden die Wegeausgabendeckungsgrade für *Autobahnen* ermittelt; der hier angesetzte Staatsanteil wurde auf 5 % reduziert. Ein ergänzendes Szenario rechnete die Wirkungen einer Verdopplung der Straßenbenutzungsgebühr durch.

In *Übersicht 67* werden in Form einer Synopse die Wegerechnungsergebnisse einschl. der Szenarien und der speziellen Analysen für die Autobahnen zusammengefaßt.

Übersicht 67: Wegeausgabendeckung 1994 und Szenarien (in v.H.)

	Alle Straßen				BAB		
Staatsanteil in v.H.	20	20	20	20	5	5	5
Szenarien	Alle Straßen 1994	Szenario I[1)]	Szenario II[2)]	Szenario III[3)]	BAB 1994	Szenario I[2)]	Szenario II[4)]
Inländische Fahrzeuge							
Pkw, Kombi	319	319	319	353	**409**	406	406
Lkw	133	148	135	133	**218**	246	275
Busse	194	194	194	194	*nicht*		
Zweiräder	134	134	134	134	*differenziert*		
Sonstige	131	131	131	131	*ausgewiesen*		
Gesamt inländisch	242	248	243	262	**326**	337	350
Ausländische Fahrzeuge							
Pkw	142	142	142	142	**221**	221	221
Lkw	16	16	26	16	**53**	86	119
Busse	24	24	24	24	**97**	97	97
Sonstige	48	48	48	48	-	-	-
Gesamt ausländisch	40	40	48	40	**94**	118	143
Gesamt Abgabepflichtige	**226,9**	231,8	228,0	245,3	**295,2**	307,9	322,9

1) ohne Absenkung der Kfz-Steuer
2) einschl. Straßenbenutzungsgebühr / ganzjährige Absenkung bei Lkw-Kfz-Steuer
3) einschl. MwSt auf Mineralölsteuer bei nicht gewerblich genutzten Pkw
4) einschl. doppelter Straßenbenutzungsgebühr / ganzjährige Absenkung bei Lkw-Kfz-Steuer
Anm.: Wegeausgaben ohne Mehrwertsteuer.

Quelle: Aberle/Brenner (1997), Tabelle 31.

Trotz der in der deutschen Bahnstrukturreform durchgeführten organisatorischen Trennung von Netz und Eisenbahntransportbetrieb, der Ausgründung der Netz AG im Frühjahr 1999 sowie der Vorgaben der EG-Richtlinie 91/440 sind für den

Netzbereich keine eigenständigen Ergebnisberichte (Bilanzen; G&V-Rechnungen) veröffentlicht worden. Eine erhöhte Transparenz wird erst dann eintreten, wenn die Auflagen im Bericht der Task-Force „Zukunft der Schiene" (September 2001) zur Vorlage eigenständiger Jahresabschlüsse von der DB AG erfüllt werden.

Alle Wegerechnungen für die DB AG werden dadurch außerordentlich erschwert, dass

- für die Eröffnungsbilanz 1994 beträchtliche Abwertungen im Netz erfolgten, die auch hochwertige Netzteile, etwa die Hochgeschwindigkeitsstrecken, betrafen;
- Teile der Wegeausgaben / Wegekosten auf das Bundeseisenbahnvermögen (BEV) und das Eisenbahnbundesamt (EBA) verlagert worden sind, und
- steigende Anteile der Netzinvestitionen als Baukostenzuschüsse durch den Bund finanziert, d.h. nicht aktiviert werden und somit ein wesentlich zu geringes Netz-Anlagevermögen ausgewiesen und für weitere Rechnungen benutzt wird.

Aus diesen Gründen basieren die Schienenwegerechnungen auf ergebnisrelevanten Annahmen und Schätzungen.

Übersicht 68: Wegekosten, Wegeeinnahmen und Wegekostendeckungsgrade der Deutschen Bahn AG

	Zugkilometer (Mio.)		Trassenkosten (Mio. DM)		Einnahmen aus Trassenentgelten (Mio. DM)		Kostendeckung (v.H.)	
	1995	1996	1995	1996	1995	1996	1995	1996
Personenverkehr	648	644	5810	6080	5610	5590	97	92
Personenfernverkehr	166	160	2035	2130	1830	1760	90	83
Personennahverkehr	482	484	3775	3950	3780	3830	100	97
Güterverkehr	216	204	7100	7430	1580	1490	22	20
Insgesamt	864	848	12910	13510	7190	7080	56	52

Quelle: DIW-Wochenbericht (1997), Nr. 26, 64 Jg., S. 461.

Im DIW für 1995 und 1996 durchgeführte Analysen (Link 1997) gelangen als Wegekostenrechnungen, allerdings ohne Berücksichtigung einer Kapitalverzinsung, zu den in Übersicht 68 ausgewiesenen Ergebnissen.

Das DIW hat für das Bezugsjahr 1997 die betriebswirtschaftlich ermittelten Wegekosten der Deutschen Bahn AG, differenziert nach den Transportsparten, den Trasseneinnahmen (zzgl. der gezahlten Mineralölsteuer) gegenübergestellt (Link/Rieke/Schmied 2000, S.50ff.). Wenngleich die Trasseneinnahmen überhöht erscheinen, deckt die Bahn global nur 55 % der zurechenbaren Wegekosten; beim Güterverkehr sind es lediglich knapp 16 %. Die gesamten Kosten werden nach Wagenachskilometern auf die Transportsparten verteilt; es wird eine hohe Korrelation zwischen den Bruttotonnenkilometern und den Wagenachskilometern festgestellt.

Die Einzelergebnisse sind in der folgenden Übersicht ausgewiesen:

Übersicht 69: Wegekosten, Wegeeinnahmen und Kostendeckungsgrade der Deutschen Bahn AG 1997

Verkehrsart	Betriebs-leistungen Mill. Zug-km	Wege-kosten[1] Mill. DM	Wegeeinnahmen Mill. DM			Kosten-deckungs-grade %
			Entgelte für die Trassen-nutzung[4]	Mineralöl-steuer	Ins-gesamt	
Personenverkehr[2]	717,81	8.427	8.271	413	8.684	103,0
Personenfern-verkehr	81,6	2.107	1.837	57	1.894	89,9
Personennah-verkehr[3]	536,2	6.320	6.434	356	6.790	107,4
Güterverkehr[2]	224,5	10.300	1.552	71	1.623	15,8
Verkehr insgesamt	942,3	18.727	9.823	484	10.307	55,0

[1] Bei einer Kapitalverzinsung von 2,5% p.a.
[2] Einschließlich Triebfahrzeugleerfahrten.
[3] Einschließlich S-Bahnen Berlin und Hamburg.
[4] Ohne Entgelte für die Bahnhofsnutzung.
Quelle: Berechnungen des DIW: Link/Rieke/Schmied 2000, Tab. 9, S. 54.

Ein Vergleich der Wegerechnungsergebnisse des Jahres 1997 zeigt wie ähnliche Berechnungen für frühere Jahre, dass im Strassenverkehr generell, aber auch im

Straßengüterverkehr speziell, wesentlich höhere Wegekostendeckungsgrade erzielt werden. Wird weiterhin berücksichtigt, dass die DB AG aufgrund zunehmender Baukosten- und Unterhaltungskostenzuschußregelungen im Netzbereich erhebliche Finanzmittelzuweisungen erhält, die nicht im Rechenwerk der Bahn erscheinen, so reduziert dies die Deckungsgrade zusätzlich.

Im Jahre 2002 ist eine neue Wegekostenrechung für das deutsche Bundesfernstraßennetz generell und das Autobahnnetz speziell vorgelegt worden (Prognos / IWW 2002). Sie dient der **Festlegung der fahrleistungsabhängigen Straßennutzungsgebühr** für sog. schwere Lkw (ab 12t GG), die im Laufe des Jahres 2003 die bisherige, nur zeitabhängige Gebühr ablöst.

Methodisch wird im Unterschied zu den früheren Wegerechnungen ein *Bottom-up-Ansatz* gewählt. Es wird von einer systematischen Analyse der Wegekostenverursachung durch die verschiedenen Fahrzeugkategorien ausgegangen. Als Betriebsfiktion wird die eines öffentlichen Unternehmens (mit Anspruch auf kalkulatorische Zinsen) gewählt. Die Kosten gliedern sich in Kapital- sowie laufende Kosten. Sie werden nach den Prinzipien *Verursachung, Veranlassung* und *Fairness* auf die Fahrzeugkategorien verrechnet. Insbesondere bei den fahrleistungsunabhängigen Kosten, die in Vorläuferrechnungen als Kapazitätskosten definiert wurden, erfolgt eine differenzierte Zuordnung auf die Kostenträger (Fahrzeugkategorien), indem zunächst nach dem Veranlassungsprinzip Zuscheidungen erfolgen und in einem zweiten Schritt die Gewichtungsfaktoren für die fahrzeugkategorialen Fahrleistungen neu strukturiert wurden. Auch die Berechnung der Abschreibungen zur Ermittlung der Netto-Anlagenwerte des Autobahnnetzes erfolgt nach einem modifizierten Verfahren (Doll, Cl. / Helms, M. et al. (2002), S. 202f.).

Im Durchschnitt werden den schweren Lkw 45 % aller Wegekosten des Autobahnnetzes zugeordnet (Bundesstraßen: 32 %). Für 2003 resultieren hieraus Wegekosten für Autobahnen in Höhe von 7,51 Mrd. EUR, von denen 3,40 Mrd. den schweren Lkw zugerechnet werden. Weitere Prognoserechnungen erfolgen für die Jahre 2005 und 2010. Die Hauptergebnisse sind aus der nachfolgenden Übersicht zu entnehmen.

Übersicht 70: *Hauptergebnisse der Wegekostenrechnung Bundesautobahnen / Bundesstraßen zur Bestimmung der Mauthöhe für schwere Lkw*

Kostengröße	2003	2005	2010
Gesamtkosten Bundesautobahnen [Mrd. €]	7,51	8,03	9,30
Gesamtkosten Bundesstraßen [Mrd. €]	7,18	7,57	8,64
Wegekosten schwere Lkw Bundesautobahnen [Mrd. €]	3,40	3,62	4,13
Wegekosten schwere Lkw Bundesstraßen [Mrd. €]	2,28	2,44	2,45
Durchschnittliche Wegekosten schwere Lkw, BAB [ct/km]	15,0	15,4	16,3
Durchschnittliche Wegekosten schwere Lkw, BS [ct/km]	29,9	31,1	34,1

Quelle: Doll, Cl. / Helms, M. et al. (2002), S. 203, Tab. 3

Aufgrund dieser Wegekostenrechnung wurde ein mittlerer Fahrzeugkilometersatz von 0,15 EUR ermittelt.

Exkurs: Ergebnisse der Verkehrswegerechnungen für Straßen in Österreich

Im Jahr 1993 wurde eine im Auftrag des Österreichischen Bundesministeriums für wirtschaftliche Angelegenheiten erstellte Wegerechnungsstudie veröffentlicht. Sie enthielt eine Vollkostenrechnung und eine Einnahmen-Ausgaben-Rechnung.

Die **Vollkostenrechnung** unterschied die **laufenden Kosten** (bauliche Erhaltungskosten, betriebliche Erhaltungskosten und Verwaltungskosten) und die **Kapazitätskosten** (Kapitalkosten auf Basis des Anlagenzeitwertes 1990 mit kalkulatorischen Zinssätzen von real 3 % oder nominal 8 %).

Diesen globalen Wegekosten Straße wurden die Einnahmen (Erlöse) aus der Kfz-Steuer, der Mineralölsteuer, der Erdölsonderabgabe, dem Straßenverkehrsbeitrag und den Mauteinnahmen gegenübergestellt. Ergebnis waren globale betriebswirtschaftliche Deckungsgrade. Dabei wurden verkehrsfremde Funktionen des Straßennetzes (Raumplanung, Landesverteidigung, Träger für sonstige Ver- und Entsorgungsanlagen) berücksichtigt.

Für das Jahr 1990 ergab die **Globalrechnung Straße** bei einem kalkulatorischen Zinssatz von 3 % einen betriebswirtschaftlichen Kostendeckungsgrad von 132 % für den gesamten Straßenverkehr bzw. für Pkw von 191 % und für Lkw von 84 %. In der **Kategorienrechnung** wurden 6 Straßenkategorien, inländische und ausländische Fahrzeuge sowie 22 Fahrzeugkategorien unterschieden.

Anschließend wird eine **Erweiterung** der Rechnung durch Hinzunahme von **externen Kostenkomponenten** (Unfallfolgewirkungen und Umweltressourcenverbrauch) vorgenommen. Bei den **Unfallkosten** wurde das Bruttoertragswertverfahren, bei den **Umweltwirkungen** wurden vorliegende (internationale) Berechnungsergebnisse herangezogen. Bei Berücksichtigung der beiden Erweiterungen reduzierten sich die Wegekostendeckungsgrade (bei realem Kapitalzins von 3 %) bei den Pkw auf 69 % und bei den Lkw auf 73 % (nur Unfallkostenberücksichtigung) bzw. auf 43 % und 44 % (zusätzliche Umweltwirkungserfassung).

Für das Jahr 2000 wurde im Auftrage des Bundesministeriums für Verkehr, Innovation und Technologie eine weitere Wegekostenrechnung erstellt (Herry et al. 2001). Sie verwendet im Wesentlichen die methodischen Grundlagen der Rechnung von 1990, ergänzt um neue Erkenntnisse bezüglich der Grenzkostenermittlung und der Einbeziehung externer Kosten. Bei den Straßenkategorien wird nach Autobahnen/Schnellstraßen/Landes- und Gemeindestraßen sowie nach drei Hauptfahrzeugkategorien (Pkw/Lieferfahrzeuge bis 3,5 t Gesamtgewicht/Krafträder; Busse und 5 gewichtsabhängige Teilkategorien von Lastkraftwagen) unterschieden.

Differenziert wird zwischen einer Vollkosten- und einer Grenzkostenrechnung. Die Gesamtkosten der Straßeninfrastruktur (Kapitalkosten, laufende Kosten) werden in der Vollkostenrechnung den „straßenverkehrsrelevanten Einnahmen" (Mineralölsteuer, Kfz-Steuer, Vignetteneinnahmen, Mauterlöse und Straßenbenutzungsabgaben) gegenübergestellt; dabei werden verkehrsfremde Funktionen bei den Kosten abgezogen. Für 2000 ergibt sich ein globaler Kostendeckungsgrad von 94 % (über sämtliche Straßenkategorien bei Verwendung von Zeitwerten).

Für die Autobahnen/Schnellstraßen liegt der Deckungsgrad global bei 178 %, bei den Bundesstraßen bei 154 % und den Landes-/Gemeindestraßen bei 42 %. Bei Neuwertansatz des Anlagevermögens sinken die Deckungsgrade um 8 % (Autobahnen) bis 14 % (Landes-/Gemeindestraßen). Für die Kapitalisierung des Anlagevermögens wird ein Zinssatz von 3,5 % benutzt, um eine jährliche Annuität (Kapitalkostenbetrag) zu ermitteln.

In der fahrzeugbezogenen Kategorienrechnung decken die Pkw die Verkehrswegekosten auf Autobahnen (Bundesstraßen) mit 304 % (272 %) und im Durchschnitt aller Straßen mit 161 %. Die Deckungsgrade bei Bussen erreichen 82 % auf Autobahnen, aber nur 27 % auf Bundesstraßen und bei allen Straßen 17 %. Die Lkw ab 7,5 t Gesamtgewicht weisen bei sämtlichen Straßenkategorien einen Deckungsgrad von 39 % auf, bei Autobahnen 89 %, auf Bundesstraßen 47 %, jeweils auf Zeitwertbasis.

Breiten Raum nimmt die Berücksichtigung der Unfallkosten sowie der externen Kosten (Lärm, Gesundheitskosten, Schadstoffwirkungen, CO_2-Effekte) ein, obwohl sie methodisch nicht Bestandteil einer Wegekostenrechnung sind. Es handelt sich vielmehr um externe Kosten des Fahrzeugbetriebs und nicht der Infrastruktur.

Literatur zu Kapitel III.6:

Aberle, G. (1984): Verkehrswegerechnungen und Wegeentgelte - Theoriedefizite und Datenlücken in der Verkehrspolitik, in: Ewers, H.-J. / Schuster, H. (Hrsg.): Probleme der Ordnungs- und Strukturpolitik, Festschrift für H. S. Seidenfus, Göttingen, S. 175-193.

Aberle, G. / Brenner, A. (1997): Wegerechnung für in- und ausländische Fahrzeuge des Straßenverkehrs in Deutschland 1994, Frankfurt/M. (Band 11 der Materialien zur Automobilindustrie).

Aberle, G. / Engel, M. (1992a): Verkehrswegerechnung und Optimierung der Verkehrsinfrastrukturnutzung: Problemanalyse und Lösungsvorschläge vor dem Hintergrund der EG-Harmonisierungsbemühungen für den Straßen- und Eisenbahnverkehr, Hamburg (Band 6 der Gießener Studien zur Transportwirtschaft und Kommunikation).

Aberle, G., Hennecke, R., Eisenkopf, A. (1999): Ordnungs- und finanzpolitische Rahmenbedingungen für den Wettbewerb zwischen Eisenbahn und Binnenschiffahrt im Güterverkehr, herausgegeben vom Bundesverband der Deutschen Binnenschiffahrt e.V., Duisburg.

Aberle, G. / Holocher, K. (1984): Vergleichende Wegerechnungen und Verkehrsinfrastrukturpolitik, Frankfurt/M. (Band 46 der Schriftenreihe des Verbandes der Automobilindustrie).

Aberle, G. / Mager, N. (1980): Wegerechnung, Wegefinanzierung und Straßengüterverkehrssystem, Frankfurt/M. (Band 28 der Schriftenreihe des Verbandes der Automobilindustrie).

Arbeitsgruppe Wegekosten im Bundesverkehrsministerium (1969): Bericht über die Kosten der Wege des Eisenbahn-, Straßen- und Binnenschiffsverkehrs in der Bundesrepublik Deutschland, Bad Godesberg (Heft 34 der Schriftenreihe des Bundesministers für Verkehr).

Brenner, A. (1997): Wegerechnungen für das Schienennetz - Theoretische und empirische Analyse vor dem Hintergrund der Bahnstrukturreform, Hamburg (Band 12 der Gießener Studien zur Transportwirtschaft und Kommunikation).

Bundesamt für Statistik (Hrsg.) (1982): Schlußbericht der Kommission zur Überprüfung der Straßenrechnung, Bern.

Dietrich, K. / Lindemann, H.P. (1982): Schweizerische Straßenrechnung: Kurzstudie zu drei konkreten Fragen - Auftrag der Kommission Straßenrechnung vom 10.12.1981, Institut für Verkehrsplanung und Transporttechnik IVT, ETH Zürich.

Doll, Cl. / Helms, M. et al. (2002), Wegekostenrechnung für das Bundesfernstraßennetz, in: Internationales Verkehrswesen, 54. Jg. (2002), S. 200-205.

Eisenmann, J. (1979): Bewertung der Straßenbeanspruchung, in: Straße und Autobahn, 30. Jg., S. 107-110.

Enderlein, H. / Kunert, U. (1990): Berechnung der Kosten und der Ausgaben für die Wege des Eisenbahn-, Straßen-, Binnenschiffs- und Luftverkehrs in der Bundesrepublik Deutschland für das Jahr 1987, Berlin (Heft 119 der Beiträge zur Strukturforschung des Deutschen Instituts für Wirtschaftsforschung).

Enderlein, H. / Link, H. (1992): Berechnung der Wegekosten- und Wegeausgabendeckungsgrade für den Straßenverkehr in den alten Ländern der Bundesrepublik Deutschland für das Jahr 1991, Gutachten des Deutschen Instituts für Wirtschaftsforschung im Auftrage des Bundesministers für Verkehr, Berlin (unveröffentlicht).

Enderlein, H. / Kunert, U. / Link, H. (1994): Berechnung und Bewertung der Verkehrsinfrastruktur in den neuen Bundesländern, Berlin (Heft 149 der Beiträge zur Strukturforschung des Deutschen Instituts für Wirtschaftsforschung).

Enderlein, H. / Rieke, H. (1987): Berechnung der Kosten für die Wege des Eisenbahn-, Straßen-, Binnenschiffs- und Luftverkehrs in der Bundesrepublik Deutschland für das Jahr 1984, Gutachten des Deutschen Instituts für Wirtschaftsforschung im Auftrage des Bundesministers für Verkehr, als Manuskript vervielfältigt, Berlin.

Europäische Kommission (1969): Bericht über die Musteruntersuchung gemäß Art. 3 der Entscheidung des Rates Nr. 65/270/EWG vom 13. Mai 1965 (EWG-SEK 69/700 endg.), Brüssel.

Herry, M. et al. (1993): Verkehrswegerechnung Straße für Österreich, Kurzfassung, Wien.

Herry, M. et al. (2001): Österreichische Wegekostenrechnung für die Straße 2000, Wien.

Holocher, K. (1988): Wegerechnungen für Straßen: Untersuchung der grundlegenden Kostenrechnungsansätze und differenzierte Berechnung der Ausgabendeckung für das Straßennetz der Bundesrepublik Deutschland, Darmstadt (Band 3 der Gießener Studien zur Transportwirtschaft und Kommunikation).

Kühl, K.H. (1981): Was erwartet die Binnenschiffahrt vom neuen Bundestag?, in: Seidenfus, H.S. (Hrsg.): Neuorientierung der Verkehrspolitik?, Göttingen (Heft 93 der Beiträge aus dem Institut für Verkehrswissenschaft an der Universität Münster) S. 31-39.

Link, H. (1997): Trassenpreise der Deutschen Bahn AG - diskriminierungsfrei und kostendeckend?, in: DIW-Wochenbericht, 64. Jg., Nr. 26, S. 457-462.

Link, H. / Dodgson, J. S. / Maibach, M. / Herry, M. (1999): The Costs of Road Infrastructure and Competition in Europa, Heidelberg – New York.

Link, H., Rieke, H., Schmied, M. (2000): Wegekosten und Wegekostendeckung des Straßen- und Schienenverkehrs in Deutschland im Jahre 1997, DIW-Gutachten, Berlin.

Mitschke, M. (1979): Straßenschonende Auslegung schwerer Nutzfahrzeuge, in: Straße und Autobahn, 30. Jg., S. 110-114.

Prognos AG / IWW Karlsruhe (2002): Wegerechnung für das Bundesfernstraßennetz, Gutachten für das Bundesministerium für Verkehr, Bau- und Wohnungswesen, Basel-Karlsruhe.

Wechsler, M. (1998): Analyse des Schwerverkehrs und Quantifizierung seiner Auswirkungen auf die Straßenbeanspruchung, in: Straße und Autobahn, 49. Jg., S. 402-406.

IV Planungsprozesse in Verkehrswirtschaft und Verkehrspolitik

1 Begriff und Merkmale transportwirtschaftlicher Planungsprozesse

1.1 Planungsbegriff

Unter **Planung** wird die **systematische Entscheidungsvorbereitung** verstanden. Planung beinhaltet das Fällen von Führungsentscheidungen, wobei eine systematische Entscheidungsvorbereitung erfolgt (Hahn 2001). Es werden Annahmen über zukünftige Entwicklungen getroffen und Maßnahmen quantitativ und qualitativ ausgewählt, um definierte Ziele zu erreichen. Die Komplexität der Planung nimmt mit der Zahl der exogenen Einflußgrößen zu, d.h. solcher Variablen, die zwar unmittelbar auf die Zielerreichung einwirken, jedoch durch Maßnahmen der Planenden nicht beeinflußbar sind. Verändern sich im Zeitablauf Zahl, Struktur und Ausrichtung dieser exogenen Einflußgrößen in nicht oder nur sehr begrenzt abschätzbarer Weise, so erhöht sich der Komplexitätsgrad der Planung zusätzlich.

Diese Situation ist in besonderem Maße im **Verkehrsbereich** gegeben, da hier eine **Vielzahl von gesellschafts-, wirtschafts-, sozial- und verkehrspolitischen Einflußfaktoren** unmittelbar auf Struktur und Erfolg der Geschäftstätigkeit von Verkehrsunternehmen einwirkt. Diese Einflußfaktoren, die nicht nur von der nationalen, sondern ständig zunehmend von der EU-Politik geprägt werden, sind ihrerseits bereits für mittlere Zeiträume von etwa fünf Jahren kaum hinreichend abschätzbar.

Planung stellt sich dar als **Prozeß**. Er umfaßt mehrere Phasen, die durch bestimmte Planungsaufgaben gekennzeichnet sind:

- Formulierung der Ziele der Planung,
- Analyse der zielrelevanten Erfolgsfaktoren,
- Analyse der Zusammenhänge mit planungsexternen Einflußgrößen,
- Prognose der zielrelevanten Erfolgsfaktoren,
- Prognose der Entwicklung der planungsexternen Einflußgrößen,
- Ableitung von Maßnahmen zur Sicherung der Zielerreichung,

- Überprüfung (Kontrolle) des Zielerreichungsgrades (Soll-Ist) und Analyse der Abweichungen.

1.2 Mikroplanung: Unternehmungsplanung in der Transportwirtschaft

Unter Mikroplanung in der Transportwirtschaft ist die **Anwendung** der **betriebswirtschaftlichen Planungsinstrumente** in den Unternehmen des Verkehrssektors zu verstehen. Aufgrund der umfassenden staatlichen Regulierung des Verkehrssektors hat in der Vergangenheit für diese Unternehmen in Deutschland die **längerfristige (strategische)** Planung einen - verglichen mit anderen Wirtschaftsbereichen - geringen Stellenwert besessen. Die **operative** Planung hat demgegenüber auch hier stets eine mit anderen Sektoren der produzierenden Wirtschaft vergleichbare Bedeutung gehabt. Die Ursachen für die **Defizite** in der strategischen Unternehmungsplanung bei Betrieben der **Transportwirtschaft** sind in den folgenden Zusammenhängen zu sehen:

- Die Marktregulierung bezog sich auf Angebotsmengen und Preise, teilweise sogar auf Qualitäten. Hierdurch waren die Erfolgsfaktoren weitgehend exogen vorbestimmt.
- Das unternehmerische Risiko wurde durch die straffe Marktregulierung stark eingeschränkt, so dass auch die Incentives für eine Etablierung von Planungsinstrumenten fehlten.
- Der größte Verkehrsträger, die Eisenbahn, wurde als staatliche Verwaltungsorganisation betrieben, bei der betriebswirtschaftliche Planungsprozesse wesensfremd waren, zumal auch die steigenden Verluste stets vom Bundeshaushalt ausgeglichen wurden und als Folge der Zwang, betriebswirtschaftliche Planungsinstrumente einzusetzen, nicht gegeben war.
- Ein Großteil der Verkehrswirtschaft war mittelständisch und kleinbetrieblich strukturiert mit der Folge, dass die ressourcenmäßigen Voraussetzungen für eine Unternehmungsplanung fehlten. Dieser Mangel wurde jedoch in den Jahrzehnten der intensiven Verkehrsmarktregulierung nicht ergebnisbedeutsam.

Seit Ende der 80er Jahre, also der sukzessiven Deregulierung des Transportsektors auch in den regulierungsfreundlichen Staaten der Europäischen Gemeinschaft, haben sich die Rahmenbedingungen für die unternehmerische Tätigkeit im Transportwesen entscheidend verändert. Parallel zu diesem Deregulierungseffekt mit der Wirkung völlig veränderter Wettbewerbsbedingungen und erstmaliger Existenzbedrohung von vielen traditionellen Transportbetrieben (Frachtführerleistungen) treten weitere, für die Transportwirtschaft exogene Entwicklungen auf:

- Die Einführung **neuer Logistikstrategien** in der produzierenden und handeltreibenden Wirtschaft;
- wesentlich **höhere Qualitätsanforderungen** aufgrund von in die Produktionsprozesse integrierten Just in time-Transporten;
- die **Verlagerung der Wachstumsmärkte** der Verkehrswirtschaft auf internationale Verkehre mit komplexeren Leistungsanforderungen und Risikopotentialen;
- das **Vordringen neuer Angebotsformen** mit Bedrohung traditioneller und wertschöpfungsintensiver Geschäftsfelder durch sog. Integrators sowohl im Luft- wie auch im terrestrischen Verkehr (vgl. hierzu Kapitel V);
- der **Wegfall wertschöpfungsintensiver Geschäftsfelder** wie der Verzollung aufgrund der Vollendung des Gemeinsamen Binnenmarktes zum 1. Januar 1993;
- die Chancen zur **Positionierung** von Unternehmen der Transportwirtschaft als **Logistikdienstleister**, resultierend aus den Bestrebungen der verladenden Wirtschaft, die Fertigungstiefen zu reduzieren und sowohl Global sourcing wie auch Single sourcing und Modular sourcing zu betreiben.

Diese Rahmendatenveränderungen für die Transportwirtschaft stellen traditionelle Geschäftsfelder in Frage und aktivieren die Suche nach wertschöpfungsintensiven, vom reinen Preiswettbewerb partiell gelösten Leistungsbereichen. Um die Erfolgsfaktoren zu bestimmen und für die Zukunft auszugestalten, bedarf es aber der **systematischen Nutzung** von Planungsinstrumenten, insbesondere der **strategischen Unternehmungsplanung**. Sie sind auch für die Beantwortung der Frage unabdingbar, ob und in welcher Form Kooperationen mit anderen Unternehmen oder Unternehmensverkäufe oder -aufkäufe sinnvoll sind.

Da Unternehmen der Transportwirtschaft in ihrem Erfolg stark von gesellschaftspolitischen und hieraus abgeleitet verkehrs- und steuerpolitischen Entscheidungen abhängig sind (Treibstoffbesteuerung, Verkehrsinfrastrukturabgaben, höchstzulässige Maße und Gewichte der Fahrzeuge, maximale Lenkzeiten, Gefahrgutvorschriften, Ausbau der Verkehrsinfrastruktur u.ä.), ist auch eine ständige Beobachtung und Abschätzung dieser politischen Rahmendatenveränderungen unabdingbar. Bereits in der Vergangenheit haben privatwirtschaftlich geführte großen Transportunternehmen, die auf internationalen Märkten tätig waren, sich mit der (strategischen) Unternehmungsplanung beschäftigt. Spätestens seit der Bahnstrukturreform ist dies ebenfalls eine wichtige Aufgabenstellung für die DB AG.

Ob allerdings die auch in der überschaubaren Zukunft einen relativ hohen Marktanteil besitzenden Kleinbetriebe im gewerblichen Straßengüterverkehr und in der Binnenschiffahrt sich systematisch mit den Fragen der strategischen Unternehmungsplanung auseinandersetzen können, ist aus Gründen fehlender Ressourcen nicht zu erwarten. Dieses Problem wird jedoch teilweise dadurch gelöst, dass ein Großteil dieser Betriebe entweder als Subunternehmer tätig ist oder Nischenpositionen im Markt einnimmt.

1.3 Makroplanung: Verkehrsinfrastrukturplanung

Von den Planungsprozessen in Unternehmen des Verkehrssektors, die als *Mikroplanung* bezeichnet wurden, ist ein Spezifikum der Verkehrswirtschaft, die *Makroplanung* zu unterscheiden. Sie bezieht sich auf die **Verkehrswege** als wichtigen Produktionsfaktor der Verkehrsleistungserstellung. Dabei handelt es sich grundsätzlich um eine investive Langfristplanung mit Zeithorizonten zwischen 10 und 20 Jahren, wozu eine spezielle Planungsmethodik und spezielle Evaluierungsverfahren eingesetzt werden, die gesamtwirtschaftlich ausgerichteten Zielen und Beurteilungskriterien folgen. **Ziel** der Verkehrswegeplanung ist es, den für die gesellschafts- und wirtschaftspolitischen Gestaltungsprozesse hochbedeutsamen Ressourceneinsatz in die Verkehrsinfrastruktur einer **systematischen Optimierung** zugänglich zu machen.

Die Planungsnotwendigkeit für Investitionen in die Verkehrsinfrastruktur resultiert aus folgenden Zusammenhängen:

- Einzelprojekte müssen stets in ihrem **Netzzusammenhang** gesehen werden.
- Es sind **vielzahlige Abstimmungsprozesse** mit den an der Planung durch gesetzliche Vorgaben beteiligten Institutionen erforderlich. Dabei gewinnt die **EU-weite Abstimmung** der nationalen Planungssysteme und Infrastrukturentscheidungen ständig an Bedeutung.
- **Planungszeiträume, Realisierungszeiten** und die **Nutzungszeiten** von Verkehrsinfrastrukturprojekten sind **wesentlich länger** als bei Investitionen in An-

lagen der industriellen Produktion oder des Handels und des Dienstleistungsbereichs; daher sind die **Unsicherheitsfaktoren** hinsichtlich des Erfolges (der Zielerreichung) der Investitionen wesentlich komplexer ausgeprägt als bei sonstigen Anlageinvestitionen;
- der **Prognosebedarf** ist dementsprechend hoch und erfordert umfängliche Untersuchungen.
- Im Rahmen des gesamtwirtschaftlichen Bewertungsverfahrens wird hinsichtlich der Rechentechnik durchaus auf traditionelle betriebswirtschaftliche Verfahren der dynamischen Investitionsrechnung zurückgegriffen (etwa Kapitalwert-, interne Zinsfuß- und Annuitätenverfahren); die **einbezogenen Rechnungskomponenten** unterscheiden sich jedoch in erheblichem Maße, denn bei den in die Investitionsrechnungen einzubeziehenden planungsrelevanten Effekten handelt es sich zum wesentlichen Teil nicht um beim Investor wirksam werdende Wirkungen, sondern um **indirekte (externe) Effekte**; dies gilt vor allem für die positiven Wirkungen („Nutzen").
- Angesichts der **hohen** Werte des bereits in den Verkehrswegen gebundenen volkswirtschaftlichen Kapitals (2000 447,1 Mrd. EUR Nettoanlagevermögen zu Preisen von 1995) und der jährlichen **Ersatz- und Nettoinvestitionsbeträge** (2000 16,0 Mrd. EUR zu laufenden Preisen) ist eine mittel- bis langfristige Finanzplanung notwendig, die sich bei den überwiegend die Finanzierung durchführenden öffentlichen Haushalten über mehrere Haushaltsjahre und teilweise auch über mehrere Legislaturperioden erstreckt.
- Fehlplanungen und hierauf aufbauende Investitionsmaßnahmen zeichnen sich durch eine **sehr hohe Irreversibilität** aus; Alternativnutzungen sind bei zahlreichen Verkehrsinfrastrukturkapazitäten nicht oder nur mit geringer Produktivität möglich.

Im Unterschied zur betriebswirtschaftlichen (strategischen) Unternehmungsplanung in den Transportunternehmen werden bei der **Verkehrsinfrastrukturplanung** die **Ziele politisch** festgelegt. Beteiligt sind hierbei vor allem die Exekutiven von Bund und Ländern (zuständige Ministerien für Verkehr, Wirtschaft, Städtebau und Raumordnung, Umwelt) sowie die Legislative dann, wenn die Verkehrsinfrastrukturplanung auf Basis spezieller Gesetze durchgeführt wird (Bundesfernstraßenausbauplan; Schienenverkehrswegeausbauplan) oder eine sonstige Beteiligung am Planungsverfahren vorgesehen ist (etwa: Diskussion des Bundesverkehrswegeplans im Deutschen Bundestag). Zunehmend gewinnt auch die Kommission der Europäischen Union Einfluß auf die Verkehrsinfrastrukturplanung der Mitgliedsstaaten; hingewiesen sei auf das 1993 verabschiedete umfangreiche Infrastrukturinvestitionsprogramm zu den sog. *Transeuropäischen Netzen TEN* (Fonger 1994; Kommission der Europäischen Gemeinschaften 1998).

2 Unternehmungsplanung in der Transportwirtschaft

2.1 Allgemeine Merkmale der Unternehmungsplanung in Produktions- und Dienstleistungsbetrieben

Nachfolgend werden in knapper Form einige wesentliche Strukturmerkmale der Unternehmungsplanung in Produktions- und Dienstleistungsbetrieben referiert und um Beispiele aus der Transportwirtschaft ergänzt. Einzelheiten und systematische Darstellungen zur Unternehmungsplanung generell finden sich in der betriebswirtschaftlichen Fachliteratur (Hahn 2001; Hahn/Taylor 1997; Diederich 1992; Klausmann 1983; Hinterhuber 1992a und 1992b; Hammer 1985).

2.1.1 Strategische, operative und taktische Planung

Grundlagen der Planung in Unternehmen sind die (langfristig ausgerichteten) **unternehmenspolitischen Grundsätze** (Leitbildvorstellungen, Unternehmensphilosophien), aus denen die langfristigen Ziele abgeleitet werden. Nach der Fristigkeit der Planung sind Kurzfrist-, Mittelfrist- und Langfristplanung zu unterscheiden; sie stehen in einem integrativen Zusammenhang.

Die **kurzfristige Planung** sichert die in der Mittelfristplanung formulierten Planungsziele. Es geht um kurzfristige Dispositionen innerhalb festgelegter Rahmenbedingungen. Sie besitzen auch in der Transportwirtschaft einen hohen Stellenwert und waren stets - auch unter straff regulierten Marktverhältnissen - Gegenstand systematischer Planungsüberlegungen. Zu nennen sind etwa

- die tägliche Fahrzeugeinsatzplanung und Personaleinsatzplanung in Kraftwagenspeditionen, Eisenbahn- und ÖPNV-Betrieben;
- die Festlegung des Fluggerätes, der Treibstoffaufnahme und der konkreten Flugroute aufgrund der Buchungszahl, des Startgewichtes, der Wettervorhersage und der Treibstoffpreisverhältnisse auf Zwischenlandungs- und/oder Zielflughäfen;

- die tägliche Tourenplanung für Verteilerverkehre.

Diese Kurzfristplanung wird i.d.R. als Teil der operativen Planung definiert; gelegentlich erfolgt in der Transportwirtschaft - vor allem bei arbeitstäglicher oder flug- bzw. reisespezifischer Planung - auch die Bezeichnung als **taktische Planung**. Im operativen Planungsprozeß werden die in der Langfristplanung formulierten Ziele operativ konkretisiert und in Teilplänen formuliert. Diese operativen Teilpläne lassen sich in **funktionsbereichsbezogene** und **funktionsbereichsübergreifende Pläne** unterscheiden.

Funktionsbereichsbezogene Teilpläne (Hahn 2001, S. 505 ff.) sind zielorientiert auf die Produktprogrammplanung ausgerichtet und umfassen insbesondere den

- Absatz-/Vertriebsplan,
- Produktionsplan,
- Beschaffungsplan,
- Forschungs- und Entwicklungsplan,
- Personalplan,
- Anlagenplan.

Diese **funktionsbereichsbezogenen** Teilpläne sind auch für Unternehmen der Transportwirtschaft relevant. Im **Absatz-/Vertriebsplan** werden die Absatzwege (z.B. über Speditionsbetriebe oder Reisebüroagenten, Direktvertrieb, Key account-management), Mengen- und Erlösziele festgelegt.

Der **Produktionsplan** widmet sich der Gestaltung der Leistungsprozesse, etwa der Einschaltung von Subunternehmern. Die Ausweitung der traditionellen Leistungsstruktur, z.B. auf wertschöpfungsintensive Logistikleistungen, ist Bestandteil der Produktprogammplanung.

Im **Beschaffungsplan** werden die erforderlichen Zukäufe von transportspezifischen und logistischen Fremdleistungen sowie - bei Eisenbahntransportunternehmen - die notwendigen Trassen für eine oder mehrere Fahrplanperioden definiert. Ähnliches gilt für Luftverkehrsgesellschaften hinsichtlich der notwendigen Start- und Landezeiten auf den angeflogenen Flughäfen (Slots).

Ergänzend zu den funktionsbereichsbezogenen Teilplänen zählen die **funktionsbereichsübergreifenden Teilpläne** zur operativen Unternehmungsplanung. Sie bestehen insbesondere aus dem

- kurzfristigen Finanzplan (Cash management) sowie dem

- Betriebsergebnisplan als Resultat der Gesamtkosten-Gesamterlösplanung für das Unternehmen.

Im Zentrum der weiteren Überlegungen steht die **strategische Unternehmungsplanung**; durch sie werden Richtung, Ausmaß und Struktur der Unternehmensentwicklung bestimmt (Hahn/Taylor 1997). Sie ist auf das Gesamtunternehmen ausgerichtet und hat vor allem die Aufgabe, abgeleitet aus dem Unternehmensleitbild, die langfristigen zukünftigen Erfolgspotentiale zu sichern. Hieraus folgt auch, dass alle auf den Unternehmenserfolg einwirkenden Variablen zu berücksichtigen sind, also technische, gesellschaftliche und umweltspezifische Entwicklungen in ihren komplexen Interdependenzen. Die strategische Unternehmungsplanung wird auch als normative Ebene des Managements bezeichnet und umfaßt die Management-Philosphie, die unternehmerische Vision, die rechtlichen Rahmenbedingungen, die Unternehmungspolitik sowie das Unternehmungsleitbild (Kaspar 1998, S. 17).

Abbildung 53: **Umfeld der strategischen Planung**

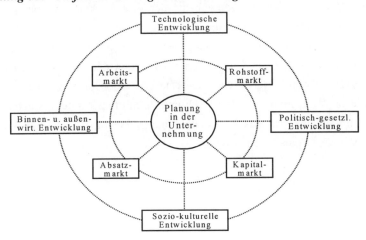

Quelle: Hahn (1999a), S. 1.

Gerade Unternehmen im Bereich der Verkehrswirtschaft sind in besonderem Maße von diesen Umweltentwicklungen abhängig. Hinzu kommt, dass es sich beim Güterverkehr stets um eine **abgeleitete Nachfrage** handelt, so dass auch die sektoralen Entwicklungen in den Kundenbereichen besondere Aufmerksamkeit verlangen. Insofern besitzt das unternehmensbezogene Umfeld, im weitesten Sinne abgegrenzt, gerade für Anbieter von transportspezifischen Leistungen einen besonderen Stellenwert. Daher ist auch das nachfolgende Schaubild, übernommen aus einem Standardwerk der allgemeinen strategischen Unternehmungsplanung, für Transportbetriebe vollständig anwendbar.

Die strategische Unternehmungsplanung, identisch mit Corporate planning, erfordert systematische **Analysen** der gegenwärtigen Situation (der Struktur und Nutzung der vorhandenen Erfolgspotentiale) und **Prognosen** sowie **Szenarien** der Entwicklung aller Faktoren, welche die zukünftigen Erfolgspotentiale des Unternehmens direkt oder indirekt beeinflussen. Die zeitliche Reichweite der strategischen Unternehmungsplanung liegt zwischen fünf und zehn Jahren; der Planungsprozeß ist rollierend angelegt, um Änderungen in den grundlegenden Unternehmenszielen, aber insbesondere in der Wirkungsrelevanz und in den prognostizierten Entwicklungen der den Unternehmenserfolg bestimmenden Einflußgrößen berücksichtigen zu können. Die strategische Unternehmungsplanung ist in beträchtlichem Umfang qualitativ strukturiert.

Eine herausragend wichtige Komponente der strategischen Unternehmungsplanung ist die **Geschäftsfeldplanung**. Sie besitzt für die Transportwirtschaft angesichts der Vielzahl verkehrsmarktendogener und -exogener Veränderungen einen hohen Stellenwert. Hierbei geht es um die Planung der Produkte und Produktionsprozesse einschl. der Investitions-/Desinvestitionsplanung. Es wird also nicht nur in Wachstums-, sondern auch in Schrumpfungsstrategien gedacht. Zusätzlich umfaßt die strategische Unternehmungsplanung die Führungskräfteplanung sowie die Organisationsplanung.

Abbildung 54: *Aufgabenkomplexe strategischer Planung und Kontrolle*

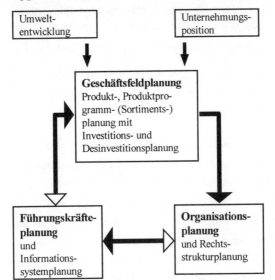

Quelle: Hahn (1999a), S. 7.

2.1.2 Instrumente der strategischen Unternehmungsplanung

Analysen und Prognosen der Umfeldbedingungen, d.h. der Rahmendaten, stehen am Anfang des strategischen Planungsprozesses. Von besonderer Bedeutung, insbesondere auch im Hinblick auf die Anwendung in der Transportwirtschaft, sind hierauf aufbauend die folgenden Instrumente der strategischen Unternehmungsplanung:

- eine **Potential- und Lückenanalyse** kann zur Feststellung der Ist- und Soll-Entwicklung des Unternehmens herangezogen werden; **Stärken-Schwächen-Analysen** in Verbindung mit **Konkurrenten- und Marktanalysen** bei Nutzung von Potential- und Kompetenzbetrachtungen dienen weiterhin der Analyse und Prognose der Unternehmenssituation;
- **Produkt-Lebenszyklus-Analyse**, **Erfahrungskurven-Analyse**, **Portfolio-Methoden** sind spezielle Instrumente im Rahmen der strategischen Geschäftsfeldplanung;
- mit der **Szenario-Technik** als Ergänzung von Umfeldanalysen und -prognosen können mögliche Konsequenzen für die Unternehmensentwicklung aufgezeigt und entsprechende Maßnahmenpläne initiiert werden;

- mit der Balanced Scorecard (BSC) wird ein Steuerungsinstrument zur Umsetzung von Visionen und Unternehmensphilosophien angeboten, das Unternehmensplanung und Controlling zur Verfügung steht und die wertbildenden "Perspektiven" der Unternehmung aufzeigt und verknüpft.

Auf Querschnittsanalysen und deren unternehmensindividuelle Nutzung, wie sie im Profit Impact of Market Strategies (PIMS-Programm) vorgenommen werden, wird hier nicht weiter eingegangen.

a) Gegenstand einer **Analyse der Unternehmenssituation** sind die vorhandenen Ressourcen (Unternehmenspotential) und eine Beurteilung der gegenwärtigen und zukünftigen Stärken und Schwächen des Unternehmens.

Sowohl in die Potential- und Lückenanalyse als auch in die Stärken-Schwächen-Analyse fließen die Ergebnisse von **Konkurrenten-** und **Marktanalysen** ein. In der Konkurrentenanalyse ist die wettbewerbliche Umwelt des Unternehmens Gegenstand der Betrachtung. Es erfolgt eine systematische Sammlung aller relevanten Daten der Konkurrenten; Ziel sind möglichst umfassende Informationen über deren Leistungsstrukturen und Produktionsmethoden, die realisierten logistischen Konzeptionen, Beschaffungs- und Vertriebsysteme, Finanzierungsprinzipien, Marktanteilsentwicklungen über die Zeit, Grad der Diversifikation, Fertigungstiefen u.ä. Im Rahmen der Konkurrentenanalyse wird zunehmend das Instrument des **Benchmarking** hervorgehoben, also der Vergleich der eigenen Produkt-Markt-Leistungsfähigkeit mit den „best-in-class companies inside and outside its markets" (Furey 1987, S. 30). Das Anliegen des Benchmarking besteht darin, Leistungsdefizite nachzuweisen und ursächlich zu begründen. Dabei werden drei Formen des Benchmarking unterschieden: *internes* Benchmarking als Vergleich unternehmensinterner Leistungsbereiche, *externes* Benchmarking als Vergleich mit dem leistungsfähigsten Unternehmen der gleichen Branche sowie *funktionales* Benchmarking, bei dem ein Vergleich mit Unternehmen anderer Branchen, aber ähnlichen Problemlösungen, vorgenommen wird.

In der **Marktanalyse** werden die Eigenschaften der (Teil-) Märkte untersucht, auf denen das Unternehmen tätig ist oder aktiv werden möchte. Dabei erfolgt eine Verbindung der Nachfrageseite mit dem eigenen Leistungsangebot und dem der Konkurrenten. Insbesondere interessieren die Entwicklungsprozesse dieser Märkte als Vergangenheits- und abgeschätzte Zukunftsgrößen, um eine strategische Beurteilung von Unternehmenspotentialen und Entwicklungschancen zu ermöglichen.

Die **Potential- und Lückenanalyse** ist in ihrem Kern eine Verfügbarkeitsanalyse der strategisch relevanten Ressourcen; sie vermittelt für strategische Entscheidungen Informationen über das, was mit den *vorhandenen* Ressourcen, mit technisch-organisatorisch *verbessertem* Ressourceneinsatz und mit *zusätzlichen* Ressourcen auf den Märkten erreicht werden kann. In der Regel dient der Umsatz (Erlös) als Erfolgsgröße und es werden im Zeitablauf alternative Entwicklungspfade bei unterschiedlicher Ressourcenstruktur und unterschiedlichem Ressourcenvolumen abgeschätzt. Ausgangspunkt sind die derzeitigen Ressourcen und die hiermit erstellten Produkte (auch als sog. Basisgeschäft bezeichnet).

Durch organisatorische Verbesserungen, etwa Rationalisierungen, veränderte Logistik, Lean production etc., kann bei gleicher Beschaffenheit des Output der Ressourceneinsatz effizienter werden; hier liegt ein nutzbares Verbesserungspotential, das sich in einem modifizierten, d.h. höheren Basisgeschäft quantifizieren läßt. Die Differenz zwischen dem modifizierten potentiellen und dem effektiven Basisgeschäft kann als sog. **operative Lücke** bezeichnet werden (Kreikebaum 1997, S. 134).

Für die strategische Planung ist jedoch die sog. **strategische Lücke** von zentralem Informationswert. Sie stellt die Differenz dar zwischen dem Umsatzpotential bei Nutzung der organisatorischen und technischen Möglichkeiten zur Effizienzsteigerung der gegebenen Ressourcen bei gegebenem Produktprogramm (operative Lücke beseitigt) und jenem (höheren) Umsatzpotential, das sich als Folge strategischer Entscheidungen erreichen läßt. Für letzteres werden die Annahmen einer gegebenen Ressourcenstruktur und des gegebenen Produktprogramms aufgegeben. Eingesetzt werden neue Produktionsfaktoren in anderen Produktionsverfahren, die es ermöglichen, nicht nur vorhandene Märkte auszuschöpfen, sondern in neue Märkte hineinzugehen. Dieser maximale, als Folge strategischer Entscheidungen erreichbar angesehene Erlösverlauf wird auch als **Entwicklungsgrenze** bezeichnet (Kreikebaum 1997, S. 134 ff.).

Diese Überlegungen besitzen einen engen Zusammenhang zur Frage der unternehmensbezogenen **Kernkompetenzen**, ihrer Ausweitung auf neue

Geschäftsfelder und zur Befriedigung neuer Kernbedürfnisse der Nachfrager (vgl. hierzu insbesondere Krüger / Homp 1997 S. 41 ff.).

Abbildung 55: Die Lücke zwischen dem Basisgeschäft und der Entwicklungsgrenze

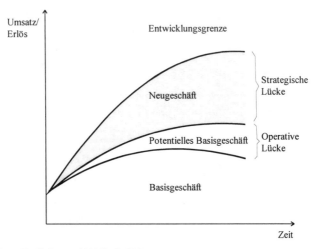

Quelle: Kreikebaum (1997), S. 134.

Die Potentialanalyse ist eine Vorstufe der Lückenanalyse. Die Anwendung dieses Instruments ermöglicht die Prüfung der eigenen Leistungsfähigkeit. Sie kann mit der Stärken-Schwächen-Analyse verbunden werden. Die Potential- und Lückenanalyse sagt jedoch unmittelbar noch nichts über die mit der Schließung der operativen und vor allem der strategischen Lücke verbundenen Kosten aus. Die in der vorstehenden Grafik enthaltenen Erlöskurven müssen daher durch Kosten- und Gewinnkurven ergänzt werden.

In einer **Stärken-Schwächen-Analyse** erfolgt die Beurteilung der Ressourcen eines Unternehmens im Vergleich zu den wichtigsten Konkurrenten. Es handelt sich also um die relativen Stärken und Schwächen eines Unternehmens, wobei kritische Erfolgsfaktoren, die im Rahmen der Umweltanalyse und -prognose ermittelt wurden, besondere Berücksichtigung erfahren. Werden die Stärken und Schwächen mit den zukünftigen Umweltentwicklungen in Verbindung gebracht, so ergeben sich Chancen und Risiken für das Unternehmen (vgl. hierzu die Portfolio-Methoden).

b) Die im folgenden vorgestellten speziellen Instrumente der strategischen Geschäftsfeldplanung dienen der Analyse der Produkt-Markt-Kombinationen des Unternehmens. Die **Produktlebenszyklusanalyse** gründet sich auf die theoretisch und empirisch belegte Erkenntnis, dass jedes Produkt (Sach- und Dienstleistungen) einen speziellen Lebenszyklus durchläuft.

Dieser Lebenszyklus besteht aus den Phasen
- Produkteinführung,
- Wachstum (Expansion, take off),
- Ausreife,
- Stagnation und
- Rückbildung.

Die zugeordnete Umsatz-Kurve hat i.d.R. das Bild einer logistischen Funktion.

Abbildung 56: Lebenszyklus eines Produktes

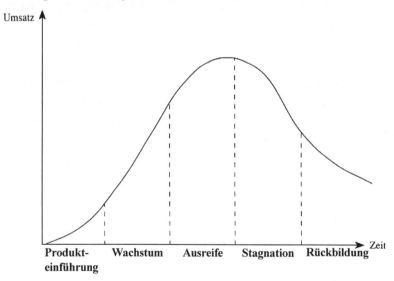

Bei der Lebenszyklus-Analyse ist es erforderlich, eine sinnvolle Produktdefinition vorzunehmen, da häufig modifizierte Produkte als neue Produkte in den Markt gelangen. Die Position eines Produktes im Lebenszyklus wird bestimmt durch die
- Eigenschaften des Produktes (technisch-ökonomischer Gebrauchswert, Umweltfreundlichkeit),

- Reaktion der Nachfrager (Entwicklung des Kundennutzens),
- Qualität der Konkurrenzprodukte.

Die Lebenszyklus-Analyse und die sich anschließende Prognose der zukünftigen Produktpositionierung sind wichtig für die

- Produktplanung,
- F&E-Strategien und den
- Einsatz des absatzpolitischen Instrumentariums, wobei auch veränderte Marktorganisationsformen, wie strategische Allianzen, sonstige Kooperationen und Unternehmenszusammenschlüsse, geprüft werden.

Die Produkt-Lebenszyklus-Analyse ist jedoch nur ein beschreibendes und kein erklärendes Instrument. In der Transportwirtschaft wird die Lebenszyklus-Analyse beispielsweise angewandt bei der Prüfung des Produktprogramms, etwa bei der Eisenbahn die sinkende Marktfähigkeit von Schnellzügen (D-Zügen), die sich in der Rückbildungsphase befinden, und der Markteintritt der ICE-Züge, die in der Wachstumsphase positioniert sind, während der Intercity-Verkehr (IC/EC) sich bereits in der Ausreifephase befindet. Im Güterverkehr positionieren sich die Kurier- und Expreßdienste im Paketbereich bis rd. 30 kg Gewicht in der Wachstumsphase, während der klassische Post-Paketdienst in der Stagnationsphase mit Übergang zur Rückbildungsphase angesiedelt ist. Noch deutlicher ist dies beim Luftverkehr: Die Integrator haben die traditionelle Luftfrachtbeförderung in diesem Segment in die Stagnationsphase gedrängt, während sie selbst - auch in Zukunft - sich in der Wachstumsphase, teilweise aber schon in der Ausreifephase befinden. Oder: Interkont-Flüge als Nonstop-Dienste verdrängen Flüge mit (technisch bedingter) Zwischenlandung. Ursache hierfür ist verfügbares Fluggerät, das ohne Treibstoffaufnahmeerfordernis diese Langstrecken bewältigen kann. Eine Lebenszyklus-Analyse läßt sich auch für die Spartenaktivitäten der Spedition erstellen.

Die **Ursachen** der Bewegung auf der Lebenszyklus-Kurve wie auch das konkrete Bild dieser Kurve (Länge der einzelnen Phasen, Intensität der Rückbildung) sind jeweils produktspezifisch unterschiedlich. Die wesentlichen Einflußgrößen hierfür sind

- veränderte Anforderungen der Nachfrager,
- alternative Angebote von Wettbewerbern mit der gleichen oder einer den gleichen Nutzungszweck erfüllenden Produktkategorie,

- eigene Substitutionsprodukte mit höherem Nachfragernutzen.

So befand sich seit den 70er Jahren der klassische Schlafwagenverkehr der Eisenbahn in der Rückbildungsphase, wobei fehlender marktfähiger Komfort und mit dem Luftverkehr nicht wettbewerbsfähige Preise Hauptursachen waren. Seit 1994 versucht die DB AG, durch völlig neu konstruierte Hotelzüge mit einem deutlichen Qualitätssprung und wettbewerbsfähigen Komplettpreisen dieses Produkt neu in der Expansionsphase (Wachstumsphase) zu positionieren. Dies hat sich allerdings, nicht zuletzt aufgrund der schnellen Tagesrandverbindungen mit ICE und Luftverkehr, als schwierig erwiesen.

Die Lebenszyklus-Analyse, verbunden mit einer Vorausschau, ist somit ein für die Geschäftsfeldplanung durchaus interessantes Instrument. Wichtig ist jedoch, die Produktspezifizierung im Zyklus nach den Ursachen zu hinterfragen.

Die **Erfahrungskurven-Analyse** wurde 1966 von der Boston Consulting Group (BCG) entwickelt. Ziel ist der Nachweis, dass bei Erhöhung des Output die Ressourceneinsätze (gemessen als reale Stückkosten) zurückgehen. Bei Verdoppelung der kumulierten Ausbringungsmenge werden (jeweils) reale Kostenreduktionen von z.B. 20 bis 30 % genannt. Die Ursachen hierfür liegen in

- einem generell nachweisbaren Lern- und Erfahrungsprozeß (Theorie der Lernkurven),
- (Betriebs-)Größendegressionseffekten (Economies of large scale),
- der Nutzung von Synergieeffekten (Economies of scope),
- der Nutzung des technischen Fortschritts (neue Produktionsverfahren),
- der Ausschöpfung von Rationalisierungspotentialen, etwa durch Lean production und neue Logistikkonzeptionen.

Während sich die Theorie der Lernkurven auf den Faktor Arbeit bezieht, umfaßt die Erfahrungskurven-Hypothese (Henderson 1974) sämtliche Kostenelemente.

Da sich die (kumulierten) Mengen und die Marktanteile in gleicher Richtung bewegen, wird für die strategische Unternehmungsplanung hierdurch die Marktanteilsmaximierung eine bedeutsame Zielgröße. Dies ermöglicht dann die Nutzung komparativer Kostenvorteile gegenüber den Konkurrenten und sichert überdies bei (konjunkturellen) Marktpreisabsenkungen das Überleben. Außerdem wirkt der in Erfahrungskurven darstellbare Effekt als Marktzutrittsschranke gegenüber (potentiellen) Wettbewerbern, da diese mit vergleichsweise höheren Durchschnittskosten arbeiten: Der Erfahrungseffekt ermöglicht es, aufgrund der günstigeren Kostensituation einen Entry preventing price zu setzen.

In der Transportwirtschaft sind für diesen Erfahrungs- und Lerneffekt zahlreiche Beispiele anzuführen, etwa die Entwicklung der **Paketdienste**, wobei erst nach sehr hohen Investitionen in flächendeckende Hub-and-spoke-Systeme Betriebsgrößenvorteile und industrielle Produktionsverfahren genutzt werden können, um die Kosten soweit zu senken, dass Gewinne realisierbar sind. Hierzu ist ein Aufkommen von rd. 60 bis 70 Mio. Pakete/Jahr (in Deutschland) eine Untergrenze; in der Aufbauphase laufen die erforderlichen Investitionen der Marktausweitung voraus, so dass zunächst Verluste nicht vermeidbar sind.

Einen hohen Stellenwert nimmt der Erfahrungs- und Lerneffekt auch bei **Luftverkehrsgesellschaften** ein; große Flotten und ausgedehnte Netze ermöglichen Synergien (z.B. Kosten der Flugzeugwartung, höhere Blockstundenzahl, günstigere Einkaufskonditionen bei Gerät, Ersatzteilen und Treibstoffen). Wachsende Volumina in bestimmten Relationen erlauben den Einsatz von größerem Gerät mit niedrigeren Kosten je Sitzplatzkilometer und einem ceteris paribus niedrigeren Break even.

Ähnliche Bedeutung besitzt dieser Effekt bei Eisenbahn- und öffentlichen Nahverkehrsunternehmen sowie bei Güterkraftverkehrsbetrieben und auch bei Speditionsunternehmen; bei letzteren schlagen vor allem die Synergieeffekte durch.

Portfolio-Methoden haben für die **Geschäftsfeldplanung** eine herausgehobene Bedeutung erlangt. Zunächst dienten Portfolio-Überlegungen dazu, die optimale Mischung von Finanzanlagen zu sichern (Markowitz, 1952). Ihre Nutzung für Unternehmen, welche ihr Produktprogramm prüfen oder ausweiten wollen, also neue Geschäftsfelder betreiben oder (strategische) Geschäftseinheiten bilden oder aufgeben wollen, hat sich bewährt. Die Portfolio-Analyse kann einmal auf der Ebene des **Gesamtunternehmens** erstellt werden; hier liegt der Schwerpunkt der Anwendung. In diesem Fall sind die **strategischen Geschäftseinheiten** die Elemente des Portfolios. Wird hingegen für eine **Geschäftseinheit** ein Portfolio erstellt, dann repräsentieren die Produkte oder Produktgruppen die Elemente. Ergebnisse sowohl der Stärken-Schwächen- wie auch der produktspezifischen Lebenszyklus- und der Erfahrungskurven-Analyse finden in den Portfoliomethoden Berücksichtigung (Hahn

1997, S. 382 ff.). Risiken und Chancen von strategischen Entscheidungen sollten unter Einbezug der Entwicklungsabschätzung von internen und externen erfolgswirksamen Einflußgrößen transparent werden. Da es sich nicht um eine statische Betrachtung, sondern auch um die Abschätzung zukünftiger Entwicklungen handelt, besitzt die Szenario-Technik hier ebenfalls einen wichtigen Anwendungsfall. **Zielsetzung** der Portfolio-Methode ist es somit, die ausgewogene Struktur marktlicher Chancen und Risiken zu sichern.

In der strategischen Unternehmungsplanung werden verschiedene Typen von Portfolios genutzt:
- Marktwachstums-Marktanteils-Portfolio,
- Marktattraktivitäts-Wettbewerbs-Portfolio,
- Markt-Produkt-Lebenszyklus-Portfolio,
- Geschäftsfeld-Ressourcen-Portfolio.

Abbildung 57: Marktanteils-Marktwachstums-Portfolio

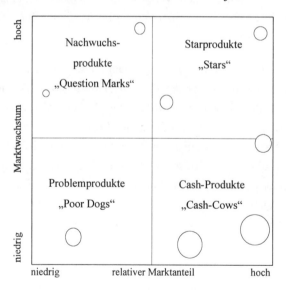

Die Darstellung der Portfolio-Überlegungen erfolgt generell in **Matrixform**. Das am weitesten verbreitete **Marktwachstums-Marktanteils-Portfolio** nutzt die Erkenntnisse der Erfahrungskurvenanalyse; hohe relative Marktanteile lassen vergleichsweise niedrige Stückkosten erwarten und damit positive Rentabilitätsaussichten. Anzustreben sind hohe relative Marktanteile in sog. **Wachstumsmärkten**. Materiell identisch mit dem Marktwachstums-Marktanteils-Portfolio ist das Business-portfolio bzw. die Growth-share-Matrix (Hedley 1997, S. 348); dort sind nur die Richtungswerte auf den Achsen (hoch - niedrig) umgekehrt angeordnet. Zusammengefaßt ergibt sich die folgende Vier-Felder-Matrix, wobei der Umfang der Kreise die Umsatzhöhen der Geschäftseinheiten oder Produkte/Produktgruppen angibt.

Die Aufgabe der strategischen Geschäftsfeldplanung besteht darin, rechtzeitig die **Problemprodukte** zu erkennen und durch **Nachwuchsprodukte** zu ersetzen mit dem Ziel, **Starprodukte** zu schaffen, welche neben überdurchschnittlicher Rendite, aber häufig auch hohen finanziellen Aufwendungen, die Attraktivität des Gesamtunternehmens im Sinne eines kreativen Investors marktwirksam verdeutlichen. Benötigt werden für die risikobehafteten innovatorischen Engagements jedoch stets die quantitativ bedeutsamen Überschüsse der **Cashprodukte**. Sie befinden sich häufig in der Stagnations-Ausreifephase mit entsprechend niedrigem Wachstum und realisieren bei meist nur durchschnittlicher Rendite einen vergleichsweise hohen Finanzmittelüberschuß. Ein Überblick über die weiteren Portfolio-Konzepte findet sich bei D. Hahn (1997, S. 372 ff.).

c) Die **Szenario-Technik** wird angewendet, wenn die **klassischen Prognosemethoden** versagen, d.h., wenn für die Zukunft **grundlegende Veränderungen im Umfeld** des Unternehmens zu erwarten sind. Für den Verkehrssektor können beispielhaft die Bahnstrukturreform, der Prozeß der Deregulierung, die beabsichtigte verstärkte Internalisierung negativer externer Effekte des Verkehrs (vgl. hierzu Kapitel VI) sowie die sehr langfristig konzipierte Verkehrswegeplanung genannt werden. Ähnliches gilt für den Einsatz völlig neuartiger Technologien, wie Antriebsysteme auf Basis von Elektrobatterien bzw. Wasserstoff oder der Magnetschwebetechnik für den spurgeführten Hochgeschwindigkeitsfernverkehr (z.B. System „Transrapid").

Die Abschätzung der zukünftigen Entwicklung der unternehmerischen Erfolgsfaktoren kann in diesen Fällen nicht auf eine aussagefähige Stützperiode in der Vergangenheit zurückgreifen. Generell hat sich die Anwendung der **Szenario-Technik** seit der ersten Ölpreiskrise 1973/74 wesentlich intensiviert. Entwickelt wurde die Szenario-Technik Anfang der 50er Jahre durch H. Kahn für US-militärische Strategien und Planungsaufgaben (Kreikebaum 1997, S. 128 f.).

Unter einem **Szenario** wird die Beschreibung der zukünftigen Entwicklung des Betrachtungsobjekts unter alternativen Rahmenbedingungen verstanden. Es geht um den Entwurf verschiedener (aber plausibler) Zukunftsbilder und Entwicklungspfade. Dabei werden sowohl Prognosemethoden eingesetzt wie auch qualitative Wertungen vorgenommen. Die wichtigsten Schritte bei der Ermittlung eines Szenarios sind (Kreikebaum 1997, S. 128 f.):

- Strukturierung und Definition des Untersuchungsfeldes;
- Identifizierung der wichtigsten Einflußgrößen (Umfeldanalyse);
- Erarbeitung von Entwicklungstendenzen im Sinne von Trendprojektionen unter Berücksichtigung alternativer Entwicklungen bei den Einflußgrößen;
- Bildung und Auswahl von Annahmebündeln (Alternativen; Berücksichtigung von Interdependenzen);
- Interpretation der ausgewählten Szenarien der Umfeldentwicklung;
- Einführung und Auswirkungsanalyse signifikanter Störereignisse;
- Ausarbeitung der Szenarien (Ableitung der Konsequenzen aus der Auswirkungsanalyse);
- Maßnahmenkonzeption.

In der Regel werden mehrere Szenarien erarbeitet, die sich als **Trend-** und nach oben bzw. unten abweichende **Extremszenarien** darstellen. Das Ergebnis ist dann der **Szenarientrichter** für den Zeitpunkt t_2, wobei in t_1 mit signifikanten Veränderungen von wichtigen Umfeldfaktoren gerechnet wird.

Abbildung 58: Szenario-Trichter

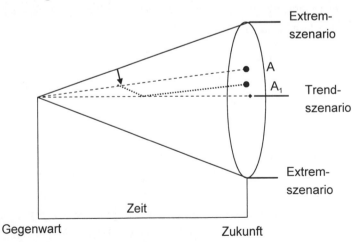

Quelle: Geschka/Hammer (1997), S. 468.

Sinnvoll ist es auch, bei den i.d.R. durch **Expertengruppen** erstellten Szenarien **Sensitivitätsanalysen** durchzuführen, um die **Ergebnisempfindlichkeit** des Eintritts/Nichteintritts von Veränderungen bei wichtigen Wirkungsvariablen genauer abschätzen zu können. Ziel ist dabei die Identifizierung der besonders entscheidungsrelevanten Parameter. Bei mehr als zwei parallelen Parametervariationen ist zumeist aufgrund der stark steigenden Komplexität ein EDV-Einsatz erforderlich.

Die Gestaltung solcher Szenarien setzt eine besondere Fachkenntnis voraus, zumal häufig mit *qualitativen* Einschätzungen gearbeitet werden muß. Dies gilt sowohl für die Abschätzung der Entwicklung vieler entscheidungsbedeutsamer Faktoren wie auch für die Auswahl der als wahrscheinlich angesehenen Entwicklungen. Der **Vorteil** gegenüber Prognosen besteht für die Entscheidungsträger darin, dass ihnen Annahmen, alternative Entwicklungsmöglichkeiten und eine Wahrscheinlichkeitsreihung des Eintritts von Entwicklungen vorgelegt wird und nicht nur ein oft beziehungsloser Prognosewert. Damit verbleibt aber auch für die Entscheidungsträger die häufig schwierige Aufgabe der letztendlichen Auswahl eines Szenarios als Basis für strategische Entscheidungen.

Als Instrument zur Wettbewerbsstärkung und Zukunftssicherung von Unternehmen ist die **Balanced Scorecard** (wörtlich übersetzt: "ausgewogener Berichtsbogen") anzusehen. Es verbindet Elemente der Unternehmensplanung und des Controlling und stellt zweifellos eine Weiterentwicklung jener Verfahren der Unternehmenssteuerung dar, die ausschließlich auf meist sehr abstrakten Kennziffern basieren.

Die Methode der Balanced Scorecard wurde im Rahmen des sog. "Performance Managements" ab 1990 im Nolan Norton Institute (Forschungsinstitut der Wirtschaftsprüfungsgesellschaft KPMG) und speziell ab 1996 durch die Mitarbeit von Robert Kaplan und David Norton entwickelt (Kaplan / Norton 1996). Das Ziel der Balanced Scorecard besteht in der Schaffung eines Instruments zur durchgängigen (integrativen) wertorientierten Unternehmenssteuerung. Dabei geht es vor allem auch um eine Steuerung nach innen. Es dient der Umsetzung von Visionen und Unternehmensphilosophien in Strategien. Besondere Bedeutung besitzt die strategische Verbindung von finanzwirtschaftlicher Unternehmenszielsetzung mit den wertbildenden Leistungsperspektiven der Kunden, der internen Prozesse sowie der Mitarbeiterressourcen.

In der Regel setzt sich eine Balanced Scorecard aus vier sog. Dimensionen zusammen:

- der Finanzierungsperspektive,
- der Kundenperspektive,
- der (internen) Prozeßperspektive und
- der Motivations- / Lernperspektive der Mitarbeiter.

Es werden die wechselseitigen Beziehungen zwischen diesen Perspektiven explizit herausgestellt; damit wird die Multidimensionalität der Erfolgsfaktoren (Werttreiber) deutlich, die sich letztlich im finanzwirtschaftlichen Unternehmensziel niederschlagen.

Abbildung 59: Die vier Perspektiven der BSC

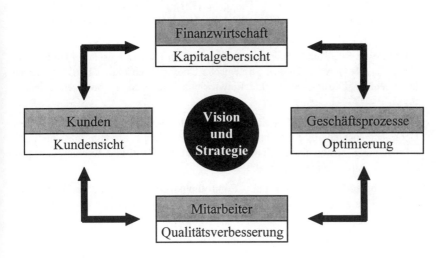

Quelle: in Anlehnung an Kaplan / Norton (1996), S.76

Somit enthält eine BSC (Werner 2000, S.455):

- strategische und operative Kennzahlen;
- monetäre und nichtmonetäre Größen;
- lang- und kurzfristige Positionen;

- Kosten- und Leistungstreiber;
- harte und weiche Faktoren;
- interne und externe Prozesse;
- vergangene und zukünftige Leistungen.

Durch die BSC wird versucht, Ursachen und Wirkungsketten aufzuzeigen.

Literatur zu Kapitel IV.2.1:

Diederich, H. (1992): Allgemeine Betriebswirtschaftslehre, 7. Aufl., Stuttgart et al.

Furey, T. R. (1987): Benchmarking: The Key to Developing Competitive Advantage in Nature Markets, in: Planning Review, Vol. 15, No. 5, S. 30-32.

Geschka, H. / Hammer, R. (1997): Die Szenario-Technik in der strategischen Unternehmensplanung, in: Hahn, D. / Taylor, B. (Hrsg.): Strategische Unternehmungsplanung - Strategische Unternehmungsführung: Stand und Entwicklungstendenzen, 7. Aufl., Heidelberg, S. 464-489.

Hahn, D. (1986): Stand und Entwicklungstendenzen des Controlling in der Industrie, in: Gaugler, E. / Meissner, H.G. / Thom, N. (Hrsg.): Zukunftsaspekte der anwendungsorientierten Betriebswirtschaftslehre, Festschrift für E. Grochla, Stuttgart, S. 267-287.

Hahn, D. (1999a): Stand und Entwicklungsperspektiven der strategischen Planung, in: Hahn, D. / Taylor, B. (Hrsg.): Strategische Unternehmensplanung - Strategische Unternehmensführung: Stand und Entwicklungstendenzen, 8. Aufl., Heidelberg, S.1-27.

Hahn, D. (1999b): Zweck und Entwicklung der Portfoliokonzepte in der strategischen Unternehmensplanung, in: Hahn, D. / Taylor, B. (Hrsg.): Strategische Unternehmensplanung - Strategische Unternehmensführung: Stand und Entwicklungstendenzen, 7. Aufl., Heidelberg, S.403-439.

Hahn, D. / Hungenberg, H. (2001): Puk - Controllingkonzepte: Planung und Kontrolle, Planungs- und Kontrollsysteme, Planungs- und Kontrollrechnung, 6. Auflage, Wiesbaden.

Hammer, R. M. (1991): Unternehmungsplanung, 4. Aufl., München.

Hedley, B. (1997): Strategy and the „Business Portfolio", in: Hahn, D. / Taylor, B. (Hrsg.): Strategische Unternehmensplanung - Strategische Unternehmensführung: Stand und Entwicklungstendenzen, 7. Aufl., Heidelberg, S.342-353.

Henderson, B.D. (1974): Die Erfahrungskurve in der Unternehmensstrategie, Frankfurt/M.

Hinterhuber, H.H. (1996): Strategische Unternehmungsführung - 1. Strategisches Denken: Vision, Unternehmungspolitik, Strategie, 6. Aufl., Berlin / New York.

Hinterhuber, H.H. (1997): Strategische Unternehmensführung - 2. Strategisches Handeln: Direktiven, Organisation, Umsetzung, Unternehmungskultur, strategisches Controlling, strategische Führungskompetenz, 6. Aufl., Berlin. / New York.

Horvath, Th. / Kaufmann, L. (1998): Balanced Scorecard – eine Werkzeug zur Umsetzung von Strategien, in: Harvard Business Manager, Heft 5, S.39-48.

Kaplan, R.S. / Norton, D.P. (1996): The Balanced Scorecard – Translating Strategy into Action, Boston.

Kaspar, Cl. (1998): Management der Verkehrsunternehmen, München / Wien

Klausmann, W. (1983): Entwicklung der Unternehmungsplanung, Gießen.

Kommission der Europäischen Gemeinschaften (1998): Transeuropäisches Verkehrsnetz. Bericht über die Umsetzung der Leitlinien und die Prioritäten für die künftige Entwicklung, KOM (1998) 614, Brüssel.

Kreikebaum, H. (1997): Strategische Unternehmensplanung, 6. Aufl., Stuttgart/Berlin/ Köln.

Krüger, W. / Homp, Chr. (1997): Kernkompetenz-Management, Wiesbaden.

Markowitz, H. (1952): Portfolio Selection, in: The Journal of Finance, Vol. 7, S. 77-91.

Werner, H. (2000): Balanced Scorecard. Hintergründe, Ziele und kritische Würdigung, in: WiSt, S.455-457.

2.2 Aufgaben und Problemanalyse der strategischen Unternehmungsplanung in der Transportwirtschaft

Nachfolgend werden einige der Schwerpunkte herausgearbeitet, die sich für die strategische Unternehmungsplanung in der **Transportwirtschaft** unter Berücksichtigung der für diesen Wirtschaftsbereich sehr einschneidenden Veränderungen in den marktspezifischen, verkehrs- und umweltpolitischen Umfeldbedingungen ergeben. Auf die Behandlung der Aufgaben der operativen (und taktischen) Unternehmungsplanung wird weitgehend verzichtet, da es sich um hochspezialisierte Teilfragen handelt, deren Beantwortung betriebsindividuell unterschiedlich erfolgt und in der Praxis auch erfolgreich vorgenommen wird. Außerdem würde eine eingehende Behandlung auch der operativen Planung den Umfang dieses Buches völlig überfordern. Ausdrücklich sei aber angemerkt, dass gerade auch die Qualität der **operativen Planung** wesentlich den wirtschaftlichen Erfolg des Unternehmens bestimmt.

Generell ist festzustellen, dass eine **strategische Unternehmungsplanung** in der **Verkehrswirtschaft** erst seit wenigen Jahren und hier außerdem nur bei einigen

Unternehmen besteht. Teilweise ist ihr Aufbau auch noch nicht abgeschlossen. Konkretisierte strategische Unternehmungsplanungen finden sich vor allem bei

- Eisenbahnen (insbesondere in Deutschland, der Schweiz und in Schweden);
- Luftverkehrsgesellschaften;
- einigen Großspeditionen;
- allerdings in der Aufgabenstellung eingeengt größeren öffentlichen Personennahverkehrsbetrieben sowie
- den größeren Flug- und Seehafenunternehmen; hier ist überwiegend das Controlling die zuständige Institution.

Systematische Literatur über die strategische Unternehmungsplanung in der Transportwirtschaft fehlt, mit Ausnahme der jüngsten Monographie von Kaspar (1998), fast völlig. Dennoch gewinnt angesichts der fundamentalen Veränderungen der Rahmenbedingungen, innerhalb derer die Transportwirtschaft tätig ist, die strategische Unternehmungsplanung zunehmend an Bedeutung. Dabei sind die spezifischen und häufig unterschiedlichen Leistungsmerkmale der Verkehrsträger zu berücksichtigen (vgl. Kapitel III.1).

2.3 Unternehmungsplanung bei Eisenbahnen

Solange Eisenbahnen als **staatliche Betriebe** mit Verwaltungsstrukturen und völliger politischer Abhängigkeit geführt wurden, waren die Bedingungen für eine mit ihren Ergebnissen umsetzungsfähige strategische Unternehmungsplanung nicht gegeben. In Deutschland setzte erst nach der Realisierung der Bahnstrukturreform 1994 die Möglichkeit ein, eine solche umsetzungsfähige strategische Planung systematisch einzuführen. Allerdings hat es seit Anfang der 80er Jahre durchaus strategische Überlegungen (z.B. „Strategie DB '90"), insbesondere auch zur Geschäftsfeldplanung, gegeben. Ihre **Umsetzung** wurde jedoch damals durch die rechtlichen Einschränkungen (Art. 87 Abs. 1 Grundgesetz alter Fassung; § 4 AEG alter Fassung; §§ 1, 6, 7, 14, 15, 16 und 28 Bundesbahngesetz) und letztlich hierdurch begründete politische Interventionen wesentlich behindert.

In den **EU-Staaten** sowie in Deutschland, hier speziell ergänzt durch die Bahnstrukturreform, hat die Richtlinie 91/440/EWG die Voraussetzungen für unternehmerisch eigenverantwortliches Handeln der Eisenbahngesellschaften geschaffen. Allerdings erfolgt die **Umsetzung** dieser wichtigen Richtlinie in den meisten EU-Staaten zögerlich. Dies resultiert teilweise - wie in Frankreich - auch aus dem Widerstand der nationalen Eisenbahngesellschaften. In Schweden haben die institutionelle Trennung von Fahrweg (staatliche Verwaltung Banverket) und Eisenbahntransportbetrieb (SJ) im Jahre 1989 sowie die kommerzielle Aufgabenstellung für SJ die Rahmenbedingungen einer strategischen Planung geschaffen.

Bereits im Jahre 1988 hat die Deutsche Bundesbahn - damals noch als staatliches Sondervermögen - zehn Leitsätze einer „Unternehmensphilosophie" formuliert. Hieraus wurden folgende „Leitbilder der Deutschen Bundesbahn" entwickelt:

- Marktorientierung,
- Dezentralisierung,
- Führen mit Zielen und Zahlen,
- Transparenz der Entscheidungen durch sachbezogene Konflikte.

Diese „Leitbilder" dürften auch weitestgehend für die DB AG gelten können. Die damalige strategische Planung der Deutschen Bundesbahn (Strategie DB '90) basierte auf den internen Anstrengungen der Bahn und externer Unterstützung durch den Eigentümer Bund.

Die geforderte stärkere externe Unterstützung wurde durch die **Bahnstrukturreform 1994** realisiert. 1988 wurden von der Deutschen Bundesbahn als Merkmale der **internen Strategie** formuliert:

- Geschäftsfeldbezogene Orientierung am Markt für die Bereiche
  - Personenverkehr (Schiene und Straße),
  - Güterverkehr (Schiene und Straße),
  - Schiffahrt,
  - Immobilien;
- Verbesserung des Preis-Leistungs-Verhältnisses;
- Steigerung der Produktivität/Senkung des Aufwandes;
- Investitionen in die Zukunft.

1990 wurde die Unternehmensstrategie fortgeschrieben; gleichzeitig wurde wesentliche Hoffnung in die im September 1989 eingesetzte **Regierungskommission Bundesbahn** gesetzt. Diese Fortschreibung formulierte für den **Schienenpersonenfernverkehr** die strategische Zielsetzung:

- Entwicklung des Unternehmensbereiches Personenfernverkehr zu einem europäischen Dienstleistungskonzern für Verkehr und Touristik mit Bedienungsschwerpunkt Bundesrepublik Deutschland;

- Konzentration im Schienenpersonenverkehr auf Bereiche mit klaren Wettbewerbsvorteilen und konsequenter Rückzug aus allen übrigen Bereichen mit Umstellung auf Busverkehre;
- Investitionen in den Aufbau marktgerechter Leistungen (Geschwindigkeit, Flexibilität, Komfort und Service);
- Investitionen in die Qualifikation der Mitarbeiter;
- hohe Produktivität durch Kostenoptimierung;
- Erstellung eines wettbewerbsfähigen Leistungsangebotes (Hochgeschwindigkeitsnetz, Produkte im **Linienverkehr**, wie ICE, EC, IC und IR, und **Spezialverkehre**, wie Ferien- und Autoexpreß, Hotel- und Sonderzüge sowie Fernreisebusverkehre.

Für den **Schienenpersonennahverkehr** lauteten die strategischen Ziele:

- Stabilisierung der Marktstellung,
- Sicherstellung der Bezahlbarkeit,
- Verbesserung des Images.

Als hieraus abgeleitete **Strategien** wurden formuliert:

- Kooperation mit den Bundesländern zur langfristigen Netzgrößenfestlegung durch ÖPNV-Rahmenvereinbarungen,
- Einführung moderner Marketingmethoden,
- Modernisierung und Rationalisierung aller Anlagen und Fahrzeuge.

Für den **Güterverkehr** wurde unter Berücksichtigung der europäischen Marktentwicklungen die strategische Ausrichtung der DB definiert:

- Hochwertige Güter,
- Teilladungen (Partien),
- Hauptkorridore,
- Internationaler Verkehr,
- Logistische Dienstleistungen.

Dabei wurde der Anspruch bezüglich des gesamten Güterverkehrsmarktes (Massengut-/Montanverkehre, Ganzzüge, Komplett- und Teilladungen, Kleingut einschl. Expreß- und Kurierdienst) deutlich und auch traditionell von der Bahn nur schwach bearbeitete Geschäftsfelder sollten durch die „Strategie Güterverkehr 2000" (GV 2000) erschlossen werden. Als Leitgedanken hierfür wurden formuliert:

- Produktivitätsverbesserungen;
- Konzentration auf die Systemstärken der Bahn (vor allem durch Direktzüge);
- systematische und unternehmerische Kooperation (Überwindung der Schnittstellenprobleme, gemeinsame Vermarktung mit kompetenten Partnern);
- Erschließung auch der „Fläche" durch Kombination von Schiene/Straße und durch Lkw direkt, Anwendung neuer Systemlösungen.

Durch die **Bahnstrukturreform** zum 1. Januar 1994 dürften sich nur wenige Aussagen dieser strategischen Planung geändert haben; dies ist auch auf ihre relativ allgemeine Formulierung zurückzuführen. Allerdings sind wichtige zusätzliche Aufgaben und Probleme durch die Reform hinzugekommen:

- Die **(organisatorische) Trennung** von **Fahrweg** und **Transportbetrieb** (Geschäftsbereiche Netz, Personennah- und Personenfernverkehr, Wagenladungs- und Terminalfrachtverkehr), verbunden mit der Netzöffnung für Dritte, zwang zur Einführung eines Trassenmanagements. Hierzu gehörte auch die Erarbeitung eines **Trassenpreissystems**. (vgl. Kapitel III.5.2.2)
- Das Geschäftsfeld „Trassenleistungsangebot" muß auch Alternativen für den zukünftigen Netzumfang entwickeln; die (1994) rd. 41.000 km Strecken (2001: 38.500 km) weisen auch noch quantitativen Optimierungsbedarf (insbesondere in den neuen Bundesländern) auf.
- Durch das zum 1. Januar 1995 gestartete Projekt **BahnTrans** als Joint venture mit der Großspedition Thyssen Haniel Logistic (THL) und unternehmerischer Führung durch THL war eine Fundamentalentscheidung hinsichtlich des Bahn-Problemfeldes Stückgut getroffen worden. Diese Strategie hatte sich allerdings zu einem wirtschaftlichen Problem entwickelt. Die Krise endete (vorläufig) im Verkauf von THL an die Belgische Eisenbahn bzw. deren Speditionstochter ABX (90%) und an die DB AG (10%; Mitte 1999 aufgegeben).
- Die durch das **Regionalisierungsgesetz** geregelte **Regionalisierung des ÖPNV** stellt die Bahn als marktmächtigen, häufig auch marktbeherrschenden Anbieter von nunmehr durch die (regionalen) Gebietskörperschaften einzukaufenden ÖPNV-Leistungen vor die Aufgabe, sowohl wettbewerbsfähige wie auch diskriminierungsfreie Angebote zu unterbreiten. Es können von den regionalen Auftraggebern nachgefragt werden:
  - integrierte Nahverkehrsleistungen auf der Schiene,
  - Trassen für den Einsatz von Dritten auf der Schiene,
  - die Übernahme von Strecken der DB AG durch Eigentumserwerb,
  - Busleistungen der (noch) im Eigentum der DB AG stehenden Regionalbusgesellschaften sowie öffentlicher und privater Busanbieter.

Generell ist festzustellen, dass sich durch die Bahnstrukturreform die Aufgaben der **strategischen Planung** bei der Bahn wesentlich erweitert haben. Besonders wichtig aber ist, dass nunmehr die strategischen Überlegungen der Bahn nicht mehr wie vor der Bahnstrukturreform von der Verkehrspolitik als tolerierte Sandkastenspiele des Bahnmanagements mit jederzeitiger politischer Korrigierbarkeit angesehen werden können. Auch die Umsetzung ist in den Entscheidungsbereich der Bahn gelegt worden; Kontrollmöglichkeiten bestehen für den Eigentümer Bund nur noch über den Aufsichtsrat der DB AG und über das Eisenbahn-Bundesamt (EBA). Die Tätigkeit des EBA als Regulierungsbehörde beansprucht jedoch besondere Aufmerksamkeit, um zu verhindern, dass diese Behörde in die laufende Geschäftspolitik der DB AG eingreift, ohne Entscheidungsverantwortung zu tragen. Nicht zu übersehen ist jedoch, dass die Politik zunächst versucht, weiterhin Einfluß auf strategische Entscheidungen der Bahn zu nehmen. Teilweise wurde dies durch die Bahnstrukturreformgesetze vom Dezember 1993 aufrecht erhalten - ein Preis für die Zustimmung der Bundesländer zur wichtigen Grundgesetzänderung (insb. von Art. 87 GG).

Durch das im Jahre 2000 in die Umsetzungsphase gelangte Projekt sollte insbesondere der stark defizitäre Einzelwagenverkehr durch eine Kundenbewertung und Konzentration der Schienengüterverkehrsleistungsproduktion auf langfristig rentable Umschlagpunkte und Strecken auf eine wirtschaftlich tragfähige Grundlage gestellt wurden (MORA C)

Letztlich ist noch auf ein weiteres Problem der strategischen Planung bei der Eisenbahn hinzuweisen: Die Bahn kontrolliert wichtige ergebnisrelevante Variablen nicht oder nur sehr begrenzt. Dies gilt insbesondere für die am stärksten wachsenden Märkte, die des **internationalen** Güterverkehrs. Die jahrzehntelang fehlende (und auch gegenwärtig noch unbefriedigende) *unternehmerische* Zusammenarbeit der wichtigsten europäischen Eisenbahngesellschaften führt dazu, dass die marktentscheidenden Qualitätsvariablen nur bis zu den Staatsgrenzen gestaltet werden können. Die Wettbewerber Straßenverkehr und Binnenschiffahrt besitzen hier einen (natürlichen) Wettbewerbsvorteil, der sich gravierend zum Nachteil der Eisenbahn im Güterverkehr auswirkt. Hinzu kommt eine große Zahl von technischen und organisatorischen Inkompatibilitäten im internationalen Eisenbahnverkehr (vgl. hierzu etwa Heimerl, 1998). Besonders intensiv ist hiervon die DB AG als größte Güterbahn Europas betroffen.

2.4 Unternehmungsplanung bei Speditionsbetrieben

Im Unterschied zu anderen Ländern, etwa Großbritannien und der Schweiz, haben in Deutschland die Speditionsunternehmen in der Vergangenheit eine besondere Strukturentwicklung vollzogen. Sie ist dadurch gekennzeichnet, dass aufgrund der Intensität des **Selbsteintritts** und einer starken Verflechtung mit der **Frachtführereigenschaft** im **Straßengüterverkehr** die überwiegende Zahl jener Unternehmen, die sich als Spedition bezeichneten, tatsächlich nur als Kraftwagenspediteure (K-Spediteure) mit wenigen sog. Nebenleistungen am Markt auftraten. Es handelte sich somit weitgehend um Frachtführer als gewerbliche Straßengüterfernverkehrs- bzw. -nahverkehrsbetriebe. Als „Nebenleistungen" wurden vorrangig Lagereidienste angeboten. Eine gewisse Sonderstellung haben stets die im Sammelladungsverkehr tätigen Betriebe eingenommen, wurde hier doch bereits eine logistische Leistung erstellt. Allerdings handelte es sich überwiegend wiederum um K-Spediteure. Die Ursachen dieser Vermischung von Speditionen und Straßengüterverkehrsbetrieben liegen vor allem in der bis Anfang der 90er Jahre praktizierten deutschen Verkehrsmarktregulierung (vgl. hierzu Kapitel II.1).

Wie die Eisenbahn sind auch Speditionen durch starke Veränderungen in den Umfeldbedingungen gezwungen, systematische längerfristige Planungen durchzuführen. Dies gilt ebenfalls für jene Unternehmen, die bereits in der Vergangenheit in anderen Sparten und auch im internationalen Geschäft tätig waren. I.d.R. hat aber auch hier das Segment der K-Spedition einen hohen Umsatz- und Ergebnisanteil besessen, der jedoch als Folge der nationalen Deregulierung und der wesentlichen Verschärfung des internationalen Wettbewerbs als Cash-Bereich zunehmend gefährdet ist. Somit stellt sich für die strategische Planung in Speditionsunternehmen vor allem die Aufgabe, strategische Geschäftsfelder zu definieren und strategische Geschäftseinheiten aufzubauen. Eingeschlossen ist die Prüfung der bisherigen Tätigkeitsbereiche nach Produktgruppen, um ggf. das Portfolio zu bereinigen.

Noch wesentlich deutlicher als bei Eisenbahnen, die durch traditionelle und bereits politisch als unverzichtbar geltende Geschäftsfelder (Schienenverkehr) und einigen kaum im Wettbewerb stehenden Produktgruppen (Ganzzug-/Massengutverkehr) gekennzeichnet sind, ergibt sich für Speditionsunternehmen das Erfordernis, systematisch **sämtliche** derzeitigen und zukünftig vorstellbaren **Ge-**

schäftsfelder und die oft historischen Organisationsstrukturen zu prüfen. Im Prinzip ist nahezu jedes Speditionsunternehmen am Markt vollständig durch leistungsfähige Wettbewerber ersetzbar.

Durchführung und vor allem Umsetzung solcher strategischen Planungen setzen entsprechende **Ressourcenverfügbarkeiten** voraus. Damit reduziert sich hinsichtlich dieser Aufgaben der Bereich der Spedition auf **leistungsfähige, größere mittelständige Betriebe** und die sog. **Großspeditionen**. Die strategische Planung als Geschäftsfeldplanung sollte sich aus mehreren Stufen zusammensetzen:

- Formulierung von unternehmenspolitischen Grundsätzen (Unternehmensphilosophie),
- Umfeldanalyse und -prognose; die Abschätzung der Zukunftsentwicklungen sollte einen Zeitraum von fünf bis zehn Jahren einbeziehen:
  - Änderungen in den Produktions- und Handelsstrukturen generell sowie bei den aktuellen und potentiellen Kunden speziell;
  - Entwicklung der außenwirtschaftlichen Verflechtungen;
  - Tendenzen der Logistikentwicklung in der produzierenden und handeltreibenden Wirtschaft;
  - Trends in der EU-Verkehrs- und Umweltpolitik;
  - Tendenzen in der Eisenbahnpolitik und Aktivitäten der Eisenbahnen;
  - Diskutierte und möglicherweise umgesetzte nationale verkehrspolitische Maßnahmen (Investitionen in die Verkehrsinfrastruktur; Anlastung externer Kosten des Verkehrs; ordnungspolitische Maßnahmen zur Beeinflussung der Verkehrsabläufe wie Road pricing, Geschwindigkeitsbegrenzungen, Überholverbote für Lkw etc.);
- Markt- und Konkurrentenanalyse, wobei insbesondere die Marktstrategien wichtiger ausländischer Speditionsunternehmen als aktuelle oder potentielle Wettbewerber einzubeziehen sind und
- Analyse der strategischen Unternehmenssituation mit Stärken-Schwächen- und Potential-Lücken-Analyse: Ausgangspunkt sollten die bislang angebotenen Produkte/Produktgruppen bzw. die etablierten Geschäftseinheiten sein. Anschließend sind als zukunftsträchtig und mit positivem Wirtschaftsergebnis zu beurteilende neue Geschäftsfelder zu definieren. Hierbei kann es sich z.B. handeln um
  - bislang noch nicht betriebene traditionelle Speditionssparten (Lagerung mit Kommissionierung; Ausweitung des Sammelgutverkehrs Straße auf Sammelgutverkehr Schiene; Organisation von Transportketten);
  - den Aufbau von speditionellen Fachdiensten wie Kleider- oder Neumöbelverkehre, temperaturgeführte Dienste; Transporte von sog. besonders gefährlichen Gütern u.ä.;

- Gründung oder Teilnahme an Expreßdiensten im Kleingutbereich mit garantierten Sendungslaufzeiten;
- Übernahme von logistischen Dienstleistungen im Zuge der Outsourcing-Prozesse von Industrie und Handel. Hier gibt es eine weite Palette von Aktivitäten in der Distributionslogistik (Warenübernahme ab Produktionsbandende, Einlagerung, Kommissionierung, Auslieferung, Fakturierung, Retourenabwicklung, Garantiereparaturen, Inkasso, Endmontagearbeiten, Textilfinishing bei Importen, Bau und Betrieb von Distributionslägern, ggf. von Gefahrgutlägern; Regalpflege) und in der Beschaffungslogistik (Bündelung von produktionssynchronen Zuliefersendungen über den kombinierten Ladungsverkehr Schiene durch Gebietsspediteure; Bau und Betrieb von Eingangslägern; Vormontage von Zulieferteilen; Qualitäts- und Mengenkontrollen u.ä.).

Im Falle eines geplanten Engagements in neuen Geschäftsfeldern ist in Verbindung mit der Stärken-Schwächen-Analyse die Kompatibilität der Unternehmenspotentiale mit den Ressourcenanforderungen zu prüfen und bei Anpassungsbedarf sind entsprechende Planungsprozesse zu initiieren. Zum Teil sind erhebliche Investitionen in Informations- und Kommunikationssysteme aufgrund der Vernetzungsansprüche der Kunden sowie auch in bauliche Anlagen erforderlich (etwa: Gefahrgut- oder temperaturgeführte Läger; computergesteuerte Hochregalläger u.ä.). Ebenfalls kostenintensiv gestalten sich Aufbau und Vorhaltung der logistisch kreativ und ausführend einsetzbaren Manpower.

Sinnvoll ist es, sich kritisch mit der Kernkompetenz des Unternehmens auseinander zu setzen. Welche Kernkompetenzen sind vorhanden und mit Markterfolg einsetzbar? Wo sind Kernkompetenzen im Vergleich zu Wettbewerbern mit Schwächen behaftet? Inwiefern sind Erweiterungen der Kernkompetenzen möglich und welche Maßnahmen müssen diesbezüglich ergriffen werden? Lassen sich die (erweiterten) Kernkompetenzen auf andere (neue) Geschäftsfelder übertragen? Wie Stärken-Schwächen-Analysen sollten auch solche Kompetenzbetrachtungen schriftlich dokumentiert werden, um eine systematische Vorgehensweise bei dieser letztlich existenzbedeutsamen Aufgabe zu gewährleisten.

Auch lassen sich in der Stärken-Schwächen-Analyse Informationen aus der Lebenszyklus-Analyse von Produkten/Produktbereichen sowie aus der Erfahrungskurvenhypothese verarbeiten. Letztere ist besonders interessant für den Aufbau komplexer Netzwerke und umfänglicher Logistikleistungspakete, da Know-how und Umsetzungserfahrungen kumuliert für neue Logistiklösungen eingesetzt werden können. Alle in der Stärken-Schwächen-Analyse (in Verbindung mit Markt- und Konkurrentenanalysen) sowie der Lebenszyklus- und Erfahrungskurvenanalyse gewonnenen Informationen lassen sich in einer Portfolio-Matrix darstellen. Dabei ist eine Nutzung der Szenario-Technik in zwei Bereichen sinnvoll:

- bei der Abschätzung der künftigen Umfeldbedingungen und ihren Rückwirkungen auf die Unternehmenspolitik (d.h. auf die Gestaltung der strategischen Variablen);
- bei der Abschätzung der Aktivitäten/Reaktionen der Wettbewerber und deren Rückwirkungen auf die eigenen strategischen Erfolgspotentiale.

Ein weiteres wichtiges Objekt für die strategische Planung in Speditionsunternehmen ist die Beantwortung der Frage, ob **Kooperationen/strategische Allianzen** mit anderen Speditionsunternehmen national/international zur Absicherung oder zum Neuaufbau von strategischen Geschäftseinheiten eingegangen werden sollen. Dabei geht es dann auch um die Probleme des Interessenausgleichs, des Kundenschutzes, der gemeinsamen Qualitätssicherung, der Investitionsfinanzierung, eines gemeinsamen Logos bis hin zu wechselseitiger Kapitalverflechtung oder der Gründung von Gemeinschaftsunternehmen.

Während für mittelständische Speditionsunternehmen bereits national flächendeckende Netze nicht realisierbar und insofern Kooperationen unverzichtbar sind, stellt sich für Großspeditionen häufig ein Entscheidungsproblem. Dass in der Praxis hier sehr unterschiedliche Wege gegangen werden, zeigen die entsprechenden Aktivitäten mit unterschiedlicher Ausrichtung bei führenden deutschen und europäischen Großspeditionen (teilweise Aufbau eigener europaweiter Netze; andererseits Verzicht auf solche umfassenden Netze und Ersatz durch strategische Allianzen mit internationaler Beteiligung).

Als Konsequenz der **Deregulierung** und der wirtschaftlichen Rezession der Jahre 1992 bis 1994 haben zahlreiche Speditionen den Eigenbestand an Straßengüterverkehrsfahrzeugen durchgreifend reduziert und sich auf den Einkauf der Frachtführerleistungen konzentriert, häufig bei vertraglich gebundenen Subunternehmen. Einige große Speditionsunternehmen haben sich jedoch diesem Trend nicht angeschlossen, um mit den Fahrzeugen im Eigenbestand ein strategisch bedeutsames Erfolgspotential vorzuhalten. Eine Bewertung in „richtig" oder „falsch" ist nicht möglich, vielmehr müssen die gesamten Rahmenbedingungen und Planungsparameter für jedes Unternehmen berücksichtigt werden.

Für das Management von Speditionsunternehmen kann auch das Instrument der **Balanced Scorecard** eine wichtige *Informations-* und *Steuerungshilfe* darstellen (vgl. hierzu auch Kap. 2.1.2). Gerade in wirtschaftlich schwierigen Zeiten besitzen die Dimensionen Ertragskraft, Finanzlage, Kundenorientierung, Kostenbeherrschung durch Prozeßorientierung sowie Mitarbeiterqualifikation und -motivation eine existentielle Bedeutung. Durch die bei der Balanced Scorecard vorgenommene Verknüpfung dieser strategischen und operativen Zielgrößen zeigt sich deren wechselseitige Abhängigkeit und Beeinflußbarkeit.

Gerade im Logistikbereich steigen die Anforderungen an Leistungsqualitäten und Prozeßoptimierung sowie Prozeßflexibilität der Dienstleister außerordentlich schnell. Statische expost-Kennziffernsysteme sind vor diesem Hintergrund nicht ausreichend (vgl. auch Boecker 2001, S.36 ff.).

2.5 Unternehmungsplanung bei Straßengüterverkehrsbetrieben

Werden die **originären Straßengüterverkehrsbetriebe** im Sinne von **Frachtführern** betrachtet, so besteht aufgrund der geringen Betriebsgrößen dieser i.d.R. als Familienbetriebe geführten Unternehmen kaum die Möglichkeit (und auch die Notwendigkeit), eine strategische Unternehmungsplanung durchzuführen. In den vergangenen Jahren haben sich zahlreiche dieser Frachtführerbetriebe in Speditionen umfirmiert. Dabei handelt es sich fast immer um Kraftwagenspeditionen; die eigentlichen Funktionen des Spediteurs werden aber häufig nicht oder nur sehr begrenzt wahrgenommen. Auch ist festzustellen, dass der weiterhin oft benutzte Begriff „Logistik" nur selten bedeutet, dass tatsächlich eine Geschäftsfeldausweitung vorgenommen wurde.

Sofern sich von der Betriebsgröße, dem Know-how, der Kapitalverfügbarkeit und den Planungsressourcen für K-Spediteure die Möglichkeiten bieten, eine systematische Geschäftsfeldplanung durchzuführen, gelten die im vorhergehenden Teilkapitel angesprochenen Überlegungen.

2.6 Unternehmungsplanung bei Luftverkehrsgesellschaften

In Luftverkehrsgesellschaften widmet sich die

- **taktische Unternehmungsplanung** dem Betriebsablauf im Sinne einer optimalen Betriebssteuerung zur Sicherung des Periodenerfolges;
- **operative Planung** der Optimierung des Periodenerfolges auf Basis vorhandener Erfolgspotentiale; Zielgröße ist der Erfolg im Passage- und Cargobereich (nicht das Erfolgspotential);
- **strategische Planung** als Entscheidungsvorbereitung für die Schaffung/den Erhalt von unternehmerischen Erfolgspotentialen.

Die hier vor allem interessierende **strategische Planung** hat eine Vielzahl von erfolgspotentialrelevanten Einflußgrößen zu berücksichtigen:

- Die langfristigen Prognosen der Luftverkehrsentwicklung; sie sind positiv und sagen jährliche Wachstumsraten der Verkehrsleistungsnachfrage in der Passage von 5-6 % und bei der Fracht um 6 % bis 2005 voraus. Als Probleme verbleiben die Preisentwicklung sowie die Aufteilung der Zuwächse auf die Airlines;
- Erfolgspotentiale aktueller und potentieller Konkurrenten, wobei auch der Marktzutritt spezialisierter Wettbewerber, die hohen Kundennutzen erreichen (z.B. Integrators), und das Aufkommen von Substitutionskonkurrenz (etwa Hochgeschwindigkeitseisenbahnverkehr in Entfernungen bis 500/700 km) zu beachten sind;
- Veränderung staatlicher Rahmenbedingungen (etwa: Deregulierungsaktivitäten, Umweltauflagen);
- Angebotsentwicklung bei den Flugzeugherstellern;
- Angebotsstruktur und -politik der Flughäfen;
- Entwicklung der Beziehungen Airlines-Agenten.

Im Mittelpunkt der strategischen Planung steht die **Geschäftsfeldplanung**. Dabei geht es u.a. um die folgenden Sachfragen, deren Beantwortung für die Identifikation von Erfolgspotentialen erforderlich ist:

Passagebereich:

- Wie entwickeln sich in Zukunft Linien- und Charter- bzw. Ferienflugverkehr? Ab wann und in welchen Relationen ist die Trennung nicht mehr möglich?

- Wie entwickeln sich Privat- und Geschäftsreiseverkehr? Ist eine preispolitische Trennung (Minderzahler - Vollzahler) überhaupt, in welchem Umfang und auf welchen Relationen noch möglich? Der Privatreiseverkehr befindet sich in einer starken Wachstumsphase, während der Geschäftsreiseverkehr leichte Stagnationserscheinungen zeigt mit der Folge, dass mittlerweile in Deutschland über 60 % der Fluggäste dem Privatreisesegment (Urlaubs- und Freizeitverkehr) zuzuordnen sind.
- Sollen touristische Paketlösungen von Carriern angeboten werden? Wie reagieren die traditionellen Reiseveranstalter?
- Werden in Planung befindliche Super-Jumbos mit 600-850 Sitzplätzen marktfähig sein? Die Flugzeugproduzenten Boeing und Airbus-Industrie hatten solche Flugzeuge in der Planung; Airbus etwa das Projekt A 3XX. Im August 1995 wurden die Forschungsarbeiten wegen erwarteter fehlender Marktakzeptanz eingestellt, 1998 jedoch wieder aufgenommen; projektiert ist von Airbus der A 480.
- Sollen unterschiedliche Qualitätsstufen unter einer einheitlichen Marke oder über äußerlich unterschiedliche Marken- und Produktnamen, ggf. über eigene Tochterunternehmen, angeboten werden?
- Ist es sinnvoll, Kapitalinvestitionen in Hotels oder sonstige als Ergänzung betrachtete Aktivitäten zu tätigen? Hier haben in den 70er und frühen 80er Jahren zahlreiche Luftverkehrsgesellschaften erhebliche wirtschaftliche Mißerfolge hinnehmen müssen.
- Sollen überhaupt und mit welchen Airlines sog. strategische Allianzen aufgebaut werden? Ist eine wechselseitige Kapitalbeteiligung notwendig oder sinnvoll?
- Ist der Einkauf oder die Eigenerstellung von Catering-Leistungen sinnvoll?
- Welches Gerät ist für welche Strecken zu beschaffen?
- Sollen eigene computergestützte Reservierungssysteme (CRS) betrieben oder Kapitalbeteiligungen an fremden Systemen erworben werden?

Cargo-Bereich:

- Soll der Wettbewerb zu den Integratoren aufgenommen werden und mit welchen Maßnahmen?
- Ist es sinnvoll, eine eigene Frachtgesellschaft zu gründen?
- Welche Ansprüche stellt der Cargo-Bereich an die Flottenbeschaffungspolitik? Für welche Märkte sind zusätzlich zur Belly-Kapazität kombinierte Passagier-/Frachtflugzeuge (Mixed versions) oder reine Frachtversionen sinnvoll?

Flottenbereich:

- Sollen Generalüberholungen und Großreparaturen am Gerät in Eigenregie mit Vermarktung dieser vorgehaltenen Kapazitäten oder von Fremdunternehmen durchgeführt werden?
- In welchem Umfang ist eine Flottenstandardisierung (Family-Konzepte) sinnvoll und möglich?
- In welchem Umfang ist ein Leasen von Fluggerät sinnvoll? Bringt eine Sale-and-lease-back-Regelung wirtschaftliche Vorteile?

Die zu beantwortenden Fragen zeigen, dass zwischen Geschäftsfeld- und Flotten(investitions-)planung ein enger Zusammenhang besteht. Die Bedeutung dieser Input-Planung resultiert vor allem aus den **hohen Investitionsausgaben**, die bis zu 150 Mio. US $ beim Großgerät erreichen. Zusätzlich besitzen die laufenden Betriebskosten und hier vor allem der Treibstoffverbrauch eine hohe Planungs- und Entscheidungsrelevanz. Die Struktur des Fluggerätes wird dabei auch wesentlich von den Anteilen des nationalen, des europaweiten und des interkontinentalen Verkehrs bestimmt (Reichweiten, Ausgestaltung und Größe der Flugzeuge).

Als **Instrumente der strategischen Unternehmungsplanung** sind für Luftverkehrsgesellschaften vor allem geeignet:

- **Produkt-Lebenszyklus-Analysen**, bezogen auf Produktarten (Linie, Charter, Geschäfts- und Privatreiseverkehr, Frachtsegmente) sowie auf das eingesetzte Fluggerät. In der Regel sind diese Analysen nicht für einzelne Strecken informativ. Ausnahmen stellen Situationen dar, bei denen neue Wettbewerber das Produkt Luftverkehr auf bestimmten Relationen in eine Stagnations-/Rückbildungsphase gedrängt haben (Beispiel: Hochgeschwindigkeitsverkehr TGV Paris - Lyon sowie London - Brüssel bzw. London - Paris durch den TGV EuroStar und Kanaltunnel).
- **Erfahrungskurvenanalyse:** Für die (2001 in Konkurs gegangene) Swissair lagen Informationen in inflationsbereinigten Zeitreihen über die Gesamtkostenentwicklung je 100 angebotene Tonnenkilometer (Tkm offered) bei steigenden Output-Mengen vor (Hunziker 1983, S. 187 f.). Danach betrugen die Kosteneinsparungen bei Verdoppelung des Output im Zeitraum von 1952 bis 1961 10,4 % und im Zeitraum von 1962 bis 1980 21,5 %. Die Ursachen für diesen Effekt wurden gesehen in
  - Lerneffekten bei der Flugzeugwartung/-überholung;
  - Größendegressionen aufgrund der Flugzeugflotte (größere Anzahl von Flugzeugen des gleichen Typs);
  - technischen Fortschrittswirkungen (Großraumgerät, Treibstoffverbrauchsreduktionen, Zwei-Mann-Cockpit);
  - Rationalisierungswirkungen (Datenverarbeitung im Verkauf, Reservierungssysteme, effizientere Abfertigung und Verwaltungsstrukturen).

Das Erfahrungskurvenkonzept ist für **einzelne Strecken/Relationen** nur unter einschränkenden Bedingungen anwendbar, z.B. bei Wechsel des eingesetzten

Gerätes mit größeren Reichweiten (Wegfall von technischen Zwischenlandungen), höherer Kapazität für Passage und Fracht sowie effizienterer Umlaufplanung (gesteigerte Blockstundenzahl).

- **Portfolio-Methoden:** Im Luftverkehr läßt sich eine Segmentierung in vier strategische Geschäftsfelder vornehmen:
  - **Luftverkehrsaktivitäten** im **engeren Sinne** (Transport von Personen und Fracht);
  - **Nebenleistungen** als Produkt-Markt-Kombination, die im direkten Zusammenhang mit dem Hauptprodukt stehen (Catering, Passagier- und Frachtabfertigung, technische Dienstleistungen für fremde Airlines);
  - **Ergänzungsleistungen**, die in indirektem Zusammenhang mit dem Hauptprodukt stehen und sich als horizontale/vertikale Diversifikation darstellen. Diese Produkt-Markt-Kombinationen dienen auch der Ressourcensicherung bei den Hauptleistungen (Hotels, Reisebüros, Bodentransport, Consulting, Reservierungssysteme);
  - **Sonstige Produkt-Markt-Kombinationen**, die keinen Bezug zum Hauptprodukt aufweisen. Bei Luftverkehrsgesellschaften haben diese Segmente kaum Bedeutung.

Die Anwendung des Portfolio-Modells der Boston Consulting Group (Marktwachstum, relativer Marktanteil) stößt dann auf Probleme, wenn beim Hauptprodukt zwar starkes Marktwachstum und ein hoher relativer Marktanteil vorliegen, aber diese Positivmerkmale von anderen Faktoren überlagert werden. Als Beispiel ist der Nordatlantikverkehr zu nennen, der durch starken Preisverfall bis hin zu Verlusten gekennzeichnet ist. Auch können hohe Marktanteile möglicherweise mit beträchtlichen Abgaben und Royalities verbunden sein, welche die Kostenposition verschlechtern. Die Folge ist ein Abweichen von erwarteten und realisierten Erfolgsgrößen. Somit ist das BCG-Portfolio-Konzept mehr für die Airline als Gesamtheit und nur beschränkt bei einer Teilsegmentierung (des Hauptprodukts) verwendbar. Für den reinen Flugbetrieb bietet sich vor allem das Portfolio von Marktattraktivität und Unternehmensstärke an (McKinsey-Ansatz).

2.7 Unternehmungsplanung bei öffentlichen Personennahverkehrsunternehmen

Bislang haben in ÖPNV-Betrieben die operative und taktische Planung dominiert. Eine strategische Planung fehlt noch weitgehend. Die Gründe hierfür sind zu sehen in

- dem hohen Anteil öffentlich-rechtlicher Betriebe, die jahrzehntelang als Verwaltungen geführt wurden; private ÖPNV-Betriebe haben meist geringe Betriebsgrößen;
- der starken Einbindung in politische Vorgaben; damit reduzieren sich die unternehmerischen Planungsspielräume für Investitionen, Preise und Angebotsstrukturen;
- dem hohen Subventionsbedarf, der nur bei Erfüllung bestimmter Zuwendungskriterien abgedeckt wird, die jedoch aus ökonomischer Sicht häufig ihre Sinnhaftigkeit nicht belegen können;
- der oft nicht hinreichenden qualitativen Struktur des Managements für Konzeption und Verständnis einer strategischen Unternehmungsplanung;
- der intensiven Einbindung vieler ÖPNV-Betriebe in öffentliche Versorgungsunternehmen (Ergebnisabführungsverträge zwecks Verlustausgleich);
- der viele Jahrzehnte fehlenden Marktorientierung bei der ÖPNV-Politik sowie nicht vorhandenem echten wirtschaftlichen Risiko.

Partiell hat sich die Situation in den letzten Jahren dadurch verändert, dass ein neuer Stellenwert für die Bereiche Produktplanung, Marketing sowie Controlling festzustellen ist. Generell nehmen die **Umfeldfaktoren**

- **gesetzliche Vorgaben** (insbesondere Personenbeförderungs- und Gemeindeverkehrsfinanzierungsgesetz sowie - als Folge der Bahnstrukturreform - das Regionalisierungsgesetz);
- **gesamtwirtschaftliche Größen** (verfügbares Einkommen, Siedlungsstrukturen, Pkw-Verfügbarkeit, Führerscheinbesitz, Schülerzahlen, konjunkturelle Rahmendaten);
- **gesellschaftspolitische Leitbilder** (Verkehrssicherheit, Stadtentwicklung, Raumerschließung, Umwelt- und Energiepolitik);
- **politische Vorgaben** (insbesondere gemeinwirtschaftliche Aufgaben)

eine hohe Bedeutung ein. Damit reduzieren sich die Möglichkeiten der ÖPNV-Unternehmen, eine erfolgsorientierte Langfriststrategie zu entwickeln und umzusetzen.

Die **strategische Planung** umfaßt die Festlegung der Unternehmenszielsetzung, die Umfeldanalyse und die Planung der strategischen Geschäftseinheiten. Instrumentell werden hierfür die Stärken-Schwächen-Analyse und die Portfolio-Technik angewandt (Lessing 1986, S. 8 ff.). Die Planungsmöglichkeiten für strategische Geschäftseinheiten sind zwar aufgrund der politischen Vorgaben regelmäßig stark eingeschränkt; es können jedoch den Politikern Entscheidungsgrundlagen geliefert werden, etwa bei der Umstellung von Straßenbahn auf Stadtbahn oder Bus.

Neue Aufgaben für die strategische Planung von ÖPNV-Unternehmen resultieren aus den Deregulierungsbemühungen der EU-Verkehrspolitik auch für die ÖPNV-Märkte. So steht das System der (Linien-)Konzessionierung auf dem Prüfstand (Marktzutrittsbeschränkung). Hierbei besitzt die in Deutschland nach §§ 8 und 13a Personenbeförderungsgesetz getroffene Unterscheidung zwischen sog. eigenwirtschaftlichen und gemeinwirtschaftlichen Verkehren eine spezielle Bedeutung. Gemeinwirtschaftliche Verkehre müssen wegen ihres Subventionsbedarfs ausgeschrieben werden, eigenwirtschaftliche Verkehre werden, soweit die Linien mit dem Nahverkehrsplan vereinbar sind, genehmigt bzw. nach Konzessionsablauf erneut dem beantragenden Unternehmer genehmigt. Das deutsche Personenbeförderungsgesetz legt in § 8 Abs. 4 die Eigenwirtschaftlichkeit außerordentlich weit aus, indem sowohl sonstige Unternehmenserträge im steuerlichen Querverbund (etwa Überschüsse aus dem Energieverkauf) als auch die Eigentümereinlagen zur Verlustvermeidung zugelassen sind. Dies aber stellt für Dritte, die nicht diese Eigentümerleistungen beanspruchen können, eine Diskriminierung dar, da sie regelmäßig dann nur ausschreibungspflichtige gemeinwirtschaftliche Beförderungsleistungen erbringen können.

450 Planungsprozesse in Verkehrswirtschaft und Verkehrspolitik

Abbildung 60: Analyse und Zielportfolio der Strategischen Geschäftseinheiten in einem ÖPNV-Unternehmen

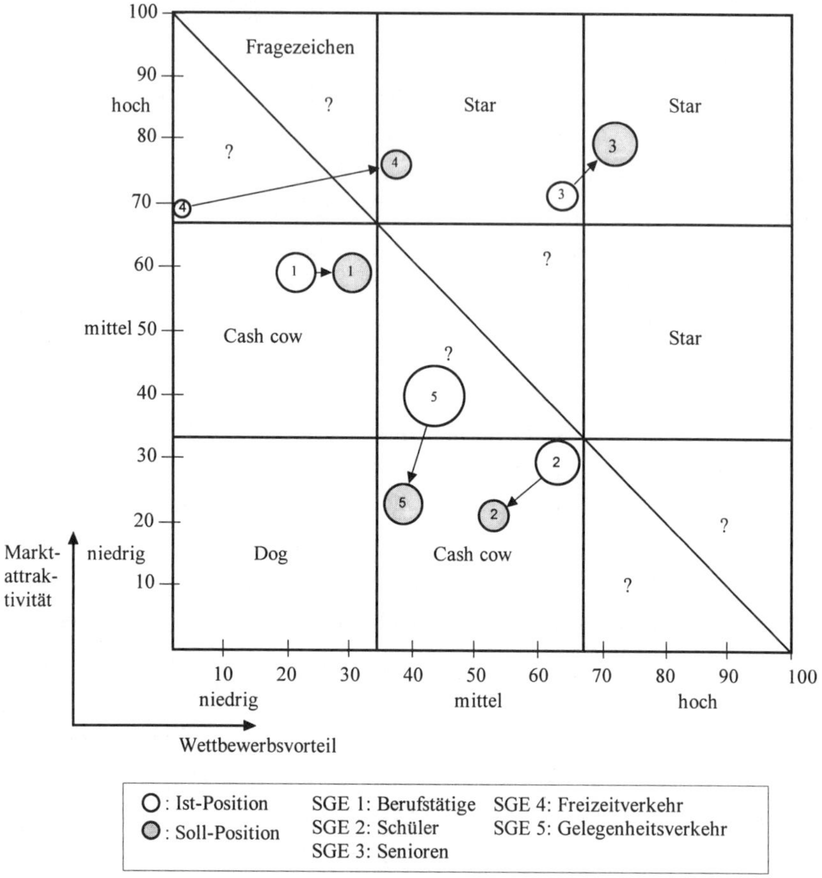

○ : Ist-Position   SGE 1: Berufstätige   SGE 4: Freizeitverkehr
◉ : Soll-Position SGE 2: Schüler   SGE 5: Gelegenheitsverkehr
                   SGE 3: Senioren

Quelle: Lessing (1986), S. 9.

Von dieser Eigenwirtschaftlichkeitsregelung profitieren vor allem die kommunalen ÖPNV-Betriebe, da sie vor Wettbewerb geschützt sind. Da damit zu rechnen ist, dass vor dem EuGH die deutsche Eigenwirtschaftlichkeitsinterpretation nicht haltbar ist, können sich die Rahmenbedingungen für die kommunalen ÖPNV-Unternehmen in absehbarer Zeit entscheidend verändern. Dies erfordert umfängliche strategische Überlegungen zur langfristigen Existenzsicherung. Im übrigen hat bereits im April 1998 das Oberverwaltungsgericht Magdeburg die Nichtvereinbarkeit der obigen Bestimmungen des Personenbeförderungsgesetzes mit der entsprechenden Verordnung EWG 1191/69 in der Fassung EWG 1893/91 festgestellt. Weiterhin wurde ein Beschluß zur Vorlage an den EuGH beim erwarteten Revisionsverfahren vor dem Bundesverwaltungsgericht gefaßt.

Seit September 2000 bemüht sich die EU-Kommission, einen Richtlinienvorschlag zur diskriminierungsfreien Marktöffnung im Personenverkehr generell und speziell im ÖPNV durchzusetzen (KOM 2000/7). Subventionsbedürftige Verkehre sollen danach generell nach Ausschreibung und als öffentliche Dienstleistungsaufträge vergeben werden. Dies würde vor allem die kommunalen Verkehrsunternehmen treffen, bei denen die Eigentümer erhebliche Subventionen in Form von Verlustübernahmen und Eigentümereinlagen leisten und keine Ausschreibungen erfolgen.

Im Februar 2002 hat die Kommission aufgrund einer Vielzahl von Abänderungsanträgen des Europäischen Parlaments einen modifizierten neuen Richtlinienvorschlag vorgelegt (KOM 2002/107). Er weist in der Grundaussage in die gleiche Richtung wie der Vorschlag aus dem Jahr 2000, ändert jedoch einige Fristen und Grenzwerte.

Für die ÖPNV-Unternehmen stellen diese EU-Aktivitäten eine große Herausforderung dar. Sie müssen die Frage ihrer zukünftigen Organisationsstruktur, ihres Produktprogramms und ihrer Wettbewerbsfähigkeit beantworten. Dies zwingt zur Einführung und Nutzung von strategischen Planungssystemen.

Die **taktische Planung** bezieht sich auf die Betriebsablaufplanung (Fahrzeugeinsatzplanung, Personaleinsatzpläne, Zugfolgedichten, Leerfahrtenminimierung). Die kurzfristige **operative Planung** umfaßt die folgenden Teilelemente (Ludwig 1987, S. 24 ff.):

- Umsetzungsplanung mit den Teilplänen Aktions- und Steuerungsplanung;
- Personalplanung (Bedarfs-, Ausbildungs-, Nachfrage- und Personalkostenplanung);
- Ergebnisplanung (Kosten-/Erlösplanung) sowie
- Investitionsplanung.

Literatur zu Kapitel IV.2.2-2.7:

Bisessur, A./Alemandari, F. (1998): Factors affecting the operational success of strategic airline alliances, in: Transportation, 25, S. 331-355.

Boecker, E. (2001): Balanced Scorecard. Strategie für Speditionen, in: Logistikwoche, Heft 5, S. 36-38.

Boeing Commercial Airplane Group (Hrsg.) (1991): World Air Cargo Forecast - Airline Market Analysis, o. O.

Europäische Kommission (2000): Vorschlag für eine Verordnung des Europäischen Parlaments und des Rates über Maßnahmen der Mitgliedstaaten im Zusammenhang mit Anforderungen des öffentlichen Dienstes und der Vergabe öffentlicher Dienstleistungsaufträge für den Personenverkehr auf der Schiene, der Straße und auf Binnenschiffahrtswegen (KOM 2000/7), 26.7.2000, Brüssel.

Europäische Kommission (2002): Geänderter Vorschlag für eine Verordnung des Europäischen Parlaments und des Rates über Maßnahmen der Mitgliedstaaten im Zusammenhang mit Anforderungen des öffentlichen Dienstes und der Vergabe öffentlicher Dienstleistungsaufträge für den Personenverkehr auf der Schiene, der Straße und auf Binnenschiffahrtswegen (KOM 2002/107), 21.2.2002, Brüssel.

Hunziker, H.-J. (1983): Strategische Planung und Politik im Luftverkehr, Bern.

Hunziker, H.-J. (1985): Strategische Planung im Luftverkehr, dargestellt am Beispiel der Swissair, in: Jahrbuch der Schweizerischen Verkehrswirtschaft 1984, St. Gallen, S. 57-67.

Lessing, R. (1986): Controlling in Verkehrsunternehmen - Modernes Management zur Ausschöpfung von Fahrgastpotentialen, in: Der Nahverkehr, 4. Jg., Heft 5, S. 8-12.

Ludwig, E. (1987): Aspekte der Planung im Rahmen des Controlling - Moderne Unternehmenssteuerung im ÖPNV, in: Der Nahverkehr, 5. Jg., Heft 2, S. 24-29.

Pompl, W. (1998): Luftverkehr: Eine ökonomische Einführung, 3. Aufl., Berlin et al.

Stahl, D. (1995a): Internationale Speditionsnetzwerke: eine theoretische und empirische Analyse im Lichte der Transaktionskostentheorie, Göttingen (Heft 135 der Beiträge aus dem Institut für Verkehrswissenschaft an der Universität Münster).

Thaler, S.P. (1990): Betriebswirtschaftliche Konsequenzen des EG-Binnenmarktes und der EG-Güterverkehrsliberalisierung für europäische Speditionsunternehmungen, Bern/Stuttgart (Band 22 der Schriftenreihe des Instituts für Betriebswirtschaft Wirtschaftliches Zentrum der Universität Basel).

Volkmann, C. (1989): Theoretische Grundlagen und Anwendung von Planungssystemen in Luftverkehrsunternehmungen - aufgezeigt am Untersuchungsobjekt der Deutschen Lufthansa AG, Gießen.

3 Gesamtwirtschaftliche Verkehrsinfrastrukturplanung (Verkehrswegeplanung)

3.1 Ingenieurmäßige und ökonomische Verkehrswegeplanung

Die Planung von Verkehrswegen besitzt einen hohen Anteil von ingenieurwissenschaftlichen Fragestellungen. Die entsprechenden Planungsergebnisse gehen als wichtige Grundlagen in die nachfolgende ökonomische Bewertung ein. Während bis Mitte der 70er Jahre die ingenieurwissenschaftliche Planung bei den Verkehrswegeentscheidungen dominierte und ökonomische Überlegungen nur in Form von *Kostenvergleichen* für verschiedene Alternativen einbezogen wurden, hat sich mittlerweile ein umfängliches Planungsinstrumentarium für die ökonomische Evaluierung herausgebildet. In den folgenden Ausführungen erfolgt eine Konzentration auf diese ökonomischen Bewertungsverfahren.

Die **ökonomische Verkehrswegeplanung** bezieht stets auch **gesellschaftspolitische Ziele** mit ein. Neben der **Steigerung der gesellschaftlichen Wohlfahrt** als generelle, aber nicht hinreichend operationalisierbare Basisforderung können dies sein:

- Sicherung bestimmter Mobilitätsstandards im allgemeinen und in regionaler Segmentierung im besonderen;
- Erhöhung der Verkehrssicherheit;
- Berücksichtigung umweltpolitischer Ziele;
- Förderung bestimmter Verkehrsträger;
- Senkung der gesamtwirtschaftlichen Verkehrskosten.

Die ökonomische Verkehrswegeplanung widmet sich im Rahmen der politischen Zielvorgaben

- der Feststellung der **Realisationswürdigkeit** von geplanten (geforderten) Verkehrsinfrastrukturinvestitionen sowie
- der Ermittlung einer **Prioritätenreihung** unter Berücksichtigung der Finanzierungsmöglichkeiten.

Planungs- und Bewertungsobjekte sind *einzelne Verkehrswegeprojekte* bzw. *gebündelte Projekte*, etwa innerhalb eines räumlichen Korridors. Bereits wegen des hohen Arbeitsaufwandes (Datenbeschaffung und -bewertung) konzentriert sich die Verkehrswegeplanung i.d.R. auf **Fernverkehrsprojekte**. Das größte Interesse und die umfänglichsten Planungsaufgaben beanspruchen dabei die *Kraftverkehrsstraßen*. Bei der *Eisenbahn* und der *Binnenschiffahrt* handelt es sich, zumindest bei den Erweiterungsinvestitionen, regelmäßig um eine begrenzte Zahl von Einzelprojekten. Nach der Wiedervereinigung Deutschlands hat es bei der Bahn einen außerordentlich hohen Mitteleinsatz in den NBL für Ersatz- und Anpassungsinvestitionen (an das qualitative Niveau in den ABL) gegeben, der angesichts der zeitlichen Dringlichkeit vorwiegend nach ingenieurmäßigen und nur stark vereinfachten ökonomischen Planungsverfahren evaluiert wurde.

3.2 Nachfrage- und zielorientierte Verkehrswegeplanung

Zwei Planungsprinzipien sind zu unterscheiden:

- Verkehrswegeplanung auf Basis **erwarteter Nachfrageentwicklungen**; hier werden die Verkehrsmarktentwicklungen als zentrale Entscheidungsgrundlagen gewählt. Dies bedeutet jedoch nicht, ausschließlich Angebotskapazitäten und mengenmäßige Nachfrageentwicklungen zu vergleichen, um zukünftige Engpaßlagen identifizieren zu können. Es sollten vielmehr auch *preispolitische Steuerungsprinzipien* einbezogen werden, zumal eine ökonomisch gehaltvolle Definition von Engpässen stets nur unter Berücksichtigung von zugeordneten Preisen möglich ist. Da bislang im Straßenverkehr (abgesehen von ausländischen Maut- bzw. Péagestraßen) keine Straßennutzungspreise existieren, entfällt in Deutschland bislang dieses preispolitische Instrument zur effizienteren Nutzung von Verkehrsinfrastrukturkapazitäten. Zukünftige *Road pricing-Systeme* einer zeit- und streckenabhängigen Preisfestsetzung für die Verkehrswegenutzung in Abhängigkeit von den Auslastungsgraden können zu dieser Preisberücksichtigung bei den Nachfrager- und Kapazitätsentscheidungen führen. Die DB AG hat durch ihr im Juli 1994 eingeführtes und 1998 völlig überarbeitetes Trassenpreissystem diese Prinzipien im Ansatz aufgegriffen (vgl. Kap. III 5.2.2.4), allerdings durch das Trassenpreissystem 2001 teilweise wieder aufgegeben. Im Luftverkehr wird über Möglichkeiten und Sinnhaftigkeit einer engpaßorientierten Preissetzung für die Vergabe von Slots (Zeitfenster für Starts/Landungen) noch strittig diskutiert.

- Verkehrsinfrastrukturplanung aufgrund **zielorientierter Vorgaben,** bei der Nachfrageentwicklungen nicht oder nur begrenzt als Grundlagen der Investitionspolitik gewählt werden. Vorrang haben vielmehr gesellschaftspolitische Vorstellungen über sog. erwünschte oder anzustrebende Nachfrageentwicklungen und Modal split-Werte. Nachfrageorientierte Trendprognosen werden zugunsten alternativer (i.d.R. restriktiver) Prognosen verworfen. Es handelt sich um **Zielprognosen,** also normative Prognosen, in die verkehrspolitische Ziel-(Wunsch-)Vorstellungen einfließen (etwa: geringere Mobilitätssteigerung; veränderter Modal split). Um diese „erwünschten" zukünftigen Nachfrageentwicklungen zu steuern, bedarf es regelmäßig *verkehrspolitischer Interventionen.* Sie können in verkehrsträgerspezifischen Abgabenerhöhungen, ordnungspolitischen Eingriffen und Beschränkungen oder einseitigen verkehrsträgerspezifischen Zuweisungen von Investitionsmitteln bestehen. Beispiele für eine solche zielorientierte Verkehrsinfrastrukturplanung sind die deutschen Bundesverkehrswegepläne von 1985 und vor allem von 1992, aber auch die für den neuen Bundesverkehrswegeplan (vorgesehen ab 2003) zugrundegelegten Güterverkehrsprognosen.

3.3 Planungsmethodische Grundlagen

Nachfolgend werden - dem Gesamtumfang dieses Buches entsprechend knapp ausgeführt - die wichtigsten methodischen Vorgehensweisen dargestellt. Einzelheiten und weiterführende Überlegungen finden sich in den am Schluß der Teilkapitel genannten Literaturhinweisen.

3.3.1 Aggregierte und disaggregierte Planungsmodelle

Hinsichtlich der Planungsmodelle sind aggregierte und disaggregierte zu unterscheiden, Personenverkehrsprognosen sind i.d.R. ein Gemisch aus aggregierten und disaggregierten Verfahren.

Bei den **aggregierten Planungsmodellen,** die auch als „klassische" Modelltypen bezeichnet werden, handelt es sich um eine **makroskopische Vorausschätzung** des Verkehrs. Die mikroskopische Betrachtung, die sich auf einzelne Strecken, Kreuzungen etc. konzentriert, ist hier nicht relevant.
Diese makroskopische Vorausschätzung basiert generell auf dem physikalischen **Gravitationsansatz**: Eine Kraft (K), mit der sich zwei Körper anziehen, ist direkt proportional zum Produkt ihrer Massen (m_1, m_2), aber umgekehrt proportional zu dem Quadrat des Abstandes (d), der die Massen trennt (c = Konstante):

$$K = c\frac{m_1 m_2}{d^2}$$

Das Gravitationsmodell dient dazu, *Richtung* und *Ausmaß* von räumlichen Interaktionen zu bestimmen. Die Interaktion I_{ij} zwischen den Orten i und j ist direkt proportional zu der Einflußgröße E_i in Ort *i* und F_j in Ort *j*, aber umgekehrt proportional zu der Entfernung d_{ij} zwischen den beiden Orten. Dabei ist im allgemeinen nicht die einfache Entfernung, sondern die Potenz mit dem Exponenten α maßgeblich. Die Entfernung ist hier als *ökonomische Distanz* zu messen und nicht als einfache km-Strecke, d.h. der Interaktionswiderstand schließt auch Fahrtzeit, Frachtsätze, subjektiv empfundene Mühen und sonstige Opportunitätskosten ein. In ökonometrischen Untersuchungen wurde für α der Wert 2 ermittelt.

$$I_{ij} = c\frac{E_i F_j}{d_{ij}^\alpha}$$

Dieser Gravitationsansatz ist für Verkehrsplanungsmodelle theoretisch fundiert und gilt als empirisch bewährt. Er wird insbesondere in den *Verkehrserzeugungsmodellen* klassischen Typs benutzt. Eine Frühform ist das sog. *Lill'sche Reisegesetz*.

Innerhalb dieser makroskopischen Modelle erfolgt, obwohl sie als aggregierte Modelltypen bezeichnet werden, auch eine **Disaggregierung**. Sie ist allerdings anderer Natur als die in den sog. disaggregierten Planungsmodellen.

Einbezogen wird in die makroskopischen Modelle eine **räumliche Disaggregation** nach Verkehrszellen; hierdurch werden Einwohner und Beschäftigte „natürlich" disaggregiert. Zusätzlich werden genauere Informationen für Verkehrsverflechtungsmatrizen gewonnen. Eine weitere Disaggregierung in diesen Modelltypen bezieht sich auf die Fahrt- oder Reisezwecke (Beruf, Ausbildung, Geschäft, Einkauf, Freizeit, Urlaub).

Etwa seit 1965 wird in diesen klassischen (aggregierten) Verkehrsplanungsmodellen ein sog. **Vierstufenschema** für den Prognoseprozeß angewandt:

- Modelle der **Verkehrserzeugung**; hierbei wird das Quellverkehrsaufkommen identifiziert;
- Modelle zur **Verkehrsverteilung im Raum**; sie bilden die räumlichen Verkehrsverflechtungen (Quelle-Ziel-Beziehungen) ab;

- Modelle zur **Verkehrsteilung** (Modal split-Modelle); sie schätzen die Verkehrsträgerbeteiligungen an den räumlichen Verkehrsverflechtungen bei den verschiedenen Fahrtzwecken im Personen- und im Güterverkehr ab;
- **Umlegungsmodelle** (Routenwahlmodelle), durch die eine Zuordnung der verkehrsträgerspezifischen Verkehrsströme auf konkrete Verkehrswege vorgenommen wird, um die zukünftigen Verkehrsbelastungen streckenspezifisch ermitteln zu können. Dabei erfolgt auch eine Berücksichtigung alternativer Routen, des Zeitaufwandes, topographischer Zustände, von Grenzübergängen u.ä. Diese Umlegungsmodelle werden (als ingenieurmäßige Aufgabe) nachfolgend nicht weiter berücksichtigt.

Eine wichtige Grundlage für die Verkehrserzeugungs- und Verkehrsverteilungsmodelle sind die Analyse und Prognose von bestimmten Kenngrößen im Personen- und Güterverkehr (sog. Leitdaten); auf sie wird im folgenden Teilkapitel noch eingegangen.

In den vergangenen Jahren haben sog. **disaggregierte Planungsmodelle** zunehmend an Bedeutung gewonnen. Sie werden auch als „Policy sensitive models", also **maßnahmenempfindliche Modelltypen** bezeichnet. Sie versuchen, durch geeignete Disaggregation die Wirkung verkehrspolitischer Maßnahmen auf die Entscheidungen der Verkehrsnachfrager abzubilden. Die entsprechenden Modelle, die sich seit Anfang der 70er Jahre in Entwicklung und Nutzung befinden, müssen dementsprechend Annahmen über das individuelle Wahlverhalten sowie Variablen zur Beschreibung und Bewertung von Aktionsalternativen enthalten.

Die aggregierten Verkehrsnachfragemodelle können demgegenüber nur die räumlich unterschiedlich wirksamen Maßnahmen weitgehend adäquat abbilden. *Verkehrspolitische Instrumente*, deren Einsatz verschiedene soziale Gruppen unterschiedlich trifft, verlangen aber nach einer differenzierten, insbesondere gruppenspezifischen Betrachtungsweise, sofern die Wirkungen dieser Instrumente beurteilt (und prognostiziert) werden sollen (Wermuth 1981, S. 97).

Ursprünglich befaßten sich die disaggregierten Modelle nur mit dem *Personenverkehr*; erst später (in den USA seit 1976) und lediglich mit begrenztem Erfolg wurde eine Ausweitung auch für den *Güterverkehr* vorgenommen. Daher konzentrieren sich die nachfolgenden Ausführungen auf den **Personenverkehr**; der **Güterverkehr** wird abschließend nur sehr kurz gestreift.

„Verhaltensorientierte Modelle" setzen ein spezielles Verständnis über den **Verkehrsentstehungsprozeß** voraus; an seiner Struktur orientiert sich der Modellaufbau. Das individuelle Verkehrsverhalten kann durch drei Gruppen von Variablen erfaßt werden (Wermuth 1981, S. 101 ff.); durch

- umweltspezifische, d.h. *räumliche, zeitliche und soziale Strukturmerkmale*, welche die Aktivitätsgelegenheiten und das Verkehrssystem beschreiben;
- *Beschreibungsvariablen*, d.h. soziodemographische Merkmale der Personen, deren Einbindungen in Haushalte und Betriebe sowie die Erreichbarkeiten von außerhäusigen Aktivitätsgelegenheiten;
- *Verkehrsnachfragevariablen*, welche Ausgangs- und Zielort von Verkehrsvorgängen, Verkehrszwecke, Routen sowie Abfahrts- und Ankunftszeiten jeder Ortsveränderung enthalten.

Von Bedeutung ist, dass die Personen die objektive Situation, etwa das Angebot an öffentlichen Verkehrsmitteln oder Sachzwänge, subjektiv anders empfinden können, aber diese subjektive Beurteilung letztendlich entscheidenden Einfluß auf das Verkehrsverhalten ausübt.

Abbildung 61: Verfügbare Beschreibungsvariablen des individuellen Verkehrsverhaltens

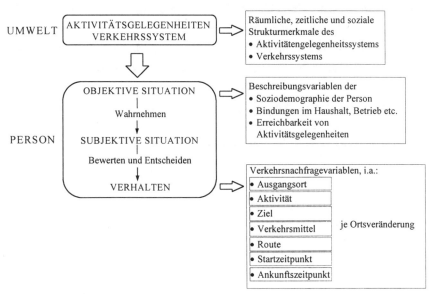

Quelle: Wermuth (1981), S. 131.

Es wird in diesem Modellansatz eine direkte Verbindung der Ortsveränderung mit der Person hergestellt. Dies ist ein wesentlicher Unterschied zu den aggregierten Modellen, in denen nur die Verkehrserzeugung einer räumlichen Einheit (Verkehrszelle) modelliert wird.

Das Arbeiten mit disaggregierten Modellen erfordert die empirische Ermittlung von gruppenspezifischen Verhaltensmerkmalen bezüglich der

- Aktivitätsbedarfe (Zahl und Art der Aktivitäten);
- zeitlichen und räumlichen Verteilung der Aktivitäten;
- Benutzung von Verkehrsmitteln sowie
- Auswahl von Routen.

In Deutschland bildet die „Kontinuierliche Erhebung zum Verkehrsverhalten" (KONTIV), die im Auftrag des Bundesverkehrsministeriums in den Jahren 1976, 1982 und 1989 als bundesweite Repräsentativbefragung (mehrfach geschichtete Stichprobe) durchgeführt wurde, die wesentliche Informationsquelle. Sie wird ergänzt durch die seit 1994 im Auftrage des Bundesverkehrsministeriums durchgeführten Haushaltspanel zum Verkehrsverhalten (wiederholte Befragung derselben Haushalte zur Alltagsmobilität, Kraftstoffverbräuche und Pkw-Fahrleistungen; Zumkeller 1998). Eine weitere KONTIV mit methodischen Veränderungen wird vorbereitet und als KONTIV 2002 durchgeführt. Sie erfaßt Reisen mit mindestens einer Übernachtung innerhalb von 3 Monaten der gesamten Wohnbevölkerung in Deutschland auf Basis einer Stichprobe aus dem Einwohnermelderegister. Einbezogen sind nunmehr auch der Ferien- und der Geschäftsreiseverkehr. Die KONTIV 2002 gliedert sich in eine Methoden- und eine Hauptstudie (Engelhardt/Follmer u.a. 2002, S.140 ff.).

Besondere Bedeutung für das Verkehrsverhalten besitzen die objektiven (von außen einwirkenden) und die subjektiven Restriktionen (Wermuth 1981, S. 101). Objektive Restriktionen sind

- begrenztes Zeit- und/oder Kostenbudget;
- Begrenztheit der Raumüberwindungsmöglichkeiten (sog. Aktionsraumbudget);
- Koordinationszwänge mit anderen Familienangehörigen oder am Arbeitsplatz;
- Sachzwänge der Aktivität (Warentransport nach Einkauf);
- Begrenztheit der Angebotszugänglichkeit (Ladenöffnungszeiten, Betriebszeiten und Fahrplangestaltung der öffentlichen Verkehrsmittel);

- Zugangsbegrenzungen für bestimmte Personengruppen (z.B. Behinderte).

Die **subjektiven Restriktionen** schränken den objektiven Aktionsraum aufgrund der subjektiv wahrgenommenen und bewerteten (perzipierten) Merkmale ein. Hierbei besitzen subjektive Erfahrungen einen hohen Stellenwert, etwa die Nutzung individueller Verkehrsmittel gegenüber Fahrtzeiten, Komfort und Kosten bei der Nutzung öffentlicher Verkehrsmittel.

Für die Verkehrspolitik bedeutsam ist, dass das **Verkehrsverhalten** in begrenztem Maße über **objektive Restriktionen** steuerbar ist. Die subjektiven Restriktionen lassen sich jedoch nur indirekt beeinflussen, etwa durch Informationspolitik, Werbung usw. Für die Planung relevant sind in diesem Zusammenhang möglicherweise auftretende Änderungen in den Werthaltungen („individueller Wertewandel").

Die Verhaltensmodelle sind zweistufig aufgebaut:

Stufe 1: Möglichst zuverlässige *Situationsbeschreibung* der objektiven Entscheidungsbedingungen (= Situationsmodell).

Stufe 2: Beschreibung des *Entscheidungsverhaltens* bei mehreren subjektiv wahrgenommenen Alternativen (= Entscheidungs- oder Wahlverhaltensmodell).

Die zweite Stufe, also das **Entscheidungsmodell**, ist von zentraler Bedeutung. Es beantwortet die Frage, welche von n möglichen Alternativen tatsächlich ausgewählt wird. Alternativen sind etwa die Zahl von Aktivitäten oder Ortsveränderungen (Verkehrserzeugung), verschiedene Ziele (Verkehrsverteilung), verschiedene Verkehrsmittel (Modal split) und verschiedene Routen (Wege-/Routenwahl). Die bisherigen Erfahrungen mit den disaggregierten Modellen zeigen, dass alle Stufen des Verkehrsplanungsprozesses durch sie erfaßt werden können. Die größte Bedeutung besitzen sie jedoch bei der Erklärung und Prognose des Modal split.

Um die **Auswahlwahrscheinlichkeiten** der Alternativen zu gewinnen, werden im Rahmen von Wahlverhaltensmodellen vor allem **Nutzenmaximierungsmodelle** herangezogen. Jeder Verkehrsteilnehmer ordnet jeder Alternative einen Nutzen zu und wählt jene mit der größten erwarteten Nutzenstiftung aus. Er verhält sich rational im Sinne individueller Nutzenmaximierung. Zur Ermittlung des Nutzens einer Alternative wird die Menge der quantifizierbaren Eigenschaften einer Alternative mit einer Menge von Individualmerkmalen gewichtet.

Die Nutzenmaximierungsmodelle gehen also davon aus, dass verschiedene Personen die Merkmale der Alternativen unterschiedlich beurteilen (Wermuth 1981, S. 107). Folglich muß der individuelle Gesamtnutzen als Zufallsgröße betrachtet werden, die um einen für die Personenkategorie i und die Alternative j typischen Mittelwert u_j^i schwankt.

Die verschiedenen Nutzenmaximierungsmodelle unterscheiden sich hinsichtlich der getroffenen Modellstrukturannahmen. Folgende Typen finden insbesondere Anwendung:

- **Multinominales Logitmodell (MNL)**
  (n Alternativen mit der Annahme der Unabhängigkeit der Alternativen; es gilt das Axiom der Unabhängigkeit irrelevanter Alternativen, d.h. das Verhältnis der Annahmewahrscheinlichkeit zweier bestimmter Alternativen ist unabhängig von der Zahl weiterer Alternativen, auch als IIA [Irrelevance of Independent Alternatives]-Eigenschaft bezeichnet);
- **Multinominales Probitmodell (MNP)**
  (keine IIA-Eigenschaft; größere Flexibilität als das MNL-Modell, da hier keine identische Verteilung der stochastischen Nutzenkomponenten aller Alternativen unterstellt wird, sondern deren Normalverteilung);
- **Dogitmodell**
  (1977 veröffentlicht; Versuch, die leichtere Handhabbarkeit des Logitmodells zu nutzen, aber die einschränkende IIA-Eigenschaft zu vermeiden);
- **Nested-Logit-Modell**
  (1974 entwickelt; es beschreibt den sequentiellen Entscheidungsvorgang, bei dem die Alternativen hierarchisch angeordnet sind. Die Person wählt nicht direkt eine bestimmte Alternative, sondern zunächst Klassen von Alternativen und hieraus dann eine Subalternative).

Hinsichtlich der Abgrenzung von entscheidungsrelevanten Tatbeständen werden vor allem zwei Modellkonfigurationen benutzt:

- Modelle auf Basis **soziodemographischer Merkmale**
  (Merkmale: Alter, Geschlecht, Inländer, Ausländer, Beruf, Einkommen, Schulbildung, Führerscheinbesitz, Kfz-Verfügbarkeit als objektive Situationsmerkmale; Identifizierung von Pflichtaktivitäten wie Schulbesuch, Einkauf, Arbeiten und Zuordnung von Personen mit dem Ziel, verhaltenshomogene Personengruppen zu bilden).

- Modelle nach dem **Situationsansatz**

Die Situationsmodelle haben das Ziel, neben soziodemographischen Merkmalen sowohl die objektiven Sach- und Koordinationszwänge (etwa in der Familie bedingt) wie auch die subjektiven Restriktionen (wie soziale Werthaltungen, individuelle Einstellungen u.ä.) einzubeziehen. Hierdurch sollen die (subjektiven) Handlungsspielräume ermittelt werden, innerhalb derer einzelne Personen auf verkehrspolitische Maßnahmen reagieren. Als Methoden zur Identifikation dieser Handlungsspielräume werden Wahlverhaltensmodelle (als indirekte Abschätzung) oder interaktive Erhebungsverfahren (als direkte Feststellung) auf Basis von Planspielen eingesetzt (Wermuth 1981, S. 121 ff.; Brög 1981, S. 136 ff.).

Abschließend sei noch kurz auf die Anwendung der disaggregierten Verkehrsplanungsmodelle für den **Güterverkehr** (vgl. insbesondere Feldner 1982) hingewiesen. Ziel ist es, Verkehrsströme (v) aus einer Versandregion (i) mit der Güterart (k) zu einer Empfangsregion (j) mit einem Verkehrsmittel (m) zu prognostizieren:

$$I_{ij} \xrightarrow{v_{ij}^k\, m} j$$

Da sich der Transportstrom $v_{ij}^k\, m$ aus einer Vielzahl von Einzelentscheidungen mit speziellen Anforderungen und Restriktionen zusammensetzt, wird angestrebt, diese Einzelentscheidungen der Verlader abzubilden. Wichtige *Einflußgrößen* sind hierbei u.a.

- die *Standorte* der Produktion und des Verbrauchs;
- das jeweilige *Produktprogramm*;
- die Struktur der *Absatzmärkte* und der *Beschaffungsmärkte*;
- verfügbare *Verkehrsmittel*;
- die *Sendungsgrößen*;
- spezielle *qualitative Anforderungen*, resultierend aus Logistikbedingungen oder Gütereigenschaften.

Die disaggregierte Prognose setzt eine entsprechend disaggregierte Analyse der Einflußgrößen voraus, die zu einem Entscheidungsmodell führt (Entscheidungsverhalten als Funktion der Alternativenmenge und der Alternativenmerkmale). Im Rahmen einer disaggregierte Prognose wird zunächst geprüft, welche Veränderungen in der Alternativenmenge (z.B. neue Verkehrswege und Verkehrsmittel) und in den Merkmalen der Alternativen (Kosten, Zeit, Qualitätsstrukturen, Verfügbarkeit etc.) eintreten. Das Prognosemodell versucht dann, das voraussichtliche *Verladerverhalten* auf der Grundlage eines disaggregierten Entscheidungsmodells abzubilden. Hier besitzen die jeweiligen Nutzwerte und die ihnen zugeordneten Kosten (gesamte Logistikkosten) eine zentrale Bedeutung. Die für eine Nachfrageprognose erforderlichen Informationen werden aus disaggregierten Stichprobendaten gewonnen; bei der Ableitung der Grundgesamtheit sind jedoch die Auswahlwahrscheinlichkeiten zu berücksichtigen.

Literatur zu Kapitel IV.3.3.1:

Brög, W. (1981): Individuelles Verhalten als Basis verhaltensorientierter Modelle, in: Verkehrsnachfragemodelle, Köln (Band B 57 der Schriftenreihe der Deutschen Verkehrswissenschaftlichen Gesellschaft e.V.), S. 136-188.

Engelhardt, K. / Follmer, R. u.a. (2002): Mobilität in Deutschland. KONTIV 2002: Methodenstudie mit experimentellem Design zur Vorbereitung der Erhebung, in: Internationales Verkehrswesen, 54. JG., S.140-144.

Feldner, H. (1982): Methodische Untersuchungen über disaggregierte Modellansätze für den Güterverkehr, in: Prognose im Güterverkehr, Köln (Band B 63 der Schriftenreihe der Deutschen Verkehrswissenschaftlichen Gesellschaft), S. 1-22.

Infratest Burke AG (1996): Pilotstudie: Haushaltspanel zum Verkehrsverhalten, Forschungsprojekt im Auftrag des Bundesministeriums für Verkehr, München.

Institut für Verkehrswesen der Universität (TH) Karlsruhe (1996): Auswertung der Paneluntersuchung zum Verkehrsverhalten, Forschungsprojekt im Auftrag des Bundesministeriums für Verkehr, Karlsruhe.

Kloas, J. / Kuhfeld, H. (1987): Verkehrsverhalten im Vergleich, DIW-Beiträge zur Strukturforschung, Heft 96, Berlin.

Mäcke, P.A. (1981): Entwicklungsstufen der Verkehrsplanungsmodelle, in: Verkehrsnachfragemodelle, Köln (Band B 57 der Schriftenreihe der Deutschen Verkehrswissenschaftlichen Gesellschaft e.V.), S. 43-69.

Stopher, P.R. / Meyburg, A.H. / Brög, W. (Hrsg.) (1981): New Horizons in Travel-Behavior Research, Lexington.

Wermuth, M. (1981): Verhaltensorientierte Verkehrsnachfragemodelle - Prinzipien und praktische Anwendbarkeit, in: Verkehrsnachfragemodelle, Köln (Band B 57 der Schriftenreihe der Deutschen Verkehrswissenschaftlichen Gesellschaft), S. 96-135.

Winston, C. (1985): Conceptual Developments in the Economics of Transportation: An Interpretive Survey, in: Journal of Economic Literature, Vol. XXIII, S. 57-94.

Zumkeller, D. / Chlond, B. / Lipps, O. (1998): Das Mobilitäts-Panel. Konzept und Realisierung einer bundesweiten Längsschnittbetrachtung, in: Innovative Konzepte und Methoden in der Verkehrsstatistik, Bergisch-Gladbach (Band B 217 der Schriftenreihe der Deutschen Verkehrswissenschaftlichen Gesellschaft), S. 33-72.

3.3.2 Prognoseverfahren

Aufgrund der langen Planungs-, Bau- und Nutzungszeiten von Verkehrsinfrastrukturanlagen besitzen die erforderlichen Nachfrageprognosen stets *Langzeitcharakter*. Insofern können die gesellschaftspolitischen und wirtschaftlichen Rahmenbedingungen nicht als konstant angesetzt werden, sondern müssen ebenfalls hinsichtlich möglicher Veränderungen abgeschätzt werden. Dennoch sind bestimmte *Basisannahmen* erforderlich, um überhaupt prognostische Aussagen erarbeiten zu können. Dabei ist auch darauf zu verweisen, dass es sich im **Güterverkehr** stets um *abgeleitete Entwicklungen* handelt, die ihre Bezugsbasis in räumlichen (Standorte) und sektorspezifischen Prozessen haben. Im **Personenverkehr** ist eine relativ enge Beziehung der Mobilitätsdynamik zur Entwicklung soziodemographischer und ökonomischer Kenngrößen gegeben. Es besteht hier jedoch eine vergleichsweise größere Eigendynamik, die in den vergangenen Jahrzehnten eine der Hauptursachen insbesondere für die langfristige Fehleinschätzung der Personenverkehrsnachfrage (Unterschätzung) und des Modal split war.

Jede Prognose basiert auf Annahmen über wirtschafts-, verkehrs- und gesellschaftspolitische **Rahmenbedingungen**. Insbesondere sind es bei den langfristigen Verkehrsprognosen Annahmen zu

- der Ausrichtung der Verkehrspolitik (Ordnungspolitik, Infrastrukturinvestitionspolitik);
- den Angebotsstrukturen im Verkehr (Verfügbarkeiten von Infrastruktureinrichtungen, Verkehrsmitteln etc.);
- den sonstigen sozio-ökonomischen Rahmenbedingungen (Entwicklung des Bruttoinlandsproduktes, gesamtwirtschaftliche Produktionsstrukturen, Einwohnerzahlen, Freizeitanteile, Werthaltungen, Energieverfügbarkeiten etc.).

Die **Status quo-Prognosen** basieren auf Trendextrapolationen ihrer relevanten Variablen. Sie besitzen kaum noch Bedeutung. Bedeutsam sind hingegen **modifizierte Status quo-Prognosen**; sie stellen keine reine Fortschreibung der für die Verkehrsentwicklung relevanten gesamtwirtschaftlichen, sozio-ökonomischen und verkehrswirtschaftlichen Tatbestände dar. Vielmehr berücksichtigen sie die sich zum Zeitpunkt der Prognoseerstellung abzeichnenden Fortentwicklungen in ökonomischen, demographischen, rechtlichen und anderen Bereichen bis zum Endpunkt der Prognose. Deutlich wird dies bei den Spezialprognosen für die sog. sozioökonomischen *Leitdaten*, die der Abschätzung der Verkehrserzeugung und der Verkehrsverteilung vorgelagert sind. Einzubeziehen sind in die Prognosen auch die bereits zur Realisierung anstehenden Verkehrsinfrastrukturprojekte (Autobahnergänzungen, Neubau von Hochleistungseisenbahnstrecken, Neubau /Erweiterung von Flughäfen, Erweiterung des Wasserstraßennetzes u.ä.). Unterstellt wird in diesen modifizierten Status quo-Prognosen jedoch die weitgehende Konstanz der verkehrspolitischen Rahmenbedingungen (insbesondere der Ordnungspolitik). Die modifizierten Status quo-Prognosen dienen einer nachfrageorientierten Verkehrswegeplanung.

Die hier relevanten Prognosen sind *stochastischer* Natur, d.h. sie sind mit Ereignissen und Prozessen verknüpft, die nur mit einer mehr oder weniger großen Wahrscheinlichkeit innerhalb einer Bandbreite geschätzt werden können. *Deterministische Prognosen* sind hingegen im Verkehrsbereich (wie in den Wirtschaftswissenschaften generell) irrelevant. Die erforderliche eindeutige Berechenbarkeit der ergebnisverursachenden Zusammenhänge als Funktion der Zeit ist nicht gegeben.

Äußerst schwierig gestaltet sich die Prognose, sofern aufgrund fundamentaler Strukturbrüche in der wirtschaftlichen und gesellschaftlichen Entwicklung keine nutzbare statistische Stützperiode zur Verfügung steht. Dieser seltene Fall war durch die deutsche Wiedervereinigung 1990 gegeben. Die hier nicht mögliche Zeitreihenanalyse mußte durch statistische Hilfsverfahren ersetzt werden.

Induktive Prognosen nehmen Abschätzungen aus Analogien vor, z.B. werden Entwicklungen in anderen Ländern herangezogen. Dabei fehlt jedoch eine Überprüfung der die Entwicklung verursachenden Faktoren. *Deduktive Prognosen* versuchen hingegen, Zusammenhänge zwischen betrachteten Erscheinungen und erklärenden Bestimmungsgrößen herzustellen; es wird mit *Erklärungsmodellen* gearbeitet. Diese Erklärungsmodelle setzen sich aus zwei Komponenten zusammen:

- dem Aufbau eines kausalanalytischen Modells sowie
- der Prognose der in diesem Modell enthaltenen Determinanten und Parameter.

Bei den Verkehrsprognosen handelt es sich durchgehend um *nachfrageorientierte stochastische Prognosen* mit *deduktiver* Vorgehensweise. Werden wichtige Rahmenbedingungen der Prognose in Alternativen vorgegeben, so wird mit **Szena-**

rien gearbeitet, die unterschiedliche Entwicklungsverläufe in Abhängigkeit von wichtigen Einflußgrößen abbilden.

3.3.2.1 Personenverkehr

Zunächst erfolgt die Abschätzung der als bedeutsam erkannten *Leitdaten*. Es handelt sich sowohl um sozioökonomische wie auch um demographische Daten, die als Determinanten der Entwicklung der Personenverkehrsnachfrage und des Modal split gelten. Zu nennen sind:

- Einwohnerzahlen und demographische Strukturierung;
- Verteilung auf die Raumtypen (hochverdichtete und ländliche Räume; verdichtete Umlandräume);
- reales Pro-Kopf-Einkommen;
- Führerscheinbesitz;
- Pkw-Verfügbarkeit;
- durchschnittliche Pkw-Besetzung;
- Siedlungsstrukturen;
- Erwerbsquoten;
- Anzahl der Privathaushalte;
- Zahl der Schüler und Studenten;
- Schultage;
- Freizeit- und Urlaubstage;
- Mobilität je Einwohner und Tag;
- durchschnittliche Fahrtweiten;
- regionale Bevölkerungsverteilung (Migrationen).

Da über 80 % der Personenverkehrsleistungen dem *Individualverkehr* zuzurechnen sind, nehmen die Prognosen des *motorisierten Individualverkehrs* einen besonders hohen Stellenwert ein. Es wird weiterhin nach den Verkehrs*arten* nichtmotorisierter Verkehr, Eisenbahn- und öffentlicher Straßenpersonennahverkehr sowie Luftverkehr unterschieden. Bei den Verkehrs*zwecken* werden Berufs-, Ausbildungs-, Einkaufs-, Geschäfts-/Dienstreise-, Freizeit- sowie Urlaubsverkehr gesondert betrachtet. Als besonders wachstumsintensiv haben sich die Fahrtzwecke Gelegenheits- und Urlaubsverkehr herausgestellt; zentrale Bestimmungsgründe sind neben dem Pro-Kopf-Realeinkommen die Pkw-Verfügbarkeit und der Umfang der Freizeit.

Ein spezielles und überwiegend nur für den Personenverkehr relevantes Problem stellt der sog. **induzierte Verkehr** dar. In der Fachliteratur wird über die Existenz und den Umfang des induzierten Verkehrs kontrovers diskutiert

(Würdemann 1983; Pfeifle/Voigt 1989; Selz 1993; Cerwenka 1997). Dabei wird unter induziertem Verkehr jenes Bündel von Verkehrsaktivitäten (Mobilität) erfaßt, dessen Ursache auf **quantitativ-qualitative Angebotsverbesserungen** zurückzuführen ist, insbesondere auf den Ausbau der **Verkehrswege**. Unterschieden wird zwischen primär und sekundär induziertem Verkehr. Direkte Erhöhungen der Fahrtenzahl pro Person und Tag oder der durchschnittlichen Reiseweite werden als primär induzierter Neuverkehr, indirekte Erhöhungen aufgrund von Steigerungen der Wohnbevölkerung oder der Beschäftigtenzahl, die durch ein verbessertes Verkehrsangebot zustande gekommen sind, als sekundär induzierter Neuverkehr bezeichnet. Besondere Probleme bei der statistischen Erfassung bereitet die Abgrenzung zwischen verlagertem Verkehr (Modal split-Effekt/Umlenkungseffekt) und dem tatsächlich durch Infrastrukturmaßnahmen induzierten Neuverkehr. In diesem Zusammenhang ist die räumliche Abgrenzung des Untersuchungsraumes von entscheidender Bedeutung. Der primär induzierte Neuverkehr wird beim Individualverkehr auf 10-15 % am Nachfragemengenzuwachs und auf 20-25 % bei den Reiseweitensteigerungen geschätzt; allerdings sind diese Werte nicht hinreichend gesichert (Selz 1993).

Literatur zu Kapitel IV.3.3.2.1

Cerwenka, P. (1997): Die Berücksichtigung von Neuverkehr bei der Bewertung von Verkehrswegeinvestitionen, in: Zeitschrift für Verkehrswissenschaft, 68. Jg., S. 221-248.

Goodwin, P.B. (1998): Extra Traffic induced by Road Construction: Empirical Evidence, Economic Effects and Policy Implications, in: ECMT (Hrsg.): Infrastructure Induced Mobility, Report of the 105th Round Table on Transport Economics, Paris, S. 143-220.

Gresser, Kl. / Kolberg, B. u.a. (2001): Verkehrsprognose 2015 für die Bundesverkehrswegeplanung, in: Internationales Verkehrswesen, 53. Jg., S.585-591.

Pfeifle, M. / Vogt, W. (1989): Gibt es induzierten Verkehr?, in: Internationales Verkehrswesen, 41. Jg., S. 237-242.

Ratzenberger, R. (1998): Langfristige Verkehrsprognosen auf dem Prüfstand, München (Band 31 der ifo-Studien zur Verkehrswirtschaft).

Selz, T. (1993): Angebots- oder nachfrageorientierte Steuerung der Verkehrsnachfrage? - Das Problem des induzierten Neuverkehrs, in: Zeitschrift für Verkehrswissenschaft, 64. Jg., S. 1-37.

Würdemann, G. (1983): Neuverkehr - die unbekannte Größe, in: Internationales Verkehrswesen, 35. Jg., S. 403-408.

3.3.2.2 Güterverkehr

In einem ersten Schritt werden die für den Güterverkehr entscheidungsbedeutsamen Variablen auf Basis von Zeitreihen analysiert und prognostiziert. Im Güterverkehr geht es ausschließlich um eine **abgeleitete Nachfrage** (Kienzler 1998); hier liegt ein wesentlicher Unterschied zum Personenverkehr.

Güterverkehrsrelevante **Leitdaten** sind (Auswahl):

- Bevölkerungs- und Erwerbstätigenzahl;
- Bruttoinlandsprodukt zu konstanten Preisen;
- privater Verbrauch zu konstanten Preisen;
- Pkw-Bestand;
- Produktion von Nahrungs- und Genußmitteln;
- Steinkohlenförderung; Rohstahlerzeugung, Produktion von chemischen Erzeugnissen und von Investitions- sowie Verbrauchsgütern;
- Raffinerieeinsatz;
- Verbrauch von Mineralölerzeugnissen;
- gütergruppenspezifische außenwirtschaftliche Verflechtungen (Importe/Exporte).

In einem zweiten Schritt erfolgt die *Analyse* der *Transportströme*, bezogen auf *Verkehrsträger* (Eisenbahn, Binnenschiffahrt, Straßengüternah- und -fernverkehr, Rohrfernleitungen) und *Güterarten*. I.d.R. sind es zwölf Güterbereiche (DIW 1980, S. 14), die aus den Hauptgütergruppen des Güterverzeichnisses für die Verkehrsstatistik abgeleitet sind. Teilweise wird auch mit 25 Güterbereichen gearbeitet (Prognos 1983). Als Stützperiode dient eine Zeitreihe von zehn bis zwölf Jahren. Darstellungsgrößen sind Tonnen und Tonnenkilometer. Differenziert wird (in der Analyse und der Prognose) zusätzlich nach binnenländischem, grenzüberschreitendem und Transitverkehr. Der dritte Schritt besteht in der Prognose mit den Teilschritten Verkehrserzeugung, Verkehrsverteilung (Zielwahl) und Modal split.

Bei der Prognose der Verkehrserzeugung erfolgt die Verknüpfung zwischen

- Stützperiodenwerten;
- Leitdaten;
- sektoralen Entwicklungen und
- Transportmengen sowie durchschnittlichen Transportweiten.

Sofern von *Umsatzentwicklungen* in einzelnen Branchen ausgegangen wird, muß die Veränderung der *Wertdichten* (i.d.R. Steigerung) berücksichtigt werden, also das Verhältnis der relativen Änderung der *Umsätze (R)* zu der relativen Änderung der *Gewichtswerte (t)*:

$$Wertdichteelastizität = \frac{\Delta R}{\Delta t} \times \frac{t}{R}$$

Bei den **Prognosetechniken** stehen im Vordergrund ökonometrische Analysen des Variablenzusammenhangs mit Hilfe linearer und doppelt-logarithmischer Regressionen der Entwicklung des Güterverkehrsaufkommens auf die erklärenden Wertreihen. Bei statistischer Signifikanz und inhaltlicher Plausibilität eines für die Vergangenheit festgestellten ökonometrischen Erklärungsansatzes wird nunmehr die Frage geprüft, ob diese Zusammenhänge unverändert in die Zukunft übertragen werden können oder ob wegen erkennbarer Trendänderungen und/ oder Änderungen in den Transportelastizitäten (etwa aufgrund des Logistikeffekts) eine Variation des Erklärungsansatzes erforderlich ist. Dann wird eine modifizierte Status quo-Prognose im Sinne einer *qualitativ-argumentativ variierten Modellprognose* vorgenommen.

Aufgrund der unzureichenden empirischen Basis wird die Güter*nah*verkehrsprognose stets getrennt von sonstigen Prognosen durchgeführt. Dabei ist nur der *Straßen*güternahverkehr (stets Binnenverkehr) relevant, da bei Bahn und Binnenschiffahrt eine vergleichbare Distanztrennung nicht existiert. Sein Anteil am gesamten binnenländischen Güterverkehrs*aufkommen* ist mit rd. 70 % sehr hoch; wegen der geringen durchschnittlichen Transportweiten sind jedoch die Verkehrs*leistungs*werte relativ niedrig. Bei der Prognose sind die unterschiedlichen Funktionen des Güternahverkehrs zu berücksichtigen:

- dem Fernverkehr vor- und nachgelagerte Transporte;
- Durchführung von Verteilerverkehren;
- direkte Transporte im Nahbereich (z.B. Baustellentransporte).

Erfahrungsgemäß zeigt der Straßengüternahverkehr über die Zeit eine vergleichsweise stabile Entwicklung, so dass trotz erheblicher methodischer Prognoseschwierigkeiten und geringer Informationen über die güterspezifischen Verflechtungen die Unsicherheitsbereiche letztlich nicht sehr groß sind.

Sofern eine regionalisierte, auf Planungsregionen basierende Güterverkehrsprognose vorgenommen werden soll, erfordert dies spezielle und komplexe Schätzverfahren. Sie werden beispielsweise vom DIW Berlin angewandt: innerhalb der einzelnen Güterbereiche werden die regionalen Transportstrukturen des Analysejahres sowohl mit der regionalen Vorausschätzung des Gesamtgüterverkehrs wie auch mit der global für den Gesamtraum der Bundesrepublik Deutschland prognostizierten güterbereichsspezifischen Verkehrsleistung konsistent verzahnt. Es bestehen also Prognosekoppelungserfordernisse zur Schätzung von Matrizen (DIW-Ansatz der doppelten Proportionalität; DIW 1980).

Literatur zu Kapitel IV.3.3.2.2:

Deutsches Institut für Wirtschaftsforschung (DIW) (1980): Güterverkehrsprognose 2000, Berlin.

Gresser, Kl. / Kolberg, B. u.a. (2001): Verkehrsprognose 2015 für die Bundesverkehrswegeplanung, in: Internationales Verkehrswesen, 53. Jg., S.585-591.

Kienzler, H. P. (1998): Was können Güterverkehrsprognosen heute leisten?, in: Verkehrsprognose - Zukunftsperspektiven des Personen- und Güterverkehrs in Deutschland, Bergisch-Gladbach (Band B 212 der Schriftenreihe der Deutschen Verkehrswissenschaftlichen Gesellschaft), S. 143-166.

Lünsdorf, P.A. (1982): Ausgewählte Probleme verkehrszweigübergreifender Güterverkehrsprognosen, in: Prognose im Güterverkehr, Köln (Band B 63 der Schriftenreihe der Deutschen Verkehrswissenschaftlichen Gesellschaft), S. 51-67.

3.4 Ökonomische Evaluierungsverfahren in der Verkehrswegeplanung

Die Planungs- und Prognosemodelle liefern Informationen über die zukünftigen globalen (sowie teilweise auch regionalen) Verkehrsaufkommens- und Verkehrsleistungswerte, über die Verkehrsverflechtungen, den Modal split und die zu erwartenden Streckenbelastungen. Im Rahmen der ökonomischen Evaluierung werden gesamtwirtschaftlich ausgerichtete Wirtschaftlichkeitsuntersuchungen vorgenommen, wobei insbesondere erkennbare Engpässe bei Verkehrsinfrastrukturteilkapazitäten zu bewerten und bei knappen Finanzmittelbudgets **Prioritätenreihungen** vorzunehmen sind. In diese gesamtwirtschaftlichen Evaluierungsverfahren sollen möglichst alle **gesamtwirtschaftlichen Effekte** von Verkehrsinfrastrukturinvestitionen in die Rechnungen einbezogen werden.

3.4.1 Nutzen-Kosten-Rechnungen

Als Instrumente für die gesamtwirtschaftliche Evaluierung von Investitionsprojekten der Verkehrsinfrastruktur werden vor allem drei Verfahren herangezogen. Hierbei handelt es sich um methodisch unterschiedliche Formen von Nutzen-Kosten-Rechnungen, d.h. die

- Nutzen-Kosten-Analyse (NKA),
- Nutzwert-Analyse (NWA),
- Kosten-Wirksamkeits-Analyse (KWA).

Nachfolgend werden einige wichtige Merkmale dieser Verfahren beschrieben. Gemeinsam ist ihnen die Ausrichtung auf **gesamtwirtschaftlich relevante Projektwirkungen**. Somit unterscheiden sie sich von betriebswirtschaftlichen (einzelwirtschaftlichen) Rentabilitäts- und Wirtschaftlichkeitsrechnungen. Allerdings sind bei einigen Formen der Nutzen-Kosten-Rechnungen Übereinstimmungen in bezug auf die Rechenmethodik der betriebswirtschaftlichen Verfahren der dynamischen Investitionsrechnung festzustellen. Umfang und Bewertung der projektbezogenen Wirkungen differieren jedoch.

3.4.1.1 Nutzen-Kosten-Analyse (NKA)

Bei der NKA handelt es sich um ein aus der paretianischen Wohlfahrtsökonomik abgeleitetes Erfassungs- und Bewertungsverfahren. In Deutschland hat die Anwendung dieses Verfahrens insbesondere dadurch größere Bedeutung erlangt, als nach § 7 Bundeshaushaltsordnung wie auch nach § 2 Haushaltsgrundsätzegesetz für Investitionsmaßnahmen größeren Umfangs die Erstellung einer Nutzen-Kosten-Analyse vor der Realisierungsentscheidung zwingend vorgeschrieben ist.

Wesentliche Merkmale der NKA sind:

- Projektbezogenheit mit Vergleichsalternativen;
- Monofinale Zielsetzung (Beitrag zur Maximierung der gesellschaftlichen Wohlfahrt, ausgedrückt im realen Pro-Kopf-Einkommen oder in Konsumströmen);
- Allokatives Auswahl- und Bewertungsprinzip bei den einzubeziehenden Projektwirkungen;
- Monetarisierung der Rechnungsgrößen, damit auch Gleichgewichtung; Bewertung der Projektwirkungen mit (inflationsbereinigten) Marktpreisen;

spiegeln die Marktpreise nicht die tatsächlichen Knappheitsverhältnisse wider oder fehlen sie völlig, treten an ihre Stelle *Schattenpreise*;
- Einbeziehung der gesamtwirtschaftlich relevanten Projektwirkungen im Sinne direkter und indirekter Effekte, also auch Erfassung und Bewertung externer Projektwirkungen;
- Nichtberücksichtigung intangibler Projektwirkungen;
- Verwendung der Verfahren der dynamischen Investitionsrechnung (Kapitalwert-, Annuitäten- und interne Zinsfuß-Methode);
- Verwendung eines Zinssatzes im Rahmen des zur Ermittlung des Gegenwartswertes der Nutzen- und Kostenströme angesetzten Diskontierungsfaktors mit den Bestimmungsgrößen
  - soziale Zeitpräferenzrate oder
  - Social opportunity cost rate (Marglin 1963) oder
  - wachstumstheoretisch begründete gleichgewichtige Wachstumsrate des realen Sozialprodukts (entspricht der sozialen Grenzproduktivität des Kapitals bzw. dem realen Zins);
- Einbeziehung distributiver Projektwirkungen in der sog. erweiterten NKA oder durch die Verwendung von Distributionsgewichten (Weisbrod 1968; Stohler 1967); sonst nachrichtliche Erwähnung außerhalb des Rechnungsganges.

Typisches Merkmal der NKA ist es, dass sowohl bei den Auszahlungsströmen (Kosten) wie vor allem auch bei den Einzahlungsströmen (Nutzen) Komponenten auftreten, die nur als fiktive, nicht aber als tatsächliche Ein- oder Auszahlungen wirken. Beispielhaft seien Zeitersparnisse, Reduzierung von CO_2-Emissionen u.ä. genannt. Sie sind für den Investor des Projektes nicht erlöswirksam, obwohl u.U. erhebliche Investitionsausgaben zum Aufbau der (Verkehrsinfrastruktur-) Kapazitäten erforderlich sind. Hieraus folgt: Auch ein *gesamtwirtschaftlich* mit einem positiven Netto-Gegenwartswert der Nutzen- und Kostenströme bewertetes Projekt kann für den Investor einen *betriebswirtschaftlichen* Verlust erbringen.

Mindestbedingung für eine Projektrealisierung ist ein *Nutzen-Kosten-Quotient* der diskontierten Nutzen- und Kostenströme von eins bzw. ein absoluter *Kapitalwert* von null. Realisierungswürdig ist dabei die Projektalternative mit dem vergleichsweise größten Nutzen-Kosten-Verhältnis bzw. dem höchsten Kapitalwert. Der Kapitalwert als Netto-Gegenwartswert wird durch die *Differenzregel* ermittelt, indem vom Gegenwartswert der Nutzenwirkungen (N_t) die diskontierten Kosteneffekte (K_t) abgezogen werden; der positive Restwert (R) wird wie eine

Einzahlung berücksichtigt. Das Nutzen-Kosten-Verhältnis wird durch die Quotientenregel festgestellt:

$$Netto - Gegenwartswert = \sum_{t=1}^{n} \frac{N_t}{q^t} - \sum_{t=0}^{n} \frac{K_t}{q^t} + \frac{R}{q^t} \geq 0.$$

$$Nutzen - Kosten - Verhältnis = \frac{\sum_{t=1}^{n} \frac{N_t}{q^t}}{\sum_{t=0}^{n} \frac{K_t}{q^t}} \geq 1$$

Ein Nutzen-Kosten-Quotient sagt jedoch noch nichts über die absolute Höhe des Netto-Nutzens (Present value) aus. Vergleichsweise hohe Netto-Nutzen in absoluten Werten können mit niedrigen Nutzen-Kosten-Quotienten verbunden sein und umgekehrt; vergleichbares gilt bei isolierte Betrachtung des Netto-Gegenwartswertes.

3.4.1.2 Nutzwertanalyse (NWA)

Die NWA (identisch mit Multi Criteria Analysis MCA) zeichnet sich insbesondere durch die folgenden Merkmale aus:

- Multifinalität in der Zielstruktur,
- Multidimensionalität in den Bewertungsabläufen,
- Verzicht auf Monetarisierung,
- explizite und implizite Gewichtungsvorgänge.

Die NWA ist ein multidimensionales, der Entscheidungsvorbereitung dienendes gesamtwirtschaftliches Erfassungs- und Bewertungsverfahren. Wie bei der NKA werden Alternativen verglichen, ohne dabei jedoch auf eine Bewertung in Geldeinheiten (Monetarisierung) angewiesen zu sein.

Fünf Stufen kennzeichnen die NWA (Zangemeister 1976; Hauser 1988, S.83 ff.):

(1) Entwicklung eines **Zielsystems** für die Maßnahmenalternativen.
(2) Ermittlung der **Zielerträge** der Maßnahmen bei sämtlichen Alternativen mit Hilfe von Indikatoren.
(3) Transformation der in unterschiedlichen Dimensionen ausgewiesenen Zielerträge in **Zielerreichungsgrade** mit Hilfe von Transformationsfunktionen.

Diese Transformationsfunktionen basieren auf einem als geeignet angesehenen *Skalierungsverfahren*.

(4) Überführung der Zielerreichungsgrade (je Zielkriterium) in dimensionslose **Teilnutzwerte** je Zielkriterium, ergänzt durch externe Gewichtung der jeweiligen Ziele.

(5) Zusammenfassung der zielspezifischen Teilnutzwerte jeder Maßnahmenalternative als **Wertsynthese** (additiv, multiplikativ oder kombiniert additiv-multiplikativ).

Die **Nutzenskalierung** wird (seit der sog. zweiten Generation der NWA) **ordinal** vorgenommen. Ein zentrales Problem stellt dabei die **Nutzentransformation** dar. Es muß ein geeigneter Skalentyp gefunden und die Entscheidung getroffen werden, wie die unterschiedlich dimensionierten Zielerträge auf der Zielerreichungsskala abzubilden sind (Cerwenka 1976, S. 225). Hierbei ist zu berücksichtigen, dass das *Beobachtungsintervall* einer bestimmten physikalischen Maßgröße als Ausprägung eines bestimmten Kriteriums wesentlich enger ist als deren *physikalisch mögliche Bandbreite*. Bei der Wahl eines physikalisch möglichen Intervalls würden die Zielerträge durch das Transformationsverfahren zu eng abgebildet mit der Folge einer Nivellierung der Nutzendifferenzen auf einem engen Skalenbereich. Ebenfalls problematisch ist die Wahl eines zu engen Beobachtungsintervalls; hier können dann Erhebungswerte außerhalb des festgelegten Intervalls liegen, so dass Informationen verlorengehen. Häufig wird deshalb die Intervallfixierung auf Basis der *Häufigkeitsverteilung* der möglichen Zielerträge vorgenommen. Damit können z.B. 90 % aller möglichen Ergebnispositionierungen erfaßt werden.

Den innerhalb des festgelegten Intervalls ermittelten und dimensionslosen Zielerreichungsgraden wird eine *Punkteskala* (etwa 1-100 oder 1-10) zugeordnet, um die Zielerträge zu erhalten. Die Transformation der Zielerreichungsgrade in Zielerträge erfolgt über eine Verteilungsfunktion. Sie wird aus der Dichtefunktion der Zielerträge je Alternative gewonnen. Der einfachste Fall wäre durch die Annahme einer Gleichverteilung innerhalb eines definierten Bereichs gegeben; bei sehr großer Zahl der Alternativen kann eine normalverteilte Dichtefunktion gewählt werden.

Bei der NWA erfolgt eine *explizite* Gewichtung der Teilziele und damit der Teilnutzwerte wie auch eine *implizite* Gewichtung, die sowohl im Rahmen der Transformation von Zielerträgen in Zielerreichungsgrade wie auch bei der Festlegung von Teilnutzwerten erfolgt. Diese implizite Gewichtung wird häufig aufgrund der Formalisierung der entsprechenden Arbeitsschritte übersehen, ist aber von beträchtlicher Ergebnisrelevanz. Diese Gewichtungen zeigen sich in den gewählten Skalenniveaus, den Transformationsfunktionen sowie in der Verknüpfungsmethodik (Amalgamationsverfahren) der Teilnutzwerte. Die Zielgewichtung (g_j) geht bei additiver Verknüpfung der Teilnutzwerte (nw_{ij}) als Faktor ein ($g_j nw_{ij}$), während sie bei multiplikativer Verknüpfung als Exponent auftritt ($nw_{ij}^{g_j}$). Somit lautet bei multiplikativer Verknüpfung der Teilnutzwerte für die Projektalternative eins deren Nutzwert NW_1:

$$NW_1 = nw_{11}^{g_1} \cdot nw_{12}^{g_2} \ldots nw_{1j}^{g_j}$$

Es läßt sich eine *Projektrangordnung* in Abhängigkeit von der Höhe der projektspezifischen Nutzwerte bilden.

Gegenüber der NKA stellt die NWA ein Entscheidungshilfeverfahren dar, das neben allokativen und distributiven auch sonstige Ziele explizit berücksichtigt. Anstelle von Geldeinheiten wird mit *dimensionslosen* Nutzwerten gerechnet. Der Bewertungsprozeß wird in mehrere Teilstufen zerlegt, wobei Werturteile wie auch politische Präferenzierungen im Rahmen der Gewichtungen einfließen. Eine exakte Berücksichtigung der intertemporalen Projektwirkungen findet i.d.R. nicht statt; damit entfällt auch das Diskontierungsproblem. Die Berücksichtigung von Projektkosten erfolgt nur im Rahmen eines eigenständigen Projektzieles, etwa Minimierung der Investitionsausgaben und der laufenden Betriebs- und Unterhaltungskosten.

3.4.1.3 Kosten-Wirksamkeits-Analyse (KWA)

Bei der im Vergleich zur NKA und NWA deutlich weniger benutzten KWA wird der Projektoutput in dimensionslosen Nutzengrößen, der Input jedoch in Geldeinheiten dargestellt. Die Nutzenelemente werden durch physische Indikatoren (Zeitersparnisse, Arbeitsplatzeffekte, Betriebskostenersparnisse) abgebildet, um die oft äußerst schwierig zu lösenden Bewertungsprobleme zu umgehen.

Es handelt sich um einen *systemanalytischen Ansatz*, bei dem auch die Zielstrukturierung Problemgegenstand ist. Er gliedert sich in acht Stufen (Meyke 1973, S. 32 f.):

- Problemdefinition,
- Konkretisierung des Zielsystems, Definition der Zielstruktur mit Zielgewichten,
- Bestimmung relevanter Alternativen (Feasibility-tests),
- Datensammlung,
- Modellkonstruktion, Erarbeitung von Teilmodellen für einzelne Input- und Outputelemente,
- Zusammenfassung von in unterschiedlichen Dimensionen gemessenen Teil-Wirksamkeiten, Verwendung von Kriterien zur Messung der Vorteilhaftigkeit,
- Sensitivitätsanalyse durch Variation von Analyseparametern und Prüfung ihrer Ergebnisbedeutung,
- Rangordnung der Alternativen.

Da die Teilwirksamkeiten insbesondere bei Infrastrukturmaßnahmen über Jahrzehnte eintreten, wird in der KWA auch ihre Diskontierung vorgenommen, um unterschiedliche Projektwirkungsdauern und abweichende zeitliche Verteilungen der Teilwirksamkeiten berücksichtigen zu können. Die Probleme der Bestimmung des Diskontierungsfaktors sind die gleichen wie bei der NKA.

Wie bei der NWA können die Wirksamkeiten in *Teilnutzwerten*, etwa in Form von Punkten, ausgedrückt und die Teilnutzwerte zu einem *Gesamtnutzenwert* je Projektalternative zusammengefaßt werden. Diese Gesamtwirksamkeit einer Maßnahme wird dann den Investitionsausgaben gegenübergestellt; Ergebnis ist die *Wirksamkeit* oder *Effizienz je eingesetzter Geldeinheit* für die Projektinvestition. Hieraus läßt sich eine Rangordnung der Projekte in Abhängigkeit von den Wirksamkeiten einer festgelegten Investitionssumme bilden.

Literatur zu Kapitel IV.3.4.1:

Bechmann, A. (1978): Nutzwertanalyse, Bewertungstheorie und Planung, Bern/Stuttgart.

Cerwenka, P. (1976): Probleme der Bewertung und der Wertsynthese bei der Anwendung von Nutzen-Kosten-Untersuchungen, in: Zeitschrift für Verkehrswissenschaft, 47. Jg., S. 222-235.

Georgi, H.P. (1970): Cost-benefit-analysis als Lenkungsinstrument öffentlicher Investitionen im Verkehr, Göttingen (Band 17 der Forschungen aus dem Institut für Verkehrswissenschaft an der Universität Münster).

Hauser, G. (1988): Ökonomische Basis der Bewertung in der Nutzwertanalyse, in: Mehrdimensionale Bewertungsverfahren und Umweltverträglichkeitsprüfung im Verkehr, IVT-Bericht 70/1988 der ETH Zürich, S. 83-95.

Marglin, S.A. (1963): The Social Rate of Discount and the Optimal Rate of Investment, Quarterly Journal of Economics, Vol. LXXVII, S. 95-111.

Meyke, U. (1973): Cost-Effectiveness-Analysis als Planungsinstrument - Unter besonderer Berücksichtigung von Infrastrukturinvestitionen im Verkehr, Göttingen (Band 16 der Forschungen aus dem Institut für Verkehrswissenschaft an der Universität Münster).

Mishan, E. J. (1988): Cost-Benefit Analysis - An Informal Introduction, 4. Aufl., London (Reprint 1994).

Plath, F. (1977): Nutzen-Kosten-Analyse für Städtische Verkehrsprojekte, Tübingen.

Stohler, J.: Zur Methode und Technik der Cost-Benefit-Analyse, Kyklos, Vol. 20 (1967), S. 218-245.

Weisbrod, J. (1969): Income Redistribution Effects and Benefit-Cost-Analysis, in: Chase, S. B. (Hrsg.): Problems in Public Expenditure Analysis, Washington, 2nd Ed., S. 177-222.

Zangemeister, C. (1972): Nutzwertanalyse, in: Tumm, G.W. (Hrsg.): Die neuen Methoden der Entscheidungsfindung, München, S. 264-285.

Zangemeister, C. (1976): Nutzwertanalyse in der Systemtechnik, 4.Auflage, München.

Zangemeister, C. (1988): Grundzüge, Entwicklung und Stand der Bewertungsmethodik, in: Mehrdimensionale Bewertungsverfahren und Umweltverträglichkeitsprüfung im Verkehr, IVT-Bericht 70/1988 der ETH Zürich, S. 5-33.

3.4.2 Verkehrszweigübergreifende Bewertung

Unter einer verkehrszweigübergreifenden Bewertung wird die Aufgabe verstanden, nicht nur Projektalternativen *einer* Verkehrsinfrastrukturkategorie (eines Verkehrsträgers) zu bewerten, sondern **alternative Verkehrsinfrastrukturen** mit gleicher oder ähnlicher Funktionserfüllung in die Verkehrswegeplanung einzubeziehen. In der praktischen Vorgehensweise werden *Korridore* definiert und die bestehenden und geplanten Verkehrsinfrastrukturkapazitäten verschiedener Verkehrsträger in den Rechnungen berücksichtigt.

Die Gründe für diese verkehrszweigübergreifende Vorgehensweise sind:

- Die **begrenzten Finanzmittel** verlangen nach einer integrierten Betrachtungsweise, um ökonomisch nicht sinnvolle Parallelinvestitionen zu vermeiden.

- Die Aufgabe, die **Umweltbelastungen** möglichst niedrig zu halten, verlangt nach einer Bündelung der Verkehrsströme.
- Die **Flächeninanspruchnahme** durch Verkehrswegebauten soll gering gehalten werden.

Problem ist allerdings, dass bei den verschiedenen Verkehrswegekategorien (Straßen, Schienenstrecken, Binnenwasserstraßen) sehr **unterschiedliche Qualitätsstrukturen** (bewertet aus Nachfragersicht) vorliegen. Verbunden mit Zielprognosen der zukünftigen Verkehrsentwicklung, die sich auch auf den Modal split beziehen, besteht dann die Gefahr, dass über entsprechende Projektbewertungen ergänzend eine infrastrukturell-angebotsseitige Lenkung der Verkehrsströme versucht wird. Dies kann zu Fehlinvestitionen führen.

In der deutschen **Bundesverkehrswegeplanung** werden solche Parallelinvestitionen nicht mehr nur allgemein wie in den früheren Plänen einbezogen, sondern seit 1985 explizit mit zusätzlichen Bewertungskriterien geprüft. Dabei geht es um **Interdependenzen** zwischen den Stammstrecken des Autobahnnetzes und den Hauptabfuhrstrecken der Bahn sowie Bundesfernstraßen und S-Bahn-Strecken in Ballungsgebieten. Sehr eindeutig wurden 1985 diese zusätzlichen Kriterien als Verkehrssenkungsinstrument vorgestellt:

„Das Spektrum der Projektbeurteilung wird ergänzt um weitere Informationen, die im Einzelfalle entscheidungsrelevant sein können. Eine wichtige ergänzende Information betrifft die Parallellage geplanter Projekte im Schienen-, Straßen- und Wasserstraßennetz. Hieraus können sich angesichts der aus verkehrs- und umweltpolitischen Gründen angestrebten Attraktivitätssteigerung des Schienenverkehrs klare Prioritätenentscheidungen zu Lasten von Straßen- oder Wasserstraßenprojekten ergeben." (BVWP 1985, S. 14).

Diese durchaus diskussionsnotwendige Bewertung wurde im Bundesverkehrswegeplan 1992 nicht wiederholt. Allerdings kam es dort erstmals zu einer Investitionsmittelpriorisierung der Schiene gegenüber der Straße trotz ständig sinkender Verkehrsmarktanteile der Bahn.

Neben den Bewertungshinweisen für die Nutzen-Kosten-Rechnungen der (deutschen) Bundesverkehrswegeplanung gibt es für den **Straßenbereich** ein spezielles verkehrswirtschaftlich ausgerichtetes Beurteilungsverfahren (EWS 1997). Es handelt sich um eine Weiterentwicklung der früheren „Richtlinien für die Anlage von Straßen: Teil Wirtschaftlichkeitsuntersuchungen" (RAS-W 86).

Im Zentrum der EWS (Empfehlungen für Wirtschaftlichkeitsuntersuchungen an Straßen) steht die Nutzenbewertung. Es handelt sich um die Veränderung von

- Betriebskosten
- Fahrzeiten
- Unfallgeschehen
- Lärmbelastung
- Schadstoffbelastung
- Klimabelastung
- Trennwirkungen und
- Flächenverfügbarkeit für Fußgänger / Radfahrer.

Mit teilweise unterschiedlichen Kostensätzen für die Nutzenkomponenten im Vergleich zur Bundesverkehrswegeplanung werden Nutzen-Kosten-Verhältnisse mit Hilfe von Barwertfaktoren ermittelt. Die Nutzen-Kosten-Verhältnisse der einzelnen Nutzenkomponenten werden zur Erhöhung der Transparenz sowohl getrennt wie auch summiert ausgewiesen.

Das Bewertungsverfahren der Bundesverkehrswegeplanung berücksichtigt Nutzenkomponenten, die in der EWS nicht enthalten sind (etwa: raumstrukturelle Wirkungen, Erreichbarkeitsverbesserungen).

Literatur zu Kapitel IV.3.4.2:

Bundesminister für Verkehr (Hrsg.) (1985): Bundesverkehrswegeplan 1985 (BVWP '85), Bonn.

Bundesminister für Verkehr (Hrsg.) (1992): Bundesverkehrswegeplan 1992 (BVWP '92), Bonn.

EWS (1997): Empfehlungen für Wirtschaftlichkeitsuntersuchungen an Straßen, hrsg. von der Forschungsgesellschaft für Straßen- und Verkehrswesen, Köln.

3.4.3 Erfassungs- und bewertungsrelevante Nutzen- und Kostenkomponenten

Für die politische Entscheidungsfindung sind sowohl **allokative** wie auch **distributive** Wirkungen von Verkehrsinfrastrukturinvestitionen bedeutsam. Infolgedessen handelt es sich bei den erfassungs- und bewertungsrelevanten Nutzen- und Kostenkomponenten der in diese gesamtwirtschaftlichen Wirtschaftlichkeitsrechnungen einbezogenen Projekte auch um beide Wirkungsgruppen.

Bei der Erfassung und Bewertung von Investitionseffekten ist auch zu entscheiden, ob lediglich **Nettoinvestitionen** (im Sinne von Neubauten und Streckenausbauten) oder auch die **Reinvestitionen** (im Sinne einer qualifizierten Substanzerhaltung) einzubeziehen sind. Grundsätzlich ist auch die Bewertung von Ersatzinvestitionen erforderlich, sofern es sich um Projekte mit hohen Investitionsausgaben handelt (Wissenschaftlicher Beirat beim Bundesminister für Verkehr 1996).

Die einzubeziehenden Nutzen- und Kostenkomponenten lassen sich nach **allokativen, distributiven** und **gemischt allokativ-distributiven** Eigenschaften unterteilen. Nicht einzuordnen sind hierbei *intangible Projektwirkungen* (im Sinne nicht erfaßbarer und monetarisierbarer Effekte); sie können in *Nutzwertanalysen* durch entsprechende Zieldefinitionen, nicht jedoch in Nutzen-Kosten-Analysen, adäquat berücksichtigt werden.

Zu den **allokativen** Nutzen- und Kostenkomponenten zählen:

- Ersparnisse bei den Betriebs- und Unterhaltungskosten der Verkehrswege,
- Erhöhung der Verkehrssicherheit mit der Folge reduzierter Unfall- und Unfallfolgekosten,
- Zeitersparnisse im gewerblichen Verkehr mit der Folge verbesserter zeitlicher und fahrzeugkilometermäßiger Fahrzeugauslastung (einschl. Fahrpersonal),
- Verbesserung der Erreichbarkeitsverhältnisse von Betrieben und Regionen mit der Folge einer Stabilisierung ihrer Wettbewerbsposition (Arbeitsplätze, Wertschöpfung),
- Kosten (Ressourceneinsätze) für die Projektrealisierung,
- Auslastungsgradsenkung auf Verkehrswegen (und bei Verkehrsmitteln) aufgrund neuer Alternativprojekte, ohne dass entsprechende Anpassungen der Ressourcenbindung bei den konkurrenzierten Kapazitäten möglich sind,
- Veränderung der Umweltbelastungen.

Als **distributive** Nutzen- und Kostenkomponenten sind anzusehen:

- Projektinduzierte Verkehrsverlagerungen mit der Folge von Einnahmeausfällen, etwa bei öffentlichen Verkehrsunternehmen aufgrund von Straßenbauten (entsprechendes gilt für Einnahmesteigerungen),
- Einnahmen aus Verkehrswegebenutzungsabgaben,
- Zeitersparnisse mit ausschließlich konsumtiver Verwendung.

Weiterhin gibt es Projektwirkungen, die sowohl **allokative** wie auch **distributive** Eigenschaften aufweisen:

- Regionalwirtschaftliche Effekte im Sinne der Schaffung neuer Arbeitsplätze (Erhöhung der räumlichen Wertschöpfung/des regionalen Bruttoinlandsproduktes); hierbei handelt es sich jedoch häufig um eine interregionale Umverteilung von Arbeitsplätzen und Wertschöpfung,
- Raumordnerische Effekte im Sinne einer generellen Nutzengewichtung in Abhängigkeit vom regionalen Wohlstandsniveau.

Diese Zuordnung von Projektwirkungen ist nicht erschöpfend. Es verbleiben auch Wirkungen, die diesen drei Kategorien nicht zugewiesen werden können, wie die Förderung der Integration von Räumen und Volkswirtschaften, die Verbesserung der internationalen Zusammenarbeit oder die Sicherung technologischer Kompetenz (etwa durch Förderung neuer Technologien im Verkehrsmittelbereich wie Transrapid). Bei solchen Effekten versagt die der Allokationsökonomik zuzuordnende Nutzen-Kosten-Analyse; hier bietet sich die Nutzwert-Analyse als Multi-Criteria-Analysis an.

3.4.4 Verkehrswegeplanung und ökologische Risikoanalyse - Umweltverträglichkeitsprüfung

Verkehrswegeprojekte sind regelmäßig Gegenstand intensiver **ökologischer Risikoanalysen**. Sie verursachen direkte Umwelteffekte durch

- Bodenversiegelung,
- Flächeninanspruchnahme und
- Trennwirkungen.

Darüber hinaus werden ihnen negative Umwelteffekte zugeordnet, die nur *indirekt* verkehrswegespezifischer Natur sind, wie Lärm- und Schadstoffemissionen,

Bodeneintragung von Schadstoffen u.ä. Diese Umweltwirkungen stehen in direktem Zusammenhang mit dem *Verkehrsmitteleinsatz*. Aus diesem Grunde fehlt auch die Berechtigung, sie in **Wegerechnungen** einzubeziehen, obwohl dies in der Diskussion zu den Wegerechnungen und den Umwelteffekten häufig gefordert wird.

Die Berücksichtigung der (negativen) Umweltwirkungen von Verkehrsinfrastrukturinvestitionen erfolgt auf mehreren Ebenen. Zum einen wird im **Planungsprozeß** bereits bei der Auswahl von Projektalternativen eine sog. **ökologische Umweltverträglichkeitsanalyse** erarbeitet (rechtliche Basis: Gesetz über die Umweltverträglichkeitsprüfung UVPG vom 12.02.1990 i. d. F. vom 27.12.1993; insb. §§ 6, 11, 15, 16, 17 sowie Verordnung zu § 6a Abs. 2 Raumordnungsgesetz ROG i. d. F. vom 27.12.1993). Innerhalb abgegrenzter Verkehrskorridore werden die Projektalternativen unter Berücksichtigung der zu erwartenden verkehrlichen Belastungen hinsichtlich der Umwelteffekte untersucht. Einbezogen werden auch Verlagerungsstrategien im Sinne von Modal split-Änderungen mit dem Ziel, die Umweltbelastungen zu reduzieren. Dabei stellt sich allerdings das Problem, dass solche Verlagerungen - sollen sie überhaupt realisierbar sein - nur über größere Streckenentfernungen möglich sind. Diese Streckenentfernungen gehen jedoch i.d.R. über die Korridore hinaus, welche der ökologischen Risikoanalyse zugrunde liegen, da nur in Ausnahmefällen Verkehrswegeprojekte deutlich mehr als 100 bis 150 km Länge erreichen und überschreiten. Solche Ausnahmefälle sind in den letzten Jahren vor allem Neubaustrecken der Eisenbahn (etwa: Hannover-Würzburg; Stuttgart-Mannheim; Frankfurt/M.-Köln; Hannover-Stendal-Berlin; Nürnberg-Erfurt; Nürnberg-München).

Weiterhin erfolgt die Berücksichtigung von negativen Umweltwirkungen bei der **ökonomischen Projektevaluierung** (Bauwürdigkeit und Prioritätenreihung). Im Unterschied zur ökologischen Risikoanalyse, die mit verschiedenartigen Skalen und Dimensionen die Umwelteffekte erfaßt, wobei auch qualitative Wirkungsbeziehungen berücksichtigt werden, versucht die *ökonomische* Projektevaluierung, die Umwelteffekte in monetären Einheiten abzubilden und in die gesamtwirtschaftlichen Wirtschaftlichkeitsrechnungen zu integrieren. Dies führt aufgrund der schwierigen unmittelbaren Bewertung der Wirkungen von Lärm- und Schadstoffemissionen, der Flächeninanspruchnahme, der Bodenkontaminierung und der Trennwirkungen sehr häufig zur Notwendigkeit, *indirekte* Verfahren zur

Bewertung einzusetzen. Sie sind jedoch, auch aus wissenschaftlicher Sicht, stark umstritten (vgl. Kapitel VI).

Letztlich ist auf eine weitere **ökologische Projektprüfung** hinzuweisen; sie erfolgt im Rahmen des Raumordnungs- und Planfeststellungsverfahrens für die neuen Verkehrsinfrastrukturprojekte. Erfahrungsgemäß kommt es in dieser Phase des Planungsprozesses aufgrund oft strittiger Verfahren zur Erfassung und Bewertung der ökologischen Projektwirkungen zu erheblichen Zeitverzögerungen. Sie resultieren auch aus dem in einigen Bundesländern eingeführten Verbandsklagerecht, das neben direkt Betroffenen auch (Umwelt-) Verbänden die Möglichkeit einer Anfechtung von Planungsentscheidungen bietet. Diese Zeitverzögerungen über mehrere Jahre (teilweise über Jahrzehnte) führen nicht nur häufig zu fortgesetzten Umweltbelastungen direkter Anlieger bei den strittigen Ortsumgehungen, sondern auch zu erheblichen Kostensteigerungen. Um hier Begrenzungen einzuführen, wurde am 16. Dezember 1991 (zunächst für die neuen Bundesländer) das bis Ende 1995 (Eisenbahnstrecken bis Ende 1999) befristete Verkehrswegeplanungsbeschleunigungsgesetz vom Deutschen Bundestag verabschiedet. Es enthält insbesondere zeitlich engere Fristen für die Beteiligten am Planfeststellungsverfahren, wirkt jedoch auch bereits im Linienbestimmungsverfahren.

3.4.5 Raumstrukturelle Verkehrswegeeffekte

Generell kann davon ausgegangen werden, dass Verkehrsinfrastrukturinvestitionen eine spezielle Bedeutung für die räumlichen Strukturen besitzen. Eine gute Anbindung von Regionen durch leistungsfähige Verkehrswege an die Wachstumspole sowie eine qualitativ hochstehende Erschließung von Räumen durch Verkehrswege bilden wichtige Voraussetzungen für die räumliche Stabilität und Entwicklung. Zwar wird das Ausmaß der Standortbedeutung von Verkehrswegeinvestitionen in der Literatur unterschiedlich bewertet und kontrovers diskutiert (Lutter 1981; Aberle 1981); dennoch besteht Übereinstimmung darin, dass Verkehrsinfrastrukturinvestitionen einen positiven Einfluß aufweisen hinsichtlich der

- Erreichbarkeit von zentralen Einrichtungen,
- Erhöhung der Attraktivität für Betriebs- und Wohnstandorte sowie der
- Stabilisierung von peripheren und ländlichen Räumen durch die Substitution von (Ab-)Wanderungen durch Pendeln.

Unbestritten ist, dass die Schaffung leistungsfähiger Verkehrsinfrastrukturen insbesondere im Umfeld der Ballungszentren wesentlich dazu beigetragen hat, die räumliche Auseinanderentwicklung von Arbeits- und Wohnstandorten zu fördern. Teilweise hat dies - vor allem als Folge von Fehlentscheidungen bei der Raumordnungsplanung - auch zur Zersiedelung der Landschaft geführt. Die qualitative Verbesserung der Verkehrsinfrastrukturen bewirkt außerdem eine stetige Zunahme der täglichen Entfernungsbudgets, insbesondere im Berufsverkehr. Hiervon betroffen ist vor allem der Individualverkehr mit Pkw, seit Realisierung des Schienenhochgeschwindigkeitsnetzes jedoch auch die Eisenbahn, da früher als Fernverkehr mit entsprechendem Zeitaufwand geltende Entfernungen zeitlich auf Nahverkehrsdistanzen schrumpfen.

Hinsichtlich der ökonomischen raumstrukturellen Wirkungen von Verkehrsinfrastrukturinvestitionen konzentriert sich das Interesse neben allgemeinen Überlegungen zu den Erreichbarkeitsverbesserungen vor allem auf die **Beschäftigungseffekte**. Dabei werden zwei Wirkungsbereiche unterschieden:

- Beschäftigungseffekte während der *Bauzeit* sowie
- Beschäftigungseffekte aufgrund von Standortqualitätssteigerungen nach Inbetriebnahme der Verkehrsinfrastrukturkapazitäten (*Nutzungsphase*).

Die raumstrukturelle Bedeutung der **Bauzeiteffekte** ist gering. Sie lassen sich mit Hilfe einer Multiplikatoranalyse (regionaler Investitions-/Beschäftigungs-/Einkommensmultiplikator) oder einer Wirkungskettenanalyse abschätzen. Entscheidend ist jedoch, dass nach Abschluß der Investitionsphase der weitaus überwiegende Teil der Beschäftigungs- und Einkommenseffekte entfällt. Weiterhin ist zu berücksichtigen, dass auch während der Investitionsphase beträchtliche regional wirkende Absickerungen dadurch erfolgen, dass häufig nicht nur Baugerät und spezialisierte Verkehrsinfrastrukturausrüstungen in dritten Regionen eingekauft werden, sondern auch erhebliche Teile der Einkommen aus Bauleistungen (Erdbewegungen, Erstellung des Planums, Errichtung von Brücken, Tunnels u.ä.) nicht in der jeweiligen Investitionsregion wirksam werden, da die ausführenden Unternehmen sowie ihre Mitarbeiter aus anderen Räumen stammen.

Somit sind die ökonomischen raumstrukturellen Effekte von Verkehrsinfrastrukturinvestitionen, die sich nach der Projektrealisierung, also während der **Nutzungsphase** einstellen, von besonderem Interesse. Problematisch und daher auch in der wissenschaftlichen Literatur umstritten sind die Verfahren, diese Wirkungen zu quantifizieren, um sie in Nutzen-Kosten-Rechnungen berücksichtigen zu können. Im Zentrum der Überlegungen stehen dabei die Beschäftigungseffekte im Sinne zusätzlicher (oder auch erhaltener/stabilisierter) Arbeitsplätze.

Hinsichtlich der **Methodik** bilden zwei Schritte den Kern der Analysen zu den raumstrukturellen Wirkungen in der Nutzungsphase der Verkehrsinfrastrukturprojekte:

- Einmal werden Ergebnisse empirischer Studien (Vorher/Nachher-Untersuchungen) für als vergleichbar angesehene Verkehrsinfrastrukturprojekte herangezogen (Frerich 1975). Im Analogieschlußverfahren werden dann die Arbeitsplätze je Streckenkilometer, die als Folge der Verkehrsinfrastrukturmaßnahme identifiziert werden, auf andere (geplante) Vorhaben übertragen. Jeder zusätzliche Arbeitsplatz könnte dann mit einem Wertschöpfungsbeitrag multipliziert werden. Es ist offensichtlich, dass dieses Verfahren wegen der Konstantsetzung aller anderen raumwirksamen Faktoren bzw. ihrer Nichtberücksichtigung erheblichen Einwänden ausgesetzt ist (Aberle 1983, S. 9 ff.).
- Zum anderen wird versucht, in der Analyseregion die **strukturelle Arbeitslosigkeit** zu prognostizieren und die Höhe der staatlichen Fördermaßnahmen abzuleiten, die zur Reduzierung dieser Arbeitslosigkeit eingesetzt werden müßten. Diese Beträge werden mit einem Faktor multipliziert, in den u.a. die empirisch gewonnenen Informationen über neue Arbeitsplätze je Autobahnkilometer eingehen. Eine solche Vorgehensweise benutzt die deutsche Bundesverkehrswegeplanung; sie ist jedoch seit Jahren intensiver Kritik ausgesetzt (Aberle 1985, S. 97 ff.). Für die Überarbeitung des Bundesverkehrswegeplans von 1992, die ab 2003 umgesetzt werden soll, ist u.a. die Evaluierung von räumlichen Wirkungen modifiziert worden (Gehrung / Hugo / Weber 2001, S. 579 ff.)

Generell ist jedoch festzustellen, dass die Erfassung und Bewertung der raumstrukturellen Wirkungen von Verkehrswegeinvestitionen mit erheblichen methodischen Unsicherheiten behaftet ist.

Literatur zu Kapitel IV.3.4.3-3.4.5:

Aberle, G. (1981): Zur Methode der Erfassung der Raumwirksamkeit von Fernstraßen, in: Informationen zur Raumentwicklung, S. 201-203.

Aberle, G. (1983): Verkehrsinfrastrukturpolitik und räumliche Entwicklung - Zur Integration von regionaler Entwicklungsplanung und Verkehrsplanung, in: Müller, J.H. (Hrsg.): Determinanten der räumlichen Entwicklung, Berlin (Band 131 N. F. der Schriften des Vereins für Socialpolitik), S. 9-30.

Aberle, G. (1985): Zur Frage der Ermittlung kardinal skalierter regionalwirtschaftlicher Beschäftigungseffekte von Fernstraßeninvestitionen im Rahmen eines standardisierten Bewertungsverfahrens - Anmerkungen zur NR_2-Komponente in der Bundesverkehrswegeplanung, in: Raumforschung und Raumordnung, 43. Jg., S. 97-102.

Frerich, J. (1974): Die regionalen Wachstums- und Struktureffekte von Autobahnen in Industrieländern, Berlin (Band 28 der Verkehrswissenschaftlichen Forschungen des Instituts für Industrie- und Verkehrspolitik der Universität Bonn).

Gehrung, P. / Hugo, J. / Weber, R. (2001): Bundesverkehrswegeplanung. Neue Ansätze bei der Bewertungsmethodik, in: Internationales Verkehrswesen, 53 Jg., S. 579-584.

Hahn, W. (1987): Die regionalwirtschaftliche Bedeutung ausgewählter Fernstraßenprojekte, München (Band 17 der ifo-Studien zur Verkehrswirtschaft).

Hamm, W. (1975): Wegeinvestitionen als Instrument der Raumordnungspolitik, in: Akademie für Raumforschung und Landesplanung (Hrsg.): Beiträge zur Raumplanung in Hessen/Rheinland-Pfalz/Saarland, 2. Teil, Forschungs- und Sitzungsberichte, Bd. 100, Hannover, S. 1-12.

Lutter, H. (1981b): Raumwirksamkeit von Fernstraßen, Bonn (Band 8 der Forschungen zur Raumentwicklung).

Lutter, H. (1981a): Autobahnbau ohne regionalwirtschaftliche Perspektive, Themenheft 3/4 der Informationen zur Raumentwicklung.

Lutter, H. / Pütz, T. (1993): Erreichbarkeit und Raumentwicklung der Regionen in Europa. Welche Rolle spielen die Fernverkehrssysteme?, in: Informationen zur Raumentwicklung, S. 619-637.

Wissenschaftlicher Beirat beim Bundesminister für Verkehr (1996): Bundesverkehrswegeplanung: Methodische Weiterentwicklung und Privatisierungsperspektiven, Stellungnahme vom 08. Dezember 1995, veröffentlicht in: Zeitschrift für Verkehrswissenschaft, 67. Jg., S. 99-121.

Planungsprozesse in Verkehrswirtschaft und Verkehrspolitik

3.5 Anwendungsbeispiel für eine integrierte Verkehrswegeplanung: die deutsche Bundesverkehrswegeplanung

3.5.1 Generelle Zielsetzungen

Die föderative Struktur der Bundesrepublik Deutschland beinhaltet die Planungskompetenz des Bundes für die Bundesfernstraßen und die Bundeswasserstraßen mit dem Erfordernis einer Abstimmung mit den Bundesländern. Auch nach der Bahnstrukturreform ist bei den Schienenstrecken der Deutschen Bahn AG die Zuständigkeit des Bundes für die Rahmenplanung (Art. 73 und 87 e Grundgesetz sowie § 3 Bundesschienenwegeausbaugesetz BSchwAG) gegeben.

In der Vergangenheit hat in Deutschland die Bundesfernstraßenplanung stets einen besonderen gesetzlichen Rahmen besessen (Fernstraßenausbaugesetz). Bis 1970 erfolgte der Ausbau dieser Straßen im Rahmen von Vierjahresplänen; seit 1971 gelten jeweils fortgeschriebene Fünfjahrespläne. 1993 wurde der Bedarfsplan für die Jahre 1993 bis 1997 mit Ergänzung bis 2000 erstellt. Dieser auf einer gesetzlichen Regelung basierende Bundesfernstraßenplan ist in den Bundesverkehrswegeplan (BVWP) integriert, welcher sich als ein von der Bundesregierung erstellter längerfristiger Rahmenplan für die Verkehrswege des Straßen-, Eisenbahn- und Binnenschiffsverkehrs darstellt. Der BVWP besitzt keine mit dem Bundesfernstraßenplan vergleichbare Gesetzeskraft; es liegt jeweils nur ein Beschluß der Bundesregierung vor. Im Parlament erfolgt lediglich eine politisch-fachliche Diskussion.

Eine umfassende **horizontale Koordination** der Verkehrswegeinvestitionen in die drei Landverkehrsträger, soweit sie der Planungshoheit des Bundes unterstehen, erfolgte

- erstmals 1973 (BVWP 1. Stufe);
- 1977 mit dem sog. Koordinierten Investitionsprogramm für die Bundesverkehrswege bis 1985;
- 1980 und 1985 durch eigenständige Bundesverkehrswegeplanungen und
- 1992 im Rahmen des ersten gesamtdeutschen BVWP mit dem Zeithorizont 2010 bzw. ergänzt bis 2012.
- ab 2003 mit einer Überarbeitung des BVWP 1992.

Die Bundesverkehrswegeplanung ist als Bestandteil einer **koordinierenden Verkehrspolitik** des Bundes anzusehen. Eine direkte vertikale Verbindung zu den Planungen der Länder (Landes- bzw. Staatsstraßen) oder der weiteren nachgeordneten Gebietskörperschaften besteht allerdings nicht. Unter Berücksichtigung der gesamtwirtschaftlichen Anforderungen an ein leistungsfähiges Verkehrsinfrastruktursystem zur Erfüllung der Mobilitätsbedürfnisse und der umweltpolitischen Erfordernisse (insbesondere CO_2-Reduktion) sollen Parallelinvestitionen vermieden und die Vernetzung der Verkehrsträger gefördert werden. Wesentliches Merkmal der Bundesverkehrswegeplanung ist die *verkehrszweigübergreifende Betrachtungsweise* (horizontal „integrierte Bundesverkehrswegeplanung"), die sich jedoch auf die Bundesfernstraßen, Binnenschiffahrtswege und Eisenbahnstrecken der DB AG beschränkt (Bundeszuständigkeiten). Die Bundesverkehrswegeplanung besitzt ein Bündel von **Struktur- und Leistungszielen.**

Übersicht 71: Struktur- und Leistungsziele der Bundesverkehrswegeplanung

Strukturziele	Leistungsziele
Verbilligung der Beförderungsprozesse	Senkung von Kosten der Fahrzeugvorhaltung und des Fahrzeugbetriebs
Verkürzung von Fahrtdauern	Beschleunigung von Fahrten; Verkürzung von Fahrtrouten
Erhöhung der Sicherheit	Verminderung von Tötungen, Verletzungen und Sachschäden im Verkehr
Verbesserung der Raumordnung	Verbesserung der Erreichbarkeit; Verbesserung des Arbeitsplatzangebotes in strukturschwachen Regionen
Entlastung der Umwelt	Verminderung von Lärm, Luftverschmutzung und Trennwirkungen des Verkehrs
Schonung von Natur und Landschaft	Einsparung am Verbrauch alternativ nutzbarer Bodenflächen; Vermeidung von Gefährdungen der Wasserqualität sowie von Flora und Fauna
Vorteile in verkehrsfremden Funktionen	z.B. Erhöhung des Erholungs- und Freizeitwertes von Landschaften; Nutzung von Binnenwasserstraßen für die Wasserüberführung

Quelle: Bundesminister für Verkehr (1993), S. 5.

3.5.2 Methodik

Sämtliche in die Bundesverkehrswegeplanung einbezogenen Nutzen- und Kostenelemente werden in **Geldeinheiten** bewertet und auf einen Rechnungszeitpunkt abgezinst. Damit erfolgt im Grundsatz die Anwendung der **Nutzen-Kosten-Analyse**. Allerdings wird das Kriterium der **Allokationsrelevanz** bei der Auswahl der einzubeziehenden Projektwirkungen teilweise nicht eingehalten, so etwa bei den regionalwirtschaftlichen Effekten und bei den Zeiteinsparungen durch Erreichbarkeitsverbesserungen. Ausgewiesen werden - als Ergebnis der Ermittlung der Gegenwartswerte von Nutzen und Kosten, also der beiden Zahlungsströme - sowohl das Nutzen-Kosten-Verhältnis wie auch die Nutzen-Kosten-Differenz. Die Methodik der Bundesverkehrswegeplanung ist insofern die einer gesamtwirtschaftlich ausgerichteten **dynamischen Investitionsrechnung**, die neben den direkten Projektwirkungen auch die indirekten (externen oder spill over-) Effekte berücksichtigt, soweit es sich um tangible Größen handelt. Eine Anwendung von Schattenpreisen erfolgt nicht.

In den politische Zielvorstellungen für Verkehrsinfrastrukturprojekte sind häufig auch Entscheidungskriterien enthalten, die entweder nicht allokativ relevant oder einer Monetarisierung nicht zugänglich sind. In diesen Fällen wäre eine Multi Criteria Analysis (Nutzwertanalyse) das geeignete Bewertungsinstrument. Es hat mehrfach Überlegungen zur Einbeziehung dieses Instruments in das Bewertungsverfahren gegeben (Wiss. Beirat 1996); bislang blieb es jedoch bei der ausschließlichen Anwendung der Nutzen-Kosten-Analyse.

Als **Abzinsungsfaktor** (Diskontierungsrate) wird ein für alle Verkehrswege einheitlicher Satz von 3 % benutzt. Er soll die künftige reale Produktivitätsentwicklung widerspiegeln. Der Prognosehorizont umfaßt 20 Jahre mit Fortschreibungen im Abstand von i.d.R. jeweils 5 bis 8 Jahren.

Die Projektwirkungen werden - mit Ausnahme der Investitionskosten - in positiven und negativen Nutzengrößen dargestellt, bewertet in konstanten Preisen. Es handelt sich dabei um die folgenden Effekte:

Übersicht 72: Projektwirkungen in der Bundesverkehrswegeplanung

a) Verbilligung von Beförderungsvorgängen (NB)
   (Senkung der Kosten der Fahrzeugvorhaltung, des Fahrzeugbetriebs und Kostenwirkungen von Aufkommensverlagerungen)

b) Erhaltung der Verkehrswege (NW)
   (Erneuerung und Instandhaltung)

c) Erhöhung der Verkehrssicherheit (NS)

d) Verbesserung der Erreichbarkeit von Fahrtzielen (NE)

e) Räumliche Vorteile (NR)
   (Beiträge zur Überwindung konjunkturneutraler, d.h. struktureller Unterbeschäftigung während der Bau- und der Betriebsphase der Verkehrswege; raumordnerische Vorteile sowie Förderung des internationalen Informations- und Leistungsaustausches)

f) Entlastung der Umwelt (NU)
   (Geräusch- und Abgasbelastungen; Trennwirkungen und Beeinträchtigungen der Wohnqualität und Kommunikation)

g) Städtebauliche Effekte (NSt)
   Wirkungen des Verkehrs auf bebaute Bereiche im Sinne der Raum- und Aufenthaltsqualität, soziale Wirkungen)

h) Investitionskosten
   (Flächenerwerb, Baukosten, Lärmschutz, bauliche Maßnahmen zur Minderung von Eingriffen in die Natur und Landschaft)

Quelle: Bundesminister für Verkehr (1993), S. 8.

Von den Projektwirkungen sind insbesondere Verbesserungen der Erreichbarkeit und räumliche Vorteile methodisch umstritten. Die **Verbesserung der Erreichbarkeiten** wird durch Zeitersparnisse ausgedrückt. Während diese Zeitersparnisse beim Omnibus- und Lkw-Verkehr über die Veränderung in den Betriebsführungskosten (einschl. Fahr- und Begleitpersonal) berücksichtigt werden (NB), ist beim motorisierten Individualverkehr eine differenzierte Vorgehensweise erforderlich. So wird hinsichtlich der durchschnittlichen Stundensätze zwischen gewerblichem und nichtgewerblichem motorisierten Individualverkehr unterschieden. Im BVWP '92 wird mit einem Stundensatz von DM 31,50 je Person im gewerblichen Verkehr gerechnet. Beim nichtgewerblichen Personenverkehr wird zusätzlich eine *Wahrnehmungsschwelle* hinsichtlich der Zeitmengenberücksichtigung eingeführt, da sehr geringe Zeitersparnisse von etwa bis fünf oder acht Minuten je Fahrt zumindest im Fernverkehr nicht spürbar sind. Auf Basis von Untersuchungen zur Zahlungsbereitschaft sowie unter Anwendung eines Schwellenwertes ergibt sich ein durchschnittlicher Stundensatz je Person im nichtgewerblichen Verkehr von knapp 20 % des beim gewerblichen Personenverkehrs benutzten Wertes (DM 6,00/h im BVWP '92). Die Zeitbewertung des nichtgewerblichen Verkehrs ist zu problematisieren, da

- *Zeitersparnisse* bei zahlreichen Projekten des Straßenbaus die *vergleichsweise größte Rechnungskomponente* darstellen (Nutzengröße) und somit das Nutzen-Kosten-Verhältnis entscheidend beeinflussen;
- eine *allokative Alternativnutzung* der Mehrzahl von Zeiteinsparungen im nichtgewerblichen Verkehr kaum möglich ist. Im Gelegenheits- und Urlaubsverkehr werden Verkehrsstauungen und damit Zeitverluste häufig bewußt und freiwillig hingenommen. Hier projektbedingte Zeitersparnisse als gesamtwirtschaftlichen Vorteil zu interpretieren, bedarf erheblichen theoretischen Begründungsaufwandes, der jedoch wenig überzeugt.

Die Erfassung und Bewertung der **räumlichen Effekte** von Verkehrswegeinvestitionen gestaltet sich weniger bei der Bauphase als vielmehr während der Projektnutzungsdauer als schwierig und ist demzufolge umstritten. Ziel der Überlegungen ist es, die durch das Verkehrsinfrastrukturprojekt attrahierten neuen Arbeitsplätze (Wertschöpfungspotentiale) in der Projektregion zu quantifizieren. Hierbei ist aber zu berücksichtigen, dass es sich häufig um aus anderen Regionen verlagerte Arbeitsplätze handelt, also dann kein allokativer Effekt vorliegt. In der Bundesverkehrswegeplanung wird versucht, die strukturellen Arbeitslosenquoten regional zu schätzen (über einen sog. Rückstandsindikator p_a). Weiterhin wird die Qualität der regionalen Verkehrsinfrastrukturausstattung erfaßt (über einen sog. Erheblichkeitsindikator g_a). Ein regional unterschiedlicher Differenzierungsfaktor (p_b), der sich aus dem geometrischen Mittel von Rückstands- und Erheblichkeitsindikator errechnet, wird mit den normierten Investitionskosten (k in DM/ km) des Projekts, seiner km-Länge (l_m) und einem Korrekturfaktor (f_v) multipliziert; letzterer soll die verkehrszweigspezifischen unterschiedlichen Wirkungsgrade von Verkehrswegebauten berücksichtigen (Wertebereich von 0,05 bis 1,0). Unter Berücksichtigung eines maximalen Nutzenanteils (a) der Investitionskosten, welcher den diskontierten Wert der geschaffenen (erwarteten) Arbeitsplätze je km Strecke beinhaltet sowie des mittleren Annuitätenfaktors der Maßnahme (a_n), wird die NR_2-Komponente („Beitrag der Investitionsmaßnahme zur Beseitigung konjunkturneutraler Unterbeschäftigung während der Betriebsphase") somit wie folgt ermittelt:

$$NR_2 = a \cdot p_b \cdot k \cdot f_v \cdot l_m \cdot a_n$$

$$a = \frac{A_p \cdot W_{A_p} \cdot b_n}{k}$$

Die in dem maximalen Nutzenanteil der Maßnahme enthaltene Variable W_{Ap} repräsentiert den Wertansatz je Arbeitsplatz im Sinne ersparter Aufwendungen des Staates zur Investitionsförderung, abgeleitet aus den Förderbeträgen im Rahmen der „Gemeinschaftsaufgabe zur Verbesserung der regionalen Wirtschaftsstruktur". Die Größe A_p (geschaffene Arbeitsplätze je Streckenkilometer BAB) wird (für die ABL) in einem problematischen Analogieschlußverfahren gewonnen (ABL: 8; NBL: 24); für die NBL erfolgt eine Gewichtung des ABL-Wertes mit dem Faktor 3,0, ohne dass eine hinreichende Erklärung erfolgt. Die Größe b_n stellt den Barwertfaktor bezogen auf die Nutzungszeit des jeweiligen Verkehrswegeprojekts und k die normierten Investitionsausgaben pro km dar (BMV 1993, S. 38 ff.).

Spezielle Berücksichtigung finden auch die **„Raumordnerischen Vorteile"** (NR$_3$-Komponente). Hierbei handelt es sich um eine Gewichtung der Komponenten NB (Nutzen aus Ersparnissen der Vorhaltung und des Betriebs von Fahrzeugen und aus der Vermeidung von Aufkommensverlagerungen), NE (Erreichbarkeitsverbesserungen) sowie der regionalwirtschaftlichen Effekte (NR$_1$ und NR$_2$):

$$NR_3 = b \times (NB_1 + NB_2 + NB_3 + NE + NR_1 + NR_2)$$

Der Gewichtungsfaktor b bildet das prognostizierte regionale Wohlstandsniveau des Jahres 2010 mit einer Skalierung von 0,1 bis 0,4 ab. Regionen mit dem vergleichsweise niedrigsten Wohlstandsniveau weisen den höchsten b-Faktor auf (z.B. 0,360 Frankfurt/Oder; 0,217 Flensburg). Die Mehrzahl der Regionen in den ABL besitzt b-Faktoren von 0,0 mit der Folge des Wegfalls der Komponente NR$_3$. Das Bewertungshandbuch zum BVWP '92 enthält für die p_a-, g_a-, g_b- und b-Faktoren die Koeffizienten für 106 Räume (BMV 1993, S. 44 f.).

Bei den **Umweltwirkungen** (NU) erfolgt hinsichtlich der **Geräuschbelastungen** (NU$_1$) ein Vergleich der projektbezogenen Lärmemissionen und deren Immissionswirkungen mit einem definierten Immissions-Zielpegelwert, gemessen in dB(A) als *Mittelungspegel* (äquivalenter Dauerschallpegel L$_{eq}$). Der Mittelungspegel berücksichtigt die Verkehrsstärke, den Streckentyp (freie Strecken oder

Strecken in bebauten Gebieten) und die Bebauungssituation (typisiert in sog. Stadtmodellbausteinen). Basis ist ein Zielpegelwert von 40 dB(A) während der Nacht; wird er um zwei oder mehr dB(A) überschritten, wird er rechnungsrelevant. Die Bewertung der Zielpegelüberschreitung wird indirekt mit Hilfe eines *Vermeidungskostenansatzes* (Kosten für Schallschutzfenster) unter Berücksichtigung der betroffenen Einwohner (als mit Lautheitsgewichten des Schallpegels multiplizierte Einwohner) vorgenommen.

Bei den **Schadstoffemissionen** (NU_2: Nutzen aus projektbedingten Änderungen der Abgasbelastungen) werden zunächst auf Basis der Energieverbräuche Emissionsfaktoren ermittelt, welche die Emissionen ergeben. Diese Emissionen werden anschließend mit Toxizitätsfaktoren für die Vegetation sowie die menschliche Gesundheit und Bauten multipliziert und in CO-äquivalente Mengen (t) umgerechnet. Für die äquivalente CO-Tonne liegen DM-Werte in Abhängigkeit von den Fahrzeugen und der Streckenkategorie (innerorts, außerorts) vor. Damit können für den Planungs- und den Vergleichsfall die Emissionsschadenswerte für die Komponenten CO, CH, NO_x, SO_2, Staub und CO_2 errechnet werden.

Bei der Verminderung von **Trennwirkungen** (NU_3) geht es um die durch den Bau von Ortsumgehungen bedingte verkehrliche Entlastung von Ortsdurchfahrten, die dazu beiträgt, die Trennwirkungen stark belasteter Ortsdurchfahrten zu mindern. Sie wirken sich in verminderten Zeitbelastungen durch Fußgängerwartezeiten und Umwege aus. Die ersparten Zeiteinheiten werden mit dem gleichen Stundensatz wie die Erreichbarkeitsverbesserungen (NE) bewertet. Eine Mindestzeitschwelle bleibt hier jedoch außer Ansatz.

Für 2003 ist eine Überarbeitung des BVWP '92 vorgesehen (Gehrung / Hugo / Weber 2001). Hierin werden alle Wertansätze auf den Preisstand 1998 umgerechnet. Als zusätzliche Entscheidungskriterien in der NKA werden Verbesserungen der Wettbewerbssituation deutscher See- und Flughäfen einbezogen. Ferner erfolgt die Berücksichtigung auch nicht-monetärer Bewertungskomponenten; hierbei handelt es sich um

- eine Umweltrisikoeinschätzung von Klein- und Großprojekten (einschl. kumulativer Effekte);

- Verteilungs- und Entwicklungsziele (einschl. Hinterlandverbindungen) in der Raumwirksamkeitsanalyse; weiterhin sollen Entlastungs- und Verlagerungsziele erfasst werden.

Literatur zu Kapitel IV. 3.5.1-3.5.2:

Bundesminister für Verkehr (Hrsg.) (1993): Gesamtwirtschaftliche Bewertung von Verkehrswegeinvestitionen - Bewertungsverfahren für den Bundesverkehrswegeplan 1992, Essen/Bonn (Heft 72 der Schriftenreihe des Bundesministers für Verkehr).

Gehrung, P. / Hugo, J. / Weber, R. (2001): Bundesverkehrswegeplanung. Neue Ansätze bei der Bewertungsmethodik, in: Internationales Verkehrswesen, 53. Jg., S. 579-584.

3.5.3 Ergebnisse

Die Ergebnisse der Bundesverkehrswegeplanung werden am Beispiel des Bundesverkehrswegeplans 1992 (BVWP '92) als erstem gesamtdeutschen Verkehrswegeplan vorgestellt. Unterschieden wird zwischen dem sog. indisponiblen Bedarf sowie den neuen Vorhaben (BMV 1992, S. 16 ff.). Der Geltungszeitraum reicht 2012.

Zum **indisponiblen Bedarf** zählen:

- *Ersatz- und Erhaltungsbedarf* sowie *Nachholbedarf* in den *NBL* (1991 bis 2010 rd. 98 Mrd. EUR);
- *Überhangprojekte* im Sinne der Vollendung laufender Vorhaben und des Lückenschlussprogramms und Ortsumgehungsprogramms in den *NBL* (rd. 31 Mrd. EUR);
- *Vordringlicher Bedarf* des BVWP 1985 (bis 1992 noch nicht realisiert);
- *Verkehrsprojekte Deutsche Einheit* mit 17 Einzelvorhaben und einem Investitionsvolumen von (ursprünglich) 29 Mrd. EUR.

Die **neuen Vorhaben** setzen sich zusammen aus

- qualitativen Verbesserungen des vorhandenen Verkehrswegenetzes;
- dem BAB-Ausbauprogramm (sechs- bzw. achtstreifig) in den ABL sowie
- Anpassungen an die Verkehrsnachfrage.

Durch den *indisponiblen Bedarf* werden im BVWP '92 bereits 165,4 Mrd. EUR festgelegt; hiervon entfallen auf die Schiene 73,0 Mrd., auf die Bundesfernstraßen 79,3 Mrd. und auf die Bundeswasserstraßen 13,1 Mrd. EUR.

Für *neue Projekte* mit einem Nuzten-Kosten-Verhältnis größer als eins werden 81,8 Mrd. EUR ausgewiesen. In den sog. *vordringlichen Bedarf* werden jedoch nur Vorhaben mit einem N/K-Verhältnis größer als drei aufgenommen (zusätzlich zum indisponiblen Bedarf) wodurch sich das Investitionsvolumen für neue Projekte auf 46,0 Mrd. EUR reduziert. Hiervon entfallen auf die Schiene 26,6 Mrd., auf die Bundesfernstraßen 18,6 Mrd. und auf die Bundeswasserstraßen 1,2 Mrd. EUR. Die nicht in den vordringlichen Bedarf aufgenommenen Projekte werden als „Weiterer Bedarf" ausgewiesen; ihre Realisierung ist jedoch aufgrund von Finanzmittelengpässen wenig wahrscheinlich.

Als entscheidende *Restriktionsgröße* für die Bundesverkehrswegeplanung wirkt der verfügbare Finanzmittelrahmen (Finanzplanung 1992 bis 1996 und Fortschreibung bis 2010) in Höhe von 252,1 Mrd. EUR. Er legt - unter Berücksichtigung des indisponiblen Bedarfs - für die neuen Projekte die verfügbare Summe von 46,5 Mrd. EUR fest.

Im Rahmen der parlamentarischen Beratungen des BVWP '92 im Jahre 1993 wurde der Planungszeitraum des BVWP um zwei Jahre bis 2012 verlängert. Die Summe aus indisponiblem Bedarf und neuen Vorhaben, also der sog. *Vordringliche Bedarf*, erhöht sich für den Zeitraum 1991 bis 2012 auf 275,5 Mrd. EUR. Hiervon werden als Netto-Investitionen (Neu- und Ausbau) 124,0 Mrd. EUR ausgewiesen (Reschke/Steinfels 1994, S. 307).

Die Finanzierung der geplanten Gesamtinvestitionssumme von 275,5 Mrd. EUR (1991 bis 2012) gilt als nicht gesichert. Das Finanzierungsdefizit wird über 51 Mrd. EUR betragen; auch aus diesem Grund wird eine Privatfinanzierung von Verkehrswegebauten angestrebt. Die hierfür entwickelten Modelle (Konzessions- und Betreibermodell) sind jedoch nur eingeschränkt als echte Privatfinanzierung anzusehen, wird doch das Kostendeckungsrisiko beim *Konzessionsmodell* auf den Staat und damit den Steuerzahler abgewälzt, da längerfristig vereinbarte pauschalisierte Nutzungsentgelte an die privaten Investoren gezahlt werden (vgl. Kap. II 2.4).

Übersicht 73: *Netto-Investitionen (Neu- und Ausbau) im BVWP '92 (1991 bis 2010 in Mrd. DM; Preisbasis 1991)*

		Indisponible Bedarfsbereiche					Neu- und Ausbaubedarf	
		Investitionen außerhalb des Neu- und Ausbaus 1991-2010	Überhang aus laufenden Vorhaben	Vordringlicher Bedarf aus dem BVWP '85	Verkehrsprojekte Deutsche Einheit	Summe	Projektsumme mit positivem gesamtwirtschaftlichem Bewertungsergebnis	
							N/K>3	N/K>1
Schiene		86,6	26,2	-	30,0	*142,8*	*52,1*	64,6
davon	DB	41,0	26,2	-	7,2	*74,4*	*28,8*	36,1
	DR	45,6	-	-	22,8	*68,4*	*23,3*	28,5
Bundesfernstraßen		91,8	26,2	13,5	23,5	*155,0*	*36,4*	91,8
davon	ABL	69,3	25,5	11,3	4,5	*110,6*	*23,0*	68,3
	NBL	22,5	0,7	2,2	19,0	*44,4*	*13,4*	23,5
Bundeswasserstraßen		13,3	7,3	1,0	4,0	*25,6*	*2,4*	3,6
davon	ABL	8,2	7,3	1,0	-	*16,5*	*0,5*	1,0
	NBL	5,1	-	-	4,0	*9,1*	*1,9*	2,6
SUMME		*191,7*	*59,7*	*14,5*	*57,5*	*323,5*	*90,9*	*160,0*
davon	ABL	118,5	59,0	12,3	11,7	*201,5*	*52,3*	105,4
	NBL	73,2	0,7	2,2	45,8	*121,9*	*38,6*	54,6

Quelle: Bundesminister für Verkehr (1992), S. 29.

3.5.4 Modifizierungserfordernisse

Auch im internationalen Vergleich stellt die deutsche Bundesverkehrswegeplanung ein hochentwickeltes Planungssystem für Verkehrsinfrastrukturinvestitionen dar. Es lassen sich jedoch einige Modifizierungserfordernisse begründen:

- Unbefriedigend ist die *Vermischung* von *allokativen* und *distributiven* Rechnungskomponenten. Dies spiegelt sich insbesondere bei den raum- und regionalwirtschaftlichen Nutzengrößen wider.
- Die *Ersatzinvestitionen* nehmen einen ständig steigenden Stellenwert ein und überschreiten in Deutschland 50 % der Bruttoinvestitionen in die Verkehrsinfrastruktur des Bundes. Sie sollten in das Evaluierungsverfahren einbezogen werden; dabei sind jedoch ergänzende methodische Überlegungen erforderlich,

da z.B. ein Verzicht auf eine Ersatzinvestition netzweite Wirkungen aufweisen kann.
- In den letzten Jahren ist die Frage kritisch diskutiert worden, ob der durch Verkehrswegeinvestitionen *induzierte Verkehr* im Planungsverfahren zu berücksichtigen ist (Pfleiderer/Braun 1995).
- 1994 wurde erstmalig von der EU-Kommission zur Umsetzung der Art. 154 bis 156 des EG-Vertrages (Amsterdam-Fassung) ein Konzept für **„Transeuropäische Netze (TEN)"** mit einem Investitionsvolumen von rd. 400 Mrd. ECU bzw. EUR bis 2010 vorgelegt (Fonger 1994). Es umfasst als *Leitschema* 58.000 km Straßen, 70.000 km Schienenwege mit 23.000 km Hochgeschwindigkeitsstrecken und 12.000 km Schiffswegenetz. Vordringlich realisiert werden sollen 34 Projekte aus dem Straßen- und Schienenbereich; sie erfordern mindestens Investitionsmittel in Höhe von 82 Mrd. ECU bzw. EUR. Die Finanzierung des Leitschemas wie auch der prioritären Projekte ist nicht geklärt. Es erscheint unabdingbar, auch hier ein Evaluierungsverfahren durchzuführen, um zumindest eine nachvollziehbare Prioritätenreihung bei den geplanten Projekten vornehmen zu können. Zu klären ist auf EU-Ebene, ob und in welcher Form das deutsche Verfahren zur Bundesverkehrswegeplanung oder ein anderes genutzt werden soll. Da die TEN erhebliche Interdependenzen mit den nationalen Verkehrswegeprojekten aufweisen, ist eine methodische Abstimmung zwingend.
- Die deutsche Bundesverkehrswegeplanung ist in ihrer projektspezifischen Wirkungsanalyse auf den Raum Deutschland beschränkt. Die enthaltene Komponente „Förderung des internationalen Informations- und Leistungsaustauschs" (NR$_4$) besitzt nur marginale Bedeutung und kann die Notwendigkeit nicht ersetzen, den *Wirkungsbereich* zur Ermittlung der Nutzen und Kosten räumlich auf die EU-Nachbarstaaten *auszuweiten*. Dies erfordert jedoch - vor allem aufgrund der Vielzahl von Prognosedaten - einen erheblichen zusätzlichen Aufwand. Insofern sollte hier nach vereinfachten Verfahren zum Einbezug grenzüberschreitender Projektwirkungen gesucht werden.
- Zu prüfen ist auch, inwieweit eine weitere *Dynamisierung* des Verfahrens möglich ist, indem während der Projektplanung/Projektrealisierung eintretende Veränderungen in den Transportströmen, des Modal split und bei den Engpaßlagen Berücksichtigung finden. Derzeit werden i.d.R. die evaluierten und finanzierbaren Projekte „abgearbeitet", auch wenn sich in den langen Planungs- und Realisierungszeiträumen wesentliche Veränderungen ergeben.

- Letztlich ist die bisherige Beschränkung der Bundesverkehrswegeplanung auf die Planung der *Bundesverkehrswege* zu kritisieren, da wichtige nachgeordnete Verkehrswege, wie z.b. Landstraßen, erhebliche Bedeutung für die Leistungsfähigkeit und damit die Wirkungen der Bundesverkehrswege besitzen. Diese Begrenzung der Bundesverkehrswegeplanung findet ihre Begründung in den föderalen Strukturen der Planungs- und Finanzierungszuständigkeiten; sie ist jedoch unbefriedigend.

- Die Finanzierungsvorstellungen des BVWP` 92 haben sich im Zeitablauf als unrealistisch erwiesen. Die tatsächlich verfügbare Finanzmasse war wesentlich geringer als geplant. Durch zusätzliche, allerdings zeitlich befristete Finanzierungsinstrumente werden seit 2001 ergänzende Finanzmittel bereitgestellt, etwa aus den UMTS-Zinsersparnissen (Zukunftsinvestitionsprogramm ZIP) und dem Anti-Stau-Programm (finanziert aus dem Aufkommen der ab 2003 geplanten fahrleistungsabhängigen Straßenbenutzungsgebühr für schwere Lkw). Auch aus diesem Grunde ist die bereits erwähnte Überarbeitung des BVWP`92 notwendig geworden.

Literatur zu Kapitel IV.3.5.3-3.5.4:

Aberle, G. (1983): Verkehrsinfrastrukturpolitik und räumliche Entwicklung - Zur Integration von regionaler Entwicklungsplanung und Verkehrsplanung, in: Müller, J.H. (Hrsg.): Determinanten der räumlichen Entwicklung, Berlin (Band 131 N. F. der Schriften des Vereins für Socialpolitik), S. 9-30.

Bundesminister für Verkehr (Hrsg.) (1992): Bundesverkehrswegeplan 1992 (BVWP '92), Bonn.

Bundesminister für Verkehr (Hrsg.) (1993): Gesamtwirtschaftliche Bewertung von Verkehrswegeinvestitionen - Bewertungsverfahren für den Bundesverkehrswegeplan 1992, Essen/Bonn (Heft 72 der Schriftenreihe des Bundesministers für Verkehr).

Fonger, M. (1994): Transeuropäische Netze - Auf dem Weg zu einer gesamteuropäischen Infrastrukturplanung?, in: Internationales Verkehrswesen, 46. Jg., S. 621-629.

Gehrung, P. / Hugo, J. / Weber, R. (2001): Bundesverkehrswegeplanung. Neue Ansätze bei der Bewertungsmethodik, in: Internationales Verkehrswesen, 53. Jg., S. 579-584.

Pfleiderer, R. / Braun, L. (1995): Nutzen/Kosten Rechnungen beim Bundesfernstraßenbau: Kritik an der Bundesverkehrswegeplanung, in: Internationales Verkehrswesen, 47. Jg., S. 609-614.

Reschke, D. / Steinfels, D. (1994): Fünfjahresplan für den Ausbau der Bundesfernstraßen in den Jahren 1993-1997 mit Ergänzung bis 2000, in: Straße + Autobahn, 45. Jg., S. 307-318.

Wissenschaftlicher Beirat beim Bundesminister für Verkehr (1996): Bundesverkehrswegeplanung: Methodische Weiterentwicklung und Privatisierungsperspektiven, Stellungnahme vom 08. Dezember 1995, veröffentlicht in: Zeitschrift für Verkehrswissenschaft, 67. Jg., S. 99-121.

3.6 Bewertung von Verkehrswegeinvestitionen des öffentlichen Personennahverkehrs

Investitionsmaßnahmen im öffentlichen Personennahverkehr werden, soweit es sich um ortsfeste Anlagen handelt, zu einem erheblichen Teil mit Finanzmitteln bezuschußt, die aus einem zweckgebundenen Anteil des Mineralölsteueraufkommens stammen. Die rechtliche Grundlage stellt das Gemeindeverkehrsfinanzierungsgesetz (GVFG) dar; für alle Vorhaben mit einem zuwendungsfähigen Investitionsbetrag von über 25,6 Mio. EUR ist eine spezielle Bewertung erforderlich (vgl. Kapitel II.2.3).

Um *eine methodisch vergleichbare* Evaluierung der Investitionsmaßnahmen zu sichern, wurde 1982 ein **Standardisiertes Bewertungsverfahren für Verkehrswegeinvestitionen des öffentlichen Personennahverkehrs** eingeführt; 1988 erfolgte eine Überarbeitung mit Preisstand 1985; 1993 wurden Kosten- und Wertansätze sowie einige Kennziffern aktualisiert. Die Version 2000 basiert auf dem Preisstand 2000. Als Neuerungen sind die Anpassung des Nachfragemodells an die zunehmenden Anwendungen in Flächenregionen und Randgebieten, Einbeziehung von Folgekostenrechnungen sowie Verfahrensstraffungen zu nennen (Glück, D. / Heimerl, G. / Mann, H.-U., 2002, S. 79 ff.). Der Verfahrensablauf der Standardisierten Bewertung ist wie folgt strukturiert:

Übersicht 74: Verfahrensablauf bei Durchführung der Standardisierten Bewertung

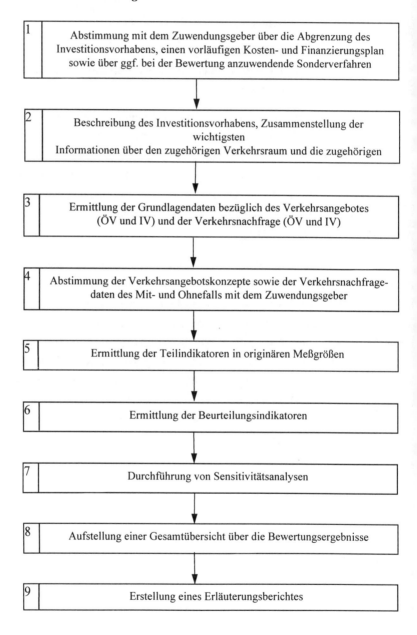

1	Abstimmung mit dem Zuwendungsgeber über die Abgrenzung des Investitionsvorhabens, einen vorläufigen Kosten- und Finanzierungsplan sowie über ggf. bei der Bewertung anzuwendende Sonderverfahren
2	Beschreibung des Investitionsvorhabens, Zusammenstellung der wichtigsten Informationen über den zugehörigen Verkehrsraum und die zugehörigen
3	Ermittlung der Grundlagendaten bezüglich des Verkehrsangebotes (ÖV und IV) und der Verkehrsnachfrage (ÖV und IV)
4	Abstimmung der Verkehrsangebotskonzepte sowie der Verkehrsnachfragedaten des Mit- und Ohnefalls mit dem Zuwendungsgeber
5	Ermittlung der Teilindikatoren in originären Meßgrößen
6	Ermittlung der Beurteilungsindikatoren
7	Durchführung von Sensitivitätsanalysen
8	Aufstellung einer Gesamtübersicht über die Bewertungsergebnisse
9	Erstellung eines Erläuterungsberichtes

Quelle: Heimerl/Intraplan Consult (1988), S. 4.

Ökonomisch besonders interessante Teilschritte sind die Ermittlung der *Teilindikatoren* sowie der *Beurteilungsindikatoren*. Die Ermittlung der Teilindikatoren erfolgt in *originären* Meßgrößen als Basisrechnung. Zielgrößen der Investitionsmaßnahmen sind die

- Erhöhung des Nutzens für den *Fahrgast* (Reisezeiten, Komfort, Fahrpreise, Erreichbarkeiten);
- Verbesserung der betriebswirtschaftlichen Ergebnisse des *ÖPNV-Betreibers* im Verkehrsraum (Erlöse, Betriebskosten, Investitionskosten);
- Nutzenverbesserung für die *Allgemeinheit* (Abgas-/Lärmemissionen, Primärenergieverbrauch, Unfallschäden, Flächenbedarf).

Die Ermittlung der Beurteilungsindikatoren dient zur Entscheidungsfindung hinsichtlich der

- absoluten Vorteilhaftigkeit einer Maßnahme (Bauwürdigkeit);
- relativen Maßnahmenvorteilhaftigkeit (Alternativenauswahl);
- Reihung örtlich und sachlich unabhängiger Maßnahmen, die um die Finanzmittel konkurrieren.

Mit Bezugnahme auf die Verfahren der Nutzen-Kosten-Rechnungen werden vier Beurteilungsindikatoren gebildet, die stufenweise aus den Teilindikatoren ermittelt werden:

- betriebswirtschaftlicher Indikator;
- Kosten-Nutzen-Indikator (gesamtwirtschaftliche Sicht, kardinale und monetäre Wirkungsskalierung);
- nutzwertanalytischer Indikator (kardinale Messung der Einzelindikatoren mit fehlender Monetarisierbarkeit, Ergebnisdarstellung in Punkteskala);
- intangible Kriterien (fehlende kardinale Meßbarkeit der Einzelindikatoren, verbale Wirkungserläuterung).

Als Gesamtergebnis werden alle Beurteilungskriterien zusammengestellt. Sie enthalten sowohl allokative als auch distributive Komponenten. Zur Vereinfachung der Anwendung ist eine weitgehende Standardisierung von Rechnungsgrößen vorgegeben. In Sonderfällen kann ein sog. Vereinfachtes Verfahren gewählt werden, bei dem aufgrund fehlender Eingangsdaten nur ein reduzierter Zielkatalog berücksichtigt wird.

Literatur zu Kapitel IV.3.6:

Glück, D. / Heimerl, G. / Mann, H.-U. (2001): Standardisierte Bewertung der ÖPNV-Wegeinvestitionen, in: Internationales Verkehrswesen, 54. Jg., S. 79-81.

Heimerl, G. / Intraplan Consult (1988): Standardisierte Bewertung von Verkehrswegeinvestitionen des öffentlichen Personennahverkehrs - Anleitung, Stuttgart, München.

Heimerl, G. / Intraplan Consult (1993): Standardisierte Bewertung von Verkehrswegeinvestitionen des öffentlichen Personennahverkehrs - Aktualisierung auf den Sach- und Preisstand 1993, Stuttgart, München.

Verkehrswiss. Institut d. Universität Stuttgart / Intraplan Consult (2000): Standardisierte Bewertung von Verkehrswegeinvestitionen des ÖPNV, Version 2000, erstellt im Auftrag des Bundesverkehrsministeriums für Verkehr, Bau- und Wohnungswesen, Stuttgart, München.

V Verkehrswirtschaft und Logistik

Analysen und Lösungen von zukunftsorientierten Problemen der Verkehrswirtschaft verlangen eine Beschäftigung mit den **logistischen Entwicklungen** in der **produzierenden und handeltreibenden Wirtschaft**. Logistik ist als wesentliches Element der Veränderung von Angebotspotentialen auf den Güterverkehrsmärkten anzusehen. Daher ist es erforderlich, diese logistischen Entwicklungen zu erkennen und die erheblichen Rückwirkungen auf den Transportsektor sowohl strategisch wie auch operativ zu berücksichtigen. Zwar hat es immer schon - und gerade in der Transportwirtschaft und speziell in der Spedition - logistische Aktivitäten gegeben, auch ohne diese mit dem Begriff „Logistik" zu umschreiben. Dies waren dann häufig transportvorbereitende und -ergänzende Tätigkeiten, kaum jedoch derart eigenständige Aufgaben, wie sie gegenwärtig in der Transportwirtschaft erfüllt werden.

1 Logistikkonzeptionen

1.1 Begriffsabgrenzungen

Der Begriff *Logistik* (λογιστικοσ: der Denkende; loger: unterbringen, einquartieren) wurde zunächst im militärischen Bereich benutzt. Beschrieben wurden hiermit die Planung, Organisation, Vorbereitung und Durchführung von Material- und Truppenbewegungen; einen hohen Stellenwert nahmen dabei Transport- und Nachschubprobleme ein (Ihde 2001, S. 22 f.). Im ökonomischen Sinne stellt Logistik eine *ganzheitliche Betrachtungsweise aller Faktoren-, Güter- und Stoffverwertungsströme* von der Produktentstehung einschließlich Vorleistungen bis hin zur Auslieferung an den Endabnehmer dar, ergänzt durch die Wiederverwertung.

> „Zur Logistik gehören alle Tätigkeiten, durch die die raum-zeitliche Gütertransformation und die damit zusammenhängenden Transformationen hinsichtlich der Gütermengen und -sorten, der Güterhandhabungseigenschaften sowie der logistischen Determiniertheit der Güter geplant, gesteuert, realisiert oder kontrolliert werden. Durch das Zusammenwirken dieser Tätigkeiten soll ein Güterfluß in Gang gesetzt werden, der einen Lieferpunkt mit einem Empfangspunkt möglichst effizient verbindet" (Pfohl 2000a, S. 12).

Dabei wird in der Logistik „effizient" durch vier „r's" umschrieben: *richtiges Produkt* (Menge, Produktart) zur *richtigen* Zeit in der *richtigen* Qualität am *richtigen* Ort bei gleichzeitiger Gesamtkostenminimierung. In den USA wird Logistik häufig als „physical distribution management" bezeichnet. Der Council of Logistics Management (CLM) definiert (zitiert nach Pfohl 2000a, S. 12):

> „Logistik ist der Prozeß der Planung, Realisierung und Kontrolle des effizienten Fließens und Lagerns von Rohstoffen, Halbfabrikaten und der damit zusammenhängenden Information vom Liefer- zum Empfangspunkt entsprechend der Anforderung des Kunden".

Bedeutsam für die inhaltliche Charakterisierung der Logistik sind somit:

- die *Querschnittsbetrachtung*, die sowohl *inner-* als auch *zwischenbetrieblich* ausgerichtet ist. Im einzelnen wird die Integration von Beschaffungs-, Produktions-, Distributions-, Marketing- und Stoffverwertungslogistik sowie der Transportlogistik betrachtet;
- die Ausrichtung an den *Qualitätsforderungen* der *Kunden*;
- die explizite Einbeziehung der *Informationsströme* unter Nutzung geeigneter Informations- und Kommunikationssysteme.

Bei den nachfolgenden Überlegungen erfolgt zum einen eine Konzentration auf die sog. **Mikrologistik**, welche sich als Unternehmenslogistik mit einzelwirtschaftlichen Optimierungsaufgaben in den Teilbereichen der Industrie, des Handels und der Dienstleistungserstellung befaßt. Die sog. **Makrologistik** widmet sich den gesamtwirtschaftlichen Koordinationsaufgaben auf höherem Aggregationsniveau (Wirtschaftsbereiche) und wird im Verkehrsbereich auch von der staatlichen Verkehrspolitik beeinflußt, etwa durch die Verkehrsinfrastrukturplanung und -investitionspolitik oder ordnungspolitische Regelungen. Zum anderen erfolgt eine Beschäftigung mit der sog. **Metalogistik**, welche unternehmens- und wirtschaftsbereichsübergreifende Logistikverflechtungen betrachtet, etwa zwischen der verladenden Wirtschaft und der Verkehrswirtschaft. Werden diese Logistiksubformen systematisiert, ergibt sich das von Pfohl entwickelte Zuordnungsschema:

Abbildung 62: Zuordnung von Logistiksystemen

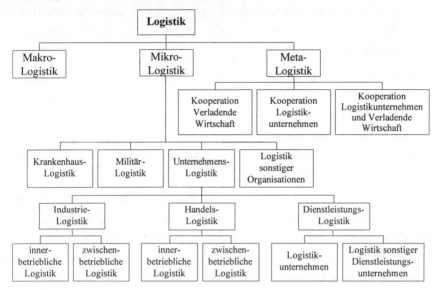

Quelle: Pfohl (2000a), S. 15.

Da die logistische Betrachtungsweise auf die ganzheitliche zeit- und raumüberwindende Optimierung ausgerichtet ist, wird auch von einem *systemtheoretischen Ansatz* gesprochen.

Die Integration von institutionell und/oder rechtlich abgegrenzten inner- und zwischenbetrieblichen Teilsystemen verlangt eine Befassung mit physischen, kommunikativen und rechtlichen **Schnittstellenproblemen**. Logistik erfordert die **Vernetzung** von Teilsystemen, um leistungsfähige **Logistikketten** aufbauen zu können. Diese Logistikketten (Logistikkanäle) sind der Metalogistik zuzuordnen.

1.2 Ziele

Die Logistik besitzt eine umfassend definierte Optimierungszielsetzung: es sollen die inner- und zwischenbetrieblichen Güterströme effizient ausgestaltet werden bei gleichzeitiger Berücksichtigung der erforderlichen Entsorgungs- und Recyclingaufgaben. Unterstützend wirken die begleitenden und vorauseilenden Informationen über Zustand und räumliche Positionierung der Güter.

Die intensive Auseinandersetzung mit logistischen Betrachtungsweisen wurde durch den verstärkten (internationalen) Wettbewerbsdruck, die häufig ausgeschöpften Möglichkeiten zur weiteren Kostenreduzierung in der Fertigung, die sich verkürzenden Produktlebenszyklen und die stark steigenden Qualitätsansprüche der Nachfrager wesentlich gefördert. Hieraus lassen sich als **Hauptziele** der Logistik ableiten:

- Optimierung aller Teilelemente der logistischen Ketten zur Steigerung der Wettbewerbsfähigkeit durch *Qualitätsverbesserungen* und *Flexibilitätssteigerungen* mit höherem Kundennutzen.
- Systematische Überprüfung aller inner- und zwischenbetrieblichen Güterbewegungen und Stoffströme zum Zwecke der Identifizierung von *Rationalisierungspotentialen* zur *Kostensenkung*.

Damit wird deutlich, dass Logistik nicht nur Kostensenkungspotentiale aufzeigen und ausschöpfen soll, sondern als wichtige Zielgröße die kundenorientierte Qualitätssteigerung verfolgt (Liefer- und Servicequalität); man spricht hier vom *dualen Charakter* der Logistik. Die wichtigsten Zielkriterien bei der Einführung einer kosten- bzw. marktorientierten Logistik sind

- Reduzierung der Durchlaufzeiten,
- Reduzierung der Lagerbestände,
- Erhöhung der Flexibilität,
- Steigerung der Termintreue,
- Erhöhung der Produktivität,
- Verbesserung der Lieferbereitschaft,
- Verminderung der Wiederbeschaffungszeiten,
- Verkürzung der Lieferzeiten,
- Reduzierung der Gemeinkosten,
- Erhöhung der Informationsqualität,
- Optimierung des Schnittstellenmanagements.

1.3 Entwicklungsstufen

Generell ist die Notwendigkeit, in logistischen Zusammenhängen zu denken, gefördert worden durch

- das weltweite Vordringen von systemtheoretischen Betrachtungsweisen bei wirtschaftswissenschaftlichen Fragestellungen;
- die starken Veränderungen in der Wettbewerbssituation und -intensität bei vielen Branchen und Unternehmen, auch gefördert durch die EU-Integration;

- die weltweit zunehmenden Sättigungstendenzen auf wichtigen Märkten mit der Folge des Entstehens von Käufermärkten;
- die sich stark verkürzenden Produktlebenszyklen und damit auch Produktentwicklungszeiten;
- die weitgehende Ausschöpfung von Rationalisierungs- und Kostensenkungspotentialen in den originären Produktions- und Leistungsprozessen sowie
- die Verfügbarkeit über ständig verbesserte rechnergestützte Planungs-, Informations- und Kommunikationssysteme.

Jahrzehntelang waren die Logistikkosten (Transport, Lagerung, Kapitalbindung in Vorräten, Auftragsbearbeitung, Verpackung u.ä.) vernachlässigt worden, d.h. es wurden davon nur die reinen Transportkosten betrachtet. Logistikkosten besitzen jedoch - wirtschaftszweigabhängig - einen bedeutenden Anteil am Umsatz und an den Gesamtkosten. Sie können bis knapp 30 % des Umsatzes betragen, etwa im Nahrungsmittelbereich; überwiegend liegen die Logistikkostenanteile am Umsatz zwischen 6 und 13 % (Pfohl 2000a, S. 546). Der Anteil der gesamtwirtschaftlichen Logistikkosten am Sozialprodukt wird, allerdings beschränkt auf die Transport-, Umschlags-, Lager-, Bestands- und Auftragsabwicklungs- sowie Logistikadministrationskosten, für Deutschland (1999) auf 124,5 Mrd. EUR und für die EU 15-Staaten zuzüglich Norwegen und der Schweiz auf 450,2 Mrd. EUR geschätzt; das sind 6,7 bzw. 5,6 % des Bruttoinlandsprodukt (Klaus / Müller-Steinfahrt 2000).

Als wichtige *Entwicklungsstufen moderner Logistikkonzeptionen* sind zu nennen:

- Das 1962 vom japanischen Automobilhersteller Toyota eingeführte **KANBAN-System** stellt vermaschte und selbststeuernde Regelkreise zwischen erzeugenden und verbrauchenden Fertigungsstufen her. Als Informationsträger dient eine Karte (KANBAN), wodurch das herkömmliche Bringen durch ein *Holsystem* zwischen aufeinanderfolgenden Fertigungsstufen abgelöst wurde. Durch die Weitergabe der KANBANS wird rücklaufend die Produktion ausgelöst.

- Mit dem KANBAN-System als dezentralisiertes Organisationsprinzip der Feinsteuerung der Produktion wurde die *Produktion auf Abruf* **„Just in Time"** (JIT) eingeführt. Hierdurch war es möglich, die Bestände an Rohstoffen, Halb- und Fertigerzeugnissen erheblich zu reduzieren. Ebenfalls verkürzt wurden die Durchlaufzeiten (um 60 bis 90 %); die Effizienz und Flexibilität der Auftragsabwicklung wurde gesteigert, so dass es bei Toyota zu einer Verminderung der Vorratshaltung von drei Tagen (1979) auf zwei Stunden (1982) kam (Naito 1982, S. 7).

- Seit Mitte der 80er Jahre wird in Europa zunehmend das Prinzip der **Fertigungssegmentierung** umgesetzt. Hierdurch werden produktionswirtschaftliche Interdependenzen aufgelöst zugunsten einer flußoptimierten und autonomen Steuerung der Teilbereiche. JIT besitzt hierbei einen zentralen Stellenwert (Wildemann 1990, S. 17, 39); dieses Prinzip wird von der Fertigung auf die gesamte Logistikkette (Wertschöpfungskette) übertragen. Somit steht JIT im Zentrum der veränderten logistischen Konzeptionen von Industrie und Handel.

- Seit Anfang der 90er Jahre gewinnt **Lean production** (mit Lean management, Lean distribution, Lean administration) an Stellenwert. Auch hierbei (insbesondere bei Lean production und Lean distribution) stellt JIT eine entscheidende Umsetzungsbedingung dar.

- Zielsetzung des **Supply Chain Management** (SCM) ist die Optimierung des logistischen Netzwerks als Ganzes; das SCM setzt im Gegensatz zur herkömmlichen Organisation der Logistikkette, wo es an den Schnittstellen immer zu Reibungsverlusten und Unsicherheiten kommt, auf ein Modell der Kooperation im Logistiknetzwerk. Ein Unternehmen, das SCM installiert, wird mit einem Netzwerk von Lieferanten und einem Netzwerk von Kunden gekoppelt, wobei die Logistik wiederum durch ein Netzwerk von Logistikdienstleistern ausgefüllt wird. Die umfassende Definition des SCM umfasst den gesamten Wertschöpfungsprozeß eines Produkts über alle Produktionsstufen und beteiligte Unternehmen. Zu den verschiedenen Definitionen von SCM vgl. insb. Pfohl (2000b, S.5).

In Zusammenhang mit JIT und den hiermit in enger Verbindung stehenden Veränderungen der Produktions- und Beschaffungsorganisation wurde die **Make or buy-Diskussion** (Fertigungstiefenreduzierung) aktualisiert, denn zur störungsfreien Umsetzung von Flußoptimierungsprozessen in logistisch verbundenen Unternehmen sind bedeutsame Veränderungen bei den angewandten logistischen Prinzipien sowohl hinsichtlich der Anzahl und Struktur der Zulieferer als auch bezüglich der Ausdehnung des Beschaffungsgebietes vorzunehmen. Auf unterschiedlichen Betrachtungsebenen sind dabei folgende Entwicklungen zu beobachten:

- Die Bemühungen zur *Fertigungstiefenreduzierung* haben in der Vergangenheit zu einer steigenden Zahl von Zulieferern geführt. Dabei wird unter der Fertigungstiefe die (Brutto-)Wertschöpfung eines Betriebes, bezogen auf den gesamten Produktionswert (ohne Gewinnbestandteile), verstanden (Dichtl 1991, S. 54).
- Im Rahmen der Internationalisierungsstrategie der Unternehmen und unter dem Aspekt der Kostensenkung wird auch eine europa- bzw. weltweite Beschaffungspolitik (*Global sourcing*) verfolgt. Die Internationalisierung der Beschaffung stärkt zudem die Problemlösungskapazität durch den Zugang zu weltweit verfügbaren Ressourcen. Unter Umständen wird sie auch durch Local content-Vorschriften erzwungen.

Abbildung 63: JIT-Relevanz der Zulieferteile

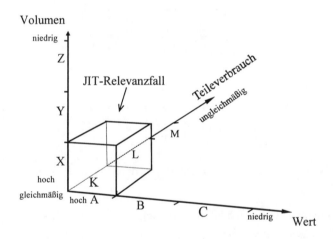

- Für die Umsetzung einer JIT-orientierten Produktion und Beschaffung sind zwar nur hochwertige Zulieferteile relevant (vor allem A-Teile in der ABC-Analyse), die einem gleichmäßigen Verbrauch unterliegen (K-Teile in der KLM-Analyse) bzw. ein hohes Volumen beanspruchen (X-Teile in der XYZ-Analyse), doch kommt es bei vielen Schnittstellen in der Beschaffung zu erheblichen logistischen Organisationsproblemen. Dem wird durch den Übergang von der Mehrquellenversorgung (Multiple sourcing) zum *Single sourcing* begegnet. Ziel des Single sourcing ist die Reduzierung der Koordinations- und Logistikkosten (Transaktionskosten), die durch die Integration von Informations- und Materialfluß bei *produktionssynchroner Beschaffung* entstehen.

- Allerdings besteht ein trade off zwischen der Verringerung der Zahl der Bezugsquellen und der Verringerung der Fertigungstiefe. Dieser Zielkonflikt wird durch *Modular sourcing* gelöst. Dieses Prinzip bedeutet, dass die Nachfrager von Zulieferleistungen nicht mehr Einzelkomponenten beziehen, sondern ganze vormontierte Baugruppen (Module), die von Systemlieferanten angeboten werden. Dies kann bis zum Montageeinsatz eigener Mitarbeiter des Zulieferers in den nachfragenden Unternehmen führen (factory in the factory). Damit vermindert sich beim Modular sourcing die Zahl der direkten Zulieferer. Andererseits beziehen die Anbieter von Modulen selbst von einer größeren Zahl von Zulieferern die Einzelkomponenten und montieren sie, so dass eine Zulieferhierarchie entsteht.

Abbildung 64: Hierarchie des Modular sourcing

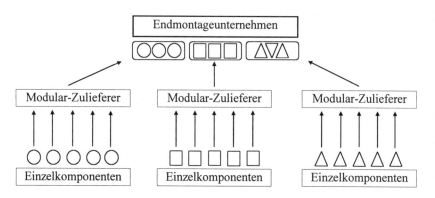

- In einigen Industriebereichen, vornehmlich der Automobilindustrie, wird der Versuch unternommen, wichtige Zulieferer zur räumlich dichten Ansiedlung bei den Montagewerken zu veranlassen. In Deutschland ist dies beispielsweise bei den Automobilwerken in Bremen, Regensburg, Eisenach und Mosel zu beobachten. Insbesondere durch die erheblichen Investitionen der Zulieferer kommt es hier zu neuen Abhängigkeitsverhältnissen. Ein Wechsel in den Geschäftsbeziehungen kann eine solche Standortwahl als ungünstig erscheinen lassen. Daher ist diese Form der besonders engen räumlichen Anbindung mehr als Ausnahmefall anzusehen, auch wenn hierdurch eine besonders enge logistische Vernetzung ermöglicht wird.

JIT bedeutet in seinem Kerngehalt nicht, dass sehr kurzfristig terminierte Lieferungen stattfinden und damit eine systematische Bevorzugung des Straßengüterverkehrs mit kleineren Fahrzeugen und eine Ausweitung der Fahrzeugkilometer erfolgt. Vielmehr beinhaltet JIT die Realisierung eines zeitlich mit höchster Zuverlässigkeit geplanten Organisations- und Liefersystems, das hohe Qualitätsanforderungen stellt:

- Es werden nur Pufferläger mit sehr geringer zeitlicher Reichweite gehalten, die sich häufig im Stundenbereich bewegen.
- Anstatt einer Qualitätskontrolle der angelieferten Einzelteile oder Module beim Empfänger wird i.d.R. mit dem Zulieferer ein gemeinsames Qualitätssicherungssystem aufgebaut, wodurch auch der Transport von fehlerhaften Teilen abnimmt; jeder Mengen- oder Qualitätsausfall kann zum Produktionsstillstand und erheblichen finanziellen Risiken führen.
- Es ist eine umfassende DV-Verbindung zwischen Abnehmer und Zulieferer erforderlich, die von Online-Datenübertragungssystemen für den Lieferabruf bis hin zur vollständigen kommunikativen Integration und Steuerung der Zulieferproduktion durch vom Abnehmer gesteuerte Impulse beim Produktionsrechner des Zulieferers reicht.

Literatur zu Kapitel V.1.1-1.3:

Dichtl, E. (1991): Orientierungspunkte für die Festlegung der Fertigungstiefe, in: Wirtschaftswissenschaftliches Studium (WiSt), 20. Jg., S. 54-59.

Eisenkopf, A. (1994): Just-In-Time-orientierte Fertigungs- und Logistikstrategien. Charakterisierung, transaktionskostentheoretische Analyse und wettbewerbspolitische Würdigung veränderter Zulieferer-Abnehmer-Beziehungen am Beispiel der Automobilindustrie, Hamburg (Band 7 der Gießener Studien zur Transportwirtschaft und Kommunikation).

Göpfert, I. (Hrsg.) (2000a): Logistik der Zukunft - Logistics for the Future, 2. Aufl., Wiesbaden.

Göpfert, I. (2000b): Logistik Führungskonzeption, München.

Ihde, G.B. (2001): Transport, Verkehr, Logistik, 3. Aufl., München.

Isermann, H. (Hrsg.) (1998): Logistik - Gestaltung von Logistiksystemen, 2. Aufl., Landsberg/L.

Jünemann, R. (1989): Materialfluß und Logistik. Systemtechnische Grundlagen mit Praxisbeispielen, Berlin et al., insbes. S. 3-118.

Klaus, P. (1998): Jenseits einer Funktionenlogistik. Der Prozeßansatz, in: Isermann, H. (Hrsg.): Logistik - Gestaltung von Logistiksystemen, 2. Aufl, Landsberg/L., S. 61-78.

Klaus, P., Müller-Steinfahrt, U. (2000): Die „Top 100" der Logistik, hrsg. von der Gesellschaft für Verkehrsbetriebslehre und Logistik (GVB), Hamburg.

Krampe, H., Lucke, H.J. (Hrsg.) (2001): Grundlagen der Logistik. Einführung in Theorie und Praxis logistischer Systeme, 2. Aufl., München.

Naito, H. (1982): Handbuch für das KANBAN-System, Frankfurt/M.

Pfohl, H.-C. (1989): Logistiktrends II, Band 4 der Reihe Fachtagungen des Instituts für Logistik der Deutschen Gesellschaft für Logistik, Darmstadt.

Pfohl, H.-C. (2000a): Logistiksysteme: Betriebswirtschaftliche Grundlagen, 6. Aufl., Berlin et al.

Pfohl, H.-C. (2000b): Supply Chain Management: Konzept, Trends, Strategien, in: Pfohl, H.-C. (Hrsg.), Supply Chain Management: Logistikplus ?, Berlin, S. 1-42.

Piontek, J. (1994): Internationale Logistik, Stuttgart/Berlin/Köln.

Wildemann, H. (1990): Das Just-In-Time-Konzept - Produktion und Zulieferung auf Abruf, 2. Aufl., München.

2 Ausprägungen logistischer Konzeptionen

Logistik als Querschnittsfunktion umfaßt die Abstimmung zahlreicher Teillogistiken; in der Industrie etwa die Gesamtoptimierung der

- Beschaffungslogistik,
- Lagerlogistik,
- Produktionslogistik,
- Distributionslogistik,
- Marketinglogistik,
- Entsorgungslogistik- und
- Recyclinglogistik.

Nicht nur in der **Industrie,** sondern insbesondere im **Handel** besitzt die Logistik eine herausragende Bedeutung, vor allem bedingt durch einen in zahlreichen Produktsegmenten äußerst intensiven Preiswettbewerb und die hierdurch erzwungene Notwendigkeit, alle Kostensenkungspotentiale zu nutzen. Dies resultiert insbesondere aus

- starken Konzentrationstendenzen im Food- und Non-food-Bereich;
- der Verschärfung des Preiswettbewerbs durch weitgehende Marktsättigung;
- niedrigen Umsatzrenditen;

- dem Vordringen veränderter Betriebsformen wie Versandhandel, Verkauf ab Fahrzeug (Tiefkühldienste) mit erheblichen logistischen Aufgabenstellungen sowie
- der Einrichtung flächendeckender und hochqualitativer Vertriebssysteme auch bei Problemprodukten (temperaturgeführte Dienste, Leergutrückläufe, Retouren, Verpackungen).

Einen wichtigen Stellenwert nimmt hierbei die *Beschaffungslogistik* ein, deren Qualitätsstrukturen vom Handel den Produzenten vorgegeben werden, deren Kosten jedoch häufig von den Lieferanten zu tragen sind. Hier zeigt sich - wie auch bei der Industrie -, dass Marktmachtungleichgewichte für Konzeptionen und Umsetzung von Logistikstrategien eine erhebliche Bedeutung besitzen: der marktmächtigere Akteur in der Logistikkette bestimmt die logistischen Strukturen, an die sich die marktschwächeren Akteure anpassen müssen. Wer diese Anpassung nicht vollziehen kann, verliert seine Marktposition. Hieraus folgt auch, dass theoretisch optimale SCM-Strategien in der Realität oft keine Anwendung finden. Diese Feststellung gilt auch für die Anbieter von Transportleistungen, deren logistische und kommunikative Standards von der verladenden Wirtschaft gesetzt werden. Neben zeitgenauer Anlieferung der Waren, die wegen der sehr geringen Lagerhaltung erforderlich ist, sind vorauseilende Wareneingangsinformationen sowie „sprechende Verpackungen" durch Codierung (Barcodes) für automatisierten Informationsabruf (Umsatz- und Bestandsrechnungen; Lieferabrufe) notwendig.

Durch **Bündelung** von **Lieferungen** unterschiedlicher Produzenten lassen sich Kosteneinsparungen beim Wareneingang realisieren. Hierzu werden - insbesondere von den Kaufhausunternehmen - eigene Läger (Zentralläger) oder bestandslose Transit-Terminals als Warenverteilzentren errichtet. In ihnen werden die angelieferten Waren nach Filialen kommissioniert und bedarfsorientiert gebündelt angeliefert. Diese möglichst weitgehende Zusammenfassung logistischer Aufgaben mit dem Ziel der Kostensenkung (späte Kundenspezifizierung, durch Nutzung von Scale Economies bei möglichst weitgehender Kundenindividualisierung der Leistung (Kummer 2002, S. D5-19)), die in allen logistischen Teilsystemen relevant ist, wird auch als *Postponing* bezeichnet. Es besteht eine enge Beziehung zu den Economies of scale und scope.

Eine spezielle Ausformung haben Flußoptimierung und Effizienzsteigerung durch Just-in-time-Abläufe im Handel und hier insbesondere im Food-Bereich durch die Einführung des **Efficient Consumer Response (ECR)** erlangt. Hierbei geht es um vertikale Kooperationsstrategien zwischen dem Handel und den Herstellern durch Bündelung der Informations-, Warenfluß- und Steuerungskonzepte (Pfohl 2000a, S. 222). Vom Point-of-sale werden die Kundenentscheidungen mittels EDI direkt an die Hersteller übermittelt. Ziel ist es, durch einen effizienten Datenaustausch und effiziente Bestellungen (Quick-Response-Konzepte) sowohl den Warenfluß als auch das Sortiment zu optimieren. Fehlmengen und nicht dem Absatz angepaßte Lagerhaltungen können so vermieden werden (Tietz 1995).

ECR basiert auf der Idee des *Supply Chain Management*, das die Optimierung der gesamten Wertschöpfungsprozesse im Netzwerk von Hersteller, Handel und Logistikdienstleistern zum Ziel hat. Eine wichtige logistische Teilkomponente des ECR ist das *Continuous* oder *Efficient Replenishment (ER)*. Der Logistikprozeß wird optimiert, indem alle Glieder der logistischen Kette die Lagerbestände herabsetzen und bedienungsgerechte Transporteinheiten einsetzen; zusätzlich soll die Disposition der Warenversorgung auf den Lieferanten übertragen werden (Vendor managed inventory). Voraussetzung hierfür ist eine durchgehende Informationsinfrastruktur über Electronic Data Interchange (EDI). Die einzelnen Produkte sind zu kennzeichnen, wobei Barcode-Systeme (Scan-Technologien) oder die sogenannte TAG-Technologie zum Einsatz kommen; hierbei gibt ein Transponder die in einem Chip gespeicherten Informationen ab, auch wenn kein Sichtkontakt besteht. Die umfangreichen Datenbestände werden in sog. *Data-Warehouses* für alle Beteiligten an der Logistikkette zugänglich gemacht.

Die Umsetzung von ECR schafft für Logistikdienstleister neue Aufgabenfelder, setzt allerdings hohe Kompetenz in zahlreichen Fachgebieten voraus. Traditionelle Spediteure, wie auch Integratoren, können die Funktion eines Value Added Supply Network Managers übernehmen (Slotta 1997). Für Europa werden die Einsparpotentiale bei Einführung eines leistungsfähigen ECR auf 8-10 % geschätzt; US-Studien gelangen zu wesentlich niedrigeren Werten. Allerdings ist nicht hinreichend transparent, ob jeweils die gleiche Bezugsgröße gewählt wird (Produktgesamtkosten bei Kundenauslieferung oder nur Logistikkosten).

Besondere logistische Herausforderungen wird in Zukunft *Electronic Commerce* (e-Commerce) stellen. Wie beim ECR handelt es sich auch hier um einen

Zukunftsmarkt für alle in der Logistik tätigen Dienstleister. e-Commerce stellt die elektronische Variante der drei traditionellen Handelsfunktionen

- Informationsbeschaffung,
- Kauf und Verkauf sowie
- Bezahlung

dar, die sich vor allem auf die Nutzung des Internet stützt. Dabei ist zwischen den Geschäftsbeziehungen Verkäufer - Konsument (B2C) und Verkäufer - gewerblicher Kunde (B2B) zu unterscheiden. Die B2C-Logistik in der Warenbelieferung gleicht weitgehend dem traditionellen Versandhandel. Die hier im e-Commerce ausgelieferten und überwiegend über das Internet bestellten Warengruppen konzentrieren sich bislang auf Software, Bücher, CD´s, Eintrittskarten u.ä., also problemlose Produkte. Wegen oft fehlender Bündelungsfähigkeiten stellen die physischen Distributionsaufgaben kostenintensive und organisatorisch komplexe Leistungen im sog. *logistischen Fullfilment* dar (oft schwierige Erreichbarkeit der Endkunden, hohe Auslieferkosten je Sendung, Problem der Retourenabwicklung). Frühere Schätzungen über den Bedeutungsanstieg haben sich als weit überzogen herausgestellt.

Die Situation im B2B-e-Commerce ist anders zu beurteilen. Hier besitzen die Kosteneinsparungen durch e-Commerce-Anwendungen infolge der Reorganisation von Geschäftsprozessen eine hohe Bedeutung. Das gesamte Bestellwesen wird bei standardisierten Einkäufen wesentlich vereinfacht, oft zusätzlich gestützt durch sog. elektronische Marktplätze (Plattformen). Hier können durch Auktionen und gebündelte Einkäufe kooperierender Unternehmen zusätzliche Beschaffungspreisreduktionen durchgesetzt werden (Wirtz / Mathieu 2001, S.1332ff.).

Neben dem Anstieg der allgemeinen Logistikanforderungen durch die Ausweitung des e-Commerce, die auch durch Inhouse-Lagerung und spezielle e-Commerce-Läger bei den Dienstleistern gekennzeichnet sein dürfte, begünstigt e-Commerce die Internationalität der physischen Transaktionen und der Zahlungsabwicklung. Für logistische Dienstleister können als weitere Aufgaben Bedeutung erlangen:

- Sicherstellung der Kundenzahlung durch Nachnahme, Scheck oder Kreditkarten, evtl. einschließlich des Mahnwesens;
- zeitnahe Bereitstellung der Auslieferdaten;

- Übernahme von Tracking und Tracing (Sendungsidentifikation und -verfolgung;
- Verarbeitung digitaler Abholaufträge;
- Bestandsinformation bei Inhouse-Lägern;
- Kommissionierung;
- Betrieb von Call-Centern und Verbreitung von Produktinformationen.

3 Logistikkosten, Logistikkostenrechnung und Logistikleistungen

3.1 Abgrenzung von Logistikkosten

Als Logistikkosten werden insbesondere genannt:

- Logistikpersonalkosten,
- Transportkosten,
- Kosten für Verpackung, Konservierung, Finishing,
- kalkulatorische Zinsen und Wagnisse für Lagerbestände,
- kalkulatorische Abschreibungen für stationäre und mobile Logistikanlagen (Lagerhäuser, EDV-Anlagen, Fördermittel und -systeme),
- Unterhaltungs- und Betriebskosten der Förder- und Umschlagsanlagen,
- Sachkosten DV-Anlagen,
- Kosten der Behälterbeschaffung/Behältermieten, Unterhaltungs- und Reparaturkosten,
- Kosten der Auftragsbearbeitung/-abwicklung.

Bei diesen Kostenarten handelt es sich im wesentlichen um (echte) Gemeinkosten. Es dominieren die Bereitschaftskosten. In den Kontenrahmen von Industrie und Handel sind nur vergleichsweise wenige dieser Kostenarten enthalten; sie werden häufig noch über Gemeinkostenzuschläge (bei den Fertigungs- und Vertriebskosten) verrechnet. Dies resultiert auch daraus, dass bereits die **Logistikleistungen** schwierig abzugrenzen sind. Sie sind oft integraler Bestandteil der Beschaffungs-, Fertigungs- und Distributionsprozesse. Die mit Recht immer wieder hervorgehobene Querschnittsfunktion der Logistik führt aber auch dazu, dass oft weder die Logistikleistungen noch - und dies als Folge - die Logistikkosten zufriedenstellend separiert werden können (Weber 1991, S. 104 ff.).

3.2 Erfassung von Logistikleistungen und Logistikkosten

Der Aufbau einer aussagefähigen Logistikkostenrechnung, die angesichts des hohen Anteils der Logistikkosten am Umsatz und an den Gesamtkosten unabdingbar ist, setzt eine *Logistikleistungsrechnung* voraus. So werden beispielsweise vier verschiedene Definitionsansätze für Logistikleistungen als *Basiskategorien* genannt, die alle mit dem betriebswirtschaftlichen Leistungsbegriff kompatibel sind (Weber 1987, S. 129).

Abbildung 65: Verbindung der Logistikleistungen mit der Logistikkostenrechnung

Quelle: In Anlehnung an Weber (1987), S. 113.

Als Problem stellt sich auch die Situation dar, dass zwar (insbesondere physische) Logistikleistungen segmentierbar sind und ihnen demzufolge Kosten zugeordnet werden können, sie jedoch häufig (noch) nicht als Teilelement von Fertigungs- oder Distributionsprozessen steuerbar sind. Die systematische Befassung mit den Logistikkosten soll dazu beitragen, dass eine solche *logistische Mitsteuerung von Leistungsprozessen* über die Logistikkostenrechnung erfolgen kann, in deren Konsequenz möglicherweise auch Änderungen in den Fertigungs-, Beschaffungs- und Distributionsprozessen vorgenommen werden, um logistische Kostensenkungspotentiale zu erschließen.

Generell gilt, dass die Abgrenzung von Logistikkosten schwierig und unternehmensindividuell vorzunehmen ist. Logistikkosten sind Bestandteile vieler Kostenkategorien im Fertigungs-, Beschaffungs- und Distributionsbereich („anteilige Logistikkosten").

3.3 Logistikkostenarten-, Logistikkostenstellen- und -kostenträgerrechnung

Die **Kostenartenrechnung** erfaßt und strukturiert sämtliche Logistikkosten und dient als „Datenlieferant" für die Kostenstellen- und Kostenträgerrechnung (Weber 1987, S. 143). Zu unterscheiden sind

- logistische Fremdleistungen (primäre Logistikkosten) sowie
- Ressourceneinsätze zur Erstellung eigener innerbetrieblicher Logistikleistungen (sekundäre Logistikkosten); sie werden jedoch (zur Vermeidung von Doppelzählungen) erst in der Logistikkostenstellenrechnung betrachtet.

Auf die Schwierigkeiten der Erfassung von sekundären Logistikkosten (Personalkosten, Anlagenkosten, sonstige Logistikkosten) wird hier nur hingewiesen. Sie werden umfassend in der Fachliteratur diskutiert (etwa: Weber 1991, S. 151 ff.; Pfohl 1994, S. 236 ff.; Göpfert 2002, S. D5-44ff.; Kummer 2001, S.157ff.).

Bei der **Logistikkostenstellenrechnung** wird eine Modifizierung der traditionellen Kostenstellenrechnung erforderlich. Eine Einrichtung von Logistikkostenstellen ist sinnvoll, um einen systematischen Überblick über die eingesetzten Logistikleistungen und deren Kosten zu erhalten. Die Vorteile sind:

- größere Transparenz über die Logistikkosten;
- Möglichkeiten zur Ermittlung von Verrechnungssätzen für beanspruchte logistische Leistungen, die ihren Niederschlag in der Kostenträgerrechnung finden;
- Gewinnung von Informationen über Veränderungserfordernisse in den logistischen Konzeptionen, etwa Outsourcing von Aufgaben; Modular sourcing und Global sourcing; Standortveränderungen von Fertigungsstätten und Lagereinrichtungen; Zentral- versus Regionalläger u.ä.

Ziel ist es, hier alle Logistikkosten als *Kostenstelleneinzelkosten* auszuweisen. Da sich einige in den Fertigungs- und Beschaffungs-/Distributionsprozessen enthaltene Logistikleistungen nicht hinreichend separieren und auf Logistikkostenstellen verrechnen lassen, verbleibt ein Unschärfebereich dergestalt, dass einige Logistikleistungen nicht mit entsprechenden Logistikkosten nachgewiesen werden.

In der **Kostenträgerrechnung** geht es um die Zuordnung der Logistikkosten auf Kostenträger, also Bezugsobjekte wie Produkte, Kunden, Absatzregionen u.ä. Hierzu ist es erforderlich, die Inanspruchnahme der logistischen Leistungs- und Kostenstellen zu erfassen. Dazu bedarf es „logistischer Leistungspläne", die auf der Grundlage von Stücklisten, Arbeitsgangplänen und logistischer Arbeitsstationen zu erstellen sind (Weber 1987, S. 231 f.). Über Mengen und Zeitdaten kann die Inanspruchnahme der logistischen Leistungsstellen erfaßt werden (Weber 1991, S. 187 ff.).

Der Logistikbereich zeichnet sich auch dadurch aus, dass die kurzfristig als beweglich geltenden Kosten häufig nicht von den erstellten Leistungen, sondern vom Umfang der erforderlichen *Prozesse* abhängig sind. Zwischen dem Umfang der Leistungen und dem der Prozesse besteht keine unbedingte Proportionalität. Eine systematische Befassung mit den Logistikkosten setzt daher voraus, dass zwischen *logistischen Leistungs- und Prozeßkosten* differenziert wird, da die Bestimmungsmerkmale jeweils unterschiedlich sind (vgl. auch Göpfert 2002, S. D5-446).

Beispiel: Der Gütertransport mit einem Verkehrsmittel verursacht bei der Lastfahrt *Leistungskosten*; sie sind von Menge, Volumen und Transportweite des Auftrages abhängig.

Der Logistikprozeß und damit die Prozeßkosten umfassen Leerfahrten zum Beladeort und ggf. die Leerrückfahrt, Reinigungskosten des Fahrzeuges u.ä. Sie sind nicht leistungs-, sondern *prozeßabhängig*.

Einen hohen Anteil der Prozeßkosten bilden die Bereitschaftskosten. Die **Prozeßkostenrechnung** in der Logistik ist vor allem dann erforderlich, wenn eine kostenstellenübergreifende Erfassung aller Kosten eines logistischen Teilsystems verlangt wird. Anwendungsgebiete sind etwa die Identifikation von JIT-geeigneten Teilen, die Ermittlung der Kosten der Auftragsabwicklung von der Auftragsannahme bis zur Auslieferung oder die Durchrechnung von Make or buy-Entscheidungen.

4 Logistik-Controlling

Das **Logistik-Controlling** unterstützt das Logistikmanagement bei den Planungs-, Steuerungs- und Kontrollaufgaben durch Bereitstellung der Informationen zur Ausschöpfung von Rationalisierungs- und Qualitätssteigerungspotentialen. Im Blickfeld stehen logistische Ketten mit inner-, zwischen- und außerbetrieblichen physischen und kommunikativen **Schnittstellen**.

Es ist die Aufgabe des Logistik-Controlling, an der Planung des *Logistikbudgets* mitzuwirken (bereichsbezogene Budgets für Transport und Lager; leistungsbezogene Budgets für Umschlags-, Verpackungs- und Abwicklungsaktivitäten (Küpper 1992, S. 128 f.)). Das Logistik-Controlling arbeitet mit speziellen Logistik-Kennziffern, etwa Transportkosten je Empfangs-/Versandeinheit, Zeitaufwand, Verpackungskosten, Beschädigungshäufigkeit u.ä. Zusätzlich wird häufig eine nutzwertanalytische Evaluierung von logistischen Alternativlösungen durchgeführt.

Ein effizientes Logistik-Controlling setzt definierte **Logistikziele** voraus; hierbei wird zwischen **strategischen** und **operativen Zielen** und als Folge zwischen strategischem und operativem Logistik-Controlling unterschieden (Weber 1991, S. 27 ff.). Zum *strategischen Logistik-Controlling* gehören (Kummer 2002, S. D5-14)

- die Bestimmung der strategischen Bedeutung der Logistik für das Unternehmen;
- die Integration der Logistik in die strategische Unternehmungsplanung;
- das Festlegen von Logistikstrategien als Funktionalstrategien;
- der Aufbau der strategischen Kontrolle,
- die Sicherstellung der Umsetzung der strategischen Logistikplanung in operative Sachziele;
- Supply-Chain-Controlling.

Instrumente des strategischen Logistik-Controlling sind das **Logistik-Portfolio**, der Aufbau eines **Rechnungssystems** für die Logistikleistungen und die Leistungskosten sowie die Schaffung eines **Kennzahlensystems**.

Mit dem *Logistik-Portfolio* wird die Logistikattraktivität und -kompetenz in einer zweidimensionalen Matrix dargestellt (Weber 1991, S. 36). Dabei beinhaltet *Logistikattraktivität* das aus optimierter Logistikkonzeption abschätzbare Erfolgspotential (Kostensenkung, Leistungssteigerung) eines Unternehmens; *Logistikkompetenz* beinhaltet die Fähigkeit des Unternehmens, ein Logistikkonzept optimal umzusetzen. Das Logistik-Portfolio liefert die Grundlagen für strategisches Verhalten.

Abbildung 66: **Logistik-Portfolio**

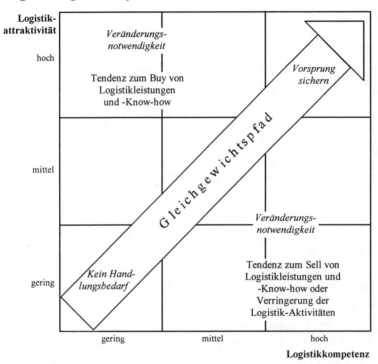

Quelle: Weber (1991), S. 36; Weber/Kummer (1998), S. 175.

Das *operative Logistik-Controlling* versucht, mit Hilfe genormter operationaler Maßgrößen Zielerreichungsgrade zu bestimmen. Operative Ziele der Logistik sind beispielsweise

- Maximierung der Auslastung der Transportfahrzeuge,
- Minimierung der Auftragsdurchlaufzeiten,
- Minimierung der Rampenwartezeiten für Lkw u.ä.

Weiterhin wirkt das operative Controlling mit bei der Logistikplanung (als langfristige Logistikstrategien, kurzfristige Ablaufplanungen und Investitionsplanungen für den Logistikbereich). Es stellt die erforderlichen Informationen und Entscheidungsverfahren bereit und wirkt beim Aufbau eines Planungssystems mit.

Literatur zu Kapitel V.2-4:

Czarnetzki, S. / Kastern, H. (1998): Efficient Consumer Response (ECR) - der steinige Weg zur Partnerschaft, in: Zeitschrift für Organisation, 67. Jg., S. 277-279.

Friedrich, St.A. / Hinterhuber, H.H. (1999): Wettbewerbsvorteile durch Wertschöpfungspartnerschaft. Paradigmenwechsel in der Hersteller/Handels-Beziehung, in: Wirtschaftswissenschaftliches Studium (WiSt), 28. Jg., S. 2-8.

Göpfert, I. (2002): Kosten- und Leistungsrechnung in der Logistik, in: Arnold, D. / Isermann, H. et al. (Hrsg.): Handbuch Logistik, Berlin-Heidelberg, S. D5-34 bis D5-46.

Küpper, H.U. (1992): Logistik-Controlling, in: Controlling, 4. Jg., S. 124-132.

Kummer, S. (2001): Logistikkostenrechnung und Controlling, in: Krampe, H. / Lucke, H.-J. (Hrsg.), Grundlagen der Logistik, 2. Aufl., München, S.151-174.

Kummer, S. (2002): Strategisches Logistik-Controlling, in: Arnold, D. / Isermann, H. et al. (Hrsg.): Handbuch Logistik, Berlin-Heidelberg, S. D5-14 bis D5-26.

Pfohl, H.-C. (1994): Logistikmanagement - Funktionen und Instrumente: Implementierung der Logistikkonzeption in und zwischen Unternehmen, Berlin et al.

Slotta, G. et al (1997): Efficient Consumer Response. Vom Dienstleister zum Manager, in: Logistik heute, Heft 3, S. 26-30.

Tietz, B. (1995): Efficient Consumer Response (ECR), in: Wirtschaftswissenschaftliches Studium (WiSt), 24. Jg., S. 529-530.

Weber, H. K. (1997): Stichwort Logistikkosten, in: Vahlens Großes Logistiklexikon, hrsg. von J. Bloech und G. B. Ihde, München, S. 589-594.

Weber, J. (1987): Logistikkostenrechnung, Berlin et al.

Weber, J. (1993): Logistik-Controlling, 3.Aufl., Stuttgart (Band 1 der Reihe Management der Wissenschaftlichen Hochschule für Unternehmensführung Koblenz).

Weber, J. (1998): Logistikmanagement - Verankerung des Flußprinzips im Führungssystem des Unternehmens, in: Isermann, H. (Hrsg.): Logistik: Gestaltung von Logistiksystemen, 2. Aufl., Landsberg/L., S. 79-90.

Weber, J. (2002): Stand und Entwicklungsperspektiven des Logistik-Controlling, in: Arnold, D. / Isermann, H. et al. (Hrsg.): Handbuch Logistik, Berlin-Heidelberg, S. D5-1 bis D5-13.

Weber, J. / Kummer, S. (1998): Logistikmanagement, 2. Aufl., Stuttgart.

Wirtz, B. W. / Mathieu, A. (2001): B2B-Marktplätze – Erscheinungsformen und ökonomische Vorteile, in: WISU, Heft 10, S.1332-1344.

5 Fallbeispiele

Nachfolgend werden beispielhaft drei Logistikkonzeptionen aus unterschiedlichen Wirtschaftszweigen skizziert und die hieraus resultierenden Anforderungen für die *Transportwirtschaft* verdeutlicht.

(1) Automobilindustrie

Die Logistikkonzeption von JIT (produktionssynchrone Anlieferung, Optimierung der Güterströme von der Beschaffung bis zur Auslieferung an den Kunden mit weitgehend bestandsloser Fertigung) wurde zunächst in der japanischen (KANBAN-System) und nachfolgend dann auch in der europäischen Automobilindustrie umgesetzt. Die Gründe für die Vorreiterposition der Automobilindustrie liegen in

- der oft mehrere hundert Modellvarianten umfassenden Produktpalette mit entsprechend hohen Logistikanforderungen an das Materialplanungssystem (MPS),
- dem Charakter weitgehender Einzelfertigung jedes Fahrzeugs aufgrund der Ausstattungsvorgaben des Bestellers,
- dem Tausende von Einzelpositionen umfassenden Montageprozeß, wobei neben Fremdteilen auch eigenproduzierte Teile (insbesondere Motoren, Getriebe, Achsen) eingebaut werden; auch werden letztere häufig aus räumlich weit getrennt liegenden Werken zugeliefert,
- dem weltweit stark intensivierten Wettbewerb in der Automobilindustrie, der sich sowohl im Preisbereich wie auch in der Lieferflexibilität sowohl für die Fahrzeuge in einer breiten Modellpalette mit vielen Sonderausstattungsmöglichkeiten und bei der Ersatzteilversorgung darstellt,
- dem zeitlich häufigeren Modellwechsel und den hierdurch ausgelösten Kosteneffekten und Flexibilitätsansprüchen sowie
- dem vergleichsweise hohen Logistikkostenanteil an den Gesamtkosten.

Durch die folgenden Maßnahmen hat die Automobilindustrie die Herstellungskosten entscheidend senken und die Marktflexibilität erhöhen können:

- Reduktion der Fertigungstiefen auf 40 bis 45 % (immer noch deutlich höher als in Japan mit 30 bis 35 %) durch weiteres Outsourcing, d.h. Fremdfertigung statt Eigenfertigung.
- Europaweiter Einkauf von Fremdteilen, d.h. Ergänzung des Single sourcing durch Global sourcing.
- Verzicht auf Lagerhaltung von eigen- oder fremdgefertigten A-Teilen mit hohen und kontinuierlichen Verbrauchswerten (Motore, Getriebe, Achsen, Fahrzeugelektronik, Reifen, Sitzgarnituren u.ä.) durch Organisation einer weitgehend bestandslosen, produktionssynchronen Logistikkette mit zeitgenauer Anlieferung. Ziel ist es, die Vorratshaltung in den Pufferlägern, die in enger räumlicher Nähe zum Einbauort plaziert sind, auf zwei Stunden Reichweite zu begrenzen.
- Einführung eines Simultaneous Engineering und Lean-Produktion, einer Lean-Zuliefererkette sowie einer veränderten Arbeitsorganisation durch Schaffung von stärker eigenverantwortlicher Gruppenarbeit mit wechselnden Arbeitsaufgaben für die Gruppenmitglieder (Teamorientierung).

- Teilweise Fremdführung von Eingangslägern durch Logistikdienstleister (Spediteure), welche auch die Logistikkosten tragen und die produktionsgerechte Versorgung der Montagebänder sicherstellen.
- Ansiedlung von Zulieferern in räumlicher Nähe, um A-Teile produktionssynchron produzieren und anliefern zu lassen (z.B. Sitzgarnituren). Gleichzeitig wird die Qualitätsverantwortung auf den Zulieferer übertragen; die dortige Produktion wird durch die Fahrzeugmontage gesteuert (CIM).
- Zur Senkung der bei hohen Zuliefererzahlen erheblichen Transaktionskosten wird Single sourcing bzw. sukzessive *Modular sourcing* eingeführt, soweit dies ablauforganisatorisch möglich ist (etwa: Vormontage von vollbestückten Armaturenträgern). Erwogen wird auch der Einsatz von Mitarbeitern der Zuliefererfirmen in der Fahrzeugmontage zum Einbau solcher Module.
- Für die (europaweite) Ersatzteilversorgung werden vollautomatisierte Hochregalläger errichtet, deren Organisation es ermöglicht, bei einem Bestelleingang bis 17 Uhr noch am gleichen Tage die Auslieferung mit Bereitstellung am folgenden Tag zu realisieren.
- Sowohl in der Fertigung wie auch in den zentralen Ersatzteillägern werden computergesteuerte fahrerlose Flurfördersysteme (FFS) eingesetzt.
- Zur Einsparung von Fertigungskapazitäten wird zwischen verschiedenen Produktionsstätten, die über größere Entfernungen verteilt sind, ein wechselseitiger Teileaustausch durch zeitgenaue Zulieferung praktiziert.
- Sowohl im inner- und zwischenbetrieblichen Bereich als auch mit den Zulieferern ist eine Behälterstandardisierung erfolgt, um Verpackungs- und Transportkosten zu reduzieren.
- Die kommunikativen Verflechtungen besitzen in der Automobilindustrie einen hohen Stellenwert. Alle beteiligten Hersteller und Zulieferer haben sich in Deutschland auf den Datenfernübertragungsstandard (DFÜ-Standard) nach VDA-Norm geeinigt; im europäischen Bereich gilt die Branchennorm ODETTE.

Aus diesen knapp skizzierten Merkmalen der Logistik in der Automobilindustrie wird deutlich, dass Logistikdienstleistungen und Transportleistungen eine wichtige Funktion besitzen. Insbesondere bei der Automobilindustrie zeigt sich, dass die *Band-Band-Anlieferung* Voraussetzung für effiziente Logistiklösungen ist und hierfür der Lkw die vergleichsweise besten Voraussetzungen besitzt. Bei schienenseitigen Anlieferungen ist ein kosten- und zeitmäßig oft nicht tragbarer weiterer Umschlag auf werksinterne Förderfahrzeuge erforderlich.

(2) Stahlhandel (Stahlmagazine)

Die logistischen Konzeptionen der stahlverarbeitenden Industrie, vor allem der Automobilindustrie, sehen keine Stahleingangsläger mehr vor. Ziel ist ein bedarfsorientierter, d.h. produktionssynchroner Anlieferrhythmus der benötigten Stahlsorten. Auf der anderen Seite ist die stahlerzeugende Industrie aus produktionstechnischen Gründen nicht in der Lage, diesen Erfordernissen der Nachfrager unmittelbar zu entsprechen. Die jeweils in einer Qualitätscharge hergestellten Stahlmengen decken einen längerfristigen Verarbeitungsbedarf der Automobilindustrie.

Um hier eine JIT-Lösung zu realisieren, sind vom Stahlhandel sog. *Stahlmagazine* in der Nähe der Hauptverbrauchsorte des Stahl errichtet worden. Die Funktion eines Stahlmagazins besteht in der Lagerung, Bearbeitung und Kommissionierung der für einzelne Verbraucher benötigten Stahlmengen und -sorten. Die Stahlindustrie beliefert die Stahlmagazine entsprechend den Rahmenlieferverträgen mit chargenspezifischen Stahlmengen, etwa in Form von Coils. Sie entspricht damit den technischen und wirtschaftlichen Mengenanforderungen im Stahlerzeugungs- und -weiterverarbeitungsprozeß (Bandstähle, Rohre, sonstige Formstähle, jeweils in unterschiedlichen Qualitätsausformungen nach Käufervorgaben). Von den Stahlwerken (Walzwerken) werden die Produkte in größeren Mengen in die Stahlmagazine geliefert (in der Regel mit der Bahn).
In den (teilweise temperaturgeführten) Stahlmagazinen erfolgt eine Teilbearbeitung (Finishing) der Stahlerzeugnisse entsprechend den Anforderungen der jeweiligen Stahlverarbeiter (etwa: Beschneiden der Bandenden bei Coils, ergänzende Beschichtungen u.ä.). Diese Arbeitsgänge können in den Magazinen kostengünstiger als in den Stahlwerken durchgeführt werden. Gleichzeitig steigt die Wertschöpfung in den Stahlmagazinen, die damit im Vergleich zu traditionellen Lägern zusätzliche Funktionen übernehmen.
Der Transport der jeweils benötigten Stahlmengen und -sorten in die verarbeitende Industrie erfolgt aufgrund entsprechender Lieferabrufe im Sinne einer produktionssynchronen Zulieferung. Eingesetzt wird neben der Bahn häufig auch der Straßengüterverkehr. Stahlmagazine stellen damit die Brücke zwischen der mit höheren Losgrößen produzierenden Stahlindustrie und den jeweils produktionssynchron beziehenden stahlverarbeitenden Unternehmen her.

(3) Einzelhandel (Kaufhäuser)

Der intensive Wettbewerb im *Einzelhandel*, insbesondere zwischen den starke Sortimentsähnlichkeiten aufweisenden Kaufhäusern, hat zu einer strengen Kostenkontrolle und Bemühungen geführt, die Flexibilität in der Kundenbelieferung zu erhöhen. Eine interessante und viel diskutierte Logistiklösung hat das Unternehmen Karstadt realisiert.
Zur Versorgung von 164 Filialen mit kontinuierlich geführten Artikeln (sog. Stapelartikel mit 48 % Umsatzanteil, bestehend aus rd. 200.000 Bestellpositionen; vgl. Eierhoff 1994b, S. 139) wurden die früheren dezentralen Lagerhaltungen mit Sicherheitszuschlägen in 80 Kopffilialen (bei durchschnittlichen Reichweiten von rd. drei Monaten) sowie die weiteren 80 „Anhängefilialen" aufgelöst. An ihre Stelle trat eine zentrale Logistik für täglich durchschnittlich rd. 200.000 Auslieferungspositionen. Neben einem umfassenden Datenfernübertragungssystem (von den Datenkassen der Filialen an den Zentralrechner in der Hauptverwaltung und weiter an das Zentrallager für Stapelartikel in Unna) steht im Zentrum der veränderten Logistikkette das spezielle Warenverteilzentrum (WVZ) mit über 130.000 qm Lagerfläche.
Bei Eingang von Filialbestellungen beim WVZ (über den Zentralrechner der Hauptverwaltung) erfolgt die Kommissionierung, das Verladen und der Versand am Tag B, so dass am Tag C bis 11.00 Uhr die Waren in den Filialen verkaufsfertig vorliegen. Die Zuführung zu den Filialen vom WVZ erfolgt zu großen Teilen über die Bahn bis

zum Güterbahnhof, der als Sortier- und Pufferfläche unter Mitarbeit von Karstadt-Beschäftigten benutzt wird. Die hier sortierten Bestellungen gehen dann per Lkw direkt zu den Abteilungen. Die Informationen über Art und Umfang der Sendungen werden über DFÜ warenvorauseilend für die Frachtführer und die Filialen geliefert. Der elektronische Datenaustausch erfolgt mit EDIFACT als branchenübergreifendem Standard, um Mehrfacheingaben zu verhindern. Beteiligt sind am EDIFACT-Standard rd. 100 Lieferanten neben den beteiligten Spediteuren und Frachtführern. Speziell für diese Warenhauslogistik wurde ein *Logistik-Controlling* entwickelt, das neben Beständen, Warenausgängen und Auslastungsgraden auch Qualitätsmerkmale berücksichtigt (Anlieferungszeit, Lieferantenbeurteilung, Wertschöpfung der verschiedenen logistischen Stufen u.ä.).

Der erreichte hohe Anteil der Bahntransporte am Warenausgang des WVZ ist auf eine gezielte Problemlösung der Bahn für diese Logistikaufgabe zurückzuführen. Die veränderte Logistikkette hat mit der Zentralisierung der Lagerhaltung und der neu strukturierten Auftragsabwicklung der Filialen zu erheblichen Kosteneinsparungen und schnelleren Reaktionszeiten bei der Belieferung der Filialen und dortigen Abteilungen geführt.

Die 1994 erfolgte Übernahme der Hertie-Kaufhäuser durch die Firma Karstadt wurde auch damit begründet, dass dadurch wesentliche Einsparungen bei den Logistikkosten zu erwarten seien. Andere große Kaufhaus-Filialunternehmen haben - allerdings zeitlich später - ebenfalls spezielle Logistiksysteme eingeführt, wobei speditionelle Logistikdienstleister mit wichtigen Funktionen integriert sind.

Literatur zu Kapitel V.5:

Eierhoff, K. (1994a): Die Logistikkette als Wertschöpfungselement des Handels, in: Pfohl, H.-C. (Hrsg.).: Management der Logistikkette: Kostensenkung - Leistungssteigerung - Erfolgspotential, Berlin (Band 7 der Reihe Unternehmensführung und Logistik), S. 129-147.

Eierhoff, K. (1994b): Ein Logistikkonzept für Stapelartikel - dargestellt am Beispiel der Karstadt AG, in: Zeitschrift für betriebswirtschaftliche Forschung, 46. Jg., S. 968-978.

Hackenbirg, G. / Hildebrandt, R. / Krampe, H. (2001): Handelslogistik, in: Krampe, H. / Lucke, H.J. (Hrsg.), Grundlagen der Logistik, 2. Aufl., München, S. 303-356.

Ihde, G.B. (2001): Transport, Verkehr, Logistik, 3. Aufl., München, S.296-323.

Tietz, B. (1993): Der Handelsbetrieb, 2. Aufl., München.

Zentes, J. (1998): Effizienzsteigerungspotentiale kooperativer Logistikketten in der Konsumgüterwirtschaft, in: Isermann, H. (Hrsg.): Logistik. Gestaltung von Logistiksystemen, 2. Aufl., Landsberg/L., S. 429-440.

6 Auswirkungen veränderter Logistikkonzeptionen auf die Verkehrswirtschaft

Die veränderten Logistikkonzeptionen der verladenden Wirtschaft stellen die traditionellen Akteure der Transportwirtschaft vor neue Herausforderungen. Sie bieten Chancen, aber auch Risiken.

6.1 Integrationserfordernisse

In der verladenden Wirtschaft gewinnt das Denken in logistischen Ketten sowie eine entsprechende Strukturierung der physischen Güterströme und der kommunikativen Verflechtungen an Bedeutung. Transportleistungen sind ein wichtiges Element in diesen Logistikketten. Es besteht die Tendenz, dass nicht mehr die einzelnen Elemente der Logistikketten, sondern vielmehr die Logistikketten als Ganzes im Wettbewerb stehen.

Der Markterfolg transportwirtschaftlicher Aktivitäten setzt voraus, dass eine *flexible Integration* in diese logistischen Abläufe erfolgt. Hinsichtlich der *physischen Integration* besitzt der Straßengüterverkehr systemspezifische Vorzüge gegenüber der Bahn und der Binnenschiffahrt, da zeitflexible Band-Band-Verkehre (früher: Haus-Haus-Transporte) die produktionssynchrone Anpassung ermöglichen. Kosten- und zeitbeanspruchende Umladungen sind nicht erforderlich, wodurch häufig auch Verpackungskosten im Vergleich zur Nutzung anderer Verkehrsmittel eingespart werden können. Logistisch-zeitkritische Transporte verlangen ein hohes Maß an *Zuverlässigkeit*.

Neben dieser physischen Integration in komplexe Logistikketten, die zunehmend auch Recycling-Stoffströme einschließen, besitzt die Integration in *Informations- und Kommunikationssysteme* einen hohen Stellenwert. Vorauseilende Sendungsinformationen, Realzeitinformationen über den Transportstatus der Sendung (Sendungsverfolgung), Informationen über den Sendungszustand (etwa bei temperaturgeführten Behältern, Gefahrgutsendungen u.ä.) werden zu Basis-Qualitätsstandards. Hierzu zählt zunehmend auch ein DFÜ-Standard, der problemlose Informationstransfers zwischen allen Beteiligten an der Logistikkette ermöglicht, wobei hier noch spezielle Branchenstandards und branchenneutrale (internationale) Standards existieren. Das Instrument bietet hier wesentliche Hilfestellungen.

Für die Transportwirtschaft resultieren aus den Integrationserfordernissen zwingende **Anpassungsaktivitäten**:

- Sicherung der logistisch geforderten und branchenspezifisch durchaus auf unterschiedlichem Anspruchsniveau liegenden *physischen Anpassungsflexibilität* (Transportrhythmus, Fahrzeugtypen und -größen, Dispositionsspielräume, Transportsicherheit).
- Einordnung in die Informations- und Kommunikationssysteme, welche die physische Logistikkette begleiten. Es muß ein kommunikativer Systemverbund hergestellt werden, welcher die Unternehmen der Transportwirtschaft (Speditionen, Frachtführer, Umschlagstellen) einschließt. Realzeitinformationen als transportbegleitende und -vorauseilende Statusbeschreibungen setzen die Vorhaltung von leistungsfähigen DFÜ-Systemen sowie die Bereitschaft und Fähigkeit voraus, den Kommunikationsstandards zu entsprechen und leistungsfähige Schnittstellen aufzubauen. Hierfür ist neben speziellem Know-how auch Investitionskapital erforderlich. Dies kann bei einer größeren Zahl logistisch aktiver Kunden der Spediteure und Frachtführer dann zu Problemen führen, wenn sehr unterschiedliche I&K-Systeme in der verladenden Wirtschaft benutzt werden. Auf der anderen Seite führt eine solche Integration transportwirtschaftlicher Leistungen in die Logistikketten auch zur Reduzierung der Preisabhängigkeit und Preisbedeutung für die Transportwirtschaft dadurch, dass neue wechselseitige Abhängigkeiten zwischen Transportwirtschaft und verladender Wirtschaft begründet werden.

6.2 Neue Geschäftsfelder

Der Prozeß der *Fertigungstiefenreduzierung* führt, insbesondere im Bereich von Logistikaktivitäten, zu Outsourcing-Strategien in der verladenden Wirtschaft. Hier ergeben sich vor allem für Speditionsbetriebe völlig neue Geschäftsfelder, die neben die traditionellen Aufgaben der Transportorganisation, des Transports als Einzelsendung oder Sammelladung, der Zwischenlagerung und des Kommissionierens treten. Die Praxis zeigt, dass die Struktur solcher neuen Geschäftsfelder sehr weit gespannt ist:

- Bau und Führung von Eingangslägern für die Industrie,
- Übernahme von regionalen Vertriebssystemen mit Abwicklung von Retouren und Garantiereparaturen,
- Errichtung und Betrieb von zentralen oder regionalen Auslieferungslägern,

- Endmontage von Zusatzteilen bei Importprodukten,
- Übernahme der Regalpflege im Handel für zuliefernde Produktionsbetriebe (Mengen- und Frischekontrolle, Retourenabwicklung),
- Abpackungen/Verpackungen und kundenspezifische Preisauszeichnung im Handel,
- „Finishing" von Importprodukten (etwa Aufbügeln von Textilien, Entkonservieren von Fahrzeugen u.ä.),
- Bereitstellung von Finanzierungsleistungen.

Diese sich noch ausweitenden neuen Geschäftsfelder bedeuten für Unternehmen der Transportwirtschaft **zusätzliche** und **vergleichsweise hohe Wertschöpfungspotentiale** durch das Einbringen solcher Logistikleistungen.

Allerdings setzt dies voraus, dass die mit dem Schritt zum **Logistikdienstleister** erforderlichen Bedingungen erfüllt werden können:

- Verfügbarkeit über verladerspezifisch relevantes logistisches Know-how durch entsprechend qualifizierte Mitarbeiter,
- Verfügbarkeit über teilweise erhebliches Investitionskapital zur Finanzierung von Anlageinvestitionen in Läger mit hochwertiger rechnergestützter Ablauforganisation und Datenverbund mit den Logistikpartnern,
- Fähigkeit, die logistischen und branchenspezifischen Probleme und Entwicklungstendenzen der Kunden aus der verladenden Wirtschaft zu beobachten, zu analysieren und zukunftsorientiert zu durchdenken mit dem Ziel, dem Kunden kostengünstigere und marktflexiblere Alternativen für eine „buy"-Entscheidung anstelle bisheriger „make"-Situationen zu offerieren.

Abbildung 67: Bedeutung der Logistikorientierung

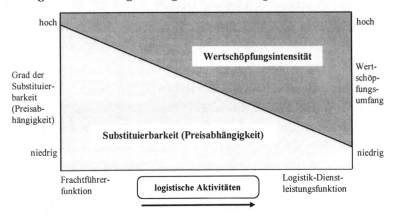

Diese Bedingungen für eine erfolgreiche Betätigung in neuen Geschäftsfeldern verdeutlichen, dass solche Alternativen bestimmte Betriebsgrößen und Kapitalverfügbarkeiten bei den Logistikdienstleistern voraussetzen. Für Speditionsbetriebe entweder als Großspeditionen oder als große mittelständische Betriebe bieten sich hier hochinteressante Marktchancen, den Schritt zum Logistikdienstleister als wichtiger *Logistikpartner* zu vollziehen. Hinzuweisen ist aber auch auf die hohen Qualitätsansprüche an diese Logistikdienstleister, übertragen doch die Unternehmen der verladenden Wirtschaft wichtige und sehr störungssensible Aufgaben an Speditionen. Ein striktes Qualitätsmanagement ist daher unabdingbar.

7 Logistische Optimierungsstrategien

Nachfolgend werden - allerdings nur beispielhaft - einige Elemente von logistischen Optimierungsaufgaben und deren Lösungen in wichtigen transportwirtschaftlichen Bereichen vorgestellt.

7.1 Speditionslogistik

Von allen verkehrsorientierten Unternehmen sind Speditionsbetriebe am besten geeignet, den Schritt zum Logistikpartner der verladenden Wirtschaft erfolgreich zu vollziehen. Traditionell hat der Spediteur mit dem *Sammelladungsverkehr* eine erste und wichtige logistische Leistung erbracht. Er besitzt die erforderlichen Voraussetzungen, die entscheidenden Segmente eines marktausgerichteten Paketangebotes auszufüllen (Möhlmann 1987):

- Transportvorbereitung
  (Angebotsformulierung, Frachtführerwahl, evtl. Selbsteintritt, Kapazitätsreservierung bei weiteren Verkehrsmitteln wie Binnen-, Seeschiffahrt und Luftverkehr, im kombinierten Verkehr, Beladen und Verstauen der Frachtgüter, Wahl der Empfangsspediteure, Entladen, Lagerhaltung, Tourenplanung, etc.);
- Transportdurchführung und transportbegleitende Tätigkeiten;
- Überwachung des Transportvorgangs;
- Transportnachfolgende Tätigkeiten
  (innerbetrieblicher Transport beim Versender/Empfänger, Rückführung/Verwertung von Verpackungen, Lagereinordnung beim Kunden, Regalpflege, La-

gerbestandskontrolle, Rücknahme und Verrechnung von Retouren, Prüfung von Mängelrügen, Entgegennahme von Bestellungen, Fakturierung, Debitorenbuchhaltung, Führen von Verkaufsstatistiken, Durchführung von Garantiereparaturen).

Hinsichtlich der Motive für eine Übertragung von Logistikdienstleistungen an externe Partner ist bei der verladenden Wirtschaft zwischen Großunternehmen sowie Mittel- und Kleinbetrieben zu unterscheiden. *Großbetriebe* treffen systematisch durchgerechnete Make or buy-Entscheidungen und übertragen nicht-originäre Tätigkeiten an Logistikdienstleister. Sie bestehen jedoch darauf, diese zugekauften Leistungen in ihre Basislogistik zu integrieren, etwa in ihre Materialwirtschaftssysteme. *Mittel- und Kleinbetrieben* fehlt häufig das fachliche Know-how, gelegentlich aber auch die Kapitalbasis, um die vom Markt geforderten und für die Wettbewerbsposition der Produktions- und Handelsbetriebe sehr bedeutsamen Logistikaktivitäten selbst erbringen zu können. Sie bedienen sich dann der (speditionellen) Logistikdienstleister.

Spediteure mit logistischer Kompetenz sind auch als *Logistik-Consultants* tätig, etwa in der Beratung hinsichtlich Eigen- oder Fremdtransport der verladenden Wirtschaft, der günstigsten Kombination von Bezugs- und Absatztransporten, der Optimierung der Lagerorganisation und der Ausgliederung von Funktionen sowie Übertragung an externe Dienstleister.

Abbildung 68: Übernahme komplexer Dienstleistungen durch den Spediteur

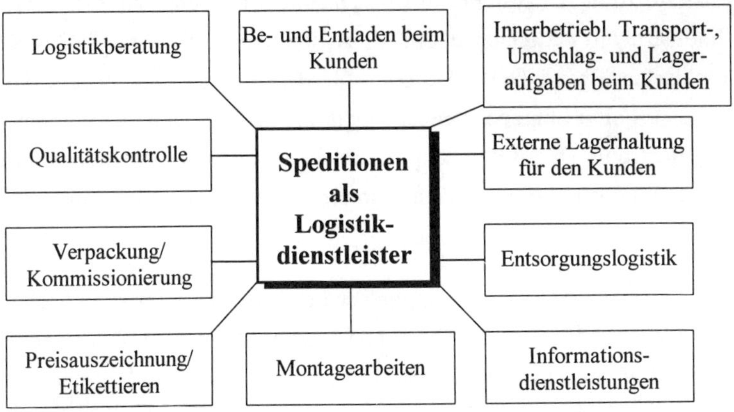

Quelle: Aden (1993), S. 196.

Spediteure kreieren auch neuartige Transportleistungsprodukte. Beispielhaft sei der **Sea-Air-Verkehr** genannt, der vor allem bei fernöstlichen USA- und Europaimporten einen hohen Stellenwert erreicht hat. Die Seeschiffstransporte aus Hongkong, Korea, Japan und China werden bis zu den nahöstlichen Destinationen Dubai, Bahrain und weiteren Häfen oder nach Vancouver geführt; ab dort erfolgt der Weitertransport nach Europa/USA als Luftfracht. Hierdurch wird eine deutliche Senkung der Transport*kosten* im Vergleich zur durchgehenden Luftbeförderung sowie eine fühlbare Reduzierung der Transport*zeit* gegenüber dem reinen Schiffstransport erreicht.

Ebenfalls ist der Spediteur in der Lage, **Synergieeffekte** marktwirksam zu nutzen, indem gemeinsame Läger, teilweise auch gemeinsame Strecken- und Auslieferungstransporte für mehrere Kunden der verladenden Wirtschaft organisiert werden (Warehousing-Konzepte).

Traditionell übernimmt die Spedition auch die Aufgabe eines *Informationsvermittlers*. Sie organisiert durchlaufende und vorauseilende Informationen im Sinne von Logistikketten anstelle von Insellösungen. Damit erfolgt nur eine einmalige Datenerfassung, was die Fehlerhäufigkeit durch (wiederholte) Dateneingabe vermeidet. Stichwort in diesem Zusammenhang ist hier der beleglose Datenaustausch zur Reduzierung der Papierflut. Die DFÜ-Daten stehen dann nicht nur für Transportzwecke, sondern auch für Warenwirtschaftssysteme, die Lagerlogistik, für Zollformalitäten und sonstige Zwecke zur Verfügung. Notwendig sind dabei standardisierte Branchensysteme für die Datenübermittlung (so z.B. für die Automobilindustrie auf nationaler Ebene VDA-Standards, wie etwa VDA 4913, und auf europäischer Ebene ODETTE oder für den Handel das System SEDAS). Wünschenswert sind hingegen branchenneutrale DFÜ-Standards, wie etwa EDI-Systeme (Electronic Data Interchange), um die gerade bei Speditionen auftretenden Probleme aufgrund einer Vielzahl unterschiedlicher Kundenstandards zu beseitigen.

Solche logistischen Aufgabenstellungen setzen jedoch weit überdurchschnittliche Betriebsgrößen wegen des erforderlichen Know-how und des Kapitals für Anlage- und DV-Investitionen voraus. Für mittlere Speditionsbetriebe kann eine Strategie in der Bildung von *Kooperationen* liegen. Hier allerdings zeigen sich noch erhebliche Probleme:

- Erfolgreiche Kooperationen erfordern die Zusammenarbeit leistungsfähiger und wirtschaftlich gesunder Betriebe.
- Erforderlich ist die Bereitschaft, eigene Geschäftsfelder und Kundenbeziehungen in die Kooperation einzubringen und - etwa flächendeckend - auch einem Kundenaustausch zwecks Gesamtoptimierung zuzustimmen.
- Weiterhin muß die Bereitschaft vorhanden sein, gemeinsame Regeln für Vor- und Nachteilsausgleiche zu erarbeiten und zu praktizieren.
- Das schon traditionelle Mißtrauen gegenüber Mitwettbewerbern im Speditionsbereich muß überwunden werden.

Internationale Speditionskooperationen wurden beispielhaft durch **Strategische Allianzen** bzw. **speditionelle Netzwerke** gebildet, die sich aus marktführenden nationalen Speditionen zusammensetzen und die Leistungsqualitäten, DV-Systeme und gemeinsame Preisregeln festlegen. Dabei kann es auch zum Gebietsaustausch kommen (Aden 1993, S. 202 ff., Stahl 1995b, S. 437 ff.).

Bei den Kooperationen von Spediteuren zeigt der empirische Befund, dass sie vor allem dann gute Ergebnisse erbringen, wenn es sich um neue Produkt-/ Marktkombinationen handelt. Beispielsweise seien die sog. KEP-Dienste (Kurier-, Expreß-, Paketdienste) genannt. Der große Erfolg des Deutschen Paket-Dienstes (DPD), dessen Gesellschafter vor dem Verkauf an die französische Post (La Poste) in den Jahren 1998 bis 2001 mittelständische Spediteure waren, ist auch darauf zurückzuführen, dass gemeinsam in das Marktsegment der Post eingedrungen wurde und zugleich dieser Bereich generell sehr wachstumsintensiv ist. Hier bestand nicht das Problem kooperierender Aktivitäten in *bestehenden Geschäftsbereichen*. Gerade bei den KEP-Dienstleistern haben sich seit 1998 allerdings erhebliche Veränderungen in den Eigentümerstrukturen dadurch ergeben, dass nicht nur La Poste die DPD-Anteile, sondern auch die britische Post (Post Office) 95 % von German Parcel erworben haben. Damit sind seit 1998 völlig neue Player auf dem KEP-Markt angetreten; schon vor diesen Aufkäufen hat die niederländische Post den international tätigen Integrator TNT gekauft. Die Deutsche Post AG hat nicht nur das Schweizer Speditionsunternehmen Danzas erworben, sondern auch 25 % vom Integrator DHL. Damit stehen auf den KEP-Märkten sehr ressourcenstarke Großanbieter als Wettbewerber, welche die KEP-Netze als Basis für das Eindringen in die Speditionsmärkte nutzen können. Aufgrund ihrer hohen Finanzkraft kaufen sie das fehlende know how ein und erlangen hierdurch erhebliche Kompetenzausweitungen. Sehr problematisch ist allerdings, dass die Postunternehmen hohe Gewinne in monopolistisch beherrschten Marktsegmenten erzielen (Briefdienste) und diese in die KEP- und Speditionsmärkte transferieren können. Dies ist wettbewerbsrechtlich unzulässig; der Nachweis gestaltet sich als äußerst schwierig. Dies verdeutlichen Verfahren der EU-Kommission gegen solche expansiv tätigen Postunternehmen.

Zur Bewältigung der physischen Transport- und Umschlagvorgänge werden sowohl bei den KEP-Diensten wie auch in der Stückgutabwicklung zunehmend veränderte logistische Strukturen eingesetzt. Insbesondere handelt es sich dabei um die Realisierung von **Hub and spoke-Systemen** (Nabe-Speiche-Systemen), deren Vorbilder im US-amerikanischen Luftverkehr zu finden sind. Hub and spoke-Lösungen ersetzen die flächendeckenden **Rastersysteme**. Dabei werden sowohl Konzeptionen mit mehreren Naben von solchen unterschieden, die nur eine zentral gelegene Nabe für beispielsweise Gesamtdeutschland vorsehen. Entsprechende Standorte für solche zentralen Anlagen sind, in Deutschland für den terrestrischen Verkehr etwa die Räume Fulda/Bad Hersfeld, für den Luftverkehr die Flughäfen Köln/Bonn und Brüssel.

Abbildung 69: Hub and spoke-System

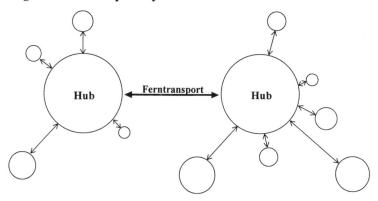

Die **Vorteile** eines **Hub and spoke-Systems** liegen bei Einrichtung mehrerer Hubs in:
- der Trennung von Sammeln und Verteilen vom Fernstreckentransport, der zwischen mehreren Hubs (Naben) durchgeführt wird;
- Spoke-(Speichen-)Niederlassungen haben direkten Kundenkontakt und können sich auf deren Bedürfnisse (Produktionsrhythmus, Anlieferzeiten u.ä.) einstellen, da kleinere Nahverkehrsfahrzeuge eingesetzt werden;
- in den Speichen sind Sortiervorgänge nicht notwendig mit folglich geringerem Platzbedarf in den Speichen;

- in den Naben erfolgt die Sortierung nach Zielrichtungen, um die Verladung für den Ferntransport (i.d.R. durch Wechselbrücken) vorzubereiten; für diese Aufgabe können leistungsfähige Flurfördersysteme und Barcodes eingesetzt werden;
- Expreß- und Paketdienste mit einer größeren Sendungshomogenität als Stückguttransporte können in den Naben eine stark industrialisierte Verarbeitung der Sendungen vornehmen, wodurch es zu beträchtlichen Kostensenkungen kommen kann;
- die Naben können außerhalb der Ballungsräume mit günstiger Flächenverfügbarkeit und vergleichsweise niedrigen Grundstückspreisen in direkter Nähe von leistungsfähigen Fernstraßen- und Eisenbahnverbindungen errichtet werden;
- beim Stückgutverkehr übernehmen die Naben auch eine Zwischenlagerfunktion, während bei Expreß- und Paketdiensten in den Abendstunden die eingehenden Speichentransporte sortiert und noch in der gleichen Nacht im Ferntransport zu den Zielnaben transportiert und dort nach Speichen sortiert und direkt über Verteiltransporte ausgeliefert werden;
- im Vergleich zum Rastersystem treten Kosteneinsparungen beim Umschlag und beim Transport (optimale Tourenplanung) als Folge höherer Auslastungen (geringere Zahl von Relationen) auf; der Kostenvorteil wird auf rd. 20 % geschätzt, ist aber stark situationsabhängig.

Ist nur ein zentraler Hub vorhanden, erfolgt die Sortierung der Sendungen bereits in den Speichenniederlassungen und Verladung auf Wechselbrücken und Zuführung zum Hub. Dort wird eine weitere Sortierung nach Zustellbezirken vorgenommen, so dass nach Neuverladung und Transport zu den Speichen beim Stückgut national in 48 Stunden die Abhol-/Zustellaufgabe erfüllt ist.

Nachteile des Hub and spoke-Systems sind:

- die Hubs verlangen aufgrund ihrer Kapitalintensität eine hohe Auslastung, um Kostenvorteile realisieren zu können;
- es muß teilweise „gegen die Fracht" (gegen die Zielrichtung) gefahren werden, um die zentrale Nabe oder die Naben zu erreichen; der gleiche Effekt tritt bei den Speichenniederlassungen auf; dies verursacht höhere Transportkosten durch zusätzliche Fahrzeugkilometer und vermehrten Zeitbedarf;
- die Automatisierung der Umschlagvorgänge in den Naben sowie die günstige Auslastung der Ferntransporte müssen auch die teilweise beträchtlichen zusätzlichen Fahrzeugkilometer kostenmäßig überkompensieren; dies setzt entsprechend große Nabenentfernungen voraus.

Die Vorteilhaftigkeit von Hub and spoke-Systemen ist in der Speditionspraxis umstritten. Im Luftverkehr gelten sie, begründet durch die hohen Nabendistanzen, hingegen als vorteilhaft. Um die Transporte „gegen die Fracht" bei Nabe-Speiche-Systemen zu reduzieren, werden auch *Direkttransporte* zwischen Speichenniederlassungen durchgeführt. Dies bedingt dann Mindestfahrzeugauslastungen und Sortieraufgaben in den Speichenniederlassungen. Während Stückgutspediteure teilweise in Deutschland nur mit einem Zentralhub arbeiten, verfügen die großen Paketdienste i.d.R. über mehrere Naben, um einen 24- / 48-Stundendienst weitgehend flächendeckend anbieten zu können. Im Ferntransport zwischen den Naben wird bislang die Bahn nur sehr begrenzt eingesetzt.

Die Speditionen sind, wenn die *ressourcenspezifischen Voraussetzungen* vorliegen, als Logistikdienstleister in einem umfassenden Sinn prädestiniert. Dabei wird davon ausgegangen, dass neben dem Koordinationsmanagement von logistischen Ketten und Netzwerken auch spezielle Assets (Lagerkapazitäten, EDV-Systeme, Fahrzeuge) eingebracht werden. Dabei können auch zugekaufte Leistungen, etwa Transporte, durch Subunternehmer mit deren Produktionsmitteln erbracht werden.

Unter Effizienzgesichtspunkten wird strittig diskutiert, ob als zukunftsträchtige Logistikdienstleister auch Anbieter Marktchancen besitzen, die ausschließlich (EDV-gestützte) Koordinationsleistungen erbringen, also über keine sonstigen Assets verfügen. Sie kaufen sämtliche Logistikdienstleistungen national und international zu und koordinieren sie zu einer Gesamtleistung. Für sie hat sich der Begriff des Fourth Party Logistics Provider (4 PL) durchgesetzt. Der Spediteur, der Kontraktlogistik betreibt, ist der 3 PL (Third Party Logistics Provider), während der „traditionelle" Spediteur und der Frachtführer als 2 PL und 1 PL bezeichnet werden.

Als Vorzüge des 4 PL werden die Neutralität bezüglich des Einsatzes der ausführenden Dienstleister und spezielles Koordinations-know how genannt. Kritisch zu hinterfragen ist, ob 4 PL-Anbieter ohne entsprechende Erfahrungen mit speditionellen Logistikleistungen und ohne direkten Rückgriff auf eigene Assets bei ausschließlicher Koordinationstätigkeit die erforderlichen Qualitätsstrukturen und Zuverlässigkeiten sicherstellen können. Diese erfordern zunehmend Verfügbarkeiten über nicht nur informationelle, sondern auch physische Netze mit entsprechenden Assets. So ist es nicht verwunderlich, dass im Zuge der (wenig konstruktiven) Begriffsbildungskreativität bereits der 3,5 PL auftaucht als logistikaktiver Spediteur mit eigenen Assets, der als ausgegliedertes Unternehmen zusätzlich als 4 PL auftritt.

7.2 Straßengüterverkehr

Für den Bereich der *Kraftwagenspedition* gelten im wesentlichen auch die Ausführungen zur Speditionslogistik. Generell ist der Straßengüterverkehr im Vergleich zu den anderen Verkehrsträgern sehr **logistikaffin** hinsichtlich der Anforderungen der verladenden Wirtschaft:

- er besitzt eine spezielle Eignung für Haus-Haus- sowie Band-Band-Transporte;
- eine weitgehende Anpassung an den Produktionsrhythmus und die Zustell- bzw. Abholerfordernisse der Verladerschaft ist möglich;
- es werden Fahrzeuge in einer Vielzahl von verschiedenen Nutzlastklassen und Volumenmaßen sowie standardisierten und hochspezialisierten Aufbauten angeboten;
- die Straßeninfrastruktur ist voll flächendeckend;
- im Entfernungsbereich bis zu 400 km ist der Straßengüterverkehr sowohl im nationalen wie auch im internationalen Verkehr im allgemeinen deutlich schneller als die Bahn (Haus-Haus-Relation);
- eine leistungsmäßig sehr motivierte mittelständische Gewerbestruktur mit vergleichsweise geringen Overhead-Kosten begünstigen die Marktposition.

Diesen Vorteilen stehen jedoch *spezielle Probleme* des Straßengüterverkehrs gegenüber:

- die teilweise noch kleinbetriebliche Struktur des Straßengüterverkehrsgewerbes erschwert es, den stark ansteigenden qualitativen Anforderungen der Verlader zu entsprechen, insbesondere die notwendige Integration (physisch und kommunikativ) in die Logistikketten zu realisieren;
- einzelnen Straßengüterverkehrsbetrieben (Frachtführern) ist eine Flächendeckung nur selten möglich;
- Markt-Know-how und Kapitalverfügbarkeit sind sehr begrenzt gegeben (im Durchschnitt ist im gewerblichen Straßengüterverkehr nur ein Eigenkapitalanteil von 5 bis maximal 15 % an der Bilanzsumme vorhanden);
- ein Großteil der Straßengüterverkehrsbetriebe ist als *Subunternehmer* tätig, da die großen K-Speditionen ihren Eigenbestand an Fahrzeugen oft stark reduziert haben und Frachtführerleistungen einkaufen (Outsourcing);
- die *Wertschöpfung* der reinen Transportleistung nimmt in der Logistikkette der verladenden Wirtschaft ständig ab; gleichzeitig steigt die Preisabhängigkeit und Auswechselbarkeit des Straßengüterverkehrs.

Zur Minderung dieser spezifischen Schwächen des Straßengüterverkehrs sind zahlreiche *Kooperationsstrategien* entwickelt worden. Beispielhaft sei das Projekt INTAKT (Interaktives Informationssystem für den Frachtführer Straße) genannt, welches als Hilfsmittel zur logistischen Qualitätssteigerung im Straßengüterverkehr konzipiert und vom Bundesverband des deutschen Güterfernverkehrs organisiert wurde (Schmidt 1987, S. 63 ff.).

INTAKT sollte mittelständische Frachtführer bei Stückgut und Teilpartien unterstützen, die in Fernverkehrsläufen gebündelt wurden. Es sah unterschiedliche Formen der Zusammenarbeit vor (lose Kooperation bis zum Quasi-Filialsystem). INTAKT gliederte sich in drei Teilmodelle:

- in das Börsenmodell, ergänzt durch betriebswirtschaftliche Servicefunktionen; hier ging es um die technische Vernetzung (On line-Informationen über freie Kapazitäten und Transportaufträge) zur besseren Kapazitätsauslastung im Rahmen eines geschlossenen „Unternehmungspools" mit den Möglichkeiten /Erfordernissen des Ladungsaustauschs zwischen den Poolpartnern und der Stillegung von Fahrzeugen sowie der Notwendigkeit von Vorteilsausgleichsregelungen;

- in Hilfestellungen bei der Erarbeitung von Tourenplanungsmodellen zur Verbesserung der zeitlichen, gewichts-/volumen- und auftragsmäßigen Fahrzeugauslastung; es wurde von Einsparpotentialen von 10 bis 12 % der variablen Einzelkosten gesprochen;

- in Verkehrsdienstinformationen über Straßenzustände, Stauungen etc.

Abbildung 70: INTAKT-System

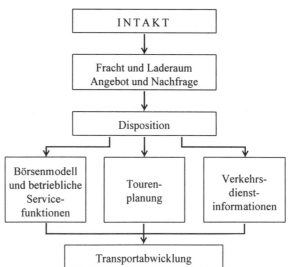

Quelle: Schmidt (1987), S. 67.

Die DV-Struktur von INTAKT basierte auf einem externen Rechnerkonzept; der externe Rechner enthielt das kooperative Dispositions- und Informationssystem. Die Verbindung mit den individuellen Systemen der Poolpartner erfolgte zunächst über BTX und später über das DATEX-P-Netz. Am günstigsten erschien jedoch die Installation von Kommunikationsrechnern bei den Anwendern. Das System INTAKT konnte die Pilotphase wegen Schwierigkeiten bei der Umsetzung des Vorteils-/Nachteilsausgleichs jedoch nicht überdauern.

Beim Straßengüterverkehr lassen sich zwei logistisch bedeutsame Entwicklungen beobachten:

- die Herstellung eines **rechnergestützten Verbundes** zwischen Fahrzeug, Fahrer und Fuhrparkdisposition sowie
- die verstärkte **Anwendung von Tourenplanungsmodellen**.

Beide Entwicklungen betreffen vor allem den Verteiler- und Sammelverkehr. Fernverkehrsfahrzeuge sind mit der Fahrzeugdisposition zunehmend über Mobilfunk oder auch GPS (Global positioning system) verbunden, wobei über Satellitenortung weltweite Positionsbestimmungen der Fahrzeuge von 30 bis 100 m möglich sind.

Der **rechnergestützte Verbund zwischen Fahrzeug, Fahrer und Fuhrparkdisposition** basiert auf einer digitalisierten automatischen Betriebs- und Zustandsdatenerfassung im Fahrzeug (über Fahrzeugsensoren hinsichtlich Fahrt- und Standzeiten bei den Kunden, Treibstoffverbrauch, Funktionsfähigkeit der Aggregate etc.). Diese Datenerfassung im Bordcomputer wird ergänzt durch Ablade-, Zulade- und Kundeninformationen, jeweils vor Ort in einen mobilen Handcomputer (HC) eingegeben. Von der Disposition wird die Tourenliste mit den Lieferscheindaten auf den HC gegeben; der Fahrer erhält über den HC mit Display die notwendigen Informationen und gibt weitere Informationen, z.B. Kundenaufträge, Retouren etc., die ihm während der Fahrt zugehen, in diesen Handcomputer ein.

Nach Abschluß der Tagestour können die im Bordcomputer gespeicherten Fahrzeugdaten (teilweise automatisch bei Vorbeifahrt an Ablesestellen) abgerufen werden. Die im HC gespeicherten Ladungs- und Kundendaten werden über ein ortsfestes Datenlesegerät in den Host-Rechner übergeben. Von hier aus gelangen sie zur Fuhrparkdisposition, zum internen und externen Rechnungswesen, zum Controlling und in aufbereiteter Form zur Geschäftsleitung. Die von der Fahrzeugdisposition in den HC eingespielten (oder konventionell über Kundenanfahrlisten ausgedruckten) Touren stellen Empfehlungen dar, die bei Auftreten ungeplanter Ereignisse (Straßenzustände, Stauungen u.ä.) vom Fahrer abgeändert werden können.

Die Tourenplanungen als traditionelle logistische Aufgabenstellung des Straßengüterverkehrsgewerbes basieren auf **Tourenplanungsmodellen**. Für die Problemlösung ist zwischen *kantenorientierten* und *knotenorientierten* Verfahren zu unterscheiden (Kanten = Strecken; Knoten = Stationen, Raumpunkte).

Kantenlösungen verlangen das Befahren bestimmter Strecken (Müllentsorgung, Briefzustellung), während *Knotenlösungen* das Anfahren einer bestimmten Zahl von Orten (Kunden) unter Einhaltung von Restriktionen (etwa: Zeitfenster für Anlieferungen, Retouren- oder Verpackungsmitnahmen) beinhalten. Für die Güterdistribution sind Knotenlösungen bedeutsamer als Kantenlösungen. I.d.R. sind bei beiden Verfahren Ausgangs- und Rückkehrstandort identisch.

Abbildung 71: **Unterschiedliche Komplexitätsgrade der Tourenplanung im Straßengüternah- und -güterfernverkehr**

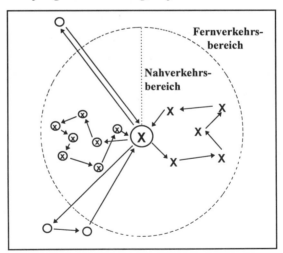

Grundlage für *DV-gestützte knotenorientierte Tourenplanung* ist das *Travelling Salesman Problem* (Rundreiseproblem). Es gilt, die fahrzeugkilometerminimale (oder kostenminimale, d.h. den Zeitfaktor ebenfalls berücksichtigende) Reihenfolge zu ermitteln. Bei geringer Zahl der anzufahrenden Knoten ist die Lösung mathematisch exakt durchführbar, nicht aber bei großer Knotenzahl. Hier fehlen exakte Optimierungsverfahren wegen der kombinatorischen Vielfalt. Eine weitere Komplizierung tritt dann ein, wenn gleichzeitig ein Fahrzeugeinsatzplan für größere Fahrzeugflotten (Fahrzeuggrößen, Spezialausrüstungen) zu erstellen ist. Bei zusätzlicher Berücksichtigung von zeitlichen Kundenanforderungen weiten sich die kombinatorischen Probleme außerordentlich stark aus (Weber/Kummer 1998, S. 97ff.).

Zur Lösung solcher Knotenlösungen als Rundreiseoptimierungsaufgaben stehen *exakte* und *heuristische Verfahren* zur Verfügung. Die *exakten Verfahren* führen in endlich viel Schritten zu einem Ergebnis, wobei die *dynamische Programmierung* (sukzessive Einbeziehung aller Knoten) und das *Branch-and-Bound-Verfahren* (Nebenbedingungen werden gelockert oder nicht berücksichtigt zur sukzessiven Eingrenzung der Problemlösung; sog. Relaxationen) Verwendung findet. Das Branch-and-Bound-Verfahren ist der ganzzahligen Programmierung zuzuordnen.

Für die in der Praxis angewandten formalen Knotenlösungen haben die heuristischen Verfahren eine vergleichsweise größere Bedeutung erlangt. Der Rechenaufwand und die benötigten DV-Speicherkapazitäten sind jedoch hoch. Der Großteil der verfügbaren Tourenplanungssoftware basiert auf den heuristischen Verfahren. Grundlage der heuristischen Verfahren ist die Ermittlung einer Ausgangsrundreise im Rahmen eines „Eröffnungsverfahrens". Nachfolgend wird diese Lösung dann durch ein „Verbesserungsverfahren" optimiert.

Abbildung 72: Überblick über Lösungsverfahren des Rundreiseproblems (Tourenplanung)

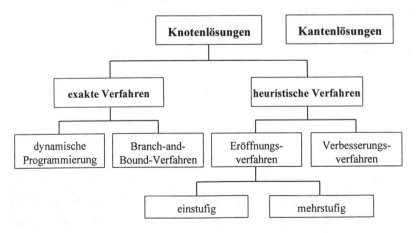

Bei den Eröffnungsverfahren sind ein- und zweistufige Lösungen zu unterscheiden, welche die beiden Teilprobleme der Tourenplanung, Gruppierung und Reihenfolge der Knoten, entweder simultan oder sequentiell bearbeiten.

Ein häufig genutztes *einstufiges Verfahren* ist das sog. *Savings-Verfahren* (1964 entwickelt). Hier erfolgt eine simultane Zuordnung von Kunden zu Touren, wobei die Lösung des Reihenfolgeproblems innerhalb einer Tour erfolgt. Rechnerisch wird nach Festlegung einer Ausgangslösung eine schrittweise Verknüpfung der Kundenstandorte durch Berechnung sog. Ersparniswerte vorgenommen.

Ausgangslage: Sämtliche Knoten werden einzeln vom Depot (*0*) aus in eigenständiger Tour bedient (je Tour ein Knoten). Damit ist die Zahl der Touren identisch mit der Zahl der Knoten (ungünstigste Ausgangslösung). Bei Symmetrieannahme ($d_{ij} = d_{ji}$) ist die Streckensumme

$$D = 2 \sum_{i=1}^{n} d_{0i}.$$

Schrittweise wird durch Verknüpfung der Tourensegmente (etwa: Zusammenlegung) eine Verbesserung s (Ersparnis) erreicht (Clarke-Wright-Algorithmus), etwa bei Zusammenlegung von zwei Touren durch eine Dreieckslösung

$$s_{ij} = d_{0i} + d_{0j} - d_{ij}.$$

Diese Savingswerte werden für alle Wertepaare berechnet und in abfallender Reihenfolge unter der Bedingung der Zulässigkeit der neuen Verbindungen geordnet (Beachtung von Kapazitäts- und Zeitrestriktionen, Erfordernis von Anfangs- und Endstrecken etc.). Das Savingsverfahren bricht ab, wenn keine zulässigen Touren mehr gebildet werden können (Hellmann 1984, S. 238 f.). Beim *zweistufigen Verfahren* wird die Zuordnung von Knoten zu Touren sowie die Bestimmung der Reihenfolge der angefahrenen Knoten getrennt vorgenommen. Die erste Stufe umfaßt entweder die Zuordnungs- oder die Reihenfolgeaufgabe.

Bekanntestes zweistufiges Eröffnungsverfahren ist der *SWEEP-Lösungsansatz*, der in der Literatur in verschiedenen Varianten und Modifikationen diskutiert wird. In der Regel wird von einem rechtwinkligen Koordinatensystem mit dem Depot im Ursprung ausgegangen. Um die Kundengruppierung zu konstruieren, wird die Lage der Kunden zum Depot graphentheoretisch durch Clusterbildung bestimmt. Die Kunden (= Knoten) werden dann nach aufsteigendem Polarwinkeln sortiert und in dieser Reihenfolge zu Gruppen zusammengeschlossen (geclustert). Eine jeweiliges Cluster ist dann abgeschlossen, wenn die Aufnahme eines weiteren Kunden die Kapazitätsrestriktion verletzt. Innerhalb eines so definierten Kundengruppe wird die Anfahrreihenfolge nach dem Travelling Salesman-Ansatz bestimmt. In der Praxis wird das Savings-Verfahren dem SWEEP-Ansatz vorgezogen.

Die *Verbesserungsverfahren* zielen darauf, die Ausgangslösungen vom Savings- und SWEEP-Ansatz schrittweise dadurch zu verbessern, dass

- die Anfahrreihenfolge innerhalb einer Tour verändert wird,
- Kunden oder Teiltouren innerhalb einer Tour ausgetauscht werden oder
- benachbarte Touren aufgelöst und Touren neu gebildet werden.

Die Verbesserungsverfahren versuchen, iterativ durch Austausch von r Kanten der bisher besten ermittelten Tour gegen r andere Kanten eine Lösungsverbesserung zu erreichen (sog. r-optimale Verfahren).

Erweiterte und dementsprechend komplexere Tourenplanungsprobleme ergeben sich bei Mehrdepot- und bei Mehrperiodenproblemen. Über **Mehrdepotlösungen** wird in der Literatur nur wenig berichtet (Hier geht es z.B. um die Frage, welche Kunden von welchen Depots zu beliefern sind oder um die Zulässigkeit von unterschiedlichen Depots als Start- und Zielpunkt einer Tour). Für **Mehrperiodenprobleme** fehlen bislang Lösungen.

Datengrundlagen für die Tourenplanung sind

- der Planungsraum (Gebietsbeschreibung, Luftlinienentfernungen mit Umwegfaktoren, Straßennetzerfassung mit Knotenentfernungen und -fahrtzeiten);
- die Kundenstandorte;
- die Auftragsdaten sowie
- die Fuhrparkdaten.

Seit Anfang der 70er Jahre ist auf Basis des Savings-Verfahrens eine große Zahl von kommerziellen Programmsystemen entwickelt worden (Tourenplanungssoftware für Großbrauereien und Nahrungsmittelhersteller, also überwiegend für Werkverkehre). Sie werden als strategische Planungsprogramme für die Rahmentourenplanung eingesetzt. Hingegen ermöglichen die seit Beginn der 80er Jahre angebotenen neuen Programmsysteme eine operative bzw. taktische (= tägliche) Einsatzplanung mit *dialogorientierten Bearbeitungsmöglichkeiten* für den

Disponenten. Die Programmpakete sind jedoch wirtschaftlich erst ab Fahrzeugzahlen > 5 zu betreiben, um Vorteile gegenüber der manuellen Disposition zu realisieren.

Die **einzelwirtschaftliche Zielsetzung** der **internen Logistikoptimierungen** im Straßengüterverkehr besteht in der Erhöhung der Wirtschaftlichkeit und der Rentabilität des Einsatzes von Straßengüterverkehrsfahrzeugen. **Gesamtwirtschaftlich** trägt diese Optimierung dazu bei, die Abkopplung der die Infrastrukturkapazitäten und die Umwelt beanspruchenden Fahrleistungen (Fahrzeugkilometer) von den Verkehrsleistungen (Tonnenkilometer) zu sichern und möglichst noch zu verstärken (vgl. Kapitel I.1.3).

Von 1960 bis 1990 (ABL) stiegen die Fahrleistungen des Straßengüterverkehrs (Lkw und Sattelzugmaschinen) von 16,1 auf 38,9 Mrd. Fahrzeugkilometer (+142 %), die Verkehrsleistungen (Tonnenkilometer) von 45,5 auf 169,9 Mrd. (+273 %). Die entsprechenden Werte für Gesamtdeutschland zeigen von 1991 bis 2000 einen Anstieg der Fahrzeugkilometer von 51,7 Mrd. auf 74,8 Mrd. (+45 %) sowie einen Zuwachs der Tonnenkilometer von 245,7 auf 347,2 (+41 %).

Die Quotienten aus Straßengüterverkehrsleistungen (Tkm) und Fahrleistungen im Straßengüterverkehr (Fzkm) entwickelten sich im Zeitablauf 1960 bis 1990 (ABL) und 1991 bis 2000 (Gesamtdeutschland) wie folgt:

Übersicht 75: Entwicklung des Quotienten aus Tkm und Fzkm im Straßengüterverkehr von 1960 - 1990 (ABL) sowie 1991 – 2000 (Gesamtdeutschland)

1960	1970	1980	1990	1991	2000
2,83	2,92	3,38	4,36	4,75	4,64

Die starke Auseinanderentwicklung von Verkehrsleistungen und Fahrleistungen, insbesondere im Zeitraum von 1980 bis 1990, ist neben Auslastungsgraderhöhungen vor allem auf die Vergrößerung (Nutzlast und Volumen) der eingesetzten Nutzfahrzeuge zurückzuführen. Zukünftig besitzen jedoch die Bemühungen, durch Effizienzsteigerungen der eingesetzten Fahrzeugkilometer einen Teil der weiteren Verkehrsleistungszuwächse aufzufangen, einen hohen Stellenwert. Die Schätzungen für den Verkehrsleistungszuwachs, der ohne Ausweitung der Fahrleistungen möglich ist, wurde auf rund 10 % veranschlagt (Baum 1994).

Die Werte für Gesamtdeutschland (1991 bis 2000) verdeutlichen jedoch, dass in diesem Zeitraum die Fahrzeugkilometerleistungen stärker angestiegen sind als die Tonnenkilometerleistungen.

Literatur zu Kapitel V.6-7.2:

Aden, D. et al. (1993): Verkehrsunternehmen als logistische Dienstleister, in: Krampe, H. / Lucke, H.-J.: Grundlagen der Logistik - Einführung in Theorie und Praxis logistischer Systeme, 1. Aufl., München, S. 181-231.

Baum, H. et al. (1994): Gesamtwirtschaftliche Bewertung von Rationalisierungsmaßnahmen im Straßenverkehr, Frankfurt/M. (FAT-Schriftenreihe Nr. 113).

Baumgarten, H. / Kasiske, F. / Zadek, H. (2002): Logistik-Dienstleister – Quo vadis ? – Stellenwert der Fourth Party Logistics Provider, in: Logistik Management, 4. Jg., Heft 1, S. 27-40.

Bretzke, W.-R. (1998): "Make or buy" von Logistikdienstleistungen: Erfolgskriterien für eine Fremdvergabe logistischer Dienstleistungen, in: Isermann, H. (Hrsg.): Logistik - Gestaltung von Logistilsystemen, 2. Aufl., Landsberg/L., S. 393-402.

Clarke, G. / Wright, J.W. (1964): Scheduling of Vehicles from a Central Depot to a Number of Delivery Points, in: Operations Research, Vol. 12, S. 568-581.

Delfmann, W. (1985): Das Traveling-Salesman-Problem, in: Das Wirtschaftsstudium (Wisu), 14. Jg., S. 395-397.

Domschke, W. (1982): Logistik - Rundreisen und Touren, München/Wien, S. 56 ff.

Fleischmann, B. (1998): Tourenplanung, in: Isermann, H. (Hrsg.): Logistik. Gestaltung von Logistiksystemen, 2. Aufl., Landsberg/L., S. 287-301.

Golden, B.L. /Assad, A. (Hrsg.) (1998): Vehicle Routing: Methods and Studies, Band 16 der Reihe Studies in Management Science and Systems, North Holland.

Hellmann, A. (1984): Theorie und Praxis von Routing-Problemen: Lösungsverfahren zur Tourenplanung im Eindepot- und Mehrdepot-Fall, Studiengesellschaft Nahverkehr Berlin / Hamburg / Nordrhein-Westfalen, Schwarzenbek.

Höller, M. et al. (1994): Die Bedeutung von Informations- und Kommunikationstechnologien für den Verkehr, Göttingen (Heft 133 der Beiträge aus dem Institut für Verkehrswissenschaft an der Universität Münster).

Lucke, H.-J. / Eisenkopf, A. / Lüsch, J. et al. (2001): Verkehrsunternehmen als Logistikdienstleister, in: Krampe, H. / Lucke, H.J. (Hrsg.), Grundlagen der Logistik, 2. Aufl., München, S. 251-302.

Möhlmann, E. (1987): Möglichkeiten der Effizienzsteigerung logistischer Systeme durch den Einsatz neuer Informations- und Kommunikationstechnologien im Güterverkehr, Göttingen (Heft 108 der Beiträge aus dem Institut für Verkehrswissenschaft an der Universität Münster).

Nissen, V. / Bothe, M. (2002): Fourth Party Logistics – ein Überblick, in: Logistik Management, 4. Jg., Heft 1, S. 16-26.

Schmidt, K. (1987): Antwort der Straßentransportunternehmen auf veränderte Verladeranforderungen: Das Projekt "INTAKT", in: Die Chancen der Verkehrsbetriebe bei veränderten Marktanforderungen, Frankfurt/M. (Heft 20 der Schriftenreihe der Gesellschaft für Verkehrsbetriebswirtschaft und Logistik (GVB) e.V.), S. 63-77.

Schmied, E. (1994): Die Rolle des Logistikdienstleisters beim Aufbau von Logistikketten, in: Pfohl, H.-C. (Hrsg.).: Management der Logistikkette: Kostensenkung - Leistungssteigerung - Erfolgspotential, Berlin (Band 7 der Reihe Unternehmensführung und Logistik), S. 149-172.

Stahl, D. (1995a): Internationale Speditionsnetzwerke: eine theoretische und empirische Analyse im Lichte der Transaktionskostentheorie, Göttingen (Heft 135 der Beiträge aus dem Institut für Verkehrswissenschaft an der Universität Münster).

Stahl, D. (1995b): Die organisatorische Gestaltung internationaler Speditionsnetzwerke, in: Internationales Verkehrswesen, 47. Jg., S. 437-444.

Trochelmann, J. (1980): Tourenplanung für das deterministische Ein-Depot-Problem, Göttingen (Heft 35 der Verkehrswissenschaftlichen Studien aus dem Institut für Verkehrswissenschaft der Universität Hamburg).

Weber, J. / Kummer, S. (1998): Logistikmanagement, 2. Aufl., Stuttgart.

7.3 Eisenbahn

Logistisch relevante **systemspezifische Vorteile** der Bahn im Güterverkehr sind die

- Massenleistungsfähigkeit,
- Schnelligkeit bei Ganz- und Direktzügen ohne Rangiervorgänge,
- niedrigen Einzelkosten der Produktion, die jedoch von hohen echten Gemeinkosten begleitet sind,
- relativ hohe Pünktlichkeit aufgrund der Fahrplan- und Fahrtrassenbindung,
- hervorragende informationstechnische Durchdringung des Systems Schienenverkehr mit traditionell eigenen Datenübertragungsnetzen,
- selten unerwartet auftretende Transportdurchführungsschwierigkeiten,
- relativ sichere Transportabwicklung, insbesondere bei Gefahrgütern sowie
- fehlenden Sonntags-(Ferien-)Fahrverbote wie beim Straßengüterverkehr.

Verkehrswirtschaft und Logistik 547

Logistisch relevante **systemspezifische Nachteile** der Bahn sind die
- nur sehr begrenzten Haus-Haus- bzw. Band-Band-Beförderungsmöglichkeiten (Gleisanschlüsse; Containerverkehre) mit den hieraus folgenden kosten- und zeitintensiven Umschlag-/Umladenotwendigkeiten,
- Bindung an Fahrpläne und Zugläufe,
- weitgehende Batch-Produktion,
- häufig sehr niedrige Beförderungsgeschwindigkeiten (hoher Zeitbedarf), insbesondere bei Einzelwagen und Wagengruppen aufgrund notwendiger Rangierleistungen und Vorrang des Personenverkehrs,
- keine personelle Begleitung wichtiger Sendungen,
- die Marktfähigkeit der Schienentransporte im grenzüberschreitenden Verkehr stark negativ beeinflussende Abhängigkeit von ausländischen Bahnen,
- im Vergleich zum Straßengüterverkehr hohe Abhängigkeit von Grenzabfertigungsstörungen durch Spezialkontrollen (technische Zugabnahme, Veterinäruntersuchungen) oder Streiks,
- Streckenengpässe auf Hauptabfuhrstrecken mit traditionellem Vorrang des Personenverkehrs, der sich aufgrund seiner zunehmenden Vertaktung noch ungünstiger für den (hochwertigen) Güterverkehr auswirkt,
- vergleichsweise schwerfällige Organisationsstruktur eines stark dezentral anbietenden und produzierenden Großunternehmens, die auch durch eine privatrechtliche Organisationsform (DB AG) nur begrenzt veränderbar ist,
- noch unzulänglichen Möglichkeiten der Sendungs- bzw. Waggonverfolgung, insbesondere im internationalen Schienengüterverkehr.

Die **logistischen Aktivitäten** der Bahn konzentrieren sich auf den **Güterverkehr**, um damit den Anforderungen des Güterstruktur- und des Logistikeffektes zumindest auf ausgewählten Teilmärkten entsprechen zu können. Die Maßnahmen im Personenverkehr (etwa: Vertaktung, Hochgeschwindigkeitsverkehr durch ICE, umfassende On line-Reservierungssysteme etc.) werden hier nicht weiter behandelt.

Als *logistisch bedeutsame Produkte* im Güterverkehr sind zu nennen:
- **InterCargo-Züge** als hochwertiger Güterverkehr, der die wichtigsten Wirtschaftszentren Deutschlands im Nachtsprung verbindet. Es erfolgt eine Bündelung und produktivitätssteigernde Konzentration. Seit 1984 werden neben dem konventionellen Wagenladungsverkehr auch der kombinierte Wagenladungsverkehr (KLV) und Stückgut einbezogen. Ziel ist es, mit dem IC-G, der mit Vorrang vor anderen

Zügen ausgestattet sind, in den Gütergruppen der hochwertigen und verderblichen Waren die Marktposition zu verbessern.

- 1995 wurde ein **Hochleistungsnetz Schiene** (HNS) am Markt eingeführt, auf dem der **Interkombi-Expreß (IKE)** im Direktverkehr 62 Relationen im Nachtsprung mit hoher Pünktlichkeit und mit Vorrang bedient. Züge in fester Wagenreihung transportieren Container und Wechselbehälter; sie bilden auch das Basiselement von Bahn-Trans (Stückgutverkehr) in den Schienenhauptläufen.
- Ebenfalls wurde 1984 die **Partiefracht** (Sendungen ab einer Tonne bis unterhalb der Wagenladung) eingeführt, durch die spezielle Partiefrachtbahnhöfe in den Wirtschaftszentren als Linienverkehre im Nachtsprung verbunden werden. Die Sammlung und Verteilung erfolgt über die Straße; Selbstauflieferung und -abholung sind möglich. Partiefrachtsendungen werden durch DFÜ dem Empfangsbahnhof bereits vor Verlassen des Versandbahnhofs vorgemeldet.
- Der 1982 eingeführte **IC-Kurierdienst** stellt beförderte Sendungen 15 Min nach Zugankunft der Intercity-Züge (Personenverkehr) bereit.
- **EurailCargo** dient seit 1988 der Verbesserung der internationalen Zusammenarbeit der Bahnen mit weitgehender Übernachtbeförderung (A/B); nur bei großen europäischen Distanzen wird eine A/C-Beförderung garantiert.
- Mit dem **CargoSprinter** (5 Tragwagen, 2 Triebköpfe) wird seit 1997 versucht, unter Nutzung der Lkw-Motorentechnik durch Train-Coupling und -Sharing den Verkehr mit Einzelwagen und Wagengruppen, insbesondere im KLV, zu optimieren.
- **Railship** ermöglicht den durchgehenden Transport von Bahnwaggons ohne Umladung über Meeresstrecken und nimmt den Wettbewerb zu den Lkw-Fährlinien auf. Wichtige Railship-Verbindungen sind Travemünde - Hanko (Finnland), Puttgarden - Rödby (DK) und Travemünde - Malmö (S).
- Um logistische Gesamtleistungen Schiene/Straße anbieten zu können, arbeitet die DB AG eng mit der **Genossenschaft der Güterkraftverkehrsunternehmer der Bahn (GdB)** zusammen, in der rd. 1.000 selbständige Güterkraftverkehrsbetriebe organisiert sind. Eine Gemeinschaftsgründung von Bahn und GdB ist die Spedition TRANSA.

Instrumentell nutzt die Bahn spezielle logistische Produktionshilfsmittel:

- das Fahrzeug-Informations- und Vormeldesystem (FIV) zur Transportsteuerung im Güterverkehr,
- das Überwachungssystem für internationale Schienentransporte (TRANSINFO) zur aktiven Ist-Zeitkontrolle mit frühzeitiger Empfängerinformation. Eine laufende Transportüberwachung erfolgt unter Nutzung des Datenverbundes der europäischen Eisenbahnen HERMES,
- das Containervormeldesystem (CVM) mit transportvorauseilender Information innerhalb des Bahnnetzes sowie zu den deutschen Seehäfen,
- die Online-Datenverbindung mit Großkunden der Bahn über das System GATEWAY (seit 1985). Es ermöglicht den On line-Datenaustausch mit einheitlicher Schnittstelle zwischen dem bahneigenen Datennetz (TRANSDATA) und dem öffentlichen Post-Datennetz. Die bahnstandardisierte On line-Schnittstelle ermöglicht den Datenaustausch mit allen Bahn-Informationssystemen, die für die Kunden interessant sind. Die Rechnerschnittstelle (sog. GATEWAY-Protokoll) wird dem Kunden passend generiert für dessen Rechnersystem zur Verfügung gestellt.

- Sukzessive werden die Güterwagen mit GSM-R zur Ermöglichung einer Waggonverfolgung ausgestattet.

Zwei Produktionssysteme besitzen bei der Bahn eine spezielle logistische Bedeutung:

(1) Die Bahn stellt im kombinierten Wagenladungsverkehr (KLV) die Frachtführerleistungen in Form von Ganzzügen oder Wagengruppen im Verkehr zwischen Einzelversender/Empfänger, Seehäfen, Terminals und Frachtzentren sowie im internationalen Verkehr zur Verfügung. Diese Leistungen werden von nationalen (Transfracht, Kombiverkehr) und internationalen (z.B. Intercontainer-Interfrigo) Vermarktungsgesellschaften eingekauft und vermarktet. Die speziellen KLV-Terminals werden überwiegend von der Deutschen Umschlagsgesellschaft Schiene-Straße mbH (DUSS) betrieben (teilweise auch von Franchise-Nehmern).

Die speziellen Tragwagen für Container, Wechselaufbauten, Auflieger und ganze Lkw-Kombinationen werden von nur einigen Anbietern vorgehalten (z.B. Kombiwaggon).

Die logistischen Vorzüge des kombinierten Verkehrs (Schnelligkeit durch Nachtsprung; Einsparung an Verpackung; Transportgutschonung; Ver- und Entladung im Produktions-/Lagerbereich; Nutzung der Behälter als Zwischen-/Pufferlager) stellen eine interessante Alternative zur reinen Straßengüterverkehrsbeförderung dar. Allerdings umstrittene Schätzungen gehen bis 2010 von einem Umfang des KLV in Deutschland von 90 Mio. t aus; als realistische Zielgröße werden 50-60 Mio. t genannt. Generell ist zu beachten:

- Der KLV ist wirtschaftlich nur ab bestimmten Mindesttransportweiten darstellbar. Bei derzeitigen Kostenstrukturen rechnet sich der KLV *gesamtwirtschaftlich* (unter Einbeziehung auch der externen Kosten) erst ab etwa 500 km Transportweite (Ewers/Fonger 1993), *einzelwirtschaftlich* ab rd. 700 km. Kostenbedeutsam sind Umschlagvorgänge in den Terminals und der Lkw-Zu- und -Ablauf.
- Für den KLV geeignet sind alle Güterarten außer Kohle, Erze, Rohöl, Steine und Erden, in großen Mengen transportierte chemische Erzeugnisse, Fahrzeuge, Schwergüter und sperrige Produkte.
- Die Marktfähigkeit des KLV wird durch den hohen Subventionsbedarf und qualitative Probleme eingeengt.

Im Vergleich zum direkten Straßentransport ist der KLV durch zusätzliche Umschlagkosten in den Terminals, die Kosten der speziellen Eisenbahnwaggons und die reinen Schienentraktionskosten belastet. In der Vergangenheit sind viele Terminals zu kostenintensiv und die Tragwagen (Totlast) mit hohem Gewicht gebaut worden. Die Folge ist, dass die Infrastrukturinvestitionen in den Terminals aus Steuermitteln finanziert werden müssen. Bei der DB AG war der KLV in den vergangenen Jahren nicht kostendeckend zu betreiben; vielmehr zeigt sich eine steigende Tendenz zur Kostenunterdeckung. Sie wird durch das im Juli 1994 eingeführte und 1998 sowie 2001 modifizierte Trassenpreissystem noch verschärft. Gleichzeitig führt die Preisliberalisierung im nationalen und der zunehmende Wettbewerb im internationalen Straßengüterverkehr zu sehr niedrigen Fahrkilometersätzen beim Straßentransport.

In der *Schweiz* wird der KLV der Schweizerischen Bundesbahn als Daseinsvorsorgeaufgabe definiert und hoch subventioniert. Allerdings besitzen in der Schweiz umweltpolitische Überlegungen bezüglich des alpenquerenden Verkehrs einen dominierenden Stellenwert (Lkw-Gesamtgewichtsbegrenzung bis Ende 2000 entsprechend dem Landverkehrsabkommen EU-Schweiz vom Dezember 1998 auf 28 t mit sukzessiver Aufstockung auf 40t Gesamtgewicht bis 2005 bei gleichzeitiger Erhebung relativ hoher Straßennutzungsgebühren (sog. Leistungsabhängige Straßennutzungsgebühr LSVA); Bau zweier sehr investitionsintensiver neuer Alpen-Transversalen (NEAT) am Gotthard und Lötschberg (jeweils Basistunnel).

Neben die Kosten- und Preisproblematik des KLV treten qualitative und letztlich ebenfalls kostentreibende Mängel. Die Zeitfenster zur Abwicklung des KLV werden durch den weitgehend vertakteten und mit Vorrang behandelten Personenverkehr stark eingeengt mit der Folge sehr früher Verladeschlußzeiten beim Verlader und zu späten Zustellungszeiten bei den Empfängern. Teilweise liegen die KLV-Terminals in ungünstiger Erreichbarkeit (Fahren gegen die Fracht; Behinderung durch Rush hour-Verkehr); kritisiert werden die oft nicht eingehaltenen Fahrplanzeiten und fehlende Vorinformationen und Statusverfolgungen der Sendungen.

- Auch das bimodale System des KLV, der *RoadRailer* (oder Trailerzug), bei dem speziell ausgerüstete Lkw-Trailer auf Bahn-Drehgestelle geschoben und zu einem Zug zusammengestellt werden, bietet kostenmäßig keine Vorteile. Einsparungen ergeben sich bei den Terminals; ihnen stehen hohe Investitionsaufwendungen bei den die Spezialtrailer erwerbenden Speditionen bei gleichzeitig verminderter Nutzlast der Trailer gegenüber. Die Bindung dieser Trailer an das bimodale System ist sehr hoch; Rückladungschancen sowie Dreiecksverkehre werden erschwert. Vergleichsrechnungen zeigen, dass erst ab 1.500 bis 2.000 km Transportweite der Trailerzug kostengünstiger operiert als der KLV mit Containern/Wechselaufbauten (Dornier 1993). Mittlerweile werden die Trailer von der Trailerzuggesellschaft an die Spediteure vermietet.

- Logistisch interessant ist das von der Bahn gemeinsam mit dem Fraunhofer-Institut Dortmund entwickelte Systemkonzept *CARGO 2000*. Es soll den

Transport von Stückgütern und Teilladungen im Linienverkehr in speziellen, auch Lkw-geeigneten Behältergrößen (B, H, L = 2,50 m) unterhalb der Containergrößen mit automatisiertem „Umsteigen" dieser Logistikboxen zwischen den Bahntragwagen einerseits und zum/vom Lkw andererseits ermöglichen (über Rollbahnbrücken). Drei über einen Tragrahmen verbundene Logistikboxen entsprechen dem Maß eines Wechselbehälters im kombinierten Verkehr.

(2) Seit Ende der 80er Jahre hat die Bahn damit begonnen, spezielle *Logistikzüge* für einzelne Unternehmen der verladenden Wirtschaft als Direktzüge im Linienverkehr einzusetzen. Sie sind auf die Zeitbedürfnisse der Verlader abgestimmt und überwiegend als KLV im Nachtsprung konzipiert. Nutzer sind Unternehmen der Automobilindustrie, Neumöbelhersteller, Produzenten von Nahrungs- und Genußmitteln sowie von Getränken und Handelsunternehmen (Kaufhäuser sowie Möbelhandel). Diese Logistikzüge verdeutlichen, dass die Bahn logistisch hochwertige Transportleistungen unter bestimmten Rahmenbedingungen erstellen kann. Allerdings verlangt jeder dieser Logistikzüge zur Realisierung einen komplizierten Implementierungsprozeß in das äußerst komplexe Fahrplan-/Trassensystem der Bahn. Dabei werden häufig andere Schienenverkehre zeitlich verdrängt. Solche hochwertigen Logistikzüge werden bei der Bahn stets Sonderlösungen in quantitativ begrenzter Form, d.h. singuläre Ereignisse, darstellen. Die logistischen Systemvorteile des Straßengüterverkehrs können hierdurch nicht ausgeglichen werden.

Literatur zu Kapitel V.7.3:

Dornier-Planungsberatung (1993): Vorteile der Trailerzugtechnik - Marktstudie, Gutachten im Auftrage des Bundesministers für Verkehr (FE 90386/92), Friedrichshafen.

Ewers, H.-J. / Fonger, M. (1993): Gesamtwirtschaftliche Effizienz multimodaler Transportketten, Forschungsprojekt im Auftrag des Deutschen Verkehrsforums und der Kombiverkehr KG, Münster.

Ihde, G.B. (2001): Transport, Verkehr, Logistik, 3. Aufl., München, S. 157-170.

Lucke, H.-J. / Eisenkopf, A. / Lüsch, J. et al. (2001): Verkehrsunternehmen als Logistikdienstleister, in: Krampe, H. / Lucke, H.J. (Hrsg.), Grundlagen der Logistik, 2. Aufl., München, S. 272-278.

Trost, D. (1999): Vernetzung im Güterverkehr – Ökonomische Analyse von Zielen, Ansatzpunkten und Maßnahmen zur Implementierung integrierter Verkehrssysteme unter Berücksichtigung logistischer Ansprüche verschiedener Marktsegmente, Hamburg (Band 17 der Giessener Studien zur Transportwirtschaft und Kommunikation).

Wiedemann, T. (1993): Die Eisenbahn als logistischer Dienstleister, in: Krampe, H. / Lucke, H.-J.: Grundlagen der Logistik, München, S. 204-216.

7.4 Binnenschiffahrt

Die Binnenschiffahrt ist systembedingt ein **Massengutfrachtführer**. Von der gesamten Transportleistung (Tkm) der Binnenschiffahrt in Deutschland in Höhe von (2000) rd. 66,5 Mrd. entfallen 11,9 Mrd. (18 %) auf Steine/Erden, 11,6 Mrd. (17 %) auf Erdöl/Mineralölerzeugnisse, 8,3 Mrd. (13 %) auf Kohle und 7,2 Mrd. (11 %) auf Erze und Metallabfälle. Diese vier Gütergruppen umfassen bereits 59 % der Transportleistung der Binnenschiffahrt. Der Anteil der Gütergruppe „Fahrzeuge, Maschinen, Halb- und Fertigfabrikate" steigt kontinuierlich an und erreicht 2000 6 %.

Die **logistischen Probleme** der Binnenschiffahrt liegen in

- Der geringen Netzdichte und der hieraus resultierenden Kooperationserfordernisse mit anderen Verkehrsträgern und Terminals.
- dem Trend zur Verminderung der Lagerhaltung bei den Empfängern mit der Folge einer Reduzierung der Partiegrößen und Lagerauflösungen, so dass der Schiffsraum überdimensioniert ist;
- der Tendenz zum Direktumschlag Seeschiff-Binnenschiff bei Importverkehren (Kohle, Getreide, Futtermittel); hierdurch werden die Binnenschiffsverkehre primär von den Löschzeiten der Seeschiffe disponiert;
- der Erkenntnis, dass die Schubschiffahrt nur bei hohem und regelmäßigem Aufkommen eine kostengünstige Transportform darstellt, insbesondere bei Poollösungen (Seehafenumschlag, Lagerung, Transport).

Dennoch ist die Binnenschiffahrt - wenn auch in begrenztem Umfange - in der Lage, eine Position in den Logistikketten einzunehmen.

- Sie verfügt über erhebliche *Kapazitätsreserven* bei der Verkehrsinfrastruktur und bei den Schiffsgefäßen.

- Der *Koppelverband* (schiebendes Motorgüterschiff mit bis zu drei Schubleichtern) ist gegenüber der Schubschiffahrt die kostengünstigere und flexiblere Produktionsweise.
- Für den Transport *gefährlicher Güter*, von dem rd. 30 % mit der Binnenschiffahrt abgewickelt werden, steht spezieller Schiffsraum (Doppelwandschiffe, Niveauwarngeräte, Probeentnahmeeinrichtungen, Flammendurchschlagsicherungen, Lufttrocknungsanlagen u.ä.) zur Verfügung.
- Große Erfolge hat die Binnenschiffahrt auf dem Stückgutsektor mit dem *Containerverkehr* von/nach Rotterdam mit Linienverkehren erreicht. 2001 wurden rd. 1.400.000 TEU befördert mit einer Gütermenge von rd. 9,2 Mio. t (Motorgüterschiffe mit Spezialaufbauten). Die Leistungsfähigkeit ist beachtlich. Auf dem Rhein kann ein Europaschiff (L: 80 m, B: 9,5 m) bei drei Lagen 78 und bei vier Lagen 104 TEU transportieren; beim Großmotorgüterschiff (110,0 m × 11,4 m) sind es dreilagig 120 und vierlagig 192 TEU. Seit 1998 werden auf dem Rhein sogar Großschiffe mit einer Kapazität von 392 TEU eingesetzt. Die Schiffsumlaufzeit Rotterdam - Basel beträgt neun Tage (850 km), die von Bremerhaven - Dortmund vier Tage (350 km). Seit 1998 werden auf dem Rhein sogar Großschiffe mit einer Kapazität von 392 TEU eingesetzt.
- Seit Anfang der 80er Jahre werden *Ro-Ro-Verkehre* auf dem Rhein und der Donau mit Lkw und Trailern, aber auch mit Neufahrzeugen durchgeführt. Ebenfalls werden Ro-Ro-Einheiten für Schwertransporte genutzt.
- Weitere logistische Marktchancen bieten sich für die Binnenschiffahrt durch den Ausbau der Binnenhäfen zu *logistischen Dienstleistungszentren* bzw. zu Standorten für *Güterverkehrszentren* Als trimodale Funktionseinheiten.
- Bedeutende Wachstumspotentiale liegen in der kombinierten Binnen-/ Seeschiffahrt (Short Sea Shipping), die auf dem Rhein bis Duisburg mit Schiffsgrößen bis 3.500 Tonnen Tragfähigkeit problemlos möglich ist,

Literatur zu Kapitel IV.7.4:

Ihde, G.B. (2001): Transport, Verkehr, Logistik, 3. Aufl., München, S. 151-157.

LUB-Consulting / Dornier System Consult (1997): Handbuch Güterverkehr Binnenschiffahrt, hrsg. vom Bundesministerium für Verkehr, Bonn, insb. Kap. A2, B1 und D.

Schöttler, J. / Zimmermann, C. (1994): Bestimmung der Grenzentfernungen für den Transport von Containern auf Binnenschiffen oder Lkw, in: Internationales Verkehrswesen, 46. Jg., S. 494-500.

Zachcial, M. (1998): Güterverkehrssysteme im Seeverkehr und in der Binnenschiffahrt, in: Isermann, H. (Hrsg.): Logistik. Gestaltung von Logistiksystemen, 2. Aufl., Landsberg/L., S. 139-148.

7.5 Luftverkehr

Angesprochen ist hier nicht die interne Logistik der Luftverkehrsgesellschaften (LVG's) im Sinne einer Optimierung der Einsatzpläne von Gerät und fliegendem Personal; dies ist eine traditionelle Planungsaufgabe (operative Planung) der Unternehmen. Vielmehr geht es um das logistische Reaktionsverhalten und die logistischen Marktaktivitäten aufgrund der Veränderungen in den Rahmenbedingungen für die Tätigkeit von LVG's. Herausragende Bedeutung besitzt hier der **Luftfrachtverkehr**. In der **Passage** stehen unter logistischen Aspekten im Vordergrund die

- computergestützten Reservierungssysteme (CRS),
- Vielfliegerprogramme (Frequent Flyer Programs) zur Kundenbindung,
- strategische Allianzen mit anderen LVG's, ggf. auf Basis von Code sharing,
- Integration und gleichzeitige Separierung von Linien- und Charterangeboten und die
- gemeinsame Wartung von Fluggerät.

Im **Luftfrachtverkehr** sind es drei logistisch besonders herausragende Problembereiche:

(1) die Reduzierung der Bodenzeiten,
(2) das Trucking von Luftfracht und
(3) das Markteindringen der Integrated carrier (der sog. Integrator).

(1) Nach Untersuchungen der IATA betragen die **Bodenzeiten** im **Luftfrachtverkehr** rd. 73 % der Gesamttransportzeit. Als Ursachen für diesen hohen Bodenzeitanteil werden genannt:

- Ein erheblicher Teil der Luftfracht wird mit *Passagiergerät* (Belly-Ladung oder in M-Versionen) transportiert. Hier haben Passagiere und Gepäck stets Vorrang vor der Fracht; das gilt auch für das Rollen des Flugzeuges zum Frachtterminal. Hinzu kommt, dass die Passagierflughäfen oft räumlich ungünstiger zu den Frachtkunden liegen als etwa Nebenflughäfen.
- Die *Verzollung* bei den eingehenden Transporten ist sehr zeitaufwendig. Seit 1976 laufen in Deutschland erhebliche Bemühungen, die Abläufe durch DV-

Unterstützung zu beschleunigen (Automatisches Luftfrachtabfertigungsverfahren: Alfa der Bundeszollverwaltung) mit Rechnerkopplung von Zollverwaltung und Luftfrachtspediteuren. In Frankreich und Großbritannien werden ähnliche Systeme betrieben. Erhebliche Schwierigkeiten haben bis in die Gegenwart darin bestanden, dass die *DV-Kommunikation* zwischen den Luftfrachtspediteuren und den LVG's aufgrund sehr unterschiedlicher Computersysteme nur begrenzt möglich ist, etwa um die maschinell ausgedruckte Airway Bill (AWB) zu erhalten. Immerhin arbeiten rd. 70 LVG's mit etwa 150 IATA-Frachtagenten zusammen. Diese Probleme sollen durch Community systems (offene neutrale DV-Systeme) überwunden werden; hier können dann auch die Alfa- und ausländischen Zollrechner angebunden werden.

(2) Das **Trucking** von **Luftfracht** setzt sich aus zwei Komponenten zusammen:

- Zum einen wird - auf nationalen und weitgehend auch europäischen Relationen - die aufgegebene Luftfracht mit dem Lkw im Nachtsprung transportiert, da er teilweise wesentlich kürzere Transportzeiten (Haus-Haus-Verkehr) bietet als der Lufttransport. Hinzu kommt ein erheblicher Kostenvorteil des Straßentransports (Luftfrachtersatzverkehr, die Fracht hat Luftfrachtstatus).
- Zum anderen wird, insbesondere im Interkont-Verkehr, von den LVG's versucht, Luftfracht mit dem Lkw zu ihren zentralen Frachtflughäfen (Hubs) zu ziehen. Hierbei dringen sie häufig in die Home markets von nationalen LVG's ein. So akquirieren etwa KLM intensiv im Rhein-Ruhr-Raum und Swissair in Süddeutschland, um die Fracht zu ihren Basisflughäfen Amsterdam, Zürich u.a. zu trucken.

Schätzungen gehen davon aus, dass im Luftfrachtexport mittlerweile 37 % (1985: 31 %) per Lkw (63 % mit dem Flugzeug) und beim Import 22 % (1985: 29 %) vollständig oder teilweise durch Trucking befördert werden. Im steigenden Truckinganteil beim Outgoing-Transport zeigt sich der Wettbewerb der LVG's um die Luftfracht mit Hilfe des Trucking.

(3) Das **Markteindringen** der **Integratoren** (etwa: Federal Expreß FEDEX; United Parcel Service UPS; Thomas Nationwide Transport TNT; Delsey, Hillbom, Lynn DHL) beruht auf besonderen Angebotsqualitäten im wachstumsintensiven Segment der *Kurier-, Expreß- und Paketdienste* (KEP-Markt).

Es handelt sich um *Door-to-door-Transporte* im Luftfrachtbereich durch spezialisierte Anbieter, die ihr Hauptaufkommen im Gewichtsbereich bis 30 kg haben. Sie übernehmen das Sammeln und Abfertigen, den Lufttransport, das Auszollen und die Zustellung an den Empfänger weltweit zu garantierten Zeiten und Preisen. Die Abwicklung durch nur einen beteiligten Partner (im Unterschied zu mindestens drei bis vier Partnern in der konventionellen Luftfracht) ermöglicht die Nutzung *eines* DV-Systems ohne Schnittstellenprobleme mit *einem* Label für jedes Versandstück sowie eine Realzeit-Statusverfolgung.

Durch die Integratoren, die teilweise über größere Flugzeugflotten und eigene Hubs verfügen, sind zwischen 20 und 50 % des Luftfrachtaufkommens der LVG's (der „Combined operators") gefährdet. Das besondere ökonomische Problem besteht darin, dass es sich bei dem gefährdeten Aufkommenspotential sowohl um wachstums- wie auch ertragsstarke Transporte handelt. So wuchsen im Zeitraum von 1980 bis 1990 weltweit die anteiligen Umsätze der Integratoren am gesamten Luftfrachtmarkt von 10 % (= $ 700 Mio.) auf 48 % (= $ 12 Mrd.). Damit stiegen die Umsätze der Integratoren jahresdurchschnittlich um 33 %, die der konventionellen Luftfrachtbeförderung jedoch nur um 7 %. Der Marktanteil der Integratoren am weltweiten Luftfrachtverkehr betrug 1980 10 % und stieg bis 1993 auf 56 %. Hieraus folgt, dass die LVG's hier vor einer außerordentlichen logistischen Herausforderung stehen, zumal für die kommenden Jahre mit einem Wachstum der Kleinsendungen/Dokumente und Pakete (bis 30/50 kg) von gut 15 % p.a., bei Normalfracht und Spezialfracht jedoch nur von unter 7 % p.a. gerechnet wird. Hinzu kommt, dass die Integratoren immer stärker in Teilsegmente der Normal- und auch der Spezialfracht einzudringen versuchen (etwa durch Anhebung der Gewichtsgrenzen).

Die bisherigen Versuche der „traditionellen" LVG's (FEDEX ist nach Lufthansa der weltgrößte Luftfrachtcarrier!), der Herausforderung durch die Integratoren zu begegnen, war wenig erfolgreich. Für die Lufthansa AG bieten sich hier jedoch reelle Chancen: einerseits durch die Beteiligung an dem Integrator DHL (wie Japan Airlines) in Höhe von 25 % des Kapitals sowie andererseits durch die Ausgliederung des Frachtbereichs und Gründung einer eigenen Lufthansa Cargo AG (ab 1. Januar 1995 realisiert).

Literatur zu Kapitel V.7.5:

Beder, H. (1998): Der Luftfrachtverkehr, in: Isermann, H. (Hrsg.): Logistik. Gestaltung von Logistiksystemen, 2. Aufl., Landsberg/L., S. 125-138.

Frye, H. (2002): Luftfrachtverkehr, in: Arnold, D., Isermann, H. et al.: Handbuch Logistik, Berlin-Heidelberg, S. C 3-33 bis C 3-65.

Gompf, G. (1995): Linien-Luftverkehrsgesellschaften in Luftfracht-Logistikketten: Strategien von Luftfracht-Linienverkehrsgesellschaften unter besonderer Berücksichtigung der Schnittstellenproblematik in Luftfracht-Logistikketten am Beispiel der Deutschen Lufthansa AG, Gießen.

Grandjot, H.-H. (1997): Stichwort Luftfracht, in: Vahlens Großes Logistiklexikon, hrsg. von J. Bloech und G.B. Ihde, München, S. 653-655.

Ihde, G.B. (2001): Transport, Verkehr, Logistik, 3. Aufl., München, S. 179-190.

Schmidt, A. (1995): Computerreservierungssysteme im Luftverkehr - Darstellung, Entwicklung und wettbewerbliche Beurteilung, Hamburg (Band 9 der Gießener Studien zur Transportwirtschaft und Kommunikation).

7.6 Seehäfen

Der zunehmende Wettbewerb der europäischen Seehäfen, insbesondere in der Nordrange, zwingt dazu, **hafenspezifische Präferenzen** aufzubauen. Ansonsten besteht die Gefahr, dass einige der traditionellen Häfen in die Funktion von *Feederterminals* abgedrängt werden. Dieses Erfordernis der Herausbildung spezieller Präferenzen gilt insbesondere für solche Häfen, die relativ peripher gelegen sind und über nur mittlere Fahrwassertiefen verfügen. Im Rahmen dieser Bemühungen zur Schaffung von seehafenspezifischen Präferenzen besitzen Logistiksysteme eine zentrale Bedeutung.

Generell setzen sich diese **Seehafenlogistiksysteme** aus drei Hauptelementen zusammen:

- einer *umfänglichen Datenbank* als *Community-System*, das alle Hafeninformationen und den Dokumentenservice für die Spedition, Schiffsmakler und Umschlagsbetriebe bereithält;
- einem *rechnergestützten Datenverbund* für alle im Seehafen tätigen Betriebe, wobei auf universelle Schnittstellenlösungen Wert gelegt wird, in der sämtliche Datenprotokolle verarbeitet werden können;

- einer nach *Aufgabenbereichen* (etwa Güterarten) *differenzierten Ausweitung dieser Datenverbünde* auf hafenexterne Institutionen, etwa Verlader, korrespondierende Seehäfen in Übersee u.ä.

Diese Seehafenlogistiksysteme stützen mit ihrer kommunikativen Ausprägung die physischen Umschlagsschwerpunkte in den Häfen. Solche Umschlagsschwerpunkte sind beispielhaft der Im-/Export von Fahrzeugen, der Import von Südfrüchten, Rohkaffee und Tabak oder der Export von Großanlagen und der Empfang/Versand von Containern. In Deutschland haben vor allem die Häfen Bremen (mit dem früheren System COMPASS: Computerorientierte Methodik für Planung und Abfertigung in Seehäfen bzw. TELEPORT sowie nunmehr mit der Bremer Hafentelematik BHT) und Hamburg (mit dem System DAKOSY: Datenkommunikationssystem) solche Seehafenlogistiksysteme aufgebaut. In Bremen sind über 140 Betriebsstätten mit mehr als 1.030 bedienten Datenendgeräten an das zentrale Datenbanksystem angeschlossen; in Hamburg über 260 Teilnehmer. Monatlich werden zwischen 60.000 und 100.000 Hafenaufträge (Datenaustauschverbindungen) von der zentralen Datenbank abgewickelt.

Für die im Seehafen tätigen Betriebe (Seehafenspediteure, Umschlagsbetriebe, Tally-Firmen, Reedereien, Linienagenten, Stauereien, Zoll, Hafenbehörden sowie Ex- und Importeure) sind zahlreiche spezielle DV-Anwendungen entstanden:

- *SEEDOS* (Seehafen-Dokumentationssystem für Spediteure);
- *TADOS* (Tally-Dokumentationssystem für Ladungskontrollunternehmen);
- *GIV* (Gefahrgutinformationssystem);
- *DAVIS* (Datenverarbeitungsorientierte Abwicklung von Industrieanlagengeschäften im Seetransport);
- *CCL* (Container control logistics);
- *SIS* (Schiffs-Informationssystem)
- *WADIS* (Wagendispositionssystem)
- *CAR* (Controlled automobil reporting für die Pkw-Logistik mit Statusverfolgung für die gesamte Transportkette);
- *ANLOG* (Abwicklung von Industrieanlagengeschäften);
- *STORE* (Stock report; integrierte Logistik für die Distribution importierter Waren).

Von besonderer Bedeutung sind bei diesen logistischen Kommunikationssystemen die *universellen Schnittstellen* (Bremen, „Hafensteckdose" LOTSE: Logistik-Tele-Service ab 1984; seit 1993 erweitert zum Teleport). Hierdurch ist es möglich, eine Dialog-Nutzung aller DV-Logistikdienste im gesamten Netz zu betreiben.

Diese Kommunikationssysteme ergänzen und unterstützen die allgemeinen Leistungsangebote der Seehäfen, die insbesondere in Spezialisierungen auf Transportgüter und Hinterlandregionen bestehen, aber auch durch generelle Kriterien wie Fahrwasserverhältnisse, geringe Wartezeiten auf Kailiegeplätze, Schnelligkeit des Umschlags, Mengen der aus- und eingehenden Güter je Schiffsladung, Höhe der Kai-, Umschlags- und sonstiger Entgelte sowie Qualität der landseitigen Hinterlandverbindungen bestimmt werden.

Literatur zu Kapitel V.7.6:

Ernst, M. / Walpuski, D. (1997): Telekommunikation und Verkehr, München, insb. S. 217-223.

Ihde, G.B. (2001): Transport, Verkehr, Logistik, 3. Aufl., München, S. 136-151.

Salzen, H.v. (1997): Stichwort Seehafeninformationssysteme, in: Vahlens Großes Logistiklexikon, hrsg. von J. Bloech und G.B. Ihde, München, S. 932-934.

Zachzial, M. (1993): The Role of Ports as decisive Factor of Land/Sea Logistics, in: Stuchtey, R.W. (Hrsg.): Port Management Textbook, Port and Transport Logistics Vol. 4, Bremen, S. 1-23.

8 Güterverkehrszentren

Seit Ende der 80er Jahre werden **Güterverkehrszentren (GVZ)** unter *logistischen* und *umweltorientierten* Perspektiven intensiv diskutiert. Unter GVZ werden speziell gestaltete Schnittstellen zwischen Straße und Schiene sowie möglichst auch der Binnenschiffahrt, ggf. auch mit der Seeschiffahrt und dem Luftverkehr, verstanden. Dabei handelt es sich um Schnittstellen zwischen dem Fernverkehr und dem auf den Nahbereich ausgerichteten Verteilerverkehr. Wesentliche Merkmale von GVZ sind ihre

- Multimodalität,
- Multifunktionalität und
- Überregionalität.

Aufgrund dieser Merkmale können GVZ von Güterverteilzentren und Transportgewerbegebieten unterschieden werden. *Güterverteilzentren* werden i.d.R. von Spediteuren errichtet oder sind sogar nur einem Kraftwagenspediteur zuzuordnen. Fern- und Nahverkehr treffen hier ebenfalls aufeinander; es wird gelagert und kommissioniert. Auch kann ein Bahnanschluß einbezogen werden. *Trans-*

portgewerbegebiete dienen der räumlichen Zusammenfassung von Speditions- und Frachtführerbetrieben auf eigenen Grundstücken entsprechend der Flächennutzungsplanung.

Das Merkmal der *Multifunktionalität* bei GVZ besagt, dass eine Vielzahl von transportvor- und -nachgelagerten sowie transportbegleitenden Aktivitäten stattfindet. Durch eine gemeinsame Nutzung von Lager-, Umschlag-, DV- und Wartungsanlagen sollen Synergieeffekte wirksam werden. Die *Multimodalität* erfordert, dass in einem GVZ auch ein KLV-Terminal eingerichtet wird. Vorteilhaft ist ebenfalls ein Binnenwasserstraßenanschluß. Wünschenswert ist auch die Ansiedlung eines Frachtzentrums des Schienenstückgutverkehrs und des Frachtdienstes der Post AG.

Die Realisierung von GVZ geht nur langsam voran, nachdem die zunächst sehr euphorischen Vorstellungen von Kommunen und Bundesländern einer realistischeren Betrachtungsweise gewichen sind. Die regionale GVZ-Euphorie resultierte aus Hoffnungen hinsichtlich neuer Arbeitsplätze und eines regionalen Entwicklungsschubs durch ein GVZ. Die Folge war eine außerordentlich hohe Zahl von GVZ-Projekten. Bis Mitte 1996 war in Deutschland nur das GVZ Bremen-Roland in Betrieb, das jedoch wegen spezieller Beziehungen zum Seehafen Bremen keinen allgemeinen Referenzcharakter besitzt. Mehrere GVZ sind inzwischen errichtet und in Betrieb, regelmäßig erheblich gefördert durch öffentliche Finanzmittel.

Als *zentrale Probleme* der Einrichtung von GVZ stellen sich dar:
- Die Neigung der *Spediteure* und *Frachtführer*, in geplante GVZ umzuziehen, ist dann sehr begrenzt, wenn bereits in den vergangenen Jahren eigene Investitionen in neue stationäre Anlagen erfolgt sind oder aber bei anstehendem Investitionsbedarf (aufgrund von Flächenbegrenzung/ Umweltanforderungen an bisherigen Standort) die Planungs- und Realisierungsunsicherheiten für ein GVZ als zu hoch angesehen werden.
- Für die vor allem auch angesprochenen K-Spediteure hat es teilweise eine Abwehrhaltung gegenüber GVZ auch dadurch gegeben, dass zunächst die GVZ mit dem potentiellen *Ziel* einer *Modal split-Veränderung* (Verlagerung des Fernverkehrs von der Straße auf die Schiene, ggf. auf die Wasserstraße) diskutiert wurden.

- Der *Flächenbedarf* von GVZ liegt unter Berücksichtigung von ökologischen Ausgleichsflächen bei mindestens 60 bis zu 200 ha. Die Bereitstellung solcher Grundstücke in der benötigten Verkehrslage und mit entsprechender geographischer Eignung (Topographie, Zuschnitt) ist an vielen potentiellen Standorten mit erheblichen Schwierigkeiten und hohen Kosten verbunden.

- Die *Infrastrukturkosten* eines GVZ werden durch die notwendigen Anschlüsse an das überregionale Straßennetz (Autobahn) und die Eisenbahnstrecken fühlbar erhöht.

- Die Eisenbahn ist nicht bereit, an potentiellen GVZ-Standorten ein *KLV-Terminal* zu errichten, sofern nicht mindestens eine Eigenwirtschaftlichkeit aufgrund des Aufkommens für Direktzüge oder zumindest Wagengruppen gesichert ist. Zunehmend wird vorausgesetzt, dass die Infrastrukturinvestitionen eines KLV-Terminals von Dritten übernommen werden.

- Die regionale Bevölkerung nimmt wegen der mit einem GVZ verbundenen beträchtlichen *Verkehrsbewegungen* und den hieraus folgenden *Umweltbeeinträchtigungen* teilweise eine ablehnende Haltung gegenüber GVZ-Planungen ein.

- Aufgrund der Finanzierungsengpässe bei den kommunalen Gebietskörperschaften besteht nur noch eine sehr begrenzte Neigung und Fähigkeit, GVZ-Projekte durch eigene Haushaltsmittel zu bezuschussen. Allerdings werden für GVZ in einigen Fällen Finanzmittel aus dem EU-Strukturfonds und regelmäßig auch Zuwendungen aus dem GVFG (für Straßenbaumaßnahmen nach § 2 Abs. 1 Ziff. 1 GVFG in der Fassung vom 27. Dezember 1993) in Anspruch genommen.

Literatur zu Kapitel V.8:

Eckstein, W. E. (1994): Güterverkehrszentren - Hilfestellung für die City-Logistik oder viel weniger?, in: Wirtschaftsverkehr in Städten - nur Probleme oder auch Lösungen?, Berichtband des 24. Mercedes-Benz Seminars, Stuttgart, S. 149-183.

Eckstein, W.E. (1997): Stichwort Güterverkehrszentrum, in: Vahlens Großes Logistiklexikon, hrsg. von J. Bloech und G. B. Ihde, München, S. 352-355.

Ihde, G.B. (2001): Transport, Verkehr, Logistik, 3. Aufl., München, S. 219-224.

Kossak, A. (1995): Sinnvolle Entwicklungen und verfehlte Ansätze - Erste Erfahrungen mit Güterverkehrszentren, in: Internationales Verkehrswesen, 47. Jg., S. 185-189.

Kracke, R. et al. (1998): Güterverkehrs- und -verteilzentren, in: Isermann, H. (Hrsg.): Logistik. Gestaltung von Logistiksystemen, 2. Aufl., Landsberg/L., S. 441-453.

Krampe, H. (2001): Territoriale Logistik in Ballungsräumen, in: Krampe, H. / Lucke, H.-J.: Grundlagen der Logistik, 2. Aufl., S. 378-391.

9 Citylogistik

Mit der Citylogistik wird versucht, eine *partielle Entlastung* der *Innenstädte* vom **Wirtschaftsverkehr**, zu erreichen, insbesondere durch Bündelung des Ausliefer- und Abholerverkehrs. Hinzuweisen ist jedoch darauf, dass der *Wirtschaftsverkehr* neben dem Güterverkehr auch den volumenmäßig sehr umfänglichen Serviceverkehr mit Pkw-/Kombi-Fahrzeugen erfaßt. Durch eine Bündelung des Güterverkehrs können die Zahl der täglichen Innenstadtfahrten reduziert, die Auslastung der verbleibenden Fahrten erhöht, die Belastung der städtischen Verkehrsinfrastruktur (Stauintensität) und der Umfang von Schadstoff- und Lärmemissionen vermindert werden.

Durch *Kooperationen von Speditionsunternehmen* mit Nutzung gemeinsam betriebener Fahrzeuge sind in zahlreichen Städten *Fahrtenreduktionen* erreicht worden. Ihr grundsätzlich positiver Beitrag zur Reduktion der innerstädtischen Fahrzeugbewegungen sowie der negativen Umweltwirkungen ist unbestritten. Allerdings sind die erzielbaren *Quantitäten*, bezogen auf die gesamten innerstädtischen Fahrzeugfahrten und hieraus abgeleiteten Emissionsmengen noch recht gering.

- Der dominierende Teil der Fahrzeugbewegungen in den Städten erfolgt mit Pkw und den Fahrtzwecken Berufs-, Einkaufs- und Geschäftsverkehr.
- Nur ein geringer Teil des städtischen Wirtschaftsverkehrs ist Speditions- und Straßengüterverkehr (rd. 15 %). Der größere Teil des Wirtschaftsverkehrs (rd. 65 %) erfolgt mit Pkw und Kombifahrzeugen für Schnellausliefer- und Servicedienste.
- In den Stadtzentren sind rd. 40 % der im Güterverkehr eingesetzten Fahrzeuge in die Größenklasse bis 2,8 t Gesamtgewicht, 50 % zwischen 2,8 und 9 t und nur 10 % über 9 t Gesamtgewicht einzuordnen.
- In die Bündelung durch gemeinsamen Fahrzeugeinsatz ist der sonstige Wirtschaftsverkehr mit Pkw und Kombi praktisch überhaupt nicht einbeziehbar, obwohl er den größten Umfang an den Stadtfahrten am gesamten Wirtschaftsverkehr ausmacht.

- Sehr schwierig gestaltet sich auch die Integration von Fahrzeugen der Post und der Kurier-, Expreß- und Paketdienste; sie erreichen 30 bis 35 % der Anlieferungen im städtischen Güterverkehr.
- Ähnliches gilt auch für den Werkverkehr, dessen Anteil an den Belieferungen zwischen 40 und 45 % liegt.

Das Aufkommen des Wirtschaftsverkehrs in den Städten wird durch spezifische Merkmale geprägt, deren Beeinflussung durch die Citylogistik schwierig ist:

- Die Stadtkerne haben einen wesentlich höheren Warenzu- als -abfluß (starke Unpaarigkeit der Verkehrsströme).
- Die Lagerflächen der Innenstadtgeschäfte sind infolge der hohen Ladenmieten auf ein Minimum geschrumpft mit der Folge jeweils täglicher Anlieferungen.
- Fußgängerzonen und sonstige Beschränkungen engen die Anlieferzeiten auf wenige Stunden ein, die zudem in fast allen Städten identisch sind.
- Sondernutzungsspuren für Busse und Taxen werden häufig zu Lasten von Anhaltespuren für den Güterverkehr geschaffen.
- Die Warenannahmezeiten des Handels sind i.d.R. sehr eng bemessen mit der Folge von unproduktiven Wartezeiten der Güterverkehrsfahrzeuge. Nachtanlieferungen werden vom Handel - im Unterschied zum Ausland - kaum akzeptiert und aus Lärmschutzgründen auch nicht genehmigt. Anlieferungen in den Abendstunden nach Ladenschlußzeit sind ebenfalls nur selten möglich.
- Einwegsysteme bei Verpackungen und nicht standardisierte Mehrwegbehälter erhöhen den Transportbedarf in den Städten.

Zur Citylogistik zählen neben der Bündelung der Anlieferungen, bei denen ein GVZ möglicherweise eine sinnvolle Hilfestellung bieten kann, auch

- die *Nutzung von öffentlichen Nahverkehrsmitteln*, etwa S- und U-Bahnen, zum städtischen Gütertransport (bislang noch keine wirtschaftlichen Lösungen vorhanden),
- die Errichtung von *speditionellen Cityterminals* (als Alternative zu GVZ) zur Güterverteilung in Großstädten; sie sind in direkter City-Randlage mit Gleisanschluß für Nachtbelieferung im Fernverkehr vorgesehen; die Cityverteilung erfolgt mit Stadtfahrzeugen,
- der Bau von *regionalen Warenverteilzentren* (WVZ) durch Handelsunternehmen zur Versorgung der Filialen und der Kunden in den Städten (als Alternative zu GVZ). Die WVZ werden (möglichst per Bahn) mit Wechselbrücken beliefert; es erfolgt die filial- und kundenspezifische Kommissionierung und

die Zustellung durch tourenoptimierte Verteilerfahrten mit speziellen Fahrzeugen und fest definierten Anlieferzeiten bis 7.00 Uhr und nach 20.00 Uhr. Die WVZ haben die Funktion eines *Transitterminals*,
- die Reduzierung des Park-Such-Verkehrs durch *Parkleitsysteme*.

In Deutschland sind einige städtische Pilotprojekte inzwischen wieder aufgegeben worden. Das Interesse der beteiligten Spediteure hat insbesondere wegen ungünstiger wirtschaftlicher Ergebnisse stark nachgelassen (Ihde 2001, S. 224).

Abbildung 73: Strukturmerkmale der Citylogistik

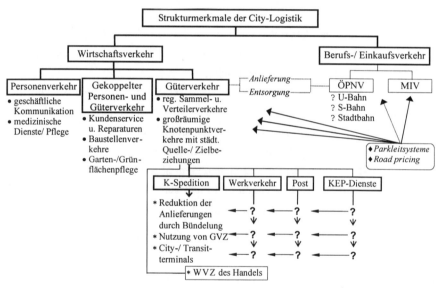

Literatur zu Kapitel V.9:

Aberle, G. (1994a): Wirtschaft und Verkehr in der Stadt - Definition und Lösungsvorschläge zur Bewältigung des Verkehrs in den Städten, in: Wirtschaftsverkehr in Städten - nur Probleme oder auch Lösungen?, Berichtband des 24. Mercedes-Benz Seminars, Stuttgart, S. 29-36.

Eisenkopf, A. (1999b): Hauptstichwort City-Logistik, in: Schulte, Christoph: Lexikon der Logistik, München, Wien, S. 49-53.

Hallier, B. (1994): City-Logistik - Anforderungen und Lösungsvorschläge aus der Sicht des Handels, in: Wirtschaftsverkehr in Städten - nur Probleme oder auch Lösungen?, Berichtband des 24. Mercedes-Benz Seminars, Stuttgart, S. 67-88.

Hemberger, M. (1994): Lösungskonzepte der Praxis für die City-Logistik, in: Wirtschaftsverkehr in Städten - nur Probleme oder auch Lösungen?, Berichtband des 24. Mercedes-Benz Seminars, Stuttgart, S. 113-128.

Ihde, G.B. (2001): Transport, Verkehr, Logistik, 3. Aufl., München, S. 224-228.

Krampe, H. (2001): Territoriale Logistik, in: Krampe, H. / Lucke, H.-J.: Grundlagen der Logistik, München, S. 392-403.

Monning, W. (1994): Lösungskonzepte der Praxis für die City-Logistik, in: Wirtschaftsverkehr in Städten - nur Probleme oder auch Lösungen?, Berichtband des 24. Mercedes-Benz Seminars, Stuttgart, S. 131-136.

Thoma, L. (1995): City-Logistik: Konzeption - Organisation - Implementierung, Wiesbaden.

Wittenbrink, P. (1995): Bündelungsstrategien der Speditionen im Bereich der City-Logistik. Eine ökonomische Analyse (Heft 136 der Beiträge aus dem Institut für Verkehrswissenschaft an der Universität Münster).

10 Rechnergestützte Informationssysteme im Rahmen logistischer Optimierungsstrategien

10.1 Informations- und Kommunikationssysteme

Das Denken und Handeln in logistischen (Transport-)Ketten wird in seiner Effizienz wesentlich durch die Nutzung von rechnergestützten Informationssystemen gefördert. Der Datenfluß in den Transportketten umfaßt neben dem physischen Güterstrom

- *vorauseilende Informationen* (Auftragsdaten, Mengen und Arten der abgefertigten Sendungen, Reihung von Waggons in Zügen, Positionierung von Containern u.ä.),
- *begleitende Informationen* (Ladelisten, Frachtbriefe, Statusmeldungen über die räumliche Positionierung von Verkehrsmitteln und den Zustand der Güter bei temperaturgeführten oder Gefahrgutsendungen),
- *nachfolgende Informationen* (Rechnungen).

Diese Informationen werden inner- und zwischenbetrieblich ausgetauscht. Den Vorteilen der Schnelligkeit der DFÜ-Systeme, verbunden mit einem Verzicht des aufwendigen Transports von Dokumenten und realisierbarer Ersparnisse aufgrund reduzierter Papierflut (belegloser Datenaustausch) und einer nur einmaligen Dateneingabe (verminderte Fehlerquellen) steht das **Schnittstellenproblem** gegenüber. Es resultiert aus **Inkompatibilitäten** in den Übertragungsstandards (unterschiedliche Softwarelösungen und Computersysteme). Zunächst wurde versucht, diese Schnittstellen durch innerbetriebliche Vereinheitlichung und branchenspezifische Standards für die zwischenbetriebliche Datenkommunikation zu überwinden. So kam es zu den *DV-Branchenstandards* wie SEDAS (1977 eingeführt von 62 Unternehmen der Konsumgüterwirtschaft, insbesondere von Kaufhäusern und wichtigen Zulieferern), VDA 4905 (als Lieferabruf der deutschen Automobilindustrie mit rd. 900 angeschlossenen Zulieferbetrieben), dem länderübergreifenden Standard ODETTE (von der Automobilindustrie als europäischer Standard seit 1984 eingeführt) sowie weitere Branchenlösungen (Piontek 1994, S. 51-53).

Diese Entwicklung hat dazu beigetragen, dass die *betrieblichen* Insellösungen zunehmend beseitigt, dafür aber *branchenspezifische* Insellösungen geschaffen worden sind. Für die Transportwirtschaft stellen diese Schnittstellen ein besonderes Problem dar, werden doch für alle Branchen Leistungen erbracht, bei denen ein elektronischer Datenaustausch sinnvoll ist oder von der verladenden Wirtschaft gefordert wird.

Die Verkehrsträger haben - zunächst auch als Insellösungen - eigene Informationssysteme geschaffen. So etwa die Eisenbahn mit dem FIV (Fahrzeuginformations- und Vormeldesystem); es wurde mit einer speziellen Schnittstelle für die direkte Datenverbindung mit den externen Kunden ausgerüstet (GATEWAY-System). Über den Datex-P-Dienst erfolgt die Datenkommunikation mit den Kunden im File-Transfer. Ähnliche Aktivitäten sind im Luftverkehr, bei den Seehäfen (COMPASS, DAKOSY) und bei größeren Speditionsunternehmen mit eigenen Datennetzen erfolgt.

Wird jedoch berücksichtigt, dass etwa Speditionen mit einer großen Anzahl von branchenunterschiedlichen Verladern, mit mehreren Fluggesellschaften, der Eisenbahn, mehreren Seehäfen und Flughäfen sowie Zoll- und anderen Dienststellen kommunizieren müssen, dann wird die Notwendigkeit **europa- und weltweiter Standards** für die Datenkommunikation deutlich. Hier soll das System EDIFACT die Problemlösung bringen.

10.2 Edifact

Im Rahmen der Wirtschaftskonferenz der Vereinten Nationen für Europa (ECE) erfolgte im März 1987 eine Einigung auf das branchenübergreifende Kommunikationssystem **EDIFACT** (Electronic Data Interchange for Administration, Commerce and Transport). Ziel der Entwicklung dieses Systems war die Schaffung eines „elektronischen Esperantos".

Die Daten auf Rechnungen oder Bestellscheinen werden in standardisierter Reihenfolge und Schreibweise ausgetauscht. EDIFACT basiert auf *einheitlichen Zeichen* (Buchstaben, Zahlen, Satzzeichen) und einem bestimmten *Wortschatz* sowie auf einer wohldefinierten *Grammatik*. Jedes Zeichen hat an einer bestimmten Stelle stets eine einzige Bedeutung. Somit sind EDIFACT-Nachrichten im Layout eine Kette von Zeichen mit bestimmten Informationen, die von den Computerprogrammen „verstanden" werden. Die Identifikation ist für den Menschen hingegen sehr schwierig.

Die Datenübertragung zwischen den Computersystemen der Beteiligten benötigt bei einer normalen Rechnung einen Zeitaufwand von rd. 13 sec. mit Kosten von rd. 0,10 EUR. Die Kommunikation mit EDIFACT ist über unterschiedliche Hard- und Software der Beteiligten im Sinne einer offenen Kommunikation möglich. Mit dem elektronischen Informationsaustausch bei Transportketten mit einer Vielzahl von Beteiligten hat sich auch das europäische Forschungsprojekt COST 306 befaßt (Abschluß 1991).

Da das Gesamtsystem EDIFACT sehr kompliziert und als breiter Standard schwerfällig ist, wurden sog. **Subsets** für bestimmte Branchen entwickelt im Sinne von „Dialekten". Das Subset für den Verkehrsbereich ist **EDITRANS** (Elektronic Data Interchange Transport) und dient vor allem der Datenübertragung von Speditionsaufträgen, Auftragsbestätigungen, Rechnungserteilung, Fahrplanänderungen u.ä.

Ziel der EDIFACT-Bemühungen ist es ab Mitte der 90er Jahre, die Vielfalt der elektronischen Datenaustauschverfahren auf dieses universelle internationale Sprachsystem zu reduzieren, kombiniert mit dem System X 400 als Standard-Protokoll (Methodik), d.h. internationaler Norm für Dokumentenübertragung über verschiedene Netzbetreiber. Im Unterschied zu den traditionellen DFÜ-Systemen (direkter Rechnerverbund, geeignet für große Datenmengen zwischen zwei Partnern) kommuniziert EDI über ein Value Added Network (VAN); es übt eine Art *Drehscheibenfunktion* aus und überwindet internationale systemspezifische Schnittstellenprobleme. Es handelt sich um Netze, die von externen Dienstleistern angeboten werden mit einer Software, welche die Übersetzung von Daten in andere Formate vornimmt und somit die Kommunikation zwischen unterschiedlichen Rechnersystemen ermöglicht (Clearingfunktion). Werden allerdings unterschiedliche VANS genutzt, was bei vielen Kommunikationspartnern wahrscheinlich ist, so ergibt sich als neues Problem die *Inkompatibilität von VAN-Systemen*.

Das **Internet** als weltweit etabliertes Rechnernetzwerk hat für die kommunikative Abwicklung logistischer Geschäftsprozesse wesentlich an Bedeutung gewonnen. Die Kommunikation wird durch das Protokoll HTTP (Hypertext Transfer Protocol) im World Wide Web (WWW) geregelt; die Sprache für die Hypertext-Dokumente ist HTML (Hypertext Markup Language).

Im Unterschied zum sehr komplizierten Datenformat EDIFACT, das überwiegend nur von großen Unternehmen genutzt wird, bietet der seit 1998 eingeführte Standard XML (eXtensible Markup Language) als Metasprache Verarbeitungsvorteile (maschinenlesbar, normal verständlich). Allerdings fehlt, im Unterschied zu EDIFACT, eine Vereinbarung über die inhaltliche Struktur der Daten bei XML, das nur eine Syntax für Nachrichten definiert. Die Semantik muß von den Beteiligten jeweils vereinbart werden; dies beinhaltet die Gefahr eines Wildwuchses. Es wird versucht, die Semantik von Edifact-Nachrichten in die XML-Syntax einzubinden; ferner erfolgen Versuche, die XML-Anwendungen zu standardisieren.

Der Datentransport kann generell über das Internet erfolgen. Dieser kostengünstige Transportweg kann jedoch nicht für die Mehrwertdienste genutzt werden. Probleme bestehen auch hinsichtlich der Datensicherheit. Das Internet ermöglicht (Kuhn et al. (2001)):

- informative Außendarstellungen des Logistikdienstleisters;
- Sendungsverfolgungen, auch für Kunden über Virtual Privat Networks (VPN);
- Etablierung elektronischer Marktplätze;
- Präsentation von Online-Katalogen (Handelsportalen) mit Shop-Systemen (spezifische Software-Produkte).

Zur Sendungsverfolgung (-identifizierung) werden *Barcode-Systeme* (binär codierte Informationsträger; Auslesung durch eine optische Sensorik; Laserstrahlabtastung) und *Transponder* (mobiler Datenspeicher, der Informationen in elektronischer Form enthält und diese an überlagerte DV-Systeme übertragen kann).

10.3 Telematik

Der inhaltlich weiteste Begriff bei den rechnergestützten Informations- und Kommunikationssystemen ist jener der **Telematik**. Während EDIFACT primär für den Güterverkehr konzipiert wurde, bezieht Telematik auch den Personenverkehr mit ein.

Telematik steht als Sammelbegriff für moderne Systeme der *Datenerfassung*, der *Kommunikations-, Leit- und Informationselektronik*. Sie dienen der Informationsverbesserung der Verkehrsteilnehmer, der Steuerung der Verkehrsabläufe, der Erfassung von zeitlichen und räumlichen Verkehrsströmen und der Erhöhung der Verkehrssicherheit. Ziel ist auch eine verbesserte Nutzung der (knappen) Verkehrsinfrastrukturkapazitäten, insbesondere im Straßen- und Schienenverkehr. Auch die preisliche Steuerung der Verkehrsabläufe (Road pricing) nutzt Verfahren der Telematik. Ebenfalls sollen die Schnittstellen zwischen dem Individual- und dem öffentlichen Verkehr durch Telematikeinsatz benutzerfreundlicher und damit akzeptabler gestaltet werden, um das Umsteigen insbesondere auf den ÖPNV zu erleichtern. Telematische Instrumente sind auch in der Lage, die Schadstoffemissionen bei Fahrzeugen zu erfassen und für steuerungs-/ belastungsorientierte Regelungen bereitzustellen.

Die Eisenbahn setzt den Leitplan CIR (Computer Integrated Railroading) ein, um die Streckenkapazität durch Fahren auf elektronische Sicht zu steigern. Das hierfür entwickelte Investitionsprogramm sah bis 2000 einen Betrag von rd. 6 Mrd. DM vor. Weiterhin sind bei der Schiene u.a. CIR-ELKE (Erhöhung der Leistungsfähigkeit im Kernnetz) in Deutschland und das Projekt ETCS (European Train Control System) als europäisches **Betriebsleitsystem** für den Hochgeschwindigkeits-, den kombinierten wie auch für den konventionellen Wagenladungsverkehr zu erwähnen.

Zur verbesserten Nutzung der Straßeninfrastruktur und zur Erhöhung der Verkehrssicherheit wurden die europäischen Forschungsprogramme PROMETHEUS (Program for an European Traffic with Highest Efficiency Unprecedented Safety), das 1993 weitestgehend abgeschlossen wurde, sowie DRIVE (Dedicated Road Infrastructure for Vehicle Safety in Europe) aufgelegt.

Im Zentrum der Überlegungen steht der *Straßenverkehr*. Hier soll Telematik die bessere Kapazitätsauslastung sowie eine höhere Sicherheit gewährleisten. Die Systeme reichen vom RDS (Radio Data System) mit dem TMC-Verkehrsnachrichtenkanal (Traffic Message Channel) über Verkehrsleitsysteme durch stationäre Anlagen zur Geschwindigkeitsregelung auf Autobahnen bis hin zu den Nutzungsmöglichkeiten des digitalen Mobilfunksystems. Hier besteht dann auch die Verknüpfungsmöglichkeit zu inner- und zwischenbetrieblichen Informations- und Kommunikationssystemen (Tourenplanung, Flottenmanagement).

Verkehrsmanagementprojekte, die sowohl den Individual- wie auch den öffentlichen Verkehr einbeziehen, wurden in mehreren Großstädten konzipiert (Stuttgart/STORM; München/KVM; Hannover/MOVE; Frankfurt-M./FRUIT).

Sechs Sachkomplexe stehen im Zentrum der Telematikdiskussion:
- die europaweite Standardisierung der telematischen Hard- und Software zur Verbindung von nationalen und regionalen Insellösungen;
- die Ausweitung der telematischen Leistungen auf weitere Mehrwertdienste, um hierdurch die Nutzerattraktivität zu erhöhen;
- die Frage der Zuständigkeiten und der entstehenden Kosten für die Zusammenstellung und Einspeicherung der erforderlichen Informationen und ihre ständige Aktualisierung;
- die Möglichkeit und Fähigkeit, den geschaffenen Nachfragernutzen in Zahlungsbereitschaft für die Inanspruchnahme der Telematikangebote zu transformieren;
- die Sicherstellung der Datenschutzanforderungen;
- die umfassende Nutzung des Internet.

Unzulässig und systemschädlich ist die Verengung der Telematikdiskussion auf elektronische Gebührenerhebungssysteme mit Hilfe von Baken, Smart-Card-Lösungen, Satellitenortung (Global Positioning System: GPS) u.ä. Unklar ist jedoch, welche Investitions- und Betriebskosten durch die Telematik-Systeme entstehen und ob mittel- bis langfristig eine Privatfinanzierung möglich ist.

Im März 2002 wurde von der EU-Verkehrsministerkonferenz der Beschluß gefasst, ein eigenständiges multifunktionales satellitengestütztes Informationssystem GALLILEO zu errichten. Die Entwicklungsphase soll bis 2006 abgeschlossen sein. Damit soll eine Unabhängigkeit vom GPS erreicht werden.

Literatur zu Kapitel V.10:

Behrendt, J. (1997): Stichwort Telematik, in: Vahlens Großes Logistiklexikon, hrsg. von J. Bloech und G. B. Ihde, München, S. 1058-1061.

Bundesminister für Verkehr (Hrsg.) (1994): Strategiepapier Telematik im Verkehr zur Einführung und Nutzung von neuen Informationstechniken (überarbeitete und ergänzte Fassung des Strategiepapiers vom August 1993), Bonn.

Bundesminister für Verkehr (Hrsg.) (1995): Telematik im Verkehr: Stand der Umsetzung des Strategiepapieres vom 31.August 1993 - Perspektiven und Bilanz, Bonn.

Diruf, G. (1998): Computergestützte Informations- und Kommunikationssysteme der Unternehmenslogistik als Komponenten innovativer Logistikstrategien, in: Isermann, H. (Hrsg.): Logistik. Gestaltung von Logistiksystemen, 2. Aufl., Landsberg/L., S. 181-196.

Ernst, M. / Walpuski, D. (1997): Telekommunikation und Verkehr, München.

Grandjot, H.H. / Immen, H. (1993): Der Stellenwert von EDI in der Transportkette, in: Der Spediteur, 41. Jg., S. 149-156.

Höller, M. (1994): Informations- und Kommunikationstechnologien - Techniküberblick und Potential zur Verkehrsvermeidung, in: Höller, M. et al.: Die Bedeutung von Informations- und Kommunikationstechnologien für den Verkehr, Göttingen (Heft 133 der Beiträge aus dem Institut für Verkehrswissenschaft an der Universität Münster), S. 7-58.

Kuhn, A. / Kraft, V. et al. (2001): Informationslogistik, in: Krampe, H. / Lucke, H.-J. (Hrsg.): Grundlagen der Logistik, 2. Aufl., München, S. 111-135.

Müller, G. / Bock. E. / Kiefer, T. (1998): Telematik, der große Problemlöser im Güterverkehr, in: DVWG (Hrsg.): Güterverkehr und Telematik, Bergisch Gladbach, S. 1-14 (Band 211 der Schriftenreihe der Deutschen Verkehrswissenschaftlichen Gesellschaft).

Piontek, J. (1994): Internationale Logistik, Stuttgart/Berlin/Köln, insbes. S. 46-63.

VI VERKEHR UND UMWELT

1 Vorbemerkungen

Es gibt zahlreiche Wirtschaftsbereiche, deren Aktivitäten Wirkungen entfalten, die in erheblichem Umfang als *bereichsextern* zu bezeichnen sind, d.h. bei identifizierbaren Dritten oder in der Umwelt auftreten. Zu nennen sind z.b. die Landwirtschaft, die auf fossilen Grundlagen oder der Kernenergie basierende Energiewirtschaft, die chemische Industrie, aber auch der Verkehrssektor.

In diesem Zusammenhang ist festzustellen, dass

- von diesen bei Dritten oder der Umwelt auftretenden Wirkungen vorrangig die *negativen* Effekte im Sinne von sozialen Zusatzkosten diskutiert werden; die *positiven* Wirkungen finden nur eine nachrichtliche Erwähnung,
- der *Verkehrsbereich* im Zentrum der gesellschaftspolitischen und zunehmend auch der wissenschaftlichen Diskussion steht; diese Diskussion übersteigt vergleichbare Überlegungen für andere Sektoren, z.b. der besonders wirkungsintensiven Landwirtschaft.

Diese Ungleichgewichtung in der Analyse von Drittwirkungen wirtschaftlicher Aktivitäten soll hier nur angemerkt werden. Es bleibt festzuhalten, dass der Verkehrsbereich in erheblichem Umfange solche Drittwirkungen verursacht. Wissenschaftlicher und politischer Dissens besteht allerdings hinsichtlich des *Ausmaßes* dieser Wirkungen. Er resultiert aus den benutzten *Quantifizierungsverfahren* und spiegelt sich in der internationalen Literatur wider.

2 Externe Effekte als Problem der Wirtschaftspolitik

In der wirtschaftswissenschaftlichen Literatur werden die *Drittwirkungen ökonomischer Aktivitäten* als *externe Effekte* bezeichnet. Hinzuweisen ist allerdings darauf, dass hierbei von einer wohlfahrtstheoretischen Grundlage aus diskutiert wird (statische paretianische Wohlfahrtsökonomik). Sie setzt einen idealisierten Markt voraus und vollständige Konkurrenz auf Produkt- und Faktormärkten, Entlohnung aller Produktionsfaktoren mit dem Wertgrenzprodukt, ständige Produktion im technischen Optimum (partielle Produktionselastizität gleich1; Minimum der Durchschnittskosten bei ertragsgesetzlichen Produktions- und Kostenfunktionen), Preis gleich Grenzkosten, vollständige Teilbarkeit aller eingesetzten Ressourcen und des Output, fehlender technischer Fortschritt sowie vollständige Markttransparenz (und Marktvoraussicht). Dieses Modellbild repräsentiert ein stabiles langfristiges Gleichgewicht auf dem Markt; die soziale Wohlfahrt wird optimiert, da der soziale Überschuß (Summe aus Produzenten- und Konsumentenrenten) sein Maximum erreicht. Voraussetzung ist allerdings, dass die zur Ermittlung des sozialen Überschusses benutzten Kurven (Marktangebotskurve als Aggregation der standardisierten anbieterindividuellen Grenzkostenkurven; Marktnachfragekurve als Ausdruck der maximalen marginalen Zahlungsbereitschaften) tatsächlich sowohl die *gesamten Ressourcenbeanspruchungen* (Kosteneffekte) wie auch die *gesamten Nutzenstiftungen* umfassen. Daher wird in der paretianischen Wohlfahrtsökonomik davon ausgegangen, dass einzelwirtschaftliche (private) und gesamtwirtschaftliche (soziale) Grenzkosten wie auch einzelwirtschaftliche und gesamtwirtschaftliche Grenznutzen *identisch* sind.

In der Realität sind die Bedingungen der Wohlfahrtsökonomik in keinem Anwendungsbereich gegeben; es werden stets „second and third best solutions" angetroffen. Dies führt dazu, dass der Markt in seinen wichtigsten Steuerungsfunktionen dann gestört wird, wenn die Entscheidungen der Marktteilnehmer auf fehlerhaften Entscheidungsgrundlagen beruhen, d.h. die *tatsächlichen* Ressourcenbeanspruchungen und Nutzenwirkungen von wirtschaftlichen Aktivitäten nicht vollständig berücksichtigen.

Diese Unvollkommenheiten des Marktes sucht die Wirtschaftspolitik durch Setzung von Rahmenbedingungen („Spielregeln") oder durch direkte Regulierungseingriffe im Sinne von Preis- und Mengenfestlegungen zu korrigieren. Insbesondere im Verkehrsbereich liegen hierbei die Grenzen zwischen marktwirtschaftlichen und staatsdirigistischen Eingriffen dicht beieinander, zumal die Diskussion um die Höhe der sozialen Zusatzkosten nicht ideologiefrei und mit noch anderen Zielsetzungen als der Herstellung ressourcenverbrauchsbezogener Nutzerentscheidungen geführt wird.

2.1 Begriff und Formen externer Effekte

Externe Effekte werden generell definiert als die **Folgen** von **unvollständigen Produktions- und Nutzenfunktionen.** In den Produktionsfunktionen (und hieraus abgeleitet den Kostenfunktionen) der Erstellung von Vor-, Zwischen- oder Endprodukten erfassen die in ihnen enthaltenen Argumente nicht die gesamten genutzten Ressourcen. Vielmehr werden aufgrund der institutionellen Abgrenzung nur die *betriebswirtschaftlich* relevanten Ressourceneinsätze mengenmäßig und bewertet einbezogen. Ressourcenbeanspruchungen, die *außerhalb* dieser (institutionellen) Abgrenzungen auftreten (bei Dritten als definierbare Kostenträger oder bei nicht speziell definierten Dritten, etwa der Umwelt) werden *einzelwirtschaftlich* beim Ressourcenbeansprucher nicht entscheidungswirksam. Neben der *Mengen-* kann eine *Bewertungsproblematik* auftreten. Sie resultiert aus einer Unterbewertung von Faktorverbräuchen aufgrund fehlerhafter Verrechnungspreise, Ausnutzung von Nachfragemacht bei der Ressourcenbeschaffung oder staatlicher Preisregulierung. Die unter Steuerungsgesichtspunkten notwendige Bewertung der Ressourcenverbräuche ist die mit *gesamtwirtschaftlichen Opportunitätskosten.* Deren Höhe ist jedoch sowohl selten hinreichend zu ermitteln wie auch oft kaum durchsetzbar (Beispiel: bei gesamtwirtschaftlicher Unterbeschäftigung einer bestimmten Arbeitskategorie wären die Opportunitätskosten hier mit dem Wert Null anzusetzen).

Neben unvollständigen Produktionsfunktionen sind auch unvollständige Nutzenfunktionen die Ursache von externen Effekten: Ein Wirtschaftssubjekt ist beispielsweise nicht in der Lage, sämtliche Nutzenstiftungen einer von ihm durchgeführten ökonomischen Aktivität auf sich zu ziehen. Ein Teil dieser Nutzenstiftungen tritt bei Dritten auf, die hierfür jedoch keine Gegenleistung erbringen.

Für marktliche Steuerungsprozesse und auch für die Verkehrspolitik sind die negativen externen Effekte im Sinne technologischer Effekte von besonderem Interesse, die sowohl als Club-Effekte innerhalb des Verkehrsbereiches oder innerhalb eines Verkehrsträgers wie auch bei Dritten (im Sinne von definierten Dritten außerhalb des Verkehrsbereiches und als Umwelt) auftreten können.

Abbildung 74: Formen externer Effekte

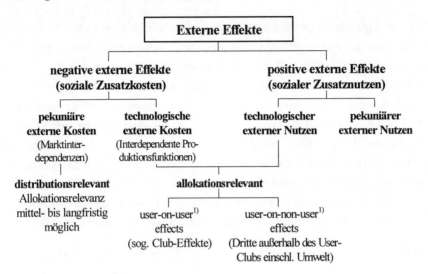

1) Terminologie nach Button (1994), S. 106.

Abbildung 75: Einzelwirtschaftliche und gesamtwirtschaftliche (soziale) Kosten

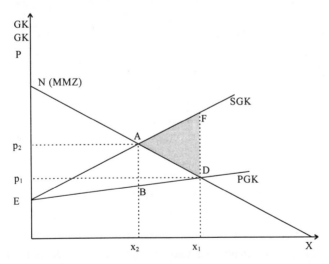

AFD = gesamtwirtschaftlicher Wohlfahrtsverlust bei x_2, da SGK > MMZ
EFD = externe Kosten bei x_1 und p_1

2.2 Internalisierungsverfahren

Um die Entscheidungssituation für den Verursacher von externen Effekten zu korrigieren, d.h. bei negativen technologischen Effekten die Produktionsfunktion im Sinne der tatsächlichen Ressourcenbeanspruchung zu vervollständigen, bieten sich mehrere Verfahren an (Internalisierung der externen Effekte). Dabei ist zu berücksichtigen, dass eine völlige Schadensvermeidung ökonomisch nicht sinnvoll ist, wenn die Grenzkosten der Schadensvermeidung über den Schadensgrenzkosten liegen. I.d.R. steigen die Grenzkosten der Schadensbeseitigung (etwa: Schadstoff- oder Lärmreduktion) an, während die Schadwirkungen der durch Vermeidungsmaßnahmen reduzierten externen Effekte absinken. Somit wird das *Internalisierungsoptimum* dann erreicht, wenn die Grenzkosten der Schadensvermeidung mit den marginalen Schadwirkungen übereinstimmen.

Abbildung 76: Optimaler ökonomischer Schadensvermeidungsumfang

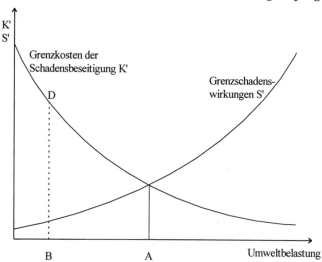

Eine vom optimalen Schadwirkungsumfang A abweichende Reduzierung in Höhe von beispielsweise B führt zu Grenzkosten der Schadensbeseitigung in Höhe von BD; sie liegen um CD über den hierdurch erreichten Grenzschadenswirkungen von BC. Die Schadensreduktion auf B würde somit zu einem gesamtwirtschaftlichen marginalen Ressourcenverlust von CD führen. Insofern kann es i.d.R. nicht das Ziel sein, eine *vollständige* Beseitigung der externen Effekte herbeizuführen, sofern dies mit Ressourcenaufwendungen verbunden ist.

Im Hinblick auf die Internalisierung stellen sich zwei **Hauptprobleme**:

- Die *Schadenswirkungen externer Effekte* können häufig *nicht hinreichend erfaßt* und in Geldeinheiten *bewertet* werden. Das gilt insbesondere für die Folgen von Schadstoff- und Lärmemissionen und sonstigen Umwelteinwirkungen (etwa CO_2-Emissionen), die im Verkehrsbereich eine zentrale Bedeutung besitzen. Medizinische Grenzbelastungswerte für das Eintreten von gesundheitlichen Schädigungen fehlen häufig oder sind äußerst umstritten. Außerdem überlagern sich oft Schadeffekte sehr unterschiedlicher Herkunft, so dass die erforderlichen Zurechnungen nicht möglich sind.

- Es gibt *zahlreiche Internalisierungsverfahren*, die sich jedoch durch *unterschiedliche Informationsbedarfe* (bewertete Schadwirkungen und Kosten der Schadensvermeidung) und *Grade der Praktikabilität* (konkrete Umsetzung in Maßnahmen) auszeichnen.

Bei den Internalisierungsverfahren sind vier Gruppen zu unterscheiden:

(1) **Staatliche Ge- und Verbote.** Sie werden immer dann eingeführt, wenn der Einsatz marktwirtschaftlicher Instrumente als zu unsicher, zu zeitaufwendig oder politisch nicht realisierbar angesehen wird. Das gilt auch und insbesondere bei solchen Schadwirkungen, die sich einer (konsensfähigen) Erfassung und Bewertung entziehen.

Beispielhaft für solche Ge- und Verbote sind im Verkehrsbereich die Zwangseinführung des Katalysators, des Sicherheitsgurtes, des Unterfahrschutzes bei Lastkraftwagen oder die Festsetzung von Schadstoff-Emissionsgrenzwerten durch die Europäische Kommission (Euro 2 und, bis 2005 schrittweise geplant, die weiter abgesenkten Grenzwerte in den Normen Euro 3 bis Euro 5). Als Verbotslösungen sind die Untersagung des Verkaufs von bleihaltigem Treibstoff oder das Landeverbot für lärmintensive Flugzeuge zu nennen.

(2) **Steuer- oder Abgabenlösungen.** Sie basieren auf dem 1932 von A. C. Pigou erstmals vorgestellten Verfahren der nach ihm benannten Pigou'schen Steuerlösung: Die privaten Grenzkosten erhalten einen Steuerzuschlag (proportionale Mengensteuer) in Höhe der sozialen Zusatzkosten, der so bemessen ist (AS), dass die gesamtwirtschaftlich optimale Menge von Aktivitäten (X_2) realisiert wird, d.h. unter Berücksichtigung der mit diesen Aktivitäten verbundenen Schadwirkungen.

Abbildung 77: **Pigou`sche Steuerlösung zur Realisierung einer gesamtwirtschaftlich optimalen Ausbringungsmenge**

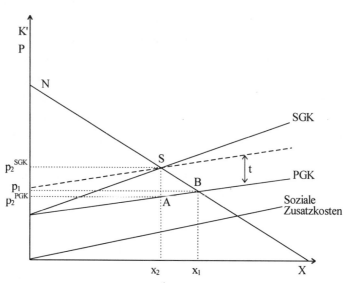

Die Pigou'sche Steuerlösung ist vor allem als ein didaktisches Informationsinstrument und weniger als eine konkrete Handlungsanweisung anzusehen, da

- der Steuerzuschlag jeweils nur mit einer bestimmten Aktivitätenmenge korrespondiert, d.h. Verschiebungen etwa der Nachfragekurve oder der Grenzkostenkurve müßten zu einer Neubestimmung der Steuerzuschläge führen;
- der Informationsbedarf hinsichtlich der sozialen Zusatzkosten in der Realität nur selten abgedeckt werden kann;
- nur eine Partialbetrachtung (Verkehrsmarkt) erfolgt und eine Berücksichtigung der verkehrsmarktübergreifenden Wirkungen der Besteuerung zu einer anderen Höhe und Struktur der optimalen Preise führen könnte.

(3) Wegen der mit der Pigou-Lösung verbundenen Informationsprobleme zum Umfang und zu den bewerteten Schadwirkungen bevorzugt die Politik einen Internalisierungsansatz, der von **politisch vorgegebenen Umweltstandards** als Zielgröße ausgeht. Unter Berücksichtigung der Grenzvermeidungskosten wird die Höhe der Abgabe festgelegt, durch welche der vorgegebene Stan-

dard erreicht wird (Baumol/Oates 1975). Dieses Verfahren wird als **Standard-Preis-Ansatz** bezeichnet und zwingt die Verursacher dieser Schadwirkungen zur Prüfung der Frage, ob es vorteilhaft für sie ist, die Abgabe zu zahlen oder emissionsreduzierende Maßnahmen zu ergreifen (Einbau von Filtern und Motorkapselungen; Anschaffung neuer emissionsreduzierter Aggregate). Hierdurch wird auch der technische Fortschritt stimuliert.

Im übrigen kann der gleiche Effekt auch durch *Zahlung staatlicher Subventionen* an den Schädiger erreicht werden; der Schädiger vergleicht die Subvention mit seinen Grenzkosten der Schadensvermeidung. Liegt der Subventionsbetrag über den Grenzkosten, so wird er die Schädigung reduzieren. Im umgekehrten Fall (Grenzkosten der Schadensreduktion > Subventionszahlung) wird er hingegen auf die Subvention verzichten und die Emissionsintensität aufrechterhalten.

Im Zusammenhang mit dem Standard-Preis-Ansatz ist auch die sog. **Zertifikatslösung** zu erwähnen. Sie besteht darin, dass handelbare und wohldefinierte Emissionsrechte regional vom Staat in fixierter Menge verteilt oder versteigert werden. Bei der Mehrzahl der Emissionen lassen sich optimale Mengenangaben nur sehr begrenzt wissenschaftlich definieren, so dass häufig politische Vorgaben gesetzt werden. Hier besteht eine Tendenz zu einem *dynamischen Effizienzoptimum*. Bei gegebener Technik entscheidet das Verhältnis zwischen den Grenzvermeidungskosten der Emission und dem (Veräußerungs-)Wert eines Zertifikats (als Äquivalent für eine Einheit Umweltbelastung) darüber, ob mit im Bestand des Schädigers oder durch von ihm zugekaufte Zertifikate die Schädigung reduziert oder erhalten bleibt bzw. noch ausgeweitet wird. Bei steigendem Zertifikatswert besteht die systemimmanente Tendenz, neue Techniken mit geringerer Umweltbelastung einzusetzen und hierfür den Erlös aus dem Verkauf von Zertifikaten zu verwenden bzw. auf deren Zukauf zu verzichten.

Im Sinne umweltorientierter Zielsetzungen kann der Staat auch den zulässigen Emissionsumfang je Zertifikat im Zeitablauf reduzieren. Dies verstärkt die Umrüstung der emissionsintensiven Anlagen und fördert den technischen Fortschritt.

(4) Während die bislang behandelten Internalisierungskonzepte vom häufig als „gerecht" empfundenen *Verursacherprinzip* ausgehen, hat Coase 1960 eine Lösung des Problems der externen Kosten entwickelt, die **ohne staatliche**

Mitwirkung eintritt. Vielmehr wird durch **Verhandlungen** zwischen Schädiger und Geschädigten (letztere müssen identifizierbar sein) ein pareto-optimales Internalisierungsergebnis erreicht (sog. Coase-Theorem). Dabei wird zwischen den Fällen ohne und mit Schadenshaftung unterschieden.

Bei *fehlender Schadenshaftung* wird der Schädiger nur dann die Verursachung sozialer Zusatzkosten reduzieren, wenn er eine ausreichende Kompensationszahlung vom Geschädigten erhält. Eine solche Zahlung ist für die Verhandlungspartner dann sinnvoll, sofern beide einen positiven Nettonutzen aus dieser Zahlung ziehen können. Beim Schädiger ist dies der Fall, solange die Zahlung höher ist als die bei ihm anfallenden Vermeidungskosten der Schädigung. Für den Geschädigten ist die Zahlung solange sinnvoll, wie sein Nutzen aufgrund der Nichtemission des (potentiellen) Schädigers größer ist als der zu zahlende Betrag. Die Summe der beiden Netto-Nutzenbeträge entspricht dem gesamtwirtschaftlichen Wohlfahrtsgewinn, allerdings ohne Berücksichtigung von Verteilungswirkungen.

Bei *existierender Schadenshaftung* ist dem Schädiger zunächst die Schademission untersagt. Er kann jedoch dem dann Geschädigten ein Recht zur Schademission abkaufen. Diese Transaktion wird immer dann stattfinden, wenn der dem Geschädigten gezahlte Betrag mindestens gleich oder höher ist als der eintretende Schaden. Für den Schädiger ist die Zahlung dann effizient, solange seine Kosten der Schadensreduktion größer sind als der Transferbetrag an den Geschädigten.

Die *praktische Bedeutung* des *Coase-Theorems* als Internalisierungsstrategie ist begrenzt (vgl. etwa Fritsch/Wein/Ewers 1999, S. 138ff.). Es handelt sich um ein *statisches Effizienzoptimum*; die *Zahl* der *Verhandlungspartner* muß klein sein, die *Eigentumsrechte* müssen eindeutig definiert werden können (Problem bei Umweltressourcen) und die *Transaktionskosten* dürfen weder entscheidungsbedeutsam sein noch ungleichmäßig bei den Verhandlungspartnern anfallen.

Literatur zu Kapitel VI.2:

Baumol, W.J. / Oates, W.E. (1975): The Theory of Environmental Policy: Externalities, Public Outlays and the Quality of Life, New York.

Button, K.J. (1994): Overview of Internalising the Social Costs of Transport, in: European Conference of Ministers of Transport (ECMT), Internalising the Social Costs of Transport, Paris, S. 7-30.

Button, K.J. (1993): Transport Economics, 2nd Ed., Cambridge, S. 93-121 und S. 148-172.

Coase, R.H. (1960): The Problem of Social Cost, in: Journal of Law and Economics, Vol. 3, S. 1-44.

Eisenkopf, A. (2002): Externe Kosten des Verkehrs, in: Arnold, D. / Isermann, H. et al. (Hrsg.): Handbuch Logistik, Berlin-Heidelberg, S. D 4-11 – D 4-24.

Fritsch, M. / Wein, Th. / Ewers, H.-J. (1999): Marktversagen und Wirtschaftspolitik, 3. Aufl., München, insb. S. 91-152.

Pigou, A.C. (1932): The Economics of Welfare, London.

Wicke, L. (1993): Umweltökonomie: Eine praxisorientierte Einführung, 4. Aufl., München.

3 Externe Effekte des Verkehrs

Es ist sinnvoll, die externen Effekte des Verkehrs danach zu unterscheiden, ob sie durch die Vorhaltung der *Verkehrsinfrastruktur* oder durch den *Verkehrsmittelbetrieb* entstehen. Der Grund für diese Aufteilung ist darin zu sehen, dass verkehrsinfrastrukturverbundene externe Effekte nach Durchführung der investiven Maßnahme weitgehend irreversibel sind und daher systematisch im Planungsprozeß für die Investition berücksichtigt werden müssen. Die aus dem Verkehrsmittelbetrieb resultierenden externen Effekte sind hingegen im Zeitablauf aufgrund konstruktiver und ordnungspolitischer Maßnahmen durchaus beeinflußbar.

In der verkehrspolitischen Diskussion konzentrieren sich die Analysen und Prognosen auf die negativen externen Effekte des Verkehrs. Daher wird zunächst auf die sozialen Zusatzkosten eingegangen; die Frage der positiven externen Effekte im Sinne von sozialen Zusatzerträgen bzw. gesamtwirtschaftlichen Zusatzvorteilen wird in Teilkapitel 3.4 aufgegriffen.

Von der Behandlung der externen Kosten ist das Wegekostenproblem zu trennen (vgl. auch Glaser 1992, S. 43 ff.). Die generelle Zusammenfassung von externen Kosten und Wegekosten der Verkehrssysteme bzw. einzelner Verkehrsmittelkategorien führt zu Unschärfen in der Diskussion. Auch aus diesem Grunde empfiehlt sich die Unterscheidung von verkehrsinfrastrukturbezogenen und durch den Verkehrsmitteleinsatz verursachten externen Effekten, da nur bei der ersten Kategorie eine Wegekostenorientierung gegeben ist.

3.1 Externe Kosten der Verkehrsinfrastruktur

Zu den externen Kosten der Verkehrsinfrastruktur zählen insbesondere:

- Wirkungen der Bodenversiegelung,
- Trennwirkungen und
- Landverbrauch (soweit nicht bereits mit Opportunitätskosten bewertet).

Die **Bodenversiegelungseffekte** enthalten die Auswirkungen der Verkehrsinfrastrukturmaßnahme auf das Grundwasser sowie Flora und Fauna.

Trenneffekte erfassen die Zerschneidung von Kulturflächen und Siedlungen und hieraus ableitbare Ressourcenentwertungen und Zusatzaufwendungen.

Landverbrauchseffekte sind dann als externe Kosten relevant, sofern die gezahlten Preise für Grunderwerb (die in den Wegerechnungen zu berücksichtigen sind) unter den Opportunitätskosten dieser Flächen liegen.

3.2 Externe Kosten des Verkehrsmittelbetriebs

Die externen Kosten des Verkehrsmittelbetriebs besitzen, insbesondere auch hinsichtlich der vorliegenden Berechnungen, eine wesentlich größere Bedeutung als die externen Kosten der Verkehrsinfrastruktur.

Als negative externe Effekte des *Verkehrsmittelbetriebs* sind anzusehen:

- Verkehrsunfall- und -unfallfolgekosten (soweit nicht durch Versicherungsleistungen abgedeckt, d.h. internalisiert);
- Schadstoffemissionen (insbesondere NO_x, CO, HC sowie Partikel/Stäube);
- CO_2-Ausstoß;
- Lärmemissionen;
- Schäden durch Erschütterungen.

Die volkswirtschaftlichen Kosten durch Straßenverkehrsunfälle (Bruttowert vor Berücksichtigung der Versicherungsleistungen) wurden jährlich in Deutschland von der Bundesanstalt für Straßenwesen (BAST) ermittelt. Für das Jahr 2000 erreichten sie die nachfolgenden Werte:

Übersicht 76: Volkswirtschaftliche Unfallkosten des Straßenverkehrs in Deutschland 2000 (in Mrd. EUR)

Personenschäden	18,9
davon:	
Getötete	8,9
Schwerverletzte	8,5
Leichtverletzte	1,5
Sachschäden	**16,7**
Gesamte Unfallkosten	**35,57**

Quelle: Bundesanstalt für Straßenwesen (2002), Wissenschaftliche Informationen Nr.12.

Als Kostensätze für die Personenschäden wurden bei Getöteten 1.187.652 EUR, bei Schwerverletzten 82.937 EUR und bei Leichtverletzten 3.720 EUR benutzt.

Genannt werden häufig auch *Stauungskosten*. Sie setzen sich aus erhöhten Zeit- und Fahrzeugbetriebskosten aufgrund von Aufstauungen im Straßen- und Eisenbahnnetz zusammen. Auch können zusätzliche Schadstoffemissionen auftreten.

Der einzelne Verkehrsteilnehmer auf einem Verkehrsweg wird nur von den *durchschnittlichen* Stauungskosten betroffen. Jedes in eine hochbelastete Verkehrswegekapazität zusätzlich einfahrende Fahrzeug erhöht jedoch die Stauintensität für *alle* in dieser Kapazität befindlichen Fahrzeuge. Folglich sind die Grenzkosten der Stauung eines unter diesen Bedingungen in eine Verkehrswegekapazität einfahrenden (zusätzlichen) Fahrzeugs wesentlich höher als die Durchschnittskosten. Diese *sozialen Grenzkosten* übersteigen die *privaten Grenzkosten* des den Stau auslösenden oder verstärkenden Fahrzeuges. Die privaten Grenzkosten entsprechen den sozialen Durchschnittskosten (Kapitel III.5.2.1).

Bei *intermodalen* Vergleichen, etwa Schiene/Straße, besitzen die Stauungskosten nur eine geringe Relevanz, da jeweils die Mitglieder einer Verkehrsträgergruppe betroffen werden und insofern eine weitgehende Internalisierung vorliegt (user-on-user effects).

Bei *intramodalen* Betrachtungen, etwa im Straßenverkehr bei Differenzierung zwischen Personen- und Güterverkehr, sind Aussagen zu den Grenzkosten der Stauung von Personen- und Güterverkehrsfahrzeugen jedoch von Interesse.

In der **Congestion theory** werden - vereinfachend - nur die Zeiteffekte aufgrund von Stauungen einbezogen, sehr häufig auch nur eine Fahrzeugkategorie (etwa lediglich Pkw). Tatsächlich jedoch ist eine wesentliche Bestimmungsgröße der Durchsatzkapazität eines gegebenen Verkehrsweges die *Homogenität* bzw. *Inhomogenität* des Fahrzeugstroms hinsichtlich des Geschwindigkeitsverhaltens (Mischung langsamer und schneller Fahrzeuge).

Bei Annahme eines homogenen Fahrzeugstroms und Berücksichtigung nur der Zeiteffekte liegt das Optimum der Zahl der Fahrzeuge dort, wo die sozialen Grenzkosten dem Nutzungspreis des Verkehrsweges entsprechen.

Üblicherweise erfolgt die Herstellung dieses Gleichgewichts durch eine Belastung *aller* Fahrzeuge mit einer identischen Abgabe auf die privaten Grenzkosten in einer Höhe, welche der Differenz zwischen den privaten und sozialen Grenzkosten bei jenem letzten in den Verkehrsweg einfahrenden Fahrzeug entspricht, das unter Berücksichtigung dieser Abgabe eine optimale Durchsatzfähigkeit sichert. Dies ist der Anwendungsfall einer Pigou-Steuer. Die Belastung jedes Verkehrsteilnehmers mit der *jeweiligen* Differenz zwischen seinen privaten und den sozialen Grenzkosten wäre zwar die bessere Lösung; sie ist jedoch praktisch kaum durchführbar.

Generell wird unterstellt, dass sich mit steigender Zahl der Fahrzeuge die Fahrgeschwindigkeit (und damit die Durchsatzkapazität) ständig reduziert und dass die individuelle Zahlungsbereitschaft der Verkehrsteilnehmer mit sinkender Geschwindigkeit (= höherer Zeitaufwand) kontinuierlich abnimmt. Es liegt also die vereinfachende Annahme einer Beziehung zwischen Fahrzeugzahl („Verkehrsdichte") und Geschwindigkeit („Fahrleistung") zugrunde. Die Fahrleistung (Fahrzeugkilometer je Zeiteinheit auf einer gegebenen Strecke) erreicht ihr Maximum, wenn die Fahrleistung des zusätzlich auf die Straße einfahrenden Fahrzeuges gleich ist der Fahrleistungsverminderung aller auf der Strecke befindlichen Verkehrsteilnehmer. Dieser Wert korrespondiert mit der optimalen Geschwindigkeit (Knauth/Lux 1989).

Bei den negativen Umweltwirkungen des Verkehrs ist zwischen der *Emission* (gemessen an der Emissionsquelle am Fahrzeug) und der *Immission* (gemessen bei der Einwirkung auf Menschen oder Sachgegenstände) zu unterscheiden. Letztlich schädigungsbedeutsam ist die *Immission*; daher werden, so etwa beim Lärm, Immissionsgrenzwerte festgelegt, differenziert nach Tag/Nacht und Art der

Flächennutzung (reine Wohngebiete, Misch- oder Gewerbegebiete; Schallschutzzonen bei Flughäfen). Zur Reduzierung der Immissionen bieten sich primär Minderungen der Emissionen an. Allerdings ist es häufig schwierig, die Zusammenhänge zwischen Emissionen und Immissionen hinreichend genau zu bestimmen. Bei Schadstoffen müssen die hierzu benutzten *Ausbreitungsmodelle* die Bebauungsstrukturen, Windverhältnisse, Sonneneinstrahlung u.ä. berücksichtigen; bei Lärmemissionen sind neben lärmausbreitungshemmenden Bauten oder Anpflanzungen und Windverhältnissen auch die relative Luftfeuchtigkeit und das Zusammenwirken mit anderen Geräuschen quantitativ zu erfassen.

Zur methodischen Vereinfachung werden daher Lärmmessungen in definierten Abständen von der (vorbeifahrenden) Emissionsquelle und bei festgelegten Fahrzuständen (sog. Fahrzyklen) vorgenommen. Ähnliches gilt auch bei den Schadstoffemissionen, die ebenfalls bei definierten Fahrzyklen direkt am Fahrzeug erfaßt werden. Dies gilt für Fahrzeuge mit Verbrennungsmotoren und für Flugzeuge. Bei mit elektrischer Energie angetriebenen Verkehrsmitteln müssen zur Ermittlung der Schadstoffemissionen auch die bei der Elektrizitätserzeugung auftretenden Emissionen berücksichtigt werden, d.h. es wird die verbrauchte *Endenergie* in *Primärenergie* umgerechnet (Erfassung der erheblichen Umwandlungs- und Leitungsverluste), um die bei der Erzeugung der Primärenergie auftretenden Schadstoffemissionen zu erhalten.

Übersicht 77: **Lärmemissionsgrenzwerte in der EU**

Aktuelle und geplante Grenzwertregelungen	vor 01.10.1989 bzw. 1990 (77/212/EWG)	Grenzwerte seit 1989/90 (84/424/EWG)	Grenzwerte seit 1995 (92/97/EWG)	Weitere Absenkung der Geräuschgrenzwerte innerhalb der EU
Lieferwagen und Kleinbusse 2 - 3,5t	81	79	76	< 76
Lkw > 3,5t und < 75 kW	86	81	77	< 77
Lkw 75 – 150 kW	86	83	78	< 78
Lkw ≥ 150 kW	88[1]	84	80	< 80

1) Änderungsrichtlinie 91/542/EWG

EU-weit sind Emissionsgrenzwerte festgelegt worden; eine Vorreiterposition haben dabei scharfe Grenzwertfixierungen in einigen US-Staaten (insbesondere in Kalifornien) eingenommen. Von dort kommen auch die gesetzlichen Vorgaben (Kraftfahrzeuge) für LEVs (Low Emission Vehicles) und ZEVs (Zero Emission Vehicles).

Übersicht 78: *Schadstoffemissionsgrenzwerte in der EU (Dieselmotoren) in g / kwh*

Aktuelle und geplante Regelungen	1. Stufe	„Euro 1"[1]	2. Stufe „Euro 2"[1]	3. Stufe „Euro 3"[2]	4. Stufe „Euro 4"
Zeitpunkt der Umsetzung	neue Fzg.-Typen ab 01.07.1992	Serie ab 01.10.1993	Typ und Serie ab 01.01.1996	Typ u. Serie ab 01.10.2001	Vorschlag Typ u. Serie ab 01.10.2006
CO	4,5	4,9	4,0	2,1	1,5
HC	1,1	1,23	1,1	0,66	0,46
NO_x	8,0	9,0	7,0	5,0	3,5
Partikel< 85 kW ≥ 85 kW	0,61 0,36	0,68 0,40	k. A. 0,15	0,1	0,02

1) Änderungsrichtlinie 91/542/EWG
2) Richtlinie 1999/96 EG; eine 5. Stufe („Euro 5") ist ab 01.10.2009 geplant, bei der die NO_X-Grenzwerte auf 2,0 reduziert sind.

3.3 Quantitative Abschätzungen

Bei den Schadstoff- und CO_2-Emissionen ergibt sich die folgende Situation:

Übersicht 79: *Luftverunreinigung in Deutschland 1999 nach Art der Emission und Emittentengruppen (Mio. t)*

Emittenten	Kohlendioxid CO_2 abs.	v.H.	Kohlenmonoxid CO abs.	v.H.	Stickoxide NO_x abs.	v.H.	Schwefeldioxid SO_2 abs.	v.H.	Staub abs.	v.H.
Gesamt	859,0	100	4,95	100	1,64	100	0,83	100	0,26	100
davon Verkehr	191,6	22,3	2,81	56,8	1,05	63,9	0,03	3,7	0,05	20,8
Straßenverkehr	174,4	20,3	2,62	53,0	0,85	50,9	0,01	0,6	0,04	13,5

Quelle: Verkehr in Zahlen (2001/2002), S. 281ff.

Bei den besonders relevanten Schadstoff- und CO_2-Emissionen des Verkehrs mit hoher Beteiligung des Straßenverkehrs teilen sich die Emissionen auf Pkw (mit Otto- oder Dieselmotor) sowie auf Lkw und Busse (mit Dieselmotor) wie folgt auf (neuere vergleichbare Werte nicht verfügbar):

Übersicht 80: Relative Umweltbelastung durch Pkw und Nutzfahrzeuge 1990 (in v.H.)

Emittenten	Kohlen-monoxid CO	Kohlen-dioxid CO_2	Stickoxide NO_x	Schwefel-dioxid SO_2	Staub
Pkw mit Ottomotor	92,9	62,5	55,1	10,3	4,4
Pkw mit Dieselmotor	2,1	12,0	4,9	29,2	22,3
Nutzfahrzeuge	3,1	24,8	39,9	60,4	73,2

Quelle: Verkehr in Zahlen (1994), S. 301.

Seit 1990 haben sich die Fahrleistungen der Nutzfahrzeuge stärker erhöht als die der Pkw. Gleichzeitig ist der Dieselanteil an den Pkw-Beständen gestiegen; hierdurch hat sich die Fahrleistung dieser Pkw-Kategorie um etwa 22 % (Zeitraum 1991-2000; Gesamtdeutschland) erhöht. Dagegen ist bei den Fahrleistungen der Vergaserkraftstoff-Pkw im gleichen Zeitraum lediglich eine Steigerung um 0,6 % eingetreten. Hieraus ergibt sich wegen des niedrigen Durchschnittsverbrauchs der Diesel-Pkw ein - abgesehen von den Partikel-Emissionen - günstiger Effekt auf den Umfang der Schadstoff- und der CO_2-Emissionen. Allerdings ist beim Dieselkraftstoff die spezifische CO_2-Emission je Kraftstoffeinheit geringfügig höher als beim Vergaserkraftstoff.

Bei den Werten für Nutzfahrzeuge (Lkw und Busse) ist im Vergleich zu den Pkw die höhere Emissionsintensität je Fahrzeug und Fahrzeugkilometer zu berücksichtigen. Dies resultiert insbesondere aus dem vergleichsweise höheren Treibstoffverbrauch je Nutzfahrzeug; so verbraucht im Durchschnitt ein Lkw mit 40 t Gesamtgewicht und rund 27 t Nutzlast zwischen 32 und 38 l Dieselkraftstoff, ein Pkw mit einer Nutzlast zwischen 0,6 und 0,9 t zwischen 6 und 12 l Vergaserkraftstoff je 100 km. Der Treibstoffverbrauch ist die wesentliche Determinante der Schadstoffemissionen.

Die Informationen hinsichtlich der aus den Emissionen des Verkehrs sowie der sonstigen Ressourcenbeanspruchungen (z.B. Flächenverbrauch, Unfälle) resultierenden externen Kosten streuen außerordentlich. Dies verdeutlicht ein Vergleich von zwei in Deutschland in den Jahren 1990 und 1991 erstellten Studien (Planco Consulting sowie Umwelt- und Prognoseinstitut Heidelberg UPI) für die Jahre 1985 und 1989 (Straßen- und Schienenverkehr sowie Personen- und Güterverkehr; Bezugsgröße: Alte Bundesländer).

Übersicht 81: **Externe Kostenschätzungen für den landgebundenen Verkehr in der Bundesrepublik Deutschland (ABL)**

Kosten-komponenten	Unter-suchung	Gesamter landgebundener Verkehr		Personenverkehr					Güterverkehr					
				Individualverkehr			Öffentlicher Verkehr		Straßengüterverkehr			Schienengüterverkehr		
		Mio. DM	Dpf.[1]/ Fzkm	Mio. DM	Dpf./ Pkm	Dpf./ Fzkm	Mio. DM	Dpf./ Pkm	Mio. DM	Dpf./ Tkm	Dpf./ Fzkm	Mio. DM	Dpf./ Tkm	Dpf./ Fzkm
Luftverschmutzung	Planco 1985	12.305 bis 22.549	3,50 bis 6,42	9.997 bis 18.561	1,95 bis 3,62	3,12 bis 5,79	271 bis 481	0,53 bis 0,95	1.923 bis 3.309	1,37 bis 2,36	5,59	114 bis 198	0,19 bis 0,33	–
	UPI 1989	31.200	7,94	24.000	4,3	6,2	–	–	7.200	4,5	17,9	–	–	–
Boden- und Wasserbelastung	Planco 1985	2.500	0,71	1.882	0,37	0,59	52	0,10	566	0,40	1,65	–	–	–
	UPI 1989	14.900	3,79	11.400	2,0	3,0	–	–	3.500	2,2	8,7	–	–	–
Lärm	Planco 1985	1.677	0,48	304	0,06	0,09	473	1,10	489	0,35	1,42	411	0,68	–
	UPI 1989	44.500	11,33	33.500	5,9	8,7	–	–	11.000	6,9	27,5	–	–	–
Unfälle	Planco 1985	19.879	5,66	16.800	3,28	5,24	504	1,04	2.500	1,78	7,27	75	0,12	–
	UPI 1989	71.100	18,10	60.600	10,8	15,7	–	–	10.500	6,6	26,3	–	–	–
Trennwirkungen	Planco 1985	500	0,14	411	0,08	0,13	8	0,01	81	0,06	0,24	–	–	–
	UPI 1989	–	–	–	–	–	–	–	–	–	–	–	–	–
Flächenverbrauch	Planco 1985	400	0,11	279	0,05	0,09	23	0,05	84	0,06	0,24	14	0,02	–
	UPI 1989	60.200	15,33	56.600	10,0	14,7	–	–	3.600	2,2	9,0	–	–	–
Gesamte externe Kosten	Planco 1985	37.261 bis 47.505	10,6 bis 13,52	29.673 bis 38.237	5,79 bis 7,46	9,25 bis 11,92	1.331 bis 1.541	2,84 bis 7,25	5.643 bis 7.029	4,02 bis 5,01	16,40 bis 20,43	614 bis 698	1,01 bis 1,15	–
	UPI 1989	221.900	56,49	186.100	33,05	48,34	–	–	35.700	22,3	89,3	–	–	–

1) Fahrzeugkilometer des motorisierten Straßenverkehrs (Individual- und Straßengüterverkehr)

Quelle: Aberle/Engel (1992a), S. 52.

Die extremen Unterschiede in den Kosten werden besonders deutlich, wenn die prozentualen Abweichungen bei den *Gesamtwerten* der externen Kostenschätzungen in der vorstehenden Übersicht vergleichend dargestellt werden.

Übersicht 82: Externe Kostenkomponenten des landgebundenen Verkehrs im Vergleich (Planco- versus UPI-Studie, in Mio. DM)

Kostenkomponente	Planco	UPI	Abweichung
Luftverschmutzung	12.305 bis 22.459	31.200	+ 38 % bis + 154 %
Boden-/Wasserbelastung	2.500	14.900	+ 496 %
Lärm	1.677	44.500	+ 2.554 %
Unfälle	19.879	71.100	+ 258 %
Flächenverbrauch	400	60.200	+ 14.950 %

Quelle: Aberle/Engel (1992a), S. 53.

Bei diesem Vergleich ist zu beachten, dass die Planco-Werte auch die externen Kosten des öffentlichen Personenverkehrs und des Schienengüterverkehrs enthalten, während die UPI-Beträge lediglich den Straßenverkehr (Individual- und Straßengüterverkehr) einbeziehen.

1993 wurde von der European Federation for Transport and Environment (T & E) eine umfangreiche Studie zu den externen Kosten des Verkehrs (Straße, Schiene, Luft) in elf europäischen Ländern vorgelegt. Einbezogen wurden die Wirkungen von Schadstoffemissionen (Air pollution), Lärm, Verkehrsunfällen und CO_2-Emissionen. Bezugsjahr war 1993. Da bei den Verkehrsunfallkosten (Personen- und Sachschäden, Kosten der Gerichtsverfahren) die durch Verkehrshaftpflicht- und Kaskoversicherungen von den Verkehrsteilnehmern abgedeckten (wesentlichen) Teile dieser Kosten nicht berücksichtigt wurden, kann diese als externe (und als internalisierungserforderlich bezeichnete) Kostenposition nicht anerkannt werden. Bei den folgenden referierten Werten der T & E-Studie fehlen daher die Quantifizierungen der externen Kosten aufgrund von Verkehrsunfällen.

Übersicht 83: Externe Kosten des Verkehrs in Deutschland nach Verkehrsarten[1]

	ECU je 1000 Tkm/Pkm	Mrd. ECU insgesamt
Güterverkehr		
Straßengüterfernverkehr	8,7	1,274
Eisenbahn	3,0	0,197
Personenverkehr		
Pkw	20,3	15,777[1)]
Eisenbahn	3,3	0,194
Luftverkehr	18,1	0,396

1) Basisjahr 1993
2) Motorisierter Individualverkehr (einschließlich motorisierter Zweiräder ohne Taxi- und Mietwagenverkehr)

Quelle: T & E (1993), S. 168; Verkehr in Zahlen (1995), S. 215, 225.

Im Unterschied zu einigen früheren Quantifizierungsansätzen ist festzustellen, dass

- sich die T & E-Studie um seriöse Schätzungen und Berechnungen der externen Kosten des Verkehrs bemüht;
- erstmals auch die CO_2-Emissionen Berücksichtigung finden (externe Kostenwerte abgeleitet aus Energiesteuervorstellungen der EU-Kommission sowie der bestehenden schwedischen Energiesteuer);
- die Binnenschiffahrt nicht explizit berücksichtigt wird und
- bei den ebenfalls diskutierten Wegekosten des Verkehrs für Deutschland sowohl beim Straßenpersonen- wie aber auch beim Straßengüterverkehr hohe Überdeckungen durch die gezahlten speziellen Abgaben ausgewiesen werden, die bei der Internalisierung der obigen externen Kosten zu berücksichtigen sind.

Im Jahr 2000 wurde im Auftrag des Internationalen Eisenbahnverbandes (UIC) eine Studie „External Effects of Transport" von den Instituten INFRAS / Zürich und IWW (Karlsruhe) erstellt; Bezugsjahr ist 1995. Einbezogen wurden Unfälle, Luftverschmutzung, Klimaveränderungen, Lärm, Natur und Landschaftseinwirkungen, Up- and Downstreameffekte (bei der Energieerzeugung) sowie städtische Effekte (Zerschneidung). Ohne Stauungskosten wurden 530 Mrd. EUR für 17 europäische Länder (15 EU-Staaten zuzüglich Schweiz und Norwegen) berechnet. Als Verursacher werden alle motorisierten Verkehrsmittel im Straßen-, Schienen- und Wasserverkehr erfasst, getrennt nach Personen- und Gütertransport. Die ermittelten externen Gesamtkosten entsprechen 7,8 % des Bruttoinlandsprodukts der einbezogenen Länder. Sie teilen sich wie folgt auf:

Übersicht 84: Externe Kosten (ohne Staukosten) in 17 europäischen Ländern im Jahre 1995

Gesamtsumme	530,0 Mrd. EUR	(100 %)
1. davon:		
Straßenverkehr	485,0 Mrd. EUR	(91,5 %)
Luftverkehr	32,3 " "	(6,1 %)
Schienenverkehr	10,3 " "	(1,9 %)
Wasserstraßenverkehr	2,4 " "	(0,5 %)
2. davon:		
Unfälle	155,6 Mrd. EUR	(29,4 %)
Luftverschmutzung	134,3 " "	(25,4%)
Klimaveränderung	121,8 " "	(23,0 %)
Up- und Downstreameffekte	56,5 " "	(10,7 %)
Lärm	36,5 " "	(6,9 %)
Natur- und Landschaft	16,0 " "	(3,0 %)
Städtische Effekte	8,9 " "	(1,7 %)

Quelle: UIC Paris (2000): Der Weg zur Nachhaltigen Mobilität. Die externen Kosten des Verkehrs reduzieren, Paris-Brüssel, S.9.

Die gleiche Studie schätzt die gesamten Stauungskosten des Verkehrs in den 17 Ländern für 1995 auf 128 Mrd. EUR.

Werden die externen Kosten in Höhe von 530 Mrd. DM auf je 1000 Leistungseinheiten (Pkm, Tkm) verrechnet, so ergeben sich im *Personenverkehr* externe Kosten beim Pkw von 87, im Luftverkehr von 48, beim Bus von 38 und bei der Bahn von 28 EUR.

Für den *Güterverkehr* lauten die Werte für 1000 Tkm 205 EUR beim Luftverkehr, 88 beim Straßenverkehr, 19 bei der Bahn und 17 beim Wasserstraßenverkehr (UIC 2000, S.10f.).

Für die Jahre 1988 (Analyse) und 2005 (Prognose) sind vom Institut für Energie- und Umweltforschung Heidelberg (ifeu) im Auftrage des Umweltbundesamtes sowohl für die alten wie auch für die neuen Bundesländer Energieverbräuche und Schadstoffemissionen ermittelt und prognostiziert worden (Höpfner/Knörr 1992). Einbezogen wurden alle motorisierten Verkehrsmittel (einschl. Flugzeuge) für den Personen- und Güterverkehr. Über Emissionsfaktoren und Fahrleistungen wurden die Emissionsmengen errechnet; für 2005 bilden Trendszenarien und sog. Reduktionsszenarien die Grundlage für diese quantitativen Aussagen. Die Reduktionsszenarien gehen von der Wirksamkeit restriktiver staatlicher Maßnahmen

(Ordnungs-, Preis- und Investitionspolitik sowie organisatorische Änderungen) zur Verminderung der Verkehrsleistungen und Fahrleistungen sowie von Veränderungen im Modal split (stärkere Nutzung öffentlicher Verkehrsmittel) aus. Über Energieverbrauchsreduktionen gegenüber dem Trendszenario können unter Zugrundelegung von (zukünftig zu erwartenden) spezifischen Emissionsfaktoren (Berücksichtigung von veränderten Motorkonstruktionen mit reduzierten Schadstoffemissionen je Fahrzeugkilometer) deutliche Verbesserungen der Emissionssituation erreicht werden. Im Vergleich zum Trend 2005 betragen die geschätzten Emissionsreduktionen bei CO_2 26,3 %, bei NO_x 39,9 %, bei SO_2 19,2 % (bei bereits niedrigem Niveau im Trend), bei HC 43,5 % und bei CO 51,3 %. Dennoch steigt nach diesen Schätzungen die CO_2-Emission in Gesamtdeutschland gegenüber 1988 auch im Reduktionsszenario noch geringfügig an (von 173 Mio. t auf 177 Mio. t bzw. um 2 %).

Speziell für den *Güterfernverkehr* (Straße, Schiene, Binnenwasserstraße) wurde 1994 eine weitere Untersuchung im Auftrage des Umweltbundesamtes abgeschlossen (DIW 1994), die sich mit den Schadstoff- und Lärmemissionen befaßt. Bearbeitet wurde die - auch in der Fachöffentlichkeit sehr kontrovers diskutierte - Studie neben dem Umweltbundesamt von drei Forschungsinstituten. Auch hier wurde - mit dem Zeithorizont des Jahres 2010 - neben einem Trendszenario ein „Veränderungsszenario" erarbeitet. Wie in der Untersuchung des Umweltbundesamtes von 1992 wurden auch hier keine externen Kosten des Verkehrs ausgewiesen, sondern Emissionsreduktionen durch Einsatz einer Vielzahl von Maßnahmen quantifiziert.

Eine spezielle Wirkungsanalyse von Maßnahmen zur Reduktion der CO_2-Emissionen wurde 1991 vom Prognos-Institut Basel vorgelegt (Prognos 1991). Untersucht wurden insgesamt 22 ordnungs-, preis-, infrastrukturpolitische und organisatorische Maßnahmen, die für den Zeitraum 1987 bis 2005 jeweils in einer With and without-Analyse hinsichtlich ihrer CO_2-Reduktionswirkung quantitativ geprüft wurden.

Durch die Enquête-Kommission des Deutschen Bundestages „Schutz der Erdatmosphäre" erfolgten ebenfalls umfängliche Analysen zum Fragenbereich „Mobilität und Klima" (Enquête-Kommission 1994). Ziel war es, Potentiale zur Reduktion von Emissionen im Verkehrsbereich zu identifizieren und die erforderlichen Maßnahmen zu definieren.

Übersicht 85: Externe Kosten des Verkehrs in Deutschland 1993 (in Mrd. DM)

Kostenart	Straße	Schiene	Zusammen
Kosten der Luftbelastung	18,9	0,4	19,3
Gesundheitsschäden durch Dieselruß	nicht bewertet	nicht bewertet	nicht bewertet
Ernteverluste durch Ozon	nicht bewertet	nicht bewertet	nicht bewertet
Klimakosten	2,2	0,3	2,5
Kosten der Boden- und Gewässerbelastung	5,2	1,1	6,3
Kosten des Lärms	10,4	4,5	14,9
Verlärmung von Freiflächen	nicht bewertet	nicht bewertet	nicht bewertet
Trennwirkung und Flächenverbrauch	1,1	0,1	1,2
Beeinträchtigung von Natur und Landschaft	nicht bewertet	nicht bewertet	nicht bewertet
ÖPNV-Mehrkosten durch den Straßenverkehr	2,7	-	2,7
Streusalzschäden	0,9	-	0,9
Kosten aus Verkehrsunfällen	31,3	0,4	31,7
Psycho-soziale Belastung durch den Verkehr	nicht bewertet	-	nicht bewertet
Kosten der Infrastruktur*	60,6	2,5	63,1
Zusammen	133,3	9,3	142,6
Zuschüsse für den ÖPNV			21,5
davon dem Straßenverkehr angelastet			-2,7
Externe Kosten Insgesamt			161,4
Einnahmen aus Kfz- und Mineralölsteuer**	-55,7		-55,7
Saldo	77,6		105,7

* Für die Schiene grobe Schätzung für 1994
** abzüglich Steuermindereinnahmen durch Kilometerpauschale und privat genutzte Firmenfahrzeuge
Quellen: Huckestein/Verron (1996), S. 49; Gorissen (1997), S. 112.

Wie diskussionsnotwendig veröffentlichte Werte über die externen Kosten des Verkehrs sind, verdeutlicht die nachfolgend wiedergegebene Tabelle aus einer Untersuchung des deutschen Umweltbundesamtes (Huckestein/Verron 1996). Es handelt sich um den Versuch des Umweltbundesamtes, die externen Kosten des Verkehrs für das Jahr 1993 abzuschätzen (Vgl. Übersicht 85).

Kritisch ist hierzu anzumerken:

- Bei den „Kosten aus Verkehrsunfällen" bleibt unklar, ob und in welcher Höhe die Versicherungsleistungen berücksichtigt sind.
- Die Kosten der Verkehrsinfrastruktur sind keine externen Kosten; die Höhe (60,6 Mrd. DM beim Straßenverkehr und 2,5 Mrd. DM beim Schienenverkehr) ist nicht belegt. Beim Straßenverkehr liegt zudem eine offensichtliche Überschätzung und beim Schienenverkehr eine extreme Unterschätzung vor.
- Die Behandlung der „Zuschüsse für den ÖPNV" bleibt unklar, insbesondere auch der Abzugsbetrag, der dem Straßenverkehr „angelastet" wird.

Ergänzend sei bezüglich der gesundheitsschädlichen Ozonbildung, die vor allem durch Stickoxide (NO_x) und flüchtige organische Verbindungen (VOC = Volatile Organic Compounds) verursacht wird, auf eine Information des deutschen Umweltministeriums verwiesen (Bundesumweltministerium 1999). Danach sind die NO_x-Emissionen des Straßenverkehrs von 1990 bis 1998 von 1,246 Mio. t/Jahr auf 0,786 Mio. t/Jahr (- 37 %) gesunken. Bis 2010 wird, sofern die Norm Euro 5 realisiert wird, ein weiterer Rückgang auf 0,280 Mio. t prognostiziert (- 77 % gegenüber 1990). Bei den VOC-Emissionen sind von 1990 bis 1998 die Werte von 1,428 Mio. t/Jahr auf 0,441 Mio. t/Jahr zurückgegangen (-69 %). Bis 2010 wird eine weitere Absenkung auf 0,172 Mio. t/Jahr erwartet; dies entspricht gegenüber 1990 einer Reduktion von 88 %. Das Umweltministerium gelangt zu der Schlußfolgerung, dass der Verkehrsbereich „spätestens im Jahre 2010 mit hoher Wahrscheinlichkeit nicht mehr maßgeblich zur Ozonbildung beitragen" wird.

Alle Analysen stimmen darin überein, dass die vergleichsweise *niedrigsten negativen Umwelteffekte* bei der *Binnenschiffahrt* auftreten. Planco rechnete für 1985 mit Umweltkosten der Binnenschiffahrt zwischen 109 und 183 Mio. DM p.a.; bei der Bahn waren es zwischen 1,25 und 1,43 Mrd. DM p.a., beim Straßengüterverkehr zwischen 5,64 und 7,03 Mrd. sowie beim Individualverkehr (Pkw) zwischen 29,67 und 38,24 Mrd. DM p.a. (Planco 1990b).

An der gesamten CO_2-Emission aller Wirtschaftsbereiche in Deutschland hat der Verkehrssektor insgesamt einen Anteil von rd. 22 %; der Pkw von 14,4 % und der Lkw von 4,2 %. Diese Anteilswerte sind durchaus interessant im Zusammenhang mit der Dringlichkeit der verschiedenen CO_2-Reduktionsmaßnahmen, die z.Zt. in der Öffentlichkeit diskutiert werden.

Eine 20 Länder (EU- und EFTA-Staaten, USA, Japan und Kanada) einbeziehende Studie zu den externen Kosten des Straßenverkehrs wurde 1995 von der Organisation Internationale des Constructeurs d'Automobiles (OICA) vorgelegt. Sie enthält Quantifizierungen für den Zeitraum 1985 bis 2010 unter Berücksichtigung der innovatorischen Entwicklungen bei den Straßenfahrzeugen. Einbezogen werden Schadstoff- und CO_2-Emissionen sowie Verkehrsunfälle, nicht hingegen Lärmemissionen. Die Studie geht davon aus, dass die Kosten der Luftverschmutzung durch den Straßenverkehr in Westeuropa von 32,5 auf 10,2 Mrd. ECU, die CO_2-Kosten von 14,8 auf 12,9 Mrd. ECU sinken werden. Die gesamten einbezogenen negativen externen Effekte des Straßenverkehrs werden bis 2010 um 40 % auf 48,0 Mrd. ECU (in Preisen von 1990) zurückgehen. Bereits ab 1996 wurden nach dieser Untersuchung die externen Kosten durch die spezifischen Abgaben des Straßenverkehrs (unter Berücksichtigung der Wegekosten) abgedeckt. Für 2010 wird eine Überdeckung der Wege- und der externen Kosten von 275,7 Mrd. ECU prognostiziert (OICA 1995).

Als besonders schwierig erweist sich die Bewertung der anthropogenen CO_2-Emissionen des Verkehrs, denen nachhaltig ungünstige Auswirkungen auf das Klima (Erwärmung) zugesprochen werden. Sowohl die kausalen Beziehungen wie auch die Bedeutung der anthropogenen CO_2-Erzeugung, die zusätzlich zur wesentlich höheren natürlichen Entstehung von Kohlendioxyd auftritt, werden naturwissenschaftlich nicht einheitlich interpretiert. Grundsätzlich ist CO_2 ein existenznotwendiges Medium. Kritische Grenzwerte zur Erfassung von klimatologischen Schadwirkungen zusätzlicher anthropogener CO_2-Emissionen liegen nicht vor. Folglich beruhen die Wertansätze für eine Tonne CO_2-Emissionen auf Konventionen.

Die Spannweite dieser Konventions-Bewertungen ist außerordentlich weit; dies verdeutlicht die Unsicherheiten der Evaluierung.

So wurden Vermeidungskosten von 19 EUR / Tonne CO_2 (Friedrich / Bickel 2001, S. 302) ebenso genannt wie 655 EUR / Tonne CO_2 (Pischinger / Hausberger et al. 1998). In einer Auswertung von 8 Studien zur CO_2-Bewertung gelangt eine österreichische Untersuchung zu einem Medianwert von rd. 80 EUR / Tonne CO_2 (Herry et al. 2001, S. 90). Andere Quellen sprechen von CO_2-Marginalkosten in einem Wertebereich zwischen 85 und 240 EUR / Tonne (European Commission 2000, S. 16).

Die Europäische Verkehrsministerkonferenz geht von einem Schattenpreis je Tonne CO_2-Emission von 50 EUR aus und schätzt den klimatischen Schadenswert der CO_2-Emissionen auf 1-2 % des Bruttoinlandsprodukts (GDP) der OECD-Staaten (8 - 9 % in Entwicklungsländern). In den OECD-Staaten werden 0,3 - 0,6 % der Schadenswerte dem Verkehrsbereich zugeordnet, der mit rd. 30 % zu diesen Emissionen beiträgt (CEMT 1998, S. 70).

Daher ist auch die Aussage nachvollziehbar, dass „eine seriöse Abschätzung der externen Kosten der CO_2-Emissionen des Verkehrs im Augenblick nicht möglich erscheint" (Eisenkopf 2002, S. D4-14).

Literatur zu Kapitel VI.3-3.3:

Aberle, G. / Engel, M. (1992a): Verkehrswegerechnung und Optimierung der Verkehrsinfrastrukturnutzung: Problemanalyse und Lösungsvorschläge vor dem Hintergrund der EG-Harmonisierungsbemühungen für den Straßen- und Eisenbahnverkehr, Hamburg (Band 6 der Gießener Studien zur Transportwirtschaft und Kommunikation).

Baum, H. / Esser, K. / Höhnscheid, K.-J. (1998): Volkswirtschaftliche Kosten und Nutzen des Verkehrs, Bonn.

Bundesministerium für Umwelt (1999): Strategiepapier Bodennahes Ozon, BMU-9613-51140-4/16, Bonn, insb. 2.1-4.

Bundesanstalt für Straßenwesen (2002): Volkswirtschaftliche Kosten durch Straßenverkehrsunfälle in Deutschland, Info 12, Bergisch Gladbach.

Deutsches Institut für Wirtschaftsforschung (DIW) et al. (1994): Verminderung der Luft- und Lärmbelastungen im Güterfernverkehr 2010, Berlin (Berichte 5/94 des Umweltbundesamtes).

Eisenkopf, A. (2002): Externe Kosten des Verkehrs, in: Arnold, D. / Isermann, H. et al. (Hrsg.): Handbuch Logistik, Berlin-Heidelberg, S. D 4-11 – D 4-24.

Enquête-Kommission "Schutz der Erdatmosphäre" des Deutschen Bundestages (1994): Mobilität und Klima - Wege zu einer klimaverträglichen Verkehrspolitik, Bonn.

European Commission (2001): Pricing European Transport System (PETS), Final report, Transport Research, Fourth framework programme – Strategie, Luxembourg, S. 16f.

European Conference of Minsters of Transport (1998): Efficient Transport for Europe. Policies for Internalisation of External Costs, Paris.

European Federation for Transport and Environment (T & E) (1993): Getting the Prices Right. A European Scheme for Making Transport Pay its True Costs, Stockholm.

Friedrich, R. / Bickel, P (2001): Environmental External Costs of Transport, Berlin-Heidelberg,

Generalsekretariat EVED, Dienst für Gesamtverkehrsfragen (GVF) (Hrsg.) (1993): Die sozialen Kosten des Verkehrs in der Schweiz: Eine Gesamtrechnung nach Verkehrsträgern, GVF-Auftrag Nr. 174, Bern.

Glaser, C. (1992): Externe Kosten des Straßenverkehrs: Darstellung und Kritik von Meßverfahren und empirischen Studien, München.

Gorissen, N. (1997): Konzept für eine nachhaltige Mobilität in Deutschland, in: DVWG (Hrsg.): Viertes Karlsruher Seminar zu Verkehr und Umwelt, Bergisch Gladbach (Band 196 der Schriftenreihe der Deutschen Verkehrswissenschaftlichen Gesellschaft), S. 107-135.

Herry, M. et al. (2001): Österreichische Wegekostenrechnung für die Straße 2000, Wien.

Höpfner, U. / Knörr, W. (1992): Motorisierter Verkehr in Deutschland: Energieverbrauch und Luftschadstoffemissionen des motorisierten Verkehrs in der DDR, Berlin (Ost) und der Bundesrepublik Deutschland im Jahr 1988 und in Deutschland im Jahr 2005, Berlin (Berichte 5/92 des Umweltbundesamtes).

Huckestein, B. / Verron, H. (1996): Externe Effekte des Verkehrs in Deutschland, in: Umweltbundesamt (Hrsg.): Mobilität um jeden Preis? Expertenworkshop zu den externen Kosten des Verkehrs und den Möglichkeiten, sie zu verringern, Texte des Umweltbundesamtes 66/96, Berlin, S. 7-55.

Infras / IWW (2000): Externe Kosten des Verkehrs. Unfall-, Umwelt- und Staukosten in Westeuropa, Kurzfassung der UIC „Der Weg zur Nachhaltigen Mobilität", Paris.

Knauth, P. / Lux, T. (1989): Ökonomische Analyse von Verkehrsstaus, in: Wirtschaftswissenschaftliches Studium (WiSt), 18. Jg., S. 583-586.

Organisation Internationale des Constructeurs d'Automobiles (OICA) (Hrsg.) (1995): The External Costs of the Motor Vehicle, Paris.

Planco Consulting (1990b): Externe Kosten des Verkehrs: Schiene, Straße, Binnenschiffahrt, Gutachten im Auftrage der Deutschen Bundesbahn, Essen.

Prognos AG (1991): Wirksamkeit verschiedener Maßnahmen zur Reduktion der verkehrlichen CO_2-Emissionen bis zum Jahr 2005, Untersuchung im Auftrag des Bundesverkehrsministeriums - Schlußbericht, Basel.

UIC Paris (2000): Der Weg zur Nachhaltigen Mobilität. Die externen Kosten des Verkehrs reduzieren, Paris-Brüssel, S.9.

Umwelt- und Prognoseinstitut Heidelberg (UPI) (1991): Umweltwirkungen von Finanzinstrumenten im Verkehrsbereich, UPI-Bericht Nr. 21, erstellt im Auftrag des Ministeriums für Stadtentwicklung und Verkehr des Landes Nordrhein-Westfalen, 2. Aufl., Heidelberg.

3.4 Exkurs: Gesamtwirtschaftliche Vorteile von Verkehrssystemen

Existenz und Quantifizierungsbemühungen von externen Zusatzkosten des Verkehrs führen zu Forderungen nach ihrer Internalisierung, also der Anlastung an die Verursacher. Im Anschluß daran stellt sich die Frage, ob es *nur negative externe Wirkungen* des Verkehrssystems gibt, oder ob auch **externe Vorteile** zu berücksichtigen sind.

Das Problem besteht darin, dass die Frage nach den **gesamtwirtschaftlichen Vorteilen** des Verkehrssystems, die über die Zahlungsbereitschaft für Verkehrsleistungen hinausgehen, schwierig zu beantworten ist. Dies gilt im übrigen auch für die in der allgemeinen wirtschaftstheoretischen Diskussion behandelten positiven externen Effekte, die regelmäßig eine mehr nachrichtliche Erwähnung finden und über Generationen von Lehrbuchausgaben mit den gleichen Beispielen berücksichtigt werden (etwa Bienenzüchter-Fall).

Die Ursachen dieser Schwierigkeiten liegen insbesondere in folgenden Tatbeständen:

- Das Verkehrssystem hat unbestreitbar stärkere wirtschaftliche Ausstrahlungen als etwa die Herstellung einer Vielzahl sonstiger Produktions- und Konsumgüter, da Verkehrsleistungen nur in seltenen Fällen völlig ersetzt werden können. Alle gesellschaftlichen und wirtschaftlichen Prozesse sind mit der Quantität und Qualität von Verkehrsleistungen eng verbunden. Somit nimmt dieser *Basisbereich volkswirtschaftlicher Leistungsprozesse* eine Sonderstellung hinsichtlich der *gesamtwirtschaftlichen Effekte* ein.

- Bei Entscheidungen über *Einzelprojekte*, insbesondere in der Verkehrsinfrastruktur, können positive externe Effekte erfaßt werden. Beispielhaft seien Erreichbarkeitswirkungen mit der Folge verbesserter regionalwirtschaftlicher Wettbewerbsbedingungen genannt, die zur Schaffung oder Erhaltung von Arbeitsplätzen bzw. zur effizienteren Nutzung von regionalen Ressourcen führen. Diese projektspezifischen externen Effekte werden in Nutzen-Kosten-Analysen einbezogen; sie stehen in diesen gesamtwirtschaftlich ausgerichteten Wirtschaftlichkeitsrechnungen den negativen externen Projektwirkungen gegenüber.

- Hinsichtlich *ganzer Verkehrssysteme* (etwa Straßengüterverkehr, Eisenbahnpersonenverkehr u.ä.) ist eine solche Analyse nicht oder kaum durchführbar. Bei projektspezifischen Betrachtungen erfolgt regelmäßig ein Vergleich „with and without", also des Basisfalls (ohne Maßnahmen) mit einem Alternativfall (mit Maßnahmen, etwa investiver Art). Bei *Verkehrssystemen* ist eine solche Mit/ohne-Betrachtung jedoch nicht möglich. Die Dependenzen der Gesamtwirtschaft vom Verkehrsbereich bzw. von einem Verkehrssystem sind so stark und komplex, dass diese Vorgehensweise ausscheidet.

- Bei der Erfassung positiver externer Effekte von Verkehrssystemen geht es nicht um die Einbeziehung von Konsumenten- oder Produzentenrenten. Vielmehr ist Ziel, *gesamtwirtschaftliche Wirkungen im Bereich außerhalb des betrachteten Verkehrssystems* zu erfassen und zu bewerten, deren Nutzenstiftungen sich nicht in den Nachfragekurven nach Verkehrsleistungen niederschlagen. Die *intersektoralen/interregionalen Effekte* von Verkehrssystemen wirken sich bei *Dritten aus*, hier bei der produzierenden und handeltreibenden Wirtschaft sowie bei den Konsumenten. So wird beispielsweise versucht, den volkswirtschaftlichen Zusatznutzen im Sinne technologischer externer Wirkungen durch eine modifizierte Nachfragekurve (lateral addierte Wertschätzungskurve auf die übliche Nachfragekurve) abzubilden (Aberle/Engel 1993, S. 47). Auch wird zwischen „Direct benefits" und „Ultimate benefits" unterschieden (Gwilliam 1992). Dabei sind „Ultimate benefits" die effektiven Gesamtnutzen für die Volkswirtschaft, die sich von den „Direct benefits" durch „Proper external benefits" (im Sinne von technologischem externen Nutzen) und sonstigen „Secondary benefits" unterscheiden.

Die Diskussion um die externen Vorteile von Verkehrssystemen ist strittig. Diese externen Vorteile werden entweder als nicht existent (etwa Rothengatter 1993 und 1994a; Planco 1990b) oder als vernachlässigbar gering angesehen (Ecoplan 1993, S. 97 ff.). Auf der anderen Seite werden solche positiven externen Effekte ausdrücklich hervorgehoben (Aberle/Engel 1992b und 1993; Simons 1994; Willeke 1992 und 1993; Wittmann 1990; Diekmann 1990; Baum/Behnke 1997). In zahlreichen Studien wird zumindest auf die Notwendigkeit hingewiesen, auch stärker der Frage nach den volkswirtschaftlichen Vorteilen oder positiven externen Effekten der Verkehrssysteme nachzugehen. Vor allem zwei Sachkomplexe sind in der Beurteilung *kontrovers*.

- Gegner der These von externen Nutzen weisen darauf hin, dass es sich im Verkehrsbereich um *pekuniäre externe Vorteile* handelt. Diese würden über den Markt (Preismechanismus) internalisiert. Relevant seien aber nur *technologische externe Effekte*, und diese seien nicht vorhanden.
- Die einfache Übertragung *statischer Welfare-Konzeptionen* bezüglich der externen Effekte ist zu hinterfragen. Sie sind nicht in der Lage, die komplexen intersektoralen und interregionalen Effekte von Verkehrssystemen hinreichend zu berücksichtigen, etwa die Wirkungen auf die Gestaltungsmöglichkeit von logistischen Ketten in der produzierenden und handeltreibenden Wirtschaft, die Nutzung von Standorten für die Herstellung oder Distribution von Gütern mit hochqualitativen Anforderungen an Transportsysteme (Zuverlässigkeit, Schnelligkeit, Empfindlichkeit gegenüber Temperaturschwankungen und äußeren Einwirkungen u.ä.), die Realisierung von hochwertigen Versorgungszuständen auch in peripheren Regionen mit Konsumgütern (durchgehende Kühlketten, Frischdienste) oder die Lösung von Entsorgungs- und Recycling-Aufgaben. Letztlich nimmt die Qualität von Verkehrssystemen wesentlichen Einfluß auf die Wettbewerbsfähigkeit von Wirtschaftsbereichen, Regionen und ganzen Volkswirtschaften. Ob dies mit der *traditionellen Interpretation* externer Effekte hinreichend erfaßbar ist, muß bezweifelt werden.

Zur Ermittlung des **Gesamtnutzens des Verkehrs** für eine Volkswirtschaft (interner und externer Verkehrsnutzen) ist zwischen den Effekten zu unterscheiden, die von der *Verkehrsinfrastruktur* und vom *Verkehrsmitteleinsatz* ausgehen. Methodisch wird versucht, den Wachstumsbeitrag des Verkehrs zu erfassen, d.h. eine Art „with and without-Analyse" zu erstellen. Den historisch ersten Versuch einer empirischen Ausfüllung dieses Ansatzes unternahm der 1993 mit dem Nobelpreis ausgezeichnete US-Amerikaner R.J. Fogel, allerdings begrenzt auf den Bereich der Eisenbahnen in den USA (Fogel 1964). Methodik und Ergebnisse der Untersuchungen von Fogel sind kontrovers diskutiert worden (Hedderich 1995; Garrison 1995). Der hier benutzte *Growth Accounting Approach* ist jedoch für aktuellere und eine breitere Grundlage besitzende empirische Studien herangezogen worden (für Deutschland etwa von Baum/Behnke 1997).

Spezielle Analysen zu den gesamtwirtschaftlichen Produktivitätseffekten der Investitionen in öffentliche Infrastrukturvermögen wurden für die USA insbesondere von Aschauer erstellt (Public Capital Hypothesis; Aschauer 1989). Sie gelangen für den Zeitraum 1949 bis 1985 zu dem Ergebnis, dass der Kapitaleinsatz in den Teilbereichen Fernstraßen, Flughäfen, öffentlicher Personennahverkehr und Versorgungsnetze eine Produktionselastizität von 0,24 aufweist, d.h. eine Zunahme des Infrastrukturkapitalstocks um 1 % bewirkt eine gesamtwirtschaftliche Produktivitätssteigerung um 0,24 %. Methodik, benutzte Daten und damit auch die Ergebnisse der Berechnungen von Aschauer sind intensiv und kontrovers diskutiert worden (z.B. Gramlich 1994).

Generell wird jedoch die Bedeutung der Verkehrsinfrastruktur als regionaler und gesamtwirtschaftlicher Wachstumsfaktor anerkannt. Strittig ist die Höhe des Wachstumsbeitrages, der in wesentlichen Teilkomponenten als technologischer externer Nutzen auftritt (Biehl 1995).

Der Ansatz des Growth Accounting wurde in Deutschland von Baum/Behnke zur Abschätzung des verkehrsabhängigen Wirtschaftswachstums benutzt.

Basis ist eine neoklassische Produktionsfunktion (Typ Cobb-Douglas) mit den Elementen Arbeit und Kapital, welche das gesamtwirtschaftliche Einkommen bestimmen. Sie wird ergänzt durch den Faktor technischer Fortschritt als Residuum von empirisch nachweisbaren Wachstumseffekten der Produktionsfaktoren Arbeit und Kapital und der gemessenen (höheren) Wachstumsrate des Volkseinkommens (Nettosozialprodukt zu Faktorkosten). Offensichtlich sind die Determinanten der wirtschaftlichen Entwicklung vielschichtiger; die Autoren benutzen die Komponenten „Vorteile der Arbeitsteilung" (Betriebsgrößenvorteile und importabhängige Kostensenkungen), „Produktivitätssteigerungen durch Strukturwandel", „Wissenszuwachs durch Humankapitalakkumulation" und „Erweiterung des volkswirtschaftlichen Kapitalstocks".

Ziel ist es, den jeweiligen Beitrag des Verkehrs zu diesen Wachstumsdeterminanten abzuschätzen. Für den Analysezeitraum 1950 bis 1990 (Deutschland, ABL) betrug das durch das Modell erklärbare Wirtschaftswachstum 1.591 Mrd. DM. Der Beitrag des Produktivitätswachstums wurde mit 49,7 % und jener der Kapitalbildung mit 38,4 % identifiziert. Der Beitrag des Verkehrs zum gesamten Wirtschaftswachstum wird auf 48,8 % (= 776,2 Mrd. DM) beziffert, wobei 32,4 % auf Produktivitätssteigerungen und 16,4 % auf die Kapitalbildung entfallen. Die Studie von Baum/Behnke gelangt folglich zu dem Ergebnis, dass ohne die Steigerung der Verkehrsaktivitäten (gemessen als Fahrleistungen) das Volkseinkommen 1990 um 49 % (= 776 Mrd. DM) niedriger gewesen wäre.

Dabei entfällt der Hauptbeitrag auf den Straßenverkehr (415 Mrd. DM bzw. 26 % des gesamtwirtschaftlichen Wachstums). Für die Eisenbahn errechnet die Studie 150,2 Mrd. DM (= 9,4 %), für den öffentlichen Straßenpersonenverkehr 125 Mrd. DM (= 7,9 %), für die Schiffahrt 69 Mrd. DM (= 4,3 %) und den Luftverkehr 16,6 Mrd. DM

(= 1 %). Im Zeitablauf steigt der Beitrag des Straßenverkehrs zum Wachstum stark an (Baum/Behnke 1997, S. 136f.).

Um den externen Nutzen des Verkehrs nachzuweisen stellt die Studie, bezogen auf den produktionsorientierten Straßenverkehr, den ermittelten gesamtwirtschaftlichen Nutzenwerten die verkehrssektorinternen Nutzengrößen gegenüber. Die Differenz zwischen dem gesamten Wachstumsnutzen und den internen Nutzengrößen wird als externer Nutzen des produktionsorientierten Straßenverkehrs definiert (Baum/Behnke 1997, S. 223).

Auch diese Analyse ist kritisch diskutiert worden. Wirkungsüberlagerungen mit anderen wichtigen Basissektoren, wie etwa Energieversorgung oder Telekommunikation, sind nicht auszuschließen. Die monokausale Erklärung der außerordentlich hohen Wachstumsbeiträge des Verkehrs ist nicht überzeugend. Vergleichbare Analysen für die beiden genannten anderen Basissektoren könnten ähnlich hohe Wachstumsbeiträge ergeben; die Addition dieser Beiträge verdeutlicht dann das Erklärungsproblem des Growth Accounting-Ansatzes.

Neben der vorstehend erwähnten Studie liegen zum *Umfang* solcher *positiver externer Wirkungen* von Verkehrssystemlösungen derzeit nur wenige andere Untersuchungen vor. So hat Ecoplan (1993) den externen Nutzen lediglich in vier Bereichen als technologisch extern identifiziert:

- das verminderte Leid von Angehörigen bei Unfallopfern/Patienten, deren Leben gerettet bzw. bei denen die Unfallfolgen durch den Einsatz von Krankenwagen reduziert wurden;
- die Freude beim Beobachten von vorbeifahrenden Fahrzeugen(!);
- der Informationsgewinn, den zusätzliche Fahrten hervorbringen;
- Betriebskostenersparnisse im öffentlichen Personennahverkehr aufgrund kürzerer Wartezeiten und Fahrplanverdichtungen.

Diese Identifikation von externen technologischen Nutzen ist weder theoretisch nachvollziehbar noch plausibel. Es werden für Ambulanzfahrten 30-50 Mio. Schweizer Franken p.a. (Zahlungsbereitschaftsansatz) genannt; die sonstigen erwähnten positiven externen Effekte werden nicht quantifiziert (Ecoplan 1993).

In anderen Publikationen werden für die *positiven externen Effekte* des *Straßenverkehrs* Werte zwischen 10 und 20 % des Sozialprodukts, d.h. für 1985 zwischen 180 und 360 Mrd. DM geschätzt (Diekmann 1990, S. 334), ohne dass jedoch systematische Rechnungen erfolgen.

Im Jahre 1994 hat das Institut für angewandte Wirtschaftsforschung der Universität Tübingen in einem makroökonometrischen Modell die gesamtwirtschaftlichen Kosten und Nutzen des Verkehrssektors ermittelt. Die Gutachter definieren den externen Nutzen als Vorteile, die anderen Wirtschaftssubjekten oder der Allgemeinheit zufallen, ohne dass hierfür die Verursacher der Nutzen weder eine Zahlungsbereitschaft identifizieren können noch eine angemessene Zahlung erhalten. Beispielhaft werden „Beschäftigungseffekte infolge von Verkehrswegeinvestitionen sowie der Überschuß des Warentransportbeitrages zum Gewinn des Verkehrsleistungen in Anspruch nehmenden Unternehmens über die entsprechenden Frachtkosten" genannt. Für die Jahre 1982 und 1988 werden *global* die externen Nutzen des Verkehrs auf Basis realer Größen ermittelt. In Preisen von 1980 beträgt der externe Nutzen des Verkehrs nach diesen Modellrechnungen für das Jahr 1982 insgesamt 192,7 Mrd. DM; 1988 erreichte der reale externe Nutzen einen Betrag hiernach von 220,7 Mrd. DM oder 13 % des Bruttosozialprodukts.

Eine *differenzierte Betrachtungsweise*, bezogen auf das Teilverkehrssystem „Straßengüterfernverkehr", wurde von einer internationalen Forschungsgruppe aus sechs Ländern vorgenommen, um Ansatzpunkte für die Quantifizierung der gesamtwirtschaftlichen Vorteile zu gewinnen, also der Wirkungen, die über die einzelwirtschaftlichen Effekte hinausgehen, die bei den Straßengüterfernverkehrsbetrieben und den unmittelbaren Nachfragern nach deren Leistungen hinausgehen. Von den zahlreichen gesamtwirtschaftlichen Nutzenwirkungen, wie sie in nachfolgender Abbildung dargestellt sind, wurden die Kosten- und die Leistungsqualitätseffekte methodisch und empirisch analysiert:

Abbildung 78: **Nutzeneffekte des Straßengüterverkehrs**

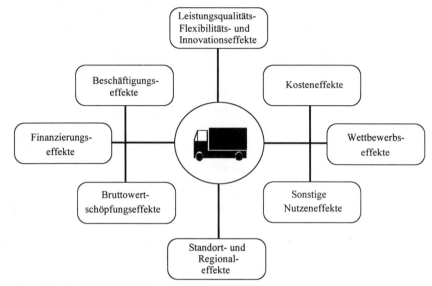

Quelle: Aberle/Engel (1993), S. 30.

- Mit Hilfe eines Cost savings-approach wurde geprüft, welche gesamtwirtschaftlichen zusätzlichen Ressourcenbeanspruchungen entstehen, wenn - modellhaft - eine Verlagerung des Straßengüter*fern*verkehrs (ab 100 km Beförderungsweite) auf die Eisenbahn im kombinierten Verkehr erfolgt, und zwar zu 100 % oder 30 %. Die aus einer solchen Verlagerung resultierenden Mehrkosten (Investitionen in die Infrastruktur und das rollende Material bei der Bahn, Aufstockung des Bahnpersonals; Verlust an Kraftfahrzeug- und Mineralölsteuerzahlungen des Straßengüterfernverkehrs; Bau von Terminals des kombinierten Verkehrs; zusätzliche Straßengüterverkehrsleistungen) werden die auftretenden Kostenersparnisse gegenübergestellt (Ressourceneinsparungen beim Straßengüterfernverkehr; Ausgabenveränderungen für Straßenbau und -unterhaltung; Verminderung von externen Kosten des Verkehrs). Hierbei zeigt sich, dass per saldo eine solche Verlagerung mit zusätzlichen gesamtwirtschaftlichen Ressourcenbeanspruchungen verbunden ist. Diese werden als gesamtwirtschaftliche Vorteile des Straßengüterverkehrs interpretiert. Die Analysen wurden in und für die Länder Bundesrepublik Deutschland, Frankreich, Österreich, Niederlande, Schweden und Ungarn durchgeführt.
- In einem weiteren Schritt erfolgt (erstmals) eine *Quantifizierung und Monetarisierung* der *Qualitätseigenschaften* des Straßengüterfernverkehrs im Vergleich zur Eisenbahn. Verglichen werden die Leistungsqualitätsmerkmale Transportzeit, Transportzuverlässigkeit, Transportflexibilität und Schadenshäufigkeit, ergänzt durch den Transportpreis. Als methodisches Verfahren wird die *Conjoint-Analyse* (auch Stated preference analysis) herangezogen. Hierbei handelt es sich um ein *dekompositionelles multivariates-statistisches Verfahren*, bei dem die in die Teilnutzwerte (Teileigenschaften) zerlegten Produktqualitätsmerkmale aus globalen Rangordnungsurteilen der Nachfrager abgeleitet werden. Es werden *vollständige*

Produktversionen vom Befragten (hier: Verlader) beurteilt, aus denen dann dekompositionell die Teilnutzwerte für die einzelnen Produktmerkmale abgeleitet werden. In fünf Arbeitsschritten wird die Conjoint-Analyse üblicherweise erstellt (Backhaus et al. 1994):

- Festlegung der Produkt- und Leistungsmerkmale,
- Festlegung der Merkmalsausprägungen,
- Aufbau des Conjoint-Designs und Festlegung der Erhebungstechnik,
- Datenerhebung,
- Berechnung der Teilnutzwerte.

Die relevanten Qualitätsmerkmale wurden in einer Vorstudie bei 130 Verladern erfragt. In der Hauptstudie wurden dann in Deutschland, Frankreich und den Niederlanden jeweils 50 Verlader unterschiedlicher Branchen interviewt (Paarvergleich zwischen Alternativen). Die abgegebenen globalen Präferenzurteile wurden in intervallskalierte Teilpräferenzwerte für die einzelnen Merkmalsausprägungen transformiert. Die Beurteilungen wurden auf ein metrisches Skalenniveau angehoben. Der ebenfalls erfragte Transportpreis (Transportkosten im Werkverkehr) diente dazu, die Nutzwertunterschiede der einzelnen Merkmalsausprägungen auf Preisdifferenzen zu beziehen, also eine *Monetarisierung* der *Nutzwertunterschiede* durchzuführen.

Als Ergebnis wurden für Deutschland und Frankreich qualitative Nutzenvorteile des Straßengüterverkehrs gegenüber der Eisenbahn in Höhe von 0,07 ECU/Tkm (Niederlande 0,09 ECU/tkm) festgestellt.

Literatur zu Kapitel VI.3.4:

Aberle, G. / Engel, M. (1992b): Theoretische Grundlagen der Erfassung des volkswirtschaftlichen Nutzens des Straßengüterverkehrs, in: Internationales Verkehrswesen, 44. Jg., S. 169-175.

Aberle, G. / Engel, M. (1993): Der volkswirtschaftliche Nutzen des Straßengüterverkehrs - Internationales Forschungsprojekt im Auftrag der International Road Transport Union (IRU), Genf, Abschlußbericht, Gießen.

Aschauer, D. (1989): Is Public Capital Expenditure Productive?, in: Journal of Monetary Economics, Vol. 23, S. 177-200.

Backhaus, K. et al. (1994): Multivariate Analysemethoden - Eine anwendungsorientierte Einführung, 7. Aufl., Berlin et al.

Baum, H. / Behnke, N. (1997): Der volkswirtschaftliche Nutzen des Straßenverkehrs. Frankfurt am Main (Band 82 der Schriftenreihe des Verbandes der Automobilindustrie).

Biehl, D. (1995): Infrastruktur als Bestimmungsfaktor regionaler Entwicklungspotentiale in der Europäischen Union, in: Karl, H. / Henrichsmeyer, W.: Regionalentwicklung im Prozeß der Europäischen Integration, Bonn, S. 53-86.

Diekmann, A. (1990): Nutzen und Kosten des Automobils - Vorstellungen zu einer Bilanzierung, in: Internationales Verkehrswesen, 42. Jg., S. 332-340.

ECOPLAN (Hrsg.) (1993): Externe Nutzen des Verkehrs - Wirtschaftliche Grundlagen, Bericht 39 des Nationalen Forschungsprogramms "Stadt und Verkehr", Zürich.

Fogel, R.W. (1964): Railraods and American Growth. Essays in Econometric History, Baltimore, MD.

Garrison, W. (1995): Höchst umstrittene Behauptungen, in: Internationales Verkehrswesen, 47. Jg., S. 567.

Gramlich, E. M. (1994): Infrastructure Investment: A Review Essay, in: Journal of Economic Literature, Vol. 32, S. 1176ff.

Gwilliam, K.M. (1992): The Economic Benefits of (Road) Freight Transport, Rotterdam Transport Centre, Erasmus University Rotterdam, S. 8 ff.

Hedderich, A. (1995): Waren die Eisenbahnen für das Wirtschaftswachstum in den Vereinigten Staaten unentbehrlich?, in: Internationales Verkehrswesen, 47. Jg., S. 180-184.

Herry, M. et al. (2001): Österreichische Wegekostenrechnung für die Straße 2000, Wien.

Institut für angewandte Wirtschaftsforschung der Universität Tübingen (1994): Ökonomische Systemanalyse für das Verkehrswesen - Verkehrswegebau als Ursache und als Wirkung der Wandlungen von Besiedlungs- und Produktionsstrukturen, Gutachten im Auftrage des Bundesministeriums für Verkehr, Tübingen.

Planco Consulting (1990b): Externe Kosten des Verkehrs: Schiene, Straße, Binnenschiffahrt, Gutachten im Auftrage der Deutschen Bundesbahn, Essen.

Rothengatter, W. (1993): Externalities of Transport, in: Polak, J. / Heertje, A. (Hrsg.): European Transport Economics, Oxford und Cambridge (Mass.), S. 81-129.

Rothengatter, W. (1994a): Obstacles to the Use of Economic Instruments in Transport Policy, in: ECMT/OECD (Hrsg.): Internalising the Social Costs of Transport, Paris, S. 113-152, insb. S. 123 ff.

Simons, J. (1994): Netherlands, in: ECMT (Hrsg.): Benefits of Different Transport Modes, Report of the 93th Round Table on Transport Economics, Paris, S. 39-81.

Willeke, R. (1992): Nutzen des Verkehrs und der verschiedenen Verkehrsmittel, in: Zeitschrift für Verkehrswissenschaft, 63. Jg., S. 137-152.

Willeke, R. (1993): Zur Frage der externen Kosten und Nutzen des motorisierten Straßenverkehrs, in: Zeitschrift für Verkehrswissenschaft, 64. Jg., S. 215-236.

Wittmann, W. (1990): Externe Kosten und Nutzen im Straßenverkehr, Gutachten für den Schweizerischen Straßenverkehrsverband (FRS), Bern.

4 Rechenverfahren zur Erfassung der externen Effekte

Generell wird nicht die Existenz von externen Effekten des Verkehrs und die Bedeutung der negativen externen Effekte in Frage gestellt. Auch hinsichtlich der Notwendigkeit, eine Internalisierung vorzunehmen, besteht kaum Dissens.

Umstritten sind hingegen die methodischen Verfahren zur Quantifizierung der externen Effekte des Verkehrs; dabei konzentriert sich die Diskussion auf die externen Kosten. Zu unterscheiden sind zwei Schritte in der Quantifizierung externer Effekte:

- die Ermittlung der **Mengengerüste** und
- die Transformation der Mengenwerte in die ökonomische Kategorie „Geldeinheiten", also die **Bewertung** der Mengengerüste (**Monetarisierung**).

4.1 Mengengerüste

Internalisierungsstrategien bei Schadstoffen und CO_2 basieren vor allem auf den Mengengerüsten der *Emissionen*. Beim Lärm werden hingegen *Immissionswerte* betrachtet.

Eine Kausalkette

$$\text{Emission} \rightarrow \text{Immission} \rightarrow \text{Schadwirkung}$$

in Mengendimensionen mit bewerteten Schadwirkungen ist im Regelfall nicht konstruierbar. Bereits der Übergang von der *Emission* zur *Immission* bereitet erhebliche Schwierigkeiten (Diffusionsmodelle). Der Transport von Schadstoffen und CO_2 ist hoch komplex strukturiert und von der Schadstoffart abhängig. So führt die Bleiemission (aus bleihaltigem Kraftstoff) zu einer Bodenkontaminierung in sehr geringen Entfernungen von der Emissionsquelle; beim Stickoxid hingegen kann der Transport über weite Entfernungen und Ländergrenzen erfolgen, um dort die Schadwirkungen zu entfalten. Hinzu kommt, dass die Schadwirkungen in Mengendimensionen (etwa gesundheitliche Schädigung oder Schädigung von Gebäudesubstanz) häufig nicht einer speziellen Schadstoffemission, sondern mehreren und oft unterschiedlichen Emissionsquellen zuzuordnen sind (Überlagerung von Emissionswirkungen).

Folglich handelt es sich bei der Mehrzahl der quantifizierten Schadwirkungen um *Schätzgrößen*. Üblich ist es auch, den direkten Weg des Aufbaus einer Kausalkette von der Emission bis zur Schadwirkung zu verlassen und eine andere Vorgehensweise einzuschlagen: Es werden politische, gelegentlich auch wissenschaftliche Konventionen über noch und nicht mehr tolerierbare Emissionsgrenzwerte getroffen. Die Einhaltung dieser Emissionsgrenzwerte kann überwacht und bei Überschreitungen geahndet werden.

Bei Kraftfahrzeugen besteht bei vielen Schadstoffen und bei CO_2 ein direkter Zusammenhang zwischen dem Treibstoffeinsatz und der Emission. Hinsichtlich der Höhe der Emissionen kann dann auf die Verbrauchsfunktionen der Fahrzeuge (einschl. sonstiger Umwandlungs- und Energietransportverluste) zurückgegriffen werden. In der Berechnung ist dabei stets von *Primärenergie*verbräuchen (anstelle von niedrigeren *Endenergie*verbräuchen) auszugehen.

Umstritten und für die Quantifizierung von externen Umweltkosten problembehaftet sind dabei

- die Schätzung der Fahrzeugkilometer bei den verschiedenen Fahrzeugkategorien des Straßenverkehrs,
- die realistische Schätzung der tatsächlichen Treibstoffverbräuche der verschiedenen Fahrzeugkonfigurationen (dies gilt vor allem für den Straßenverkehr) sowie
- die Bestimmung der Emissionsfaktoren, welche in Abhängigkeit von motorkonstruktiven Merkmalen und Einsatzbedingungen der Fahrzeuge die Schadstoff- und CO_2-Emissionen ermitteln. Zahlreiche Studien arbeiten noch mit veralteten Emissionsfaktoren, obwohl - insbesondere bei Straßenfahrzeugen - zunehmend Fahrzeuge mit wesentlich verändertem Emissionsverhalten die Fahrzeugpopulation bestimmen. Kontrovers wird auch die zukünftige Entwicklung der Emissionsfaktoren sowie der spezifischen Treibstoffverbräuche und der Fahrzeugpopulationen im Straßenverkehr diskutiert, also der Merkmale, die vor allem den Umfang der gesamten Schadstoffemissionen und von CO_2 bestimmen.

4.2 Bewertungsmöglichkeiten

Bereits die Erfassung der Mengengerüste von Schadstoff- und Lärm- sowie CO_2-Emissionen gestaltet sich schwierig. Weiterhin gibt es externe Umwelteffekte, die sich keiner Mengenerfassung zugänglich erweisen (intangibles), wie etwa ästhetische Wirkungen von Verkehrsbauwerken („Landschaftsverschandelung").

Bei ökonomischen Analysen besteht das vorrangige Ziel bei der Bewertung von externen negativen Umwelteffekten darin, eine in *Geldeinheiten* ausgedrückte Schadenswirkung zu ermitteln.

Hierzu werden mehrere Verfahren benutzt:

- Es erfolgt eine Quantifizierung der Kosten, die für eine Beseitigung der Emissions-/ Immissionseinwirkungen einzusetzen sind (*Schadenskostenansatz*; etwa bei Gebäudeschäden, Wiederherstellung der menschlichen Gesundheit u.ä.). Vorausgesetzt wird dabei, dass die Schadwirkungen den Emittenten eindeutig zugerechnet und die Schadensumfänge definiert werden können (direkte Schadensbewertung). Dies ist bei vielen Schadstoffemissionen nur begrenzt möglich. Es handelt sich hierbei, wie auch beim folgenden Prohibitivkostenansatz, um ein sog. End-of-Pipe-Verfahren, welches nicht an der Entstehung der Schadstoffe, sondern am Ende des Produktionsprozesses und der Emission ansetzt (Fritsch/Wein/Ewers 1999, S. 156).

- Eine Ermittlung der Kosten wird vorgenommen, die für eine *Vermeidung* der negativen Immissionswirkungen erforderlich sind, etwa der Einbau von Schallschutzfenstern und Lärmschutzwänden, von Spezialfiltern an den Emissionsquellen u.ä.. Dieser sog. *Prohibitivkostenansatz* (Vermeidungskostenansatz) verzichtet häufig sowohl auf komplexe Emissions-/Immissionswirkungsketten wie auch auf die Beantwortung der schwierigen Frage, ab welchen Grenzwerten bei bestimmten Immissionen welche Schadwirkungen auftreten. Vielmehr werden politische Standards für Emissions- und/oder Immissionsgrenzwerte vorgegeben, die - wegen nicht möglicher wissenschaftlicher „Richtigkeit" nur mit wissenschaftlicher „Vertretbarkeit" - als Konventionen anzusehen sind. Sodann werden die Kosten solcher Maßnahmen erfaßt, durch welche die Emissionen bzw. Immissionen auf diese Grenzwerte reduziert werden (*Standard-Grenzpreis-System*). Das Bewertungsverfahren ist somit indirekter Natur.

- Eine Bewertung von negativen externen Effekten kann auch mit Hilfe der *maximalen marginalen Zahlungsbereitschaft* (MMZ) erfolgen. Bei einer geneigten (und vom Einkommenseffekt kompensierten) Nachfragekurve liegen die jeweiligen MMZ auf den verschiedenen Punkten der Nachfragekurve. Es wird nun versucht festzustellen, welche Geldsumme eine Wirtschaftseinheit bei Existenz von externen Negativwirkungen bereit ist dafür zu zahlen, dass die Schädigung völlig oder auf ein bestimmtes Niveau zurückgeführt wird. Hierbei geht es also um eine Zahlungsbereitschaft des Geschädigten zur Beseitigung oder Reduzierung der negativen Umweltwirkungen des Verkehrs.

Ein anderes - und auch im Ergebnis unterschiedliches - Verfahren ist die Feststellung der *Entschädigungsforderung* des Betroffenen an den Schädiger. I.d.R. liegt die Entschädigungsforderung höher als die Zahlungsbereitschaft (Glaser 1992, S. 62 ff.). Dies hängt auch mit der unterschiedlichen Verteilung der Eigentumsrechte zusammen: beim Zahlungsbereitschaftsansatz ist der Schädiger, beim Entschädigungsansatz der Geschädigte im Besitz der Eigentumsrechte.

Der *Zahlungsbereitschaftsansatz* benötigt keine systematischen Wirkungsanalysen von marktbeeinträchtigenden Emissionen, um Mengengerüste zu erhalten. Vielmehr werden bestimmte Emissions-/Immissionsstandards definiert, zu deren Erreichen die Zahlungswilligkeiten der Begünstigten erfaßt werden. Die entsprechenden Geldbeträge werden dann als bewertete negative externe Effekte betrachtet; somit liegt auch hier ein *indirektes* Verfahren vor.

Mit zahlreichen Problemen behaftet ist allerdings die konkrete Anwendung des Zahlungsbereitschaftsansatzes. Sie erfolgt auch bei der Ermittlung und Abschätzung der externen Kosten des Verkehrs (Planco 1990b). Sehr häufig existieren keine Märkte für Umweltgüter mit der Folge, dass die Zahlungsbereitschaften auf Basis von Nachfragekurven nicht identifizierbar sind. Als Hilfsverfahren werden Befragungen „repräsentativer Betroffener" vorgenommen. Die Akzeptanz solcher Befragungsergebnisse zur Zahlungsbereitschaft ist jedoch sehr unterschiedlich. Kritisch wird insbesondere angemerkt:

- Es wird nur eine hypothetische Zahlungsbereitschaft abgefragt (Eisenkopf, A. 2002, S. D 4-17);
- Es können strategisch motivierte Verfälschungen der erfragten Zahlungsbereitschaft vorliegen, da das Ausschlußprinzip häufig nicht anwendbar ist.

- Die politische Umsetzungserwartung von Ergebnissen der Befragung ist für die Höhe der Beträge bedeutsam.
- Asymmetrische Beurteilungen von Situationsverbesserungen und -verschlechterungen können aufgrund von Gewöhnungseffekten auftreten.
- Befragungen vernachlässigen die Bedürfnisse künftiger Generationen.
- Der Informationsstand der Befragten ist häufig stark begrenzt.
- Die Realeinkommenssituation (Kaufkraft) der Befragten ist bedeutsam für die Höhe der Zahlungsbereitschaft; dies gilt auch für die Merkmale Bildungsstand und Alter.

Empirische Ergebnisse zeigen, dass die über den Zahlungsbereitschaftsansatz gewonnenen Werte der externen Kosten des Verkehrs deutlich über denen liegen, die mit Hilfe des Schadensfunktionen- und des Vermeidungskostenansatzes quantifiziert werden (Planco 1990b).

Besonders umstritten waren Berechnungen der externen Kosten der Luftverschmutzung, die aufgrund einer Befragung von 2.000 Personen in Berlin hinsichtlich ihrer Zahlungsbereitschaft für bessere Luft erfolgten (mit vier Luftgüteklassen; Schulz 1985). Es wurde die (monatliche) Zahlungsbereitschaft für bessere Luftqualität und für die Verhinderung einer Luftqualitätsverschlechterung abgefragt. Anschließend wurde eine stark kritisierte Hochrechnung der Befragungsergebnisse auf die gesamte Bundesrepublik Deutschland vorgenommen, wobei ein Durchschnittsalter der Bevölkerung von 35 Jahren unterstellt wurde; das Alter der befragten Personen ist für die Höhe der Zahlungsbereitschaft bedeutsam. Äußerst problematisch ist die in dieser Untersuchung vorgenommene Korrektur der Zahlungsbereitschaftsinformationen (Versuch der Simulation einer besseren Informiertheit der Befragten). Dies gilt um so mehr, als mehrere Studien zu den Umwelteffekten des Verkehrs diese (korrigierten) Hochrechnungswerte übernommen haben (so Planco 1990a/1990b; UPI 1991; Wicke 1989).

- Andere indirekte Verfahren der Bewertung von externen Umweltbelastungen beziehen für den Verkehrslärm und Schadstoffemissionen die *Immobilienpreise* bei unterschiedlichen Belastungszuständen heran (Marburger 1973; Borjans 1983). Eine ähnliche Methode ist die der Erfassung von Mietpreisdifferenzen in Abhängigkeit von unterschiedlichen Immissionszuständen (Hedonic price method). Wesentliche Probleme der hedonischen Preise liegen in den Voraussetzungen funktionsfähiger Märkte, welche die individuellen

Präferenzen widerspiegeln sowie der Zurechenbarkeit (Isolierung) verschiedener und oft komplexer Preiseinflußgrößen, insbesondere im Immobilienmarkt (Fritsch/Wein/Ewers 1999, S. 162).

Literatur zu Kapitel VI.4:

Borjans, R. (1983): Immobilienpreise als Indikator der Umweltbelastungen durch den städtischen Kraftverkehr, Düsseldorf (Band 44 der Buchreihe des Instituts für Verkehrswissenschaft an der Universität zu Köln).

ECOPLAN (Hrsg.) (1992): Externe Kosten im Agglomerationsverkehr, Fallbeispiel Region Bern, Bericht 15B des Nationalen Forschungsprogramms "Stadt und Verkehr", Zürich.

Eisenkopf, A. (2002): Externe Kosten des Verkehrs, in: Arnold, D. / Isermann, H. et al. (Hrsg.): Handbuch Logistik, Berlin-Heidelberg, S. D 4-11 – D 4-24.

Fritsch, M./ Wein, Th. / Ewers, H.-J. (1999): Marktversagen und Wirtschaftspolitik, 3. Aufl., München.

Glaser, C. (1992): Externe Kosten des Straßenverkehrs: Darstellung und Kritik von Meßverfahren und empirischen Studien, München.

Marburger, E.A. (1973): Zur Frage der Beeinflussung von Haus- und Grundstückspreisen durch straßenverkehrsabhängige Lärm- und Abgasemissionen, in: Zeitschrift für Verkehrswissenschaft, 44. Jg., S. 19-37.

Planco Consulting (1990a): Intermodaler Wettbewerb zwischen Bahn und den mit ihr konkurrierenden Verkehrsträgern im Güterverkehr: Einflüsse der Ordnungspolitik, Gutachten im Auftrage des Bundesministeriums für Verkehr, Essen.

Planco Consulting (1990b): Externe Kosten des Verkehrs: Schiene, Straße, Binnenschiffahrt, Gutachten im Auftrage der Deutschen Bundesbahn, Essen.

Schulz, W. (1985): Der monetäre Wert besserer Luft: Eine empirische Analyse individueller Zahlungsbereitschaften und ihrer Determinanten auf der Basis von Repräsentativumfragen, Frankfurt/M.

Umwelt- und Prognoseinstitut Heidelberg (UPI) (1991): Umweltwirkungen von Finanzinstrumenten im Verkehrsbereich, UPI-Bericht Nr. 21, erstellt im Auftrag des Ministeriums für Stadtentwicklung und Verkehr des Landes Nordrhein-Westfalen, 2. Aufl., Heidelberg.

Weinberger, M. (1991): Zur Ermittlung der Kosten des Straßenverkehrslärms mit Hilfe von Zahlungsbereitschaftsanalysen, in: Zeitschrift für Verkehrswissenschaft, 62. Jg., S. 62-92.

Wicke, L. (1993): Umweltökonomie: Eine praxisorientierte Einführung, 4. Aufl., München.

5 Umsetzung der Internalisierung

Das Ziel der Internalisierung externer Effekte besteht in der Sicherung allokationsoptimaler Ressourceneinsatzbedingungen. Die tatsächliche Ressourceninanspruchnahme bei der Nachfrage nach und der Erstellung von Verkehrsleistungen soll sich in den Kosten- und Preisverhältnissen spiegeln.

Die Notwendigkeit einer solchen Internalisierung ist aus ökonomischer Sicht unbestritten. *Umsetzungsschwierigkeiten* bestehen darin, dass

- die Höhe des Internalisierungsbedarfs bei den einzelnen Verkehrsträgern und Verkehrsmittelkategorien aufgrund der sehr unterschiedlichen Quantifizierungsverfahren national und international äußerst umstritten ist;
- die Verfahren der Internalisierung ebenfalls kontrovers diskutiert werden.

Bei den Internalisierungsverfahren steht der Straßenverkehr im Mittelpunkt der Vorschläge. Insbesondere werden als Instrumente die Mineralölsteuer, die Kraftfahrzeugsteuer und spezielle Zulassungsabgaben genannt. Der Treibstoffverbrauch steht in einer - wenn auch variablen - Beziehung zu den Fahrleistungen und den hierdurch verursachten Emissionen/Immissionen. Veränderungen der Mineralölsteuer verursachen sehr niedrige Transaktionskosten bei ihrer Erhebung. Auch eine emissionsbezogene Kraftfahrzeugsteuer (für Lastkraftwagen ab Mitte 1994 in Deutschland in Abhängigkeit von den Schadstoffklassen Euro 0 bis Euro 3 bereits eingeführt) stellt sich als kostengünstige Internalisierungsmethode dar. Ähnliches gilt für spezielle emissionsabhängige Fahrzeugzulassungsgebühren. Im Luftverkehr sind die Landegebühren nach den Lärmemissionen gestaffelt.

Stets stellt sich jedoch die Frage nach den *konkreten Emissionsgrundlagen* für die Berechnung der (zusätzlichen) Abgabenbelastungen in dem Sinne, dass die entscheidungsrelevanten Emissionsgrößen bestimmt werden müssen (Lärm, Schadstoffemissionsarten, CO_2 u.ä.). Hier können Konfliktlagen auftreten.

Mit der Internalisierung der externen Kosten des Verkehrs werden Wirkungen im Hinblick auf *Verkehrsvermeidung* und *Verkehrsverlagerung* (auf umweltschonendere Verkehrsträger/Verkehrsmittel) angestrebt. Weiterhin fördert die Internalisierung die technische Weiterentwicklung der Verkehrsmittel in Richtung auf verbrauchsärmere Antriebe und schadstoff- wie lärmreduzierte Fahrzeuge. Auch führen höhere leistungsbezogene Abgabenbelastungen ceteris paribus dazu, die Auslastung der Fahrzeuge durch Tourenoptimierungen und ein telematikgestütztes Gütertransportmanagement zu verbessern, zumal der *Güterverkehr* einem *ökonomischen Rationalitätskalkül* unterliegt. Hier ist mit derartigen positiven Internalisierungswirkungen zu rechnen. Ob es im Güterverkehr aufgrund der unterschiedlichen Qualitätsprofile der einzelnen Verkehrsträger jedoch zu *fühlbaren* Verkehrsverlagerungen kommt, etwa zur Eisenbahn oder zur Binnenschiffahrt, ist wenig wahrscheinlich. Die Nutzung von Rationalisierungsreserven im Güterverkehr als Folge der Internalisierung ist jedoch ein wichtiger Effekt.

Im *Personenverkehr* ist die Ausnutzung solcher Rationalisierungsreserven aufgrund von Internalisierungsmaßnahmen kaum zu erwarten. Dies ist die Folge der unterschiedlichen Determinanten des Personenverkehrs und einer schwachen Ausprägung des entscheidungsrelevanten ökonomischen Rationalitätskalküls. Letztlich ist dies eine Frage der Höhe der Internalisierungsbeträge, die im Personenverkehr politisch sensitiver diskutiert wird als im Güterverkehr. Die fahrleistungsbezogenen Preiselastizitäten (Treibstoffpreisveränderungen) der Nachfrage werden im individuellen Straßenpersonenverkehr auf Werte zwischen -0,1 und -0,4 geschätzt. Sie werden in Abhängigkeit vom Fahrtzweck auch unterschiedlich sein. Ebenfalls zu berücksichtigen ist der Zeitfaktor: Kurzfristige Reaktionen bilden sich im Zeitablauf häufig zurück, da der Schockeffekt relativ schnell verblaßt und Einkommenssteigerungen kompensatorisch wirken. In der langfristigen Analyse liegen die direkten Preiselastizitäten der Nachfrage höher als bei kurzfristiger Betrachtungsweise. Eine dynamische Betrachtungsweise erklärt diese Abweichungen in den Elastizitätswerten auch mit dem zeiterfordernden Suchen nach Alternativen, die etwa in Veränderungen des Modal split durch Wahl anderer Verkehrsmittel bestehen können (Dargay/Goodwin 1995). Die starken Treibstoffpreiserhöhungen in den Jahren ab 2000 haben die Preisreagibilität der Verkehrsleistung mit Pkw in dem genannten Wertebereich der Preiselastizitäten bestätigt (absolute Rückgänge der Individualverkehrsleistung).

Übersicht 86: *Externe Kosten in 0.01 ECU je Pkm/Tkm*

Source	Comments	Passenger			Goods		
		Car	Bus	Train	Truck	Train	Waterway
Tefra (1991)	France				0.8 to 1.0 on motorway; 0.3 to 0.4 on highway		
Sweden (1987)	Stockholm	14.3 - 27					
Report quoted by Hansson and Marckham (1992)	Rural area	2.8					
Darbeira	Paris	3.5	0.15				
Auzannet and Bellaloum	Paris and region without accident cost	1.6 - 4.3	0.15	0.15 - 0.30			
Planco	Germany	3.48	0.50	0.57	2.58	0.37	0.18
CCFE (1992)	Netherlands	1.66		0.2	1.66	0.2	
Replies to a questionnaire (Assumption: 1 passenger = 1 tonne)	Belgium	1.56			1.56		
	Denmark	1.51			1.51		
	Switzerland	3.0		0.8	3.0	0.8	
	Austria	3.3		0.25	3.3	0.25	
	Sweden	5.0		0.7	5.0	0.7	
	Finland	3.1 - 4.3			3.1 - 4.3		
	Norway	2.1			2.1		
	Germany			0.006			0.006
Directions (1992)	Canada	0.38 - 0.43	0.14 - 0.20	0.18 - 0.45			

Quelle: Quinet (1994), S. 57.

Letztlich sind es aber nicht die für einen Verkehrsträger oder eine Verkehrsmittelkategorie ausgewiesenen globalen externen Kosten, die für die Wirkungen entscheidend sind. Relevant sind die *pro Leistungseinheit* (Fahrzeugkilometer, Personen- und Tonnenkilometer) errechneten bzw. geschätzten externen Kosten. Bei dieser *leistungsbezogenen Betrachtung* nähern sich oft die weit auseinanderliegenden absoluten Globalbeträge wesentlich an als Folge sehr unterschiedlicher Leistungswerte. Dies verdeutlicht der in Übersicht 85 gegebene Überblick über Ergebnisse von Berechnungen über externe Kosten des Verkehrs in mehreren europäischen Ländern. Er zeigt auch die Spannweite der Quantifizierungsergebnisse, wobei für Deutschland allerdings die vergleichsweise moderaten Planco-Ergebnisse herangezogen werden.

Im Güterverkehr wird die Internalisierungswirkung stark durch den Anteil der Transportkosten am Produktionswert bestimmt. Er schwankt erheblich in Abhängigkeit von den betrachteten Gütergruppen. Bezogen auf das Jahr 1988 erreichen die überwiegende Zahl der Güter lediglich (direkte und indirekte) Transportkostenanteile von unter 2 %. Nur bei Baustoffen, Nahrungsmitteln, Zellstoffe und Papierherstellung, Holzbearbeitung, Eisen und Stahl, Erze und Torf sowie Feinkeramik sind deutlich höhere Transportkostenanteile am Produktionswert feststellbar, d.h. zwischen 3,5 und 5 % (DIW 1994, S. 219 ff.). Allerdings sind diese Anteilsberechnungen in ihrem Aussagewert begrenzt. Diese Einschränkung bezieht sich weniger auf das inzwischen veraltete Basisjahr 1988 als vielmehr darauf, dass bei den logistikaffinen Transportgütern erhebliche Investitionen in sonstige logistische Ressourcen erfolgt sind. Sie besitzen häufig eine beträchtliche Ausrichtung auf bestimmte Transportmerkmale. Nachhaltige Änderungen im Modal split würden hier kosten- und leistungswirksame Umorientierungen zur Folge haben. Hieraus kann gefolgert werden, dass auch bei deutlicher Erhöhung der Abgabenbelastung durch Internalisierungsmaßnahmen, vor allem im Straßengüterverkehr, nur mit geringen Auswirkungen auf den Modal split zu rechnen ist. Dies ist insbesondere auf die beträchtlichen Systemunterschiede zwischen den Verkehrsträgern zurückzuführen. Da letztlich der Fahrzeugkilometer verteuert wird, resultieren hieraus jedoch Anreize zur effizienteren Abwicklung der Verkehrsleistungen.

Literatur zu Kapitel VI.5:

Crawford, I. / Smith, S. (1995): Fiscal Instruments for Air Pollution Abatement in Road Transport, in: Journal of Transport Economics and Policy, Vol. XXIX, S. 33-51.

Dargay, J.M. / Goodwin, P.B. (1995): Evaluation of Consumer Surplus with Dynamic Demand, in: Journal of Transport Economics and Policy, Vol. XXIX, S. 179-193.

Deutsches Institut für Wirtschaftsforschung (DIW) et al. (1994): Verminderung der Luft- und Lärmbelastungen im Güterfernverkehr 2010, Berlin (Berichte 5/94 des Umweltbundesamtes).

Quinet, E. (1994): The Social Costs of Transport: Evaluation and Links with Internalisation Policies, in: ECMT/OECD (Hrsg.): Internalising the Social Costs of Transport, Paris, S. 31-75.

Small, K. A. / Kazimi, C. (1995): On the Cost of Air Pollution from Motor Vehicles, in: Journal of Transport Economics and Policy, Vol. XXIX, S. 7-32.

LITERATURVERZEICHNIS

Aberle, G. (1972): Verkehrsinfrastrukturinvestitionen im Wachstumsprozeß entwickelter Volkswirtschaften, Düsseldorf (Band 27 der Buchreihe des Instituts für Verkehrswissenschaft an der Universität zu Köln).

Aberle, G. (1981): Zur Methode der Erfassung der Raumwirksamkeit von Fernstraßen, in: Informationen zur Raumentwicklung, S. 201-203.

Aberle, G. (1983): Verkehrsinfrastrukturpolitik und räumliche Entwicklung - Zur Integration von regionaler Entwicklungsplanung und Verkehrsplanung, in: Müller, J.H. (Hrsg.): Determinanten der räumlichen Entwicklung, Berlin (Band 131 N. F. der Schriften des Vereins für Socialpolitik), S. 9-30.

Aberle, G. (1984): Verkehrswegerechnungen und Wegeentgelte - Theoriedefizite und Datenlücken in der Verkehrspolitik, in: Ewers, H.-J. / Schuster, H. (Hrsg.): Probleme der Ordnungs- und Strukturpolitik, Festschrift für H. S. Seidenfus, Göttingen, S. 175-193.

Aberle, G. (1985): Zur Frage der Ermittlung kardinal skalierter regionalwirtschaftlicher Beschäftigungseffekte von Fernstraßeninvestitionen im Rahmen eines standardisierten Bewertungsverfahrens - Anmerkungen zur NR_2-Komponente in der Bundesverkehrswegeplanung, in: Raumforschung und Raumordnung, 43. Jg., S. 97-102.

Aberle, G. (1987): Die ökonomischen Grundlagen der Europäischen Verkehrspolitik, in: Basedow, J. (Hrsg.): Europäische Verkehrspolitik, Tübingen, S. 29-57.

Aberle, G. (1988): Zukunftsperspektiven der Deutschen Bundesbahn, Heidelberg.

Aberle, G. (1993): Das Phänomen Mobilität - beherrschbarer Fortschritt oder zwangsläufige Entwicklung?, in: Internationales Verkehrswesen, 45. Jg., S. 405-410.

Aberle, G. (1994a): Wirtschaft und Verkehr in der Stadt - Definition und Lösungsvorschläge zur Bewältigung des Verkehrs in den Städten, in: Wirtschaftsverkehr in Städten - nur Probleme oder auch Lösungen?, Berichtband des 24. Mercedes-Benz Seminars, Stuttgart, S. 29-36.

Aberle, G. (1994b): Erstaunliche Wertkorrekturen, in: Handelsblatt Nr. 61 vom 25.03.1994, S. 2.

Aberle, G. (1995a): Neue Finanzierungskonzepte für den Verkehr, in: Zeitschrift für Verkehrswissenschaft, 66. Jg., S. 33-41.

Aberle, G. (1995b): Mobilitätsentwicklung - Beeinflussungspotentiale und ihre Grenzen, in: Hamburger Jahrbuch für Wirtschafts- und Gesellschaftspolitik, 40. Jahr, Hamburg, S. 151-170.

Aberle, G. (1998a): Infrastrukturkosten und Finanzierung, in: Jahrbuch des Bahnwesens Nah- und Fernverkehr, Folge 48, S. 36-44.

Aberle, G. (1998b): User Charges for Railway Infrastructure, in: Round Table 107, Economic Research Centre, European Conference of Ministers of Transport, Paris, S. 5-45.

Aberle, G. (1998c): Von der Bahnstrukturreform zum Trassenpreissystem '98, in Internationales Verkehrswesen, 50. Jg., S. 471-475.

Aberle, G. (2000): Stichwort Verkehrspolitik, in: Wirtschaftslexikon, hrsg. von A. Woll, 9. Auflage, München/Wien, S. 762-766.

Aberle, G. / Brenner, A. (1994): Trassenpreissystem der Deutsche Bahn AG - eine erste kartellrechtliche und ökonomische Beurteilung, in: Internationales Verkehrswesen, 46. Jg., S. 704-712.

Aberle, G. / Brenner, A. (1996): Bahnstrukturreform in Deutschland - Ziele und Umsetzungsprobleme, Beiträge zur Wirtschafts- und Sozialpolitik, Institut der deutschen Wirtschaft, Bd. 230, Köln.

Aberle, G. / Brenner, A. (1997): Wegerechnung für in- und ausländische Fahrzeuge des Straßenverkehrs in Deutschland 1994, Frankfurt/M. (Band 11 der Materialien zur Automobilindustrie).

Aberle, G. / Brenner, A. / Hedderich, A. (1995): Trassenmärkte und Netzzugang: Analyse der grundlegenden ökonomischen Bestandteile von Trassennutzungsverträgen bei Trennung von Fahrweg und Eisenbahntransportbetrieb mit Marktöffnung für Dritte, Hamburg (Band 8 der Gießener Studien zur Transportwirtschaft und Kommunikation).

Aberle, G. / Brookshire, K. (1993): Prometheus: Pro-General - Die Bedeutung verkehrs- und ordnungspolitischer Rahmenbedingungen zur Sicherung der gesamtwirtschaftlichen Effizienz von Prometheus Forschungsergebnissen, Gießen.

Aberle, G. / Engel, M. (1992a): Verkehrswegerechnung und Optimierung der Verkehrsinfrastrukturnutzung: Problemanalyse und Lösungsvorschläge vor dem Hintergrund der EG-Harmonisierungsbemühungen für den Straßen- und Eisenbahnverkehr, Hamburg (Band 6 der Gießener Studien zur Transportwirtschaft und Kommunikation).

Aberle, G. / Engel, M. (1992b): Theoretische Grundlagen der Erfassung des volkswirtschaftlichen Nutzens des Straßengüterverkehrs, in: Internationales Verkehrswesen, 44. Jg., S. 169-175.

Aberle, G. / Engel, M. (1993): Der volkswirtschaftliche Nutzen des Straßengüterverkehrs - Internationales Forschungsprojekt im Auftrag der International Road Transport Union (IRU), Genf, Abschlußbericht, Gießen.

Aberle, G. / Hamm, W. (1978): Economic Perspects for Railways, Report of the 39th Round Table on Transport Economics (European Conference of Minsters of Transport), Paris, S. 7-42.

Aberle, G. / Hedderich, A. (1993): Diskriminierungsfreier Netzzugang bei den Eisenbahnen, in: Internationales Verkehrswesen, 45. Jg., S. 15-26.

Aberle, G., Hennecke, R., Eisenkopf, A. (1999): Ordnungs- und finanzpolitische Rahmenbedingungen für den Wettbewerb zwischen Eisenbahn und Binnenschiffahrt im Güterverkehr, herausgeben vom Bundesverband der Deutschen Binnenschiffahrt e.V., Duisburg.

Aberle, G. / Holocher, K. (1984): Vergleichende Wegerechnungen und Verkehrsinfrastrukturpolitik, Frankfurt/M. (Band 46 der Schriftenreihe des Verbandes der Automobilindustrie).

Aberle, G. / Kindsvater, K. / Aufderbeck, Chr. / Trost, D. (1998): Schienen- und Busverkehr in der Region - Einzelwirtschaftliche und gesamtwirtschaftliche Kostenvergleichsrechnung, Hamburg (Band 15 der Gießener Studien zur Transportwirtschaft und Kommunikation).

Aberle, G. / Mager, N. (1980): Wegerechnung, Wegefinanzierung und Straßengüterverkehrssystem, Frankfurt/M. (Band 28 der Schriftenreihe des Verbandes der Automobilindustrie).

Aberle, G. / Rothengatter, W. (1991): Erstickt Europa im Verkehr? Probleme, Perspektiven, Konzepte, hrsg. v. Staatsministerium Baden-Württemberg, Stuttgart.

Aberle, G. / Weber, U. (1987): Verkehrswegebenutzungsabgaben für die Eisenbahn: Theoretische Grundlegung und verkehrspolitische Ausgestaltung, Darmstadt (Band 1 der Gießener Studien zur Transportwirtschaft und Kommunikation).

Aberle, G. / Zeike, O. / Weimann, L. (1997): Alternative Formen der Finanzierung von Verkehrsinfrastrukturausgaben, Dortmund (Band 14 der Schriftenreihe des Verkehrsverbandes Westfalen-Mitte e.V.).

Aberle, G. / Zeike, O. (2001): Die Bahnstrukturreform 1994. Erfolg oder Mißerfolg? ADAC-Studie zur Mobilität, München.

Aden, D. et al. (1993): Verkehrsunternehmen als logistische Dienstleister, in: Krampe, H. / Lucke, H.-J.: Grundlagen der Logistik - Einführung in Theorie und Praxis logistischer Systeme, München, S. 181-231.

Aden. D. (2000): JadeWeserPort – Ein unternehmerisches Kooperationsmodell der Zukunft ? in: Perspektiven der Schiffsgrößenentwicklung in der Containerschiffahrt – Herausforderung für die deutschen Nordseehäfen ?, Bd. B 231 der Schriftenreihe der Deutschen Verkehrswissenschaftlichen Gesellschaft, Bergisch Gladbach, S. 203-216.

Aden, K. (1987a): Die Deregulierung der Eisenbahnen in den Vereinigten Staaten von Amerika, Göttingen (Heft 24 der Vorträge und Studien aus dem Institut für Verkehrswissenschaft an der Universität Münster).

Aden, K. (1987b): Die Deregulierung des Straßengüterverkehrs der Vereinigten Staaten von Amerika - Eine Analyse ihrer Inhalte und Auswirkungen, Göttingen (Heft 112 der Beiträge aus dem Institut für Verkehrswissenschaft an der Universität Münster).

Adrangi, B. / Chow, G. / Raffiee, K. (1995): Analysis of the Deregulation of the US Trucking Industry, in: Journal of Transport Economics and Policy, Vol. XXIX, No. 3, S. 233-246.

Allais, M. et al. (1965): Möglichkeiten der Tarifpolitik im Verkehr, Brüssel (Studien hrsg. von der Europäischen Kommission, Reihe Verkehr, Nr. 1).

Arbeitsgruppe Wegekosten im Bundesverkehrsministerium (1969): Bericht über die Kosten der Wege des Eisenbahn-, Straßen- und Binnenschiffsverkehrs in der Bundesrepublik Deutschland, Bad Godesberg (Heft 34 der Schriftenreihe des Bundesministers für Verkehr).

Arnim, C. von (1963): Die Preisdifferenzierung im Eisenbahngüterverkehr, ihre theoretische und wirtschaftspolitische Begründung, Tübingen (Band 61 der Kieler Studien).

Arnold, J. (1989): Die Eisenbahnen in Nordamerika, in: Die Bundesbahn, 65. Jg., S. 168-173.

Aschauer, D. (1989): Is Public Capital Expenditure Productive?, in: Journal of Monetary Economics, Vol. 23, S. 177-200.

Ashmore, G. (1993): Privatisierung der britischen Eisenbahn, in: Rail International - Schienen der Welt (Deutsche Ausgabe), 24. Jg., Heft 12, S. 10-13.

Asteris, M. / Green, P. (Hrsg.) (1992): Contemporary Transport Trends, Aldershot et al.

Backhaus, K. et al. (1994): Multivariate Analysemethoden - Eine anwendungsorientierte Einführung, 7. Aufl., Berlin et al.

Basedow, J. (Hrsg.) (1987): Europäische Verkehrspolitik, Tübingen.

Basedow, J. (1989): Wettbewerb auf den Verkehrsmärkten - Eine rechtsvergleichende Untersuchung zur Verkehrspolitik, Heidelberg.

Batisse, F. (1993): Immer häufigere Nutzung der Eisenbahn im Nahverkehr - 2. Teil: Europa, Amerika, Afrika: Inkompatibilität von Angebot und Nachfrage, in: Schienen der Welt, 24. Jg., Heft 12, S. 56-64.

Baum, H. (1972): Grundlagen einer Preis-Abgabenpolitik für die städtische Verkehrsinfrastruktur, Düsseldorf (Band 28 der Buchreihe des Instituts für Verkehrswissenschaft an der Universität zu Köln).

Baum, H. (1991): Verkehrsentlastung durch Rationalisierung des Straßenverkehrs, Köln (Kölner Diskussionsbeiträge zur Verkehrswissenschaft, Nr. 3).

Baum, H. / Behnke, N. (1997): Der volkswirtschaftliche Nutzen des Straßenverkehrs, Frankfurt am Main (Band 82 der Schriftenreihe des Verbandes der Automobilindustrie).

Baum, H. / Gierse, M. / Maßmann, C. (1990): Verkehrswachstum und Deregulierung in ihren Auswirkungen auf Straßenbelastung, Verkehrssicherheit und Umwelt, Frankfurt/M.

Baum, H. et al. (1994): Gesamtwirtschaftliche Bewertung von Rationalisierungsmaßnahmen im Straßenverkehr, Frankfurt/M. (FAT-Schriftenreihe, Nr. 113).

Baum, H. et al. (1995): Verringerung von Leerfahrten im Straßengüterverkehr, Düsseldorf (Band 58 der Buchreihe des Instituts für Verkehrswissenschaft an der Universität zu Köln).

Baum, H. / Esser, K. / Höhnscheid, K.J. (1998): Volkswirtschaftliche Kosten und Nutzen des Verkehrs, Bonn.

Baumgarten, H. / Kasiske, F. / Zadek, H. (2002): Logistik-Dienstleister – Quo vadis? – Stellenwert der Fourth Party Logistics Provider, in: Logistik Management, 4. Jg., Heft 1, S. 27-40.

Baumol, W.J. / Bradford, D.F. (1970): Optimal Departures from Marginal Cost Pricing, in: American Economic Review, Vol. 60, Nr. 3, S. 265-283.

Baumol, W.J. / Oates, W.E. (1975): The Theory of Environmental Policy: Externalities, Public Outlays and the Quality of Life, New York.

Baumol, W.J. / Panzar, J.C. / Willig, R.D. (1988): Contestable Markets and the Theory of Industry Structure, Revised Edition, New York et al.

Bayliss, B. (1987): Die Deregulierung des Straßengüterverkehrs in Großbritannien, in: Internationales Verkehrswesen, 39. Jg., S. 9-12.

Bechmann, A. (1978): Nutzwertanalyse, Bewertungstheorie und Planung, Bern/Stuttgart.

Beder, H. (1998): Der Luftfrachtverkehr, in: Isermann, H. (Hrsg.): Logistik. Gestaltung von Logistiksystemen, 2. Aufl., Landsberg/L., S. 125-138.

Behrendt, J. (1997): Stichwort Telematik, in: Vahlens Großes Logistiklexikon, hrsg. von J. Bloech und G. B. Ihde, München, S. 1058-1061.

Beyen, R.K. / Herbert, J. (1991): Deregulierung des amerikanischen und EG-europäischen Luftverkehrs: Theoretische Grundlagen und Analyse der verkehrspolitischen Umsetzung, Hamburg (Band 5 der Gießener Studien zur Transportwirtschaft und Kommunikation).

Bibig, P. / Althof, W. / Wagener, N. (1994): Seeverkehrswirtschaft, München/Wien.

Biehl, D. (1995): Infrastruktur als Bestimmungsfaktor regionaler Entwicklungspotentiale in der Europäischen Union, in: Karl, H. / Henrichsmeyer, W.: Regionalentwicklung im Prozeß der Europäischen Integration, Bonn, S. 53-86.

Bisessur, A./Alemandari, F. (1998): Factors affecting the operational success of strategic airline alliances, in: Transportation, 25, S. 331-355.

Blankart, C.B. (1980): Ökonomie der öffentlichen Unternehmen, München.

Boecker, E. (2001): Balanced Scorecard. Strategie für Speditionen, in: Logistikwoche, Heft 5, S. 36-38.

Boeing Commercial Airplane Group (Hrsg.) (1991): World Air Cargo Forecast - Airline Market Analysis, o. O.

Borjans, R. (1983): Immobilienpreise als Indikator der Umweltbelastungen durch den städtischen Kraftverkehr, Düsseldorf (Band 44 der Buchreihe des Instituts für Verkehrswissenschaft an der Universität zu Köln).

Boss, A. / Laaser, C.-F. / Schatz, K.-W. et al. (1996): Deregulierung in Deutschland - Eine empirische Analyse, Tübingen (Band 275 der Kieler Studien).

Boss, A. et al. (1996): Deregulierung in Deutschland, Tübingen (Band 275 der Kieler Studien).

Boyer, K.D. (1987): Privatisierung der Eisenbahnen in den USA und Kanada, in: Windisch, R. (Hrsg.): Privatisierung natürlicher Monopole im Bereich von Bahn, Post und Telekommunikation, Tübingen, S. 245-308.

Boyer, K.D. (1989): The Results of Railroad Reform in the U.S., Canada and Japan, in: Konsolidierung der Eisenbahnen, Bergisch-Gladbach (Band B 126 der Schriftenreihe der Deutschen Verkehrswissenschaftlichen Gesellschaft e.V.), S. 145-171.

Bradshaw, B. (1996): The Privatization of Railways in Britain, in: Japan Railway & Transport Review, Heft 8, S. 15-21.

Bradshaw, B. (2001): Lessons from a Railway Privatization Experiment, in: Japan Railway & Transport Review, No. 29, S. 4-11.

Brandborn, J. / Hellsvik, L. (1990): Die neue Eisenbahnpolitik in Schweden, in: Internationales Verkehrswesen, 42. Jg., S. 342-348.

Braybrook, I. (1999): Die Renaissance des Schienengüterverkehrs im Vereinigten Königreich, in: Rail International - Schienen der Welt (Deutsche Ausgabe), 30. Jg., S. 17-20.

Brenner, A. (1997): Wegerechnungen für das Schienennetz - Theoretische und empirische Analyse vor dem Hintergrund der Bahnstrukturreform, Hamburg (Band 12 der Gießener Studien zur Transportwirtschaft und Kommunikation).

Bretzke, W.-R. (1992): Entwicklung, Realisierung und Zertifizierung von Qualitätssicherungssystemen in Logistikunternehmen, in: Pfohl, H.-C. (Hrsg.): Total Quality Management in der Logistik, Berlin (Band 3 der Reihe Unternehmensführung und Logistik), S. 77-111.

Bretzke, W.-R. (1998): "Make or buy" von Logistikdienstleistungen: Erfolgskriterien für eine Fremdvergabe logistischer Dienstleistungen, in: Isermann, H. (Hrsg.): Logistik: Gestaltung von Logistiksystemen, 2. Aufl., Landsberg/L., S. 393-402.

Brög, W. (1981): Individuelles Verhalten als Basis verhaltensorientierter Modelle, in: Verkehrsnachfragemodelle, Köln (Band B 57 der Schriftenreihe der Deutschen Verkehrswissenschaftlichen Gesellschaft e.V.), S. 136-188.

Bundesamt für Statistik (Hrsg.) (1982): Schlußbericht der Kommission zur Überprüfung der Straßenrechnung, Bern.

Bundesanstalt für Straßenwesen (2002): Volkswirtschaftliche Kosten durch Straßenverkehrsunfälle in Deutschland, Info 12, Bergisch Gladbach.

Bundesminister für Verkehr (Hrsg.) (1985): Bundesverkehrswegeplan 1985 (BVWP '85), Bonn.

Bundesminister für Verkehr (Hrsg.) (1992): Bundesverkehrswegeplan 1992 (BVWP '92), Bonn.

Bundesminister für Verkehr (Hrsg.) (1993): Gesamtwirtschaftliche Bewertung von Verkehrswegeinvestitionen - Bewertungsverfahren für den Bundesverkehrswegeplan 1992, Essen/Bonn (Heft 72 der Schriftenreihe des Bundesministers für Verkehr).

Bundesminister für Verkehr (Hrsg.) (1994): Strategiepapier Telematik im Verkehr zur Einführung und Nutzung von neuen Informationstechniken, Bonn (überarbeitete und ergänzte Fassung des Strategiepapiers vom August 1993).

Bundesminister für Verkehr (Hrsg.) (1995): Telematik im Verkehr: Stand der Umsetzung des Strategiepapieres vom 31.August 1993 - Perspektiven und Bilanz, Bonn.

Bundesministerium für Verkehr (Hrsg.) (1997): Handbuch Güterverkehr Binnenschiffahrt, Bonn.

Bundesministerium für Verkehr, Bau- und Wohnungswesen (2000): Verkehrsbericht 2000, Berlin.

Bundesministerium für Verkehr, Bau- und Wohnungswesen (Hrsg.) (verschiedene Jahrgänge): Bericht über die Verwendung der Finanzhilfen des Bundes zur Verbesserung der Verkehrsverhältnisse der Gemeinden nach dem Gemeindeverkehrsfinanzierungsgesetz - GVFG-Bericht -, Bonn.

Bundesministerium für Umwelt (1999): Strategiepapier Bodennahes Ozon, BMU-9613-51140-4/16, Bonn, insb. 2.1-4.

Bundesrechnungshof (1995): Bericht über die Haushaltsbelastungen und -risiken des Bundes aus der Übernahme von Personalkosten der ehemaligen Deutschen Bundesbahn, Frankfurt/M.

Bundesverband Spedition und Lagerei e.V. (BSL) (Hrsg.) (1990): Strukturdaten aus Spedition und Lagerei, Bonn.

Bundesverband Spedition und Lagerei e.V. (BSL) (Hrsg.) (1991): BSL-Leitfaden für die Qualitätssicherung (QS) speditioneller Dienstleistungen, Bonn.

Bundesverband Spedition und Lagerei e.V. (BSL) (Hrsg.) (1996): Strukturdaten aus Spedition und Lagerei, Bonn.

Bundesverband Spedition und Lagerei e.V. (BSL) / Zentralverband der Spediteure / Schweizerischer Spediteur-Verband (Hrsg.) (1993): Anleitung für ein Qualitätsmanagement-Handbuch in der Spedition, Bonn/Basel/Wien.

Button, K.J. (1993): Transport Economics, 2nd Ed., Cambridge, S. 93-121 und S. 148-172.

Button, K.J. (1994): Overview of Internalising the Social Costs of Transport, in: European Conference of Ministers of Transport (ECMT), Internalising the Social Costs of Transport, Paris, S. 7-30.

Button, K.J. / Swann, D. (Hrsg.) (1989): The Age of Regulatory Reform, Oxford.

Cerwenka, P. (1976): Probleme der Bewertung und der Wertsynthese bei der Anwendung von Nutzen-Kosten-Untersuchungen, in: Zeitschrift für Verkehrswissenschaft, 47. Jg., S. 222-235.

Cerwenka, P. (1997): Die Berücksichtigung von Neuverkehr bei der Bewertung von Verkehrswegeinvestitionen, in: Zeitschrift für Verkehrswissenschaft, 68. Jg., S. 221-248.

Clarke, G. / Wright, J.W. (1964): Scheduling of Vehicles from a Central Depot to a Number of Delivery Points, in: Operations Research, Vol. 12, S. 568-581.

Coase, R.H. (1960): The Problem of Social Cost, in: Journal of Law and Economics, Vol. 3, S. 1-44.

Coenenberg, A.G. (1993): Kostenrechnung und Kostenrechnungsanalyse, 2. Aufl., Landsberg/L.

Crawford, I. / Smith, S. (1995): Fiscal Instruments for Air Pollution Abatement in Road Transport, in: Journal of Transport Economics and Policy, Vol. XXIX, S. 33-51.

Czarnetzki, S. / Kastern, H. (1998): Efficient Consumer Response (ECR) - der steinige Weg zur Partnerschaft, in: Zeitschrift für Organisation, 67. Jg., S. 277-279.

Dargay, J.M. / Goodwin, P.B. (1995): Evaluation of Consumer Surplus with Dynamic Demand, in: Journal of Transport Economics and Policy, Vol. XXIX, S. 179-193.

Daudel, S. / Vialle, G. (1992): Yield-Management - Erträge optimieren durch nachfrageorientierte Angebotssteuerung, Frankfurt/M.

Delfmann, W. (1985): Das Traveling-Salesman-Problem, in: Das Wirtschaftsstudium (Wisu), 14. Jg., S. 395-397.

Deregulierungskommission (1991): Marktöffnung und Wettbewerb, Berichte 1990 und 1991, Stuttgart.

Deutsche Bahn AG (1995): Geschäftsbericht 1994, Berlin / Frankfurt/M.

Deutsche Bahn AG (1998a): Allgemeine Bedingungen für die Nutzung der Eisenbahninfrastruktur der DB AG (ABN).

Deutsche Bahn AG (1998b): Geschäftsbericht 1997, Berlin / Frankfurt/M.

Deutsche Bahn AG (2001a): Geschäftsbericht 2000, Berlin / Frankfurt/M.

Deutsche Bahn AG (2001b), Trassenpreissystem 2001, Frankfurt am Main.

Deutsche Bahn AG, Geschäftsbereich Netz (1994a): Trassenpreise Güterverkehr (erste Fassung 1994, ergänzt 1995), Frankfurt/M.

Deutsche Bahn AG, Geschäftsbereich Netz (1994b): Trassenpreise Personenverkehr (erste Fassung 1994, ergänzt 1995), Frankfurt/M.

Deutsche Bahn AG, Geschäftsbereich Netz (1995): Anlagenpreise, Frankfurt/M.

Deutsche Bank Research (1995): Company Report Deutsche Bahn AG, Frankfurt/M.

Deutscher Industrie- und Handelstag (1990): Verkehr finanziert Verkehr. Vorstellungen zur Bildung eines Sondervermögens Bundesverkehrswege, Bonn.

Deutsches Institut für Wirtschaftsforschung (DIW) (1980): Güterverkehrsprognose 2000, Berlin.

Deutsches Institut für Wirtschaftsforschung (DIW) et al. (1994): Verminderung der Luft- und Lärmbelastungen im Güterfernverkehr 2010, Berlin (Berichte 5/94 des Umweltbundesamtes).

Deutsche Verkehrswissenschaftliche Gesellschaft (DVWG) (2001): Die Rolle der Binnenschiffahrt – Trends und Perspektiven am Beginn des 21. Jahrhunderts, Bd. B 242 der Schriftenreihe der Deutschen Verkehrswissenschaftlichen Gesellschaft, Bergisch Gladbach, (Mit 10 Einzelbeiträgen).

Dichtl, E. (1991): Orientierungspunkte für die Festlegung der Fertigungstiefe, in: Wirtschaftswissenschaftliches Studium (WiSt), 20. Jg., S. 54-59.

Diederich, H. (1977): Verkehrsbetriebslehre, Wiesbaden.

Diederich, H. (1992): Allgemeine Betriebswirtschaftslehre, 7. Aufl., Stuttgart et al.

Diekmann, A. (1990): Nutzen und Kosten des Automobils - Vorstellungen zu einer Bilanzierung, in: Internationales Verkehrswesen, 42. Jg., S. 332-340.

Dietrich, K. / Lindemann, H.P. (1982): Schweizerische Straßenrechnung: Kurzstudie zu drei konkreten Fragen - Auftrag der Kommission Straßenrechnung vom 10.12.1981, Institut für Verkehrsplanung und Transporttechnik IVT, ETH Zürich.

Diruf, G. (1998): Computergestützte Informations- und Kommunikationssysteme der Unternehmenslogistik als Komponenten innovativer Logistikstrategien, in: Isermann, H. (Hrsg.): Logistik. Gestaltung von Logistiksystemen, 2. Aufl., Landsberg/L., S. 181-196.

Doganis, R. (1991): Flying off Course - The Economics of International Airlines, 2nd Ed., London.

Doll, Cl. / Helms, M. et al. (2002), Wegekostenrechnung für das Bundesfernstraßennetz, in: Internationales Verkehrswesen, 54. Jg. (2002), S. 200-205.

Domschke, W. (1982): Logistik - Rundreisen und Touren, München/Wien, S. 56 ff.

Dornier-Planungsberatung (1993): Vorteile der Trailerzugtechnik - Marktstudie, Gutachten im Auftrage des Bundesministers für Verkehr (FE 90386/92), Friedrichshafen.

Dresdner Bank (2001): Herausforderung EU-Erweiterung. Wachstumschancen nutzen – Reformen vorantreiben, Frankfurt/M.

Eckstein, W. E. (1994): Güterverkehrszentren - Hilfestellung für die City-Logistik oder viel weniger?, in: Wirtschaftsverkehr in Städten - nur Probleme oder auch Lösungen?, Berichtband des 24. Mercedes-Benz Seminars, Stuttgart, S. 149-183.

Eckstein, W.E. (1997): Stichwort Güterverkehrszentrum, in: Vahlens Großes Logistiklexikon, hrsg. von J. Bloech und G. B. Ihde, München, S. 352-355.

ECMT – European Conference of Ministers of Transport (2001): Railway Reform. Regulation of Freight Transport Markets, Paris.

ECOPLAN (Hrsg.) (1992): Externe Kosten im Agglomerationsverkehr, Fallbeispiel Region Bern, Bericht 15B des Nationalen Forschungsprogramms "Stadt und Verkehr", Zürich.

ECOPLAN (Hrsg.) (1993): Externe Nutzen des Verkehrs - Wirtschaftliche Grundlagen, Bericht 39 des Nationalen Forschungsprogramms "Stadt und Verkehr", Zürich.

Eierhoff, K. (1994a): Die Logistikkette als Wertschöpfungselement des Handels, in: Pfohl, H.-C. (Hrsg.).: Management der Logistikkette: Kostensenkung - Leistungssteigerung - Erfolgspotential, Berlin (Band 7 der Reihe Unternehmensführung und Logistik), S. 129-147.

Eierhoff, K. (1994b): Ein Logistikkonzept für Stapelartikel - dargestellt am Beispiel der Karstadt AG, in: Zeitschrift für betriebswirtschaftliche Forschung, 46. Jg., S. 968-978.

Eisenkopf, A. (1992): Road pricing, Wirtschaftspolitische Blätter, Heft 3, S. 316-326.

Eisenkopf, A. (1994): Just-In-Time-orientierte Fertigungs- und Logistikstrategien. Charakterisierung, transaktionskostentheoretische Analyse und wettbewerbspolitische Würdigung veränderter Zulieferer-Abnehmer-Beziehungen am Beispiel der Automobilindustrie, Hamburg (Band 7 der Gießener Studien zur Transportwirtschaft und Kommunikation).

Eisenkopf, A. (1999a): Faire Preise für die Infrastrukturbenutzung. Eine kritische Würdigung des Weißbuchs der EU-Kommission für ein Infrastrukturabgabensystem, in: Internationales Verkehrswesen, 51. Jg., S. 66-70.

Eisenkopf, A. (1999b): Hauptstichwort City-Logistik, in: Schulte, Christoph: Lexikon der Logistik, München, Wien, S. 49-53.

Eisenkopf, A. (2002): Externe Kosten des Verkehrs, in: Arnold, D. / Isermann, H. et al. (Hrsg.): Handbuch Logistik, Berlin-Heidelberg, S. D 4-11 – D 4-24.

Eisenmann, J. (1979): Bewertung der Straßenbeanspruchung, in: Straße und Autobahn, 30. Jg., S. 107-110.

Elsholz, G. (1994): Das Konzept der EG-Kommission für eine auf Dauer tragbare Mobilität im Lichte der europäischen Güterverkehrsströme, in: Zeitschrift für Verkehrswissenschaft, 65. Jg., S. 1-33.

Enderlein, H. / Kunert, U. (1990): Berechnung der Kosten und der Ausgaben für die Wege des Eisenbahn-, Straßen-, Binnenschiffs- und Luftverkehrs in der Bundesrepublik Deutschland für das Jahr 1987, Berlin (Heft 119 der Beiträge zur Strukturforschung des Deutschen Instituts für Wirtschaftsforschung).

Enderlein, H. / Kunert, U. (1992): Ermittlung des Ersatzbedarfs für die Bundesverkehrswege, Berlin (Heft 134 der Beiträge zur Strukturforschung des Deutschen Instituts für Wirtschaftsforschung).

Enderlein, H. / Kunert, U. / Link, H. (1994): Berechnung und Bewertung der Verkehrsinfrastruktur in den neuen Bundesländern, Berlin (Heft 149 der Beiträge zur Strukturforschung des Deutschen Instituts für Wirtschaftsforschung).

Enderlein, H. / Link, H. (1992): Berechnung der Wegekosten- und Wegeausgabendeckungsgrade für den Straßenverkehr in den alten Ländern der Bundesrepublik Deutschland für das Jahr 1991, Gutachten des Deutschen Instituts für Wirtschaftsforschung im Auftrage des Bundesministers für Verkehr, Berlin (unveröffentlicht).

Enderlein, H. / Rieke, H. (1987): Berechnung der Kosten für die Wege des Eisenbahn-, Straßen-, Binnenschiffs- und Luftverkehrs in der Bundesrepublik Deutschland für das Jahr 1984, Gutachten des Deutschen Instituts für Wirtschaftsforschung im Auftrage des Bundesministers für Verkehr, als Manuskript vervielfältigt, Berlin.

Engelhardt, K. / Follmer, R. et al. (2002): Mobilität in Deutschland. KONTIV 2002: Methodenstudie mit experimentellem Design zur Vorbereitung der Erhebung, in: Internationales Verkehrswesen, 54. JG., S.140-144.

Engländer, O. (1924): Theorie des Güterverkehrs und der Frachtsätze, Jena.

Enquête-Kommission "Schutz der Erdatmosphäre" des Deutschen Bundestages (1994): Mobilität und Klima - Wege zu einer klimaverträglichen Verkehrspolitik, Bonn.

Ernst, M. / Meyer, W. (1998): Lebenszykluskosten von Bussystemen, in: Der Nahverkehr, 16. Jg., Heft 7/8, S. 36-40.

Ernst, M. / Walpuski, D. (1997): Telekommunikation und Verkehr, München.

Europäische Kommission (1969): Bericht über die Musteruntersuchung gemäß Art. 3 der Entscheidung des Rates Nr. 65/270/EWG vom 13. Mai 1965 (EWG-SEK 69/700 endg.), Brüssel.

Europäische Kommission (1992a): Die künftige Entwicklung der Gemeinsamen Verkehrspolitik. Globalkonzept einer Gemeinschaftsstrategie für eine bedarfsgerechte und auf Dauer tragbare Mobilität (KOM 92/494), Brüssel.

Europäische Kommission (1992b): Grünbuch zu den Auswirkungen des Verkehrs auf die Umwelt. Eine Gemeinschaftsstrategie für eine "dauerhaft umweltgerechte Mobilität" (KOM 92/46) vom 6. April 1992, Brüssel.

Europäische Kommission (1998a): 15. Folgebericht über den Verlauf der gemeinsamen Abwrackaktion in der Binnenschiffahrt, Brüssel.

Europäische Kommission (1998b): Faire Preise für die Infrastrukturbenutzung: Ein abgestuftes Konzept für einen Gemeinschaftsrahmen für Verkehrsinfrastrukturgebühren in der EU, Weißbuch, KOM (1998) 466, Brüssel.

Europäische Kommission (2000): Vorschlag für eine Verordnung des Europäischen Parlaments und des Rates über Maßnahmen der Mitgliedstaaten im Zusammenhang mit Anforderungen des öffentlichen Dienstes und der Vergabe öffentlicher Dienstleistungsaufträge für den Personenverkehr auf der Schiene, der Straße und auf Binnenschiffahrtswegen (KOM 2000/7), 26.7.2000, Brüssel.

Europäische Kommission (2001): Weißbuch: Die europäische Verkehrspolitik bis 2010: Weichenstellungen für die Zukunft, KOM (2001)/370, Brüssel.

Europäische Kommission (2002): Geänderter Vorschlag für eine Verordnung des Europäischen Parlaments und des Rates über Maßnahmen der Mitgliedstaaten im Zusammenhang mit Anforderungen des öffentlichen Dienstes und der Vergabe öffentlicher Dienstleistungsaufträge für den Personenverkehr auf der Schiene, der Straße und auf Binnenschiffahrtswegen (KOM 2002/107), 21.2.2002, Brüssel.

European Commission (2001): Pricing European Transport System (PETS), Final report, Transport Research, Fourth framework programme – Strategie, Luxembourg.

European Conference of Minsters of Transport (1998): Efficient Transport for Europe. Policies for Internalisation of External Costs, Paris.

European Federation for Transport and Environment (T & E) (1993): Getting the Prices Right. A European Scheme for Making Transport Pay its True Costs, Stockholm.

Ewers, H.J. / Fonger, M. (1993): Gesamtwirtschaftliche Effizienz multimodaler Transportketten, Forschungsprojekt im Auftrag des Deutschen Verkehrsforums und der Kombiverkehr KG, Münster.

Ewers, H.J. / Rodi, H. (1995): Privatisierung der Bundesautobahnen, Göttingen (Heft 134 der Beiträge aus dem Institut für Verkehrswissenschaft an der Universität Münster).

Ewers, H.-J. / Tegner, H. (2000): Entwicklungschancen der privaten Realisierung von Verkehrsinfrastruktur in Deutschland. Eine ökonomische Analyse des Fernstraßenbauprivatfinanzierungsgesetzes (FStrPrivFinG), Forschungsbericht, Berlin-Essen-Düsseldorf.

EWS (1997): Empfehlungen für Wirtschaftlichkeitsuntersuchungen an Straßen, hrsg. von der Forschungsgesellschaft für Straßen- und Verkehrswesen, Köln.

Feldner, H. (1982): Methodische Untersuchungen über disaggregierte Modellansätze für den Güterverkehr, in: Prognose im Güterverkehr, Köln (Band B 63 der Schriftenreihe der Deutschen Verkehrswissenschaftlichen Gesellschaft), S. 1-22.

Felton, J.R. / Anderson, D.G. (1989): Regulation and Deregulation of the Motor Carrier Industry, Ames/Iowa.

Fleischmann, B. (1998): Tourenplanung, in: Isermann, H. (Hrsg.): Logistik. Gestaltung von Logistiksystemen, 2. Aufl., Landsberg/L., S. 287-301.

Fogel, R.W. (1964): Railroads and American Economic Growth: Essays in Econometric History, Baltimore.

Fonger, M. (1992): Schienenpersonenfernverkehr in den USA: Entwicklungsstand und Zukunftsperspektiven, in: Die Deutsche Bahn, 68. Jg., S. 1143-1148.

Fonger, M. (1994): Transeuropäische Netze - Auf dem Weg zu einer gesamteuropäischen Infrastrukturplanung?, in: Internationales Verkehrswesen, 46. Jg., S. 621-629.

Freise, R. (1994): Taschenbuch der Eisenbahn-Gesetze, 10. Aufl., Darmstadt.

Frerich, J. (1974): Die regionalen Wachstums- und Struktureffekte von Autobahnen in Industrieländern, Berlin (Band 28 der Verkehrswissenschaftlichen Forschungen des Instituts für Industrie- und Verkehrspolitik der Universität Bonn).

Friedlaender, A.F. / Spady, R.H. (1981): Freight Transport Regulation – Equity, Efficiency and Competition in the Rail and Trucking Industries, Cambridge/Mass.: MIT-Press.

Friedrich, R. / Bickel, P (2001): Environmental External Costs of Transport, Berlin-Heidelberg,

Friedrich, M. / Mott, P. (1998): Linienerfolgsrechnung mit dem Planungsprogramm Visum, in: Der Nahverkehr, 16. Jg., Heft 10, S. 27-30.

Friedrich, St.A. / Hinterhuber, H.H. (1999): Wettbewerbsvorteile durch Wertschöpfungspartnerschaft. Paradigmenwechsel in der Hersteller/Handels-Beziehung, in: Wirtschaftswissenschaftliches Studium (WiSt), 28. Jg., S. 2-8.

Friege, C. (1996): Yield-Management, in: WiSt, 25. Jg., S. 616-622.

Fritsch, M. / Wein, Th. / Ewers, H.-J. (1999): Marktversagen und Wirtschaftspolitik, 3. Aufl., München.

Frye, H. (2002): Luftfrachtverkehr, in: Arnold, D., Isermann, H. et al.: Handbuch Logistik, Berlin-Heidelberg, S. C 3-33 bis C 3-65.

Funck, R. (1981): Verkehrsinfrastrukturpolitik und Wegeabgaben, in: Niedersächsischer Minister für Umwelt und Verkehr (Hrsg.), Symposion Wettbewerb im Binnenländischen Güterverkehr, Hannover, S. 47-56.

Furey, T. R. (1987): Benchmarking: The Key to Developing Competitive Advantage in Nature Markets, in: Planning Review, Vol. 15, No. 5, S. 30-32.

Garrison, W. (1995): Höchst umstrittene Behauptungen, in: Internationales Verkehrswesen, 47. Jg., S. 567.

Gehrung, P. / Hugo, J. / Weber, R. (2001): Bundesverkehrswegeplanung. Neue Ansätze bei der Bewertungsmethodik, in: Internationales Verkehrswesen, 53 Jg., S. 579-584.

Geiger, W. (1994): Die Entstehung, Erstellung und Weiterentwicklung der DIN ISO 9000-Familie, in: Stauss, B. (Hrsg.): Qualitätsmanagement und Zertifizierung: Von DIN ISO 9000 zum Total Quality Management, Wiesbaden, S. 27-62.

Generaldirektion Verkehr der Europäischen Kommission (1996): Faire und effiziente Preise im Verkehr - Politische Konzepte zur Internalisierung der externen Kosten des Verkehrs in der Europäischen Union, deutsche Fassung, Januar 1996, Brüssel.

Generalsekretariat EVED, Dienst für Gesamtverkehrsfragen (GVF) (Hrsg.) (1993): Die sozialen Kosten des Verkehrs in der Schweiz: Eine Gesamtrechnung nach Verkehrsträgern, GVF-Auftrag Nr. 174, Bern.

Georgi, H.P. (1970): Cost-benefit-analysis als Lenkungsinstrument öffentlicher Investitionen im Verkehr, Göttingen (Band 17 der Forschungen aus dem Institut für Verkehrswissenschaft an der Universität Münster).

Geschka, H. / Hammer, R. (1997): Die Szenario-Technik in der strategischen Unternehmensplanung, in: Hahn, D. / Taylor, B. (Hrsg.): Strategische Unternehmungsplanung - Strategische Unternehmungsführung: Stand und Entwicklungstendenzen, 7. Aufl., Heidelberg, S. 464-489.

Girnau, G. (1994): Die Perspektiven des regionalisierten ÖPNV, in: Die Anforderungen an einen regionalisierten ÖPNV, Bergisch-Gladbach (Band B 168 der Schriftenreihe der Deutschen Verkehrswissenschaftlichen Gesellschaft), S. 3-33.

Glaser, C. (1992): Externe Kosten des Straßenverkehrs: Darstellung und Kritik von Meßverfahren und empirischen Studien, München.

Glück, D. / Heimerl, G. / Mann, H.-U. (2001): Standardisierte Bewertung der ÖPNV-Wegeinvestitionen, in: Internationales Verkehrswesen, 54. Jg., S. 79-81.

Göpfert, I. (Hrsg.) (2000a): Logistik der Zukunft - Logistics for the Future, 2. Aufl., Wiesbaden.

Göpfert, I. (2000b): Logistik Führungskonzeption, München.

Göpfert, I. (2002): Kosten- und Leistungsrechnung in der Logistik, in: Arnold, D. / Isermann, H. et al. (Hrsg.): Handbuch Logistik, Berlin-Heidelberg, S. D5-34 bis D5-46.

Golden, B.L. /Assad, A. (Hrsg.) (1998): Vehicle Routing: Methods and Studies, Band 16 der Reihe Studies in Management Science and Systems, North Holland.

Gompf, G. (1995): Linien-Luftverkehrsgesellschaften in Luftfracht-Logistikketten: Strategien von Luftfracht-Linienverkehrsgesellschaften unter besonderer Berücksichtigung der Schnittstellenproblematik in Luftfracht-Logistikketten am Beispiel der Deutschen Lufthansa AG, Gießen.

Goodwin, P.B. (1998): Extra Traffic induced by Road Construction: Empirical Evidence, Economic Effects and Policy Implications, in: ECMT (Hrsg.): Infrastructure Induced Mobility, Report of the 105th Round Table on Transport Economics, Paris, S. 143-220.

Gorissen, N. (1997): Konzept für eine nachhaltige Mobilität in Deutschland, in: Deutsche Verkehrswissenschaftliche Gesellschaft (Hrsg.): Viertes Karlsruher Seminar zu Verkehr und Umwelt, Bergisch Gladbach, (Band 196 der Schriftenreihe der Deutschen Verkehrswissenschaftlichen Gesellschaft), S. 107-135.

Gramlich, E. M. (1994): Infrastructure Investment: A Review Essay, in: Journal of Economic Literature, Vol. 32, S. 1176ff.

Grandjot, H.-H. (1997): Stichwort Luftfracht, in: Vahlens Großes Logistiklexikon, hrsg. von J. Bloech und G.B. Ihde, München, S. 653-655.

Grandjot, H.H. / Immen, H. (1993): Der Stellenwert von EDI in der Transportkette, in: Der Spediteur, 41. Jg., S. 149-156.

Gresser, Kl. / Kolberg, B. et al. (2001): Verkehrsprognose 2015 für die Bundesverkehrswegeplanung, in: Internationales Verkehrswesen, 53. Jg., S.585-591.

Grupp, Kl. (1994): Rechtsprobleme der Privatfinanzierung von Verkehrsprojekten, in: Verkehrswegerecht im Wandel, hrsg. v. W. Blümel, Berlin (Band 115 der Schriftenreihe der Hochschule Speyer).

Gutknecht, R. (1987): Deregulation und Privatisierung, in: Verkehr und Technik, 40. Jg., S. 119-124.

Gwilliam, K.M. (1992): The Economic Benefits of (Road) Freight Transport, Rotterdam Transport Centre, Erasmus University Rotterdam.

Haase, D. (1998): Das neue Trassenpreissystem der Deutschen Bahn AG, in: Internationales Verkehrswesen, 50. Jg., S. 460-465.

Haberstock, L. (1992): Kostenrechnung II: (Grenz-)Plankostenrechnung mit Fragen, Aufgaben und Lösungen, 7. Aufl., Hamburg.

Hackenbirg, G. / Hildebrandt, R. / Krampe, H. (2001): Handelslogistik, in: Krampe, H. / Lucke, H.J. (Hrsg.), Grundlagen der Logistik, 2. Aufl., München, S. 303-356.

Hahn, D. (1986): Stand und Entwicklungstendenzen des Controlling in der Industrie, in: Gaugler, E. / Meissner, H.G. / Thom, N. (Hrsg.): Zukunftsaspekte der anwendungsorientierten Betriebswirtschaftslehre, Festschrift für E. Grochla, Stuttgart, S. 267-287.

Hahn, D. (1999a): Stand und Entwicklungstendenzen der strategischen Planung, in: Hahn, D. / Taylor, B. (Hrsg.): Strategische Unternehmensplanung - Strategische Unternehmensführung: Stand und Entwicklungstendenzen, 8. Aufl., Heidelberg, S. 1-27.

Hahn, D. (1999b): Zweck und Entwicklung der Portfoliokonzepte in der strategischen Unternehmensplanung, in: Hahn, D. / Taylor, B. (Hrsg.): Strategische Unternehmensplanung - Strategische Unternehmensführung: Stand und Entwicklungstendenzen, 8. Aufl., Heidelberg, S. 403-439.

Hahn, D. / Hungenberg, H. (2001): Puk - Controllingkonzepte: Planung und Kontrolle, Planungs- und Kontrollsysteme, Planungs- und Kontrollrechnung, 6. Auflage, Wiesbaden.

Hahn, W. (1987): Die regionalwirtschaftliche Bedeutung ausgewählter Fernstraßenprojekte, München (Band 17 der ifo-Studien zur Verkehrswirtschaft).

Hallier, B. (1994): City-Logistik - Anforderungen und Lösungsvorschläge aus der Sicht des Handels, in: Wirtschaftsverkehr in Städten - nur Probleme oder auch Lösungen?, Berichtband des 24. Mercedes-Benz Seminars, Stuttgart, S. 67-88.

Hamm, W. (1975): Wegeinvestitionen als Instrument der Raumordnungspolitik, in: Akademie für Raumforschung und Landesplanung (Hrsg.): Beiträge zur Raumplanung in Hessen/Rheinland-Pfalz/Saarland, 2. Teil, Forschungs- und Sitzungsberichte, Bd. 100, Hannover, S. 1-12.

Hamm, W. (1980): Verkehrspolitik, in: Albers, W. et al. (Hrsg.): Handwörterbuch der Wirtschaftswissenschaft, Band 8, Stuttgart, S. 249-257.

Hamm, W. (1984): Transportwesen, in: Oberender, P. (Hrsg.): Marktstruktur und Wettbewerb in der Bundesrepublik Deutschland, München, S. 455-489.

Hammer, R. M. (1991): Unternehmungsplanung, 4. Aufl., München.

Hanreich, G. (1999): Europäische Güterverkehrspolitik – Ist-Zustand und Ausblick, in: Supranationale Verkehrspolitik – Konfliktpotentiale im europäischen Raum, Bd. B 216 der Schriftenreihe der Deutschen Verkehrswissenschaftlichen Gesellschaft, Bergisch-Gladbach, S. 53-77.

Hauser, G. (1988): Ökonomische Basis der Bewertung in der Nutzwertanalyse, in: Mehrdimensionale Bewertungsverfahren und Umweltverträglichkeitsprüfung im Verkehr, IVT-Bericht 70/1988 der ETH Zürich, S. 83-95.

Häusler, U. (1995): Bildung und Funktion von Trassenpreisen für die Nutzung der Schieneninfrastruktur der DB AG, in: Zeitschrift für Verkehrswissenschaft, 66. Jg., S. 77-86.

Hautau, H. (2000): Ökonomische Aspekte der Schiffsgrößenentwicklung, in: Perspektiven der Schiffsgrößenentwicklung in der Containerschiffahrt – Herausforderung für die deutschen Nordseehäfen?, Bd. B 231 der Schriftenreihe der Deutschen Verkehrswissenschaftlichen Gesellschaft, Bergisch Gladbach, S. 8-15.

Hautzinger, H., / Pfeiffer, M. / Tassaux-Becker, B. (1994): Mobilität - Ursachen, Meinungen, Gestaltbarkeit, Heilbronn

Hedderich, A. (1994): Ökonomische Analyse der Laufzeit von Trassennutzungsverträgen, in: Internationales Verkehrswesen, 46. Jg., S. 477-483.

Hedderich, A. (1995): Waren die Eisenbahnen für das Wirtschaftswachstum in den Vereinigten Staaten unentbehrlich?, in: Internationales Verkehrswesen, 47. Jg., S. 180-184.

Hedderich, A. (1996): Vertikale Desintegration im Schienenverkehr - Theoretische Basisüberlegungen und Diskussion der Bahnstrukturreform in Deutschland, Hamburg (Band 11 der Gießener Studien zur Transportwirtschaft und Kommunikation).

Hedderich, A. (2001), Der Verbund Netz und Transport im DB-Konzern, in: Die deutsche Bahnreform – kritische Zwischenbilanz und Zukunftsanspruch, Bd. B 243 der Schriftenreihe der Deutschen Verkehrswissenschaftlichen Gesellschaft, Bergisch Gladbach, S. 50-66.

Hedley, B. (1997): Strategy and the „Business Portfolio", in: Hahn, D. / Taylor, B. (Hrsg.): Strategische Unternehmensplanung - Strategische Unternehmensführung: Stand und Entwicklungstendenzen, 7. Aufl., Heidelberg, S.342-353.

Heimerl, G. (1998): Strukturelle Hemmnisse im grenzüberschreitenden Schienenverkehr, in: Internationales Verkehrswesen, 60. Jg., S. 594-598.

Heimerl, G. / Intraplan Consult (1988): Standardisierte Bewertung von Verkehrswegeinvestitionen des öffentlichen Personennahverkehrs - Anleitung, Stuttgart, München.

Heimerl, G. / Intraplan Consult (1993): Standardisierte Bewertung von Verkehrswegeinvestitionen des öffentlichen Personennahverkehrs - Aktualisierung auf den Sach- und Preisstand 1993, Stuttgart, München.

Hellmann, A. (1984): Theorie und Praxis von Routing-Problemen: Lösungsverfahren zur Tourenplanung im Eindepot- und Mehrdepot-Fall, Studiengesellschaft Nahverkehr Berlin / Hamburg / Nordrhein-Westfalen, Schwarzenbek.

Hemberger, M. (1994): Lösungskonzepte der Praxis für die City-Logistik, in: Wirtschaftsverkehr in Städten - nur Probleme oder auch Lösungen?, Berichtband des 24. Mercedes-Benz Seminars, Stuttgart, S. 113-128.

Henderson, B.D. (1974): Die Erfahrungskurve in der Unternehmensstrategie, Frankfurt/M.

Herry, M. et al. (1993): Verkehrswegerechnung Straße für Österreich, Kurzfassung, Wien.

Herry, M. et al. (2001): Österreichische Wegekostenrechnung für die Straße 2000, Wien.

Hertzog, E. und Partner (1994): Qualitätsmanagement nach DIN ISO 9000ff. in der Verkehrsbranche: Stand und Entwicklungstendenzen, Studie für das Deutsche Verkehrsforum, Kleinmachnow/Hamburg.

Hinterhuber, H.H. (1996): Strategische Unternehmungsführung - 1. Strategisches Denken: Vision, Unternehmungspolitik, Strategie, 6. Aufl., Berlin / New York.

Hinterhuber, H.H. (1997): Strategische Unternehmensführung - 2. Strategisches Handeln: Direktiven, Organisation, Umsetzung, Unternehmungskultur, strategisches Controlling, strategische Führungskompetenz, 6. Aufl., Berlin / New York.

Höfler, L. / Putzer, G. (2000): EU-Erweiterung wird Realität. Auswirkungen auf Verkehr und Regionalentwicklung am Beispiel Österreich, in: Internationales Verkehrswesen, 52 Jg., S.126-131.

Höller, M. (1994): Informations- und Kommunikationstechnologien - Techniküberblick und Potential zur Verkehrsvermeidung, in: Höller, M. et al.: Die Bedeutung von Informations- und Kommunikationstechnologien für den Verkehr, Göttingen (Heft 133 der Beiträge aus dem Institut für Verkehrswissenschaft an der Universität Münster), S. 7-58.

Höller, M. et al. (1994): Die Bedeutung von Informations- und Kommunikationstechnologien für den Verkehr, Göttingen (Heft 133 der Beiträge aus dem Institut für Verkehrswissenschaft an der Universität Münster).

Höpfner, U. / Knörr, W. (1992): Motorisierter Verkehr in Deutschland: Energieverbrauch und Luftschadstoffemissionen des motorisierten Verkehrs in der DDR, Berlin (Ost) und der Bundesrepublik Deutschland im Jahr 1988 und in Deutschland im Jahr 2005, Berlin (Berichte 5/92 des Umweltbundesamtes).

Hollmann, M. (2001): Verkehrspolitik nach der Pleite von Railtrack am Scheideweg, in: Deutsche Verkehrs-Zeitung, 55. Jg., Nr. 131 vom 01.11.2001, S. 11.

Holocher, K. (1988): Wegerechnungen für Straßen: Untersuchung der grundlegenden Kostenrechnungsansätze und differenzierte Berechnung der Ausgabendeckung für das Straßennetz der Bundesrepublik Deutschland, Darmstadt (Band 3 der Gießener Studien zur Transportwirtschaft und Kommunikation).

Horn, M. / Knieps, G. / Müller, J. (1988): Deregulierungsmaßnahmen in den USA: Schlußfolgerungen für die Bundesrepublik Deutschland, Gutachten des Deutschen Instituts für Wirtschaftsforschung Berlin im Auftrag des Bundesministers für Wirtschaft, Baden-Baden.

Horváth, P. (2001), Controlling, 8.Aufl., München.

Horvath, Th. / Kaufmann, L. (1998): Balanced Scorecard – eine Werkzeug zur Umsetzung von Strategien, in: Harvard Business Manager, Heft 5, S.39-48.

Huber, J. (1991): Bundesverkehrswegeplanung im Lichte der Deutschen Einheit, in: Straße + Autobahn, 42. Jg., S. 5-15.

Huckestein, B. / Verron, H. (1996): Externe Effekte des Verkehrs in Deutschland, in: Umweltbundesamt (Hrsg.): Mobilität um jeden Preis? Expertenworkshop zu den externen Kosten des Verkehrs und den Möglichkeiten, sie zu verringern, Texte des Umweltbundesamtes 66/96, Berlin, S. 7-55.

Hummel, S. / Männel, W. (1983): Kostenrechnung 2: Moderne Verfahren und Systeme, 3. Aufl., Wiesbaden.

Hunecke, M. / Wulfhorst, G. (2000): Raumstruktur und Lebensstil – wie entsteht Verkehr?, in: Internationales Verkehrswesen, 52. Jg., S.556-561.

Hunziker, H.-J. (1983): Strategische Planung und Politik im Luftverkehr, Bern.

Hunziker, H.-J. (1985): Strategische Planung im Luftverkehr, dargestellt am Beispiel der Swissair, in: Jahrbuch der Schweizerischen Verkehrswirtschaft 1984, St. Gallen, S. 57-67.

Hutter, R. (1960): Das Grenzkostenpreisprinzip in der Preisbildung der Verkehrsträger und seine Bedeutung für die Verkehrsteilung, Köln.

Ihde, G.B. (2001): Transport, Verkehr, Logistik, 3. Aufl., München.

Ilgmann, G. / Miethner, M. (1992): Netzstandardisierung und Preisbildung für die Fahrwegnutzung der künftigen Bahn, in: Zeitschrift für Verkehrswissenschaft, 63. Jg., S. 203-229.

Infas / DIW (2001): KONTIV 2001. Kontinuierliche Erhebung zum Verkehrsverhalten, Methodenstudie, Endbericht, Gutachten im Auftrag des Bundesministeriums für Verkehr, Bau- und Wohnungswesen, Bonn / Berlin.

Infras / IWW (2000): Externe Kosten des Verkehrs. Unfall-, Umwelt- und Staukosten in Westeuropa, Kurzfassung der UIC „Der Weg zur Nachhaltigen Mobilität", Paris.

Infratest Burke AG (1996): Pilotstudie: Haushaltspanel zum Verkehrsverhalten, Forschungsprojekt im Auftrag des Bundesministeriums für Verkehr, München.

Institut für angewandte Wirtschaftsforschung der Universität Tübingen (1994): Ökonomische Systemanalyse für das Verkehrswesen - Verkehrswegebau als Ursache und als Wirkung der Wandlungen von Besiedlungs- und Produktionsstrukturen, Gutachten im Auftrage des Bundesministeriums für Verkehr, Tübingen.

Institut für Seeverkehrswirtschaft und Logistik Bremen (ISL) (1995): Ownership Patterns of the World Merchant Fleet, Bremen.

Institut für Seeverkehrswirtschaft und Logistik Bremen (ISL) (2001): ISL Shipping Statistics and Market Review, Ownership Patterns of the World Merchant Fleet 2001, Bremen.

Institut für Verkehrswesen der Universität (TH) Karlsruhe (1996): Auswertung der Paneluntersuchung zum Verkehrsverhalten, Forschungsprojekt im Auftrag des Bundesministeriums für Verkehr, Karlsruhe.

Isermann, H. (Hrsg.) (1998): Logistik. Gestaltung von Logistiksystemen, 2. Aufl., Landsberg/L.

Jochimsen, R. (1966): Theorie der Infrastruktur - Grundlagen der marktwirtschaftlichen Entwicklung, Tübingen.

Jünemann, R. (1989): Materialfluß und Logistik. Systemtechnische Grundlagen mit Praxisbeispielen, Berlin et al.

Kandler, J. (1983): Verkehrspolitik im Wandel - Neuere Entwicklungen in den USA, in: Internationales Verkehrswesen, 35. Jg., S. 251-256.

Kaplan, R.S. / Norton, D.P. (1996): The Balanced Scorecard – Translating Strategy into Action, Boston.

Kaspar, Cl. (1998): Management der Verkehrsunternehmen, München / Wien

Keeler, T.E. (1983): Railroads, Freight and Public Policy, Washington.

Keeler, T.E. (1989): Deregulation and Scale Economies in the U.S. Trucking Industry: An Econometric Extension of the Survivor Principle, in: Journal of Law and Economics, Vol. XXXII, S. 229-253.

Keppel, A. / Hinrich, St. (2000): Betreibermodelle im Rahmen des FStrPrivFinG, in: Internationales Verkehrswesen, 52. Jg., S. 258-263.

Kessel und Partner (1998): Kapazitätsauslastung und Leerfahrten im Gütertransport, Frankfurt am Main (Nr. 16 der Materialien zur Automobilindustrie, herausgegeben vom Verband der Automobilindustrie).

Kienzler, H. P. (1998): Was können Güterverkehrsprognosen heute leisten?, in: Verkehrsprognose - Zukunftsperspektiven des Personen- und Güterverkehrs in Deutschland, Bergisch-Gladbach (Band B 212 der Schriftenreihe der Deutschen Verkehrswissenschaftlichen Gesellschaft), S. 143-166.

Klatt, S. (1965): Die ökonomische Bedeutung der Qualität von Verkehrsleistungen, Berlin.

Klaus, P. (1998): Jenseits einer Funktionenlogistik. Der Prozeßansatz, in: Isermann, H. (Hrsg.): Logistik. Gestaltung von Logistiksystemen, 2. Aufl, Landsberg/L., S. 61-78.

Klaus, P., Müller-Steinfahrt, U. (2000): Die „Top 100" der Logistik, hrsg. von der Gesellschaft für Verkehrsbetriebslehre und Logistik (GVB), Hamburg.

Klausmann, W. (1983): Entwicklung der Unternehmungsplanung, Gießen.

Klivington, R. (1987): Erfahrungen mit der "Deregulation", in: Der Nahverkehr, 5. Jg., Heft 1, S. 14-21.

Kloas, J. / Kuhfeld, H. (1987): Verkehrsverhalten im Vergleich, DIW-Beiträge zur Strukturforschung, Heft 96, Berlin.

Kloas, J. / Kunert, U. (1994): Über die Schwierigkeit, Verkehrsverhalten zu messen, in: Verkehr und Technik, 47. Jg., S. 91-100.

Knauth, P. / Lux, T. (1989): Ökonomische Analyse von Verkehrsstaus, in: Wirtschaftswissenschaftliches Studium (WiSt), 18. Jg., S. 583-586.

Knieps, G. (1996): Wettbewerb in Netzen. Reformpotentiale in den Sektoren Eisenbahn und Luftverkehr, Vorträge und Aufsätze des Walter Eucken Instituts Nr. 148, Tübingen.

Knieps, G. (1998): Das neue Trassenpreissystem: volkswirtschaftliche Vorteile eines zweistufigen Systems, in: Internationales Verkehrswesen, 50. Jg., S. 466-470.

Knieps, G. / Brunekreeft, G. (2000): Zwischen Regulierung und Wettbewerb. Netzsektoren in Deutschland, Heidelberg.

Köberlein, Ch. (1997): Kompendium der Verkehrspolitik, München/Wien.

Kommission der Europäischen Gemeinschaften (1998): Transeuropäisches Verkehrsnetz. Bericht über die Umsetzung der Leitlinien und die Prioritäten für die künftige Entwicklung, KOM (1998) 614, Brüssel.

Kommission Verkehrsinfrastrukturfinanzierung (2000): Schlußbericht, Berlin.

Korf, W. (Hrsg.) (1998): Der Güterverkehr nach neuem Recht, Sonderband, Hamburg.

Kossak, A. (1995): Sinnvolle Entwicklungen und verfehlte Ansätze - Erste Erfahrungen mit Güterverkehrszentren, in: Internationales Verkehrswesen, 47. Jg., S. 185-189.

Kracke, R. et al. (1998): Güterverkehrs- und -verteilzentren, in: Isermann, H. (Hrsg.): Logistik. Gestaltung von Logistiksystemen, 2. Aufl., Landsberg/L., S. 441-453.

Krampe, H., Lucke, H.J. (Hrsg.) (2001): Grundlagen der Logistik. Einführung in Theorie und Praxis logistischer Systeme, 2. Aufl., München.

Kreikebaum, H. (1997): Strategische Unternehmensplanung, 6. Aufl., Stuttgart/Berlin/Köln.

Krüger, W. / Homp, Chr. (1997): Kernkompetenz-Management, Wiesbaden.

Kühl, K.H. (1981): Was erwartet die Binnenschiffahrt vom neuen Bundestag?, in: Seidenfus, H.S. (Hrsg.): Neuorientierung der Verkehrspolitik?, Göttingen (Heft 93 der Beiträge aus dem Institut für Verkehrswissenschaft an der Universität Münster) S. 31-39.

Küpper, H.U. (1992): Logistik-Controlling, in: Controlling, 4. Jg., S. 124-132.

Kuhn, A. / Kraft, V. et al. (2001): Informationslogistik, in: Krampe, H. / Lucke, H.-J. (Hrsg.): Grundlagen der Logistik, 2. Aufl., München, S. 111-135.

Kummer, S. (2001): Logistikkostenrechnung und Controlling, in: Krampe, H. / Lucke, H.-J. (Hrsg.), Grundlagen der Logistik, 2. Aufl., München, S.151-174.

Kummer, S. (2002): Strategisches Logistik-Controlling, in: Arnold, D. / Isermann, H. et al. (Hrsg.): Handbuch Logistik, Berlin-Heidelberg, S. D5-14 bis D5-26.

Laaser, C.-F. (1991): Wettbewerb im Verkehrswesen - Chancen für eine Deregulierung in der Bundesrepublik, Tübingen (Band 236 der Kieler Studien).

Laaser, C.-F. (1994): Die Bahnstrukturreform - Richtige Weichenstellung oder Fahrt aufs Abstellgleis?, Kiel (Band 239 der Kieler Diskussionsbeiträge).

Lange, I. / Sauer, W. (1993): Güterbahnen in Nordamerika, in: Die Deutsche Bahn, 69. Jg., S. 167-172.

Lansing, J.B. (1966): Transportation and Economic Policy, New York/London.

Launhardt, W. (1890): Theorie der Tarifbildung der Eisenbahnen, in: Archiv für Eisenbahnwesen, 13. Jg.

Lessing, R. (1986): Controlling in Verkehrsunternehmen - Modernes Management zur Ausschöpfung von Fahrgastpotentialen, in: Der Nahverkehr, 4. Jg., Heft 5, S. 8-12.

Leuschel, I. (1993): Die Eisenbahnen Nordamerikas, in: Die Deutsche Bahn, 69. Jg., S. 162-166.

Link, H. (1997): Trassenpreise der Deutschen Bahn AG - diskriminierungsfrei und kostendeckend?, in: DIW-Wochenbericht, 64. Jg., Nr. 26, S. 457-462.

Link, H. / Dodgson, J. S. / Maibach, M. / Herry, M. (1999): The Costs of Road Infrastructure and Competition in Europa, Heidelberg – New York.

Link, H., Rieke, H., Schmied, M. (2000): Wegekosten und Wegekostendeckung des Straßen- und Schienenverkehrs in Deutschland im Jahre 1997, DIW-Gutachten, Berlin.

List, F. (1929): Das deutsche Eisenbahnsystem als Mittel zur Vervollkommnung der deutschen Industrie, des deutschen Zollvereins und des deutschen Nationalverbandes überhaupt, in: Friedrich List: Schriften, Reden, Briefe, Bd. III, Schriften zum Verkehrswesen, Erster Teil, Berlin.

Lorenz, W. (1997): Leitfaden für die Berufsausbildung des Spediteurs, Teil 1. Speditionsgeschäfte, Verkehrsträger, Lagerei, 16. Aufl., Hamburg.

Löw, A. (1959): Die Transportkosten und die Koordinierung der Verkehrsträger, Düsseldorf (Heft 6 der Forschungsberichte des Instituts für Verkehrswissenschaft an der Universität zu Köln)

LUB-Consulting / Dornier System Consult (1997): Handbuch Güterverkehr Binnenschiffahrt, hrsg. vom Bundesministerium für Verkehr, Bonn, insb. Kap. A2, B1 und D.

Lucke, H.-J. / Eisenkopf, A. / Lüsch, J. et al. (2001): Verkehrsunternehmen als Logistikdienstleister, in: Krampe, H. / Lucke, H.J. (Hrsg.), Grundlagen der Logistik, 2. Aufl., München, S. 251-302.

Ludwig, E. (1987): Aspekte der Planung im Rahmen des Controlling - Moderne Unternehmenssteuerung im ÖPNV, in: Der Nahverkehr, 5. Jg., Heft 2, S. 24-29.

Lünsdorf, P.A. (1982): Ausgewählte Probleme verkehrszweigübergreifender Güterverkehrsprognosen, in: Prognose im Güterverkehr, Köln (Band B 63 der Schriftenreihe der Deutschen Verkehrswissenschaftlichen Gesellschaft), S. 51-67.

Lutter, H. (1981a): Autobahnbau ohne regionalwirtschaftliche Perspektive, Themenheft 3/4 der Informationen zur Raumentwicklung.

Lutter, H. (1981b): Raumwirksamkeit von Fernstraßen, Bonn (Band 8 der Forschungen zur Raumentwicklung).

Lutter, H. / Pütz, T. (1993): Erreichbarkeit und Raumentwicklung der Regionen in Europa. Welche Rolle spielen die Fernverkehrssysteme?, in: Informationen zur Raumentwicklung, S. 619-637.

Mäcke, P.A. (1981): Entwicklungsstufen der Verkehrsplanungsmodelle, in: Verkehrsnachfragemodelle, Köln (Band B 57 der Schriftenreihe der Deutschen Verkehrswissenschaftlichen Gesellschaft e.V.), S. 43-69.

Marburger, E.A. (1973): Zur Frage der Beeinflussung von Haus- und Grundstückspreisen durch straßenverkehrsabhängige Lärm- und Abgasemissionen, in: Zeitschrift für Verkehrswissenschaft, 44. Jg., S. 19-37.

Marglin, S.A. (1963): The Social Rate of Discount and the Optimal Rate of Investment, Quarterly Journal of Economics, Vol. LXXVII, S. 95-111.

Markowitz, H. (1952): Portfolio Selection, in: The Journal of Finance, Vol. 7, S. 77-91.

Maßmann, C. (1993): Preiselastizitäten für den Güterverkehr und ihre Anwendung in Verkehrsprognosen, Düsseldorf (Band 56 der Buchreihe des Instituts für Verkehrswissenschaft an der Universität Köln).

Meisel, F. / Weinhold, B. (1997): Die Linienerfolgsrechnung, in: Der Nahverkehr, 15. Jg., Heft 12, S. 34-37.

Mertens, R.R. (1988): Die Deregulierung des Schienengüterverkehrs in den USA, in: Die Bundesbahn, 64. Jg., S. 1035-1038.

Meyke, U. (1973): Cost-Effectiveness-Analysis als Planungsinstrument - Unter besonderer Berücksichtigung von Infrastrukturinvestitionen im Verkehr, Göttingen (Band 16 der Forschungen aus dem Institut für Verkehrswissenschaft an der Universität Münster).

Ministry of Transport (1964): Road Pricing: The Economic and Technical Possibilities, London (Smeed-Report).

Mishan, E. J. (1988): Cost-Benefit Analysis - An Informal Introduction, 4. Aufl., London (Reprint 1994).

Mitschke, M. (1979): Straßenschonende Auslegung schwerer Nutzfahrzeuge, in: Straße und Autobahn, 30. Jg., S. 110-114.

Möhlmann, E. (1987): Möglichkeiten der Effizienzsteigerung logistischer Systeme durch den Einsatz neuer Informations- und Kommunikationstechnologien im Güterverkehr, Göttingen (Heft 108 der Beiträge aus dem Institut für Verkehrswissenschaft an der Universität Münster).

Monning, W. (1994): Lösungskonzepte der Praxis für die City-Logistik, in: Wirtschaftsverkehr in Städten - nur Probleme oder auch Lösungen?, Berichtband des 24. Mercedes-Benz Seminars, Stuttgart, S. 131-136.

Moore, T.G. (1984): Deregulating Ground Transportation, in: Giersch, H. (Hrsg.): New Opportunities for Entrepreneurship, Institut für Weltwirtschaft an der Universität Kiel, Symposium 1983, Tübingen, S. 136-157.

Mosler, G.F. (1993): Strukturveränderungen in der Luftfracht durch Ersatzverkehr, in: Internationales Verkehrswesen, 45. Jg., S. 507-512.

Müller, G. / Bock. E. / Kiefer, T. (1998): Telematik, der große Problemlöser im Güterverkehr, in: Deutsche Verkehrswissenschaftliche Gesellschaft (Hrsg.): Güterverkehr und Telematik, Bergisch Gladbach, S. 1-14 (Band 211 der Schriftenreihe Deutschen Verkehrswissenschaftliche Gesellschaft.

Munzert, R. (2001): Railway Infrastructure Management in the United States of America, Darmstadt Discussion Papers in Economics Nr. 98, Darmstadt.

Muthesius, T. (1993): Die Finanzierung des Nahverkehrs in Deutschland, in: Verkehr und Technik, 46. Jg., S. 39-48.

Naito, H. (1982): Handbuch für das KANBAN-System, Frankfurt/M.

Nash, C. (1993): Rail Privatisation in Britain, in: Journal of Transport Economics and Policy, Vol. 27, S. 317-322.

Nash, C. (1997): The Separation of Operations from Infrastructure in the Provision of Railway Services - The British Experience, in: The Separation of Operations from Infrastructure in the Provision of Railway Services, Round Table 103, European Conference of Ministers of Transport, Paris, S. 53-89.

Niemann, J.H. (2000): Entwicklungschancen des JadeWeserPort-Projektes, in: Perspektiven der Schiffsgrößenentwicklung in der Containerschiffahrt – Herausforderung für die deutschen Nordseehäfen ?, Bd. B 231 der Schriftenreihe der Deutschen Verkehrswissenschaftlichen Gesellschaft, Bergisch Gladbach, S. 177-202.

Nissen, V. / Bothe, M. (2002): Fourth Party Logistics – ein Überblick, in: Logistik Management, 4. Jg., Heft 1, S. 16-26.

O.V. (1995): Another Loose Rail At Amtrak, in: Fortune, Nr. 9, S. 14.

O.V. (1998): Modell-Markt USA. Taugt der amerikanische Markt als Vorbild?, in: VerkehrsRundschau, Heft 49, Beilage Transporting 12/98, S. 35.

Organisation Internationale des Constructeurs d'Automobiles (OICA) (Hrsg.) (1995): The External Costs of the Motor Vehicle, Paris.

Otto, A. (1993): Das Management der Qualität von Transportdienstleistungen, Nürnberg (Heft 25 der Schriftenreihe der Gesellschaft für Verkehrsbetriebswirtschaft und Logistik (GVB) e.V.).

Palley, J.P. (1998): Schienenverkehr in den USA, in: Rail International - Schienen der Welt (Deutsche Ausgabe), 29. Jg., Heft 12, S. 2-7.

Pfeifle, M. / Vogt, W. (1989): Gibt es induzierten Verkehr?, in: Internationales Verkehrswesen, 41. Jg., S. 237-242.

Pfleiderer, R. / Braun, L. (1995): Nutzen/Kosten Rechnungen beim Bundesfernstraßenbau: Kritik an der Bundesverkehrswegeplanung, in: Internationales Verkehrswesen, 47. Jg., S. 609-614.

Pfohl, H.-C. (1989): Logistiktrends II, Band 4 der Reihe Fachtagungen des Instituts für Logistik der Deutschen Gesellschaft für Logistik, Darmstadt.

Pfohl, H.-C. (1992): Total Quality Management in der Logistik, 7. Fachtagung der Deutschen Gesellschaft für Logistik e.V., Berlin 1992 (Band 3 der Reihe Unternehmensführung und Logistik).

Pfohl, H.-C. (1994): Logistikmanagement - Funktionen und Instrumente: Implementierung der Logistikkonzeption in und zwischen Unternehmen, Berlin et al.

Pfohl, H.-C. (2000a): Logistiksysteme: Betriebswirtschaftliche Grundlagen, 6. Aufl., Berlin et al.

Pfohl, H.-C. (2000b): Supply Chain Management: Konzept, Trends, Strategien, in: Pfohl, H.-C. (Hrsg.), Supply Chain Management: Logistikplus ?, Berlin, S. 1-42.

Pigou, A.C. (1932): The Economics of Welfare, London.

Piontek, J. (1994): Internationale Logistik, Stuttgart/Berlin/Köln.

Planco Consulting (1990a): Intermodaler Wettbewerb zwischen Bahn und den mit ihr konkurrierenden Verkehrsträgern im Güterverkehr: Einflüsse der Ordnungspolitik, Gutachten im Auftrage des Bundesministeriums für Verkehr, Essen.

Planco Consulting (1990b): Externe Kosten des Verkehrs: Schiene, Straße, Binnenschiffahrt, Gutachten im Auftrage der Deutschen Bundesbahn, Essen.

Plath, F. (1977): Nutzen-Kosten-Analyse für Städtische Verkehrsprojekte, Tübingen.

Pompl, W. (1998): Luftverkehr: Eine ökonomische Einführung, 3. Aufl., Berlin et al.

Predöhl, A. (1964): Verkehrspolitik, 2. Auflage, Göttingen.

Prognos AG (1983): Verkehrsreport 1990, Basel.

Prognos AG (1991): Wirksamkeit verschiedener Maßnahmen zur Reduktion der verkehrlichen CO_2-Emissionen bis zum Jahr 2005, Untersuchung im Auftrag des Bundesverkehrsministeriums - Schlußbericht, Basel.

Prognos AG (2000): European Transport Report 2000, Basel.

Prognos AG / IWW Karlsruhe (2002): Wegerechnung für das Bundesfernstraßennetz, Gutachten für das Bundesministerium für Verkehr, Bau- und Wohnungswesen, Basel-Karlsruhe.

Quinet, E. (1994): The Social Costs of Transport: Evaluation and Links with Internalisation Policies, in: ECMT/OECD (Hrsg.): Internalising the Social Costs of Transport, Paris, S. 31-75.

Rahn, T. / Prahl, J. (1986): Das weiterentwickelte innerbetriebliche Rechnungswesen in der Realisierung, in: Die Bundesbahn, 62. Jg., S. 875-878.

Ramsey, F. (1927): A Contribution to the Theory of Taxation, in: Economic Journal, Vol. 37, S. 47-61.

Ratzenberger, R. (1998): Langfristige Verkehrsprognosen auf dem Prüfstand, München (Band 31 der ifo-Studien zur Verkehrswirtschaft).

Regierungskommission Bundesbahn (1991): Bericht der Regierungskommission Bundesbahn, Bonn.

Reschke, D. / Steinfels, D. (1994): Fünfjahresplan für den Ausbau der Bundesfernstraßen in den Jahren 1993-1997 mit Ergänzung bis 2000, in: Straße + Autobahn, 45. Jg., S. 307-318.

Riebel, P. (1955): Die Kuppelproduktion: Betriebs- und Marktprobleme, Köln (Band 23 der Veröffentlichungen der Schmalenbach-Gesellschaft).

Riebel, P. (1994): Einzelkosten- und Deckungsbeitragsrechnung: Grundfragen einer markt- und entscheidungsorientierten Unternehmensrechnung, 7. Aufl., Wiesbaden.

Rodi, H. (1995): Das Modell einer nutzergesteuerten Autobahngesellschaft, in: Verkehrsinfrastrukturpolitik in Europa: eine deutsch-polnische Perspektive, Göttingen (Heft 137 der Beiträge aus dem Institut für Verkehrswissenschaft an der Universität Münster), S. 57-67.

Roland Berger & Partner (1995): Untersuchung zur Privatisierung von Bundesautobahnen. Zusammenfassender Abschlußbericht, Bonn/München.

Rothengatter, W. (1993): Externalities of Transport, in: Polak, J. / Heertje, A. (Hrsg.): European Transport Economics, Oxford und Cambridge (Mass.), S. 81-129.

Rothengatter, W. (1994a): Obstacles to the Use of Economic Instruments in Transport Policy, in: ECMT/OECD (Hrsg.): Internalising the Social Costs of Transport, Paris, S. 113-152.

Rothengatter, W. (1994b): Road Pricing, in: Straße + Autobahn, 45. Jg., S. 425-429.

Rumpf, C. (1997): Qualitätsmanagement speditioneller Dienstleistungen. Eine informationsorientierte Analyse der Planung und Vermarktung der Qualität des Dienstleistungsangebots von Speditionen auf der Grundlage eines Geschäftstypenansatzes, Hamburg (Band 13 der Gießener Studien zur Transportwirtschaft und Kommunikation).

Rumpf, C. / Henrich-Köhler, C. (1999): Trassenpreissysteme für Nichtbundeseigene Eisenbahnen, in: Der Nahverkehr, 17. Jg., Heft 1/2, S. 8-13.

Saatweber, J. (1994): Inhalt und Zielsetzungen von Qualitätsmanagementsystemen gemäß den Normen DIN ISO 9000 bis 9004, in: Stauss, B. (Hrsg.): Qualitätsmanagement und Zertifizierung: Von DIN ISO 9000 zum Total Quality Management, S. 63-91.

Sachverständigenrat zur Begutachtung der gesamtwirtschaftlichen Entwicklung (1985): Jahresgutachten 1985/86 "Auf dem Wege zu mehr Beschäftigung", Stuttgart/ Mainz, TZ 325.

Salomon, I. / Bovy, P. / Orfeuil, J.-P. (Hrsg.) (1993): A Billion Trips a Day. Tradition and Transition in European Travel Patterns, Dordrecht.

Salzen, H.v. (1997): Stichwort Seehafeninformationssysteme, in: Vahlens Großes Logistiklexikon, hrsg. von J. Bloech und G.B. Ihde, München, S. 932-934.

Savage, I. (1985): The Deregulation of Bus Services, Aldershot.

Sax, E. (1922): Die Verkehrsmittel in Verkehrs- und Staatswirtschaft, Dritter Band: Die Eisenbahnen, Berlin.

Schäfer, P. (1998): Das Finanzierungsmodell zum Neu- und Ausbau der Schienenwege der DB AG, in: Eisenbahntechnische Rundschau, 47. Jg., H. 8/9, S. 492-498.

Schellhaaß, H.-M. (1978): Die Grenzkostenpreisregel: Allgemeine Grundsätze, in: Wirtschaftswissenschaftliches Studium (WiSt), 7. Jg., S. 212-219.

Schmidt, A. (1995): Computerreservierungssysteme im Luftverkehr - Darstellung, Entwicklung und wettbewerbliche Beurteilung, Hamburg (Band 9 der Gießener Studien zur Transportwirtschaft und Kommunikation).

Schmidt, F. (1994): Die Finanzierung der Verkehrsinfrastruktur vor dem Hintergrund der Wiedervereinigung: Privatfinanzierung - eine Alternative zur öffentlichen Finanzierung?, Frankfurt/M.

Schmidt, K. (1987): Antwort der Straßentransportunternehmen auf veränderte Verladeranforderungen: Das Projekt "INTAKT", in: Die Chancen der Verkehrsbetriebe bei veränderten Marktanforderungen, Frankfurt/M. (Heft 20 der Schriftenreihe der Gesellschaft für Verkehrsbetriebswirtschaft und Logistik (GVB) e.V.), S. 63-77.

Schmidt, K.-H. (1991): Die Einzelkosten- und Deckungsbeitragsrechnung als Instrument der Erfolgskontrolle und Fahrzeugdisposition im gewerblichen Güterfernverkehr, Frankfurt/M. (Heft 22 der Schriftenreihe der Gesellschaft für Verkehrsbetriebswirtschaft und Logistik (GVB) e.V.

Schmied, E. (1994): Die Rolle des Logistikdienstleisters beim Aufbau von Logistikketten, in: Pfohl, H.-C. (Hrsg.).: Management der Logistikkette: Kostensenkung - Leistungssteigerung - Erfolgspotential, Berlin (Band 7 der Reihe Unternehmensführung und Logistik), S. 149-172.

Schmitz, M. (1997): Die Privatisierung der Eisenbahnen in Großbritannien - Ziele, Maßnahmen, Beurteilung, Göttingen (Heft 31 der Vorträge und Studien aus dem Institut für Verkehrswissenschaft an der Universität Münster).

Schmuck, H. (1994): Neue Kommissionsvorschläge zur Strukturreform der Eisenbahn: Weniger Wettbewerb und mehr Staat im Schienenverkehr?, in: Internationales Verkehrswesen, 46. Jg., S. 195-199.

Schöttler, J. / Zimmermann, C. (1994): Bestimmung der Grenzentfernungen für den Transport von Containern auf Binnenschiffen oder Lkw, in: Internationales Verkehrswesen, 46. Jg., S. 494-500.

Schüller, U. (2001): Die deutsche Bahnreform – kritische Zwischenbilanz und Zukunftsanspruch, in: Die deutsche Bahnreform – kritische Zwischenbilanz und Zukunftsanspruch, Bd. B 243 der Schriftenreihe der Deutschen Verkehrswissenschaftlichen Gesellschaft, Bergisch Gladbach, S. 21-49.

Schulz, W. (1985): Der monetäre Wert besserer Luft: Eine empirische Analyse individueller Zahlungsbereitschaften und ihrer Determinanten auf der Basis von Repräsentativumfragen, Frankfurt/M.

Schulz-Kiesow, P. (1940): Die Eisenbahngütertarifpolitik in ihrer Wirkung auf den industriellen Standort und die Raumordnung. Zugleich ein volkswirtschaftliches Lehrbuch der Eisenbahngütertarifpolitik, Heidelberg et al.

Schweitzer, M. / Küpper, H.-U. (1986): Systeme der Kostenrechnung, 4. Aufl., Landsberg/L.

Seidenfus, H. S. (1993): "Sustainable mobility" - Kritische Anmerkungen zum Weißbuch der EG-Kommission, RWI-Mitteilungen, in: Zeitschrift für Wirtschaftsforschung, 44. Jg., S. 285-296.

Selz, T. (1993): Angebots- oder nachfrageorientierte Steuerung der Verkehrsnachfrage? - Das Problem des induzierten Neuverkehrs, in: Zeitschrift für Verkehrswissenschaft, 64. Jg., S. 1-37.

Sharkey, W.W. (1982): The Theory of Natural Monopoly, Cambridge.

Sibley, D.S. / Brown, S.J. (1986): The Theory of Public Utility Pricing, Cambridge University Press, Cambridge et.al.

Simons, J. (1994): Netherlands, in: ECMT (Hrsg.): Benefits of Different Transport Modes, Report of the 93th Round Table on Transport Economics, Paris, S. 39-81.

Slotta, G. et al (1997): Efficient Consumer Response. Vom Dienstleister zum Manager, in: Logistik heute, Heft 3, S. 26-30.

Small, K. A. / Kazimi, C. (1995): On the Cost of Air Pollution from Motor Vehicles, in: Journal of Transport Economics and Policy, Vol. XXIX, S. 7-32.

Socialdata et al. (1993): Alltagsmobilität - Spiegel-Dokumentation Auto, Verkehr und Umwelt, Hamburg.

Stahl, D. (1995a): Internationale Speditionsnetzwerke: eine theoretische und empirische Analyse im Lichte der Transaktionskostentheorie, Göttingen (Heft 135 der Beiträge aus dem Institut für Verkehrswissenschaft an der Universität Münster).

Stahl, D. (1995b): Die organisatorische Gestaltung internationaler Speditionsnetzwerke, in: Internationales Verkehrswesen, 47. Jg., S. 437-444.

Stamm, R. (2000): Europäische und deutsche Schiffahrtspolitik, in: Weltseeverkehr vor der Jahrtausendwende, Bd. B 227 der Schriftenreihe der Deutschen Verkehrswissenschaftlichen Gesellschaft, Bergisch Gladbach, S. 13-24.

Steiner, P.O. (1957): Peak Loads and Efficient Pricing, in: Quarterly Journal of Economics, Vol. 71, S. 585-610.

Stigler, G.J. (1971): The Theory of Economic Regulation, in: Bell Journal of Economics and Management Science, Vol. 2, S. 3-21.

Stockmann, U. (2001): Erhebung von Infrastrukturbenutzungsgebühren – die Sicht des Europäischen Parlaments, in: Deutsche Verkehrswissenschaftliche Gesellschaft (Hrsg.): Faire Preise für die Benutzung von Straßen und Schienen, Bergisch Gladbach, (Band 236 der Schriftenreihe der Deutschen Verkehrswissenschaftlichen Gesellschaft), S. 9-22.

Stohler, J.: Zur Methode und Technik der Cost-Benefit-Analyse, Kyklos, Vol. 20 (1967), S. 218-245.

Stopher, P.R. / Meyburg, A.H. / Brög, W. (Hrsg.) (1981): New Horizons in Travel-Behavior Research, Lexington.

Suntum, U. van (1986): Verkehrspolitik, München.

Swann, D. (1988): The Retreat of the State. Deregulation and Privatisation in the UK and US, New York et al.

Thaler, S.P. (1990): Betriebswirtschaftliche Konsequenzen des EG-Binnenmarktes und der EG-Güterverkehrsliberalisierung für europäische Speditionsunternehmungen, Bern/Stuttgart (Band 22 der Schriftenreihe des Instituts für Betriebswirtschaft Wirtschaftliches Zentrum der Universität Basel).

Thoma, L. (1995): City-Logistik: Konzeption - Organisation - Implementierung, Wiesbaden.

Tietz, B. (1993): Der Handelsbetrieb, 2. Aufl., München.

Tietz, B. (1995): Efficient Consumer Response (ECR), in: Wirtschaftswissenschaftliches Studium (WiSt), 24. Jg., S. 529-530.

TINA-Groups (1999): Transport Infrastructure Needs Assessment. Identification of the network components for a future Trans-European Transport Network, Final Report, Vienna.

Tostmann, St. (2001): Die Politik der Rahmensetzung – Gibt es in Europa Harmonisierungsdefizite?, in: Deutsche Verkehrswissenschaftliche Gesellschaft (Hrsg.): Die Rolle des Staates auf einem liberalisierten Verkehrsmarkt, Bergisch Gladbach, (Band 244 der Schriftenreihe der Deutschen Verkehrswissenschaftlichen Gesellschaft), S. 93-105.

Trochelmann, J. (1980): Tourenplanung für das deterministische Ein-Depot-Problem, Göttingen (Heft 35 der Verkehrswissenschaftlichen Studien aus dem Institut für Verkehrswissenschaft der Universität Hamburg).

Trost, D. (1999): Vernetzung im Güterverkehr – Ökonomische Analyse von Zielen, Ansatzpunkten und Maßnahmen zur Implementierung integrierter Verkehrssysteme unter Berücksichtigung logistischer Ansprüche verschiedener Marktsegmente, Hamburg (Band 17 der Giessener Studien zur Transportwirtschaft und Kommunikation).

Tullock, G. (1967): The Welfare Costs of Tariffs, Monopolies and Theft, in: Western Economic Journal, Vol. 5, S. 224-232.

Tyson, W.J. (1988): Deregulation und erste Folgen, in: Der Nahverkehr, 6. Jg., Heft 6, S. 76-81.

UIC Paris (2000): Der Weg zur Nachhaltigen Mobilität. Die externen Kosten des Verkehrs reduzieren, Paris-Brüssel.

Umwelt- und Prognoseinstitut Heidelberg (UPI) (1991): Umweltwirkungen von Finanzinstrumenten im Verkehrsbereich, UPI-Bericht Nr. 21, erstellt im Auftrag des Ministeriums für Stadtentwicklung und Verkehr des Landes Nordrhein-Westfalen, 2. Aufl., Heidelberg.

Verband Deutscher Verkehrsunternehmen VDV (1998): Linienleistungs- und Linienerfolgsrechnungen im ÖPNV, VDV-Mitteilungen, Köln.

Verband Deutscher Verkehrsunternehmen (VDV) (verschiedene Jahrgänge): VDV-Statistik, Köln.

Verband Öffentlicher Verkehrsbetriebe (VÖV) / Bundesverband Deutscher Eisenbahnen, Kraftverkehre und Seilbahnen (BDE) (Hrsg.) (1990): Controlling - Führungshilfe für Verkehrsunternehmen, Köln.

Verkehrswiss. Institut d. Universität Stuttgart / Intraplan Consult (2000): Standardisierte Bewertung von Verkehrswegeinvestitionen des ÖPNV, Version 2000, erstellt im Auftrag des Bundesverkehrsministeriums für Verkehr, Bau- und Wohnungswesen, Stuttgart, München.

Voigt, F. (1953): Verkehr und Industrialisierung, in: Zeitschrift für die gesamte Staatswissenschaft, 109. Band, S. 193-239.

Voigt, F. (1959): Die gestaltende Kraft der Verkehrsmittel in wirtschaftlichen Wachstumsprozessen, Bielefeld.

Voigt, F. (1965): Verkehr, Zweiter Band: Die Entwicklung des Verkehrssystems, Berlin.

Voigt, F. (1973): Verkehr, Erster Band: Die Theorie der Verkehrswirtschaft, Berlin.

Volkmann, C. (1989): Theoretische Grundlagen und Anwendung von Planungssystemen in Luftverkehrsunternehmungen - aufgezeigt am Untersuchungsobjekt der Deutschen Lufthansa AG, Gießen.

VSU EPV-Giv (2000): Ost-West-Verkehr 2010, hrsg. vom Deutschen Verkehrsforum, Berlin.

Wachinger, L. / Wittemann, M. (1996): Regionalisierung des ÖPNV - der rechtliche Rahmen in Bund und Ländern nach der Bahnreform, Schriftenreihe für Verkehr und Technik, Band 82, Bielefeld.

Waldmann, R. (1981): Die Theorie des Peak load-pricing: Eine Modellanalyse von Struktur und Ergebnissen früher Ansätze zur Spitzenlastpreisbildung und deren Weiterentwicklungen, Gießen.

Weber, H. K. (1997): Stichwort Logistikkosten, in: Vahlens Großes Logistiklexikon, hrsg. von J. Bloech und G. B. Ihde, München, S. 589-594.

Weber, J. (1987): Logistikkostenrechnung, Berlin et al.

Weber, J. (1993): Logistik-Controlling, 3.Aufl., Stuttgart (Band 1 der Reihe Management der Wissenschaftlichen Hochschule für Unternehmensführung Koblenz).

Weber, J. (1998): Logistikmanagement - Verankerung des Flußprinzips im Führungssystem des Unternehmens, in: Isermann, H. (Hrsg.): Logistik: Gestaltung von Logistiksystemen, 2. Aufl., Landsberg/L., S. 79-90.

Weber, J. (2002): Stand und Entwicklungsperspektiven des Logistik-Controlling, in: Arnold, D. / Isermann, H. et al. (Hrsg.): Handbuch Logistik, Berlin-Heidelberg, S. D5-1 bis D5-13.

Weber, J. / Kummer, S. (1998): Logistikmanagement, 2. Aufl., Stuttgart.

Wechsler, M. (1998): Analyse des Schwerverkehrs und Quantifizierung seiner Auswirkungen auf die Straßenbeanspruchung, in: Straße und Autobahn, 49. Jg., S. 402-406.

Weimann, L.C. (1998): Markteintrittsbarrieren im europäischen Luftverkehr - Konsequenzen für die Anwendbarkeit der Theorie der Contestable markets, Hamburg (Band 14 der Gießener Studien zur Transportwirtschaft und Kommunikation).

Weinberger, M. (1991): Zur Ermittlung der Kosten des Straßenverkehrslärms mit Hilfe von Zahlungsbereitschaftsanalysen, in: Zeitschrift für Verkehrswissenschaft, 62. Jg., S. 62-92.

Weisbrod, J. (1969): Income Redistribution Effects and Benefit-Cost-Analysis, in: Chase, S. B. (Hrsg.): Problems in Public Expenditure Analysis, Washington, 2nd Ed., S. 177-222.

Weizsäcker, C.C.v. (1997): Wettbewerb in Netzen, in: Wirtschaft und Wettbewerb, 47. Jg. Heft 7/8, S. 572-579.

Wermuth, M. (1981): Verhaltensorientierte Verkehrsnachfragemodelle - Prinzipien und praktische Anwendbarkeit, in: Verkehrsnachfragemodelle, Köln (Band B 57 der Schriftenreihe der Deutschen Verkehrswissenschaftlichen Gesellschaft), S. 96-135.

Werner, H. (2000): Balanced Scorecard. Hintergründe, Ziele und kritische Würdigung, in: WiSt, S.455-457.

Wernet, M. (1987): Deregulation des Luftverkehrs in den USA - Modell für Europa?, in: Internationales Verkehrswesen, 39. Jg., S. 259-262.

Wicke, L. (1993): Umweltökonomie: Eine praxisorientierte Einführung, 4. Aufl., München.

Wiedemann, T. (1993): Die Eisenbahn als logistischer Dienstleister, in: Krampe, H. / Lucke, H.-J.: Grundlagen der Logistik, München, S. 204-216.

Wildemann, H. (1990): Das Just-In-Time-Konzept - Produktion und Zulieferung auf Abruf, 2. Aufl., München.

Willeke, R. (1977): "Ruinöse Konkurrenz" als verkehrspolitisches Argument, in: ORDO, Jahrbuch für die Ordnung von Wirtschaft und Gesellschaft, Band 28, S. 155-170.

Willeke, R. (1992): Nutzen des Verkehrs und der verschiedenen Verkehrsmittel, in: Zeitschrift für Verkehrswissenschaft, 63. Jg., S. 137-152.

Willeke, R. (1993): Zur Frage der externen Kosten und Nutzen des motorisierten Straßenverkehrs, in: Zeitschrift für Verkehrswissenschaft, 64. Jg., S. 215-236.

Willeke, R. (1996): Mit Knappheitspreisen an der Krise vorbei? Anmerkungen zum Grünbuch „Towards Fair and Efficient Pricing in Transport", in: Zeitschrift für Verkehrswissenschaft, 67. Jg., S. 1-13.

Winston, C. (1985): Conceptual Developments in the Economics of Transportation: An Interpretive Survey, in: Journal of Economic Literature, Vol. XXIII, S. 57-94.

Wirtz, B. W. / Mathieu, A. (2001): B2B-Marktplätze – Erscheinungsformen und ökonomische Vorteile, in: WISU, Heft 10, S.1332-1344.

Wissenschaftlicher Beirat beim Bundesminister für Verkehr (1996): Bundesverkehrswegeplanung: Methodische Weiterentwicklung und Privatisierungsperspektiven, Stellungnahme vom 08. Dezember 1995, veröffentlicht in: Zeitschrift für Verkehrswissenschaft, 67. Jg., S. 99-121.

Wissenschaftlicher Beirat beim Bundesminister für Verkehr (1997): Bahnstrukturreform in Deutschland - Empfehlungen zur weiteren Entwicklung - Stellungnahme vom November 1997; in: Internationales Verkehrswesen, Jg. 49, Dezember 1997, S. 626-633.

Wissenschaftlicher Beirat beim Bundesminister für Verkehr, Bau- und Wohnungswesen (2001): Verkehrspolitische Handlungserfordernisse für den EU-Beitritt von MOE-Staaten, Gutachten veröffentlicht in: Zeitschrift für Verkehrswissenschaft, 72. Jg., S. 1-24.

Witte, H. (1977): Die Verkehrswertigkeit - Ein verkehrspolitisches Instrument zur Bestimmung der Leistungsfähigkeit von alternativen Verkehrsmitteln, Berlin.

Wittenbrink, P. (1995): Bündelungsstrategien der Speditionen im Bereich der City-Logistik. Eine ökonomische Analyse (Heft 136 der Beiträge aus dem Institut für Verkehrswissenschaft an der Universität Münster).

Wittmann, W. (1990): Externe Kosten und Nutzen im Straßenverkehr, Gutachten für den Schweizerischen Straßenverkehrsverband (FRS), Bern.

Woolsey, J.P. (1990): A Long-Sleeping Giant is Stirring, in: Air Transport World, Vol. 27, Heft 7, S. 48-53 und S.158.

Würdemann, G. (1983): Neuverkehr - die unbekannte Größe, in: Internationales Verkehrswesen, 35. Jg., S. 403-408.

Zachcial, M. (1993): The Role of Ports as decisive Factor of Land/Sea Logistics, in: Stuchtey, R.W. (Hrsg.): Port Management Textbook, Port and Transport Logistics Vol. 4, Bremen, S. 1-23.

Zachcial, M. (1998): Güterverkehrssysteme im Seeverkehr und in der Binnenschiffahrt, in: Isermann, H. (Hrsg.): Logistik. Gestaltung von Logistiksystemen, 2. Aufl., Landsberg/L., S. 139-148.

Zangemeister, C. (1972): Nutzwertanalyse, in: Tumm, G.W. (Hrsg.): Die neuen Methoden der Entscheidungsfindung, München, S. 264-285.

Zangemeister, C. (1976): Nutzwertanalyse in der Systemtechnik, 4.Auflage, München.

Zangemeister, C. (1988): Grundzüge, Entwicklung und Stand der Bewertungsmethodik, in: Mehrdimensionale Bewertungsverfahren und Umweltverträglichkeitsprüfung im Verkehr, IVT-Bericht 70/1988 der ETH Zürich, S. 5-33.

Zehbold, C. (1996): Frühzeitige, lebenszyklusbezogene Kostenbeeinflussung und Ergebnisrechnung, in: KRP - Kostenrechnungspraxis, 40. Jg., Heft 1, S. 46-51.

Zentes, J. (1998): Effizienzsteigerungspotentiale kooperativer Logistikketten in der Konsumgüterwirtschaft, in: Isermann, H. (Hrsg.): Logistik. Gestaltung von Logistiksystemen, 2. Aufl., Landsberg/L., S. 429-440.

Zeterberg, U. (1995): Ziele und Aufgaben des Logistik-Controlling, in: RKW-Handbuch Logistik, 1. Band, Kennzahl 1540, 21. Ergänzungslieferung, Berlin.

Zumkeller, D. / Chlond, B. / Lipps, O. (1998): Das Mobilitäts-Panel. Konzept und Realisierung einer bundesweiten Längsschnittbetrachtung, in: Innovative Konzepte und Methoden in der Verkehrsstatistik, Bergisch-Gladbach), S. 33-72 (Band B 217 der Schriftenreihe der Deutschen Verkehrswissenschaftlichen Gesellschaft)

Zumkeller, D. (2001): Eigenschaften von Paneluntersuchungen – Anwendungen und Einsatzmöglichkeiten im Verkehrsbereich, in: Dynamische und statische Elemente des Verkehrsverhaltens – Das Deutsche Mobilitätspanel, Band B 234 der Schriftenreihe der Deutschen Verkehrswissenschaftlichen Gesellschaft, Bergisch Gladbach, S. 3-34.

Sachwortverzeichnis

AASHO-Road-Test 387f.
ABC-Analyse 509
Abfertigungsgebühren 273, 369
Abgabenlösung 100, 577
Abwrackaktionen 102f.
ABX 91, 372, 440
Abzinsungsfaktor 492
Achslast (statische, dynamische) 32, 386ff.
Agenten 264, 416, 447, 555, 558
Air Cargo Tariff (ACT) 374
Airports Act 217
Airway Bill (AWB) 555
Aktivitäten, außerhäusige 1ff., 230, 444ff.
Allais-Bericht 346, 352
Allgemeine Deutsche Spediteurbedingungen (ADSp) 270
Allgemeines Eisenbahngesetz (AEG) 64, 144
Allianzen, strategische 61, 84ff., 424, 445, 448, 533, 554
American Airlines 62, 217
Amtrak 205ff.
Anlagenpreissystem 359
Anlagevermögen
-, Brutto- 33, 41f., 128f.
-, Netto- 33, 42, 128f., 257f., 414
Anstoßfrachten 373
Anti-Stau-Programm 153, 501
ARA-Häfen 36, 372
Arbeitsgemeinschaft Deutscher Luftfahrt-Unternehmen (ADL) 281
Arbeitsgemeinschaft Möbelverkehr Bundesverband (AMÖ) 373
Arbeitsproduktivität 203, 274
Arbitrage 336
Atchinson, Topeka und Santa Fe 205
Ausflaggung 267f.
Auslastungsgrad 12ff., 25ff., 198, 233ff., 312, 336, 342, 351f., 457, 483
-, entfernungsbezogener 25f., 235
-, gewichtsmäßiger 25f., 235f., 368, 388

-, im Luftverkehr 26
- koeffizienten 235
-, volumenmäßiger 25f., 235f.
-, zeitlicher 25, 235
Autobahnvignette 162
Automatisches Luftfrachtabfertigungsverfahren (ALFA) 555
Automobilindustrie 510, 523ff., 566
B2B 515
B2C 515
BahnCard 334
Bahnstrukturreform 44, 64, 125, 136ff., 141ff., 163, 177, 189, 253ff., 275f., 347ff., 379, 413, 430, 437ff., 451
BahnTrans 372, 439, 548
Balanced Scorecard (BSC) 320, 420, 432ff., 446
Barcode (-systeme) 513f., 535, 569
Baukostenzuschußregelung 379f.
BGL 373f.
Beförderungspflicht 118, 198, 201, 206
Beihilfeverbot 172
Belly-Kapazität 20, 262, 448
Benchmarking 239, 420
-, internes 420
-, externes 420
-, funktionales 420
Beschäftigungseffekte 487f., 603
Besonderheiten des Verkehrs 105f.
Bestand (Pkw-, Lkw-) 45
Betriebspflicht 118
Binnenschiffahrt 16, 18, 20f., 29, 32, 34, 39, 45, 47, 50, 64, 67f., 71, 75, 77f., 93ff., 97f., 102f., 108, 110, 113ff., 118ff., 123, 125, 130f., 136, 139, 156, 164, 175, 183, 185, 189, 204, 237f., 247, 259f., 271f., 274, 279f., 311f., 328, 365, 374f., 377, 379f., 390, 392, 396, 413, 441, 457, 471f., 527, 552ff., 559, 590, 594, 614
Bodenversiegelung 484, 585
Bottom up-Ansatz 391, 404
Branch-and-Bound-Verfahren 544
Break even 281ff., 295, 336, 426

Bremer Hafentelematik (BHT) 558
British Airport Authority 217
British Airways 18, 62, 217
British Rail 219, 220, 221
Brutto
- raumzahl 31
- registertonnen 31
- wertschöpfung 40
Buchungskorridore 282
Buckets of inventory 282
Bundesamt für Güterverkehr (BAG) 39, 125
Bundesanstalt für den Güterfernverkehr (BAG) 82, 106, 109, 122, 125
Bundesbahngesetz 120f., 434
Bundeseisenbahnvermögen (BEV) 146, 150f., 153, 163, 168, 275f., 379, 402
Bundeskartellamt 107, 357, 361, 373
Bundesschienenwegeausbaugesetz 136, 145, 168, 380, 384, 487
Bundesverkehrswegeplan (ung) 134, 145, 155, 159, 162, 164, 380, 414, 455ff., 478ff., 483ff., 487ff.
-, allokative Wirkungen in der – 483f., 489, 491, 496, 501
-, distributive Wirkungen in der - 496, 501
-, Ergebnisse der - 494ff.
-, indisponibler Bedarf in der - 494f.
-, Methodik der - 489ff.
-, neue Vorhaben in der - 494f.
-, Projektwirkungen in der - 490
-, Zielsetzungen der - 487f.
Burlington Northern 205
Busverkehr 60, 213ff., 225ff., 249, 274, 436
Capture approach 106
CARGO 2000 550
Cargo, siehe Luftfracht
Chicago and North Western 205
Chicago-Schule 106
CIR, siehe Computer Integrated Railroading
Citylogistik 5, 562ff.
Civil Aviation Authority 216, 218
Class-I-Güterbahnen 204f.
Clubbeitrag 335, 353

Club-Effekte 574f.
CO_2 100, 185, 472, 488, 493, 577, 582, 586ff., 602, 607ff, 609
Coase-Theorem 580
Code sharing 87, 264, 554
COMPASS 558, 566
Computer Integrated Railroading (CIR) 569
-, Elke 569
Computerreservierungssystem (CRS) 89f., 200, 265, 445, 554
Congestion theory 342, 584
Conjoint-Analyse 16, 604f.
Conrail 205, 207
Container 19, 21ff., 29ff., 36f., 68, 81ff., 204, 221, 312, 372, 374, 547ff., 558, 565
-, FCL- 31, 265
-, LCL- 31, 265
- schiffahrt 31f., 82, 238, 259f., 265ff.
Controlling 318ff., 320ff., 420, 430, 434, 448
-, informationsorientiertes 320
-, Logistik-, siehe dort
-, operatives 301, 318
-, rechnungswesenorientiertes 318
-, strategisches 318
Corporate Identity 217
CSX 205, 207
DAKOSY 558, 566
Daseinsvorsorge 76, 383, 550
Data-Warehouses 514
DB Cargo AG 64, 75
DB Holding 146ff., 150, 167, 177, 190, 255
DB Netz AG 64, 146f., 150, 167f., 190, 362, 379, 401
DB Regio AG 60, 146f.
DB Reise&Touristik AG 146f.
DB Station&Service AG 146f.
Deregulierung 60ff., 66, 76, 78, 88, 99, 109, 111ff., 114ff., 124, 126, 168, 173ff., 179, 184, 188ff., 195, 197ff., 201ff., 210ff., 213f., 223, 225, 227f., 237, 241, 251, 263, 282, 320, 365, 369, 375, 411, 428, 439, 442, 449

Deutsche Bahn AG 60, 64, 75, 83f.,
  132, 136, 141, 146ff., 153, 167ff.,
  177, 237, 241, 255ff., 275ff., 306,
  310, 334, 341f., 347f., 354f., 357ff.,
  371ff., 377ff., 384, 390ff., 397, 404,
  413, 425, 435, 437f., 454, 488, 547f.,
  550
Deutsche Bundesbahn 44, 63, 88, 120,
  133, 138, 389, 392, 395, 435
Deutsche Gesellschaft für Kombinierten
  Verkehr, siehe Kombiverkehr
Deutsche Lufthansa AG 18, 61, 119,
  315
Deutsche Reichsbahn 88, 117, 133, 139,
  141, 156, 161
Deutsche Umschlagsgesellschaft
  Schiene-Straße (DUSS) 373, 549
Deutscher Eisenbahn-Gütertarif
  (DEGT) 121, 366, 370, 374
Deutscher Güterfernverkehrstarif 121
DIN ISO-Normen 239, 241ff.,
Direct costing 294ff.
Diseconomies (of large scale) 21, 104,
  251, 265f., 337ff.
Diskriminierung (s) 146, 148ff., 172,
  174, 178, 189, 201, 218, 256, 348,
  352f., 355, 360, 362, 365, 449
  - freiheit 60, 64, 96, 123, 142, 148,
    176ff., 190, 253, 347, 349f.,
    353ff., 357, 437, 451
  - verbot 218f., 201
Dogitmodell 461
Donauschiffahrtsakte 119
DRIVE 570
e-commerce 514f.
ECAC, siehe European Civil Aviation
  Conference
Economies of density 104, 186, 223,
  233, 252, 325
Economies of large scale 104f., 186,
  338f., 425
  -, im Eisenbahnnetz 252
  -, im Schiffsverkehr 265
  -, im Straßengüterverkehr 251
Economies of scope 104, 248, 262, 425
EDIFACT 526, 566ff.

Effekte
  -, Beschäftigungs- 58, 484ff., 603
  -, Club- 574f.
  -, externe 43, 57f., 99f., 234, 381,
    414, 428, 572f., 574f., 581ff.,
    598ff., 610
  - der Verkehrsinfrastruktur 582f.
  - des Verkehrsmittelbetriebs
    582ff.
  -, negative 57, 100, 203, 234, 381,
    428, 481f., 572, 574ff., 581f.,
    594f., 607, 609ff.
  -, positive 100, 137, 170, 572, 581,
    598ff., 614
  -, Internalisierung 57, 100, 381,
    428, 576ff., 583, 589f., 598, 607,
    613ff.
  -, Güterstruktur- 93f., 95, 236
  -, Integrations- 96ff., 233
  -, Logistik- 10, 94ff., 97, 259, 469,
    547
  -, raumstrukturelle 200, 483ff.
  -, Substitutions- 56, 91f., 93, 323
  -, User on user- 583
  -, Verkehrswege- 483ff.
Efficient Consumer Response 514
Efficient Replenishment 514
Effizienzoptimum
  -, dynamisches 579
  -, statisches 580
EG-Vertrag 62, 81, 102, 170ff., 175,
  189, 217, 350, 497
Eigenwirtschaftlichkeit 273, 333, 450,
  561
Einproduktunternehmen 104, 323, 329
Einzelhandel 218, 525
Einzelkosten- und Deckungsbeitragsrechnung 294, 296ff.
Eisenbahn (verkehr) 16, 18ff., 24, 29f.,
  34, 39, 44ff., 51, 53, 59f., 63ff., 77,
  83, 90, 93ff., 97, 105, 108, 117ff.,
  122ff., 128ff., 136, 145, 147f., 156f.,
  192f., 201ff., 218ff., 231ff., 252ff.,
  275ff., 306ff., 321f., 327f., 347ff.,
  365ff., 434ff., 546f.,
  -, nichtbundeseigene 63, 140f., 361
  - politik 97, 117, 127, 137ff., 165ff.,

184ff., 188f., 200ff., 218, 323ff.,
   347, 350, 440
Eisenbahninfrastruktur
- Benutzungsverordnung (EiBV) 360
- paket 190
Eisenbahn-Bundesamt (EBA) 146f.,
   256, 349, 357, 402, 438
Eisenbahnneuordnungsgesetz 144
Elastizität
-, Kreuzpreis- 13, 15f., 232, 324,
   331f.
-, Preis- der Nachfrage 11f., 105, 202,
   329, 331f., 340, 367, 614
-, Transport- 28f., 496
Electronic Commerce 213, 514
Emission (s) 234, 493, 562, 579f., 582,
   584f., 586ff., 592, 595f., 607ff., 613
- faktoren 592f., 608
- grenzwerte 585f., 577, 608
Empfehlungen für
   Wirtschaftlichkeitsuntersuchungen
   an Straßen (EWS) 478f.
English Welsh & Scottish Railway
   (EWS) 220
Engpasspreise 342, siehe Zuschläge,
   Knappheits-
Entfernungsstaffel, siehe Staffel
Entgelt (e) 267, 312, 335, 359, 386,
   403, 559
-, örtliche 371
-, reines 346, 352
-, Trassen-, siehe dort
-, Wege-, siehe dort
-, wirtschaftliches 346, 382
Entscheidung (s)
- modell 460, 462f.
- prozeß 75ff., 187, 379
Entstaatlichung 167
Erfahrungskurven-Analyse 419, 425ff.,
   442, 446
Essential facility 105
EU-(Ost-) Erweiterung 114, 190ff.
European Civil Aviation Conference
   (ECAC) 281
European Shippers' Council (ESC) 82
European Train Control System (ETCS)
   569

Eurovignette 180f., 183
Evaluierungsverfahren 413, 470ff.,
   496f.
EWG-Musteruntersuchung 375, 382
Externe Effekte, siehe Effekte
Fahrleistungen 4, 10f., 13f., 27, 134,
   185f., 235, 249f., 278, 378, 386ff.,
   404, 459, 544, 587, 591f., 601, 613
Fahrzeugkategorien 379f., 385, 388,
   391, 404
Federal Railroad Administration (FRA)
   202
Feeder 36
- schiffe 36, 265, 267
- terminals 557
Fernstraßenausbaugesetz 134, 136, 487
Fertigung (s)
- segmentierung 508
- tiefenreduzierung 2, 28, 89, 412,
   508ff., 523, 528
Finanzierungsmodelle
-, Betreibermodell 165f., 495
-, BOT-Modell 166
-, Konzessionsmodell 164f., 495
-, Private Public Partnership-
   Modell 166
-, Privatfinanzierung 164f., 167
-, Verkehr finanziert Verkehr 164
Fixkostendeckungsrechnung 294ff.,
   301f.
Flughafen 26, 35, 69, 75, 158, 218,
   280ff., 303
- kosten 273
- leistungen 260ff.
Flußoptimierung 508, 513
4th PL 272, 536
Fracht (en) (-) 20f., 69f., 78, 80ff., 87,
   102, 110, 119ff., 126, 200, 202, 259,
   262ff., 270, 303, 313ff., 363, 365f.,
   374, 437, 444ff.,
- ausschüsse 119, 121, 202
- erlöse 304f., 313
- führer 24, 37, 65f., 69, 89, 192,
   270f., 283, 287, 412, 439, 442ff.,
   526, 528, 530, 536ff., 548f., 552,
   560

- prüfung 82, 109f., 122
- und Tarifanzeiger Binnenschiffahrt (FTB) 121, 374
Franchising 217, 221
Freight Operators 221
Freightliner 220f.
Freiheiten der Luft 79
GALLILEO 571
Ganglinien 230
GATEWAY 548, 566
Ge- und Verbote 577
Gemeindeverkehrsfinanzierungsgesetz (GVFG) 135f., 151f., 159f., 448, 499, 561
Gemeinwirtschaftlichkeit 76, 107
General cargo rates 374
Generaldirektion Transport & Energy (TREN) 62, 184f., 194
Geschäftseinheit, strategische 426, 439, 442, 449f.
Geschäftsfeldplanung 418f., 423, 425f., 428, 434, 440, 443f.
Gesetz gegen Wettbewerbsbeschränkungen (GWB) 102, 348ff.
Global Positioning System (GPS) 539, 570f.
Global sourcing 2, 28, 89, 412, 509, 518, 523
Globalrechnung 381ff., 389f., 395, 406
GPS, siehe Global Positioning System
Gravitationsansatz 456
Grenzausgaben, siehe Grenzkosten
Grenzkosten 56f., 186f., 277, 294, 296f., 323ff., 328ff., 331ff., 346, 406, 573, 576ff.
  -/-ausgaben der Benutzung 185f., 378, 386
  -/-ausgaben der Erneuerung 386ff.
  -/-ausgaben der Unterhaltung 386
  - der Schadensvermeidung 576, 579
  - der Stauung 186, 343, 583
  - entgelt 346
  -, langfristige 324f., 329, 337, 340
  - kurve 324, 329f., 340, 573
  -, kurzfristige 324f., 327f., 339f., 346
  - preisbildung (sregel) 328ff., 331f., 573

-, private 343f., 573, 577, 583f.
- rechnung 296, 406
-, soziale 186, 328, 343f., 382, 573, 583f.
- zuschläge 332f., 340
Grenzschadenskosten 576
Großvaterprinzip 261
Grund
- frachten 370
- gesetz 113, 120, 144, 147, 151, 167, 434, 438, 487
- preis 334f., 358f., 362
- rechnung 297, 299, 307
Gruppenfreistellung 81, 172
Güter (meritorische, öffentliche) 99, 101
- fernverkehrstarif (GFT) 24, 121, 366, 373
- kraftverkehrsgesetz 39, 63, 120f.
- struktureffekt 93ff., 236
- verkehrszentrum (GVZ) 553, 559ff.
- verteilzentrum 559
Handcomputer (HC) 539
Harmonisierung 124, 171ff., 178ff., 184f., 383
Haushaltspanel zum Verkehrsverhalten 459
Holding DB AG 125, 146f., 150, 167, 177, 190, 255
Hub and spoke-Systeme 211, 263, 426, 534f., 555f.
siehe auch Nabe-und-Speiche-System
Huckepackverkehr, siehe Verkehr
IATA, siehe International Air Transport Association
ICAO, siehe International Civil Aviation Organization
Identitätsprinzip 297f.
Immission 492, 584f., 607, 609ff., 613
Industrie- und Handelshafenfunktion 269
Informationssysteme 95, 125, 231, 320, 374, 538f., 548, 558, 565ff.
InfraCard 359ff.,
InGrid-System 372
Institutionenökonomik 106
INTAKT 538f.

Intangibles 472, 480, 501, 609
Integration (s) 21, 161, 192, 214, 255, 320, 481, 504ff., 509, 511, 520, 527f., 537, 554, 563
-, vertikale 177, 253, 256, 337, 348
- effekt 96ff., 233
Integratoren 21, 69, 445, 514, 555f.
Interlining 80, 264, 314
Internalisierung (s) 57, 185f., 381, 396, 428, 576ff., 583, 590, 598, 607, 613ff.
- optimum 576
-, Umsetzung der – 100, 608, 613ff.
- verfahren 100, 576f., 613
International Air Transport Association (IATA) 61, 78, 80, 117, 264, 281, 365, 374, 554f.
International Civil Aviation Organization (ICAO) 79, 117
Internationale Rheinschiffahrtsakte 68, 119
Internet 2, 213, 264, 272, 515, 568, 570
Interoperabilität 187
Interstate Commerce Commission (ICC) 195f., 201, 208
Investitionsrechnung, dynamische 414, 471f., 489
Just in time 19, 412, 507, 513
K - Spediteur, siehe Spediteur
Kabotage 61, 66, 68, 80, 123, 125f., 174f., 189, 191f., 214, 263
Kalkulationshilfen 125, 373
KANBAN 507, 523
Kapazität (s) 10, 20, 27, 31, 36, 66, 75, 77, 81, 99, 101ff., 106, 108f., 111, 117, 119, 130, 132, 161, 175ff., 186, 210, 224, 230f., 233, 236f., 260, 262, 265, 267, 271, 277, 279ff., 292ff., 297, 299, 315, 324, 328f., 337, 339f., 342, 346, 352, 404, 445, 447, 454, 480, 509, 524, 530, 536, 538, 541ff., 552f., 569f., 583f.
-, Abfertigungs-, 200, 260
- engpässe 10, 199, 262, 328, 343, 351
-, Fahrweg-, 176f., 349
- grenze 297, 346, 352

- kosten/-ausgaben 340, 351, 378, 386, 388f., 391, 404f.
- nachfragefunktion 329, 340
-, Über-, 82, 102, 119, 161, 263, 272
-, Verkehrsinfrastruktur-, 14, 135, 148, 165, 186, 193, 231, 249f., 342ff., 346, 349, 414, 454, 470, 472, 477, 484, 544, 569, 583
Kategorienrechnung 381f., 389, 406f.
siehe auch Fahrzeugkategorien
Kernkompetenz 192, 421, 441
KEP-Dienste 200, 533f.
KLM-Analyse 509
Knappheitspreise, siehe Zuschläge
Kombiverkehr 83, 372, 549
Kommission Verkehrsinfrastrukturfinanzierung 164
Kommunikationssysteme 2, 65, 264, 441, 504, 507, 527f., 558f., 565ff., 569f.
Konkurrentenanalyse 420, 440, 442
Konsumentenrente, siehe Rente
Kontingente 108, 120, 174, 189
Kontingentierung 13, 65f., 77f., 106, 108, 112, 123f., 139, 189, 224, 282
Kontinuierliche Erhebungen zum Verkehrsverhalten (KONTIV) 4f., 459
KONTIV 2002 5, 459
Kontraktfahrt 265
Konzession (s) 13, 60, 63, 77f., 106, 108, 113, 120, 122ff., 139, 161, 164f., 189, 199, 212ff., 221, 224f., 225ff., 316, 449, 495
- eigenwert 124
-, Linien-, 60, 126, 205
Kooperationen 60f., 72, 78ff., 114, 211, 241, 264, 412, 424, 436, 442, 508, 514, 532f., 538, 552
Koppelverband 20, 260, 553
Kosten (-) 230ff.
- artenrechnung 289, 294, 518
-, Bereitschafts- 292, 295, 298, 303ff., 311, 516, 519
-, Durchschnitts-, siehe Preisbildung
-, Einzel- 277ff, 284, 290, 294, 297f., 300, 304f., 314, 316f., 518, 538,

546
-, externe, siehe Effekte
-, Fahrweg- 273, 277, 351, 353, 359
-, Fahrzeug- 273, 278
-, Fix- 104, 290ff., 294ff., 301f.
-, Flughafen-, 273
- funktion (subadditive) 104, 186, 247, 252, 324, 337, 391, 572ff.
-, Grenz-, siehe dort
- informationssystem KALIF 125, 374
-, inkrementale 329f., 351
-, Kapazitäts-, siehe dort
-, Kapital-, 266, 277, 279, 313, 328, 383, 392, 394, 397, 405ff.
-, künstliche 179f.
-, Leistungs-, 304f., 519f.
-, Logistik- 89, 463, 507, 509, 514, 516ff., 523f., 526
  - stellenrechnung 518f.
  - trägerrechnung 518f.
-, Marginal- 186, 323ff., 331f., 338f., 351, 391f., 595, siehe auch Grenz-
-, Opportunitäts-, 58, 352, 383, 456, 574, 582
- orientierte unverbindliche Richtpreistabellen (KURT) 374
-, Prohibitiv-, siehe Vermeidungskosten
- rechnung 203, 285ff., 379, 381ff., 391, 405f., 499, 516ff.
-, Aufgaben der 286ff., 293
-, Auftrags- 279f., 284, 304f., 311
-, Betriebs- 306
-, Direkt- 307
-, Grenzplan- 296, 301
- im Binnenschiffahrtsverkehr 311f.
- im Eisenbahnverkehr 306ff.
- im Luftverkehr 314ff.
- im ÖPNV 316f.
- im Seeschiffahrtsverkehr 312ff.
- im Straßengüterverkehr 303ff.
-, Instandhaltungs- 308
-, Ist- 287f., 293f.
-, Normal- 289

-, Plan- 289, 293, 301
-, Proportional- 294
-, Prozeß- 300ff., 302, 519
-, Teil- 289, 293ff., 300, 302
-, Voll- 289ff., 295f., 299f., 302, 304, 306f., 311, 382, 391, 394, 396, 405f.,
-, Vorhaltungs- 308, 340
-, Wege-, siehe dort
-, Zug- 306
-, Schadens- 609
-, soziale, siehe Grenzkosten, soziale
-, Stauungs- 186, 343, 583, 590f.
- stellenrechnung 290, 294, 299, 307, 518
-, Strecken- 310, 314
- strukturmerkmale 273ff.
- trägerrechnung 289f., 294, 297, 299, 310, 518
-, Transaktions- 256, 279f., 324, 353, 509, 524, 580, 613
- verantwortlichkeit 164, 380
-, verkehrsträgerspezifische 275ff., 302ff., 380
-, Vermeidungs- 493, 578ff., 595, 609, 611
-, Wege-, siehe dort
- Wirksamkeits-Analyse (KWA) 471, 475ff.
Kraftfahrzeugsteuer 13, 133, 163, 179ff., 334, 385, 400, 613
Kraftwagen-Spediteur, siehe Spedition
Küstenschiffahrt 21
Ladehilfsmittel 29
Landstraße, rollende 22f., 372
Landverbrauchseffekte 582
Lärmemissionen 14, 100, 353, 492, 501, 562, 577, 582, 585, 592, 595, 613
Lean
  - administration 239, 508
  - production 239, 421, 425, 508, 523
Leasinggesellschaften 221f., 265
Lebenszykluskosten 322
Leistungspreise 334, 351ff.
Leit
  - daten 457, 464, 466, 468
  - geschwindigkeit 358

Less than truck load 211
Linien (-)
- Betriebszweig-Erfolgsrechnung 316f.
- erfolgsrechnung 316f.
- Konzession 60, 122, 126, 226f., 449

Loco-Verkehr 37, 269
Logistik (-) 421, 440f., 443, 462, 503ff., 520ff., 527ff., 530ff., 554
- Attraktivität 520
-, City- 5, 562ff.
- Consultants 531
- Controlling 520ff., 526
- dienstleister 2, 25, 89ff., 211, 271, 412, 508, 514f., 524, 529, 531, 536, 568
- effekt 10, 94f., 97, 233, 259, 469, 547
- ketten 321, 505, 508, 513f., 523, 525f., 527ff., 532, 537, 552
- kompetenz 521
- konzeptionen 425, 503ff.,507, 512ff., 520f., 523, 527ff.
- kosten, siehe Kosten
- leistungsrechnung 517f.
-, Makro- 504
-, Meta- 504f.
-, Mikro- 504
- Portfolio 520f.
- systeme 505, 526, 557f.
- Tele-Service (LOTSE) 558
- ziele 505ff., 520f.

Logitmodell, multinominales 461
LOTSE, siehe Logistik-Tele-Service
Luftfracht 26, 35, 69ff., 126, 200, 260, 262, 264, 270, 281, 374, 424, 532, 554ff.
Luftverkehr (s) 7ff., 14, 18ff., 26f., 33ff., 44, 46f., 53, 59ff., 69, 78ff., 87f., 97, 104, 119, 123, 126, 136f., 138, 158, 172, 175, 184, 188, 196ff., 205, 208, 210, 216ff., 232, 237, 260ff., 273, 277, 280ff., 314ff., 328, 336, 342, 365, 375, 377, 391, 424f., 444ff., 454, 466, 530, 534f., 554ff., 559, 566, 590f., 601, 613-

abkommen, bilaterale 79, 216
- gesellschaften 18, 20, 24, 61, 69, 87f., 90, 108, 117, 123, 126, 216f., 262, 264, 416, 426, 434, 444ff., 554
- pakete 123, 175, 189, 262, 375
-, Personen-, Passage 20, 26, 145, 189, 197f., 200, 262ff., 280f., 303, 314f., 374, 444, 447, 554

Management-Holding 146, 150, 255
Mannheimer Schiffahrtsakte 68, 119
Margentarife 121, 198, 210, 214, 365
Marginalkostenpreisregel 323ff., 338
Markt
- analyse 419f.
- anteils-Marktwachstums-Portfolio 427f.
- beobachtungssystem 125
- felder 85, 89ff.
- formen 59ff., 324
- öffnung im ÖPNV 123, 178, 451
- regulierung 65, 78, 99ff., 126, 238, 411, 439
- versagen 99f., 105, 186
- zutrittsschranke 108, 263, 425

Marktplätze
-, elektronische 515, 568
Materialplanungssystem (MPS) 523
Mehrdepotlösung 543
Mehrproduktunternehmen 104, 292, 323, 336
Mengengerüste 247, 607ff.
Mineralölsteuer 7, 11, 133ff., 151, 163, 167, 173, 179f., 182, 184, 186, 334, 385f., 395, 401, 403, 405f., 499, 593, 604, 613
Mixed versions 21, 262, 445
Mobilität (s) 1ff., 44, 53f., 184f., 233, 453, 455, 459, 464, 466f., 488, 592
- beeinflussung 10ff.
-, Bestimmungsgründe der - 5ff.
- erfassung 2ff.
-, freiwillige 6
-, Güter- 1f., 3, 5, 9f., 13
-, Personen-1, 3ff., 5ff., 11ff.
-, Ziele der - 10
-, Zwangs- 6, 232

Modal split 8, 10, 15, 45, 48ff., 91, 95, 156f., 187, 191f., 211, 224, 232, 351, 455, 457, 460, 464, 466ff., 470, 478, 482, 497, 560, 592, 614, 616
Modernitätsgrad 42, 129f., 158
Modular sourcing 412, 510, 518, 524
Monetarisierung 471f., 489, 604f., 607
Monopol, natürliches 104f., 252
Monopolies and Mergers Commission 218
MORA C 371, 438
Multi-Criteria-Analysis 481
2nd PL 536
Nabe-und-Speiche-System 198, 211, 534ff. siehe auch Hub and spoke-System
Nahzone 39, 63
Nationalitätsprinzip 182
Nested-Logit-Modell 461
Nettonutzen, sozialer 55ff., 323f., 333
Netz AG (DB) 64, 146, 150, 167f., 190, 362, 379, 410f.
Netzangebotsmonopol 347f.
Netzzugang, diskriminierungsfreier 148, 176f., 253, 349f., 355ff., siehe auch Diskriminierung-
Nichtbundeseigene Eisenbahnen (NE - Bahnen) 63f., 140f., 354
No Frill Airlines 217
No shows 263
Nonaffektationsprinzip 133
Normgeschwindigkeiten 352
Nutzen (-)
-, externe, siehe Effekte, positive
- funktionen 574
- Kosten-
  - Analyse (NKA) 55, 471ff., 598
  - Differenz 324
  - Komponenten 480ff.
  - Rechnungen 350, 471ff.
- maximierungsmodell 460f.
-, Netto-, siehe dort
Nutzladefaktor 26, 281
Nutzungsentgelte 43, 164f., 346, 349
Nutzungsrivalitäten 249f.
Nutzwert-Analyse (NWA) 55, 58, 471, 473ff.

ODETTE 524, 532, 566
Ökosteuer 7, 134, 163
Off peak-Periode 329, 339f., 352
Off-shore-Häfen 267
Office of Passenger Rail Franchising (OPRAF) 221
One Stop Shop-Regelung (OSS) 257
Oneworld 217
ÖPNV, siehe Verkehr
Optimierungsstrategien 530, 565
Optionspreis 335, 353f., 359f.
Ordnungspolitik 99, 116ff., 127, 185ff., 464f.
Ortsfrachten 371
Outsourcing 2, 271, 441, 518, 523, 528, 538
Ozonbildung 594
Paketdienste 85, 200, 270, 426, 533ff., 555, 563, siehe auch KEP-Dienste
Palette 23, 29f., 38, 374
Partikulier 67f., 113, 119, 174
Péage(s) 162, 333, 454
-, égalité des - 333
Peak (-)
- load-pricing 329, 339f., 346, 352
- responsibility 340
- Periode 339f., 352
- Zuschläge 340, 352
Personenbeförderungsgesetz (PBefG) 60, 78, 108, 120, 122, 126, 316, 449ff.
Personennahverkehr, siehe Verkehr
Physical distribution 504
Pigou`sche Steuerlösung 577f.
Planung (s) 381, Unternehmungs-
- bei Eisenbahnen 434ff.
- bei Luftverkehrsgesellschaften 444ff.
- bei öffentlichen Personennahverkehrsunternehmen 448ff.
- bei Speditionsbetrieben 439ff.
- bei Straßengüterverkehrsbetrieben 443
- modelle, (dis)aggregierte 457ff.
-, operative 411, 444, 451, 554
- prozeß 416, 418, 482, 581
- qualität 358

-, strategische 434ff, 440, 442, 444, 448f., 543
-, taktische 416f., 448, 451
Pönale 103
Portfolio-Methoden 411, 422, 426, 447
Postponing 513
Potential- und Lückenanalyse 419ff.
Preis (e)
- bildung (s) 110, 117, 121, 198, 201f., 209, 216, 219, 228, 230, 258, 285, 323ff., 363ff.
- -, Durchschnittskosten- 329f.
- -, freie 174, 219
- -, Marginalkosten- 323ff., 331, 338
- -, öffentlich-rechtliche 364
- - regel, wohlfahrtsoptimale 323
- -, Spitzenlast- 329, 339ff.
- - differenzierung 58, 80, 212, 263, 282, 335ff., 340, 365, 367
- elastizität, siehe Elastizität
- empfehlungen 373
-, engpaßorientierte 342
- flexibilität 364
- gleitklauseln 355
-, Grund- 334f., 358ff.
-, Options- 335, 353f., 359f.
- politik 45, 75, 77, 117, 121, 232, 323ff., 334, 347
-, Ramsey-, 331ff.
- system 24, 66, 77f., 88, 108, 121, 124, 139, 189, 219, 272, 334f., 342, 354, 357ff., 365f., 370ff., siehe auch Trassen-
- Preistheorie 185
- wettbewerb 108, 192, 202, 283, 374, 412, 512
Price cap-Verfahren 218, 223
Primärenergie 501, 585, 608
Probitmodell, multinominales 461
Produktion (s)
- Alternativ- 249, 252, 315
- Batch- 262, 547
- funktion 231, 247f., 324, 574, 576, 601
- Kuppel- 248, 262, 315
- Verbund- 247ff., 259, 261f., 277, 336

- fahrzeugbezogene 249
- verkehrsinfrastrukturbezogene 249
Produktionssynchrone Beschaffung 509
Produkt-Lebenszyklus-Analyse 419, 424, 446
Produzentenrente, siehe Rente
Prognose
- im Güterverkehr 468ff.
- im Personenverkehr 466ff.
-, Status quo- 464
-, modifizierte 464f.
- verfahren 464ff.
Programmierung (dynamische, ganzzahlige) 541
Prohibitivkostenansatz 609, siehe Vermeidungskostenansatz
PROMETHEUS 570f.
Prozeßkostenrechnung, siehe Kostenrechnung
Qualität (s)
- audit 242f.
- determinanten 240
- management (-) 238ff., 530
- Handbuch 243
- normen 239, 241ff.
- sicherung 238ff., 442
- standards 158, 239, 527
- wettbewerb 62, 66, 175, 197, 238, 320
- zertifikat 242ff.
- ziele 239, 241
- zirkel 239
Quersubventionierung 101, 176, 178, 188, 216, 226, 228, 256, 349
3rd PL 272, 536
Rabatt (e) (-ierungs) 80, 197, 303, 353f., siehe auch Staffel
-, Mengen- 354, 359ff., 368, 374
- prinzipien 348
-, Regelmäßigkeits- 354
-, Treue- 354
-, Vertragsdauer- 354
-, Zeit- 359, siehe Staffel und Vertragsdauer-
Radio Data System (RDS) 570
Rail Regulator 221ff.

Railtrack 220, 222f.
Railways Act (1993) 219f.
Rastersysteme 534f.
Raum
- gewichtskoeffizient 237
- ordnung 199, 381, 384, 482ff., 488
- struktur 8, 200, 365, 479, 483ff.
RDS, siehe Radio Data System
Rechtsformen der Verkehrsbetriebe 72ff., 255
Recycling 9, 505, 512, 527, 600
Reederei 23f., 36, 38, 67f., 82, 172, 265, 267, 280, 311ff., 321, 558
Regierungskommission Bundesbahn 75,77, 141ff., 273, 384, 435
Regio AG (DB) 60, 84, 146
Regionalisierung (s) 60, 135, 142, 144, 151ff., 437
- gesetz 144, 152, 437, 448
Regulierung, siehe Marktregulierung
Reichskraftwagentarif (RKT) 118, 121f., 366
Reise&Touristik AG (DB) 146, 361
Rent seeking 106, 139
Rente (Konsumenten-, Produzenten-) 56, 323f., 329, 333f., 336, 573, 599
Reregulierung 126
Ressourcenbeanspruchungen 378, 573f., 576, 588, 604
-, marginalisierbare 378
-, nichtmarginalisierbare 378
Ressourceneinsatzkomplementarität 223, 231
Retail Price Index (RPI) 218
Risikoanalyse, ökologische 481ff.
Road pricing 12, 166f., 183, 327, 334, 340, 342ff., 440, 454, 569
RoadRailer 550
Rohrfernleitungen 18, 21, 33, 47, 49, 93, 97f., 127, 129, 157, 251, 273, 468
Rollende Landstraße, siehe Landstraße
Ro-Ro-Verkehre 23, 553
2nd PL 536
Sammelladungsverkehr, siehe Verkehr
Savings-Verfahren 542f.

Schaden (s)
- kostenansatz 609
- vermeidungsumfang 576
Schadstoffemissionen 100, 185, 234, 259, 482, 493, 570, 582f., 585ff., 589f., 592, 607ff., 611, 613, siehe auch Emission
Schienenangebotsmonopol 63f., 220, 222, 256
Schiffsgrößenentwicklung 21
Schnittgewichte 370
Sea-Air 532
Second best-Ansatz 323ff., 331ff., siehe auch Zuschlag
SEDAS 532, 566
See
- häfen 25, 31, 33, 36ff., 71, 129, 172, 231, 265ff., 269f., 321, 372, 548f., 552, 557ff., 560, 566
- schiffahrt 18, 20ff., 24, 27, 30f., 36ff., 47, 51, 70, 82, 97, 127, 172, 192, 231f., 237, 265ff., 270, 312f., 530, 532, 552f., 559
- schiffahrtskonferenzen 80f., 172, 365
- schiffahrtskonsortien 81
- schiffsregister 267
-, europäisches (EUROS) 268
-, nationale 267f.
-, offene 268
-, Zweit- 268
- verladerkomitee 82
Selbsteintritt 24, 69, 71, 270f., 283, 303, 439, 530
Sendung 25, 69, 83f., 94, 265, 277, 303, 305, 310, 368, 370, 372, 374, 441, 462, 515, 526ff., 535, 547f., 550, 556, 565, 568f.
Sendungsverfolgung 516, 527, 547, 568f.
Short Sea Shipping 21, 51, 187, 193, 553
Single sourcing 412, 509, 523f.
Situationsmodell 460, 462
Sitzladefaktor 26, 281f.
Slot 35, 88, 249, 261, 266, 416
- vergabe 200, 261, 263, 342, 454

Smeed-Report 342
SNCB 372
Specific commodity rates 374
Spedition (s), Spediteur 24f., 49, 69ff.,
   75, 85f., 88ff., 112, 160f., 211, 238,
   244f., 264, 270ff., 283ff., 321, 357,
   364, 373, 416, 426, 434, 437, 439ff.,
   503, 514, 524, 526, 528, 530ff., 548,
   550, 555, 557ff., 562ff., 566f.
-, Binnenumschlag- 71, 270f.
-, Gebiets- 271
-, Kraftwagen- 24, 75, 88, 156,
   270ff., 415, 439, 443, 537
-, Lebensmittel- 72, 85, 271
- logistik 530ff., 537
-, Luftfracht- 25f., 71, 270
-, Möbel- 26, 71, 271
- sammelgutverkehr 70f., 270, 373,
   440
-, Seehafen- 26, 71, 270
-, Textil- 72, 440
Spitzenlastpreisbildung 329, 339ff.,
   siehe auch Peak load pricing
Spitzennachfrage 230, 339f.,siehe auch
   Peak-Periode
Staatsanteil 384f., 390, 395, 400f.
Staffel
-, Belastbarkeits- 118, 367
-, Entfernungs- 118, 121, 366f., 369
-, Mengen- 359, 368, 370
-, Tarif- 366, 368, 373
-, Wert- 118f., 121, 336f., 369f.
-, Zeit- 359
Staggers Rail Act 201f., 205
Stahlindustrie 272, 525
Standardisiertes Bewertungsverfahren
   für Verkehrswegeinvestitionen im
   ÖPNV 499ff.
Standard-Preis-Ansatz 579
Star Alliance 61, 217
Stationen&Service AG (DB) 146f.
Stationen 26f., 33f., 125, 128, 232, 237,
   249, 256, 273, 328, 377, 540
Status quo-Prognose, siehe Prognose
Steuer, siehe Kraftfahrzeug-, Mineralöl-
   Steuerlösung 577f.

Straßen
- benutzungsgebühr 13, 43, 162f.,
   180ff., 305, 353, 400f.
- fahrleistungsabhängige 151,
   162, 181, 183, 404, 498
- güterverkehr, siehe Verkehr
- verkehrsgenossenschaft 82
Strategie
- DB 434f.
- Güterverkehr 2000 436
Strategische Allianzen 61f., 84, 86f.,
   217, 424, 442, 445, 533, 554
Strecke (n) 20, 22, 26, 32ff., 48, 58,
   60f., 64, 88, 104, 123, 132, 141, 145,
   148, 158, 188, 193, 196ff., 202ff.,
   209ff., 216f., 220ff., 226, 231, 249,
   251ff., 257, 264, 280, 283, 303,
   310., 321, 328, 344, 347, 351f.,
   354f., 358ff., 377, 424, 437f., 445f.,
   454ff., 470, 478, 482f., 485, 487f.,
   491f., 497, 532, 534, 540, 542, 547f.,
   561, 569, 584
- auslastung 352, 354, 360
- ergebnis 314
- erlöse 310, 314
-, Hochleistungs- 253, 257, 465
- kategorie 358, 361f., 493
-, Neubau- 129, 132, 148, 156, 165,
   377, 380, 465, 480, 482
- rechnung 310, 316
Strukturpolitik 116, 127ff., 383
Stückgut 29, 35ff., 71, 86, 211, 213,
   249, 265ff., 277, 306, 365, 370ff.,
   389, 394, 437, 534f., 538, 547f., 553,
   560
Substitution (s)
- effekt 56, 91ff., 323
- lücken 16
- wettbewerb, intermodaler 256
Subventionierung 197, 336ff.
-, externe 339
-, interne 118, 336ff.
-, Quer-, siehe dort
Sunk costs 104
Supply Chain Management 508, 514
Surface Transportation Board (STB)
   202, 205

SWEEP-Ansatz 542f.
Szenario-Technik 419, 427ff., 442
3rd PL 272, 536
3,5 PL 536
Tageskostensätze 311, 313
Tarif (e) 7, 84, 96, 109f., 118f., 121ff., 172, 174f., 189, 196ff., 201ff., 208ff., 214, 264, 268, 281ff., 333ff., 351, 353, 359f., 363ff.
- aufhebungsgesetz 369ff.
-, Ausnahme- 211, 366, 368, 370
- bildungsprinzipien 212, 363, 365, 369f.
-, Container- und Paletten- 374
-, Eisenbahn- 118, 121, 201, 327, 365f., 370
-, Fest- 198, 210, 365
-, gespaltener 334f., 351, 359
-, IATA- 365, 374
-, internationale 373
- kommission 121
-, Margen- 121, 198, 210, 214, 365
- pflicht 118
-, Referenz- 174, 365
-, Regel- 366, 370
-, Relationen- 121, 374
-, Spezial- 370
- staffel, siehe Staffel
- systeme 24, 121, 125, 211, 357, 363ff.
-, zweistufiger 334f., 353f., 357, 359ff.
Teilladungen 20, 95, 148, 211, 249, 368, 370, 436, 551
Telematik 193, 558, 569ff., 614
Teleport 558
Territorialitätsprinzip 182f.
Tiefsee-Containerhafen 267
Top-down Ansatz 391f.
Total Quality Management (TQM) 239ff., 244
Tour de rôle 175
Tourenplanung (s) 5, 416, 530, 535, 540ff., 570
-, kantenorientierte 540f.
-, knotenorientierte 540ff.

- modelle 538ff.
- systeme 538ff.
Trailerzug 23, 83, 550
Trans-Atlantic Conference-Agreement (TACA) 81
Trans European Freightways 257
Transeuropäische Netze (TEN) 167, 184, 187, 415, 497
Transfracht GmbH 83, 372
Transit (-) 9, 13, 39, 67, 83, 96, 98, 192f., 214, 468
- Terminals 513, 564
- hafen 269
Transponder 514, 569
Transportaufkommen, siehe Verkehrsaufkommen
Transportgewerbegebiet 559f.
Transportleistung, siehe Verkehrsleistung
Transportleistungsrechnung 307, 310
Transportrechtsreform 112, 270
Trasse 64, 95, 105, 145, 148, 190, 220, 222, 256, 276, 303, 347ff., 351ff., 372, 392, 402f., 416, 437
Trassenmanagement, ökonomisches 149, 256, 351, 437
Trassenpreis (e) 148f., 168, 176f., 190, 207, 222f., 253, 256, 340, 348ff., 351ff., 357ff., 379, 386, 390
- system 146, 168, 342, 347ff., 351ff., 357ff., 379, 437, 454, 550f.
- system der DB AG (1998) 334, 357ff., 550
Travelling Salesman Problem 540, 543
Trenneffekte 58, 100, 479, 481, 488, 493, 582, 593
Trennung (s) 8, 24, 62, 141, 145, 149, 176, 187, 189, 253, 256f., 299, 303, 310, 347ff., 398, 444f., 543
-, faktische (institutionelle) 141, 146, 148, 177, 220, 223, 253, 348, 353, 356, 435
- linie 348f.
-, organisatorische 141, 146, 148f., 176, 253, 303, 306, 347, 356, 375, 392, 401, 437

-, rechnerische 141, 148, 176, 253, 303, 306, 347f., 375, 389, 392
Truck load 211
Twenty foot equivalent unit (TEU) 31f., 37, 68, 265, 267, 553
Überbuchungspolitik 282
Überschuß, sozialer 56, 323, 573
UMTS-Mittel 151, 168, 378, 498
Umwelt
 - standard 578
 - verträglichkeitsprüfung 481ff.
 - wirkungen 406, 482, 492, 562, 572, 577, 584, 610
Union Pacific 205
Untätigkeitsurteil 173
Unterdeckfracht 262, 315
Unternehmenszusammenschlüsse in der Transportwirtschaft 78ff., 87ff.
Unternehmungsplanung, siehe Planung
User on user-effects 575, 583
Value Added Network (VAN) 568
Value Added Supply Network Managers 514
VarioPreis 360f.
Vendor Managed Inventory 514
Verband der Automobilindustrie (VDA)
 - Standard 524, 532, 566
Verband Deutscher Verkehrsunternehmen (VDV) 64, 140, 316
Verbandsklagerecht 483
Verkehr (s)
 - aufkommen 5, 27, 38, 44ff., 59, 63, 93f., 98, 214, 470
-, Besonderheiten des – 105
 - betriebe (-unternehmen) 42, 74, 77, 107f., 110, 120, 155, 172, 177f., 237, 241, 244, 273, 321, 410, 451, 481
-, Binnen-, binnenländischer 30, 32, 39, 49, 63, 66, 93, 98, 108, 110, 157, 170, 189, 203, 236
-, Binnenschiffs-, siehe Binnenschiffahrt
-, Bus-, siehe Busverkehr
-, Container- 22, 32, 68, 83, 204, 372, 547, 553, siehe auch Containerschiffahrt sowie kombinierter -

-, Eisenbahn-, siehe dort
 - erzeugung 456f., 459f., 464, 468
-, Feeder- 36
-, grenzüberschreitender 39, 66f., 95ff., 110, 119f., 156, 173f., 179, 369, 547
-, Güter- 2, 9ff., 13, 15, 19, 27, 34, 39, 44ff., 54, 59ff., 62ff., 72ff., 91ff., 100f., 109ff., 120, 125, 129, 140f., 145, 148, 152, 155ff., 184, 186f., 192, 201ff., 219f., 230, 232, 249f., 253, 257, 270, 274, 277, 310, 336, 348f., 352, 354, 358ff., 363, 389f., 392ff., 398f., 402f., 417, 424, 435f., 438, 457, 462, 464, 468ff., 546ff., 562f., 569, 583, 588ff., 614, 616
-, Hinterland- 372
-, Huckepack-, 22, 83f.
-, Individual- 6ff., 12, 18, 49, 53, 59f., 91, 130, 156f., 233, 248ff., 484, 490, 583, 589, 594, 614
-, induzierter 10, 466f., 497
 - infrastruktur 4, 10, 26f., 33, 43, 54f., 58, 96, 101, 155ff., 162ff. 184ff., 191, 193, 231ff., 234f., 249f., 252, 257, 273, 327f., 334f., 342ff., 375ff., 412f., 440, 470ff., 477, 480, 482ff., 552, 562, 569, 581f., 594, 598ff.
 - kosten, siehe Wegekosten
 - planung 413ff., 453ff.
 - politik 127ff., 383
 - intensität 28
-, kombinierter 16, 21ff., 32, 34, 58, 83, 122, 128, 176, 202ff., 232, 251, 304, 372, 530, 549, 551, 604
-, Konzern- 112, 209f.
 - leistung 4, 10, 13ff., 18, 27f., 38f., 42, 44ff., 57, 59f., 63, 67, 91, 95, 98ff., 106, 110f., 117, 122, 130f., 137, 156f., 184f., 191f., 204f., 208, 218ff., 230ff., 236, 253, 257, 260, 303, 307, 310, 363ff., 436, 453ff., 470, 513,

524, 527, 532, 537, 544, 551f., 592, 598, 603, 613f., 616
- Linien- 7, 38, 60f., 78, 80, 108, 118f., 139, 196, 225ff., 248f., 265, 310, 316f., 548, 551, 553
-, Luft-, siehe dort
- managementprojekte 570
- mittel (öffentliche) 1f., 4, 6ff., 10, 12, 15f., 18ff., 26f., 34, 44, 54, 91, 101, 107, 155ff., 231ff., 234ff., 248ff., 259, 271, 273, 322, 396, 458ff., 462, 480, 482, 527, 530, 565, 571, 582f., 585, 590f., 600, 613f., 616
-, Personen- 2f., 5ff., 11ff., 19f., 27, 38f., 44ff., 54, 59ff., 72ff., 91ff., 120, 122f., 126, 129, 134f., 139ff., 155f., 184, 186, 192, 205ff., 219ff., 230, 232, 248ff., 253, 274, 277, 306, 310, 334, 336, 348, 352, 354, 358ff., 363, 366, 389f., 392ff., 402, 435, 437, 451, 457, 464, 466ff., 490, 547f., 550, 569, 583, 588ff., 614
  - nah- (öffentlicher) 4f., 18, 59, 77, 84, 108, 134f., 142ff., 151f., 155, 157, 178, 205, 227f., 306, 316f., 348, 354, 366, 369f., 402, 434, 436, 448ff., 499ff., 601f.
- politik 10ff., 27f., 48, 99ff., 410ff., 460, 488, 504, 574
  - in den USA 195ff.
  - in der DDR 48f., 156ff.
  - in Deutschland 76, 116ff., 155ff., 188ff.
  - in Europa 60, 117, 126, 170ff., 440, 449
  - in Großbritannien 216ff.
- projekte Deutsche Einheit 159, 494, 496
-, Sammelladungs- 25, 439, 530
-, Sea-Air- 532
-, See-, siehe Seeschiffahrt
- sektor 6f., 18ff., 42f., 54ff., 91ff., 117, 333, 411, 413, 428, 572, 594, 603
-, Straßengüter- 13ff., 18f., 24f., 29, 32, 39, 42ff., 48f., 51, 63ff., 69f., 75, 77, 82, 93ff., 102, 106, 108ff., 118ff., 124f., 139ff., 157, 160, 171f., 174, 179, 187ff., 191, 208ff., 224f., 236f., 247ff., 257, 270, 274, 277ff., 283, 303ff., 365ff., 373, 386, 399f., 404, 413, 439, 443f., 510f., 525, 527, 537ff., 550f., 562, 588ff., 594, 598, 603ff., 616
-, Straßenpersonen- 14f., 53, 59f., 119, 122f., 141, 157, 601, 614, siehe auch Personen-
- system 18ff., 55, 458, 571, 598ff.
- teilung 250, 457
- träger 16, 18ff., 27, 42, 44f., 50f., 76, 93, 95, 101, 107f., 117, 120, 125, 130f., 137, 156, 167, 171, 178, 184ff., 193, 196, 208, 224, 232f., 247ff., 256, 259, 269, 273, 275ff., 302, 312, 333f., 342, 347, 364, 366, 369, 375f., 379ff., 384, 391ff., 399, 411, 434, 453, 468, 470, 477, 488, 537, 552, 566, 574, 583, 613f., 616
-, Tramp- 265
- umlegung 457
- unfallkosten 582f., 589, 591, 593f.
- verbund 84
- verhalten 4f.
- verlagerung 10ff.
- vermeidung 10ff.
- wege 9f., 12f., 26f., 33, 43, 54, 100f., 128, 133f., 145, 162, 166f., 183, 186, 231, 236, 248ff., 257, 327, 341ff., 346, 376, 379, 381, 386, 392ff., 405ff., 413f., 453ff., 465, 470, 480ff., 487ff., 499ff., 583f., siehe auch Wege-
- effekte 483f.
- investitionen (im ÖPNV) 130, 158f., 167, 383f., 483, 485, 487, 491, 497, 499ff., 604
- planung, siehe Bundesverkehrswegeplanung und Verkehrsinfrastrukturplanung
-, Werk- 42f., 49, 67, 108, 111f., 122,

153ff., 171, 175, 209ff., 224f., 236, 248, 278, 543, 563, 605
- wertigkeit 10, 94f., 187
- zwecke 8f., 12, 27, 54, 458, 466
Verlustvermeidungsstrategien 325
Vermeidungskostenansatz 493, 609, 611
Vermögensrechnung 41, 383
Vernetzung 12, 94, 441, 488, 510, 538
-, kommunikative 232, 505
-, physische 232, 505
Verursachung (sprinzip) 248, 290f., 295f., 299ff., 387, 404, 580, 590f., 598
Vierstufenschema 456f.
Volatile Organic Compounds (VOC) 594
Volkswirtschaftliche Gesamtrechnung (VGR) 40ff.
Vollständige Konkurrenz 324f., 572
Vorrangregeln 359
VPN 568
Wagenladungen 20, 25f., 277, 303, 310, 370, 548
Warehousing-Konzepte 532
Waren
 - verteilzentren (WVZ) 513, 525f., 563f.
 - wirtschaftssysteme 532
Wege (-)
 - entgelte/-einnahmen 176, 349, 375ff., 379ff., 384ff., 390f.
 - kosten 171, 183ff., 375ff., 385, 390f., 396, 402ff.
  -/-ausgabenrechnungen 327, 376, 379, 383, 391f., 396f., 403, 405ff.
  - bericht 375, 385, 388, 391
  - deckungsgrad 395ff., 402ff.
  - enquête 375
 -, globale 181ff., 381ff., 390, 395f.
 -, kategoriale 181ff., 274, 381f., 385ff.
 - rechnung (s) 133, 167, 376ff.
  - diskussion 375f., 381f.
  - ergebnisse 391ff.

-, globale 382ff.
-, kategoriale 385ff.
Weißbuch „Die europäische Verkehrspolitik bis 2010: Weichenstellungen für die Zukunft" 187f.
Weißbuch „Faire Preise für die Infrastrukturbenutzung" 184ff., 328
Werkverkehr, siehe Verkehr
Wertdichteelastizität 468f.
Wertschöpfung 34, 36, 40ff., 54, 89, 114, 156, 271, 300, 348, 412, 416, 480f., 485, 491, 508f., 514, 525f., 529, 537
Wertstaffel, siehe Staffel
Wettbewerb
 -, intermodaler 34, 64, 105, 178, 193, 201ff., 214, 220, 256, 259, 347f., 382, 583
 -, intramodal 34, 60, 64, 171, 178, 193, 201, 350, 382, 583
 -, Preis- 49, 62, 66, 108f., 175, 192ff., 202, 282f., 374f., 412, 512
 -, Qualitäts- 62, 66, 175, 197, 238, 320
 -, ruinöser 99, 101f., 225
 -, Substitutions- 60, 202, 219, 256, 444
White Paper on Airports Policy 217
Wisconsin Central Transportation Corporation (WCTC) 221
Wohlfahrt (s),
 - ökonomik, paretianische 187, 323ff., 471, 572f.
 -, soziale 573, siehe auch Überschuß
 - wirkung 54ff.
X-Ineffizienzen 107, 114
XML 568
XYZ-Analyse 509
Yield management 281ff., 371
Zahlungsbereitschaft (s) 44, 56ff., 282, 323, 334ff., 355, 490, 570, 573, 584, 598, 602f., 610f.
 - ansatz 602, 610f.
Zeitchartervertäge 266
Zertifikatslösung 579
Zertifizierung 242ff., siehe Qualitätszertifikat

Zielprognose 455, 478
Zugpreisklasse 358
Zukunftsinvestitionsprogramm (ZIP) 168, 498
Zulieferhierarchie 510
Zuschläge 186, 305, 331ff., 339f., 362, 370, 374, 516, 525, 578
-, Beeinträchtigungs- 352
-, Fixkosten- 296
-, Grenzkosten- 331f.
-, Knappheits- 352, 346
-, konstante 333
-, Nebenklassen- 368
-, Ramsey- 331ff., 339
-, System- 353
-, variable 332